**書きたい表現がすべてここにある**

English Expressions for Your Diary

英語日記

増補改訂版

表現辞典

ハ・ミョンオク 著

アルク
www.alc.co.jp

本書は韓国で出版された『ENGLISH EXPRESSIONS FOR YOUR DIARY』の
増補改訂版『ENGLISH EXPRESSIONS FOR YOUR DIARY: Revised Edition』
の日本語版です。原書で人名が韓国名になっているものや、韓国独特の文化に対す
る表現は、出版社の許可を得て日本風のものに変更しています。
増補改訂版には、「英語日記必須パターン30」の各項目に練習問題が付き、さらに
英語表現の理解を深める多数のコラムが追加されています。

**ENGLISH EXPRESSIONS FOR YOUR DIARY: Revised Edition**

英語を使いこなせるようになりたいと思う人は大勢いることでしょう。英語に自信がなくても会話であれば、身振り手振りを交えればどうにか意思疎通が成立するかもしれません。しかし、ライティングの場合、身振り手振りではどうしようもないのです。

英語圏に長期滞在した経験がない人にとって、英語で自分の考えや意見を思いのままに書くことは簡単ではありません。その上、あらゆる教育が大学入試のためだけに存在するかのような現行の教育環境においては、英語で文章を書く力を身に付けることは非常に困難です。このような理由から英語学習者の多くが、英語で文章を書くことができないどころか、書く勇気すら持てずにいるのです。

30年以上高校生たちに英語を教えてきましたが、英文ライティングの指導がいかに大変か、身をもって感じてきました。例えば、学生たちの英文作成能力を知るために英語日記を提出させたことがあります。驚いたことに、提出された日記の中にはインターネットの翻訳サイトを利用したものがいくつもありました。インターネットの翻訳サイトはいまだに完全ではないため、ほとんどがおかしな文章になっていたのです。また、母語で日記を書いた後、それを一字一句英語に置き換えたような日記もありました。

学生たちのとても英語とは呼べない英語日記を読み、私は英文ライティングに役立つさまざまな英語表現や情報をインターネットで提供していくことを決心しました。そしてホームページで日記を書くのに必要な語彙、状況別の表現、日記の例文などを含む学習内容を紹介し、それらをまとめて一冊の本にしたのが本書です。

本書では英作文に役立つ30の類型表現とサンプル日記を含め、さまざまな状況での英語表現が収録されています。これらは英作文のみならず、日常的な英会話にも大いに役立つでしょう。

英語日記を書くにあたって、英語学習者たちはまず基本的な英語の構造を学ばなければなりません。それから、それぞれの状況に応じた易しくかつ適切な表現から始めてみるのがよいでしょう。この本にあるさまざまな状況別の表現を習得してこつこつと書き続けていけば、英文を書く能力は必ず向上していくに違いありません。英語学習者たちが英文作成を学ぶ上で本書が少しでも役に立てれば幸いです。

ハ・ミョンオク

#  目 次

## CHAPTER 01
### 天気・季節

## CHAPTER 02
### 一日の日課

## CHAPTER 07
### 食生活

## CHAPTER 08
### ファッション

## CHAPTER 09
### 外見

## CHAPTER 10
### 性格

# なぜ英語日記なのか

英語がうまくなるためには「英語の思考方式」を身に付けなければなりません。しかし英語を母語としない環境で「英語の思考方式」を身に付けることは容易ではないでしょう。まずは、英語で日記を書くことから始めてみませんか。一日を振り返りながら、数行でもいいので英語で日記を書いてみると、わずかな時間ですが「英語の思考方式」で考えることができます。そうやって少しずつ英語に慣れていきましょう。

しかし、わざわざ英語で日記を書くなんて面倒くさいと思う人も多いでしょう。多くの人にとって「英語日記を書く」こと自体、敷居がとても高いそうです。現役の学生でも、英語日記を書く前からおじけづいてしまいます。試験のためだけに英語を勉強しているので、英語を直接使う機会が少ないからでしょう。しかも学生の大部分が基本的な英文構造すら理解しておらず、基本的な動詞の使い方さえもよく分かっていないため、日本語の語順で英単語を羅列しようとしてしまいます。だからでたらめな英文が出来上がってしまうのです。

英語と日本語は語順だけではなく、表現する方法もかなり異なるので、日本語の表現に対応する英語表現がないこともあります。日本語で日記を書いてから、その文章を英語に翻訳しようとしたり、日本語にぴったりな英語表現を探そうとしたりすると、英語日記がさらに難しくなってしまうのです。英語日記は英作文の勉強ではありません。「英語で考えたことを、英語で書く」ことを心がければ、思っているより簡単に書けるはずです。

まずは長い文を書こうとはせず、本書の簡単な例文を必要に応じて引用しながら、短い文章から書き始めてみましょう。文法に自信のない人は「英語日記必須パターン30」(p.009)をよく読んで※練習問題を解き、基本的な文型や表現を確認してから始めるのもよいでしょう。また、表現集の間に散りばめてある※コラムは、英語表現のニュアンスや使い分けを理解するのに最適な情報が詰まっています。日記を書く合間にぜひご一読ください。

このような努力をこつこつと続けていけば、日記を見直したとき、楽しい思い出を振り返ることもできますし、自分の英語力の向上に感動することもできるでしょう。

※練習問題とコラムは、増補改訂版に新たに加わったものです。

# 英語日記はこうやって書く

英語の日記だからと言って、特別な形式があるわけではありません。日本語で書く日記と形式は大きくは変わらないのです。英語日記の基本要素は、「天気」「曜日」「日付」「題名」「本文」ですが、天気や題名は、場合によって書かなくてもよいでしょう。英語の日記と日本語の日記の違いは、天気、曜日、日付の配列順序が違うことぐらいなのです。

### ❶ 天気
日本語の日記では、天気は一番後ろですが、英語日記では天気を最初に書く場合もあります。また、天気は形容詞を使って表現し、一文字目を大文字にします。
(例)2021年11月21日日曜日　晴れ　→　Clear, Sunday, November 21, 2021

### ❷ 曜日
曜日は天気の次か、最初に書きます。簡略化して書くことも多いです。
(例)月曜日 Mon. ／火曜日 Tues. ／水曜日 Wed. ／木曜日 Thurs. ／金曜日 Fri. ／
　　土曜日 Sat. ／日曜日 Sun.

### ❸ 日付
天気と曜日を書いた後に日付を書きます。日付表現は、日本語の日記と配列順序がまったく違うので、注意が必要です。英語では、時間を表現するとき、小さな概念から大きな概念の順序で列挙するという点を思い起こしてください。例えば「2021年11月21日」を表す場合、小さい概念である日付から書き、21 November 2021と表現します。月と日にちを入れ替えて、November 21 2021と書いてもよいです。月を簡略化する場合は、以下のように表現します。ただし5月（May）と6月（June）、7月（July）は、略さないのが普通です。
(例)1月 Jan. ／2月 Feb. ／3月 Mar. ／4月 Apr. ／8月 Aug. ／9月 Sep. ／
　　10月 Oct. ／11月 Nov. ／12月 Dec.

### ❹ 題名
英語日記に題名が必ず必要なわけではないですが、一日の出来事のうち、とくに記憶に残った出来事や、記録しておきたい内容を題名にしておけば、文章が散漫にならず、それなりに起承転結が整います。

### ❺ 本文
日記の本文は、日記を書く人によって多様です。本書にあるさまざまな表現を積極的に活用し、自分が書きたいことをすべて表現してみる練習をこつこつ続けていけば、必ず力になるはずです。

# 英語の骨組みを作る

# 英語日記必須パターン30

ここでは英語日記を書くときに必要な基本パターンを紹介しています。まずは簡単な例文を引用して英語日記を書いてみましょう。

# 01

## 急いで学校へ行った
## 中国に2回行ったことがある

### 1　〜へ行った

日記でよく使う「（〜の方向）へ行った」は「went to＋場所」、「（〜のために・〜が目的で）行った」は、「went for＋名詞」または「went＋–ing」「went to＋動詞原形」の形で表現します。

> 急いで学校へ行った。
> I went to school in a hurry.

> 私の家族はこの間の休みに公園に行った。
> My family went to a park during the last vacation.

> 私たちは山へ紅葉狩りに行った。
> We went to the mountains to enjoy the autumn leaves.

> 私たちは散歩に行った。
> We went for a walk.

> 天気がとてもよいのでドライブに行きたい。
> The weather is so nice that I want to go for a drive.

> 私は暑気払いのために、友人と泳ぎに行った。
> I went swimming with my friends to beat the heat.

> 花を見に出掛けた。
> I went to view the flowers.

### 2　〜へ行ったことがある、〜へ行ったことがない

「〜へ行った」はgoの過去形であるwentを使って表現しますが、「〜へ行ったことがある、〜へ行ったことがない」は、現在完了形have been toで表現します。

> 中国に2回行ったことがある。
> I have been to China twice.

> 以前、中国に行ったことがある。
> I have been to China before.

> 私はそこに一度も行ったことがない。
> I have never been there.

*cf.*　彼女はアメリカへ去ってしまった。
> She has gone off to America. (= She went to America, so she is not here now.)
> goの現在完了形であるhave gone＋offを二、三人称の主語で使う場合は、上記のように「〜へ行ってしまい、今はこの場にいない」という意味になります。一人称主語で使うとI have gone off to America.「私はアメリカに行ってしまった」と不自然になってしまうので注意。

**01** 私たちは桜見物するために上野に行った。（桜：cherry blossoms）

..................................................................................................................

**02** 父は叔父と釣りに行った。（釣りに行く：go fishing）

..................................................................................................................

**03** 甥たちとそり遊びに行った。（そり遊びに行く：go sledding）

..................................................................................................................

**04** 室内スケート場へスケートに行った。（室内の：indoor）

..................................................................................................................

**05** スキーリフトに乗ってもっと高いところへ行った。（〜に乗って：by＋交通手段）

..................................................................................................................

**06** インターネットカフェに行ってきたところだ。（インターネットカフェ：internet cafe）

..................................................................................................................

**07** がっかりしたことに、彼は何も言わずに南アメリカへ去ってしまった。
（がっかりしたこと：disappointment）

..................................................................................................................

**08** 世界一大きな競技場に行ったことがある。（競技場：stadium）

..................................................................................................................

**09** 彼のコンサートに何度か行ったことがある。（何度か：several times）

..................................................................................................................

**10** 仕事でインドに2回行ったことがある。（仕事で：on business）

..................................................................................................................

**Answer** **01** We went to Ueno to see the cherry blossoms. **02** My father went fishing with my uncle. **03** I went sledding with my nephews. **04** I went skating at an indoor skating rink. **05** I went up higher by taking the ski lift. **06** I've just been to an internet cafe. **07** To my disappointment, he has gone off to South America without a word. **08** I've been to the biggest stadium in the world. **09** I've been to his concert several times. **10** I've been to India twice on business.

## そこには人がたくさんいた

「〜に…がいる（いた）」という存在を表す表現は、there を使う方法と be 動詞あるいは have 動詞を使って表す方法があります。there を使って「〜に…がいる（いた）」を表現するときは「There ＋ be 動詞＋主語＋場所」の形を使います。be 動詞は、主語が単数の場合は単数動詞 is(was) を使い、主語が複数の場合は are(were) を使います。

> そこには人がたくさんいた。
> There were a lot of people there.

> 雨が降っていたので、公園には人がほとんどいなかった。
> There were few people in the park, because it was raining.

> 黄砂が空を舞っていた。
> There was yellow dust in the air.

「主語＋ be 動詞＋場所／時」の形で「存在」を表すことができます。be 動詞が場所を表す言葉とともに使われれば「〜の場所に…がある」、時を表す言葉とともに使われれば「〜の時に…がある」という表現になります。

> 財布がバッグの中にあった。
> My wallet was in my bag.

> 太陽がはるか上空にあった。
> The sun was high in the sky.

> 私の誕生日は2月2日だ。
> My birthday is on the 2nd of February.

have を使って「〜に…がいる（いた）」と表現する場合は、「主語＋ have ＋目的語」とします。所有の意味が含まれる場合が多いです。

> 私たちのクラブはメンバーが多い。
> The club has a lot of members.

> ポケットにお金が1円も入っていなかった。
> I had no money in my pocket.

**01** エッフェル塔はパリにある。（エッフェル塔：the Eiffel Tower）

..............................................................................................

**02** 運ぶ物がたくさんあった。（運ぶ：carry）

..............................................................................................

**03** ラッシュアワーの地下鉄には、人がたくさんいた。（地下鉄：subway）

..............................................................................................

**04** 風ひとつなかった。（風：wind）

..............................................................................................

**05** その列車には食堂車があった。（食堂車：dining car）

..............................................................................................

**06** 苦境に陥っていた。（苦境に陥って：in trouble）

..............................................................................................

**07** ささいな問題を抱えていた。（ささいな：slight）

..............................................................................................

**08** 今朝、ひどい頭痛があった。（ひどい：terrible）

..............................................................................................

**09** 彼の手紙には良い知らせがあった。（知らせ：news）

..............................................................................................

**10** その旅行についての思い出がたくさんある。（思い出：memories）

..............................................................................................

**Answer** **01** The Eiffel Tower is in Paris. **02** There were many things to carry. **03** There were many people on the subway during the rush hour. **04** There was no wind. **05** The train had a dining car. **06** I was in trouble. **07** I had a slight problem. **08** This morning, I had a terrible headache. **09** There was some good news in his letter. **10** I have many memories of the trip.

# 03

やせるように運動をしている
失敗しないように気をつけた

## 1 ～するように

以下のような形で「～するように」という「目的」「手段」を表します。

---

**to** ＋動詞原形
**so as to** ＋動詞原形
**in order to** ＋動詞原形
**so that** ＋主語＋ **may(might)** ＋動詞原形
**in order that** ＋主語＋ **may(might)** ＋動詞原形
**for the purpose of** ＋名詞／動名詞

---

私は最近やせるように運動している。
I work out to lose weight these days.

電車の時間に遅れないように急いで走った。
I ran fast so as to be on time for the train.

情報を得るために旅行代理店に行った。
I went to the travel agency in order to get some information.

彼にプレゼントを買うためにお金を貯めた。
I saved money so that I might buy a present for him.

彼に会う目的で、そこで待っていた。
I was waiting there for the purpose of meeting him.

## 2 ～しないように

以下のような形で「～しないように」を表します。

---

**not to** ＋動詞原形
**so as not to** ＋動詞原形
**in order not to** ＋動詞原形
**lest** ＋主語＋ **should** ＋動詞原形

---

失敗しないように気をつけた。
I was careful not to make a mistake.

遅刻でしかられないように急がなくてはならなかった。
I had to hurry so as not to be scolded for being late.

彼が私との約束を破らないように、彼から目を離さなかった。
I kept an eye on him lest he should break his promise with me.

## Let's Practice!

01 英語をマスターするためには、大いに努力する必要がある。（努力：effort）

．．．．．．．．．．．．．．．．．．．．．．．．．．．．．．．．．．．．．．．．．．．．．．．．．．．．．．．．．．．．．．．．．．．．．．．．．．．．．．．

02 彼は英語を勉強するために、アメリカへ行った。

．．．．．．．．．．．．．．．．．．．．．．．．．．．．．．．．．．．．．．．．．．．．．．．．．．．．．．．．．．．．．．．．．．．．．．．．．．．．．．．

03 紫外線を避けるために、日傘を使いなさい。（日傘：parasol、紫外線：ultraviolet rays）

．．．．．．．．．．．．．．．．．．．．．．．．．．．．．．．．．．．．．．．．．．．．．．．．．．．．．．．．．．．．．．．．．．．．．．．．．．．．．．．

04 ヨーロッパを旅行するためにお金をためた。（蓄える：save）

．．．．．．．．．．．．．．．．．．．．．．．．．．．．．．．．．．．．．．．．．．．．．．．．．．．．．．．．．．．．．．．．．．．．．．．．．．．．．．．

05 彼は私がその仕事を定時に終えられるように手伝ってくれた。（定時に：on time）

．．．．．．．．．．．．．．．．．．．．．．．．．．．．．．．．．．．．．．．．．．．．．．．．．．．．．．．．．．．．．．．．．．．．．．．．．．．．．．．

06 両親を失望させないようにベストを尽くした。（失望させる：disappoint）

．．．．．．．．．．．．．．．．．．．．．．．．．．．．．．．．．．．．．．．．．．．．．．．．．．．．．．．．．．．．．．．．．．．．．．．．．．．．．．．

07 転ばないようにゆっくり歩いた。（転ぶ：fall down）

．．．．．．．．．．．．．．．．．．．．．．．．．．．．．．．．．．．．．．．．．．．．．．．．．．．．．．．．．．．．．．．．．．．．．．．．．．．．．．．

08 感情を表に出さないように努めた。（表に出す：reveal）

．．．．．．．．．．．．．．．．．．．．．．．．．．．．．．．．．．．．．．．．．．．．．．．．．．．．．．．．．．．．．．．．．．．．．．．．．．．．．．．

09 授業に遅れないように急いだ。（急ぐ：hurry up）

．．．．．．．．．．．．．．．．．．．．．．．．．．．．．．．．．．．．．．．．．．．．．．．．．．．．．．．．．．．．．．．．．．．．．．．．．．．．．．．

10 ピザが冷めないように保温器に入れた。（保温器：warmer）

．．．．．．．．．．．．．．．．．．．．．．．．．．．．．．．．．．．．．．．．．．．．．．．．．．．．．．．．．．．．．．．．．．．．．．．．．．．．．．．

**Answer** **01** We need to make a lot of effort to master English. **02** He went to the United States to study English. **03** Use your parasol to avoid ultraviolet rays. **04** I saved my money in order to take a trip to Europe. **05** He helped me so that I could finish the work on time. **06** I did my best in order not to disappoint my parents. **07** I walked slowly in order not to fall down. **08** I tried not to reveal my feelings. **09** I hurried up in order not to be late for class. **10** I put the pizza in a warmer to keep it from getting cold.

## 頭痛のせいで行けなかった
## 雨が降ったので遠足に行けなかった

### 1　〜のせいで、〜のために、〜のおかげで

「because of/owing to/on account of＋名詞（句）」の形で「理由」を表します。「thanks to＋名詞（句）」は「〜のおかげで」という意味で、主に結果的に役立った場合に使われます。

> 頭痛のせいでそこに行けなかった。
> I couldn't go there because of a headache.
>
> 天気のせいで憂うつだった。
> I felt depressed because of the weather.
>
> 蚊のせいで眠れなかった。
> I couldn't sleep well owing to mosquitoes.
>
> 先約があったので、パーティーに出席できなかった。
> I couldn't attend the party on account of a previous appointment.
>
> 先生方のおかげで試験に合格できた。
> I was able to pass the exam thanks to my teachers.

### 2　〜が…だから、なので

「理由」の内容が節となる場合は、「because/since/as/now that/for＋主語＋動詞」を使って表現します。becauseは直接的な原因を表現するとき、sinceとasは間接的な原因やbecauseより因果関係が弱い理由を表すときに使われます。now thatは「〜をしたので、〜ということがあったので」という意味になります。forは後ろに「主語＋動詞」が来て「理由」を表す接続詞として使われます。主に理由を推測する場合に使われるため、主節の後ろにつきます。

> 雨が降ったので、遠足に行けなかった。
> We couldn't go on a picnic because it rained.
>
> とても急いでいたので、携帯電話を持ってくるのを忘れた。
> Since I was in such a hurry, I forgot to bring my cell phone.
>
> 昨晩、遅くまで勉強をしていたので、今朝は早く起きることができなかった。
> As I studied till late last night, I couldn't get up early this morning.
>
> 日記を書き終えたので、寝ることができる。
> Now that I have finished my diary, I can go to bed.
>
> 私は、風邪をひいたに違いない。なぜならせきが出るからだ。
> I must have a cold, for I cough.

**01** 時々、自分のつたない英語力のせいでいら立ったりする。（いら立った：frustrated）

...................................................................................................................

**02** 彼女は本当に歌がうまいので人気がある。（人気がある：popular）

...................................................................................................................

**03** 雨のせいで試合が延期された。（延期される：be postponed）

...................................................................................................................

**04** 試験勉強のせいで叔母の病気見舞いを先延ばしにした。（先延ばしにする：delay）

...................................................................................................................

**05** 渋滞のせいで遅刻した。（交通渋滞：traffic jam）

...................................................................................................................

**06** 運動不足のせいで、しょっちゅう疲れを感じる。（運動不足：a lack of exercise）

...................................................................................................................

**07** 彼のアドバイスのおかげで私は自信を持てるようになった。（自信あふれる：confident）

...................................................................................................................

**08** 試験に落ちたので、憂うつだった。（憂うつな：gloomy）

...................................................................................................................

**09** 試験が終わったので、緊張が少し解けた。（終わる：be over、緊張を解く：relax）

...................................................................................................................

**10** 体調が悪いので、病気で休むと電話した。（病気で休むと電話する：call in sick）

...................................................................................................................

**Answer** **01** Sometimes I am frustrated because of my poor English ability. **02** She is popular because she sings really well. **03** The game was postponed because of the rain. **04** I delayed visiting my sick aunt because I had to study for a test. **05** I was late because of the traffic jam. **06** I often feel tired owing to a lack of exercise. **07** I became confident thanks to his advice. **08** I was gloomy because I had failed the test. **09** Now that the test was over, I could relax a little. **10** Since I was sick, I called in sick.

とても**疲れた**ので**休憩が必要**だ
あまりにも**腹が立って、これ以上我慢できない**

## 1 とても（あまりにも）～なので

以下のような形で「とても（あまりにも）～なので」を表します。

**so ＋形容詞／副詞＋that＋主語＋動詞**
**such ＋ a/an ＋（形容詞）＋名詞＋that＋主語＋動詞**

> とても疲れたので休憩が必要だ。
> I am so tired that I need to take a rest.

> 私はあまりにも恥ずかしくて部屋から出ることができなかった。
> I was so embarrassed that I couldn't go out of the room.

> あまりにも寒かったのでヒーターを入れた。
> It was so cold that I turned on the heater.

> そのバスは人がとても多くて座る席がなかった。
> It was such a crowded bus that there was no seat left.

> 彼はとてもいい人なので、私は彼が好きだ。
> He is so nice that I like him.
> He is such a nice guy that I like him.

## 2 あまりにも～で…できない

これは「too ～（for＋意味上の主語＋）to＋動詞原形」の形で表現されます。また「so ～ that＋主語＋can't」に変えて使うこともできます。

> あまりにも腹が立ってこれ以上我慢できない。
> I am too angry to stand it any more.
> I am so angry that I can't stand it any more.

> あまりにも忙しくて彼に電話ができなかった。
> I was too busy to call him.
> I was so busy that I couldn't call him.

> 私にとって、この本はあまりにも難しくて読めなかった。
> This book was too difficult for me to read.
> This book was so difficult that I couldn't read it.

> 蚊がとてもうるさくて眠れなかった。
> The mosquitoes were too annoying for me to sleep.
> The mosquitoes were so annoying that I couldn't sleep.

**01** 天気がとても良いので外出したかった。（外出する：go out）

.............................................................................................................

**02** 忙し過ぎて映画を見に行く時間がなかった。（映画を見に行く：go to the movies）

.............................................................................................................

**03** とても興奮したので寝つけない。（興奮した：excited）

.............................................................................................................

**04** あまりにも早く着いたので１時間待たなければならなかった。（〜しなければならない：have to）

.............................................................................................................

**05** あまりにも困惑したので返事をすることができなかった。（困惑した：embarrassed）

.............................................................................................................

**06** 緊張のあまり手が震えた。（震える：tremble）

.............................................................................................................

**07** その映画はあまりにも難しくて理解できなかった。（難しい：hard）

.............................................................................................................

**08** あまりにも暗くて彼だと分からなかった。（識別する：recognize）

.............................................................................................................

**09** 驚きのあまり運転することができなかった。（運転する：drive）

.............................................................................................................

**10** あまりにも気落ちしてまったく話せなかった。（意気消沈した：depressed）

.............................................................................................................

**Answer** **01** The weather was so nice that I wanted to go out. **02** I was so busy that I had no time to go to the movies. **03** I am so excited that I can't fall asleep. **04** I arrived so early that I had to wait for an hour. **05** I was so embarrassed that I couldn't answer. **06** I was so nervous that my hands trembled. **07** The movie was too hard to understand. **08** It was too dark to recognize him. **09** I was too surprised to drive. **10** I was so depressed that I could not speak at all.

# 06 彼は体調が悪いようだ

　「〜のようだ、〜のように見える」という意味の「推測」や「感想」を表す場合、以下のように多様な英語表現を使うことができます。

---

**It seems that**＋主語＋動詞（＝主語＋**seem(s) to**＋動詞原形）
**It appears that**＋主語＋動詞（＝主語＋**appear(s) to**＋動詞原形）
**It is likely that**＋主語＋動詞（＝主語＋**is likely to**＋動詞原形）

**I think**＋主語＋動詞
**I guess**＋主語＋動詞
**In my mind, I think**＋主語＋動詞
**In my opinion,** 主語＋動詞

主語＋**doubt/be afraid that**＋主語＋動詞
主語＋**look like**＋（that）＋主語＋動詞
主語＋**look**＋形容詞

---

彼は体調が悪いようだ。
It seems that he is sick.
He seems to be sick.

彼は以前にどこかで見た人のようだった。
It seemed that he was someone I had seen somewhere before.
He seemed to be someone I had seen somewhere before.

彼はパーティーに来そうにはなかった。
It wasn't likely that he would come to the party.
He wasn't likely to come to the party.

彼は、私が望むことはなんであろうとすべてしてくれるだろうと思った。
I thought he would do whatever I wanted.

私は、彼はきっとうまくやるだろうと思っていた。
In my mind, I thought he would be able to do well.

彼女は真実を言わないのではないかと思った。
I doubted that she would tell the truth.

私はそこに行けないのではないかと思っていた。
I was afraid that I couldn't go there.

雨が降りそうだったので、傘を持ってきた。
It looked like it was going to rain, so I brought an umbrella with me.

その料理はおいしそうだった。
The food looked delicious.

**01** 私が間違えてしまったようだ。（間違える：make a mistake）

.........................................................................................

**02** 彼は本当に傲慢なようだ。（傲慢な：haughty）

.........................................................................................

**03** 彼は本当に大らかな人のようだ。（大らかな：easy-going）

.........................................................................................

**04** 減量するのは難しいことだと思う。（減量する：lose weight）

.........................................................................................

**05** 風邪をひきそうだった。（風邪をひく：catch a cold）

.........................................................................................

**06** 彼は誠実な人のようだ。（誠実な：sincere）

.........................................................................................

**07** それは有害ではないようだ。（有害な：harmful）

.........................................................................................

**08** 会議に出席できなさそうだ。（出席する：attend）

.........................................................................................

**09** それは彼の過ちだと思った。（過ち：fault）

.........................................................................................

**10** 彼は怒ると、怪物のようだった。（怪物：monster）

.........................................................................................

**Answer** **01** I seem to have made a mistake. **02** He seems to be really haughty. **03** He seems to be an easy-going person. **04** I think that it is difficult to lose weight. **05** I was likely to catch a cold. **06** I guess that he is a sincere person. **07** It seems that it is not harmful. **08** I am afraid that I can't attend the meeting. **09** I thought it was his fault. **10** He looked like a monster when he was angry.

## それは大変に違いない
## 胃の調子がおかしかったに違いない

### 1 ～に違いない、～かもしれない、～のはずがない

以下のような形で「推量」を表します。

---

～に違いない：**must＋動詞原形**

～かもしれない：**may＋動詞原形**

～のはずがない：**can't＋動詞原形**

---

それは大変に違いない。
**It** must **be hard.**

何か問題があるに違いない。
**Something** must **be wrong with it.**

それは本当かもしれない。
**It** may **be true.**

彼が試験に落ちるはずがない。
**He** can't **fail the exam.**

### 2 ～だった（かった）に違いない、～だったかもしれない、～だったはずがない

以下のような形で「過去に関する推量」を表します。

---

～だった（かった）に違いない：**must have＋過去分詞**

～だったかもしれない：**may have＋過去分詞**

～だったはずがない：**can't have＋過去分詞**

---

胃の調子がおかしかったに違いない。
**I** must have had **an upset stomach.**

彼があんな言い方をするなんて、怒っていたに違いない。
**He** must have been **angry to talk like that.**

スリがいたに違いない。
**There** must have been **a pickpocket.**

彼は正しかったかもしれない。
**He** may have been **right.**

私がそれをゴミ箱に捨てたはずがない。
**I** can't have thrown **it away in the waste basket.**

彼がそんなうそをついたはずがない。
**He** can't have told **a lie like that.**

**01** 昨日、彼は体調が悪かったに違いない。（体調の悪い：sick）

**02** 彼は食べ過ぎたに違いない。（食べ過ぎる：overeat）

**03** 彼が薬を飲んだはずがない。（薬を飲む：take medicine）

**04** 彼はうそつきかもしれない。（うそつき：liar）

**05** そのうわさは誤りかもしれない。（誤った：false）

**06** 彼が20歳を超えているはずがない。（〜を超えて：over）

**07** 彼は私に興味がないに違いない。（〜に興味がある：interested in）

**08** 彼が私に電話したはずがない。（電話する：call）

**09** 彼は日本を去ったかもしれない。（去る：leave）

**10** 彼はその秘密を彼女に話したに違いない。（秘密：secret.）

**Answer** **01** He must have been sick yesterday. **02** He must have overeaten. **03** He can't have taken any medicine. **04** He may be a liar. **05** The rumor may be false. **06** He can't be over 20. **07** He must not be interested in me. **08** He can't have called me. **09** He may have left Japan. **10** He must have told her the secret.

すぐにその仕事を**しなければならない**
うそを**ついてはいけない**

## 1 〜しなければならない

「必要・義務」を表す表現として「must/have (has) to/ought to/should ＋動詞原形」があります。過去形「〜しなければならなかった」は「had to ＋動詞原形」、「〜しなければならないだろう」は「will have to ＋動詞原形」を使います。

すぐにその仕事をしなければならない。
I must **do the work immediately.**

私たちは両親に従わなければならない。
We ought to **obey our parents.**

私は泳ぎ方を学ばなければならない。
I should **learn how to swim.**

集会に参加しなければならなかった。
I had to **attend the meeting.**

私は言われたとおりにしなければならなかった。
I had to **do as I was told.**

問題を解決しなければならなかったが、急ぐ必要はなかった。
I had to **solve the problem, but I didn't need to do so right away.**

行きたくなくても、私はそこに行かなければならないだろう。
I will have to **go there even if I don't want to.**

## 2 〜してはいけない

mustの否定である must not は「〜してはいけない」という強い禁止を表し、「〜する必要ない」は need not や don't have to などと表現します。「〜するべきではない」は「ought not to/should not ＋動詞原形」の形を用います。

うそをついてはいけない。
One must not **tell a lie.**

彼が私を手伝ってくれると期待してはいけない。
I must not **expect him to help me.**

この機会を逃すべきではない。
I ought not to **lose this chance.**

私は、人々がゴミをいたる所に捨てるべきではないと思った。
I thought that people should not **throw trash everywhere.**

01 あなたが先に謝らなければならない。（謝る：apologize）

................................................................

02 食べ物を無駄にしてはいけない。（無駄にする：waste）

................................................................

03 あなたの部屋はあなたが掃除しなければならない。（掃除する：clean）

................................................................

04 今年は仕事に就かなければならない。（仕事に就く：get a job）

................................................................

05 彼に声をかけるには勇気を出さなければならない。（勇気を出す：be brave）

................................................................

06 悪いことはすべて忘れなければならないだろう。（忘れる：forget）

................................................................

07 その会議中、私たちは黙っていなければならなかった。（黙っている：keep silent）

................................................................

08 彼に何も助言してあげる必要はない。（〜に助言をしてあげる：give 〜 advice）

................................................................

09 先生たちには礼儀正しくしなければならない。（礼儀正しい：polite）

................................................................

10 他人の家の前に駐車してはいけない。（駐車する：park）

................................................................

**Answer** **01** You must apologize first. **02** You must not waste food. **03** You must clean your room. **04** I must get a job this year. **05** I have to be brave to talk to him. **06** I will have to forget all bad things. **07** We had to keep silent during the meeting. **08** I don't have to give him any advice. **09** We should be polite to teachers. **10** We should not park our car in front of others' houses.

デパートへ行くのに1時間かかる
どうでもいいことのために時間を浪費した

## 1 〜するのに…（時間・お金などが）かかる

以下のような形で「〜するのに…（時間・お金などが）かかる」を表します。

**It takes**＋（人）＋時間＋**to**＋動詞原形
**It takes**＋時間＋（**for**＋人）＋**to**＋動詞原形
**It costs**＋（人）＋時間／お金＋**to**＋動詞原形

> デパートへ行くのに約1時間かかる。
> It takes me about an hour to go to the department store.
> It takes about an hour for me to go to the department store.
>
> その仕事を終わらせるのに一週間かかった。
> It took me a week to finish the job.
> It took a week for me to finish the job.
>
> 尺八を吹けるようになるには、根気が必要だった。
> It took patience for me to learn how to play the shakuhachi.
>
> コンピューターを修理するのに、費用がかなりかかった。
> It cost me a lot of money to have my computer repaired.
>
> 歯を矯正するのに、大変なお金と時間がかかった。
> It cost me a lot of time and money to have my teeth straightened.

## 2 〜するのに（理由・原因）…を消費する／浪費する

以下のような形で「〜するのに（理由・原因）…を消費する／浪費する」を表します。

**spend**＋時間／金＋**(in)** –ing
**spend**＋時間／金＋**on**＋名詞
**waste**＋時間／金＋**(in)** –ing
**waste**＋時間／金＋**on**＋名詞

> コンピューターゲームに一日中費やした。
> I spent all day long playing computer games.
>
> コンピューターにお金をたくさん使った。
> I spent a lot of money on the computer.
>
> どうでもいいことのために時間を浪費した。
> I wasted a lot of time doing trivial things.
>
> 衝動買いのせいで、洋服にお金をつぎこんでしまった。
> Because of impulse buying, I wasted a lot of money on clothes.

01 バス停へ行くのに10分かかった。（バス停：bus stop）

02 その問題を解決するのに長い時間がかかった。（解決する：solve）

03 髪にパーマをかけるのに3時間かかった。（髪にパーマをかける：have one's hair permed）

04 そのパーティーを準備するのに大変なお金がかかった。（準備する：prepare）

05 演奏会のチケットを買うのに大変なお金がかかった。（演奏会：concert）

06 先週末は兄とカードゲームをして過ごした。（カードゲームをする：play cards）

07 2時間かけて部屋をきれいにした。（きれいにする：clean up）

08 新品の服を買うのに有り金をはたいた。（新品の：brand-new）

09 賭け事に時間と金を浪費するな。（賭け事：gambling）

10 二度と靴なんかに無駄遣いしないぞ。

**Answer** **01** It took 10 minutes to go to the bus stop. **02** It took a long time to solve the problem. **03** It took three hours to have my hair permed. **04** It cost me a lot of money to prepare for the party. **05** It cost a lot of money to get the concert ticket. **06** I spent last weekend playing cards with my brother. **07** I spent two hours cleaning up my room. **08** I spent all my money buying brand-new clothes. **09** Don't waste time and money on gambling. **10** I will not waste money on shoes again.

# 10 ラジオをつけたまま、居眠りをした

「〜したまま…をした」という表現は「with＋目的語＋形容詞／副詞（句）／現在分詞／過去分詞」の形で表します。目的語の次が現在分詞なのか、過去分詞なのかは目的語との関係に従って変わってきますが、動詞の目的語との関係が「能動」の時は現在分詞、目的語との関係が「受動」のときには過去分詞を用います。

彼女は髪の毛をなびかせながら走った。
She ran with her hair flying in the air.

そよ風が吹いて気持ちのいい朝だった。
It was a refreshing morning with a little wind blowing.

鍋でお湯が沸いている状態で、居眠りをした。
I fell asleep with the pot boiling.

私は目を閉じたまま、音楽を聞いた。
I listened to music with my eyes closed.

口に食べ物を入れたまま、しゃべらないよう努力した。
I tried not to speak with my mouth full.

窓を開けっ放しのまま、出掛けた。
I went out with the windows open.

本を手にして、ベンチに座っていた。
I was sitting on the bench with a book in my hand.

ラジオをつけたまま、居眠りをした。
I fell asleep with the radio on.

彼女は新しい服を着て、現れた。
She appeared with her new clothes on.

帽子をかぶって歩いていた。
I was walking with my hat on.

ケーキを持ったまま転んだ。
I fell down with a piece of cake in my hand.

後ろの壁に寄り掛かって立っていた。
I stood there with my back against the wall.

私は姉が編み物をする横に、黙って座っていた。
I sat silently with my sister knitting beside me.

01 彼は腕組みをしたまま、私を見つめていた。

02 彼は口に花をくわえたまま、私に近づいてきた。（近づく：approach）

03 目を閉じたまま、横になっていた。（横になる：be lying）

04 ポケットに手を入れたまま、人に挨拶するな。（挨拶する：greet）

05 右手を上げて待ってて。

06 彼はいつも足を組んで座る。

07 彼女は濡れた服のまま、泣いていた。（濡れた：wet）

08 時々、TVをつけたまま、本を読む。（つける：turn on）

09 彼は新しい帽子をかぶってダンスしていた。

10 彼は口を開けたまま、私の話を聞いていた。（〜を聞く：listen to）

**Answer** **01** He was watching me with his arms crossed. **02** He approached me with a flower in his mouth. **03** I was lying with my eyes closed. **04** Don't greet others with your hands in your pockets. **05** Wait with your right hand up. **06** He always sits with his legs crossed. **07** She was crying with her wet clothes on. **08** I sometimes read books with the TV turned on. **09** He was dancing with his new hat on. **10** He listened to my story with his mouth open.

　感情を表す動詞は、以下の例のように他動詞が主です。これらの動詞を利用して感情表現をする場合は、受動態の形を取ります。例えば、surpriseは「驚かす」という他動詞なので、「驚く」はI was surprised by〜と「〜によって驚かされた」という意味を表す受動態で表現しなければなりません。

喜び・満足・興味：**delight, please, satisfy, excite, interest**
驚き・恐怖：**surprise, astonish, amaze, startle, shock, scare, frighten, terrify**
怒り・狼狽：**offend, irritate, upset**
戸惑い・困惑：**confuse, embarrass, puzzle, perplex**
感動・興奮：**move, touch, impress, excite**
疲労・退屈：**tire, bore**
心配：**worry, concern**
失望：**disappoint**

本当にすてきなプレゼントをもらって、とてもうれしかった。
I was **very** delighted to receive such a nice gift.

彼からの手紙を受け取りうれしかった。
I was pleased to receive his letter.

彼が現れたのを見て驚いた。
I was astonished to see him appear.

怖くて死にそうだった。
I was frightened to death.

彼の無礼な態度に不快感を覚えた。
I was offended at his rude behavior.

彼の言葉に腹が立った。
I was irritated by his words.

彼が何も言わずに立ち去ってしまったので、気まずかった。
I was embarrassed because he left without a word.

その試合を見てとても興奮した。
I was **very** excited to watch the game.

その映画に深い印象を受けた。
I was impressed by the movie.

彼が言い訳ばかりしているので疲れ果ててしまった。
I was **very** tired with his constant excuses.

**01** その知らせを聞いて興奮した。

..................................................................................................................

**02** プレゼントをもらって、本当にうれしかった。(プレゼント：present)

..................................................................................................................

**03** 彼らのプレゼントに感動した。

..................................................................................................................

**04** 予期しない結果に戸惑った。(予期しない：unexpected)

..................................................................................................................

**05** 彼の新たな装いに驚いた。

..................................................................................................................

**06** 彼の絶えまない小言に腹が立った。(小言：nagging)

..................................................................................................................

**07** 彼の虚偽の回答に失望した。(虚偽の：false)

..................................................................................................................

**08** 彼の講義にとても退屈した。(講義：lecture)

..................................................................................................................

**09** 彼の誠実な態度に満足した。(誠実な：sincere)

..................................................................................................................

**10** 彼が約束を守らなかったので、失望した。(約束を守る：keep one's promise)

..................................................................................................................

**Answer** **01** I was excited to hear the news. **02** I was really pleased to get the presents. **03** I was moved by their presents. **04** I was embarrassed by the unexpected result. **05** I was surprised at his new appearance. **06** I was irritated by his constant nagging. **07** I was disappointed by his false answer. **08** I was so bored by his lecture. **09** I was satisfied with his sincere attitude. **10** I was disappointed because he didn't keep his promise.

# 12 　彼はトラブルメーカーだと言われている

## 1　〜と言われている

以下のような形で「〜と言われている」を表します。

---

**People say that＋主語＋動詞**
**It is said that＋主語＋動詞**
**主語＋is(are) said to＋動詞原形**
**主語＋is(are) said to have＋過去分詞**

---

彼はトラブルメーカーだと言われている。
People say that he is a troublemaker.
It is said that he is a troublemaker.
He is said to be a troublemaker.

彼は、昔は非常に礼儀正しい人だったと言われている。
People say that he was a very polite guy long ago.
It is said that he was a very polite guy long ago.
He is said to have been a very polite guy long ago.

直接聞いた内容であることを強調する場合には「〜ということを聞いた」という意味で「I heard that＋主語＋動詞」、「I was told that＋主語＋動詞」と表現することもできます。

その仕事を完璧に終わらせることは、不可能だと聞いた。
I heard that it's impossible to finish the job perfectly.
I was told that it's impossible to finish the job perfectly.

## 2　〜によれば…だという

報告によれば、少食は体にいいという。
According to the report, it's good to eat less.

天気予報によれば、天気はすぐによくなるという。
According to the weather forecast, the weather will improve soon.

## 3　〜といううわさがある

彼が日本を去ったといううわさがある。
There is a rumor going around that he left Japan.
Rumor has it that he left Japan.
It is rumored that he left Japan.
He is rumored to have left Japan.

01 彼が彼女をデートに誘ったと言われている。（デートに誘う：ask out）

..............................................................................................................................................

02 彼はユーモアのセンスがあると言われている。（ユーモアのセンス：sense of humor）

..............................................................................................................................................

03 彼らは恋愛中だと言われている。（恋に落ちる：fall in love）

..............................................................................................................................................

04 彼が彼女と言い争いをしたと聞いた。（言い争う：argue）

..............................................................................................................................................

05 彼が他の人たちとけんかしたと聞いた。（けんかする：fight）

..............................................................................................................................................

06 彼はずっと以前、マナーがよかったと言われている。（マナー：manners）

..............................................................................................................................................

07 彼が彼女を裏切ったと言われている。（裏切る：betray）

..............................................................................................................................................

08 彼らが別れたといううわさがある。（別れる：break up）

..............................................................................................................................................

09 彼は彼女がいなくてとても寂しがっていると聞いた。（いないのを寂しく思う：miss）

..............................................................................................................................................

10 うわさによると彼は彼女と仲直りしたらしい。（〜と和解する：make up with）

..............................................................................................................................................

**Answer** **01** People say that he asked her out. **02** It is said that he has a sense of humor. **03** It is said that they are falling in love. **04** I heard that he argued with her. **05** I was told that he fought with others. **06** It is said that he had good manners long ago. **07** People say that he betrayed her. **08** Rumor has it that they broke up. **09** I heard that he missed her a lot. **10** It is rumored that he made up with her.

## 早起きするのは**難しい**

「〜すること」という表現は、動名詞、to不定詞、またはthat節を用いて表すことができます。しかし主語として使われるto不定詞や節が長いときには形式主語itを使って主語を表し、本来の主語、すなわち真主語は後ろにおきます。

早起きするのは難しい。
Getting up **early is difficult.**
**It is difficult** to get up **early.**

クラリネットの演奏は易しくない。
Playing **the clarinet is not easy.**
**It is not easy** to play **the clarinet.**

彼が来るかどうかは定かでなかった。
Whether he would come **wasn't certain.**
**It wasn't certain** whether he would come.

彼があのように振る舞ったのは、奇妙だった。
That he behaved like that **was strange.**
**It was strange** that he behaved like that.

　形式主語の構文で、真主語がto不定詞の場合、to不定詞の示す行動の主体である意味上の主語を表す際にはto不定詞の前に「for＋目的格」を入れて表します。

私にあんなに重たい箱を持ち上げることは不可能だ。
**It's impossible** for me to lift **such a heavy box.**

　しかし、人の性格や気質を表すときには、to不定詞の意味上の主語を「of＋目的語」の形で表さなければなりません。人の性格や気質を表す形容詞としてはgood, fine, bad, kind, unkind, wise, clever, stupid, foolish, silly, polite, thoughtful, considerate, cruel, rude, careful, generousなどがあります。

私のためにうちの犬に餌をやってくれるなんて、彼はとても親切だった。
**It was kind** of him to feed **my dog for me.**

あんなふうに彼に向かって話すなんて、彼女は思いやりがなかった。
**It was inconsiderate** of her to talk **to him like that.**

**01** 英語で考えるのは難しい。（英語で：in English）

**02** 適切な情報を得ることが成功への鍵だ。（への鍵：key to）

**03** 英語を習うことは必要だろうか？（必要な：necessary）

**04** インドを独りで旅するのは危険だ。（独り：alone）

**05** また別のチャンスをつかむのは簡単なことではない。（つかむ：catch）

**06** それについてわれわれが話し合えるのはいいことだ。（話す：talk）

**07** 他人をだますのは悪いことだ。（だます：deceive）

**08** 彼女のことを悪く言うなんて、彼は賢明ではない。（悪く言う：speak ill of）

**09** 私のことをよく理解してくれるあなたは、度量が広い。（度量が広い：generous）

**10** 重い病気のときはすぐに病院に行った方がいい。（すぐに：at once）

**Answer** **01** Thinking in English is hard. **02** Obtaining proper information is the key to success. **03** Is it necessary to learn English? **04** It is dangerous to travel alone in India. **05** It is not easy to catch another chance. **06** It is good that we can talk about that. **07** It's bad to deceive others. **08** It's not wise of him to speak ill of her. **09** It's generous of you to understand me well. **10** When you are seriously sick, it is better to go to a doctor at once.

# 14 弟に部屋のそうじをさせた

　人に何かをさせたり、してもらうときに使う動詞、つまり「(人)に…させる」「〜を…される／してもらう」という意味を持つ動詞のことを「使役動詞」といいます。使役動詞の目的格補語（目的語を説明するもの）としては、原形不定詞（動詞原形）がくる場合が多いですが、状況によっては目的格補語として過去分詞も用いることができます。目的語と目的格補語の関係が能動的であれば、原形不定詞を用い、受動的であれば過去分詞を用います。

---

**make/have/let＋目的語＋原形不定詞**：目的語と目的格補語の関係が能動的
**have＋目的語＋過去分詞**：目的語と目的格補語の関係が受動的

---

弟に部屋の掃除をさせた。
I made my brother clean the room.

彼のアドバイスを聞いて、私の問題について再度考えさせられた。
His advice made me think about my problem again.

彼は私を2時間待たせた。
He made me wait for two hours.

彼は私に服を着替えさせた。
He let me change my clothes.

さいふを盗まれた。
I had my wallet stolen.

髪を切った。
I had my hair cut.

　使役動詞ではないですが、「〜するようにさせる」の意味を持つgetは目的語と目的格補語の関係が能動的である場合には「get＋目的語＋to不定詞」で、目的語と目的格補語の関係が受動的である場合には「get＋目的語＋過去分詞」の形で用います。

彼女が私に皿洗いをさせた。
She got me to wash the dishes.

両親は私に荷物をまとめさせた。
My parents got me to pack the trunk.

髪を切った。
I got my hair cut.

**01** 彼はいつも私を笑わせる。(笑う：laugh)

................................................................

**02** 彼は私たちに映画を見せてくれた。

................................................................

**03** その映画は自分の将来について今一度考えさせるものだった。(将来：future)

................................................................

**04** 彼は私に台所の掃除をさせた。(台所：kitchen)

................................................................

**05** 彼は私に彼の靴を洗わせた。(洗う：wash)

................................................................

**06** 私は彼に新しい靴を1足買わせた。(1足の：a pair of)

................................................................

**07** 彼は私に領収証を受け取らせた。(領収証：receipt)

................................................................

**08** 朝6時にラジオがつくようにしておいた。(つく：turn on)

................................................................

**09** ついに今日、髪を切った。(ついに：finally)

................................................................

**10** 髪を染めたい。(染める：dye)

................................................................

**Answer** **01** He always makes me laugh. **02** He let us see the movie. **03** The movie made me think about my future again. **04** He had me clean the kitchen. **05** He had me wash his shoes. **06** I let him buy a pair of new shoes. **07** He made me get the receipt. **08** I made the radio turn on at 6 in the morning. **09** Finally, I got my hair cut today. **10** I want to get my hair dyed.

# 15

## 夜更しに慣れている
## 早起きの習慣がある

### 1 〜に慣れている、慣れる

以下のような形で「〜に慣れている」「〜に慣れる」を表します。

**be used to ＋名詞／動名詞**
**get/become used to ＋名詞／動名詞**

夜更しに慣れている。
I am used to **staying up late.**

その仕事に慣れていない。
I am **not** used to **the work.**

遅刻するのに慣れてしまった。
I got used to **being late.**

早起きするのに慣れた。
I became used to **getting up early in the morning.**

### 2 〜する習慣がある

以下のような形で「〜する習慣がある」を表します。

現在の一般的な習慣：動詞の現在形
特定の習慣や習性：**will ＋動詞原形**
過去の習慣：**would/used to ＋動詞原形**
習慣的に〜する：**make it a point to ＋動詞原形**
〜する癖がある：**have a habit of –ing**

大抵、週末には映画を見に行く。
I usually **go to a movie on weekends.**

彼はしばしば徹夜をする。
He will **often stay up all night.**

漫画を読むために、夜更かしをしたものだった。
I would **stay up late to read comic books.**

毎晩、私は寝る前に彼に電話をしていた。
I used to **call him before going to bed every night.**

早起きの習慣がある。
I make it a point to **get up early in the morning.**

私にはものをかむ癖がある。
I have a habit of **chewing things.**

**01** この通りに慣れている。（通り：street）

................................................................

**02** 独りで映画を見に行くのに慣れていない。

................................................................

**03** 西洋料理に慣れてきている。（西洋の：Western）

................................................................

**04** 彼は寝床で本を読んでくれたものだった。（寝床で：in bed）

................................................................

**05** 時々、彼と口論したものだった。（口論する：quarrel）

................................................................

**06** ブツブツ言う癖がある。（ブツブツ言う：mumble）

................................................................

**07** 彼は鼻をほじる癖がある。（鼻をほじる：pick one's nose）

................................................................

**08** 足を揺する悪い癖がある。（揺する：shake）

................................................................

**09** 頻繁にまばたきする癖がある。（まばたきする：blink）

................................................................

**10** 食後には横にならないようにしている。（横になる：lie down）

................................................................

**Answer** **01** I'm used to this street. **02** I am not used to going to a movie alone. **03** I am getting used to Western food. **04** He used to read me books in bed. **05** Sometimes I used to quarrel with him. **06** I have a habit of mumbling. **07** He has a habit of picking his nose. **08** I have a bad habit of shaking my leg. **09** I have a habit of blinking often. **10** I make it a point not to lie down after meals.

## 読むべき本が多い

形容詞のように名詞や代名詞を修飾する表現は、to不定詞を用いれば簡単に作れます。「名詞＋to不定詞」の構文で、to不定詞が前にある名詞を修飾して「〜する…」という意味を表します。

読むべき本が多い。
**I have many books** to read.

私は飲み水が必要だ。
**I need some water** to drink.

終わらせなければならない宿題がある。
**I have homework** to finish.

遊ぶ時間はなかった。
**I had no time** to play.

一日中、やるべき仕事がたくさんあった。
**I had a lot of work** to do **all day.**

to不定詞が修飾する名詞とto不定詞の動詞の間に前置詞が必要な場合は、動詞の後ろに前置詞を付けます。例えば「友達と遊ぶ」はplay with friendsと表現しますが、to不定詞を使って「一緒に遊ぶ友達」と表現する場合はfriends to play withとします。

私は一緒に遊ぶ友達があまりいなかった。
**I had few friends** to play with.

私は座る場所を見つけられなかった。
**I didn't find anything** to sit on.

書くためのペンがなかった。
**I had no pen** to write with.

私には頼るべき親がいない。
**I don't have any parent** to depend on.

私は処理しなければならないことが多かった。
**I had many things** to deal with.

考えなければならない問題がある。
**I have a problem** to think about.

それは心配するほどのことではなかった。
**It was nothing** to worry about.

**01** 犬に餌をやる時間だ。（餌をやる：feed）

................................................................................

**02** くつろぐ時間が必要だ。（くつろぐ：relax）

................................................................................

**03** その仕事を片付けるのに十分な時間がない。（片付ける：finish）

................................................................................

**04** それを買うお金がない。

................................................................................

**05** 彼らが食べ物を持ってきた。

................................................................................

**06** 調査すべき資料が多かった。（調査する：look into）

................................................................................

**07** ネイティブスピーカーと話をする機会がない。

................................................................................

**08** もう一度挑戦してみる自信がない。（自信：confidence）

................................................................................

**09** 自分の悩みを話せる誰かが必要だ。（悩み：trouble）

................................................................................

**10** 私が皿洗いをする番だった。（番：turn、皿洗いをする：do the dishes）

................................................................................

**Answer** **01** It is time to feed the dog. **02** I need some time to relax. **03** I don't have enough time to finish the job. **04** I have no money to buy it. **05** They brought something to eat. **06** I had a lot of material to look into. **07** I have no opportunities to talk with native speakers. **08** I have no confidence to try again. **09** I need someone to tell my troubles to. **10** It was my turn to do the dishes.

面白いことが起こればいいのに
もし**私が**お金持ち**なら**、海外旅行に行ける**のに**

## 1 ～ならいいのに、～なら（だったなら）よかったのに

以下のような形で「～ならいいのに」「～ならよかったのに」を表します。

---

**I wish (that)** ＋主語＋動詞の過去形／助動詞の過去形＋動詞原形
**I wish (that)** ＋主語＋ **had** ＋過去分詞

---

なにか面白いことが起こればいいのに。
I wish **something interesting** would happen.

私がスーパーマンならいいのに。
I wish **I** were **Superman.** ※1

前学期にもう少しちゃんと勉強していればよかった。
I wish (that) **I** had studied **harder last semester.**

## 2 （もし）～なら…なのに、～だったなら…だったのに

以下のような形で「（もし）～なら…なのに」「～だったら…だったのに」を表します。

---

**If** ＋主語＋動詞の過去形, 主語＋助動詞の過去形＋動詞原形
**If** ＋主語＋ **had** ＋過去分詞, 主語＋助動詞の過去形＋ **have** ＋過去分詞

---

もし私がお金持ちなら、海外旅行に行けるのに。
If **I** were **rich, I** could travel **abroad.** ※2

もし私が彼の住所を知っていたら、彼に手紙を書くのに。
If **I** knew **his address, I** would write **to him.**

十分なお金があったら、バッグが買えたのに。
If **I** had had **enough money, I** could have bought **the bag.**

　これ以外の表現としては「unless ＋主語＋動詞」（～しなければ）、otherwise/or（そうでなければ）、without（～がなければ、～がなかったならば）、with（～があれば、～があったならば）などがあります。

そこに行ってなかったら、私は彼に会えなかっただろう。
Unless **I** had gone there, **I** wouldn't have been able to meet him.

彼は忙しかったに違いない。そうでなければ彼が欠席するはずない。
**He must have been busy.** Otherwise he wouldn't have missed the class.

彼がいなければ、私は何もできない。
Without **him, I** couldn't work out anything.

※1、2　現実にありえないことを仮定する場合、be動詞はwereになります。

01 もっと背が高かったらいいのに。

02 英語を流ちょうに話せたらいいのに。（流ちょうに：fluently）

03 時間を巻き戻せたらいいのに。（巻き戻す：turn back）

04 お兄さんが欲しかったなあ。

05 彼のことをもっと詳しく知っていたらよかったのに。（詳しく：in detail）

06 彼と一緒なら、これほど退屈じゃないのに。（退屈な：bored）

07 そこにいたなら、彼の手助けができたのに。

08 車を持っていたら、彼に会いにいけるのに。

09 コンピューターがあれば、その情報を探せたのに。

10 字幕がなかったら、その映画を理解できなかっただろう。（字幕：subtitle）

**Answer** **01** I wish I were taller. **02** I wish I could speak English fluently. **03** I wish I could turn back time. **04** I wish I had a brother. **05** I wish I knew about him in more detail. **06** If I were with him, I would be less bored. **07** If I had been there, I could have helped him. **08** If I had a car, I could go to see him. **09** I could have searched for the information with a computer. **10** I couldn't have understood the movie without subtitles.

# 18 彼が私の頭をたたいた

　身体部位に何らかの動作を加えるときに使う表現方法を見ていきましょう。「彼が私を たたいた」は、He hit meと言いますが、「彼が私の頭をたたいた」のようにある身体部 位に接触した場合を表現するときは、He hit my headとは言わず、He hit me on the headのように言います。つまり「主語＋動詞＋目的語＋前置詞＋the＋身体部位」の形 で表現します。

　「～をたたく、触れる」という意味をもつ動詞、hit, strike, slap, touch, beat, tap, pat, kissなどは、一般的に前置詞onを用います。

> 彼が私の頭をたたいた。
> He beat/struck/hit me on the head.
>
> 彼が私の顔をたたいた。
> He slapped me on the face.
>
> 私は彼の肩を軽くたたいた。
> I patted him on the shoulder.
>
> 私は彼女のほおにキスをした。
> I kissed her on the cheek.

　「～をつかむ」という意味を持つ動詞、catch, seize, take, hold, grabなどはbyを前 置詞として用います。

> 彼女は彼の袖をつかんだ。
> She caught him by the sleeve.
>
> 彼は私の手をつかんだ。
> He caught me by the hand.
>
> 私は彼女の手をつかんだ。
> I took her by the hand.

look, stare, gaze, kickなどの動詞は前置詞inを用います。

> 私は彼の目を見つめた。
> I looked him in the eye.
>
> 私は彼女の顔をじっと見つめた。
> I stared her in the face.

**01** 彼が私の背中を軽くたたいた。（背中：back）

..........................................................................................

**02** 彼が急に私の頭をたたいた。（ひっぱたく：slap）

..........................................................................................

**03** 彼女の額にキスをした。（額：forehead）

..........................................................................................

**04** 彼の脚を蹴った。（脚：leg）

..........................................................................................

**05** 彼の手を引きたかった。

..........................................................................................

**06** 彼の腕をつかまえた。（つかまえる：seize）

..........................................................................................

**07** 彼は誤って私のすねを蹴った。（誤って：by mistake、すね：shin）

..........................................................................................

**08** 彼は私の顔を凝視していた。（凝視する：stare）

..........................................................................................

**09** 私は彼の目を見ることができなかった。

..........................................................................................

**10** 転ばないように彼の腕をつかんだ。（転ぶ：fall down、つかむ：grab）

..........................................................................................

**Answer** **01** He patted me on the back. **02** Suddenly, he slapped me on the head. **03** I kissed her on the forehead. **04** I kicked him in the leg. **05** I wanted to take him by the hand. **06** I seized him by the arm. **07** He kicked me in the shin by mistake. **08** He was staring me in the face. **09** I couldn't look him in the eye. **10** I grabbed him by the arm so as not to fall down.

# 19 もう少し気を付けるべきだった

should, ought to, needなどの助動詞に「have＋過去分詞」の形を用いて、過去に実現できなかった出来事に対する後悔や残念な気持ちを表現します。

---

**should have**＋過去分詞
**ought to have**＋過去分詞
**should not have**＋過去分詞
**ought not to have**＋過去分詞
**need not have**＋過去分詞

---

もう少し気を付けるべきだった。
I should have been **more careful.**

それをあらかじめ確認しておくべきだった。
I should have checked **it in advance.**

彼は彼女のアドバイスに従うべきだった。
He ought to have taken **her advice.**

時間を無駄にするべきではなかった。
I should not have wasted **my time.**

傘を持ってくる必要はなかった。
I need not have brought **the umbrella.**

以下のような形で、未来を表す動詞wish, hope, intendを用いて後悔や残念な気持ちを表現することもあります。

---

**had**＋未来を表す動詞の過去分詞＋**that**＋主語＋助動詞の過去形＋動詞原形
**had**＋未来を表す動詞の過去分詞＋**to**＋動詞原形
未来動詞の過去形＋**to**＋**have**＋過去分詞

---

昨日、彼女に会うことを願っていた（しかし会えなかった）。
I had hoped that I would **see her yesterday.**
I had hoped to **see her yesterday.**
I hoped to have **seen her yesterday.**
I hoped to **see her yesterday, but I couldn't.**

彼を煩わせるつもりはなかった（しかし煩わせてしまった）。
I hadn't intended to **annoy him.**

01 何か食べておくべきだった。

. . . . . . . . . . . . . . . . . . . . . . . . . . . . . . . . . . . . . . . . . . . . . . . . . . . . . . . . . . . . . . . . . . . . . . . . . . . . . . . . . . . . . . .

02 昨夜、何も食べるべきではなかった。（昨夜：last night）

. . . . . . . . . . . . . . . . . . . . . . . . . . . . . . . . . . . . . . . . . . . . . . . . . . . . . . . . . . . . . . . . . . . . . . . . . . . . . . . . . . . . . . .

03 そんなことを尋ねるべきではなかった。（そんなこと：such a thing）

. . . . . . . . . . . . . . . . . . . . . . . . . . . . . . . . . . . . . . . . . . . . . . . . . . . . . . . . . . . . . . . . . . . . . . . . . . . . . . . . . . . . . . .

04 彼にもっと親切にするべきだった。

. . . . . . . . . . . . . . . . . . . . . . . . . . . . . . . . . . . . . . . . . . . . . . . . . . . . . . . . . . . . . . . . . . . . . . . . . . . . . . . . . . . . . . .

05 彼と争うべきではなかった。（争う：fight）

. . . . . . . . . . . . . . . . . . . . . . . . . . . . . . . . . . . . . . . . . . . . . . . . . . . . . . . . . . . . . . . . . . . . . . . . . . . . . . . . . . . . . . .

06 それを肝に銘じておくべきだった。（〜を肝に銘じる：keep 〜 in mind）

. . . . . . . . . . . . . . . . . . . . . . . . . . . . . . . . . . . . . . . . . . . . . . . . . . . . . . . . . . . . . . . . . . . . . . . . . . . . . . . . . . . . . . .

07 彼の言葉に耳を傾けるべきだった。（言葉に耳を傾ける：listen to）

. . . . . . . . . . . . . . . . . . . . . . . . . . . . . . . . . . . . . . . . . . . . . . . . . . . . . . . . . . . . . . . . . . . . . . . . . . . . . . . . . . . . . . .

08 高価なコンピューターなど買うべきではなかった。（高価な：expensive）

. . . . . . . . . . . . . . . . . . . . . . . . . . . . . . . . . . . . . . . . . . . . . . . . . . . . . . . . . . . . . . . . . . . . . . . . . . . . . . . . . . . . . . .

09 そのデパートに行くつもりはなかった。（デパート：department store）

. . . . . . . . . . . . . . . . . . . . . . . . . . . . . . . . . . . . . . . . . . . . . . . . . . . . . . . . . . . . . . . . . . . . . . . . . . . . . . . . . . . . . . .

10 もっと安いコンピューターを買いたいと思っていた。（もっと安い：cheaper）

. . . . . . . . . . . . . . . . . . . . . . . . . . . . . . . . . . . . . . . . . . . . . . . . . . . . . . . . . . . . . . . . . . . . . . . . . . . . . . . . . . . . . . .

**Answer** **01** I should have eaten something. **02** I should not have eaten anything last night. **03** I should not have asked such a thing. **04** I should have been kinder to him. **05** I should not have fought with him. **06** I should have kept it in mind. **07** I should have listened to him. **08** I should not have bought an expensive computer. **09** I hadn't intended to go to the department store. **10** I had hoped to buy a cheaper computer.

## バスケットボール選手くらい背が高ければいいのになあ

以下のような形で「〜くらい（ほど）…な」「〜くらい（ほど）…ではない」を表します。

as 〜 as ...
not so (as) 〜 as ...
less 〜 than ...

バスケットボール選手くらい背が高ければいいのになあ。
I wish I were as tall as a basketball player.

私は兄ほど思慮深くはなれない。
I am not so thoughtful as my brother.
I am less thoughtful than my brother.

「〜のように…な」は以下のようにたくさんの表現があります。

### A. 動物の比ゆ表現

as hungry as a bear　熊のようにおなかをすかせた
as weak as a kitten　子猫のように弱々しい
as happy as a lark　ヒバリのように楽しそうな
as poor as a church mouse
（教会に住むネズミのように）非常に貧しい

as fat as a pig　豚のように太った
as strong as an ox　雄牛のように強い
as quiet as a mouse　ネズミのように静かな
as blind as a bat　コウモリのように目の見えない

as wise as an owl　フクロウのように賢い
as sly as a fox　キツネのようにずる賢い
as meek as a lamb　子羊のように従順な
as stubborn as a mule　ラバのように頑固な
as playful as a puppy　子犬のようにやんちゃな
as graceful as a swan　白鳥のように優雅な

as busy as a bee　ミツバチのように忙しい
as silly as sheep　羊のように愚かな
as fierce as a lion　ライオンのように荒々しい
as fast as a hare　野ウサギのように速い
as slow as a snail　カタツムリのようにのろまな
as big as a cow　牛のように大きな

### B. 植物の比ゆ表現

as alike as two peas
エンドウ豆のようにそっくりな
as fresh as a daisy
ヒナギクのようにはつらつとした

as cool as a cucumber
キュウリのように冷静な、落ち着いた
as green as grass　草のように緑の、青二才の

### C. そのほかの比ゆ表現

as true as steel　鋼鉄のように忠実な
as white as snow　雪のように白い
as cold as ice　氷のように冷たい
as hard as iron　鉄のように硬い
as tough as leather　革のように丈夫な
as different as night and day　昼と夜のように違った
as comfortable as an old shoe　履きなれた靴のように心地よい

as sharp as a razor　カミソリの刃のように鋭い
as neat as a new pin　新しいピンのようにこぎれいな
as firm as a rock　岩のように堅固な
as sweet as honey　蜂蜜のように甘い
as easy as ABC　ABCのように易しい

**01** 彼は私と同じくらい独特だ。（独特な：unusual）

......................................................................

**02** 彼は私と同程度に神経質だ。（神経質な：sensitive）

......................................................................

**03** 彼は私の父と同様に保守的だ。（保守的な：conservative）

......................................................................

**04** 彼は私の兄ほど洗練されていない。（洗練された：stylish）

......................................................................

**05** このかばんは期待していたほど大きくない。（期待する：expect）

......................................................................

**06** 私は彼と同じくらいうまく泳げる。

......................................................................

**07** 彼はキュウリのようにいつも冷静だ。（慣用句）

......................................................................

**08** その仕事はABC並みに易しい。

......................................................................

**09** 彼はキツネのごとくずる賢くなった。

......................................................................

**10** いとこは子犬みたいにやんちゃだ。（いとこ：cousin）

......................................................................

**Answer**　**01** He is as unusual as me. **02** He is as sensitive as me. **03** He is as conservative as my father. **04** He is not as stylish as my brother. **05** This bag is not as big as I expected. **06** I can swim as well as him. **07** He is always as cool as a cucumber. **08** The job is as easy as ABC. **09** He became as sly as a fox. **10** My cousin is as playful as a puppy.

今日は昨日よりも涼しい
私はもっと安いものが欲しかった

## 1 〜よりもっと…な

「形容詞／副詞＋ –er than 〜」の形で比較級を表現します。このとき、形容詞や副詞が三音節以上の場合は「more ＋形容詞／副詞＋ than 〜」の形を用いますが、以下の単語は不規則な形をとるので注意が必要です。

| | |
|---|---|
| good/well — better — best | bad/ill — worse — worst |
| many/much — more — most | little（少量の）— less — least |

今日は昨日よりも涼しい。
It's cooler today than it was yesterday.

彼は私にもう少し長くとどまるよう言った。
He asked me to stay a bit longer.

家より図書館で勉強するほうがいい。
It's better to study in the library than at home.

もう少し食べたかった。
I wanted to have some more.

私は友人たちよりも流行に敏感なほうだ。
I tend to be more fashion-conscious than my friends.

レストランは普段よりもたくさんのお客さんで混み合っていた。
The restaurant was more crowded than usual.

私は肉を控えて野菜をもっと取るように努力した。
I tried to eat less meat and more vegetables.

## 2 〜よりはるかに（もっと）…な

比較級を強調するためには、比較級のまえにmuch, still, far, a lot, evenを用います。

私はもっと安いものが欲しかった。
I wanted something much cheaper.

そのバッグは私が思っていたよりもはるかに高かった。
The bag was much more expensive than I expected.

オンライン通販のほうがカタログ通販よりもずっと値段が安い傾向にある。
On-line shopping tends to be a lot cheaper than catalog shopping.

その服を着ると、いつもよりずっとやせて見えるようだ。
I seem to look even more slender in the clothes.

## Let's Practice!

**01** 今日は昨日よりも暖かい。（暖かい：warm）

...............................................................................................................................................

**02** 彼のことをもっと知る必要がある。（〜する必要がある：need to 〜）

...............................................................................................................................................

**03** 彼は私が思っていたよりも思慮深かった。（思慮深い：thoughtful）

...............................................................................................................................................

**04** 彼は私よりも情熱的だ。（情熱的な：passionate）

...............................................................................................................................................

**05** このソファーは、あなたのよりも心地よい。（心地のよい：comfortable）

...............................................................................................................................................

**06** 彼女は映画スターよりもゴージャスだ。（ゴージャスな：gorgeous）

...............................................................................................................................................

**07** 彼はコメディアンよりも面白い。（コメディアン：comedian）

...............................................................................................................................................

**08** 私のボーイフレンドは、彼よりもはるかに人柄がいい。（人柄がよい：good-natured）

...............................................................................................................................................

**09** このプロジェクトは、あなたのものよりもずっと重要だ。（プロジェクト：project）

...............................................................................................................................................

**10** 私はメアリーよりも、ずっと活発だ。（活発な：active）

...............................................................................................................................................

**Answer** **01** It is warmer today than yesterday. **02** I need to know more about him. **03** He was more thoughtful than I expected. **04** He is more passionate than I. **05** This sofa is more comfortable than yours. **06** She is more gorgeous than a movie star. **07** He is funnier than comedians. **08** My boyfriend is much more good-natured than him. **09** This project is much more important than yours. **10** I am even more active than Mary.

あのころが一番幸せだった
今まで見た**映画**の中で最悪だった

## 1 最も～な

最上級は一般的に「the ＋形容詞／副詞＋ –est」で表現され、形容詞や副詞が三音節以上の場合は主に「the most ＋形容詞／副詞」の形を用いて表現します。

あのころが一番幸せだった。
I was the happiest at that time.

それが一番重要なことではない。
It isn't the most important thing.

今日が私の人生で一番悲しい日だと感じた。
Today seemed to be the saddest day of my life.

このプレゼントは私が一番欲しかったものだ。
The present is what I wanted the most.

彼はクラスで一番太っている。
He is the fattest of all his classmates.

私は健康が一番大切だと思っている。
I consider health is the most important.

練習することが英語を勉強する上で一番重要なことだと思う。
I think practice is the most important thing in learning English.

一番近いレストランを探した。
I looked for the nearest restaurant.

観覧車が一番高いところまで登ったときは、少し怖かった。
When the Ferris wheel went up to the highest point, I was a little scared.

## 2 今まで～した中で一番…な

「最上級＋I have ever＋過去分詞」の形で経験を基にした最上級を表現することができます。

それは今まで見た映画の中で最悪だったと思う。
I think it is the worst movie I've ever seen.

それは私がしてきた中でも最悪の失敗だった。
It was the worst mistake I'd ever made.

そのスカートは私が今まで着たことのある中で一番すてきだった。
It was the most graceful skirt I'd ever tried on.

彼は私が今まで会った人の中で一番面白い人だった。
He was the funniest person I'd ever met.

**01** 彼は私の一番の友達だ。

．．．．．．．．．．．．．．．．．．．．．．．．．．．．．．．．．．．．．．．．．．．．．．．．．．．．．．．．．．．．．．．．．．．．

**03** 練習こそが英語を学ぶための一番よい方法だ。（練習：practice）

．．．．．．．．．．．．．．．．．．．．．．．．．．．．．．．．．．．．．．．．．．．．．．．．．．．．．．．．．．．．．．．．．．．．

**03** この映画が一番素晴らしかった。（素晴らしい：impressive）

．．．．．．．．．．．．．．．．．．．．．．．．．．．．．．．．．．．．．．．．．．．．．．．．．．．．．．．．．．．．．．．．．．．．

**04** 彼は私の会社で一番の人気者だ。（人気のある：popular）

．．．．．．．．．．．．．．．．．．．．．．．．．．．．．．．．．．．．．．．．．．．．．．．．．．．．．．．．．．．．．．．．．．．．

**05** 彼は私たちのグループで一番前向きなメンバーだ。

．．．．．．．．．．．．．．．．．．．．．．．．．．．．．．．．．．．．．．．．．．．．．．．．．．．．．．．．．．．．．．．．．．．．

**06** 一番難しいのは、彼の提案を拒否することだった。（拒否する：refuse）

．．．．．．．．．．．．．．．．．．．．．．．．．．．．．．．．．．．．．．．．．．．．．．．．．．．．．．．．．．．．．．．．．．．．

**07** それは私の人生で一番幸せな瞬間だった。（瞬間：moment）

．．．．．．．．．．．．．．．．．．．．．．．．．．．．．．．．．．．．．．．．．．．．．．．．．．．．．．．．．．．．．．．．．．．．

**08** それは一番忘れられない思い出の一つだ。（忘れられない：unforgettable）

．．．．．．．．．．．．．．．．．．．．．．．．．．．．．．．．．．．．．．．．．．．．．．．．．．．．．．．．．．．．．．．．．．．．

**09** それは私が経てきた経験の中で、一番スリルに富んだものだった。（スリルに富んだ：thrilling）

．．．．．．．．．．．．．．．．．．．．．．．．．．．．．．．．．．．．．．．．．．．．．．．．．．．．．．．．．．．．．．．．．．．．

**10** 彼はこれまで出会った人の中で、一番の社交家だ。（社交的な：sociable）

．．．．．．．．．．．．．．．．．．．．．．．．．．．．．．．．．．．．．．．．．．．．．．．．．．．．．．．．．．．．．．．．．．．．

**Answer** **01** He is my best friend. **02** Practice is the best way to learn English. **03** This movie was the most impressive. **04** He is the most popular person in my company. **05** He is the most positive member in my group. **06** The hardest thing was to refuse his proposal. **07** It was the happiest moment of my life. **08** It is one of my most unforgettable memories. **09** It was the most thrilling experience I've ever had. **10** He is the most sociable person I've ever met.

## 彼はいつも遅れて来る

　以下の単語は回数の程度によって分類した頻度を表す副詞です。これらの副詞は文の中で普通、一般動詞の前かbe動詞や助動詞の後ろに位置します。

---

**always**：いつでも、いつも
**usually**：普段、一般的に、だいたい
**often**：よく、しばしば、しょっちゅう、頻繁に
**sometimes**：時々、時たま、たまに
**rarely/seldom/hardly/scarcely**：珍しく、めったに〜ない、ほとんど〜ない
**never**：一度も〜ない、決して〜ない

---

彼はいつも遅れて来る。
He always comes late.

私はいつも勤勉に仕事をするよう努めている。
I always try to be an industrious worker.

私は普段テレビを見過ぎてしまう。
I usually watch too much TV.

私は夜、だいたい家にいる。
I am usually at home in the evenings.

私はよく彼を訪ねる。
I often visit him.

インターネットの接続がしばしば切れる。
I often get disconnected from the internet.

私は時々食べ過ぎる。
I sometimes eat too much.

彼はめったに遅刻しない。
He is rarely late.

興奮を抑えきれなかった。
I could hardly contain my excitement.

夜12時より早く寝ることはほとんどない。
I hardly ever go to bed before midnight.

私は海外に行ったことがない。
I have never been abroad.

私は自分のしたことを気に病むことは決してしない。
I never brood over what I did.

**01** 私は普段、1日に1時間コンピューターゲームをして過ごす。（過ごす：spend）

.........................................................................................

**02** 週末にはよくネットサーフィンを楽しむ。（週末に：on weekends）

.........................................................................................

**03** コンピューターのウイルスをたびたびチェックする。（チェックする：check）

.........................................................................................

**04** オンラインではめったに買い物をしない。

.........................................................................................

**05** 時々、友達とカラオケに行く。

.........................................................................................

**06** 決してインターネットから無料で曲をダウンロードなどしません。

.........................................................................................

**07** 時々、彼とインターネットでチャットする。（チャットする：chat）

.........................................................................................

**08** 彼はめったに私のメールに返事をしない。（返事する：reply）

.........................................................................................

**09** 作業したものは頻繁にバックアップしておくとよい。（バックアップする：back up）

.........................................................................................

**10** インターネットにメッセージを投稿することはほとんどない。（投稿する：post）

.........................................................................................

**Answer** **01** I usually spend one hour a day playing computer games. **02** I often enjoy surfing the internet on weekends. **03** I often check for a computer virus. **04** I rarely shop online. **05** I sometimes go to karaoke with my friends. **06** I'll never download songs for free from the internet. **07** I sometimes chat with him on the internet. **08** He seldom replies to my emails. **09** It is good to back up your work often. **10** I hardly ever post messages on the internet.

# 24 後悔しても仕方がない

「覆水盆に返らず」を英語にすると「ミルクをこぼして泣いても仕方がない」という表現になります。このように「〜しても仕方がない」という意味は以下のような構文で表現します。

---

**There is no use –ing**
**It is no use –ing**
**It is of no use to ＋動詞原形**
**It is useless to ＋動詞原形**

---

後悔しても仕方がない。
There is no use **having regrets.**
It is no use **having regrets.**
It is of no use to **have regrets.**
It is useless to **have regrets.**

覆水盆に返らず。
There is no use **crying over spilt milk.**
It is no use **crying over spilt milk.**
It is of no use to **cry over spilt milk.**
It is useless to **cry over spilt milk.**

このほかuseを使って「使い道、用途」を表す表現には以下のようなものがあります。

有用だ。
**It is** of use.
**It is** useful.

とても役に立つ。
**It is** of great use.

何の役にも立たない。
**It is** of no use **whatsoever.**

それはもう役に立たない。
**It is** of no use **any longer.**

それは今使用中だ。
**It is** in use.

# Let's Practice!

**01** 彼に相談しても何の役にも立たなかった。

.....................................................................................................

**02** どんな努力をしても無駄だった。（努力をする：make 〜 effort）

.....................................................................................................

**03** 後で悔いても仕方がない。（悔いる：repent）

.....................................................................................................

**04** 失敗した後で悔いてもどうにもならない。（失敗する：make a mistake）

.....................................................................................................

**05** 彼に電話しても無駄だった。（電話する：call）

.....................................................................................................

**06** 泣いてもどうにもならないことは分かっている。

.....................................................................................................

**07** 彼に謝っても仕方がない。（謝る：apologize）

.....................................................................................................

**08** その会社に応募しても無駄だ。（応募する：apply）

.....................................................................................................

**09** そんな種類のペンはもう役に立たない。（種類：kind）

.....................................................................................................

**10** その道具はとても役に立つ。（道具：tool）

.....................................................................................................

**Answer** **01** It was no use talking to him. **02** It was no use making any effort. **03** There is no use repenting later. **04** It is useless to repent after making a mistake. **05** There was no use calling him. **06** I know it is no use crying. **07** There is no use apologizing to him. **08** It is useless to apply to that company. **09** That kind of pen is of no use any longer. **10** The tool is of great use.

# 25 今年はトレーニングするつもりだ

以下のような形で「〜するつもりだ」などの「予定」を表します。

**will** ＋動詞原形：〜するつもりだ
**be going to** ＋動詞原形：〜するつもりだ、予定だ
主に開始・移動を表す動詞 (**come, go, start, leave, arrive, visit**)：現在時制や現在進行形で未来を表現
**be supposed to** ＋動詞原形：〜することになっている
**be to** ＋動詞原形：〜する予定だ
**be about to** ＋動詞原形：ちょうど〜しようとする
**be at the point of –ing**：ちょうど〜しようとしていたところ

今年はトレーニングするつもりだ。
I will **work out this year.**

彼とテニスをする予定だ。
I am going to **play tennis with him.**

今日は私が払うつもりだった。
Today I was going to **foot the bill.**

来週、彼に真実を告げるつもりだ。
I am going to **tell him the truth next week.**

今にも雨が降りそうだ。
It is going to **rain soon.**

私たちはあしたの朝出発する。
We start **tomorrow morning.**

私はあしたソウルへ発つ。
I am leaving **for Seoul tomorrow.**

彼はあしたここに来るはずだった。
He was supposed to **come here tomorrow.**

私は今日発表する予定だった。
I was to **make a presentation today.**

ちょうど外出しようとしたところだった。
I was about to **go out.**

ちょうど彼に電話をしようとしていたとき、呼び鈴が鳴った。
When I was about to **call him, the doorbell rang.**

ちょうど出発しようとしたところだった。
I was at the point of **leaving.**

## Let's Practice!

**01** 私たちは次の休暇、北海道に行く。（休暇：vacation）

.....................................................................................................................

**02** ちょうど兄が羽田空港に到着するところだ。（到着する：arrive）

.....................................................................................................................

**03** 私たちは彼のためにサプライズパーティーを計画するつもりだ。（計画する：plan）

.....................................................................................................................

**04** 彼は明日その会議に出席することになっている。（出席する：attend）

.....................................................................................................................

**05** それについてのデータを彼に送るつもりだ。（送る：send）

.....................................................................................................................

**06** ちょうどそのプログラムを始めようとしたところだった。（始める：start）

.....................................................................................................................

**07** 来月、社長が私たちを訪ねてくる予定だ。（社長：president）

.....................................................................................................................

**08** 次の週末、東京を離れる。（離れる：leave）

.....................................................................................................................

**09** この冬、ゴルフのやり方を習う予定だ。（やり方：how to ～）

.....................................................................................................................

**10** ちょうど契約書にサインしようとしたところだった。（契約書：contract）

.....................................................................................................................

**Answer** **01** We are going to Hokkaido for our next vacation. **02** My brother is about to arrive at Haneda Airport. **03** We are going to plan a surprise party for him. **04** He is supposed to attend the meeting tomorrow. **05** I am going to send him some data about it. **06** I was about to start the program. **07** The president is to visit us next month. **08** I leave Tokyo next weekend. **09** I am going to learn how to play golf this winter. **10** I was at the point of signing the contract.

# 26 私は立派な先生になりたい

以下のような形で「〜したい」などの「希望」を表します。

---

**want to** ＋動詞原形：〜することを望む、〜したい

**would like to** ＋動詞原形：〜したい

**hope to** ＋動詞原形：〜することを願う

**hope that** ＋主語＋動詞：〜が…するのを願う

**look forward to –ing**：〜を楽しみにする

**feel like –ing**：〜したい、〜したい気分だ

**feel inclined to** ＋動詞原形：〜したくなる

**can't wait to**：とても〜したい、早く〜したい

**long to** ＋動詞原形：〜するのを熱望する、絶対に〜したい

**yearn to** ＋動詞原形：〜するのを渇望する

**be eager to** ＋動詞原形：〜するのを切実に願う、どうしても〜したい

---

私は立派な先生になりたい。
I want to be a good teacher.

一人でいたい。
I'd like to stay alone.

すてきな人に出会えることを願っていた。
I hoped to meet a nice person.

彼が早く回復することを願う。
I hope he will get well again soon.

私は彼と会うのを楽しみにしている。
I am looking forward to seeing him.

映画を見に行きたかった。
I felt like going to the movies.
I felt inclined to go to the movies.

私はあまり仕事がしたくなかった。
I didn't feel much inclined to work.

撮った写真を早く見たかった。
I couldn't wait to see the picture that I had taken.

私は絶対にその国に入国したい。
I long to enter the country.

私は大好きな歌手にどうしても会いたかった。
I yearned to meet my favorite singer.

私はどうしても映画を見に行きたかった。
I was eager to go to the movies.

**01** 本当にそのミュージカルを見たかった。（ミュージカル：musical）

........................................................................................

**04** あなたのサインをいただきたいのです。（サイン：autograph）

........................................................................................

**03** 彼と握手したかった。（握手する：shake hands）

........................................................................................

**04** あなたの愛が永遠であることを願う。（永遠の：endless）

........................................................................................

**05** 彼に私の愛情を表現したい気分だった。

........................................................................................

**06** 今度の海外旅行を楽しみにしている。（海外行きの：overseas）

........................................................................................

**07** 早く冷たいシャワーを浴びたい。（冷たいシャワー：cold shower）

........................................................................................

**08** 犬をお風呂に入れたかった。（入浴させる：bathe）

........................................................................................

**09** どうしても猫をペットにしたい。（ペットとして：as a pet）

........................................................................................

**10** 父と釣りに行きたくてたまらない。

........................................................................................

**Answer** **01** I really wanted to see the musician. **02** I'd like to get your autograph. **03** I wanted to shake hands with him. **04** I hope your love will be endless. **05** I felt like expressing my love to him. **06** I'm looking forward to this overseas trip. **07** I can't wait to take a cold shower. **08** I wanted to bathe the dog. **09** I am eager to have a cat as a pet. **10** I long to go fishing with my father.

# 27 彼は私が誰に対しても親切だと言った

ほかの人が話したことを引用して文章で表す場合、文の種類によってその伝達方式が変わってきます。まず元の文が平叙文の時は伝達動詞としてsay, tellを用い、会話の内容をthat節で表した後、人称と時制を一致させます。

彼は私が誰に対しても親切だと言った。
He said, "You are kind to everyone."
→ He said that I was kind to everyone.

彼は私に一度会ったことがあると言った。
He said to me, "I have seen you once."
→ He told me that he had seen me once.

疑問文で話したことを言い換える時は伝達動詞としてaskまたはinquire ofを用います。疑問詞がない疑問文の場合は「if / whether＋主語＋動詞」、疑問詞がある疑問文の場合は「疑問詞＋主語＋動詞」の語順で用います。頼み事や勧誘を表す時は「ask＋目的語＋to＋動詞原形」の形を用います。

彼が私に音楽を聞くのは好きかと尋ねた。
He asked me, "Do you like to listen to music?"
→ He asked me if [whether] I liked to listen to music.

彼が私に何をしているのかと尋ねた。
He asked me, "What are you doing?"
→ He asked me what I was doing.

彼に私を車で迎えに来てもらえるか尋ねた。
I said to him, "Could you pick me up?"
→ I asked him to pick me up.

命令文の文を言い換えるときは伝達動詞tell, order, advise, askなどを使って「伝達動詞＋目的語＋to＋動詞原形」の形で用います。

彼が私に窓を閉めるように言った。
He said to me, "Close the window."
→ He told me to close the window.

彼は私にもう少し一生懸命働くように言った。
He said to me, "You had better work harder."
→ He advised me to work harder.

**01** 彼はサッカーに熱中していると言った。（〜に熱中している：be crazy about 〜）

.......................................................................................................................

**02** 彼は私にサッカーの試合を見るのが好きだと言った。

.......................................................................................................................

**03** 彼は私にサッカーのルールを知っているかと尋ねた。

.......................................................................................................................

**04** 彼は毎日ボールを蹴る練習をしていると言った。

.......................................................................................................................

**05** 彼は自分たちが試合に3連勝できると言った。（続けて：in a row）

.......................................................................................................................

**06** 彼は私に好きなサッカー選手は誰かと尋ねた。

.......................................................................................................................

**07** 彼は私にサッカーの試合を一緒に見に行ってと頼んだ。

.......................................................................................................................

**08** 彼らは雨のせいで試合が中止になったと言った。（中止する：call off）

.......................................................................................................................

**09** 彼になぜけがをしたのかと尋ねた。（けがする：be hurt）

.......................................................................................................................

**10** 彼にもっと気を付けるようにと言った。

.......................................................................................................................

**Answer**　**01** He said that he was crazy about soccer. **02** He told me that he liked to watch soccer games. **03** He asked me whether I knew the rules of soccer. **04** He said that he practiced kicking balls every day. **05** He said that they could win three games in a row. **06** He asked me who my favorite soccer player was. **07** He asked me to go see the soccer game with him. **08** They said that the game was called off because of the rain. **09** I asked him why he was hurt. **10** I told him to be more careful.

# 28 私は何をするべきか分からなかった

「疑問詞＋to不定詞」の構文は文の中で名詞句の役割をし、主語、目的語、補語として使われます。「疑問詞＋主語＋should＋動詞」の形に変えて使うこともできます。

**what to** ＋動詞原形：何を～すべきか

**who to** ＋動詞原形：誰が～すべきか、誰を～すべきか

**when to** ＋動詞原形：いつ～すべきか

**where to** ＋動詞原形：どこで～すべきか

**which one to** ＋動詞原形：どんなもの／どれを～すべきか

**how to** ＋動詞原形：どうやって～すべきか、～する方法

**whether to** ＋動詞原形：～すべきか

**whether to** ＋動詞原形＋ **or not**：～すべきかしないべきか

私は何をすべきか分からなかった。
**I didn't know** what to do.

私はいつ出発するのか知りたかった。
**I wanted to know** when to start.

問題はいつその仕事を終わらせるかということだった。
**The problem was** when to finish **the work.**

私は彼といつ会うべきか分からなかった。
**I didn't know** when to meet **him.**
**I didn't know** when I should meet **him.**

彼が私にどこへ行けばいいのか教えてくれた。
**He told me** where to go.
**He told me** where I should go.

どれを買うべきか決められなかった。
**I couldn't decide** which one to buy.

どのかばんを選ぶべきか分からなかった。
**I didn't know** which bag to choose.
**I didn't know** which bag I should choose.

私は運転ができない。
**I don't know** how to drive **a car.**
**I don't know** how I should drive **a car.**

私はコンピューターの使い方が分からない。
**I don't know** how to use **the computer.**

行くべきかやめるべきかを決めるのが難しかった。
**It was difficult for me to decide** whether to go or not.

## Let's Practice!

**01** 明日何をすべきか考え中だ。

.......................................................................

**02** 何を言うべきか分からなかった。

.......................................................................

**03** このような状況で何をすべきか分からなかった。

.......................................................................

**04** 何を注文すべきかすぐに決められなかった。（注文する：order）

.......................................................................

**05** 誰と結婚すべきか決められなかった。（結婚する：marry）

.......................................................................

**06** どこで降りるべきか彼に尋ねた。（降りる：get off）

.......................................................................

**07** 彼はコンピューターの操作方法を知らない。（操作する：operate）

.......................................................................

**08** 私たちは火災に対処する方法を知らなければならない。（対処する：deal with）

.......................................................................

**09** どの料理を作るべきか考え中だ。（料理：dish）

.......................................................................

**10** 英語で感情を表現する方法を知りたい。（表現する：express）

.......................................................................

**Answer** **01** I am thinking about what to do tomorrow. **02** I didn't know what to say. **03** I didn't know what to do in this situation. **04** I couldn't decide quickly what to order. **05** I couldn't decide who to marry. **06** I asked him where to get off. **07** He doesn't know how to operate a computer. **08** We have to know how to deal with fire. **09** I am thinking about which dish to make. **10** I want to know how to express feelings in English.

英語日記を書くのに便利な接続表現には以下のようなものがあります。

1　**しかも、さらに、また**

　in addition, additionally, moreover, furthermore, besides, what is more, also, too, as well

2　**同じように、同様に、似たように**

　similarly, likewise, in the same way, equally

3　**一方、対照的に、そうではなくて**

　on the other hand, as opposed to, unlike, instead, in contrast, contrastingly, contrary to, whereas

4　**しかし、それにもかかわらず**

　however, yet, but, nevertheless, despite, in spite of, although, nonetheless, notwithstanding, for all, with all, yet

5　**そして、したがって、結果的に**

　thus, therefore, consequently, hence, in consequence, so, as a result, accordingly

6　**簡単に言うと、要するに、結局**

　in brief, in short, in conclusion, to conclude, in summary, essentially, eventually

7　**例えば**

　for example, for instance, such as

8　**すなわち、言い換えると**

　namely, in other words, that is to say, that is, so to speak

**01** その映画は感動的な上に笑える。（笑える：funny）

....................................................................................

**02** 私はいつも寝るのが遅い、したがって起きるのが遅い。

....................................................................................

**03** 彼は素敵だ。その上、心が温かい。（心の温かい：warm-hearted）

....................................................................................

**04** 欠点はあるけれど、私は彼を愛している。（欠点：fault）

....................................................................................

**05** 品質は良い。だが一方で、非常に値が張る。（品質：quality）

....................................................................................

**06** 同じように、私もその雑誌が欲しかった。（雑誌：magazine）

....................................................................................

**07** 彼は私に何度も嘘をついた。それでもなお、私は彼を信じている。（信じる：trust）

....................................................................................

**08** もう行かなければ。そして、君も同様だ。

....................................................................................

**09** すしや天ぷらのような伝統的な日本料理の多くを好んでいる。

....................................................................................

**10** すべての問題を解くことはできない。すなわち、私は天才ではない。（天才：genius）

....................................................................................

**Answer** **01** The movie is impressive. Moreover, it's funny. **02** I always go to bed late; therefore I wake up late. **03** He is nice. In addition, he is warm-hearted. **04** I love him despite his faults. **05** Its quality is good. On the other hand, it is expensive. **06** Likewise, I wanted to have the magazine. **07** He told me lies several times; nevertheless, I trust him. **08** I must go now, and you likewise should go. **09** I like a lot of traditional Japanese food, such as sushi or tempura. **10** I can't solve all the questions; that is, I am not a genius.

# 30 彼は私に会った途端、逃げ出した

以下のように時間の接続表現を使って「時」を表すことができます。

---

〜した途端：**as soon as, upon –ing**

〜する時：**when, as, in –ing**

〜の間：**while**

〜しながら：**as**

〜してようやく…する：**not ... until 〜**

〜するまで：**until**

---

彼は私に会った途端逃げ出した。
**He ran away** upon **seeing me.**

私が家に着いた途端、雨が降り出した。
As soon as **I came home, it started to rain.**

雪が降ったら、表へ出てあちこち走り回りたい。
When **it snows, I want to go out and run here and there.**

運転をするときは気を付けなければいけない。
When **we drive a car, we should be careful.**
**We should be careful** when **driving a car.**

私がいない間に誰かから電話が来た。
While **I was away, someone called me.**

その手紙を書き終えてから、もう一言書き加えたくなった。
As **I ended the letter, I wanted to say one more thing.**

今日になって初めてその知らせを聞いた。
**I** didn't **hear the news** until **today.**
Not until **today did I hear the news.**

私は彼が戻ってくるまでそこで待っていた。
**I was waiting there** until **he came back.**

時間を表す副詞句には以下のようなものがあります。

| | | | |
|---|---|---|---|
| 今 now | | 今日 today | |
| 昨日 yesterday | | おととい the day before yesterday | |
| あした tomorrow | | あさって the day after tomorrow | |
| 先週 last week | | 来週 next week | |
| 先週の今日 a week ago today | | 来週の今日 a week from today | |
| 一週間前 a week ago | | 一週間後 a week later | |
| 昨年 last year | | 一昨年 the year before last | |
| 来年 next year | | 再来年 the year after next | |

昨年の今ごろ　at this time last year
次の日曜日に　on this coming Sunday
毎月　every month, each month
隔日　every two days, every other day

来年の今ごろ　at this time next year
毎日　every day, each day
隔週　every two weeks, every other week

　時間を表す文によく使われる熟語を以下に挙げました。しっかり覚えて英語日記にどんどん使ってみましょう。

初めて　for the first time
最初は　at first
ただちに　at once, in no time, right away, right now
同時に　at the same time
〜の後すぐに　right after
やがて、しばらくして　after a while, before long
突然　all at once, all of a sudden, without notice
ついに、結局　at last, in the end, in the long run, after all
しばらくの間　for a minute, for a while, for a short time, for a little while
長い間　for ages, for years, for a long time
最近　these days, of late, lately, recently
その当時　in those days
昔々　once upon a time
今まで　so far, up to now, until now
これからは　from now on, in the future
あとで　later on, some time later, in the future
時々　now and then, from time to time, once in a while
断続的に　on and off
〜中に　in the course of, in the middle of
永遠に　forever, for good

## Let's Practice!

**01** 彼が到着した時、私は料理をしているところだった。

**02** ラジオを聞いている間に寝入ってしまった。（寝入る：fall asleep）

**03** 彼に会ったらすぐに、抱き締めるつもりだ。（抱き締める：hug）

**04** 友達と一緒にいる時は心地よく感じる。（心地よく感じる：feel comfortable）

**05** 漫画本を読みながら大声で笑った。（大声で：loudly）

**06** 今日になるまで彼の到着時間を知らなかった。（到着：arrival）

**07** 彼がドアを開けるまで、私たちはここで待つつもりだ。

**08** 彼はおととい私に別れの挨拶をした。（別れの挨拶をする：say good-bye）

**09** 私たちは1週おきに祖母の家を訪ねる。

**10** 私たちは2人同時に彼の質問に答えた。

**Answer** **01** When he arrived, I was cooking. **02** While I was listening to the radio, I fell asleep. **03** Right after I meet him, I'm going to hug him. **04** I feel comfortable when I am with my friends. **05** While I was reading a comic book, I laughed loudly. **06** I didn't know his arrival time until today. **07** We will wait here until he opens the door. **08** He said good-bye to me the day before yesterday. **09** We visit my grandmother every other week. **10** We both answered his question at the same time.

# CHAPTER
# 01

## 天気・季節

## よい天気

| | |
|---|---|
| ・天気がよかった。 | It was fine. |
| ・日差しが明るかった。 | It was sunny. |
| ・のどかに晴れ渡っていた。 | It was serene. |
| | ＊ serene　平穏な、のどかな、美しく晴れ渡った |
| ・明るく晴れていた。 | It was bright. |
| ・爽快な天気だった。 | It was balmy. |
| | ＊ balmy　かぐわしい、気分のよい、爽快な |
| ・気持ちのよい天気だった。 | It was delightful. |
| ・穏やかな天気だった。 | It was mild. |
| ・本当に天気がよかった。 | It was really nice. |
| ・とても天気がよかった。 | It was very good. |
| ・素晴しい天気だった。 | It was so beautiful. |
| ・天気のよい日だった。 | It was a nice day. |
| ・今日は天気がよかった。 | It was fair today. |
| ・日が照っていた。 | The sun was shining. |
| ・空が澄んでいた。 | The sky was clear. |
| ・雲一つない天気だった。 | There wasn't a cloud in the sky. |
| ・理想的な天気だった。 | The weather was ideal. |
| ・完璧な天気だった。 | The weather was perfect. |
| ・これ以上はないほどの天気だった。 | The weather couldn't have been better. |
| | ＊ couldn't have been ～　これ以上はないというほど～な |
| ・天気がよくなっていった。 | The weather was improving. |
| | The weather was changing for the better. |
| | ＊ change for the better　改善される、好転する |
| ・天気がだんだんよくなっていった。 | The weather was getting better. |
| ・ここ何日かの間に天気がよくなってきた。 | The weather has gotten better in the last few days. |
| ・晴れ上がった。 | It cleared up. |
| | ＊ up　完全に、ことごとく (completely) |
| ・雨が上がった後はよい天気になった。 | It was fine weather just after the rainfall. |
| ・今日はトレーニング日和だった。 | Today was a perfect day for a workout. |

・あまり天気がよいので外をぶらつき
たかった。

The weather was so nice that I wanted to
hang around.
＊ hang around　歩き回る、徘徊する

**天気を表す it**
天気を表すときに使う非人称のitは、相手が話の流れから天気の話だと分かってくれそうなときに
使います。前後の脈絡なくIt is fine.と言うと、「天気がよい」ではなく、「（なんらかの状況が）大
丈夫です」と受け取られる可能性もあります。天気の話だということを明確に伝えたいなら、The
weather is fine.と言わなければなりません。非人称のitは「季節、曜日、時間、距離、明暗」を
表すときにも使います。

## 曇り

・曇っていた。

It was cloudy.

・うっとうしい天気だった。

It was dull.
＊ dull　鈍い、活気がない、曇った

・陰うつな天気だった。

It was gloomy.

・どんよりと雲が覆っていた。

It was overcast.
＊ overcast　曇った、曇っていてうっとうしい、雲で覆われて
いる

・真っ暗だった。

It was dark.

・薄暗かった。

It was dim.

・いやな天気だった。

It was nasty.
＊ nasty　不快な、天気が険悪な

・どんよりとした天気だった。

It was murky.
＊ murky　暗い、霧や煙が立ちこめている、陰気な

・雲が出てきた。

Clouds began to cover the sky.

・ところどころ曇っていた。

It was partly cloudy.

・全体的に曇っていた。

It was generally cloudy.

・今にも崩れそうな天気だった。

The weather looked threatening.
＊ threatening　（天候が）急に崩れそうな

・朝のうちはずっと曇っていた。

It's been gray all morning.

・とても曇っていたので気持ちが沈んだ。

I felt down because it was so cloudy.

・天気のせいで気持ちが落ち込んだ。

I felt depressed because of the weather.

・雲が出てきたところを見るとすぐにも雨が
降り出しそうだった。

It was likely to rain soon judging from the
clouds.
＊ judging from　〜から判断するに

## 気まぐれな天気

| | |
|---|---|
| ・天気が変わりやすかった。 | The weather was erratic.<br>＊ erratic　不規則な、変わりやすい、気まぐれな |
| ・天気が不安定だった。 | The weather was unstable. |
| ・天気を予測できなかった。 | The weather was unpredictable.<br>We couldn't predict the weather. |
| ・最近天気を予測できない。 | The weather has been unpredictable lately. |
| ・暖かかったのに急に寒くなった。 | It had been warm, but it suddenly got cold. |
| ・朝のうち、雨が降ったりやんだりした。 | It rained occasionally in the morning.<br>＊ occasionally　時々 |
| ・だんだん晴れてくるだろうと思った。 | I thought it would clear up by and by.<br>＊ by and by　だんだん |
| ・天気がだんだんよくなっているようだった。 | It seemed that the weather was improving. |
| ・日が差しているのに雨が降っていた。 | It rained even though the sun shone. |
| ・この天気は長くは続かないだろう。 | This weather will not hold so long.<br>＊ hold　持ちこたえる、持続する |
| ・頭痛がするのはこのいやな天気のせいだろう。 | I have a headache probably because of the disturbing weather.<br>＊ disturbing　不安にさせる、心をかき乱す |

## 天気予報

| | |
|---|---|
| ・私は毎朝天気予報を聞く。 | I listen to the weather forecast every morning. |
| ・天気予報を確かめた。 | I checked the weather report. |

| | |
|---|---|
| ・天気予報は曇りだった。 | The weather forecast called for a cloudy sky.<br>＊ call for　（天気を）〜と予報する |
| ・天気予報によると天気はすぐによくなる<br>そうだ。 | According to the weather forecast, the<br>weather will improve soon.<br>＊ according to　〜に従うと、〜によると |
| ・天気予報によるとあしたは雨だそうだ。 | The weatherman says it will rain tomorrow. |
| ・天気予報で午後激しい雷雨があると<br>言った。 | Heavy thunderstorms are forecasted for the<br>afternoon. |
| ・天気予報によると大雪になるらしい。 | According to the weatherman, it will snow<br>heavily. |
| ・天気予報ではあしたは晴れだった。 | The weather forecast predicted sunshine for<br>tomorrow. |
| ・天気予報によると、ところによりにわか雨<br>が降るそうだ。 | The weather forecast predicts scattered<br>showers.<br>＊ scattered　ばらばらに散らばった、散発的な |
| ・今日の天気予報は当たった。 | Today's weather forecast proved right.<br>＊ prove（to be）＋形容詞　〜であることが判明する |
| ・天気予報通り天気がよかった。 | It was fine as forecasted. |
| ・今日の天気予報は外れた。 | Today's weather forecast turned out wrong.<br>＊ turn out　〜であることが立証される |
| ・時々天気予報を信用できないときがある。 | Sometimes I don't believe the weather<br>forecast. |

---

### weather でこんな表現も

weather を使ったこんな表現もあります。都合のいいときだけ親しげに寄ってくる友人は fair-weather friend。under the weather と言うと、体がだるくて具合が良くない状態を表します。

---

## 気温

| | |
|---|---|
| ・今日の気温はセ氏5度だった。 | Today's temperature was 5 degrees Celsius.<br>＊ Celsius（=Centigrade）　セ氏（cf. Fahrenheit　カ氏） |
| ・今日の気温は零下5度だった。 | Today's temperature was 5 degrees Celsius<br>below zero. |
| ・温度計は25度を示していた。 | The thermometer stood at 25℃.<br>＊ stand at　（数字、程度が）〜である |
| ・気温が急に上がった。 | The temperature suddenly rose.<br>＊ rose　rise（上がる）の過去形 |

| | |
|---|---|
| ・気温が急上昇した。 | The temperature soared.<br>＊ soar 高くそびえる、急上昇する |
| ・気温が35度まで上がった。 | The temperature rose up to 35℃. |
| ・気温が急に下がった。 | The temperature fell all of a sudden.<br>＊ all of a sudden 突然（＝suddenly） |
| ・気温が零下10度まで下がった。 | The temperature dropped to 10℃ below zero. |
| ・今日の午後の最高気温は30度になると予想された。 | The high temperature was expected to be 30℃ this afternoon. |
| ・今日の最高気温は35度だった。 | Today's high temperature was 35℃. |
| ・今日の最低気温は零下10度だった。 | Today's low temperature was 10℃ below zero. |
| ・今日は曇りで最高気温20度、最低気温12度だった。 | It was cloudy today with a high of 20℃, a low of 12℃.<br>＊ high 最高気温（⇔low 最低気温） |
| ・体感温度は零下20度だった。 | The wind chill index was 20℃ below zero.<br>＊ wind chill index 体感温度 |
| ・今日は平均気温を超えて暑かった。 | Today it was hot, with temperatures rising over average. |

# 2 春

SPRING

## 春の訪れ

| | |
|---|---|
| ・早く春になるといい。 | I hope for an early spring.<br>I hope spring will come quickly. |
| ・知らぬ間に春が近づいている。 | Spring is coming quietly. |
| ・日がだんだん長くなっている。 | The days are getting longer.<br>＊ get＋比較級 だんだん～になる |
| ・いまや春の気配を感じる。 | Now I can feel the breath of spring.<br>＊ breath 呼吸、生命、気配 |
| ・春になった。 | It became spring.<br>Spring has come. |
| ・春たけなわだ。 | Spring is here in all its glory.<br>＊ be in all one's glory 真っ盛り、全盛期だ |
| ・春は1年のうちで一番楽しい季節だ。 | Spring is the most pleasant of all the seasons. |

| | |
|---|---|
| ・1年の季節のうちで春が一番好きだ。 | I like spring best of all the seasons in a year. |
| ・かげろうが立つのを見た。 | I saw the air above the ground shimmering in the heat.<br>＊ see＋目的語＋-ing　〜が…しているのを見る／shimmer ちらちら光る |
| ・春には木々が若葉を出す。 | Trees put forth new leaves in the spring.<br>＊ put forth　（芽を）出す |
| ・春になると、木々が新芽を出す。 | As spring comes, the trees push out fresh shoots.<br>＊ shoot　若い枝、新芽 |
| ・花のつぼみを見ると春だなあと思う。 | Seeing flowers bud, I feel spring. |
| ・私は春の憂うつに悩んでいる。 | I suffer from spring fever.<br>＊ suffer from　（苦しみなどを）味わう、苦痛を受ける |
| ・暖かくなったので分厚い衣類を脱いだ。 | It became warmer, so I took off my warm clothes. |
| ・春に合った短い髪型にしたい。 | I'd like to have short hair for spring. |
| ・暖かい陽気は私をけだるくさせた。 | Warm weather made me feel languid.<br>＊ languid　無感動な、ぐったりとした、けだるい |
| ・春の野草を取りに野原に行った。 | I went to pick spring herbs in the field. |

## 春の気候

| | |
|---|---|
| ・寒さが和らいだ。 | The weather became warmer. |
| ・今日は春のようだ。 | It feels like spring today.<br>＊ feel like　〜のように感じる |
| ・春が来て暖かくなった。 | Spring has come, and the weather has become warm. |
| ・のどかな春の日だった。 | It was a gentle spring day. |
| ・気持ちのいい春の気候だった。 | We had fine spring weather. |
| ・雲一つなく晴れた。 | It was clear without a hint of clouds.<br>＊ a hint of　少量の |
| ・とても暖かかったので本当に幸せだった。 | It was so warm, and it made me really happy. |
| ・散策するのにもってこいだった。 | It was ideal for taking a walk.<br>＊ ideal　理想的な、とてもよい |
| ・私は草の上に寝転がって晴れた空を見た。 | I lay on my back on the grass and saw the clear sky.<br>＊ lie on one's back　仰向けに寝る、lay は lie（横たわる）の過去形 |
| ・春のそよ風は最高だ。 | I really like a spring breeze. |

| | |
|---|---|
| ・黄砂が舞っていた。 | There was yellow dust in the air.<br>＊ yellow dust 黄砂 |
| ・黄砂の嵐が吹いた。 | There was a yellow dust storm. |
| ・空が黄砂でかすんでいた。 | The sky was hazy with the yellow dust.<br>＊ hazy かすんでいる、薄ぼんやりしている |
| ・春の陽気に落ち着かなかった。 | I felt restless because of the sunny weather.<br>＊ restless 落ち着いていられずそわそわした |

## 花冷え

| | |
|---|---|
| ・今日、この冬の最後の冷え込みだった。 | Today was winter's last shot.<br>＊ shot 発射 ねらい |
| ・今週は花冷えが予想される。 | Spring frost is expected this week. |
| ・花の咲く季節だが花冷えが厳しかった。 | There was cold and windy weather in the blooming season. |
| ・春のそよ風は時として冬の北風より冷たく感じられる。 | A spring breeze sometimes feels colder than a winter wind. |
| ・朝、花冷えがしたので冬の服を羽織った。 | I put on winter clothes in the morning because of the spring chill.<br>＊ put on 着る（動作）(cf. wear 着ている) |

## 霧

| | |
|---|---|
| ・今朝は霧が出ていた。 | It was foggy this morning.<br>It was misty this morning. |
| ・霧が濃かった。 | The fog was heavy.<br>The fog was dense.<br>The fog was thick. |
| ・霧が濃くて見通しが悪かった。 | I couldn't see well because of the heavy fog. |
| ・霧が濃くてすぐ前の車さえもほとんど見えなかった。 | I could hardly see even the car in front of me, because of the thick fog.<br>＊ hardly ほとんど〜ない |
| ・霧が立ち込めてきていた。 | A fog was setting in.<br>A fog was rolling in.<br>＊ set in 入ってくる／ roll in 群れになって押し寄せる |
| ・急に霧が濃くなった。 | The fog thickened suddenly.<br>＊ thicken 濃くなる |
| ・霧が晴れていった。 | The fog was rolling out. |
| ・霧が晴れた。 | The fog cleared up.<br>The fog cleared out.<br>The fog lifted. |

- 日が差して霧が晴れた。 After the sun shone, the mist cleared up.
  ＊ shone　shineの過去形

- 朝、霧が立ち込めていたが、今は晴れて In the morning the fog rolled in, but it is clear
  いる。 now.

- 朝霧が出ていると午後は晴れるという。 It is said that when it is foggy in the morning,
  it will be sunny in the afternoon.

## 春の食べ物

- 市場に春の山菜が出ていた。 There were several spring herbs in the market.

- もちを作るためによもぎを買った。 We bought some mugwort to make rice cake.
  ＊ mugwort　よもぎ

- よもぎもちを作った。 We made rice cake with mugwort.

- よもぎの香りが本当に好きだ。 I really like the smell of mugwort.

- なずなのスープが食べたかった。 I wanted to have shepherd's-purse soup.

- ニラの和え物が食欲をそそった。 The seasoned wild garlic stimulated my
  appetite.
  ＊ seasoned　味付けされた／ wild garlic　ヒメニラ／
  　　stimulate　刺激する

- のげしは苦くて嫌いだ。 I don't like sow thistle because of its bitter
  taste.
  ＊ sow thistle　のげし

- イチゴが旬なのでとても甘い。 Strawberries are in season, so they are so
  sweet.

- 春にはイチゴサラダを味わう。 I enjoy strawberry salad in spring.

- 冬に食べようと思ってイチゴを冷凍庫に I put some strawberries in the freezer so as to
  凍らせておいた。 eat them in the winter.
  ＊ so as to+動詞原形　〜するために

## 春の花

- 花開く季節だ。 It is flower season.

- レンギョウが至るところで咲いた。 Golden bells blossomed all over the country.
  ＊ blossom　咲く

- 黄色いレンギョウの花で村が明るくなった。 The village became bright because of the
  yellow golden bell flowers.

- 明るい色で咲き誇るツツジを見に山へ I wanted to go to the mountains to see the
  行きたかった。 blooming azaleas with bright colors.

- ツツジは食用にされるそうだ。 It is said that azaleas are used to make some
  kinds of food.

| | |
|---|---|
| ・ツツジを摘んで花びんに挿した。 | I picked some azaleas and put them in the vase. |
| ・薄紫色の木蓮の花が好きだ。 | I like light purple magnolia blossoms.<br>＊ magnolia　木蓮 |
| ・花のころになると思い出す人がいる。 | One person comes to my mind around the spring flower season.<br>＊ around　〜のころに、際に |
| ・春の花粉が街角に舞った。 | Spring pollen blew in the street a lot.<br>＊ blew　blow（吹く）の過去形 |
| ・春になると花粉アレルギーが出る。 | I am allergic to pollen in spring. |
| ・世界中が花で覆われたようだ。 | All the world seems to be covered with flowers. |
| ・花がしおれなければいいのに。 | I hope the flowers won't wither.<br>＊ wither　しおれる |

## 花見

| | |
|---|---|
| ・桜が開花し始めた。 | The cherry trees began to put forth their blossoms.<br>＊ put forth　（花を）咲かす、（芽を）出す |
| ・花見に行った。 | I went to view the flowers.<br>＊ view　調査する、眺める |
| ・今年は桜が咲くのがとても早かった。 | The cherry blossoms bloomed so early this year. |
| ・桜の花が真っ盛りだ。 | The cherry blossoms are at their best.<br>＊ at one's best　真っ盛りの、全盛期で |
| ・今〜では桜が満開だ。 | The cherry trees are in full bloom in ~. |
| ・〜は桜で有名だ。 | ~ is well known for its cherry blossoms. |
| ・家族で〜へお花見に行った。 | My family went to ~ to see the cherry blossoms. |
| ・木々は満開だった。 | The trees were in full bloom. |

| | |
|---|---|
| ・満開の桜の花がとても美しかった。 | The full-blown cherry blossoms were so beautiful. |
| ・花がぱあっと咲いた。 | The flowers burst forth. |
| ・花の香りがあたりに満ちていた。 | The smell of the flowers filled the air. |
| | ＊ fill　いっぱいにする、満たす |
| ・花が風に吹かれて舞うのを見た。 | I watched blossoms scattered by the wind. |
| ・桜はもうみんな散ってしまった。 | All the cherry blossoms have already fallen. |
| ・花がしおれるのを見て悲しかった。 | I was sad to see the flowers wither. |
| ・もう春は終わった。 | Now spring has ended. |

### 花の種類

| | | | |
|---|---|---|---|
| レンギョウ | golden bell, forsythia | 松葉ボタン | rose moss |
| ツツジ | azalea | スイセン | narcissus |
| バラ | rose | アサガオ | morning glory |
| 野バラ | wild rose | ラン | orchid |
| 桜 | cherry blossom | ユリ | lily |
| 菊 | chrysanthemum | アジサイ | hydrangea |
| タンポポ | dandelion | グラジオラス | gladiolus |
| チューリップ | tulip | タチアオイ | hollyhock |
| カーネーション | carnation | アヤメ | blue flag |
| ムクゲ | rose of Sharon | スミレ | violet |
| カスミソウ | babies' breath | ウメ | Japanese apricot flower |
| ライラック | lilac | | |

## 3　夏

SUMMER

### 夏になると

| | |
|---|---|
| ・春が過ぎて夏になった。 | Spring passed into summer. |
| | ＊ pass into　～になる |
| ・春が過ぎると夏が来る。 | Summer follows spring. |
| ・夏が来たようだ。 | It seems to have become summer. |

| | |
|---|---|
| ・夏が始まった。 | Summer has started. |
| ・今年の夏をどうやってやり過ごそうか心配している。 | I'm worried about how I can survive this summer. |
| ・引き出しの中の服を夏服に取り替えた。 | I replaced clothes in the drawers with summer clothes.<br>＊ replace ~ with... 　〜を…に取り替える |
| ・去年の夏より暑くなければいいが。 | I hope it will be less hot than last summer. |
| ・夏を飛ばしてしまえればいいのに。 | I wish we could skip summer. |
| ・蒸し暑い夏は本当に嫌いだ。 | I really hate the sticky summer. |
| ・夏は外出するのさえ嫌だ。 | I don't even like going out in summer. |
| ・私は夏のほうが活動的だ。 | I am more active in summer. |
| ・野外活動により適しているという点で夏が好きだ。 | I like summer because it is better for outdoor activities. |

## 夏の気候

| | |
|---|---|
| ・だんだん暑くなる。 | It is getting hotter and hotter.<br>＊ get＋比較級＋and＋比較級　だんだん〜になる |
| ・今日は暑かった。 | It was hot today. |
| ・今日は暑さを感じた。 | I felt the heat today. |
| ・暑苦しかった。 | It was sweltering.<br>＊ sweltering　蒸すように暑い、暑さに苦しむ |
| ・焼けるように暑かった。 | It was scorching hot.<br>＊ scorching　焼けるような、とても暑い |
| ・蒸し暑かった。 | It was sultry.<br>＊ sultry　蒸し暑い |
| ・じめじめとした気候だった。 | It was sticky. |
| ・蒸し暑かった。 | It was muggy.<br>＊ muggy　湿度が高く蒸し暑い |
| ・とても蒸し暑い気候だった。 | We had very muggy weather. |
| ・蒸すように暑かった。 | It was steaming hot. |
| ・暑くて息苦しい天気だった。 | It was oppressive.<br>＊ oppressive　息が詰まるほど暑い |
| ・ひどい暑さでイライラしていた。 | I felt uneasy because of the scorching weather. |
| ・熱くて湿気を多く含んだ風が吹いた。 | The hot and humid wind blew. |
| ・夏にしては涼しかった。 | It was cool for summer. |
| ・今年の夏は去年の夏より少し涼しいようだ。 | This summer seems to be a little cooler than last summer. |

column

**暑さを表す形容詞**

湿度が高い「むしむしとした暑さ」は、sultry、muggy、sticky、swelteringなどの形容詞で、
日差しが強い「焼けつくような暑さ」はsizzling、scorchingなどの形容詞で表現します。

## 雨

| | |
|---|---|
| ・空模様からするとあしたは雨だろう。 | Judging from the looks of the sky, it will rain tomorrow. |
| ・空に雨雲があった。 | There were rain clouds in the sky. |
| ・雨が降りそうだった。 | It was likely to rain.<br>It looked like it would rain.<br>＊ be likely to ＋動詞原形／look like ＋主語＋動詞　〜するようだ |
| ・あしたは雨が降るだろう。 | We'll have rainy weather tomorrow. |
| ・雨が降り始めた。 | It began to rain. |
| ・雨が降った。 | It rained.<br>It was rainy. |
| ・ただのにわか雨だった。 | It was only a little shower. |
| ・小雨だった。 | It was a light rain. |
| ・霧雨が降った。 | There was a misty rain. |
| ・しとしとと雨が降っていた。 | It drizzled. |
| ・雨に遭った。 | I was caught in the rain.<br>＊ be caught in the rain　雨に遭う |
| ・雨が降って少し涼しくなった。 | It became a little cooler because of the rain. |
| ・そんなに雨が降るはずではなかった。 | It was not supposed to rain that much.<br>＊ be supposed to ＋動詞原形　〜すると予想される |

## 雨に濡れる

| | |
|---|---|
| ・雨に濡れた。 | I got wet in the rain. |
| ・ずぶ濡れになった。 | I was soaking wet.<br>＊ soaking　びしょびしょに濡れる |
| ・傘を持ってこなかったので服の下までぐっしょり濡れた。 | I didn't bring an umbrella, and I got soaked to the skin. |
| ・服が湿ってしまった。 | My clothes got damp.<br>＊ damp　湿気 |

| | |
|---|---|
| ・できるだけ早く服を替えたかった。 | I wanted to change my clothes as soon as possible. |
| ・タオルで体をふいた。 | I dried myself with a towel. |
| ・風邪をひきそうだった。 | I felt like I would catch a cold. |
| ・靴全体が、泥まみれになった。 | My shoes were caked all over with mud.<br>＊ be caked with　〜で覆われる |
| ・濡れた服を着たまま家に帰った。 | I went back home with the wet clothes on. |
| ・軒下で雨宿りした。 | I took shelter from the rain under eaves.<br>＊ take shelter from　〜から避難する／ eave　軒 |
| ・木の下で雨のやむのを待った。 | I waited under the tree for the rain to stop. |
| ・雨を避けて家にいた。 | I stayed indoors to keep out of the rain. |
| ・雨が降り込まないように窓を閉めた。 | I closed the windows so that the rain couldn't blow in. |

## 雨の降る日

| | |
|---|---|
| ・雨はいつも私を憂うつにする。 | Rain always depresses me.<br>＊ depress　憂うつにする、意気消沈させる |
| ・雨が降るたびに憂うつになる。 | Whenever it rains, I get depressed. |
| ・急に雨が降ってきたので不安になった。 | I wasn't at ease, since it rained suddenly.<br>＊ at ease　心が平穏な |
| ・雨の中を一人で歩きたかった。 | I wanted to walk alone in the rain. |
| ・雨が降るのを眺めながら感傷に浸った。 | I got sentimental, watching the rain falling. |
| ・雨の時はただ部屋で漫画を読んでいたい。 | When it rains, I just want to read comic books in my room. |
| ・窓辺に立って雨を眺めるのが好きだ。 | I like to stand at the window watching the rain. |
| ・雨の降る時は沈んだ音楽を聞くほうがよい。 | It's better for me to listen to gloomy music when it rains. |

---

### column

### 「見る」の使い分け

see、watch、lookは全て「見る」と訳せますが、使い方やニュアンスが異なります。seeは「目を開ければ視野に入ってくる、何もしなくても見えるものを見る」場合に、watchは「注意して見守る」場合に、lookは「集中して見つめる」場合に使います。「一か所だけを凝視する」場合はstareまたはgaze、「ちらりと見る」はglance、「のぞき見る」はpeepと言います。

## 傘

・雨が降っていたのに傘がなかった。 It was raining, but I had no umbrella.

・雨が降りそうだったので傘を持ってきた。 It looked like it was going to rain, so I brought an umbrella with me.

・万が一に備えて傘とレインコートを持って行った。 I took an umbrella and a raincoat just in case.

・幸いなことに傘を持っていた。 Luckily, I was carrying an umbrella.

・傘を持っていてよかったと思った。 I was glad I brought along an umbrella.

・傘を開いたところ、壊れていた。 When I opened my umbrella, it was broken.

・傘の骨が折れていた。 The umbrella frames were broken.
＊ frame　骨、構造

・傘に大きな穴が空いていた。 The umbrella had a big hole.

・傘立てには傘が一本もなかった。 There were no umbrellas in the umbrella stand.

・誰かが私に傘を持ってきてくれたらよかったのに。 I hoped someone had brought my umbrella for me.

・友達と傘を一緒に使った。 I shared my umbrella with a friend of mine.

・男の子を傘に入れてあげた。 I let a boy under my umbrella.

・友達と二人で一つの傘に入っていたら少し濡れてしまった。 I got a little wet since I was under one umbrella with a friend of mine.

・強い風のせいで傘がひっくり返ってしまった。 The strong wind blew my umbrella inside out.
＊ inside out　裏返しに、ひっくり返して

・強風のせいで傘がまったく役に立たなかった。 The umbrella was useless because of a strong wind.

・傘をたたんだ。 I closed my umbrella.

・傘を差さずに雨の中を歩いた。 I walked in the rain without an umbrella.

## 暴風雨

・激しい雷雨になりそうな天気だった。 It looked like a thunderstorm was coming.

・どしゃ降りだった。 It poured.

・雨がひどく降っていた。 It rained hard.

・雨が激しく降っていた。 It rained heavily.

・ひどいどしゃ降りだった。 It rained cats and dogs.
＊ rain cats and dogs　ひどいどしゃ降りだ

| | |
|---|---|
| ・どしゃ降りの雨だった。 | It was a downpour.<br>＊ downpour　どしゃ降り |
| ・ひどい雨だった。 | It was a heavy rain. |
| ・バケツをひっくり返したようなどしゃ降り<br>だった。 | It was a pouring rain. |
| ・滝のように雨が降った。 | It was a torrential rain.<br>＊ torrential　激流のような |
| ・鉄砲雨が降った。 | It rained in torrents.<br>＊ in torrents　連発で、どしゃ降りの |
| ・本当にひどいどしゃ降りだった。 | There was a real downpour. |
| ・まったくひどいどしゃ降りだった。 | It was absolutely pouring down.<br>＊ absolutely　絶対的に、完全な |
| ・こんなに雨が降ったことは今までにない。 | I can't remember the last time it rained like this. |

## 洪水

| | |
|---|---|
| ・雨が降り続けていた。 | It continued raining. |
| ・絶え間なく雨が降っていた。 | It rained continuously. |
| ・雨足が強くなっていた。 | The rain was falling even harder. |
| ・雨が強くなった。 | It rained harder. |
| ・雨は一日中やむことなく降り続けた。 | The rain never let up all day long. |
| ・雨がこんなに強く降るとは思いもよらな<br>かった。 | I didn't expect such a heavy rain. |
| ・もうこれ以上雨が降らなければいいのに。 | I hope it won't rain any longer. |
| ・強い雨があまりにも長い間降り続けた<br>せいで村が浸水した。 | It rained so long and hard that water flooded<br>the villages.<br>＊ so ~ that ...　あまりにも〜で…だ |
| ・雨が降りすぎて川が氾濫した。 | Because of the heavy rain, the river<br>overflowed. |
| ・今朝、洪水警報が発令された。 | The flood warning was issued this morning. |
| ・道が洪水になった。 | The streets were flooded. |
| ・洪水で被害を受けた。 | They suffered from a flood. |
| ・食糧、水、薬などの不足で苦しんだ。 | They suffered from a shortage of food,<br>water, medicine, and so on.<br>＊ and so on　などなど（＝etc.） |

## 梅雨

| | |
|---|---|
| ・梅雨の季節だ。 | It is the rainy season. |
| ・梅雨が始まった。 | The rainy season has started. |
| ・長い間雨が続いていた。 | We have had a long spell of rain.<br>＊ spell 一続きの時間 |
| ・すべてのものが湿っぽく感じる。 | Everything seems to be damp.<br>＊ damp じめじめした、湿っぽい |
| ・輝く太陽が恋しい。 | I miss the bright sunshine. |
| ・すべてのものをお日様の光で乾かしたい。 | I want to dry everything in the sun. |
| ・夜、稲妻が走り雷鳴がとどろいた。 | There was lightning and thunder during the night. |
| ・稲光の後のごろごろ言う雷鳴を聞いておじけづいた。 | I was scared when I heard a few rumbles of thunder after the flash of lightning.<br>＊ rumble ごろごろ鳴り響く音／flash きらめき、閃光 |
| ・とうとう雨がやんだ。 | Finally, it stopped raining. |
| ・雨がやんで再び太陽が輝き始めた。 | The rain stopped, and the sun began to shine again. |
| ・ついに梅雨が明ける。 | Finally, the rainy season is over.<br>＊ be over 終わる |

## 風・嵐

| | |
|---|---|
| ・風がまったくなかった。 | There was no wind. |
| ・風が吹いていた。 | It was windy. |
| ・風が強く吹いていた。 | It blew hard. |
| ・強い風が吹いていた。 | There was a strong wind. |
| ・台風が来るようだった。 | A typhoon was likely to come. |
| ・ものすごい嵐があった。 | There was a terrible storm. |
| ・台風は南部地域を襲った。 | The typhoon hit the southern parts. |
| ・山の大きな木が根こそぎ抜かれていた。 | The big trees on the mountain have been uprooted.<br>＊ uproot 根こそぎ引き抜く |
| ・暴風雨のために農作物が台無しになった。 | The crops were ruined by the storm.<br>＊ ruin だめにする、台無しにしてしまう |
| ・窓ガラスが嵐で壊れた。 | Some windows broke in the storm. |
| ・スカートが風でめくれた。 | My skirt blew in the wind. |
| ・強い風のために歩くのが大変だった。 | It was very hard to walk because of the strong wind. |

| | |
|---|---|
| ・風に向かって歩かなくてはならなかった。 | I had to walk against the wind.<br>＊against　～に立ち向かって、～に対抗して |
| ・風で髪の毛がくしゃくしゃになった。 | My hair was all messy because of the wind. |
| ・風が静まっていった。 | The wind was dying down. |
| ・風がやんだ。 | The wind has stopped. |

## 日照り

| | |
|---|---|
| ・雨は長くは続かなかった。 | The rain didn't last long.<br>＊last　続く、持続する |
| ・長い間乾燥した天候が続いた。 | We have had a long spell of dry weather. |
| ・何カ月も雨が一滴も降っていない。 | It hasn't rained a drop for months. |
| ・近ごろ日照りのために気温が上がっている。 | These days it is much hotter because of the drought. |
| ・今年の夏はずっと雨が降らず、日照りになった。 | We had a drought this summer because it didn't rain for a long time. |
| ・今年は雨がほとんど降らなかった。 | There was little rain this year.<br>＊little　ほとんど～ない |
| ・日照りで田の稲が枯れた。 | The drought made the crops in the rice paddy wither.<br>＊paddy　田んぼ、稲 |
| ・農家の人たちは農作物のことをとても心配している。 | Farmers are worrying a lot about their crops. |
| ・井戸はもうすっかり干上がってしまった。 | The wells have already dried up. |
| ・早く雨が降ることを祈るだけだ。 | We just wish the rain would fall soon. |
| ・家では水道の水を節約して使っている。 | We are saving tap water at home.<br>＊tap　水道栓、飲み口 |

## 暑さ

| | |
|---|---|
| ・私は暑がりだ。 | I am sensitive to the heat.<br>＊sensitive　敏感な、鋭敏な |
| ・夏ばてした。 | I was affected by the heat.<br>＊be affected by　～に影響を受ける |
| ・本当に耐え難い暑さだった。 | It was really intolerably hot.<br>＊intolerably　我慢できないほど、耐え難く |
| ・ひどい暑さで疲れてのどが渇いた。 | I felt tired and thirsty because it was too hot. |
| ・外は暑くて湿気が多いので室内にいた。 | It was hot and humid outside, so I stayed inside. |
| ・今日は不快指数がとても高かった。 | Today's discomfort index was quite high. |

| | |
|---|---|
| ・どんなことにもすぐにイライラした。 | I got easily upset at everything. |
| ・誰かにさわられただけで腹が立った。 | Even someone touching me annoyed me.<br>＊ annoy　イライラさせる、むっとさせる |
| ・この暑さの中で何もしたくない。 | I don't feel like doing anything in this hot weather.<br>＊ feel like -ing　〜したくなる、したい気がする |
| ・暑さは9月まで続くそうだ。 | It is said that the hot weather will last up to September.<br>＊ last up to　〜まで続く |
| ・暑さに苦しんでいる。 | I am suffering from the heat. |
| ・暑さをどうにもできない。 | I can't handle the heat.<br>＊ handle　扱う、処理する |
| ・熱帯夜で寝付けなかった。 | I couldn't fall asleep because of the tropical night. |
| ・暑くて一晩中眠れなかった。 | The heat kept me up all night.<br>＊ keep 〜 up　〜を眠れなくする |

## column

### 暑さに弱い

「暑さに弱い」という言葉を英語で表現する場合、日本語から直訳しようとしても答えが出ません。英語では「暑さに敏感だ」＝I am sensitive to the heat. と言います。寒さについては「寒さに敏感だ」＝I am sensitive to the cold. となります。

## 暑気払い

| | |
|---|---|
| ・うちわであおいだ。 | I fanned myself with a paper fan. |
| ・暑さに耐えかねて結局はエアコンをつけた。 | I couldn't stand the heat, so in the end I turned on the air conditioner.<br>＊ stand　我慢する、耐える<br>　 turn on　つける（turn off　消す） |
| ・涼しくなったので扇風機を切った。 | I turned off the electric fan since it got cool. |
| ・雨でも降って涼しくなってくれればいいのに。 | I wish it would rain to cool us down.<br>＊ I wish 主語＋仮定法過去　〜すればいいのに |
| ・暑さを払うためにコーラを一杯飲んだ。 | I drank a glass of Coke to beat the heat.<br>＊ beat　打つ、勝つ |
| ・アイスクリームを一日に少なくとも十回は食べた。 | I had ice cream no less than 10 times a day. |

| | |
|---|---|
| ・氷あずきが食べたかった。 | I wanted to have crushed ice with sweet red beans.<br>＊ crushed　粉砕された／ red bean　あずき |
| ・冷たい水で顔を洗った。 | I washed my face with cold water. |
| ・背中に冷たい水をかけてと彼に頼んだ。 | I asked him to pour cold water on my back. |
| ・外出するときに紫外線を避けるために<br>日傘を差した。 | When I went out, I used my parasol to avoid ultraviolet rays.<br>＊ avoid　避ける／ ultraviolet rays　紫外線 |
| ・涼しい格好をした。 | I wore simple clothes. |

## 汗

| | |
|---|---|
| ・私は汗かきだ。 | I sweat easily. |
| ・少し動いただけで汗が出た。 | When I moved even a little, I sweated. |
| ・汗が流れ続けた。 | Sweat kept running.<br>＊ keep -ing　続けて～する |
| ・汗びっしょりになった。 | I sweated all over. |
| ・Tシャツが汗びっしょりになった。 | My T-shirt was drenched with sweat.<br>＊ drenched　水などにつかる、びっしょり濡れる |
| ・汗でべとべととした。 | I was clammy with sweat.<br>＊ clammy　べとべとした、ねばねばした |
| ・ハンカチで額の汗を拭いた。 | I wiped sweat from my forehead with my handkerchief. |
| ・汗のにおいがした。 | I smelled sweaty. |
| ・体が汗臭かった。 | My body smelled of sweat. |
| ・汗まみれになったので冷たいシャワーを<br>浴びた。 | Because I was sweaty, I took a cold shower. |
| ・私はほとんど汗をかかない。 | I hardly sweat at all.<br>＊ hardly　ほとんど～しない |

## 避暑

| | |
|---|---|
| ・外で泳げるので夏が好きだ。 | I like summer because I can swim outside. |
| ・まだどこに避暑に行くか決めていない。 | I haven't decided yet where to go to avoid the hot summer.<br>＊ where to ＋動詞原形　～どこにするつもりか、するべきか |
| ・暑気払いに泳ぎに行った。 | I went swimming to beat the heat. |
| ・スイミングプールのウォータースライドを<br>滑って興奮した。 | I was excited when I slid down a water slide in the swimming pool. |
| ・毎年夏には家族で避暑地に行く。 | Every summer, my family goes to a resort. |

| | |
|---|---|
| ・田舎に別荘があるので、家族は毎年夏はそこで過ごす。 | We have a cottage in the country, so my family stays there every summer. |
| ・今年の夏は田舎の別荘で過ごそうと計画している。 | I am planning to stay at a cottage in the country this summer. |
| ・私の家族は山の渓谷へ行った。 | My family went to a valley in the mountains. |
| ・水に足を浸していた。 | I put my feet into the water. |
| ・とても涼しかった。 | It was really cool. |
| ・暑さを忘れることができた。 | I could forget the heat. |
| ・夜はホタルを見ることができた。 | I could see fireflies at night. |

## 夏の海

| | |
|---|---|
| ・今年の夏休みには海水浴に行くつもりだ。 | We will swim in the sea this summer vacation. |
| ・浜辺に沿って歩くのは楽しいだろう。 | It will be nice to walk along the beach. |
| ・浜辺のそよ風が恋しい。 | I miss the gentle breeze on the beach. |
| ・結局、わが家では海に行くことに決めた。 | Finally, my family decided to go to the beach. |
| ・浜風が私たちの体を冷やしてくれた。 | The wind on the beach cooled us.<br>＊cool ［形］涼しい ［動］冷たくする、涼しくする |
| ・ビーチパラソルの下に座って海を眺めた。 | I watched the sea, sitting under the beach umbrella. |
| ・海の波で遊んだ。 | I enjoyed the waves of the sea. |
| ・浮き輪につかまって波に乗って遊んだ。 | I enjoyed the waves in an inner tube. |
| ・本当に涼しかった。 | It was so cool. |
| ・弟と水を掛け合った。 | My brother and I splashed water on each other. |
| ・砂を積みあげて砂のお城を造った。 | I heaped sand to make a sandcastle.<br>＊heap 積み上げる |
| ・砂を体にかぶせてくつろいだ。 | I covered myself with sand and relaxed. |
| ・友達とビーチバレーをした。 | I played beach volleyball with my friends. |
| ・海に落ちて上がろうともがいているときに海水をたくさん飲んでしまった。 | I fell in the sea, and I drank a lot of salty sea water while struggling to come to the surface.<br>＊struggle 争う、もがく |
| ・もう少しでおぼれるところだった。 | I almost drowned.<br>＊drown 水に落ちる、溺死する |

## 日光浴

| | |
|---|---|
| ・浜辺で日光浴をした。 | I sunbathed at the beach. |
| ・太陽がぎらぎらと照りつけていた。 | The sun glared down on us.<br>The sun shone down on us.<br>＊ glare　強力に輝く |
| ・日焼け止めを塗った。 | I applied sunscreen. |
| ・日焼けしないように気をつけた。 | I was careful not to get sunburnt. |
| ・今年の夏はきれいに日焼けをしてみたい。 | I want to get a good suntan this summer. |
| ・真っ黒に日焼けした。 | I got really tan. |
| ・あまり日に当たっていたので皮膚がむけた。 | I was exposed so much to the sun that my skin began to peel. |
| ・ちょっと日に焼けた。 | I got a light sunburn. |
| ・ひどく日に焼けた。 | I got a severe sunburn. |
| ・日に焼けてひりひりする。 | My skin hurts from the sunburn. |

## 蚊

| | |
|---|---|
| ・蚊のせいでよく眠れなかった。 | I couldn't sleep well because of mosquitoes. |
| ・蚊が一匹ずっとぶんぶん飛び回っていた。 | A mosquito was buzzing continually. |
| ・電気をつけて蚊を探した。 | I turned on the light and looked for the mosquito. |

| | |
|---|---|
| ・蚊を見つけられずに、再び寝床に戻った。 | I couldn't find the mosquito, so I went to bed again. |
| ・再び蚊の飛び回る音が聞こえた。 | I heard the mosquito buzzing again. |
| ・一晩中蚊のせいで眠れなかった。 | Mosquitoes kept me up all night. |
| ・蚊のせいでイライラして眠れなかった。 | The mosquitoes were so annoying that I couldn't sleep. |
| ・蚊の飛び回る音で寝付けなかった。 | I couldn't fall asleep because of the noise of mosquitoes. |
| ・蚊のせいで目を覚まさせられた後、再び寝付くことができなかった。 | I couldn't get back to sleep after waking up, because of the mosquitoes. |
| ・蚊は夏の厄介者だ。 | Mosquitoes are a great nuisance in summer.<br>＊ nuisance　厄介でうるさい存在 |
| ・蚊帳をつった。 | I put up a mosquito net. |
| ・蚊に食われた。 | I was bitten by mosquitoes. |
| ・蚊を落とすために蚊取り線香をたいた。 | I used mosquito incense to kill mosquitoes. |
| ・蚊にスプレーをかけた。 | I sprayed the mosquitoes. |
| ・蚊に食われたところがかゆかった。 | The mosquito bite felt itchy. |
| ・蚊に食われたところをぼりぼりかいた。 | I scratched the mosquito bite hard. |

## 4　秋  FALL

### 秋になって

| | |
|---|---|
| ・秋めいてきた。 | It seems that fall has begun. |
| ・秋の空は気持ちよく晴れている。 | The autumn sky is really nice and clear. |
| ・私はこの秋の澄んだ空が本当に好きだ。 | I really like this clear autumn sky. |
| ・秋は勉学の秋と言われる。 | It is said that autumn is a good season for studying. |
| ・秋は読書に最も適した季節だ。 | Autumn is the best season for reading. |
| ・秋は１年のうちで最も勉学に適した季節だ。 | Autumn is the best season of the year for studying. |
| ・私は秋が一番好きだ。 | I like autumn best. |
| ・秋になると誰でも食欲が出る。 | Everyone has a good appetite in autumn. |

| | |
|---|---|
| ・秋は収穫の季節だ。 | Autumn is the harvest season. |
| ・秋が深まると、5時にはもう暗くなる。 | As autumn progresses, it gets dark as early as 5 o'clock.<br>＊ progress　進行する、進捗する |
| ・だんだん日が短くなっている。 | The days are getting shorter. |
| ・木々を吹き抜けるそよ風が好きだ。 | I like a breeze passing through the trees. |
| ・風が吹いて木の葉が散った。 | As the wind blew, the leaves fell. |
| ・木の葉が散るのを見てむなしさを感じた。 | I felt empty inside seeing the leaves falling. |
| ・わけもなく寂しかった。 | I felt lonely for no reason. |
| ・誰かに手紙を書きたくなった。 | I felt like writing to someone. |
| ・一枚の落ち葉は秋の訪れを告げる兆しのようだった。 | A falling leaf seemed to be a sign of autumn coming.<br>＊ sign　記号、信号、兆し |
| ・枯れ葉が風に吹き散らされた。 | The dead leaves were scattered by the wind. |
| ・果樹園ではリンゴが実っている。 | The apples are ripe on the fruit farm. |
| ・農家の人々は畑で収穫に忙しい。 | The farmers are busy harvesting in the field.<br>＊ be busy -ing　〜するのに忙しい |
| ・豊かな収穫物を見ると心も豊かになる。 | I feel rich upon seeing abundant crops.<br>＊ upon -ing　〜するやいなや<br>＊ abundant　たくさんの、豊富な |
| ・豊作だ。 | They have an abundant harvest. |
| ・凶作だ。 | They have a bad harvest. |
| ・風邪をひきやすい時期だ。 | It is the time when we catch a cold easily. |

## 秋の気候

| | |
|---|---|
| ・素晴らしい秋晴れだった。 | It was fine autumn weather. |
| ・爽やかな風が吹いた。 | There was a refreshing breeze. |
| ・そよ風が吹いていた。 | A gentle breeze was blowing. |
| ・爽やかなそよ風が吹いていた。 | There was a fresh breeze blowing. |
| ・とても涼しくて爽やかなそよ風だった。 | It was a very cool and refreshing breeze. |
| ・涼しかった。 | It was cool. |
| ・晴れていたが後に曇ってきた。 | It was clear but got cloudy later. |
| ・物寂しい天気だった。 | It was bleak weather.<br>＊ bleak　うら寂しい、荒廃した |
| ・肌寒かった。 | It was chilly. |
| ・今日は冬が来たようだった。 | It felt like winter today. |

| | |
|---|---|
| ・1年のこの時期にしてはとても寒かった。 | It was too cold for this time of the year. |
| ・風が冷たかったのでカーディガンのボタンを全部かけた。 | I buttoned up my cardigan because the wind was colder. |

## 紅葉狩り

| | |
|---|---|
| ・秋になると山々は美しく色づく。 | Autumn tints the mountains with beautiful colors.<br>＊ tint　染める |
| ・木々が赤や黄色に紅葉した。 | The trees turned red and yellow.<br>The trees are tinted with red and yellow. |
| ・カエデの葉が赤くなった。 | The maple leaves have turned red. |
| ・山々は秋の紅葉で燃え上がるようだった。 | The mountains seemed to be aflame with autumnal tints.<br>＊ aflame　燃え上がる |
| ・気の向くままにどこかに旅行に行きたかった。 | I wanted to take a trip to wherever I felt like going.<br>＊ wherever　〜するならどこでも |
| ・紅葉狩りに行きたかった。 | I wanted to go on an excursion to view autumn leaves.<br>＊ go on an excursion　遠足に行く |
| ・私たちは山に紅葉狩りに行った。 | We went to the mountains to enjoy the autumn leaves. |
| ・山にはたくさんの人がいた。 | There were so many people on the mountains. |
| ・秋の紅葉はそれぞれ美しかった。 | The autumn leaves were so wonderful in various ways. |
| ・落ち葉をかさこそと踏んでゆく音が心地よかった。 | I liked the crunching sound of the fallen leaves.<br>＊ crunching　踏んでかさこそと音がする |
| ・落ち葉の中をざくざく音を立てて歩いた。 | I walked, crunching through the fallen leaves. |
| ・黄色い銀杏の葉を何枚か拾った。 | I picked up several yellow ginkgo leaves. |
| ・落ち葉を本のページの間に挟んでおいた。 | I put some fallen leaves between the pages of a book. |
| ・私たちは絵のような景色を楽しんだ。 | We enjoyed the picturesque scenery. |

# 5　冬

WINTER

## 冬の気候

| | |
|---|---|
| ・何日か寒い日が続いた。 | The weather has been cold for several days. |
| ・寒くなった。 | It became cold. |
| ・とても肌寒くなった。 | It became very chilly. |
| ・気温が下がってきた。 | It got colder. |
| ・寒い季節が始まった。 | The cold weather has set in.<br>＊ set in （好ましくないことが）始まる |
| ・とても寒く感じた。 | I felt very cold. |
| ・かなり寒かった。 | It was quite cold. |
| ・ものすごく寒かった。 | It was awfully cold. |
| ・容赦ない寒さだった。 | It was severely cold. |
| ・冷え冷えとした天気だった。 | It was icy. |
| ・いてつく寒さだった。 | It was frigid.<br>＊ frigid　とても寒い |
| ・今朝は気温がとても下がった。 | The temperature dropped very low this morning. |
| ・霜が降りた。 | It was frosty. |
| ・昨晩降りた霜で地面が真っ白だった。 | The ground was white with last night's frost. |
| ・冬の気配がし始めている。 | It is beginning to feel like winter. |
| ・いてつくような寒さだった。 | It was freezing. |
| ・冬にしては暖かかった。 | It was warm for winter. |

---

### どのくらいの「寒さ」?

「寒さ」（気温の低さ）を表す英語の形容詞は、以下の順に「寒さ」が増していきます。cool（涼しい）＜ chilly（肌寒い）＜ cold（寒い）＜ cold to the bone、piercing cold（骨の髄まで寒い）＜ nippy、biting cold（肌が刺されるように寒い）＜ freezing（凍りつくように寒い）。

column

## 寒さ

| | |
|---|---|
| ・冬に備えなくてはならない。 | I need to get ready for the coming winter. |
| ・日が沈むと冷え込んできた。 | It became colder as the sun set. |
| ・あまりに寒くて凍え死にそうだった。 | I was freezing to death.<br>＊ to death　死ぬほど、とても |
| ・寒さが骨までしみた。 | I was cold to the bone. |
| ・身を切るような寒さだった。 | It was nippy.<br>＊ nippy　身を切るように |
| ・身を刺すような寒さだった。 | It was biting cold. |
| ・厳しい寒さだった。 | It was bitterly cold. |
| ・まさに骨身にしみる寒さだった。 | It was really piercing cold.<br>＊ piercing　突き抜ける、骨にしみる |
| ・寒くてぶるぶる震えた。 | I shivered because of the cold. |
| ・体中に鳥肌が立った。 | I had goose bumps all over.<br>＊ goose bumps　鳥肌 |
| ・寒さに耐えなくてはならなかった。 | I had to put up with the cold.<br>＊ put up with　～に耐える、がまんする |
| ・寒風に手がかじかんだ。 | My hands were numb because of the winter wind.<br>＊ numb　かじかんだ、まひした |
| ・しもやけができている。 | I am chilblained.<br>＊ chilblained　（軽い）凍傷にかかった |
| ・凍傷にかかっている。 | I am frostbitten.<br>＊ frostbitten　凍傷がひどい |

## 寒さに打ち勝つ

| | |
|---|---|
| ・寒くないように服を着込んだ。 | I was dressed for cold weather. |
| ・もう冬用の下着を着よう。 | Now I am going to wear underclothes for winter. |
| ・服を着込んだ。 | I bundled up.<br>＊ bundle up　暖かく体をくるむ |
| ・朝、暖かい服装をした。 | I put on warm clothes in the morning. |
| ・厚い服を着込んでいた。 | I wore thick clothes. |
| ・ジャンパーのチャックを上まで閉めた。 | I zipped up my jacket. |
| ・マフラーで耳と首をくるんだ。 | I wrapped my ears and neck with a scarf. |
| ・ミトンを手にはめた。 | I put on my mittens. |
| ・冬用のブーツを履いた。 | I put on my winter boots. |

| | |
|---|---|
| ・かじかんだ手を温めようと息を吹きかけてみた。 | I tried blowing warm breath on my numb hands to warm them up. |
| ・外出するときはいつも携帯用のカイロを持ち歩いた。 | I carried a pocket body warmer whenever I went out. |
| ・あまり寒かったのでヒーターをつけた。 | It was so cold that I turned on the heater. |
| ・ヒーターを強くした。 | I turned the heater up. |
| ・ヒーターを弱くした。 | I turned the heater down. |
| ・寒さを吹き飛ばそうと体を動かした。 | I worked out to beat the cold. |
| ・もう体が暖まった。 | Now I have gotten warm. |

## 初雪

| | |
|---|---|
| ・初雪が降るのを待っている。 | I am waiting for the first snow of the year. |
| ・初雪を待ちわびている。 | I am looking forward to seeing the first snow of the year.<br>＊ look forward to -ing　首を長くして待つ |
| ・初雪の日に会う約束をボーイフレンドとした。 | I made an appointment with my boyfriend to meet on the first day of snow. |
| ・今日、初雪が降った。 | The first snow of the year fell today. |
| ・初雪を見ることができてうれしかった。 | I was so glad to see the first snow of the year. |
| ・初雪が舞い落ちていた。 | The first snowflakes were falling.<br>＊ snowflake　雪片 |
| ・初雪を見て古きよき時代を思い出した。 | The first snow this year reminded me of the good old days.<br>＊ remind ~ of ...　～に…を思い出させる |
| ・初雪を見てすぐに友達に電話した。 | As soon as I saw the first snow this year, I called my friends. |
| ・電話で友達に初雪が降ったことを知らせた。 | I informed my friends of the first snow of the year over the phone.<br>＊ inform ~ of ...　～に…を知らせる |
| ・初雪が降ったのでぐっと寒くなるだろう。 | It is likely to get colder since the first snow of the year fell. |

# column

### 「約束」を表す言葉の使い分け

病院の診察のように、時間と場所をあらかじめ予約しておく「約束」にはappointment、遅刻をしないとか、うそをつかないという誓約の意味合いの「約束」にはpromise、婚約のような公的な「約束」にはengagementを使います。友達と会う「約束」があると言う場合には、have a planを使うといいでしょう。

## 雪

| | |
|---|---|
| ・雪が降っている。 | It snows.<br>We have snow. |
| ・雪が降った。 | It snowed.<br>It was snowy.<br>We had a snowfall. |
| ・ぼたん雪が降った。 | Big snowflakes fell down. |
| ・雪片が風に舞った。 | Snowflakes fluttered in the air.<br>＊flutter　舞い散る、ふわふわ飛ぶ、風にはためく |
| ・雨まじりの雪が降った。 | It snowed with rain. |
| ・みぞれが降った。 | It sleeted.<br>＊sleet　みぞれが降る |
| ・粉雪だった。 | It was a powdery snow. |
| ・夕べ雪が少し降った。 | We had a light snow last night.<br>There was a light snowfall last night. |
| ・今年はいつもより雪が少なかった。 | This year we have had less snow than usual.<br>＊than usual　普段より、いつもより |
| ・傘も差さずに雪の中を歩いた。 | I walked in the snow without an umbrella. |
| ・私は雪の中を歩くのが好きだ。 | I like taking a walk in the snow. |
| ・大きな雪片をつかもうと高くジャンプした。 | I jumped high to catch big snowflakes. |
| ・雪が私の頭や肩に積もった。 | Snow piled up on my head and shoulders. |
| ・オーバーコートに積もった雪を払い落とした。 | I knocked snow off my overcoat.<br>＊knock ~ off　払い落とす |

## 大雪

| | |
|---|---|
| ・雪がとてもたくさん降った。 | It snowed heavily. |
| ・大雪が降った。 | We had a heavy snow. |
| ・一週間ずっと雪だった。 | We had snowfalls throughout the week. |

| | |
|---|---|
| ・道端に雪がたくさん積み上げられていた。 | There was a lot of snow piled up along the roadside. |
| ・雪に降り込められた。 | I was snowed in. |
| ・雪に閉じ込められた。 | I was trapped inside by the snow. |
| ・雪に降り込められて一日家の中だけで過ごした。 | We were snowed in and spent the whole day in the house. |
| ・１メートルの雪が降った。 | The snow was a meter deep. |
| ・一面雪で覆われた。 | The world was covered with snow. |
| ・一面銀世界になった。 | The world has changed to white. |
| ・今年は10年ぶりの大雪だったそうだ。 | This year, it was reported that we had the heaviest snowfall we have had in ten years. |
| ・大雪のため学校が休みになった。 | My school is closed because of the heavy snow. |
| ・雪が溶けなければいいのに。 | I hope the snow won't melt. |
| ・大雪のために交通がまひした。 | The heavy snow tied up traffic.<br>＊ tie up　動けなくする、交通を途絶する |
| ・たとえ混乱が起こっても私は大雪が降るとうれしい。 | Even though life is disrupted because of a heavy snowfall, I still like it.<br>＊ even though　たとえ～しても／disrupt　～を混乱させる |

## 雪かき

| | |
|---|---|
| ・雪かきをして道を通れるようにしなくてはならなかった。 | We had to remove the snow and clear the way. |
| ・除雪車が道路の雪を除去した。 | The snowplow removed snow from the street. |
| ・雪を掃いてよけた。 | I swept the snow away. |
| ・道路の雪かきをした。 | I cleared the road of snow.<br>＊ clear ... of ~　～から…をかたづける |
| ・私はシャベルで家の前の雪かきをした。 | I shovelled the snow in front of my house.<br>＊ shovel　シャベルですくう |
| ・雪が凍ってしまって雪かきが大変だった。 | We had trouble removing the snow because it had frozen.<br>＊ have trouble -ing　～するのが難しい |
| ・雪が溶けていた。 | The snow was melting. |
| ・雪が溶けた。 | The snow has melted. |

## 雪合戦

・雪合戦をした。
We had a snowball fight.
We fought with snowballs.
＊ snowball　雪の玉

・友達と雪合戦をするために雪の玉を作った。
I made snowballs for a snowball fight with my friends.

・私は友達より大きな雪玉を作った。
I made bigger snowballs than my friends.

・私たちは雪玉を投げ合った。
We threw snowballs at one another.
＊ one another　お互いに

・友達が私に雪玉を当てた。
My friends hit me with the snowballs.

・友達は私の雪玉を上手にかわした。
My friends dodged my snowballs.
＊ dodge　〜をかわす、〜をよける

・友達に雪を食べさせた。
I made my friends eat snow.

・友達に雪をかけた。
I sprinkled snow on my friends.
＊ sprinkle　注ぐ、浴びせる

・友達の服の中に雪を入れてやった。
I put snow in my friend's clothes.

・友達と抱き合って雪の中を転げ回った。
My friend and I rolled in the snow hugging each other.

## 雪だるま

・私たちは大きな雪だるまを作ることにした。
We agreed to make a big snowman.

・私たちは校庭で大きな雪の玉を二つ作った。
We rolled two big snowballs around the playground.

・かわいらしい雪だるまを作りたかった。
I wanted to make a cute snowman.

・小さい雪の玉を大きい雪の玉の上に乗せた。
We put one small snowball on the big snowball.

・雪だるまの顔を作るために最初は木の枝でまゆ毛を作った。
At first, I made eyebrows with twigs to form the snowman's face.

・雪だるまの目と鼻と口を作った。
I made the snowman's eyes, nose, and mouth.

・ついにすてきな雪だるまになった。
Finally it was a nice snowman.

・とても小さい雪だるまも作った。
I made a very small snowman, too.

・雪だるまと写真を撮った。
I took pictures with the snowman.

・雪だるまが溶けないでそのままだったらいいのに。
I wish the snowman would stay as it is without melting.

## 冬のスポーツ

| | |
|---|---|
| ・私は冬のスポーツを楽しむ。 | I enjoy winter sports. |
| ・いろいろな冬のスポーツを楽しむことができるので夏よりも冬のほうがずっと好きだ。 | I like winter much more than summer because I can enjoy various winter sports. |
| ・特にスキーをしたい。 | I especially want to get on the slopes.<br>＊ get on the slopes　スキーをする<br>　 slope　傾斜面、勾配、ゲレンデ |
| ・今年の冬はスノーボードを習いたい。 | I want to learn how to snowboard this winter. |
| ・そり滑りに行った。 | I went sledding.<br>＊ go -ing　〜しにいく／ sled　そりに乗る |
| ・川が凍り付いていたのでそりで滑ることができた。 | I could sled because the river was frozen over.<br>＊ freeze over　凍結する、凍り付く<br>　 frozen　凍った freeze（凍る）の過去分詞 |
| ・冬には遊園地に雪ぞり場が開設される。 | The amusement park will open a snow sledding area in winter. |
| ・遊園地で雪ぞりに乗った。 | I sledded over the snow in the amusement park. |
| ・そりを上まで引っ張ってゆくのは大変だった。 | It was hard for me to drag my sled to the top. |
| ・そりで雪の丘を滑り降りるのは本当にわくわくして楽しかった。 | I was really excited when sliding down over the snow on my sled. |
| ・ほかのそりにぶつかってしまった。 | My sled happened to bump into another's.<br>＊ bump into　〜へぶつかる |
| ・屋内スケート場にスケートをしに行った。 | I went skating at an indoor skating rink. |
| ・スピードを出してスケートをしていると本当に気持ちがよかった。 | It was really pleasant when I was skating fast. |
| ・友達と手をつないで滑った。 | I skated hand in hand with a friend of mine. |
| ・氷の上で何回か転んだ。 | I fell down on the ice several times. |

**「そり」を表す言葉の使い分け**

子どもたちが乗る小さなそりで下にblade（ブレード、刃）が付いているものはsled、馬や犬など
の動物が引くそりはsleighと言います。ブレードが付いていないそりはtobogganと言いますが、
これは雪そりゲレンデで乗るような形のそりです。また、スポーツとして行うそり──いわゆるボ
ブスレーはbobsledと言います。

## スキー

| | |
|---|---|
| ・スキーは本当に面白い。 | I really enjoy skiing. |
| ・雪が降るとスキーに行きたくなる。 | When it snows, I feel like skiing. |
| ・スキーに行くのが待ちきれない。 | I can't wait to hit the slopes.<br>＊ can't wait to＋動詞の原形　〜をとてもしたい |
| ・私はスキーが得意だ。 | I am a good skier. |
| ・私の家では毎年冬にはスキーに行く。 | My family goes skiing every winter. |
| ・家族でスキーリゾートにスキーに行った。 | My family went skiing at the ski resort. |
| ・スキー道具を借りた。 | I rented the ski equipment. |
| ・私はナイトスキーが好きだ。 | I like skiing at night. |
| ・けがをしないように注意事項を覚えて<br>おかなければならない。 | We have to keep the safety tips in mind not to<br>get hurt.<br>＊ keep 〜 in mind　〜を肝に銘じる |
| ・初級スキーコースから始めた。 | I started out on an easy slope. |
| ・初心者にしてはうまく滑れたと思った。 | For a beginner, I thought I was excellent. |
| ・スピード調節が少し難しかった。 | It was a little difficult to control my speed. |
| ・初級コースの後、中級コースを滑り降りた。 | After the easy slope, I went down the<br>intermediate slopes. |
| ・リフトに乗ってもっと高いところまで行った。 | I went up higher on the ski lift. |
| ・上級コースを滑り降りてみた。 | I tried skiing down the expert slopes.<br>＊ try -ing　〜を試してみる |
| ・より難しいコースに挑戦するのは<br>わくわくする。 | The more difficult slopes are an exciting<br>challenge. |
| ・コースから外れないように気を付けた。 | I was careful not to veer off course.<br>＊ veer off　進路から抜け出る |
| ・コースを何本か滑った後に、少しおやつを<br>食べた。 | After several runs down the slopes, we had<br>some snacks. |

・私が転ぶと、スキーパトロールの人が
　助け起こしてくれた。

When I fell down, a member of the ski patrol
helped me get up.

・時間が過ぎるのに気付かないほどスキーを
　楽しんだ。

I enjoyed my skiing so much that I lost track
of time.

＊ lose track of time　時間の流れを見失う、時間が過ぎるの
　　が分からない

# Sizzling Summer

Monday, July 30. Too hot

The sunshine is so strong and hot and it seems to have become summer.
I don't like summer because I am very sensitive to the heat and I sweat
easily. One of the things that I hate most is mosquitoes on a summer night.
Last summer, it was really intolerably hot. The sizzling weather really
bothered me. I remember that I used several ways to beat the heat. I took a
shower several times a day and even rubbed a bag of ice on my body. I ate
hot scalloped noodles to fight fire with fire.
I worry about how to survive the hot summer this year. I think I need
something to help me withstand the heat. I want to go to the beach to avoid
the heat this summer. I hope it will be less hot than last summer. Or I wish
we could skip summer.

## じりじり暑い夏

7月30日　月曜日　酷暑

　照りつける日差しと暑さで、夏になったんだなあと感じる。
　私は暑さに弱く汗かきなので、夏が好きではない。私が最も嫌いなものの一つが夏の夜の蚊だ。
去年の夏は耐え難い暑さだった。うだるような暑さが私を苦しめた。暑さをしのぐためにさまざまな方法
を試みたことを思い出す。一日に何度もシャワーを浴びて氷のうで体をこすったりした。熱には熱をもっ
てうち勝つということで、熱々の鍋焼きうどんを食べたりもした。
　今年の暑い夏をどうやって過ごそうか悩ましい。暑さを耐えるのに役立つような何かが必要だと思う。
今年の夏は避暑のために海へ行きたい。去年の夏よりも暑くないといいな。それか、夏を飛ばしてしまえ
たらいいのに。

**NOTES**

sizzling　じりじりと暑い／ sensitive　敏感な／ sweat　汗を流す／ intolerably　耐えがたく、我慢できない／ bother
煩わせる、悩ます／ beat　打ち負かす／ rub　こする／ scalloped noodles　鍋焼きうどん／ fight fire with fire　熱を
もって熱を治める／ withstand　我慢する／ avoid　避ける／ skip　抜かす、飛ばす

# CHAPTER

# 02

## 一日の日課

## 朝を表す副詞句

| | | | |
|---|---|---|---|
| 夜明け前に | before dawn | 夜明けから日没まで | from dawn till dark |
| 夜明けに | at dawn | 一日中 | all day long<br>around the clock |
| 明け方に | at day break | | |
| 朝に | in the morning | 朝早く | early in the morning<br>at an early hour |
| 毎朝 | every morning<br>each morning | | |
| | | 土曜日の朝 | on Saturday morning |
| 今朝 | this morning | 午前中ずっと | all morning |
| 朝から晩まで | from morning till night | ある夏の朝 | one summer morning |

## 目覚め

| | |
|---|---|
| ・夜が明けた。 | The day dawned. |
| ・日が昇った。 | The sun rose. |
| ・日の光が部屋に差し込んでいた。 | The sun was shining into the room. |
| ・明るくなった。 | It got light. |
| ・また新たな一週間が始まった。 | It was another fresh start to the week. |
| ・私は普段朝6時に起きている。 | I usually get up at 6 in the morning. |
| ・6時に起きた。 | I woke up at 6. |
| ・起きる時間になった。 | It was time to get up. |
| ・目覚まし時計が鳴らなかった。 | The alarm clock didn't ring.<br>The alarm clock didn't go off. |
| ・目覚まし時計の音で目が覚めたが、<br>　起き上がれなかった。 | The alarm clock woke me up, but I couldn't get up. |
| ・目覚まし時計の音がとてもうるさかった。 | The sound of the alarm clock was so loud. |
| ・目覚まし時計の音に気が付かなかった。 | I didn't hear the sound of the alarm clock. |
| ・目覚まし時計は10分間鳴り続けた。 | The alarm was ringing for 10 minutes. |
| ・目覚まし時計を止めた。 | I turned off the alarm clock. |

| | |
|---|---|
| ・二度寝をした。 | I went back to sleep. |
| ・毛布を引っ張りあげて、頭からかぶった。 | I pulled the blanket over my head. |
| ・もう少し寝ていたかった。 | I wanted to sleep a little longer. |
| ・私は一杯のコーヒーで目が覚める。 | A cup of coffee wakes me up. |
| ・目を覚ますためにコーヒーを飲んだ。 | I drank coffee to wake myself up. |
| ・カーテンを引いて窓を開けた。 | I pulled the curtain and opened the window. |
| ・まだ外は暗かった。 | It was still dark outside. |
| ・朝の空気はとても澄んでいてすがすがしかった。 | The morning air was very clean and fresh. |
| ・新鮮な空気を吸って目が覚めた。 | Some fresh air woke me up. |
| ・昨日、雨が降ったおかげで、朝の空気がいつもより澄んでいた。 | Thanks to yesterday's rain, the morning air was fresher than usual.<br>＊ thanks to　〜のおかげで |

---

### column

**wake upとget upの時系列**

やかましい目覚まし時計の音に目をこすりながら「目覚める」のはwake up。体を起こして「起床する」のがget upです。ですから、wake upした後に、get upすることになります。

---

## 早起き

| | |
|---|---|
| ・最も嫌いなのは、朝早起きすることだ。 | The thing I hate most is getting up early in the morning. |
| ・何があろうとも、私は朝早起きしなければならない。 | I have to get up early in the morning no matter what.<br>＊ no matter what　何があろうとも |
| ・いつもより早起きした。 | I got up earlier than usual. |
| ・今朝、いつもよりも1時間早く起きた。 | I got up an hour earlier than usual this morning. |
| ・あくびをしながら大きく伸びをした。 | I yawned, stretching myself.<br>＊ yawn　あくびをする ／ stretch oneself　伸びをする |
| ・急いでベッドから飛び出した。 | I got out of bed in a hurry. |
| ・ベッドから出て、シーツを整えた。 | I got out of bed and made it. |
| ・早起きをすれば、時間に余裕が生まれる。 | I can take my time when I get up early.<br>＊ take one's time　ゆっくりする |
| ・早起きの習慣を身に付けようと努力中だ。 | I am trying to get used to getting up early.<br>＊ get used to -ing　〜に慣れる |

| | |
|---|---|
| ・早起きすることに慣れた。 | I got accustomed to getting up early.<br>＊ get accustomed to -ing　〜に慣れる |
| ・早起きな人になるつもりだ。 | I will be an early bird. |
| ・朝型人間になるために、早起きするつもりだ。 | I am going to rise early to be a morning person. |
| ・私は毎朝ジョギングをする。 | I jog every morning. |
| ・早く寝ることに決めた。 | I decided that I would go to bed early. |
| ・早寝早起きは、健康、富、知恵の源である。 | Early to bed and early to rise makes a man healthy, wealthy and wise. |
| ・早起きした鳥が虫を捕まえる<br>（早起きは三文の徳）。 | The early bird catches the worm. |

## 寝坊

| | |
|---|---|
| ・私はいつも夜更かしをする。 | I always keep late hours. |
| ・私はいつも夜更かしして寝坊をする。 | I always go to bed late; therefore I wake up late. |
| ・私は寝坊ばかりする。 | I am a late riser. |
| ・私は眠たがりだ。 | I am a sleepyhead. |
| ・私は毎朝寝坊をする。 | I oversleep every morning. |
| ・私はいつも眠い。 | I am always sleepy. |
| ・朝の遅い時間まで寝ていた。 | I stayed in bed till late in the morning. |
| ・今朝、2時間も寝坊して目が覚めた。 | I woke up two hours late this morning. |
| ・今朝、1時間寝坊した。 | I overslept one hour this morning. |
| ・寝坊ばかりするので、毎朝、誰かが私を起こさなければならない。 | I am a late riser. That's why someone has to wake me up every morning.<br>＊ that's why　そのため |
| ・夜遅くまで勉強していたので、朝早く起きることができなかった。 | I couldn't get up early in the morning because I studied till late at night. |
| ・本当に起きたくなかった。 | I really didn't like to get up. |
| ・ベッドの中でだらだらしていた。 | I procrastinated getting out of bed.<br>＊ procrastinate　ぐずぐずする、だらだらする |
| ・昨晩遅くに寝たせいだ。 | It was because I had gone to bed late last night. |
| ・太陽が空高く昇っていた。 | The sun was high in the sky. |
| ・昨晩、弟に朝早く起こすよう頼んだ。 | Last night, I asked my brother to wake me up early. |
| ・彼は私を起こすのを忘れた。 | He forgot to wake me up. |

| | |
|---|---|
| ・もう少し早く起こしてくれなかったことについて、彼に文句を言った。 | I complained to him that he had not woken me up earlier. |
| ・彼が起きろと叫んだ。 | He shouted, "Rise and shine!"<br>＊ rise and shine　起床する |
| ・誰かが私を起こした時、むっとした。 | I got annoyed when someone woke me up. |
| ・目覚まし時計が鳴らなかったので、早起きできなかった。 | The alarm clock didn't ring, so I couldn't wake up early. |
| ・昨晩、目覚まし時計をかけたつもりだった。 | I thought I had set the alarm clock last night. |
| ・目を覚ますと、みんな起きた後だった。 | When I awoke, everybody was up. |

---

**sleep lateは「寝坊する」ではない**

「寝坊する」をsleep lateとは言いません。sleep lateは「遅い時間に寝る」、すなわち「夜更かしする」という意味なのです。意図していたよりも長く寝て「寝過ごす」場合はoversleep、寝坊しようと心に決めて「遅くまで寝ている」場合はsleep in、普段よりも「少し遅く起きる」場合にはget up lateと言いましょう。

column

---

## お風呂・トイレ

| | |
|---|---|
| ・起きるとすぐに浴室に入った。 | I entered the bathroom as soon as I got up. |
| ・浴室に誰かがいた。 | There was someone in the bathroom. |
| ・弟がシャワー中だった。 | My brother was in the shower. |
| ・私は彼に早く浴室から出るように言いながらドアを叩いた。 | I knocked at the door asking him to get out of the bathroom quickly. |
| ・トイレに行った。 | I went to the bathroom.<br>＊ go to the bathroom　トイレに行く |
| ・トイレの水を流すのを忘れた。 | I forgot to flush the toilet. |
| ・においがひどかった。 | The smell was terrible. |
| ・トイレの水を流した。 | I flushed the toilet. |
| ・朝は、顔だけ洗う。 | I wash just my face in the morning. |
| ・朝食の前に顔を洗った。 | I washed up before breakfast. |
| ・今朝シャワーを浴びた。 | I took a shower this morning. |
| ・私は毎朝、髪を洗う。 | Every morning I wash my hair. |
| ・髪を乾かすのに約10分かかった。 | It took about 10 minutes to dry my hair. |
| ・ドライヤーで髪を乾かした。 | I blow-dried my hair. |

| | |
|---|---|
| ・髪にブラシをかけた。 | I brushed my hair. |
| ・髪の毛をとかした後、床に落ちた髪の毛を掃除した。 | After combing my hair, I removed the fallen hairs from the floor. |
| ・顔にローションを塗った。 | I applied lotion on my face.<br>＊ apply　適用する、利用する、塗る |

## 歯磨き

| | |
|---|---|
| ・私は毎食後、必ず歯磨きをする。 | I always brush my teeth after each meal. |
| ・朝ごはんの後、歯磨きをした。 | I brushed my teeth after breakfast. |
| ・歯ブラシの上に水を少しかけた。 | I ran some water over my toothbrush.<br>＊ run　流す |
| ・歯ブラシの上に歯磨き粉を絞り出した。 | I squeezed toothpaste onto my toothbrush.<br>＊ squeeze　絞り出す、ぎゅっと握る |
| ・歯磨き粉の上の部分を握ってはいけないと言われた。 | I was asked not to squeeze the upper part of the tube of toothpaste. |
| ・歯ブラシを上下と前後に動かして磨いた。 | I moved my toothbrush up and down and back and forth. |
| ・歯ブラシを上下に動かすだけで歯を磨こうとしている。 | I try to brush my teeth just up and down. |
| ・水を少し口に含んで中をゆすいだ。 | I took some water and rinsed my mouth. |
| ・口の中で水をあちこち動かした。 | I swished water back and forth in my mouth.<br>＊ swish　さっと動かす |
| ・洗面台に水を吐き出した。 | I spat water into the sink.<br>＊ spat　spit（吐く）の過去形 |
| ・歯ブラシをすすいでから歯ブラシ立てに置いた。 | I rinsed my toothbrush and put it back in the toothbrush rack. |

## 朝刊

| | |
|---|---|
| ・私は時代から遅れてしまわないように毎朝オンラインで新聞を読んでいる。 | I read the online newspaper every morning in order not to fall behind the times.<br>＊ behind the times　時代遅れ |
| ・～新聞を購読している。 | I subscribe to the ~ newspaper.<br>＊ subscribe to　～を定期購読する |
| ・学生用の英字新聞を購読している。 | I subscribe to an English newspaper for students. |
| ・朝は新聞にざっと目を通す。 | I skim through the newspaper in the morning.<br>＊ skim　すくい取る、ざっと見る |

| | |
|---|---|
| ・朝のうちに、新聞全体を読むことはできない。 | It's impossible to read the whole newspaper in the morning. |
| ・いつも主に新聞の社会面を読む。 | I usually read the local news section of the newspaper. |
| ・私はスポーツ欄だけ読む。 | I read just the sports page. |
| ・社説はほとんど読まない。 | I hardly read the editorials. |
| ・今日の新聞に衝撃的な記事が載っていた。 | There was a shocking article in today's newspaper. |
| ・知人が今日の新聞に出ていた。 | My acquaintance appeared in today's newspaper.<br>＊ acquaintance　知人、面識のある人 |
| ・自分の趣味に関するいい記事があったので、切り抜いておいた。 | I cut out a good article about my hobby. |
| ・いくつかの記事の切り抜きをスクラップブックに張った。 | I pasted some article clippings into my scrapbook.<br>＊ clipping　（新聞・雑誌の）切り抜き |

---

**column**

### 準否定語とは？

hardは「硬い」「難しい」「熱心な」「一生懸命に」などの意味で形容詞としても副詞としても使われます。hardlyはhardの副詞形ではなく、「ほとんど～しない」の意味で、notを伴わず、弱い否定を表す準否定語です。このような準否定語として使われる単語には、seldom/rarely（めったに～しない）、scarcely/barely（ほとんど～ない）などがあります。

---

## 朝食

| | |
|---|---|
| ・朝食の時間だった。 | It was time for breakfast. |
| ・朝食を食べる時間だった。 | It was time to have breakfast. |
| ・朝食がすでに準備されていた。 | Breakfast was already ready. |
| ・ゆっくり食事をした。 | I took my time with the meal.<br>＊ take one's time　ゆっくりする |
| ・急いで朝食をとらなければならなかった。 | I had to eat my breakfast in a hurry. |
| ・牛乳一杯とシリアルを食べた。 | I had some cereal with a glass of milk. |
| ・朝食の代わりに牛乳を飲んだ。 | I had milk for breakfast instead. |
| ・今日は朝食にパンと目玉焼きを食べた。 | Today I had bread and some fried eggs for breakfast. |
| ・私は普通、朝は和食を食べる。 | I usually eat a Japanese-style breakfast. |

| | |
|---|---|
| ・食事を楽しんだ。 | I enjoyed my meal. |
| ・朝食をたくさん食べた。 | I had a heavy breakfast. |
| ・ごはんをもう一杯食べたかった。 | I felt like eating another bowl of rice. |
| ・軽く朝食を食べた。 | I had a light breakfast. |
| ・一口だけ食べた。 | I ate just one bite. |
| ・急いで朝食を終えた。 | I quickly finished my breakfast. |
| ・朝食は準備されていたが、食べる時間がなかった。 | Breakfast was ready, but I had no time to eat it. |
| ・朝は食欲がなかった。 | I didn't feel like eating in the morning. |
| ・今日は朝食を抜いた。 | I skipped today's breakfast. |
| ・今日は朝食を食べなかった。 | I didn't eat breakfast today. |

## 着替え

| | |
|---|---|
| ・パジャマを脱いだ。 | I took off my pajamas. |
| ・下着を着替えた。 | I changed my underwear. |
| ・服を脱いだ。 | I got undressed.<br>I took my clothes off. |
| ・どの服を着るか決めるのが難しかった。 | It was difficult to decide which clothes to wear. |
| ・洋服ダンスから服を取り出した。 | I took out the clothes from the wardrobe. |
| ・服にしわが寄っていた。 | The clothes were wrinkled. |
| ・急いでアイロンをかけた。 | I ironed in haste. |
| ・今日はストライプのシャツを着た。 | I wore a striped shirt today. |
| ・ワイシャツ、ベスト、ネクタイ、ズボンを身に着けた。 | I put on my shirt, vest, neck-tie, and trousers. |
| ・服を後ろ前に着てしまった。 | I put my clothes on backwards. |
| ・服の裏表を反対に着ていた。 | I put my clothes on inside out. |

| | |
|---|---|
| ・シャツを着る際は、必ずズボンの中に入れて着る。 | I never wear a shirt without tucking it in my pants.<br>＊ never ~ without…　〜するときは必ず…する |
| ・服を着るのを手伝ってくれる人が必要だった。 | I needed someone to help me dress myself. |
| ・脱いだ服をハンガーにかけておかなかった。 | I didn't hang the clothes that I had taken off on the clothes hanger. |
| ・服を床に置きっ放しにした。 | I left the clothes on the floor. |
| ・服を脱いだ後、床にそのまま投げ散らかした。 | I just threw all my clothes on the floor after I undressed. |

## column

### put onとwearの違いは？

服を「着る」、帽子を「かぶる」、眼鏡を「かける」、手袋を「はめる」など、put onは何かを身に着ける動作を表します。それに対しwearは、何かをput onした後、それを身に着けている状態を指します。

## お母さんの小言

| | |
|---|---|
| ・先生の話をよく聞きなさい。 | Listen to your teacher. |
| ・先生の言うことを注意して聞きなさい。 | Pay attention to your teacher. |
| ・友達とけんかをしてはいけません。 | Don't fight with your friends. |
| ・友達と仲良くしなさい。 | Be nice to your friends. |
| ・友達に意地悪をしてはいけません。 | Don't pick on your friends.<br>Don't bully your friends. |
| ・道を渡るときは気を付けなさい。 | Be careful when you cross the street. |
| ・車に気を付けなさい。 | Watch for cars. |
| ・道は左右をよく確認しなさい。 | Look carefully both ways. |
| ・急いではいけません。 | Don't go too fast. |
| ・学校で楽しんできてね。 | Have a good day at school. |
| ・授業中に居眠りしてはいけません。 | Don't sleep during classes. |
| ・学校をさぼってはいけません。 | Don't play hooky. |
| ・学校が終わったらまっすぐ家に帰りなさい。 | Come home straight after school. |
| ・知らない人には気を付けなさい。 | Watch out for strangers. |
| ・気を付けてね。 | Take care. |

| | |
|---|---|
| ・手をきれいにしておきなさい。 | Keep your hands clean. |
| ・楽しく過ごしてね。 | Have fun. |
| ・楽しんできてね。 | Have a good time. |

## 外出

| | |
|---|---|
| ・両親は毎朝、私のことをせかす。 | My parents always rush me every morning.<br>＊ rush　急がせる、駆り立てる |
| ・急いで準備しなければならなかった。 | I had to get ready quickly. |
| ・必要な物を持った。 | I took what I needed. |
| ・私は急いだ。 | I hurried up. |
| ・家を出た。 | I left home. |
| ・学校に遅刻しないように急いだ。 | I hurried up in order not to be late for school. |
| ・遅刻だったので、髪の毛が濡れたまま家を出た。 | I left home with my hair wet since it was late. |
| ・寝坊して学校に10分遅刻した。 | I overslept and was 10 minutes late for school. |
| ・目覚ましが鳴ったときに起きるべきだった（しかしできなかった）。 | I should have gotten up when the alarm clock rang.<br>＊ should have + 過去分詞　〜するべきだった |
| ・もう少しちゃんとしなくては。 | I need to be more diligent. |
| ・のんびりしている時間はなかった。 | I had no time to lose. |
| ・タクシーに乗って急いで学校へ向かった。 | I went to school in a hurry by taxi. |
| ・今朝とても急いでいたので、財布をおいて来てしまった。 | Since I was in such a hurry this morning, I didn't bring my wallet. |
| ・急ぐと無駄が生じる（急がば回れ）ということをよく覚えておかなければならない。 | I need to remember that haste makes waste. |
| ・家からバスの停留所まで歩いて20分くらいかかる。 | It takes about twenty minutes to walk to the bus stop from my house. |

# 2 昼

**LUNCH**

## お弁当

| | |
|---|---|
| ・毎日お弁当を持って行く。 | I take my lunch everyday. |
| ・お弁当を持ってきた。 | I brought my own lunch.<br>I brought a lunch with me. |
| ・お母さんがお弁当を詰めてくれた。 | My mom packed a lunch box for me. |
| ・お母さんの愛情がお弁当に詰まっていたと思う。 | I think she made the lunch box with love. |
| ・ごはんの上に豆でハート模様を作った。 | I decorated the rice with beans in the shape of a heart.<br>＊ in the shape of ~ 　~の模様で |
| ・お弁当を持って行くのが煩わしい。 | It's a nuisance for me to carry a lunch box. |
| ・時々、お弁当箱をなくしてしまうことがある。 | Sometimes I lose my lunch box. |

## 学校給食

| | |
|---|---|
| ・私の学校は昼に給食が出る。 | My school provides meals for students at lunch time. |
| ・私たちは昼食券を利用しなければならない。 | We have to use lunch vouchers.<br>＊ voucher 　食券、証明書、証書 |
| ・時々、おかずがあまりおいしくない。 | Sometimes the side dishes are not good. |
| ・カフェテリアであの料理を出すのをやめてほしい。 | I wish the cafeteria would stop serving that food. |
| ・今日のおかずの中にトンカツがあった。 | One of today's dishes was pork cutlet. |
| ・ちょうどよく塩味がついた肉が好きだ。 | I like nicely salted meat. |
| ・今日の午後、昼食を一緒に取るため友達と会った。 | I met my friends to have lunch together this afternoon. |
| ・昼に食べ過ぎた。 | I had too much to eat at lunch. |
| ・気持ちが悪くなるほど食べた。 | I ate to the point that I got sick.<br>＊ to the point that 　~になるまで |
| ・昼にサラダとサンドイッチを食べた。 | I had salad and sandwiches for lunch. |
| ・昼は軽く食べた。 | I had a light lunch. |
| ・昼は少しだけ食べた。 | I grabbed a bite for lunch.<br>＊ grab a bite 　食事を少しだけする |

| | |
|---|---|
| ・夜においしいものを食べられそうなので、昼は軽めに食べた。 | I ate a light lunch in expectation of a good dinner.<br>＊ in expectation of　〜を期待して |
| ・昼ごはんを抜いた。 | I skipped lunch. |

**簡単に食べるべきか、抜くべきか**

時間に余裕がなく、食事を簡単に済ませなければならない場合、grab（つかむ、さっと食べる）と bite（ひとかじり、軽い食事）を使ってgrab a biteと言います。素早く少しだけ食べて済ませるならばgrab a quick biteと言いましょう。「サンドイッチで簡単に済ませた」はI grabbed a sandwich.で、その時間すらなければ食事を抜くことになりますが、これはskipで表現します。

## 昼休み

| | |
|---|---|
| ・正午に昼休みが1時間ある。 | We have an hour's lunch break at noon. |
| ・昼休みに放送部員が音楽を流してくれた。 | The broadcasting members played music during lunch time. |
| ・友達とおしゃべりをしながら音楽を聞いた。 | I listened to music, talking with my friends. |
| ・短い昼休みの間、私は友達と一緒に過ごした。 | I spent time with my friends during the short lunch time. |
| ・私たちは昼休みに10分くらいサッカーをした。 | We played soccer for about 10 minutes during lunch time. |
| ・昼ごはんをたくさん食べると眠たくなる。 | I get sleepy when I have a heavy lunch. |
| ・昼ごはんの後、少しだけ昼寝をした。 | After lunch, I took a nap for a short time. |
| ・昼休みがもう少し長ければいいのに。 | I wish we had a longer lunch time. |
| ・昼寝をするのに十分な時間がなかった。 | I didn't have enough time to take a nap. |

## おやつ

| | |
|---|---|
| ・私はおやつ好きだ。 | I am a snacker.<br>＊ snacker　おやつが好きな人 |
| ・食間に牛乳を飲む。 | I drink milk between meals. |
| ・おやつを少し食べた。 | I had some snacks. |
| ・間食が好きだ。 | I like eating between meals.<br>＊ eat between meals　間食をする |
| ・甘いものが好きだ。 | I have a sweet tooth. |

| | |
|---|---|
| ・休憩時間におやつを買いに売店へ行った。 | I went to the snack corner to buy snacks during the break time. |
| ・私は三食ともきちんと食べるし、おやつもいろいろ食べる。 | I eat meals regularly and various things between meals.<br>＊ regularly　規則的に（⇔irregularly　不規則的に） |
| ・おやつに果物しか食べない。 | I have only fruits for my snack. |
| ・おやつを頻繁に食べるので太ってきたみたいだ。 | I think I am gaining weight because I eat between meals so often. |
| ・食べるものに気を付ける必要がある。 | I need to watch what I eat. |
| ・おやつにパンを食べたので食欲がない。 | I had some bread between meals, so I have no appetite. |
| ・これからはおやつは食べないことにする。 | From now on, I won't have any snacks. |

## 3　夜

EVENING

### 夜の活動

| | |
|---|---|
| ・普段夜8時以降には家にいる。 | I am usually at home after eight in the evening. |
| ・今夜はただ家にいた。 | I just stayed at home this evening. |
| ・ときどき夜に、友人たちに会いに行く。 | I sometimes go and see some of my friends in the evening. |
| ・6時に友達と会うことになっていた。 | I was expected to meet my friends at 6 o'clock. |
| ・夜に友達と街の中をぶらぶら歩いた。 | I hung out downtown with my friends in the evening. |
| ・今晩は何もすることがなかった。 | I had nothing to do this evening. |
| ・今日夕食の後に散歩にでかけた。 | I went for a walk after dinner this evening. |
| ・たちまち暗くなったので私は家に帰った。 | It became dark soon, so I came back home. |
| ・夕暮れ時に友達に会った。 | I met a friend of mine at dusk. |
| ・何もすることがなかったので友達の家へ行った。 | I went to my friend's house since I didn't have anything to do. |
| ・今日は友達の家に泊まるつもりだ。 | I'm going to sleep over at my friend's house.<br>＊ sleep over　外泊する |
| ・両親の肩もみをしてあげた。 | I massaged my parents' shoulders. |

| | |
|---|---|
| ・音楽を聞いて一日の疲れを和らげた。 | I relaxed from today's fatigue by listening to music.<br>＊ fatigue　疲労、疲れ |
| ・寝る前に、あしたやるべきことを確認した。 | Before going to bed, I checked the things I have to do tomorrow. |
| ・私は寝る前に日記をつける。 | I keep a diary before I go to bed. |
| ・寝る前にいつも日記を書く。 | I make it a point to keep a diary before going to bed.<br>＊ make it a point to＋動詞原形　必ずいつも〜する |

## 門限

| | |
|---|---|
| ・私の家の門限は夜10時だ。 | My curfew at home is 10 o'clock p.m.<br>＊ curfew　門限、外出禁止時刻 |
| ・遅くとも夜10時までには家に帰らなければならない。 | I have to be home by 10 o'clock p.m. at the latest. |
| ・お母さんに電話をして家に帰るのが遅くなることを伝えた。 | I called my mother and said that I would come home late. |
| ・夜遅く家に帰ったので、両親にしかられた。 | I came home late at night, so I was scolded by my parents. |
| ・夜、遊びに出掛けるのが好きだ。 | I am fond of going out in the evening. |
| ・両親は、私が休みの日に遅くまで出掛けることを許してくれている。 | My parents allow me to stay out late on holidays. |
| ・家に遅く帰る時に、両親がもう少し理解を示してくれればいいのにと思う。 | I wish my parents would be more understanding when I come home late. |

## シャワー

| | |
|---|---|
| ・簡単にシャワーを浴びた。 | I took a quick shower. |
| ・シャワーカーテンを閉めなかったせいで、浴室のあちこちに水が飛び散った。 | I didn't draw the shower curtain, so the water splashed here and there in the bathroom. |
| ・とても疲れていたので、お湯をいっぱいためた浴槽でゆっくりした。 | I was very tired so I relaxed in a bathtub full of hot water. |
| ・熱いお湯のお風呂に入った。 | I had a hot bath. |
| ・体をこすった。 | I scrubbed my body.<br>＊ scrub　こすって磨く |
| ・お風呂に入ったらさっぱりした。 | I felt refreshed after my bath. |
| ・健康のために半身浴をした。 | I took a hip bath for health.<br>＊ hip bath　半身浴、腰湯 |
| ・タオルで水気を取った。 | I wiped up the water with a towel. |

・体の水気をタオルでふいた。　　　　　　　I dried myself with a towel.

## 夕食

・今日は午後の遅い時間まで何も食べられな　I had not eaten anything till late in the
かった。　　　　　　　　　　　　　　　afternoon.

・夕食を準備した。　　　　　　　　　　　I prepared dinner.

・夕食の準備はほぼ整った。　　　　　　　Dinner is almost ready.

・今日は家で夕食を取った。　　　　　　　I had dinner at home this evening.

・今晩は外食した。　　　　　　　　　　　I ate out this evening.
　　　　　　　　　　　　　　　　　　　＊ eat out　外で食事をする、外食する

・私たちはいつも夜6時に夕食を取る。　　　We always have dinner at 6 o'clock in the
　　　　　　　　　　　　　　　　　　　evening.

・早めに夕食を取った。　　　　　　　　　I had an early dinner.

・夕食を食べながら、私たちは今日一日の　　While having dinner, we talked about things
出来事について話した。　　　　　　　　that happened today.

・夕食の時、私たちは、どんな一日だった　　At dinner, we talked about how our day went.
のか話した。

・お父さんはいつも家に帰ってくるのが遅いの　My dad always comes home late, so we
で、一緒に夕食を取ることはほとんどない。　seldom have dinner together.
　　　　　　　　　　　　　　　　　　　＊ seldom　ほどんと〜ない

・長い間、家族と夕食を共にしていなかった。　I haven't had dinner with my family for a long
　　　　　　　　　　　　　　　　　　　time.

・夕食の間、家族と楽しく話をした。　　　　I had a pleasant conversation with my family
　　　　　　　　　　　　　　　　　　　over dinner.

・夕食の後、いい気分になった。　　　　　After dinner, I felt wonderful.

・今日は昼も何も食べず、夜も食べなかった。　I didn't eat any lunch and then skipped
　　　　　　　　　　　　　　　　　　　dinner as well.
　　　　　　　　　　　　　　　　　　　＊ as well　また、やはり、その上

・今晩、外国人の友人を夕食に招待した。　　We invited a friend from abroad to have
　　　　　　　　　　　　　　　　　　　dinner with us this evening.

・夕食に招待されたので、友人の家に行った。　I went to my friend's house because I was
　　　　　　　　　　　　　　　　　　　invited for dinner.

・今日の夜は外食がしたかった。　　　　　Today I wanted to go out for dinner.

・今日の夜は素敵なレストランで食事をした。　I ate at a nice restaurant this evening.

・夕食にステーキを食べた。　　　　　　　I ate steak for dinner.

・今夜の夕食はイタリアンだった。　　　　I had Italian food for dinner tonight.

## テレビ視聴

| | |
|---|---|
| ・夕食が済んだ途端にテレビをつけた。 | I turned on the TV as soon as I finished eating dinner. |
| ・何もしないでテレビを見ていた。 | I just watched TV without doing anything else. |
| ・私は普段テレビを見過ぎる。 | I usually watch too much TV. |
| ・弟はテレビっ子だ。 | My younger brother is a couch potato.<br>＊ couch potato　テレビにかじりついている人 |
| ・私は一日に3時間ほどテレビを見ている。 | I watch TV for about 3 hours a day. |
| ・私はいつも手にリモコンを握りしめている。 | I always hold the remote control in my hand. |
| ・家族は私を「リモコン」と呼ぶ。 | My family calls me the "remote control." |
| ・弟とリモコンの奪い合いをした。 | I fought with my brother over the remote control. |
| ・私はテレビ中毒のようだ。 | I seem to be addicted to TV.<br>＊ be addicted to　～にはまっている、～中毒だ |
| ・私はテレビを見るときに近付きすぎる。 | I sit too close to the TV while watching it. |
| ・テレビから少し後ろに下がった。 | I moved back from the TV. |
| ・夕食の後、リビングでテレビを見た。 | After dinner, I watched TV in the living room. |
| ・毎日9時からのニュースを見る。 | I watch the 9 o'clock news every day. |
| ・いつもCNNニュースを見る。 | I always watch the news on CNN. |
| ・6チャンネルの「ミュージックショー」を見た。 | I watched "Music Show" on channel 6. |
| ・私の好きな番組はバラエティー番組だ。 | My favorite program is a variety show. |
| ・その番組はMBSで毎週月曜日に放送される。 | The show is on MBS every Monday. |
| ・今週の金曜日にMBSで面白そうなゲーム番組がある。 | There is an exciting game show on MBS this Friday. |

| | |
|---|---|
| ・今日7チャンネルで面白いお笑い番組を やっていた。 | Today there was a funny comedy on channel 7. |
| ・その番組を見るのが好きだ。 | I like to watch the program. |
| ・それは本当におかしくて面白かった。 | It was really funny and interesting. |
| ・そのメロドラマは再放送だった。 | The soap opera was a rerun.<br>＊ rerun 再放送、再上映 |
| ・連続ドラマが嫌いだ。 | I hate the drama series. |
| ・我が家では週末の連続ドラマを欠かさずに 見ている。 | My family never misses the weekend drama series. |
| ・テレビのコマーシャルは本当に面白い。 | TV commercials are really fun. |
| ・ほかのチャンネルに変えた。 | I switched to another channel. |
| ・両親は私に教育番組を無理矢理見させた。 | My parents forced me to watch educational programs.<br>＊ force ~ to... 〜に…することを強制する |
| ・その番組はとてもつまらなかった。 | The program was very boring to me. |
| ・テレビの音量を下げた。 | I turned the TV volume down. |
| ・テレビの音量を上げた。 | I turned the TV volume up. |
| ・最後のニュースを見てからテレビを消した。 | I turned off the TV after watching the closing news. |
| ・テレビを見る時間を減らさなければならない。 | I have to cut down on my TV viewing.<br>＊ cut down on 〜を減らす |
| ・テレビの見過ぎでよく両親に小言を言われる。 | I am often scolded by my parents because I watch TV too much. |
| ・会話の時間をもっと持つために、リビング からテレビを片付けた。 | We took the TV set away from the living room to have more time for conversation.<br>＊ take ~ away 〜を持ち去る、片付ける |
| ・しばらくの間、テレビが見られなかった。 | I couldn't watch TV for quite a while. |

## ラジオ・ビデオ

| | |
|---|---|
| ・私はテレビの代わりにラジオを聞く。 | I listen to the radio instead of watching TV.<br>＊ instead of 〜の代わりに |
| ・ラジオを聞きながら勉強した。 | I studied while listening to the radio. |
| ・ラジオから何の音もしないと物足りなく 感じる。 | When there is no sound from the radio, I feel that something is missing. |
| ・いつもラジオを聞きながら眠る。 | I always fall asleep while listening to the radio. |
| ・一晩中ラジオがつけっぱなしだった。 | The radio was on all night. |
| ・DVDで映画が見たかった。 | I wanted to watch a movie on DVD. |

| | |
|---|---|
| ・DVDを一本借りた。 | I rented a DVD. |
| ・今日は一日中、映画のDVDを見ていた。 | Today, I watched movies on DVD all day long. |
| ・とても面白かったので、時間の過ぎるのを忘れた。 | It was so interesting that I lost track of time. |
| ・好きな時間の過ごし方は家でDVDを見ることだ。 | My favorite pastime is watching DVDs at home. |

## 夜空

| | |
|---|---|
| ・月が早く出た。 | The moon was up early. |
| ・月の光輪が素晴らしかった。 | The halo around the moon was wonderful. |
| ・月がとても輝いていた。 | The moon was so bright. |
| ・空高く満月が出ていた。 | The full moon was high up in the sky. |
| ・空に半月が出ていた。 | There was a half moon in the sky. |
| ・三日月だった。 | It was the crescent moon. |
| ・三日月が満ちていく。 | The crescent is waxing.<br>＊ wax （月が）満ちる、大きくなる |
| ・満月が欠けていく。 | The full moon is waning.<br>＊ wane （月が）欠ける、減少する |
| ・空に星がたくさん出ていた。 | There were a lot of stars in the sky. |
| ・空に星がたくさん輝いていた。 | The sky was starry. |
| ・空で星がきらきらしていた。 | The stars twinkled in the sky. |
| ・星の数を数えてみた。 | I tried counting the number of stars. |
| ・一番好きな星に願い事をした。 | I wished upon my favorite star. |

## 寝る準備

| | |
|---|---|
| ・明日はゆっくり寝ていたい。 | I want to get up late tomorrow. |
| ・寝る前に夜食を食べた。 | I had a midnight snack before going to bed. |
| ・あくびをした。 | I yawned. |
| ・早く寝るつもりだ。 | I am going to bed early. |
| ・両親におやすみなさいと言った。 | I said goodnight to my parents. |
| ・パジャマに着替えた。 | I changed into my pajamas. |
| ・明日の約束に遅れないように、早く寝たほうがよさそうだ。 | I had better go to bed early so as not to be late for my appointment tomorrow. |
| ・映画を見るために夜更しした。 | I stayed up late to see a movie.<br>＊ stay up late 夜更しする |

| | |
|---|---|
| ・目覚ましをセットした。 | I set the alarm clock. |
| ・ベッドの中でしばらく本を読んだ。 | I read in bed for a while. |
| ・幼い時、両親はベッドで私の好きな本を読んでくれたものだ。 | When I was younger, my parents used to read me my favorite book in bed.<br>＊ used to ＋ 動詞原形　よく～したものだ |
| ・寝る前に何か食べたくなった。 | I felt like eating something before going to bed. |
| ・寝る時間になったころ、ようやく仕事が終わった。 | I didn't finish my work until I went to bed.<br>＊ not ~ until...　…になってようやく～した |
| ・まぶたが重たく、とても眠たい。 | My eyelids are heavy and I am very sleepy. |
| ・私はドアの鍵がすべて閉まっていることを確認した後、眠る。 | After I have checked out whether the doors are locked, I go to bed. |

## column

### 「寝床に入って」から「寝ている」まで

「寝床に入る」の最も一般的な表現は go to bed ですが、そのほか turn in や、カジュアルな言い方として hit the sack、hit the hay なども同じ意味で使われます。「眠りに就く」は fall asleep、眠りに就いて「寝ている」状態は sleep で表現します。

## 睡眠

| | |
|---|---|
| ・ぐっすり眠りたい。 | I want to sleep soundly. |
| ・音楽を聞きながら寝入った。 | I fell asleep listening to music. |
| ・とても疲れたので、すぐに眠れそうだ。 | I am so tired that I am going to fall asleep soon. |
| ・今夜はすてきな夢をみたい。 | I want to have sweet dreams tonight. |
| ・私が電気を消すや否や、弟は眠りに落ちた。 | As soon as I turned off the light, my brother fell asleep. |
| ・枕に頭を置いた途端に眠りに落ちた。 | I fell asleep as soon as I hit the pillow. |
| ・あっという間に眠りに落ちた。 | I went out like a light.<br>＊ go out like a light　あっという間に眠る、意識を失う |
| ・今夜はよく眠れない気がする。 | I don't think I will be able to sleep well tonight. |
| ・夕食を食べずに寝た。 | I went to bed without eating dinner. |
| ・真夜中を過ぎるまで寝ないで起きていた。 | I didn't get to bed until after midnight. |

## （睡眠中の）癖

- 私は眠るときに羽毛の枕で寝るのが好きだ。

  When I sleep, I like to lay my head on a feather pillow.
  ＊ feather　羽毛／ pillow　枕

- 硬い枕より柔らかい枕が好きだ。

  I prefer a soft pillow to a hard one.

- 誰かの腕枕で寝るのは、私にとって快適ではない。

  It is uncomfortable for me to sleep on someone's arm.

- うつ伏せになって寝るのが寝心地がよい。

  It is comfortable for me to sleep on my stomach.
  ＊ stomach　おなか

- 仰向けになって寝るのは寝心地が悪い。

  I feel uneasy sleeping on my back.

- 横向きになって寝るのが好きだ。

  I like to sleep on my side.

- 私は時々寝言をいう。

  I sometimes talk in my sleep.

- 弟は私が寝言を言うと言った。

  My brother said that I talked while asleep.

- 私は寝ている間に歯ぎしりをする。

  I grind my teeth while I sleep.
  ＊ grind　すりつぶす、とぐ

- うちのお父さんは寝ているときにひどいいびきをかく。

  My dad snores heavily while sleeping.

- 私は夜型人間だ。

  I am a night owl.
  ＊ owl　フクロウ、夜に仕事をする人

- 私は徹夜をしない。

  I don't pull all-nighters.
  ＊ all-nighter　徹夜

- 夜更しをしない。

  I don't keep late hours.

- 朝早起きをする。

  I am an early riser.

## 夢

- 私は寝ている間にいつもたくさんの夢を見る。

  While I am asleep, I usually dream a lot.

- 私は夢を見すぎる。

  I dream too much.

- 今夜は彼の夢を見たい。

  I want to dream about him tonight.

- 私は時々悪夢にうなされる。

  Sometimes I suffer from nightmares.

- 怖い映画を見たので悪夢を見るのではないかと心配だった。

  I watched a scary movie, so I was afraid I would have a nightmare.

- 昨夜、悪夢を見た。

  Last night I had a nightmare.

- 昨夜おかしな夢を見た。

  I had a strange dream last night.

- 怪物に追いかけられる夢を見た。

  I dreamed that I was being chased by a monster.
  ＊ be chased by　〜に追いかけられる

| | |
|---|---|
| ・自分が絶壁から落ちる夢を見た。 | I dreamed that I was falling from a cliff. |
| ・昨晩悪夢を見たせいで、起きた時に全身に寝汗をかいていた。 | Last night I had a nightmare, and when I awoke, I found myself in a night sweat.<br>＊ night sweat　寝汗 |
| ・あるサッカー選手の夢を見た。 | I dreamed about a soccer player. |
| ・夢の中でおばあちゃんに会った。 | I saw my grandmother in a dream. |
| ・とてもすてきな夢を見ていたので、目を覚ますのが嫌だった。 | I hated to wake up, because my dream was so sweet. |

## column

### 「目を覚ませ！」

眠っている間に見る「夢」はdream、希望を表す「夢」もdreamです。時に、夢と現実の区別ができず可能性のない荒唐無稽な夢を見ている人がいます。そんな人たちにひと言、「目を覚ませ！」と言いたいときには、Get real! またはDream on!（反語的表現）と言ってください。「正気になって、現実を直視しろ！」という意味で、Wake up and smell the coffee! という表現もあります。

## 熟睡

| | |
|---|---|
| ・よく寝た。 | I slept well. |
| ・とてもよく寝た。 | I slept heavily. |
| ・ぐっすり眠った。 | I slept soundly.<br>I slept like a log.<br>＊ sleep like a log　ぐっすり眠る |
| ・熟睡した。 | I had a sound sleep. |
| ・ぐっすりよく眠った。 | I slept like a baby.<br>＊ sleep like a baby　赤ちゃんのようにぐっすり寝る |
| ・快眠だった。 | I had a good sleep. |
| ・午後はずっと寝ていた。 | I slept the whole afternoon. |
| ・熟睡は健康の基本だ。 | Sound sleep is essential for good health. |

## 不眠症

| | |
|---|---|
| ・私は眠りが浅い。 | I am a light sleeper.<br>I sleep lightly. |
| ・私は夜中にしょっちゅう目が覚める。 | I often wake up at night. |
| ・ぐっすり眠れなかった。 | I didn't sleep soundly. |
| ・眠れない夜を過ごした。 | I had a sleepless night. |

| | |
|---|---|
| ・一晩中起きたまま夜を明かした。 | I sat up all night. |
| ・徹夜をした。 | I stayed up all night. |
| ・問題を抱えているせいでよく眠れなかった。 | I lost sleep over my problem.<br>＊ lose sleep over ～が気掛かりで眠れない |
| ・不眠症に苦しんでいる。 | I suffer from insomnia.<br>＊ insomnia 不眠症 |
| ・一睡もできなかった。 | I couldn't sleep a wink.<br>I couldn't sleep at all, not even a wink. |
| ・昨夜はあまりよく眠れなかった。 | I didn't sleep that much last night. |
| ・ベッドの中で寝返りを打った。 | I tossed in my bed.<br>＊ toss 寝返りを打つ、揺れる |
| ・一晩中、寝返りを打ってばかりいた。 | I tossed and turned all night.<br>＊ toss and turn よく眠れずに寝返りを打つ |
| ・眠れないときは、温かい牛乳を飲むのがいいという。 | It is said that it's good to drink some warm milk when we can't fall asleep. |
| ・結局睡眠薬を飲んだ。 | At last, I took a sleeping pill. |

# 4 一日の整理
**CLOSING ONE'S DAY**

## 楽しい一日

| | |
|---|---|
| ・いい一日を終えた。 | I finished the day well. |
| ・すべてのことがうまくいった。 | Everything went well. |
| ・楽しい一日だった。 | Today was pleasant. |
| ・楽しい一日を過ごした。 | I had a pleasant day.<br>I passed the day pleasantly. |
| ・わくわくした一日だった。 | It was an exciting day. |
| ・今日はとてもよい気分だった。 | I felt great today. |
| ・本当に楽しい一日だった。 | I had a really nice day.<br>I had a really terrific day.<br>I had a really fantastic day.<br>I had a really wonderful day. |
| ・よい経験をした。 | I had a good experience. |
| ・とても楽しい夜を過ごした。 | I enjoyed the evening very much. |

| | |
|---|---|
| ・今日の出来事は忘れられないだろう。 | I won't forget today's incident.<br>＊ incident　事件、出来事 |
| ・今日はついている日だった。 | Today things went my way.<br>＊ go one's way　（人に）好都合に進展する |

column

**「今日の仕事は終わりにしよう！」**

山積みだった仕事も一段落したときの一言、「今日の仕事は終わりにしよう！」は、「一日の仕事を終える」という意味のcall it a dayを使い、Let's call it a day!となります。「仕事を仕上げよう」と言うときは、Let's wrap it upとなります。

## 忙しい一日

| | |
|---|---|
| ・今日はやることが多かった。 | I had many things to do today. |
| ・仕事に埋もれていた。 | I was buried in work. |
| ・いまだに仕事が山積みだ。 | I'm still overloaded with work. |
| ・今日はとても忙しかった。 | I was very busy today. |
| ・今日は本当に忙しい一日だった。 | I have had a really busy day today. |
| ・忙しい日を過ごした。 | I passed a busy day. |
| ・ばたばたと忙しかった。 | I was as busy as a bee.<br>＊ as busy as a bee　本当に忙しい |
| ・今日は忙しくて身動きが取れなかった。 | I was tied up today. |
| ・今日は仕事が多くてとても忙しかった。 | I was engaged in work today.<br>＊ be engaged in　〜で忙しい |
| ・今日は、仕事上のプレッシャーが多い一日だった。 | I had a lot of pressure at work today. |
| ・時間が過ぎるのも忘れていた。 | I didn't know the time of the day. |
| ・今日はどうかしている。 | I was not myself today. |
| ・どうでもいいことで忙しかった。 | I was busy doing nothing. |
| ・特にすることもないのに忙しかった。 | I was busy without anything particular to do. |
| ・あまりにも忙しくて彼に電話ができなかった。 | I was too busy to call him.<br>＊ too 〜 to...　あまりにも〜で…できなかった |

## 大変な一日

| | |
|---|---|
| ・一日中、仕事の多大なストレスを抱えていた。 | I was under a lot of pressure at work all day long. |
| ・今日とても恥ずかしい思いをした。 | I was so embarrassed today. |
| ・今日は時間がとても長く感じた。 | Time was really dragging today.<br>＊ drag （時間が）のろのろと進む |
| ・本当にしんどい一日だった。 | I had a really tough day. |
| ・今日は本当にへとへとだ。 | Today I am really stressed out. |
| ・今日は疲れる一日だった。 | Today was an exhausting day. |
| ・元気を使い果たした。 | I am flat out of energy. |
| ・くたびれた。 | I am worn out.<br>I am run down.<br>I am exhausted.<br>I am wiped out. |
| ・疲れた。 | I am tired.<br>I am feeling tired. |
| ・家に着くやいなやソファーに倒れ込んだ。 | I flopped down on the sofa as soon as I got home. |
| ・ひどい一日だった。 | It was a terrible day. |

column

**「気力がない」**

とても疲れてしまって気力がないとき、I have no power とは言いません。power は「能力」「権限」「権力」を表す単語です。くたびれたり疲れ切ったりして力が出ないときは、I have no energy. と言います。

## 憂うつな一日

| | |
|---|---|
| ・一日中機嫌が悪かった。 | I was in a bad mood all day long. |
| ・今日は憂うつな気分だった。 | I felt down today. |
| ・今日は元気がなかった。 | I felt low today. |
| ・今日しでかしたことが心配だ。 | I am worried about what I did today. |
| ・今日は何も食べなかった。 | I have not touched any food today. |
| ・今日、私の計画が徒労に終わった。 | Today my plan ended up as nothing.<br>＊ end up as ～に成り果てる |
| ・私の計画が台無しになった。 | My plan became a mess. |

| | |
|---|---|
| ・結局計画はだめになった。 | The plan was ruined in the end. |
| ・今日はついてなかった。 | It wasn't my day. |
| ・本当に何日か休みたい。 | I really want to take a break for a few days. |
| ・今日は一日休んだ。 | I took a day off.<br>＊ take ~ off　～の間休む |

## 退屈な一日

| | |
|---|---|
| ・今日はとても退屈だった。 | I was very bored today. |
| ・あれこれとどうでもいいことをするうちに一日が過ぎた。 | The day has been wasted on this and that. |
| ・特に何もしないまま、ただ時間が過ぎていった。 | I killed time doing nothing in particular. |
| ・一日中ぶらぶらと無駄に過ごした。 | I fooled around all day long. |
| ・一日中家でごろごろしていた。 | I lay about at home all day long.<br>＊ lie about　ごろごろする |
| ・何もかもが同じままだ。 | Everything is just the same. |
| ・毎日が同じだ。 | Every day is the same. |
| ・毎日毎日が同じだ。 | Every day is one of those days. |
| ・毎日同じことの繰り返しにうんざりする。 | I am tired of my daily routine.<br>＊ routine　決められたこと、日課 |
| ・こんな退屈な日々が本当にいやだ。 | I really hate these boring days. |
| ・変化が必要だ。 | I need a change. |
| ・何かわくわくするようなことが起これば<br>いいのに。 | I wish something exciting would happen. |

## あしたの計画

| | |
|---|---|
| ・私はいつも前もって計画を立てる。 | I always plan ahead. |
| ・あしたについて考えるときだ。 | It is time to think about tomorrow. |
| ・私はどんなことでも一日、一日と先延ばし<br>にする癖がある。 | I have a habit of putting things off from day<br>to day.<br>＊ have a habit of -ing　～するくせがある／<br>　put ~ off　～を延期する |
| ・あした何をすべきか考えているところだ。 | I am thinking about what to do tomorrow.<br>What I should do tomorrow is under<br>consideration.<br>＊ under consideration　考慮中の、考え中の |
| ・あしたそこへ行くつもりだ。 | I am planning to go there tomorrow. |

| | |
|---|---|
| ・あしたの天気によって、それをするかしないかを決めるつもりだ。 | I'll decide whether or not to do it depending on tomorrow's weather. |
| ・勉強の計画を立てた。 | I made a plan to study. |
| ・あしたの日程を確認した。 | I checked tomorrow's schedule. |
| ・あしたのための楽しい計画を一つ思いついた | I had a fun idea for tomorrow. |
| ・あした、私はまた別の大事な用がある。 | Tomorrow I have other fish to fry.<br>＊ fish to fry　しなければならないこと |
| ・あしたの夜のこの時間に、彼に会いに行くつもりだ。 | Tomorrow evening at this time, I'll go and see him. |
| ・計画通り、旅行に出掛けるつもりだ。 | I will take a trip as planned. |
| ・将来の計画を立てるつもりだ。 | I am going to make plans for the future. |
| ・今週末の計画を立てた。 | I made plans for this weekend. |
| ・その計画が成功するとは思えない。 | I don't think the plan will be successful. |
| ・今から気持ちを入れ替えて生活を一新するつもりだ。 | I am going to turn over a new leaf starting from now.<br>＊ turn over a new leaf　改心して生活を一新する |

## 堅い決心

| | |
|---|---|
| ・今日の仕事をあしたまで引き延ばさないようにしている。 | I try not to postpone today's work till tomorrow. |
| ・計画が水泡に帰することがないようにする。 | I won't let my plans go up in smoke.<br>＊ go up in smoke　水泡に帰す |
| ・大きな問題がない限り、計画を変えるつもりはない。 | I won't change my plans, unless there is a big problem.<br>＊ unless　〜なければ、〜ない限り |
| ・計画を守れるようにすべての努力をする。 | I will make every effort to stick to my plan. |
| ・計画通りうまくいくことを願う。 | I hope to do a good job as planned. |
| ・計画が徒労に終わらないように、最善を尽くすつもりだ。 | I will do my best so that my plan won't end up as nothing. |
| ・今日すべきことは今日せよ。 | Tomorrow never comes. |
| ・今日やるべきことをあしたへ引き延ばすな。 | Don't put off till tomorrow what you can do today.<br>＊ put off　延期する、延ばす |

## 5　気分・感情　FEELINGS

### 気分・感情を表す形容詞

| | | | |
|---|---|---|---|
| うれしい | happy, pleased | 後悔した | regretful |
| 悲しい | sad, sorrowful | 心配な | anxious, worried |
| 疲れた | tired | 憤慨した | indignant, resentful |
| 腹立たしい | angry | 恥ずかしい | ashamed, shy, embarrassed |
| 憂うつな | blue, melancholy, dismal, gloomy | 驚いた | surprised, astonished |
| 満足した | satisfied, pleased | 退屈した | bored |
| 希望に満ちた | hopeful | わびしい | dreary |
| 興奮した | excited | ねたましい | envious, jealous |
| 安心した | relieved | 単調な | monotonous |
| 楽天的な | optimistic | 傷つけられた | offended |
| 悲観的な | pessimistic | うるさい | noisy |
| 冷淡な | cold | 好奇心の強い | curious |
| 恐がった | frightened, scared | いらいらした | irritated |
| 緊張した | nervous | いらいらさせる | annoying |
| 気の張った | tense | 寛大な | generous |
| 無関心な | indifferent | 混乱した | confused |
| がっかりした | disappointed | | |

## 感情の調節

- 人間は感情の生き物だ。　Man is a creature of feelings.
- 私は感情が表に出やすい。　I betray my feelings too easily.
  ＊ betray　裏切る、(うっかり) さらけ出す
- ほかの人の気持ちを無視するのはよくない。　It's not good to ignore others' feelings.
- 感情をコントロールする方法を知る必要がある。　We had better know how to control our feelings.
- 私は気分に左右されやすい。　I am influenced easily by my mood.
- 私は気分によって行動する傾向がある。　I tend to behave according to my feelings.
- 私は感情を隠すことができない。　I can't hide my feelings.

| | |
|---|---|
| ・時として思慮分別よりも感情が勝つ。 | Sometimes my emotions win over my judgement.<br>＊ judgement　判断力、思慮分別 |

## いい気分

| | |
|---|---|
| ・朝、気分がよかった。 | I felt good in the morning.<br>I was in high spirits in the morning.<br>I was in a good mood in the morning. |
| ・うきうきした気分で家から学校へ出掛けた。 | I left home for school in a pleasant mood. |
| ・田舎道を歩くと気分がいい。 | It is pleasant to walk along country roads. |
| ・今素晴らしい気分だ。 | I am in a wonderful mood at the moment. |
| ・とても幸せだった。 | I was happy as a clam.<br>＊ happy as a clam　（文句なく）幸せだ |
| ・みんなが上機嫌なようだった。 | Everyone seemed to be in high spirits.<br>＊ seem to＋動詞原形　〜のようだ |
| ・新しいワンピースを買ったので今日は気分がよかった。 | I was in a good mood today because I bought a new dress. |
| ・新しい服をほめられたので気分がよかった。 | I was happy to receive a compliment on my new clothes.<br>＊ compliment　敬意、賞賛 |
| ・彼の温かい言葉が私の気分をよくしてくれた。 | His warm words put me in a good mood. |
| ・彼は体をのけぞらせて笑った。 | He threw back his head and laughed. |
| ・世界の頂点に立った気分になった。 | I felt like I was on top of the world. |
| ・夢を見ているような気分だった。 | I felt as if I were in a dream.<br>＊ as if　まさに |

column

### 「気分がいい」

「気分がいい」はMy feeling is good.ではなく、I feel good.と言わなくてはいけません。「気分が〜だ」という表現は「feel＋形容詞」で表現します。気分が悪い場合は、I feel bad.になります。

## 悪い気分

| | |
|---|---|
| ・今日は変な気分だった。 | I felt strange today. |
| ・今朝、機嫌が悪かった。 | I was in a bad mood this morning. |

| | |
|---|---|
| ・友達が私に向かって怒鳴ってきたので、今日は気分が悪かった。 | I felt terrible today because a friend of mine yelled at me.<br>＊ yell at　〜に怒鳴る、声を上げる |
| ・彼は私の気持ちを傷つけた。 | He hurt my feelings. |
| ・彼との関係は薄氷の上にいる気分だった。 | I was on thin ice with him.<br>＊ be on thin ice　（人との関係が）殺伐とした、<br>（薄氷を踏むように）危険な状態、首の皮一枚 |
| ・気分が悪かった。 | I felt bad. |
| ・機嫌が悪かった。 | I was in a bad temper. |
| ・とても嫌な気分だった。 | I felt down in the dumps.<br>I was like a bear with a sore head.<br>＊ in the dumps　ふさぎこんで、意気消沈して |
| ・それは私をいらいらさせた。 | It got on my nerves.<br>＊ get on one's nerves　〜の神経を逆なでする |
| ・感情を抑えようとした。 | I tried to control my feelings. |
| ・はしゃぐ気にはなれなかった。 | I was in no mood to make merry.<br>＊ make merry　はしゃぐ、面白く遊ぶ |
| ・堪忍袋の緒が切れる寸前だった。 | I was at my breaking point.<br>＊ at one's breaking point　怒りが爆発する寸前 |
| ・気分を変えたかった。 | I wanted to change my mood. |
| ・彼は意気消沈していた。 | He was in low spirits.<br>＊ in low spirits　意気消沈 |
| ・気分がよくなった。 | I felt better. |

## 喜び・楽しみ

| | |
|---|---|
| ・私はうれしかった。 | I was glad. |
| ・幸せだった。 | I was happy. |
| ・喜んでいた。 | I was pleased. |
| ・とても気分がよかった。 | I felt so good. |
| ・その知らせを聞いてうれしかった。 | I was glad to hear the news. |
| ・あまりにもうれしい知らせで、信じられなかった。 | The news was too good to be true. |
| ・本当に信じがたい知らせだった。 | It was really incredible news.<br>＊ incredible　信じられない（＝ unbelievable） |
| ・本当に素晴らしい知らせだった。 | It was really fabulous news.<br>＊ fabulous　素晴らしい |
| ・本当に最高な知らせだった。 | The news was so fantastic. |

| | |
|---|---|
| ・最高の気分だった。 | I was in heaven.<br>I was on cloud nine.<br>I was walking on air.<br>I was over the moon.<br>I was on top of the world. |
| ・宝くじに当選して舞い上がるほどうれしかった。 | I was flying high because I won the lottery. |
| ・この上なくうれしかった。 | It couldn't be better. |
| ・うれしくてぴょんぴょん飛び跳ねた。 | I jumped with joy. |
| ・うれし泣きをした。 | I cried for joy. |
| ・うれしさでわれを忘れた。 | I was beside myself with joy.<br>＊ beside oneself　興奮して、われを忘れて |
| ・これ以上にうれしいことはない。 | Nothing would make me happier than this. |
| ・今以上に幸せなことはない。 | I couldn't be happier than I am now. |
| ・私の人生で最も幸せな瞬間だった。 | It was the biggest moment of my life. |
| ・兄の大学入試でのよい結果に喜んだ。 | I was pleased with my brother's success on his university entrance exam. |
| ・彼と一緒にいられれば、とてもうれしい。 | I would be very happy to be with him. |
| ・彼を見た時、うれしさで涙が込み上げた。 | When I saw him, I nearly wept for joy.<br>＊ nearly　ほとんど（＝almost）／<br>wept　weep（泣く）の過去形 |
| ・私はとてもうれしくて、満面の笑みを浮かべた。 | I was so delighted that I grinned from ear to ear.<br>＊ grin　歯を見せて大きく笑う |
| ・彼からいい知らせを聞いたのでとてもうれしかった。 | I was happy to hear some delightful news from him. |
| ・本当に楽しい。 | I am as happy as a lark.<br>＊ as happy as a lark　とても楽しい |
| ・彼が回復したと聞いて大喜びした。 | I was overjoyed to hear that he recovered. |
| ・あまりのうれしさに言葉を失った。 | I was so happy that I was speechless. |
| ・興奮を抑えることができなかった。 | I could hardly contain my excitement.<br>＊ contain　抑える、我慢する |
| ・その知らせを聞いた時は、まさに夢がかなったようだった。 | When I heard the news, I felt as if my dreams had come true. |
| ・彼の明るい顔が私を喜ばせた。 | His delightful look pleased me.<br>＊ look　顔の表情 |
| ・久しぶりに友だちと再会したので、本当にうれしかった。 | It was really a sweet pleasure to meet my friends again after such a long time. |

| | |
|---|---|
| ・うれしさで胸がどきどきした。 | My heart pounded with delight. |
| ・自分自身に満足していた。 | I was pleased with myself. |
| ・彼は私を喜ばせた。 | He inspired joy in me.<br>＊ inspire　感じさせる、吹き込む |
| ・私は喜びを友達と分かち合いたかった。 | I wanted to share my joy with my friends. |
| ・彼が喜ぶのを見たら私もうれしくなった。 | I felt good upon seeing his delight. |
| ・本当に幸せだった。 | I was as happy as a king. |
| ・この上なく幸せだった。 | I was as happy as could be. |
| ・うれしすぎて夢ではないかと信じられないいくらいだった。 | My rapture was so intense that I could scarcely believe it.<br>＊ rapture　歓喜、大きな喜び／ intense　激しい、熱心な／<br>　 scarcely　ほとんど〜ない |

## 憂うつ

| | |
|---|---|
| ・私は憂うつだった。 | I felt down.<br>I was moody.<br>I was unhappy.<br>I was down.<br>I was distressed.<br>I was long-faced.<br>I was melancholy.<br>I was blue.<br>I had the blues. |
| ・意気消沈していた。 | I was depressed. |
| ・彼は憂うつそうだった。 | He looked blue. |
| ・彼はふさぎ込んでいるようだった。 | He looked down in the dumps.<br>＊ in the dumps　ふさぎ込んで、意気消沈して |
| ・試験に落ちて憂うつだった。 | I was gloomy since I failed the test. |
| ・今日はなぜか憂うつだった。 | Today I felt blue for no reason. |
| ・雨が私を憂うつにさせた。 | The rain got me down.<br>The rain depressed me. |
| ・彼と別れた後、しばらくの間落ち込んでいた。 | I moped for a while after my breakup with him.<br>＊ mope　ふさぎこむ、意気消沈する／<br>　 for a while　しばらくの間 |
| ・冗談に付き合う気分ではなかった。 | I was not in the mood to be joked with. |
| ・外に出掛けたくなかった。 | I didn't feel like going out. |
| ・ノイローゼ気味だ。 | I seem to be having a nervous breakdown.<br>＊ nervous breakdown　神経衰弱 |

| | |
|---|---|
| ・一人でいたかった。 | I wanted to be alone. |
| ・泣きたかった。 | I felt like crying. |
| ・沈んだ気分から抜け出したかった。 | I wanted to get out of the gloomy feeling. |
| ・元気な音楽を聞いて気晴らしをした。 | I diverted my mind by listening to exciting music.<br>＊ divert　慰める、気を晴らさせる |
| ・彼は一日中ひどく浮かない顔をしていた。 | He was so long-faced all day long. |
| ・彼は非常に憂うつな顔をしていた。 | He had a face as long as a fiddle.<br>＊ a face as long as a fiddle　陰うつな顔、<br>fiddleは「バイオリン」 |

**column**

**blueとblack**

look blueは「憂うつそうに見える」という意味で、憂うつな感じはblueで表現します。一方black は、The future looks black.（将来が真っ暗に思える）のように、先の見通しが立たない ときなどに使います。

## 悲しみ

| | |
|---|---|
| ・悲しかった。 | I was sad. |
| ・悲しみに沈んでいた。 | I was mournful.<br>＊ mournful　悲しみに沈んだ、陰気な |
| ・悲嘆に暮れていた。 | I was sorrowful. |
| ・深く傷ついた。 | I was heartbroken. |
| ・胸の痛む出来事だった。 | It was breaking my heart. |
| ・大げさに悲しんだ。 | I beat my chest. |
| ・悲しみに暮れている場合ではなかった。 | That was no time to give way to sorrow. |
| ・悲しい光景を目にした。 | I saw a sad sight. |
| ・悲しい場面を目にして胸がいっぱいになった。 | When I saw the sad scene, I felt a lump in my throat.<br>＊ feel a lump in one's throat　胸がいっぱいになる |
| ・彼の失敗で私は悲しくなった。 | His failure made me sad. |
| ・彼が試験で落ちたことは残念である。 | It is a pity that he failed the test. |
| ・彼の不幸を気の毒に思った。 | I felt sorry for his misfortune. |
| ・今日悲しい出来事があった。 | I had a sad incident today. |
| ・彼の言葉に悲しくなった。 | I felt sad hearing his words. |

| | |
|---|---|
| ・私が彼の立場にあったら、やはり同じようにするだろう。 | If I were in his shoes, I would do the same thing.<br>＊ be in one's shoes 〜の立場に立つ |
| ・それが私の人生の転換点となった。 | It became a turning point in my life. |
| ・彼は今日悲しそうに見えた。 | He looked sad today. |
| ・彼は人知れず悲しみを抱えているようだった。 | He seemed to hide his sorrow. |
| ・あまりにも悲しくて泣いてしまった。 | I cried in my grief. |
| ・目が腫れ上がるほど泣いた。 | I cried my eyes out. |
| ・胸が裂けるほど泣いた。 | I cried my heart out. |
| ・涙をこらえた。 | I tried to hold back the tears.<br>＊ hold back 抑える、控える |
| ・喜びと悲しみが入り交じった気持ちだった。 | I had mingled feelings of joy and sorrow.<br>＊ mingled まざった、混合した |
| ・時間が経てば悲しみも癒されるだろう。 | Time will cure me of my sorrow.<br>＊ cure 〜 of... 〜の…を治療する |
| ・伯父の死を悲しんだ。 | I felt sorrow over my uncle's death. |
| ・その悲しい知らせに涙があふれた。 | I burst into tears at the sad news. |
| ・彼が亡くなって三年が過ぎるが、いまだに深い喪失感を感じている。 | I still feel a deep sense of loss, even though he passed away three years ago.<br>＊ pass away 亡くなる（＝die） |
| ・私の愛犬が死んで、とても悲しかった。 | I was very sad because my favorite dog died. |
| ・時間がすべてを癒してくれる。 | Time heals all wounds.<br>＊ heal 治療する、癒す |

## 苦しみ

| | |
|---|---|
| ・苦しかった。 | I was distressed. |
| ・心が不安だった。 | I was ill at ease.<br>＊ ill at ease 不安な、落ち着かない（＝uncomfortable） |
| ・苦しさに叫んだ。 | I cried out in anguish.<br>＊ anguish 苦痛、非常な悲しみ、苦悩 |
| ・私は今苦しい時期にある。 | I am going through a difficult time.<br>＊ go through 経験する（＝experience） |
| ・何もかもうまくいかない。 | Nothing has worked out for me. |
| ・悩みをすべて忘れ去ってしまいたかった。 | I wanted to forget all my troubles. |
| ・歯を食いしばって耐えなければならなかった。 | I had to bite the bullet.<br>＊ bite the bullet 歯を食いしばって耐える |
| ・その苦しみを耐え抜くのはとてもつらかった。 | It was very hard for me to bear my suffering. |

| | |
|---|---|
| ・私は非常に苦しんでいた。 | I was suffering severely. |
| ・私は頭痛に苦しんでいた。 | I was suffering from a headache. |
| ・彼は人生の問題に悩んでいる。 | He is troubled with the question of living. |
| ・それは本当に大変な仕事だった。 | It was really hard work. |
| ・そのことで心を痛めた。 | It broke my heart.<br>It caused me heartache. |
| ・厄介な立場に立たされた。 | I was in an embarrassing situation. |
| ・そのことが今でも私の良心を痛める。 | The matter still troubles my conscience. |
| ・そのことを忘れようとした。 | I tried to forget about it. |
| ・そのことを頭から振り払おうと努力した。 | I tried to get it out of my mind.<br>＊ get ~ out of mind　～を頭から振り払う |
| ・それぐらいで済んでよかった。 | I should be glad it wasn't worse. |
| ・こんなに寒い朝は早起きがつらかった。 | It was very hard to get up early on such a cold morning. |
| ・一日中働くのは大変だった。 | It was terrible to work all day long. |
| ・彼をあまり煩わせたくなかった。 | I didn't want to annoy him much. |
| ・きれいなバラにはとげがある<br>（よいことずくめのものはない）。 | Every rose has its thorn. |
| ・どんな雲も裏側は銀色<br>（どんな悪いものにも良い面はある）。 | Every cloud has a silver lining. |
| ・雨降って地固まる。 | After rain comes fair weather. |
| ・雷は同じ場所に二度落ちない<br>（同じ悪いことは二度とない）。 | Lightning never strikes twice in the same place. |
| ・痛みなくして得るものなし。 | No pain, no gain.<br>No cross, no crown.<br>＊ cross　苦難、試練、十字架 |

## 怒り

| | |
|---|---|
| ・頭にきた。 | I got mad.<br>I was angry. |
| ・気分が害された。 | I was offended.<br>＊ be offended　腹が立つ、不快を感じる |
| ・怒った。 | I was burned up. |
| ・腹が立った。 | I lost my temper.<br>＊ lose one's temper　腹を立てる |
| ・憤慨した。 | I felt provoked.<br>＊ provoked　腹が立つ、憤慨する |

| | |
|---|---|
| ・怒っていた。 | I got into a bad temper. |
| ・激怒した。 | I became enraged.<br>＊ enraged　非常に腹が立つ、憤怒する |
| ・かんしゃくを起こした。 | I got into a passion. |
| ・私はほとんど怒らない。 | I hardly ever get angry. |
| ・彼が怒っているのを見たことがない。 | I have never seen him lose his temper. |
| ・ドアに鍵がかかっていたので腹が立った。 | I was angry that the door was locked. |
| ・彼が私を怒らせた。 | He drove me nuts.<br>He drove me mad.<br>He drove me crazy.<br>He made me angry.<br>He drove me up the wall. |
| ・彼は私をかっとさせた。 | He made my blood boil. |
| ・彼に腹を立てていた。 | I was angry with him. |
| ・彼に対して怒りが込み上げた。 | I was furious with him.<br>＊ furious　怒りがこみ上げる、腹が立つ |
| ・彼は限界を越えた。 | He went over the limit. |
| ・怒りが収まらなかった。 | I couldn't calm myself down.<br>＊ calm ~ down　〜を落ち着ける |
| ・怒りを我慢できなかった。 | I couldn't control my temper. |
| ・ほぼ理性を失っていた。 | I was almost out of my mind. |
| ・彼は怒りっぽい。 | He gets angry easily. |
| ・彼は何もないのに怒っていた。 | He lost his temper over nothing. |
| ・彼はささいなことで腹を立てる。 | He gets angry at the slightest provocation.<br>＊ provocation　挑発、刺激 |
| ・彼が私に変な話をしたので、腹が立った。 | He told such a strange story that I got upset. |
| ・彼の無礼な態度に私はいつも腹が立つ。 | His rudeness always gets me crazy. |
| ・突然かっとなって顔が赤くなった。 | My face turned red with sudden anger. |
| ・腹が立って顔が赤くなった。 | My face was flushed with anger.<br>＊ be flushed with ~　〜で赤くなる、紅潮する |
| ・私は怒った声で怒鳴った。 | I shouted with an angry voice. |
| ・彼は怒っているようだった。 | He looked angry. |
| ・あの話し方からすると、彼は怒っていたに違いない。 | He must have been angry to talk like that. |
| ・彼はまだ怒っている。 | He is still angry. |
| ・なぜ彼が怒っていたのか分からない。 | I don't know what made him angry. |

| | |
|---|---|
| ・私の発言で、彼がとても腹を立てていることは彼の表情から分かった。 | His countenance showed me that he was much annoyed at what I said.<br>＊ countenance　表情／<br>　 be annoyed　不快に感じる、怒る |
| ・私が口答えをしたので彼は怒った。 | He got angry because I talked back to him.<br>＊ talk back to　〜に口答えする |
| ・彼が私に腹を立てるのは当然だった。 | He might well get angry with me.<br>He had good reason to get angry with me.<br>It was natural that he should get angry with me. |
| ・私は彼の立場に立って考えようとした。 | I tried to think in his place. |
| ・ささいなことに腹を立てないようにしよう。 | I won't get angry over trivial matters. |
| ・それは怒るに値しないことだった。 | It was not worth getting angry about.<br>＊ worth –ing　〜する価値がある |
| ・もし彼がこのことを知ったら、怒るだろう。 | If he came to know of this matter, he would be angry. |
| ・彼が約束を守らないので腹が立った。 | I was upset because he didn't keep his promise. |
| ・私は怒りが爆発する寸前だった。 | I was ready to blow up.<br>＊ blow up　爆発する、破裂する |
| ・あまりにも腹が立って爆発しそうだった。 | I felt like I was going to explode.<br>＊ explode　爆発する |
| ・胸に怒りが込み上げた。 | My heart swelled with indignation.<br>＊ indignation　憤慨、憤り |
| ・それがなくなったことに気づいた時、私はひどく腹を立てた。 | I hit the ceiling when I discovered it was gone.<br>＊ hit the ceiling　ひどく腹が立つ |
| ・あまりにも腹が立って言葉が出なかった。 | I was so angry that I could not speak at all. |
| ・あまりにも腹が立って眠れなかった。 | I was too upset to sleep. |
| ・誰かに八つ当たりしたかった。 | I wanted to take it out on someone.<br>＊ take it out on　〜に八つ当たりする |
| ・彼が怒りをあおった。 | He fanned the flames. |
| ・とても腹が立ったので、落ち着く努力をした。 | I was very angry, so I tried to calm down. |
| ・怒りをぐっとこらえた。 | I swallowed my anger. |
| ・怒りを抑えた。 | I controlled my temper. |
| ・心を落ち着けた。 | I recovered my temper. |

「怒りをため込まないで！」

腹が立ったとき、怒りをため込まず発散させるほうが健康によいそうです。腹を立ててもんもんとしている友達には、Don't bottle up your anger!（怒りをため込まないで！）と言ってあげましょう。だからといって、誰かれ構わず八つ当たりしてはいけませんが。bottle up は主にネガティブな感情を押し殺す際に使う表現です。

## いら立ち

| | |
|---|---|
| ・いらいらした。 | I was irritated.<br>I was annoyed. |
| ・彼にむかついた。 | He grossed me out.<br>＊ gross ~ out 　～を怒らせる |
| ・本当にむかついた。 | It really pissed me off.<br>＊ piss ~ off 　～をむかつかせる |
| ・彼があんなふうに振る舞うと、本当にいらいらする。 | It really annoys me when he behaves like that. |
| ・彼の卑劣な行動には本当にいらいらした。 | His nasty behavior really irritated me.<br>＊ nasty 　意地悪な、卑劣な |
| ・何の理由もなくむっとした顔をしてしまった。 | I showed my temper for no reason. |
| ・本当に私を怒らせた。 | It really burned me up. |
| ・彼にいらいらさせられた。 | I got irritated with him. |
| ・彼は本当に私をいらだたせた。 | He got in my hair. |
| ・かんしゃくを起こした。 | I threw one of my tantrums.<br>＊ tantrums 　うっぷん、かんしゃく、不機嫌 |
| ・怒りを抑える努力をしたが無駄だった。 | I tried in vain to keep my cool.<br>＊ in vain 　無駄に、むなしく |
| ・その仕事には本当にうんざりした。 | The work was tedious.<br>＊ tedious 　退屈な、うんざりする、飽き飽きする |

怒らせないで！

自分をイライラさせる人たちに向かって「私を怒らせないで！」と言いたい場合には、Don't piss me off. または Don't burn me up. という表現があります。burn ~ up（～を燃やす、熱する）は「カンカンに怒らせる」という意味で使えます。

## 失望・落胆

| | |
|---|---|
| ・その知らせは私を失望させた。 | The news let me down.<br>The news disappointed me.<br>＊ let ~ down　〜を失望させる |
| ・その知らせを聞いて失望した。 | I was disappointed at the news. |
| ・私が彼を失望させたと思った。 | I thought I let him down. |
| ・私の成績を見て、彼らはがっかりしたようだった。 | They looked disappointed after seeing my grades. |
| ・彼らを失望させないようにもっと一生懸命やるつもりだ。 | I will work harder so as not to disappoint them.<br>＊ so as not to ＋動詞原形　〜しないように |
| ・友達が約束を守らなかったので失望した。 | I was disappointed because a friend of mine didn't keep his promise. |
| ・がっかりしたことに、彼は何も言わずに去ってしまった。 | To my disappointment, he went away without a word. |
| ・ほろ苦かった。 | It was bittersweet.<br>＊ bittersweet　ほろ苦い、楽しくもつらい |
| ・みじめだった。 | I felt miserable.<br>＊ miserable　悲惨な、みじめな、かわいそうな |
| ・意気消沈した。 | I lost heart.<br>I was depressed.<br>I was discouraged. |
| ・試験に落ちて落胆した。 | I was discouraged by my failure in the exams. |
| ・彼は学校を卒業できずに挫折感を味わった。 | He was frustrated because he couldn't graduate. |
| ・彼がそうしたことは残念だ。 | It was a pity that he did so. |
| ・ほかの人であれば、すでにあきらめていただろう。 | Any other man would have given up. |
| ・十に一つのチャンスだった。 | It was one chance in ten. |
| ・私は大抵失敗した。 | I failed nine times out of ten. |
| ・がけのてっぺんに立っているようだった。 | I felt like standing on a cliff.<br>I felt like standing on the edge. |
| ・いい機会を逃すのは残念だ。 | It is a pity to miss a good opportunity. |
| ・彼は両親が亡くなってから、ずっと元気がない。 | He has been depressed ever since his parents passed away. |
| ・その時は世界の終わりのような気分だった。 | At that time, I felt like the world was coming to an end. |
| ・彼にもうこれ以上会えないのはつらい。 | It is painful not to see him any more. |

| | |
|---|---|
| ・ガールフレンドが来なかったので、がっかりした。 | I was getting down because my girlfriend didn't show up. |
| ・残念なことに彼は電話をくれなかった。 | To my disappointment, he didn't call me. |
| ・事態がますます悪化した（泣きっ面にハチ）。 | Things went from bad to worse. |
| ・あまりにもばかげていたので、我慢できなかった。 | I couldn't bear it because it was so ridiculous.<br>＊ ridiculous　ばかげた、ばかばかしい、こっけいな |
| ・最初は成功しなくても、何度でも試しなさい（七転び八起き）。 | If at first you don't succeed, try, try again. |

---

**感情表現**

「〜が…したことに」という感情表現は、「to＋one's＋感情名詞」の形で表します。感情を表す名詞には、「驚き」（surprise、astonishment）、「失望」（disappointment）、「喜び」（joy、delight）、「楽しみ」（pleasure）、「悲しみ」（sorrow、grief）などがあります。「私が驚いたことに」はto my surprise、「彼女がうれしかったことには」はto her joyなどと表現します。

---

## あきらめ・投げやり

| | |
|---|---|
| ・スランプだ。 | I am in a slump. |
| ・どうしようもなかった。 | I couldn't help myself. |
| ・そうすべきではなかった。 | I should not have done so. |
| ・年には勝てない。 | Age will tell. |
| ・そういうことについてはどうしようもない。 | I couldn't do anything about things like that. |
| ・何もできなかった。 | I couldn't do anything at all. |
| ・すでに終わったことだ。 | It is over and done with. |
| ・矢は放たれた。 | The bolt is shot. |
| ・さいは投げられた。 | The die is cast.<br>＊ cast　cast（投げる）の過去分詞形 |
| ・なるようになるさ！ | Que sera, sera!<br>Whatever will be, will be!<br>＊ Que sera, seraはスペイン語 |
| ・もうたくさんだ！ | Enough is enough! |
| ・私の頭がどうかしていたのだ。 | I must have been out of my mind. |
| ・私はそこへ行かざるを得なかった。 | I was obliged to go there.<br>＊ be obliged to＋動詞原形　〜しなければならない |

| | |
|---|---|
| ・もう我慢できなかった。 | I couldn't stand it any more. |
| ・本当にへとへとだ。 | I am really exhausted. |
| ・そのことは本当に私を飽き飽きさせる。 | It really wears me out.<br>＊ wear ~ out 〜へとへとにさせる、飽き飽きさせる |
| ・むなしい努力をしているようなものだ。 | It was like banging my head against a brick wall.<br>＊ bang どんどんとぶつける／ brick れんが |
| ・行き止まりの道だった。 | That was a dead-end street.<br>＊ dead-end 行き止まりの |
| ・チャンスがなかった。 | There was no chance. |
| ・あきらめたかった。 | I wanted to give up. |
| ・降参したかった。 | I felt like throwing in the towel.<br>＊ throw in the towel 敗北を認める、降伏する |
| ・どうなってもいい。 | I don't care what happens. |
| ・私の人生には希望が持てない。 | My life is hopeless. |
| ・自分にできることはすべてしようと努力した。 | I tried to do everything that I could. |
| ・どんな努力も意味がなかった。 | It was no use making every effort.<br>＊ no use –ing 〜してみたところで意味がない |
| ・不幸なことは忘れて幸せなことだけ覚えておこうと決心した。 | I decided to forget about unhappy things and remember only happy things. |
| ・絵に描いたもちだ。 | It is a pie in the sky. |
| ・砂上の楼閣だ。 | It is a castle in the air. |
| ・隣の芝は青い。 | The grass is always greener on the other side of the fence. |

## 驚き

| | |
|---|---|
| ・その知らせに呆然とした。 | I was stunned by the news.<br>＊ stunned 動転する、呆然とする |
| ・その知らせにとても驚いた。 | I was so surprised at the news. |
| ・その知らせを聞いて驚いた。 | I was surprised to hear the news. |
| ・その知らせは私たちを驚かせた。 | The news took us by surprise. |
| ・それは本当に驚くべき知らせだった。 | It was really surprising news. |
| ・それは驚くべきことだった。 | It was a surprise. |
| ・それは本当に衝撃的だった。 | It was a real shock.<br>It was really shocking. |
| ・私は自分の耳を疑った。 | I couldn't believe my ears. |

| | |
|---|---|
| ・目を見張るほどのビッグニュースだった。 | It was eye-opening big news. |
| ・彼が言っているのは冗談だと思いたかった。 | I wished he had been joking. |
| ・それは新聞に大きく載った。 | It hit the headlines.<br>It made the headlines. |
| ・信じられなかった。 | It was incredible.<br>It was unbelievable. |
| ・信じがたいことだった。 | It was hard to believe. |
| ・その知らせに動悸が激しくなった。 | My heart beat quickly at the news. |
| ・びっくり！ | How stunning!<br>What a shock!<br>What a surprise! |
| ・驚きのあまり言葉が出なかった。 | I was too surprised to speak. |
| ・その知らせに驚いて言葉を失った。 | I was struck dumb at the news.<br>＊ struck dump　開いた口がふさがらない |
| ・何と言っていいか分からなかった。 | I didn't know what to say. |
| ・衝撃のあまり動けずに突っ立っていた。 | I was so shocked that I stood still.<br>＊ still　静止した、じっとした、動かない |
| ・その知らせを聞いて笑うべきなのか泣くべきなのか分からなかった。 | Hearing the news, I didn't know whether to laugh or cry. |
| ・その知らせに非常に衝撃を受けた。 | The news hit me like a ton of bricks.<br>＊ a ton ofとても多い／ brick　れんが |
| ・彼はその知らせを聞いて顔面蒼白になった。 | He turned pale at the news.<br>＊ turn＋形容詞　〜になる |
| ・そんなことが起こることは想像もしていなかった。 | I didn't anticipate that such a thing would happen.<br>＊ anticipate　予想する、予感する |
| ・その光景にとても驚いた。 | I was so surprised at the sight. |
| ・友人が現れたのでとても驚いた。 | I was surprised at my friend's appearance. |
| ・自分の目を疑った。 | I couldn't believe my eyes. |
| ・彼は私を驚かせた。 | He startled me.<br>＊ startle　突然驚かす、飛び上がらせる |
| ・その音に驚いた。 | The noise startled me. |
| ・それを見て飛び上がるほど驚いた。 | I jumped at the sight of it. |
| ・まったく驚かなかった。 | I was not surprised at all. |
| ・驚いて声を上げた。 | I cried out in surprise. |
| ・あまりに驚いたので身の毛がよだつ思いをした。 | I was so stunned that the hairs on my neck stood up. |

| | |
|---|---|
| ・驚いたことに、彼は私の友達の友達だった。 | To my surprise, he was my friend's friend. |
| ・10年寿命が縮んだ。 | That took ten years off my life.<br>＊ take ~ off　〜を取り出す、除去する |
| ・安心して一息ついた。 | I breathed a sigh of relief.<br>＊ relief　安心、安堵 |
| ・そんなことには驚かないようにした。 | I tried not to be surprised at such a thing. |
| ・驚いて跳ね起きた。 | I jumped to my feet in surprise. |
| ・驚きのあまり動けなかった。 | I stood still in surprise. |
| ・とても素晴らしい景色に驚いた。 | I wondered at so beautiful a sight. |
| ・ヘビにぎょっとした。 | I was frightened by a snake. |
| ・落ち着くために深呼吸をした。 | I took a deep breath to calm myself down. |
| ・一度かまれると二度目は怖がる<br>（あつものに懲りてなますを吹く）。 | Once bitten, twice shy. |

## 恥じらい・戸惑い

| | |
|---|---|
| ・その知らせにばつの悪い思いをした。 | I was embarrassed by the news. |
| ・その知らせに戸惑った。 | I was puzzled by the news.<br>＊ puzzled　当惑する、うろたえる |
| ・その知らせに困惑した。 | I was confused by the news. |
| ・その知らせにどうしていいか分からな<br>かった。 | I was perplexed by the news. |
| ・彼の突然の怒りに困惑した。 | I was confused by his sudden anger. |
| ・非常に困難な状況だった。 | It was a very difficult situation. |
| ・あの状況で何をするべきか分からなかった。 | I didn't know what to do in that situation. |
| ・あの状況にどう対処すべきか分からなかった。 | I didn't know how to deal with the situation.<br>I didn't know how to cope with the situation.<br>＊ deal (cope) with　〜を扱う、対処する |
| ・突然、非常に厄介な出来事が私に降りか<br>かった。 | Suddenly something really embarrassing<br>happened to me. |
| ・混乱して外に飛び出した。 | I ran out in confusion. |
| ・落ち着くために歌を歌った。 | I sang to remain calm. |
| ・私はまったく取り乱さなかった。 | I kept perfect composure.<br>＊ composure　落ち着き、平静 |
| ・ピリピリしていた。 | I was on edge.<br>＊ on edge　焦って、緊張して |

・自分の失敗に赤面した。 I was so abashed by my mistake.
＊ abashed　恥ずかしい、赤面する

・あまりにも恥ずかしくて気が動転した。 I was so embarrassed that I was beside myself.

・彼のせいで厄介事に巻き込まれた。 He got me into trouble.

・鍵をなくしてとてもいらいらした。 I lost my key, so I was very frustrated.

・その光景を目にして戸惑った。 I was very confounded by the sight.
＊ confounded　困る、戸惑う

・家に強盗が入ってうろたえた。 I was upset when my house was robbed.

・彼の前でなにをすればいいのか戸惑った。 I was puzzled about what to do in front of him.

・財布を盗まれたことに気付いてとても慌てた。 I was so upset to find that my wallet was stolen.

・なんと言っていいか分からず途方に暮れた。 I was at a loss for what to say.
＊ at a loss　戸惑って、どうしていいか分からなくて

・どう切り出すべきか分からなかった。 I didn't know how to begin.

・どうしていいか分からなかった。 I was at my wits' end for what to do.
＊ at one's wits' end　どうすべきか分からず

・それによって多くの混乱が生じた。 It caused a lot of trouble.

・私は苦境にさらされていた。 I was in trouble.
I was in hot water.
＊ be in hot water　苦境にさらされる

・つらい状況にさらされていた。 I was in a tough situation.

・判断を誤った。 I had a lapse in judgement.
＊ lapse　誤り、失敗

・私は板挟みになっていた。 I was between a rock and a hard place.

・慌てないように沈黙を守った。 I kept silent not to lose my head.
＊ lose one's head　戸惑う、どうすればいいのか分からない

・恥ずかしさで顔が火照った。 My face burned with embarrassment.

・恥ずかしさで顔が赤くなった。 My face turned red with embarrassment.

・私は恥ずかしいと顔が赤くなる。 When I am embarrassed, my face gets red.

・不安でやきもきしていた。 I was on pins and needles.

・慌ててあたふたとした。 I was all in a flurry.
＊ in a flurry　慌ててあたふたする

・恥ずかしくて死にそうだった。 I almost died of embarrassment.

・びくびくしているのを隠すために目を閉じた。 I closed my eyes to cover up my nervousness.

・怖じ気づいた。 I got cold feet.
＊ get cold feet　怖じ気づく、後込みする

| | |
|---|---|
| ・危機一髪だった。 | I had a narrow escape. |
| ・彼が私を落ち着かせてくれた。 | He made me at ease. |
| ・そんなのありえない！ | That's impossible! |
| ・まさか！ | No way! |

## 後悔

| | |
|---|---|
| ・私は何の後悔もない。 | I have no regrets. |
| ・後悔していることが多い。 | I have so many regrets. |
| ・自分のしたことをとても後悔している。 | I am very sorry for what I did. |
| ・あんなことをしたのを非常に後悔している。 | I regret having done such a thing. |
| ・勉強を一生懸命しなかったことが悔やまれる。 | I am very sorry I didn't study hard. |
| ・一生懸命仕事をしなかったことが残念だ。 | It is a pity that I didn't work hard. |
| ・それはすべて私の過ちだった。 | It was all my fault. |
| ・そのようなつもりはまったくなかった。 | I didn't mean it at all. |
| ・誠実ではなかったことが悔やまれる。 | I regret that I was not sincere. |
| ・もう少し気を付けているべきだった。 | I should have been more careful. |
| ・もう少し慎重に振る舞うべきだった。 | I should have been more prudent.<br>＊ prudent　用心深い |
| ・彼の助言に従うべきだった。 | I should have followed his advice. |
| ・彼の助言に従わなかったことが非常に悔やまれる。 | I am really sorry that I didn't follow his advice. |
| ・後悔しても問題解決にはならない。 | Regret will not mend matters.<br>＊ mend　直す、改善する |
| ・もう遅すぎる。 | It is too late now. |
| ・なぜ彼の言葉を聞き入れなかったのか分からない。 | I don't know why I didn't listen to him. |

| | |
|---|---|
| ・自分がしたことに対して心から後悔している。 | I feel awfully sorry for what I have done. |
| ・さぼっていたことを後悔している。 | I repent of having been lazy. |
| ・あんなにのんびりしていたことを後悔している。 | I regret that I fooled around so much. |
| ・後悔してみても意味がないことだ。 | There is no use having regrets later.<br>＊ there is no –ing　〜しても意味がない |
| ・失敗に対して後悔しても仕方がない。 | It is useless to feel bad about an error. |
| ・私はきっと後悔するだろう。 | I'll feel sorry afterwards. |
| ・ささいなことについて後悔しないことにした。 | I decided not to have any regret about trivial matters.<br>＊ trivial　取るに足りない、日常の、ささいな |
| ・後悔する必要はないと思う。 | I don't think I have to feel sorry. |
| ・後で後悔しないように最善を尽くしたい。 | I'll do my best not to regret it later. |
| ・すでにしてしまったことは元には戻せない。 | What is done can't be undone. |
| ・覆水盆に返らず。 | There is no use crying over spilt milk. |

## column

### 後悔を表すshould

助動詞shouldは、自分が過去に行わなかったことに対する後悔の念を表すときにも使えます。「〜するべきだった（のにできなかった）」ことを表現する場合は、「should have＋過去分詞」の形を使います。「should not have＋過去分詞」のように否定形にすると、「〜するべきではなかった（のにしてしまった）」という表現になります。

## 心配

| | |
|---|---|
| ・それが心配だ。 | I am worried about it.<br>I am anxious about it.<br>I am apprehensive about it.<br>I am concerned about it. |
| ・自分の成績が心配だ。 | I am worried about my grades. |
| ・とても困っている。 | I am in big trouble. |
| ・あまりにも心配でよく眠れなかった。 | I was so worried that I couldn't sleep well. |
| ・私はささいなことにもすぐに心配する傾向がある。 | I tend to be uneasy about trivial matters. |
| ・心配で死にそうだった。 | I was worried to death.<br>＊ to death　とても、非常に |

| | |
|---|---|
| ・あまりにも心配で足が震えていた。 | I was so nervous that my legs were shaking. |
| ・自分がしたことについて絶対に心配したりしない。 | I am never anxious about what I did. |
| ・それは心配するほどのことではない。 | It is nothing to worry about. |
| ・心配したところで何も始まらない。 | Worry never helps anything. |
| ・それは私が心配する必要はなかった。 | That was not my concern.<br>＊ concern　心配、懸念、気がかり |
| ・健康については心配していない。 | I am not worried about my health. |
| ・そんなことは心配しないようにした。 | I tried not to worry about such a thing. |
| ・そのような心配事は忘れようと決めた。 | I decided to forget about such worries. |
| ・そのような心配事はさっぱり忘れた。 | I put such worries out of my head. |
| ・両親に心配を掛けないようにした。 | I tried not to worry my parents. |
| ・私は心配事がない。 | I have nothing to worry about. |
| ・橋に差しかかったら渡れ（取り越し苦労をするな）。 | Cross that bridge when you come to it. |
| ・いくつかの心配事に悩まされている。 | I am laden with several worries.<br>＊ be laden with　～に悩まされている |
| ・心配事が多い。 | I have a lot of things on my mind. |
| ・すべてのことが心配になってきりがない。 | I am endlessly worried about everything. |
| ・あまりにも心配で気が動転していた。 | I was out of my mind with worry. |
| ・そこまでどうやって行くか心配だ。 | I am worried about how I'll get there. |
| ・そんなに心配する必要はないと思った。 | I didn't think I had to worry so much. |

column

**anxiousは「心配な」？ 「熱望して」？**

anxiousは、次に続く前置詞によって意味が変わります。be anxious about ～ は「～について心配する」、be anxious for ～ は「～を熱望する」を意味するので、混同しないように注意しましょう。

## 悩み

| | |
|---|---|
| ・たくさんのことが気にかかっている。 | Many things weigh heavily on my mind. |
| ・最悪な状況だった（これ以上状況が悪くなり得ない）。 | Things couldn't get any worse. |
| ・そのことで、てこずった。 | I had some trouble with the matter. |

| | |
|---|---|
| ・その問題を一面的にしか考えていなかったように思う。 | I seemed to have considered only one aspect of the problem.<br>＊ aspect　様相、局面、見地 |
| ・私は小さな問題を一つ抱えていた。 | I had a slight problem. |
| ・考えなければならない問題があった。 | I had a problem to think about. |
| ・それは私にとって非常に重要な問題だった。 | The matter was very significant to me.<br>The matter was of great significance to me. |
| ・実は、それはまったく重要ではなかった。 | As a matter of fact, it was of no importance. |
| ・さまざまなことで頭の中がいっぱいだった。 | I had a lot of things on my mind. |
| ・一日中気をもんでいた。 | I've been in suspense all day.<br>＊ in suspense　気をもむ |
| ・見た目ほど簡単なことではなかった。 | It was not as easy as it seemed. |
| ・どのように解決すべきか考えていた。 | I was thinking about how to solve it. |
| ・その問題点を分析して何が間違っていたのか調べてみることにする。 | I'll analyze the problem and see what's wrong. |
| ・つらい悩みを忘れるために早く寝た。 | I went to bed early to forget my agony.<br>＊ agony　悩み、苦悩 |
| ・苦痛で眠れなかった。 | I couldn't sleep in anguish. |
| ・その問題のせいで精神的につらかった。 | The matter caused me mental anguish. |
| ・悩み事のせいで何も手につかなかった。 | My anguish made it impossible for me to do anything. |

# Boring Everyday Life

Tuesday, April 16. Sunny

I just wanted to relax. I'm fed up with my daily routine. Every morning, I get up at the same time, eat breakfast and leave home. All day long I attend classes at school. When I see some of my friends, we chat about losing weight, and gossip about popular entertainers and trivial things like that, while having some snacks and have some drinks. After coming back home, I have dinner and just watch TV lying on the couch trying to read my family members' faces. In the evening I sometimes do my homework and prepare for exams, etc. It's the same every day. I think I am just like a squirrel in a spinning wheel. I need a change. I wish something exciting would happen.

I would like to travel all over the country freely right now, but I know it's impossible. When I earn enough money in the future, I will travel all over the world. I want to meet various people from other countries. And I want to experience different cultures. I hope the day will come soon.

## 退屈な毎日

4月16日 火曜日 晴れ

ただ休みたかった。毎日の日課にはうんざりだ。毎朝同じ時間に起きて、朝ごはんを食べて家を出る。一日中、学校で授業を受ける。何人かの友達に会えば、おやつと飲み物を口にしながらダイエットのことや、芸能人のうわさ話のようなささいなことについておしゃべりする。家に帰ってからは、夕食をとり、ほかの家族の目を気にしながらソファーに寝そべってテレビを見る。夜は時々、宿題をしたり、試験勉強などをしたりすることもあるが、毎日同じような日常だ。私はまさに車輪の中で回り続けるリスのようだと思う。私には変化が必要だ。何か面白いことが起ればいいのにと思う。

私は、気ままに国内を旅行してみたいが、できないことは分かっている。将来お金を十分に稼いだら、私は世界一周をするつもりだ。ほかの国のさまざまな人たちに会ってみたい。そして異文化体験をしてみたい。そんな日が一日でも早く来ればいいなあ。

### NOTES

relax　緊張を解く、疲れを癒す／be fed up with　〜にうんざりする、〜に飽き飽きする／routine　決まってすること、日課／lose weight　やせる（gain weight　太る）／entertainer　芸能人／trivial　日常の、ささいな／read one's face　様子をうかがう／spin　回る、回転する

# CHAPTER

## 03

# 家族

# 1 家族

## 家族関係

| 母 | mom, mother | いとこ | cousin |
|---|---|---|---|
| 父 | dad, father | 嫁 | daughter-in-law |
| 両親 | parents | 婿 | son-in-law |
| 娘 | daughter | 義姉妹 | sister-in-law |
| 息子 | son | 義兄弟 | brother-in-law |
| 祖母 | grandmother | 義母 | mother-in-law |
| 祖父 | grandfather | 義父 | father-in-law |
| 祖父母 | grandparents | 孫娘 | granddaughter |
| 曾祖父母 | great grandparents | 孫息子 | grandson |
| 叔父、伯父 | uncle | ひ孫 | great grandchild |
| 叔母、伯母 | aunt | 継母 | stepmother |
| 甥 | nephew | 継父 | stepfather |
| 姪 | niece | 異父（異母）姉妹 | half-sister |
| | | 異父（異母）兄弟 | half-brother |

## 家族の構成員

- わが家は大家族だ。 — My family is large.

- わが家は人数が多い。 — We have a large family.

- わが家は人数が少ない。 — My family is small.
  We have a small family.

- わが家は4人家族だ。 — We are a family of four.
  There are four people in my family.

- 私の家族は母、父、姉、そして私だ。 — My family members are my mom, dad, my elder sister and myself.

- 私の家族は母、父、妹、そして私の4人だ。 — There are four members of my family, my mother, father, younger sister and myself.

- 私の家族には母、父、弟がいる。 — My family includes my mom, dad, my younger brother and me.
  * include 含む

## 出生

| | |
|---|---|
| ・私は1993年、東京で生まれた。 | I was born in Tokyo in 1993. |
| ・私は江戸っ子だ。 | I am a native of Tokyo. |
| ・私は不遇な環境に生まれた。 | I was born into a bad circumstance. |
| ・私は貧しい家に生まれた。 | I was born into a poor family. |
| ・私は裕福な両親の元に生まれた。 | I was born of rich parents. |
| ・私は東京で生まれ育った。 | I was born and raised in Tokyo. |
| ・私は大阪で生まれたが東京で育った。 | I was born in Osaka, but raised in Tokyo. |
| ・私は東京で生まれ、幼少期を過ごした。 | I was born and spent my childhood in Tokyo. |
| ・私は大家族の中で育った。 | I grew up in a large family. |

## 幸せな家族

| | |
|---|---|
| ・私の家族は仲良く暮らしている。 | My family lives together happily. |
| ・私たちは裕福ではないが、幸せだ。 | We are not rich, but we are happy. |
| ・私たちは貧しいが、いつも仲むつまじく暮らしている。 | Although we are poor, we are always happy together. |
| ・平穏で幸せな家庭で暮らしたい。 | I want to live in a peaceful and happy home. |
| ・私の家族はお互いを愛し、慈しんでいる。 | My family loves and takes good care of one another. |
| ・金持ちが必ずしも幸せなわけではない。 | The rich are not always happy. |

| | |
|---|---|
| ・私の家族はみんな幸せに満ちた家庭を作ろうと努力している。 | Everyone in my family tries to make a home filled with happiness. |
| ・家ほどいい場所はない。 | There's no place like home. |

## 2 祖父母

GRANDPARENTS

### 祖父

| | |
|---|---|
| ・あの人は父方の祖父だ。 | He is my paternal grandfather.<br>＊ paternal　父の、父方の |
| ・あの人は母方の祖父だ。 | He is my maternal grandfather.<br>＊ maternal　母の、母方の |
| ・祖父母は私の家族と一緒に暮らしている。 | My grandparents live with my family. |
| ・祖父は70歳だが、まだまだ健在だ。 | My grandfather is seventy years old, but he is in good health. |
| ・祖父はいつも私を助けてくれる。 | My grandfather always supports me.<br>My grandfather always backs me up.<br>＊ back ~ up　〜を支持する |
| ・祖父は都会暮らしより田舎暮らしを好む。 | My grandfather prefers rural life to urban life.<br>＊ rural　田舎の／urban　都会の |
| ・祖父は65歳で退職した。 | My grandfather retired at the age of 65.<br>＊ retire　引退する、退職する |
| ・祖父は庭の手入れが好きだ。 | My grandfather likes to look after garden. |
| ・祖父はアルツハイマー病を患っている。 | My grandfather has Alzheimer's.<br>＊ Alzheimer's (disease)　アルツハイマー病 |
| ・祖父の顔のしわを見て悲しくなった。 | I felt sad to see the wrinkles on my grandfather's face. |

### 祖母

| | |
|---|---|
| ・祖母は家にいて、私の面倒を見てくれている。 | My grandmother stays at our home and takes care of me. |
| ・私の母は私が幼い頃に死んだので、祖母に育てられた。 | My mom died when I was a child, and I was brought up by my grandmother. |
| ・祖母は私たちをくつろがせてくれる。 | My grandmother makes us feel comfortable. |
| ・祖母はいつも私たちに優しくほほ笑みかけてくれる。 | My grandmother always gives us a tender smile. |

| | |
|---|---|
| ・祖母はとても心が広い。 | My grandmother is quite tolerant.<br>＊ tolerant　寛大な、度量が大きい |
| ・祖母は貧しい人たちのために奉仕した。 | My grandmother did a lot of volunteer work for the poor. |
| ・祖母は人が助けを必要としているときはいつも助けている。 | My grandmother helps people whenever they need her help.<br>＊ whenever　～のときはいつでも |
| ・祖母は古着を集めて、それらを必要とする人たちに送った。 | My grandmother collected used clothes and sent them to those in need.<br>＊ in need　困難に陥った、窮乏した |
| ・彼女は病気になったため、他人を助ける仕事を辞めなければならなかった。 | She had to stop helping others because of her illness. |
| ・祖母は健康状態がよくなかった。 | My grandmother was in poor health. |
| ・祖母が病気になったとき、私が世話をした。 | When my grandmother was sick, I cared for her. |
| ・祖母が去年亡くなった。 | I lost my grandmother last year.<br>My grandmother passed away last year.<br>＊ pass away　亡くなる |

## column

### 「亡くなる」の表現の仕方

「亡くなる」は英語でdieですが、目上の人が亡くなった場合などには、もう少し遠回しな表現であるpass awayを使ったほうがいいでしょう。このほかにも、breathe one's last breath（息を引き取る）、leave this world（他界する）、go to one's final rest（永眠する）などの表現があります。「急死する」はdrop dead、「溺死する」はdrown、「自殺する」はcommit suicide、「暗殺される」はbe assassinated、「絞首刑に処される」はbe hangedと言います。

# 3 父母

PARENTS

### 両親

| | |
|---|---|
| ・両親は共働きだ。 | My parents both work.<br>My parents are a two-income couple.<br>We are a double-income family. |
| ・私の母と父は仲がよい。 | My mom and dad get along well together. |

| | |
|---|---|
| ・両親はおしどり夫婦だ。 | My parents are like a pair of lovebirds.<br>＊ lovebirds　仲のよい夫婦、lovebirdはインコ |
| ・両親は常に新婚のようだ。 | My parents are always like newlyweds.<br>＊ newlyweds　結婚したばかりの新婚夫婦 |
| ・両親は結婚して15年になる。 | My parents have been married for 15 years. |
| ・両親を誇りに思う。 | I am proud of my parents. |
| ・私はいつも両親の言うことを聞く。 | I always obey my parents. |
| ・両親は私がもっとよい息子になるべきだと思っている。 | My parents think I should be a better son. |
| ・両親は私が不自由を感じないようにしてくれる。 | My parents try to ensure that I want for nothing.<br>＊ ensure　保証する |
| ・よい息子になろうと努力している。 | I try to be a good son. |
| ・自分の面倒は自分で見られる年齢だ。 | I am old enough to look after myself. |
| ・私がどれだけ一生懸命努力しても、両親は決して満足してくれないようだ。 | No matter how hard I try, my parents never seem to be satisfied.<br>＊ no matter how　どれだけ〜しても |
| ・両親は私に過剰に期待している。 | My parents expect too much of me. |
| ・両親は時々私の気持ちを理解してくれない。 | My parents sometimes don't understand me. |
| ・両親は私がやることをいちいちしかる。 | My parents scold me for everything I do. |
| ・両親は私が非行少年にならないよう願っている。 | My parents always hope I won't turn into a delinquent.<br>＊ delinquent　非行少年 |
| ・両親は別居中だ。 | My parents are separated. |
| ・両親は離婚した。 | My parents got divorced. |
| ・両親が離婚した後、私は母と暮らしている。 | Since my parents' divorce, I have been living with my mom. |
| ・もうこれ以上、両親の負担になりたくない。 | I don't want to be a burden to my parents any longer.<br>＊ burden　荷物、負担 |

column

**DINKS**

「共働き夫婦」は a double-paycheck couple と言います。最近の共働き夫婦は子どものいない人が多いですが、そのような夫婦のことをDINKSと言います。Double Income, No Kidsの頭文字に複数形のsを付けた造語です。夫婦二人だけで自由に暮らす共働き夫婦のことを指します。

## 父

| | |
|---|---|
| ・父はとても厳しい。 | My dad is very strict. |
| ・父は仕事熱心だ。 | My dad is a hard worker. |
| ・父は店の経営で一日中とても忙しい。 | My father is very busy keeping our store all day. |
| ・父はとても忙しいので私と過ごす時間が作れない。 | My father is too busy to spend time with me. |
| ・父と私の間ではジェネレーションギャップをあまり感じない。 | I don't feel the generation gap between my dad and me. |
| ・幼いころ、父におんぶしてもらうのが好きだった。 | When I was younger, I liked to have a piggy-back ride on my dad's back.<br>＊ piggy-back ride　おんぶ |
| ・時々、父に肩車をしてもらった。 | Sometimes I rode on my dad's shoulders. |
| ・父はよく家事を手伝う。 | My dad often helps with the housework. |
| ・父は仕事が終わると真っすぐ家に帰ってくる。 | My dad comes right home after work. |
| ・父は母にとって理想の夫だ。 | My dad is the ideal husband for my mom. |
| ・父は仕事から家に帰る途中、食べ物を買ってくる。 | My dad buys something to eat on his way home from work.<br>＊ on one's way home　家に帰る途中 |
| ・父は母が料理をするときに手伝いもしないし、皿洗いもしない。 | My dad neither helps my mom cook nor does the dishes.<br>＊ neither ~ nor...　～もせず…もしない |

> **「真っすぐ家へ」**
> go home（家へ帰る）のような場合、homeは前にtoを置かず、「～へ／に」という意味を含んだ副詞になります。there（そこに／へ）、here（ここに／へ）、downtown（市内へ／に）、abroad（海外へ）、upstairs（上の階へ）、downstairs（下の階へ）なども場所の副詞で、前置詞が前にきません。

## 母

| | |
|---|---|
| ・母は専業主婦だ。 | My mom is a housewife. |
| ・母はたいがい家にいて家事をしている。 | My mom is usually at home and keeps house. |
| ・母は3人の子どもの世話でいつも忙しい。 | My mom is always busy with three kids. |
| ・母は店に働きに出ている。 | My mom goes to work at a store. |

| | |
|---|---|
| ・母は学校で働いている。 | My mom works at school. |
| ・私は母にとても大事にされている。 | I am the apple of my mom's eye.<br>＊ apple of someone's eye　とても大事に思うこと |
| ・母は家庭を幸せで満たそうと努力している。 | My mom tries to fill our home with happiness.<br>＊ fill ~ with...　～を…で満たす |
| ・母と一緒にいると安心する。 | Being with my mom makes me feel at home.<br>＊ feel at home　楽に感じる |
| ・母は朝から晩まで私たちの世話を<br>するのに忙しい。 | My mom is busy taking care of us from morning till night. |
| ・母はすべての家事をこなす。 | My mom does all the housework. |
| ・母は台所に束縛されているようだ。 | My mom seems to be chained to the kitchen sink.<br>＊ be chained to ~　～に束縛される |
| ・母は裁縫がうまい。 | My mom does needlework very well.<br>My mom is good at sewing.<br>＊ be good at ~　～が得意だ<br>My mom is handy with a needle.<br>＊ be handy with ~　～の才能がある |
| ・母はときどき愛のこもった手紙を私に<br>くれる。 | Sometimes my mom gives me a letter filled with her love. |
| ・私は何か必要なものがあるときは母を呼ぶ。 | I call my mom when I need something. |
| ・母は小言が止まらない。 | My mom never stops nagging.<br>＊ nag　小言を言う |
| ・母は干渉が激しい。 | My mom is so nosy.<br>＊ nosy　干渉が好きな |

## 「母」のイメージ年代記

4歳： My mommy can do anything!（うちのママは何でもできます！）

8歳： My mom knows a lot!　A whole lot!
（お母さんはいろんなことを知ってます。本当にいろんなことを）

12歳： My mother doesn't really quite know everything.
（母は何でも本当に知っているわけではありません）

14歳： There are many things that my mother doesn't know.
（母は知らないことがたくさんあります）

16歳： My mother? She's hopelessly old-fashioned.
（母ですか？　母はどうしようもないほど古くさいです）

18歳： That old woman? She's so out-of-date!（あのばばあ？　時代遅れよ！）

25歳： Well, she might know a little bit about it.
（そうですね、それについては彼女がちょっと知っているかもしれません）

35歳： Before we decide, let's get Mom's opinion.
（私たちが決める前に、お母さんの意見を聞いてみよう）

60歳： I wonder what Mom would have thought about it.
（お母さんだったらそれについてどう思ったのか気になる）

65歳： I wish I could talk it over with Mom once more.
（お母さんともう一度それについて話せたらいいのに）

# 4　兄弟姉妹

SIBLING

## 兄弟関係

| | |
|---|---|
| ・私は一人娘で兄弟がいない。 | I am the only daughter and have no brothers. |
| ・私は一人っ子だ。 | I am the only child in my family. |
| ・私は二男一女の長男だ。 | I am the oldest son of two brothers and one sister. |
| ・私は次男だ。 | I am the second son. |
| ・私は三代続いて一人っ子だ。 | I am the third in a line of only sons. |
| ・私たちは三人兄弟だ。 | There are three boys in my family. |
| ・私は弟が一人いる。 | I have a younger brother. |
| ・私は兄が二人いる。 | I have two elder brothers. |
| ・私が末っ子だ。 | I am the youngest. |

| | |
|---|---|
| ・私の家族は私を頼りにしている。 | I am the one my family depends on.<br>＊ depend on　〜に頼る、依存する |
| ・私の弟と私は二卵性双生児だ。 | My younger brother and I are fraternal twins.<br>＊ fraternal　二卵性の |
| ・私たちは双子だが、まったく似ていない。 | We look entirely different even though we are twins. |
| ・私たちは一卵性双生児なので、見分けるのが難しい。 | We are identical twins, so it is hard to distinguish between us.<br>＊ identical　一卵性の |

## 弟妹

| | |
|---|---|
| ・私は弟ととてもよく似ている。 | I look a lot like my younger brother. |
| ・私たちは瓜二つだ。 | We are like two peas in a pod.<br>＊ like two peas in a pod　瓜二つの |
| ・私は妹とそっくりだと言われる。 | They say that I look exactly like my younger sister. |
| ・人々はよく私を弟とよく間違える。 | People often confuse me with my younger brother.<br>＊ confuse ~ with...　〜を…と混同する |
| ・私は弟と共通点が多い。 | My younger brother and I have a lot in common.<br>I have a lot in common with my younger brother.<br>＊ have ~ in common　〜を共通に持つ |
| ・私は弟と会うたびにけんかをする。 | Whenever my younger brother and I meet, we quarrel.<br>My younger brother and I never meet without quarreling.<br>When my younger brother and I meet, we always quarrel. |
| ・弟は私より３歳年下だ。 | My younger brother is three years younger than I.<br>My younger brother is three years my junior.<br>My younger brother is younger than I by three years. |
| ・私は妹より３歳年上だ。 | I am three years older than my younger sister.<br>I am older than my younger sister by three years. |
| ・私は弟より背が低い。 | I am shorter than my younger brother. |
| ・私は妹と性格がかなり違う。 | I am quite different from my younger sister in character. |

| | |
|---|---|
| ・私は妹に比べて恥ずかしがり屋だ。 | Compared to my younger sister, I am shy. |
| ・私は弟と共通点が一つもない。 | My younger brother and I have nothing in common.<br>I don't have anything in common with my younger brother. |
| ・私は読書が嫌いな一方、妹は読書が好きだ。 | I don't like to read books. On the other hand, my younger sister does.<br>＊ on the other hand　一方で |
| ・私はかけっこでは弟に追いつけない。 | I can't keep up with my younger brother in running. |
| ・私は弟に対する愛情が深い。 | I am affectionate toward my younger brother. |
| ・彼を見ると私の弟を思い出す。 | He reminds me of my younger brother.<br>＊ remind ~ of...　～に…を思い出させる |
| ・弟は悪い夢を見るとよくおもらしをする。 | My younger brother often pees in his bed when he has nightmares. |
| ・弟は一家の厄介者だ。 | My younger brother is the black sheep in our family.<br>＊ black sheep　悪漢、一家の厄介者 |
| ・弟はよく大騒ぎをする。 | My younger brother often makes a big fuss. |
| ・弟はいつも言われたことと逆のことをする。 | My younger brother always does the opposite of what he is told. |
| ・妹は私のやることは何でもやる。 | My younger sister does whatever I do. |
| ・妹は私を真似ようとする。 | My younger sister tries to copy me.<br>＊ copy　複写する、模倣する |
| ・弟はよく母に何かを買ってくれるようねだる。 | My younger brother often begs my mom to buy him something.<br>＊ beg　物ごいする、懇請する |
| ・妹は泣き虫だ。 | My younger sister is a crybaby. |
| ・弟はいつも母についてまわる。 | My younger brother always follows my mom around. |
| ・妹は思春期だ。 | My younger sister is in puberty. |
| ・弟は今、思春期の真っただ中にいるようだ。 | My younger brother seems to be in adolescence now.<br>＊ adolescence　青年期、思春期 |

## 兄姉

| | |
|---|---|
| ・兄は私をよく理解して、仲良くしてくれる。 | My elder brother understands me and relates well to me.<br>＊ relate to ～と調和する、相手をする |
| ・私には姉の持っているものがよく見える。 | What my elder sister has looks good to me. |
| ・私は姉がすることをすべて真似する。 | I imitate all that my elder sister does. |
| ・兄は私のことを自分の手のひらのことのように知っている。 | My elder brother knows me like the palm of his hand. |
| ・兄はできないことがない。 | My elder brother is a jack of all trades.<br>＊ jack of all trades 多才多能な人 |
| ・兄はユーモア感覚がかなり優れている。 | My elder brother has a pretty good sense of humor. |
| ・姉は本当に面白い。 | My elder sister is really funny. |
| ・兄は私を大笑いさせる。 | My elder brother makes me laugh so much. |
| ・姉はいつも笑顔だ。 | My elder sister is full of smiles. |
| ・兄はときどき私の物を許可なく使う。 | My elder brother sometimes uses my things without permission.<br>My elder brother makes free use of my things. |
| ・兄が私を殴ったとき、私は不愉快に思った。 | I felt bad when my elder brother hit me. |
| ・兄は少し変わっている。 | My elder brother is a bit of an oddball.<br>＊ oddball 変わった人 |
| ・兄は大学入試のために夜遅くまで勉強している。 | My elder brother studies till late at night preparing for the university entrance exam. |
| ・私は兄弟の中で、一番上の兄が好きだ。 | I like my eldest brother better than the others. |

---

column

### 「年子」

「年子」は、生まれた年が続いている兄弟姉妹のことなので、「続けて」「相次いで」を表すone after anotherを使って表現します。one year after anotherで「1年違いで続けて」という意味になります。したがって、「私たちは年子だ」はWe were born one year after another.と言います。

# 5 親戚

しんせき

**RELATIVES**

## 親戚関係

| | |
|---|---|
| ・北海道に数人の親戚がいる。 | I have several relatives in Hokkaido. |
| ・私は彼と親戚だ。 | I am related to him. |
| ・彼は私の近い親戚だ。 | He is my close relative.<br>I am closely related to him. |
| ・彼は私の遠い親戚だ。 | He is my distant relative.<br>I am distantly related to him. |
| ・彼は私の父方の親戚だ。 | He is related to me on my paternal side. |
| ・彼は私の母方の親戚だ。 | He is related to me on my maternal side. |
| ・私たちは親戚と仲がいい。 | We get along with our relatives. |
| ・私の叔父は去年結婚した。 | My uncle got married last year. |
| ・私の叔母は結婚して子どもが2人いる。 | My aunt is married with two kids. |
| ・私は甥が1人だけいる。 | I have just one nephew. |

## 親戚間の往来

| | |
|---|---|
| ・親戚が遠くに住んでいるので、あまり遊びに行けない。 | I can't visit my relatives often since they live far away. |
| ・最近、いとこから連絡がない。 | I haven't heard from my cousin recently. |
| ・長い間、いとこに会っていない。 | I haven't seen my cousin for a long time. |
| ・彼があまりにも変わっていて、見違えるところだった。 | He had changed so much that I could hardly recognize him. |
| ・彼は私と同い年だ。 | He is my age. |
| ・まとまった休みには親戚に会う。 | I see my relatives on longer holidays. |
| ・親戚の家を頻繁に訪れるつもりだ。 | I will visit my relatives often. |
| ・遠くの親戚より近くの他人がいい。 | A good neighbor is better than a brother far off. |

## 私の未来

| | |
|---|---|
| ・自分の将来について深く考えた。 | I thought deeply about my future. |
| ・私には長年の夢がある。 | I have a lifelong dream. |
| ・私たちはみんな、未来に希望を持っている。 | We all have hopes for the future. |
| ・私は芸能人になる才能があると思う。 | I think I have the talent to be an entertainer. |
| ・私の隠れた才能を発揮したい。 | I want to show my hidden talent. |
| ・弁護士になることは将来性があると思う。 | I think that being a lawyer affords the promise of a better career. <br> ＊ promise 約束、展望、将来性 |
| ・私は将来有望だと思う。 | I think I have bright prospects. |
| ・私の前には素晴らしい未来がある。 | I have a great future ahead of me. |
| ・私には輝かしい将来がある。 | I have a promising future ahead. <br> ＊ promising 未来が輝かしい |
| ・私はこれから世の中に出て行く若者だ。 | I am a young man with the world before me. |
| ・自分が大きくなって何になるのか心配だ。 | I am worried about what I'll grow up to be. |
| ・将来が不確かだ。 | My future looks uncertain. |
| ・私には特別な才能がないようだ。 | I think I am not talented. |
| ・自分の夢を変えなければならないようだ。 | I need to change my dream. |
| ・将来のプランについて少し考える時間が必要だ。 | I need some time to reflect on my future plans. |
| ・成功するためには将来を慎重に設計しなければならない。 | We have to chart our future carefully to be a success. <br> ＊ chart （計画を）設計する |
| ・遠い未来を考えながら勉強しなければならない。 | We have to study, thinking of the distant future. |
| ・自分の人生観を変える必要がある。 | I need to change my outlook on life. <br> ＊ outlook 予測、眺望、展望 |
| ・まず、自分の夢を実現するために一生懸命努力するつもりだ。 | First and foremost, I will try hard to make my dreams come true. |
| ・明るい未来のために、最善を尽くすつもりだ。 | I will try my best for a brighter future. |

**未来にすること**

あることを未来のどこかで実行しようと決心する場合、話者の意思を表す助動詞willを使って表現します。しかし、すでに計画を立てていたり、予定されていたりして、間もなく実現される場合には、willの代わりに「be going to＋動詞の原形」または、「be planning to＋動詞の原形」の構文を使います。

## 両親の期待

| | |
|---|---|
| ・母は私が将来先生になることを望んでいる。 | My mom wants me to be a teacher in the future. |
| ・私は教師になる条件をすべて備えていると思う。 | I think I have all the right qualifications to become a teacher.<br>＊ qualification　条件、資格 |
| ・母は私に希望をかけている。 | My mom puts her hopes in me. |
| ・両親は私に何になってほしいのか言わない。 | My parents don't say what they want me to be. |
| ・両親は私がなりたいものになるために努力するように言った。 | My parents told me to try hard for what I want to be. |
| ・両親を失望させないために、ベストを尽くすつもりだ。 | I will do my best in order not to disappoint my parents.<br>＊ in order not to＋動詞原形　〜しないように |
| ・家族は私の将来に大きな期待を抱いている。 | My family has great expectations for my future. |
| ・両親は私が夢を実現できるようにいつも激励してくれる。 | My parents always encourage me to make my dreams come true. |

## 将来の希望

| | |
|---|---|
| ・大きくなったら、弁護士になりたい。 | When I grow up, I want to be a lawyer. |
| ・将来、立派な科学者になろうと決めた。 | I decided to become a great scientist in the future. |
| ・お金をたくさん稼いで、億万長者になりたい。 | I want to make a lot of money and become a millionaire. |
| ・母のような良妻賢母になりたい。 | I want to be a good housewife like my mom. |
| ・国を繁栄させるような政治家になりたい。 | I want to be a politician who makes my country more prosperous.<br>＊ prosperous　繁栄する、繁盛する |
| ・私の夢はノーベル平和賞を取ることだ。 | My dream is to win the Nobel Peace Prize. |

| | |
|---|---|
| ・私の将来の希望は、エベレストを制覇することだ。 | My future dream is to conquer Mount Everest. |
| ・私の夢は世界一周旅行をすることだ。 | My dream is to travel around the world. |
| ・先生になることは、私が最も望んでいることだ。 | To be a teacher is what I desire most. |
| ・私は有望な医療専門家になりたい。 | I want to be an up-and-coming medical specialist.<br>＊ up-and-coming　有望な |
| ・大きくなったら、理想の男性に出会って、家族と幸せに暮らしたい。 | When I grow up, I want to meet Mr. Right and lead a happy life with my family.<br>＊ Mr. Right　理想の男性 |

**column**

**「私の夢は〜」**

「私の夢は医者だ」と言う場合、My dream is a doctor. としてはいけません。夢は「医者」ではなくて「医者になること」ですよね。ですから、My dream is to be a doctor. が正解となります。

# 7 宗教

RELIGION

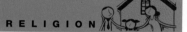

## 宗教

| | |
|---|---|
| ・私は無宗教だ。 | I am not religious. |
| ・私は無神論者だ。 | I am an atheist.<br>＊ atheist　無神論者 |
| ・私は特定の宗教を持っていない。 | I don't have any particular religion. |
| ・私は神の存在を信じていない。 | I don't believe in God. |
| ・宗教に偏りすぎるのはよくない。 | It is not good to be too religious. |
| ・狂信者になることは正しくないと思う。 | I think it is not right to be a fanatic. |
| ・宗教は信仰が基本になる。 | Religion is based on faith.<br>＊ be based on　〜に根拠を置く |
| ・人々は宗教に安心を求めている。 | People try to find relief in religion.<br>＊ relief　安心、救援、救助 |
| ・多くの人々が宗教に慰めを求めている。 | Many people seek consolation in religion.<br>＊ consolation　慰労、慰安 |

| ・私は信仰が厚い。 | I am very religious.<br>My belief is strong.<br>I am strong in my faith. |
| --- | --- |
| ・私は信仰が薄い。 | I don't have strong beliefs.<br>I am weak in my faith. |

## キリスト教

| ・私は生まれながらのキリスト教信者だ。 | I am a Christian by birth. |
| --- | --- |
| ・私は幼いころにキリスト教信者になった。 | I became a Christian when I was young. |
| ・私の家族は信仰にのっとった生活をしている。 | My family leads a religious life. |
| ・私は仏教からキリスト教に改宗した。 | I was converted to Christianity from Buddhism.<br>＊ convert　転換する、変える |
| ・私は敬虔なキリスト教信者だ。 | I am a devout Christian.<br>＊ devout　篤実な、敬虔な |
| ・私は本当の信仰心を持っていない偽りのクリスチャンだ。 | I am a pseudo Christian without real faith.<br>＊ pseudo　嘘の、虚偽の |
| ・毎朝１時間、聖書を読む。 | I read the Bible for an hour every morning. |
| ・教会に行くと安らぎを感じる。 | I feel comforted when I go to church. |
| ・日曜日ごとに教会に行く。 | I go to church on Sundays. |
| ・時々、礼拝に参加しないこともある。 | Sometimes I don't attend worship. |
| ・日曜日ごとに教会で礼拝をする。 | I worship God on Sundays. |
| ・牧師が礼拝の祈とうをした。 | The pastor gave the benediction. |
| ・今日は牧師が聖書に出てくる山上の垂訓中に説いた八つの福音について説教した。 | Our preacher delivered a sermon about the 8 beatitudes in the Bible today.<br>＊ beatitude　キリストが山上の垂訓で説いた幸福のハカ条 |
| ・私は教会の聖歌隊員だ。 | I am a member of the church choir. |
| ・私たちは礼拝のたびに賛美歌を歌う。 | We sing praises to God every time we worship. |
| ・礼拝の時間に献金をした。 | I gave offerings to God in the worship service. |
| ・牧師の説教の後、献金を集めた。 | After the pastor's sermon, they took up a collection. |
| ・牧師が、信徒全員が祝福されるよう神に願った。 | The minister asked God to bless the whole congregation.<br>＊ congregation　集会、信徒たち |
| ・洗礼を受けた。 | I was baptized. |

| | |
|---|---|
| ・私は水中でひざまずき、牧師が私に浸礼を施し、祝福してくれた。 | I knelt down in the pool, the pastor immersed me in the water and he blessed me.<br>＊ immerse　沈める、浸礼を施す |
| ・祈とう会に出席した。 | I attended the prayer meeting. |
| ・精一杯、神に祈った。 | I prayed to God with all my heart. |
| ・ひざまずいて祈った。 | I knelt in prayer. |
| ・お祈りをする時、祖母のことも祈った。 | I included my grandmother in my prayers. |
| ・私はいつも彼のことを祈る。 | He is always in my prayers. |
| ・神に私の家族に祝福を与えてくれるよう祈った。 | I prayed to God to bless my family. |
| ・神に私の罪を許してくれるよう祈った。 | I asked for forgiveness from God.<br>I prayed to God to forgive my sins. |
| ・イエス・キリストの名前で祈りを終えた。 | I ended my prayer in the name of Jesus Christ. |
| ・一週間、水だけを飲んで断食をした。 | I fasted on water for a week.<br>＊ fast　断食する |
| ・クリスマスとイースターは教会で一番大きな祝い事だ。 | Christmas and Easter are the most important church celebrations. |
| ・イースターにいくつかのイベントを行った。 | We held some events on Easter. |
| ・イースターには、クリスチャンたちがイエス・キリストの復活を祝う。 | On Easter, Christians celebrate the resurrection of Jesus Christ.<br>＊ resurrection　蘇生、復活 |
| ・私たちは聖餐を行うことでイエス・キリストを記念した。 | We remembered Jesus Christ by taking Communion.<br>＊ take Communion　聖餐を行う |
| ・イースターに私たちは卵に色を塗ったり絵を描いたりして、お互いに交換した。 | We colored and drew on the eggs, and we exchanged them with one another on Easter. |
| ・毎週土曜日ごとに、友人と布教する。 | Every Saturday, I spread my faith with my friends. |
| ・宣教師になって福音を伝えたい。 | I want to be a missionary and spread the Gospel. |

## カトリック教

| | |
|---|---|
| ・私の家族は日曜日ごとにミサに行く。 | My family goes to mass every Sunday.<br>＊ mass　ミサ、集会、大衆 |
| ・ミサに出席した。 | I attended mass. |
| ・頭の上にミサのベールをつけた。 | I wore my veil on my head.<br>＊ veil　ベール |

| | |
|---|---|
| ・病気を治すために、自分に聖水を振りかけた。 | I sprinkled myself with the holy water to cure my sickness. |
| ・昨日、神父から洗礼を受けた。 | I was baptized by the priest yesterday. |
| ・神父は聖水を私の額に振りかけ、私を祝福してくれた。 | The priest touched my forehead using the holy water and blessed me. |
| ・洗礼名をマリアと名付けられた。 | I was baptized Maria. |
| ・私の洗礼名はペテロだ。 | My baptismal name is Peter. |
| ・胸に十字を切りながら祈った。 | I prayed, making the sign of cross on my chest. |
| ・聖母マリアとイエスの名に祈りをささげた。 | I prayed in Saint Maria's and Jesus' names. |
| ・神聖な告白をした。 | I made a sacramental confession.<br>＊ sacramental　神聖な／ confession　信仰告白 |
| ・私の両親は私がカトリック信者として育つことを望んでいる。 | My parents want me to be brought up as Catholic. |
| ・私は神父になりたい。 | I want to be a priest. |
| ・私は修道女になりたい。 | I want to be a nun. |
| ・神父と修道女は自身の行動についてとても厳しく、そして責任感が強い。 | Priests and nuns are very strict and responsible in all their doings. |

家族

## column

### 「～ごと（に）」

「～ごと（に）、毎～」を表す場合は、「every＋単数の時間名詞」または、時間を表す単語の複数形に前置詞を入れて表現します。たとえば、「毎日」は every day、「毎朝」は every morning または in the mornings、「毎日曜日に」は every Sunday または on Sundays と言います。

## 仏教

| | |
|---|---|
| ・私は仏教を信じている。 | I believe in Buddhism. |
| ・仏教は釈迦の教えを伝えている。 | Buddhism gives us Buddha's teaching. |
| ・私の家族は仏教信者だ。 | My family professes Buddhism.<br>＊ profess　～を信じていると告白する |
| ・私は仏教の曹洞宗に属している。 | I belong to the Sotoshu branch of Buddhism.<br>＊ belong to　～に属している、～の所属だ |
| ・彼は仏教の教理を体得したようだ。 | He seems to master Buddhist doctrines.<br>＊ doctrine　教義、教理 |
| ・私は寺に参拝に行った。 | I went to a temple to worship. |

・念仏を唱えた。    I said a prayer to the Buddha.

・数珠をつけてめい想をした。    I meditated with my beads.
＊ meditate　めい想する、黙想する

・時間があると、めい想をしに寺に行く。    When I am free, I go to the temple to meditate.

・寺の静かな雰囲気が好きだ。    I like the tranquil atmosphere of temples.

・釈迦に食べ物を供えた。    I offered food to Buddha.

・友人の1人は尼になった。    A friend of mine became a Buddhist nun.

・彼は聖者のような人だ。    He is a saintly man.
＊ saintly　聖者のような、神々しい

・釈迦は本来、私たちのような人間だった。    The Buddha was originally a common mortal like us.
＊ mortal　（死を逃れることができない）人間

# My Mom Is Mysterious

Wednesday, May 24. Cloudy

I can't really understand my mom. Sometimes, I try to understand my mom, but I don't know what she is thinking. My friends know my mom as someone who is just interested in my education. Sometimes, she is kind enough to bring me some snacks when I don't eat breakfast and go to school. However, there is something about her that I never understand. Usually, she is interested only in my education. She tells me to be very careful with the company I keep. Of course, it's not bad to say so. But for her, friends are either people who study very hard, or do well, and whose examples I can follow. I thought she would never judge my friends just by their grades. But she tries to set me up with guys who have very good grades. I don't want her to be like that. Of course, some friends who have good grades can be helpful to me. However, do I have to make friends only with those who have good grades? I never want to be like that. I can't really understand my mom.

## 不可解な私のお母さん

5月24日　水曜日　くもり

　私は本当にお母さんが理解できない。時々、お母さんを理解しようと努力してみるが、お母さんが何を考えているのかよく分からない。私の友達の目に映る私のお母さんは私の教育だけに関心を向ける人だ。時には朝食抜きで学校に行った娘におやつを持って来る優しいお母さんでもある。しかし私が絶対に理解できない部分がある。普段は私の教育にだけに関心があるように見えるが、付き合う友達にも気を付けなさいと言う。もちろんそれは間違ってはいない。しかしお母さんにとって友達とは勉強熱心な人か、よくできる人、私にとって手本となるような人のことだ。

　お母さんは絶対に、成績だけで私の友達を判断したりしないと思っていた。しかしお母さんは成績のいい子と私を付き合わせようとする。私はお母さんにそんなふうにしてほしくない。もちろん、勉強のできる友達は私にとって助けになるだろう。しかし、だからといって勉強ができる友達とだけ付き合うのか？私は絶対にそうはしたくない。私はお母さんのことがよく分からない。

**NOTES**

**company**　友達との付き合い、会社／**judge**　判断する／**grade**　成績、等級、学年

# CHAPTER
# 04

## 家事

## 汚い部屋

- 部屋が散らかっていた。

The room was messy.
The room was a mess.
The room was messed up.
＊ messy　散らかった、汚い

- 何日間か掃除をしなかったのでほこりが
たまっている。

Since I haven't cleaned the house for a few days, the dust has piled up.

- あちらこちらに紙と服が散らかっていた。

There were papers and clothes everywhere.

- 家事をこれ以上先延ばしにできなかった。

I couldn't put off the housework any longer.
＊ put off　延ばす、延期する／ not ~ any longer　これ以上～ない

- 自分の部屋は自分で掃除しなければならなかった。

I had to clean my room myself.

- 散らかしたものを片付けなければならなかった。

I needed to clean up the mess.

- 部屋を隅々まで掃除しなければならなかった。

I needed to clean the room from top to bottom.

## 整理整頓

- 散らかしたものをきれいに片付けた。

I cleaned up the mess.

- 必要ないものを捨てた。

I got rid of the unnecessary things.
＊ get rid of ~　～を除去する、なくす

- 部屋を整頓した。

I tidied up the room.
＊ tidy up　整頓する

- 部屋をきちんと整えた。

I set the room in order.
＊ in order　順番どおり、整頓されて

- 散らかった本をきちんと並べた。

I arranged the books that were scattered.

- 本を元の位置へ戻した。

I put the books back.

- 本は机の上にきちんと並べて置いたほうがいい。

It would be better to keep the books in order on the desk.

- おもちゃを片付けた。

I put the toys away.
＊ put ~ away　～を整理する、片付ける

- 服をクローゼットに掛けた。

I hung the clothes up in the closet.

- 汚い服を洗濯かごに入れた。

I put the dirty clothes in the laundry basket.

- 家の中をきれいに片付けた。

I got my house in shipshape.

## 部屋の掃除

| | |
|---|---|
| ・部屋を掃除しようと決心した。 | I decided to clean up the room. |
| ・まず、換気のため窓を開けた。 | First of all, I opened the window to air the place. |
| ・家のほこりを掃き出した。 | I swept the dust from the house. |
| ・家具のほこりを取った。 | I dusted the furniture. |
| ・そこらじゅうに散らばっているものを拾い上げた。 | I picked up things that were lying around. |
| ・ほうきで部屋を掃いた。 | I swept the room with the broom.<br>＊ swept　sweep（掃く）の過去形 |
| ・掃除機を使った。 | I used the vacuum cleaner. |
| ・掃除機で部屋を掃除した。 | I vacuumed the rooms. |
| ・ぞうきんで床を磨いた。 | I cleaned the floor with a rag. |
| ・ぬれぞうきんで床を拭いた。 | I wiped the floor with a wet rag. |
| ・玄関をモップで拭いた。 | I mopped the entry way.<br>＊ mop　モップで掃除する |
| ・家の掃除は私がすると約束した。 | I promised that I would clean the house. |
| ・家をすべて一人で掃除した。 | I cleaned all the house by myself. |
| ・窓を拭いた。 | I wiped the window. |
| ・ゴミをゴミ箱に入れた。 | I put the garbage in the garbage can. |
| ・ゴミ箱を空にした。 | I emptied the trash can. |
| ・ゴミを取り出した。 | I took out the garbage. |

## 風呂・トイレ掃除

| | |
|---|---|
| ・浴槽を磨いた。 | I scrubbed the bathtub.<br>＊ scrub　ごしごしこすって磨く |
| ・トイレの水を流した。 | I flushed the toilet. |
| ・トイレブラシで便器を磨いた。 | I scrubbed the toilet with a toilet brush. |
| ・タオルでお風呂場の水気をふき取った。 | I dried the bathroom with a towel. |

column

## 「洗う」「拭く」「磨く」

「洗う」「拭く」「磨く」に相当する英語は、どのような方法で行うかによって異なります。「（水で）洗う」はwash、「（手や布で）拭き取る」はwipe、「（モップがけして）拭く」はmop、「（ブラシで）磨く」はbrush、「（たわしやブラシでゴシゴシこすって）磨く」はscrub、「（乾いた雑巾で水気を）拭き取る」はdry、「（つやが出るように）磨く」はpolishと言います。

### お風呂用品

|  |  |  |  |
|---|---|---|---|
| 浴室 | bathroom | シャンプー | shampoo |
| 洗面台 | washstand, washbowl | リンス | conditioner |
| 浴槽 | bathtub | タオル | towel |
| シャワーカーテン | shower curtain | ハンカチ | handkerchief |
| 蛇口 | faucet | タオルかけ | towel-hanger |
| 水道管 | water pipe | トイレットペーパー | toilet paper, toilet roll |
| 歯ブラシ | toothbrush | トイレットペーパーホルダー | toilet paper holder |
| 歯磨き粉 | tooth paste | 便器 | toilet stool |
| せっけん | soap | 洗濯板 | washboard |
| せっけん置き | soap dish | 洗濯ブラシ | scrub brush |
| 液体せっけん | liquid soap | ひげそり | razor |
| 液体せっけんのボトル | soap-dispenser | 電気カミソリ | electric razor |
| 紙せっけん | paper soap, soap leaf | くし | comb |

# 2 洗濯

## WASHING CLOTHES

### 洗濯の準備をする

| | |
|---|---|
| ・洗濯物がたまっている。 | The laundry has piled up. |
| ・洗濯しなければならない服が多かった。 | I had a large load of wash to do.<br>I had lots of laundry to do.<br>There were plenty of clothes to wash.<br>＊load　作業量、荷物／lots [plenty] of　多くの |
| ・家族に洗濯物をかごに入れてくれるように頼んだ。 | I asked my family to put their laundry in the laundry basket. |

180

| | |
|---|---|
| ・洗濯しなければならなかった。 | I had to do the laundry.<br>I had to do the wash. |
| ・洗濯かごを洗濯室に持っていった。 | I carried the laundry basket to the laundry room. |
| ・洗濯機で洗える服を分けた。 | I picked up the washable clothes. |
| ・濃い色の洗濯物を別にした。 | I sorted the laundry by separating dark colors from light.<br>＊ sort 分類する、より分ける |
| ・服のポケットを確認した。 | I checked the pockets of the clothes. |

## column

### 家事を do

「洗濯する」は wash the clothes のほか、do the laundry、do the wash、do the washing と表現します。「皿洗いをする」は、wash the dishes、または do the dishes と言います。これ以外にも、do the housework（家事をする）、do the sewing（縫い物をする）、do the cooking（料理する）、do some gardening（庭仕事をする）、do the shopping（ショッピングする）のように、do を使った家事に関する表現は数多くあります。

## 洗濯する

| | |
|---|---|
| ・洗濯機に洗濯物を入れた。 | I loaded the washing machine. |
| ・洗濯機に 1 回分の洗濯物を入れた。 | I put a load of laundry into the washing machine. |
| ・洗濯機に洗剤を適量入れた。 | I put detergent properly in the washing machine. |
| ・洗濯機の電源を入れた。 | I turned on the washing machine. |
| ・洗濯機のスタートボタンを押した。 | I pushed the start button of the washing machine. |
| ・最後のすすぎの前に柔軟剤を入れた。 | I put in some fabric softener before the last rinse. |
| ・洗濯物を脱水する音が聞こえた。 | I heard the washing machine spinning the laundry dry. |
| ・洗濯が終わったことを知らせる音が聞こえた。 | I heard the washing machine beep, letting me know it was done. |
| ・洗濯物を洗濯機から取り出した。 | I took the laundry out of the washing machine. |

## 洗濯物の問題

| | |
|---|---|
| ・洗った後、服が縮んだ。 | The clothes shrank after washing.<br>＊ shrank　shrink（縮む）の過去形 |
| ・服の縫い目がほつれた。 | The seam of the clothes ripped.<br>＊ rip　破れる |
| ・服の色があせた。 | The color of the clothes faded. |
| ・服の色が落ちた。 | The clothes lost their color. |
| ・色がにじんで混ざり合った。 | The dyes bled into one another.<br>＊ bled　bleed（色がにじむ）の過去形 |
| ・洗濯機に一緒に入れなければよかった。 | I should not have put them together in the washing machine.<br>＊ should not have＋過去分詞　〜しなければよかった |

## 手洗い

| | |
|---|---|
| ・その洗濯物は手洗いしなければならなかった。 | I had to wash the clothes by hand. |
| ・洗濯物を洗濯板でもんで洗った。 | I scrubbed the clothes on the washboard. |
| ・洗濯した後、洗濯物をすすいだ。 | I rinsed the laundry after washing. |
| ・洗濯物をすすぐのに時間がかかりすぎた。 | It took me too much time to rinse the clothes. |
| ・洗濯物をしぼるのが大変だった。 | It was hard for me to wring out the clothes.<br>＊ wring（out）　しぼる、しぼり出す |
| ・服をねじってしぼった。 | I squeezed out the clothes. |
| ・しわになりやすいので服をねじってしぼるのはよくない。 | It's not good to squeeze out the clothes because it wrinkles them easily. |

## 染み抜き

| | |
|---|---|
| ・シャツに染みがついている。 | The shirt has some stains on it. |
| ・洋服にひどい染みがついていた。 | The clothes were badly stained. |
| ・カーペットにコーヒーをこぼした。その結果、染みがついた。 | I spilt some coffee on the carpet. As a result, it stained.<br>＊ split　spill（こぼす）の過去形 |
| ・染みを乾いた布で拭いた。 | I wiped the stains out with a dry towel. |
| ・染み抜きでその染みを消してみようとした。 | I tried to remove the stain by using a stain remover. |
| ・洗う前に水に浸しておいた。 | I let them soak in the water before washing. |
| ・インクの染みを取るためいくつかの方法を使った。 | I used several methods to get the ink spot out. |

| | |
|---|---|
| ・染みは完全には取れなかった。 | The spot didn't come out completely. |
| ・染みを取ることができなかった。 | I couldn't get the stain out. |
| ・染み抜きすることは不可能だった。 | It was impossible to remove the stain. |
| ・染みを抜くために漂白をしてみた。 | I tried bleaching it to remove the stain.<br>＊ bleach　漂白する、白くする |
| ・染みが取れた。 | The stain was removed. |

## 洗濯物を乾かす

| | |
|---|---|
| ・物干しざおに洗濯物を干した。 | I hung the clothes on the laundry pole. |
| ・何着か服を陰干しした。 | I dried some clothes in the shade. |
| ・曇っていたので洗濯物を乾かすのに時間が<br>かかるだろうと思った。 | Because it was cloudy, I thought it would take<br>some time for the clothes to dry. |
| ・晴れていたので物干しざおにかけた洗濯物<br>が早く乾いた。 | The clothes on the laundry pole have dried<br>quickly because of the sunny weather. |
| ・乾燥機があるので洗濯物を干す必要がない。 | I don't have to hang the clothes because<br>I have a dryer. |
| ・乾燥機は洗濯物に熱を加え回転させて<br>乾かす。 | The dryer dries the clothes by heating and<br>tumbling them.<br>＊ tumble　回す |

## 洗濯物を整理する

| | |
|---|---|
| ・物干しざおから洗濯物を取りこんだ。 | I took the laundry off the laundry pole. |
| ・物干しざおから洗濯物を集めた。 | I gathered up the laundry from the<br>laundry pole. |
| ・服がまだ湿っていた。 | The clothes were still damp. |
| ・服がまだ乾いていなかった。 | The clothes weren't dry yet. |
| ・服が完全に乾いた。 | The clothes dried. |
| ・洗濯物をたたんだ。 | I folded the clothes.<br>＊ fold　たたむ、たたんで重ねる |

| | |
|---|---|
| ・服をアイロンがけした。 | I ironed the clothes.<br>I pressed the clothes. |
| ・服にのりをつけた。 | I starched the clothes. |
| ・服をタンスにしまった。 | I put the clothes in the drawers. |

## クリーニング屋

| | |
|---|---|
| ・服が虫に食われた。 | The clothes are moth-eaten.<br>＊ moth　しみむし、ガ |
| ・その服はドライクリーニングしなければ<br>ならない服だった。 | The clothes had to be dry-cleaned. |
| ・その服をドライクリーニングしなければ<br>ならなかった。 | I needed to get the clothes dry-cleaned. |
| ・その服をクリーニング屋に持って行った。 | I took the clothes to the dry cleaner's. |
| ・クリーニング屋にズボン何着かをドライ<br>クリーニングしてもらうために預けた。 | I dropped off several pairs of pants for<br>dry-cleaning at the dry cleaner's.<br>＊ drop off　下に置く、(物を) 預ける |
| ・その服をドライクリーニングした。 | I had the clothes dry-cleaned. |
| ・その生地をドライクリーニングしたら<br>縮むのではないかと心配だった。 | I was afraid lest the fabrics might shrink<br>when dry-cleaned.<br>＊ lest　〜ではないかと、〜しないように |
| ・彼に染み抜きしてもらうように頼んだ。 | I asked him to remove the stain. |
| ・クリーニング屋にスーツをドライクリー<br>ニングしてアイロンがけしてもらった。 | I had a suit dry-cleaned and ironed at the<br>dry cleaner's. |
| ・クリーニング屋に預けた服を取ってきた。 | I picked up my clothes from the dry cleaner's.<br>＊ pick up　預けたものを取りに行く |

# 3　台所仕事

KITCHEN WORK

Chapter 04　家事

## 食事の準備をする

| | |
|---|---|
| ・私は台所でお母さんを手伝うのが好きだ。 | I like to help my mom out in the kitchen.<br>＊help ~ out　～を手伝う、助ける |
| ・お母さんが夕食の準備をするのを手伝った。 | I helped my mom prepare dinner. |
| ・テーブルの準備をする時間だった。 | It was time to set the table. |
| ・食卓にテーブルクロスを広げた。 | I spread a cloth on the table. |
| ・お母さんが食卓の準備をするのを手伝った。 | I helped my mom set the table. |
| ・テーブルを拭いた。 | I wiped the table. |
| ・テーブルにスプーンとおはしを置いた。 | I placed the spoons and chopsticks on the table. |
| ・私は台所仕事があまりできない。 | I am all thumbs in the kitchen.<br>＊be all thumbs　下手だ、のろい |
| ・お母さんが食事を準備した。 | My mom prepared the food. |
| ・食卓におかずを置いた。 | I put the side dishes on the table. |
| ・お茶碗にご飯をよそった。 | I put the rice into the rice bowls. |
| ・鍋からスープをよそった。 | I scooped soup out of the pot.<br>＊scoop　[動] おたまでよそう　[名] おたま |
| ・コップに水を注いだ。 | I poured water into the glasses. |
| ・水をこぼした。 | I spilt water. |
| ・料理の後ガスを止め忘れてしまい、鍋が焦げてしまった。 | I forgot to turn off the gas stove after cooking, so the pot was burned. |
| ・食前のお祈りをした。 | I said grace.<br>＊say grace　食前の感謝のお祈りをする |

## 片付け

| | |
|---|---|
| ・食事の後、食卓を片付けた。 | I cleared the table after the meal. |
| ・食卓をきれいに片付けた。 | I cleaned up the table. |
| ・食卓を拭いた。 | I wiped up the table. |
| ・洗わなければならないお皿がたくさんあった。 | I had a lot of dishes to wash. |
| ・食事の後、皿洗いをした。 | I did the dishes after the meal.<br>I washed the dishes after the meal. |
| ・汚れたお皿をスポンジたわしで磨いた。 | I scrubbed some dirty dishes with a scrubbing pad. |

| | |
|---|---|
| ・焦げた鍋を磨くのは大変だった。 | It was very hard to scrub the burned pot. |
| ・皿洗いをしているときに、コップを落とした。 | I dropped a glass while washing the dishes. |
| ・コップが粉々になってしまったので気を付けて床を片付けた。 | The glass broke into pieces, so I cleaned the floor carefully. |
| ・洗い物をするとき、いつもお皿を割ってしまう。 | I never wash dishes without breaking a dish.<br>＊ never ~ without -ing　～するときいつも…する |
| ・カップのふちが欠けた。 | The cup chipped.<br>＊ chip　皿のふちが欠ける、細く切る |

---

column

### ～するたびにいつも…

「皿洗いをするたびに皿を割ってしまう」ならば、whenever（～するときはいつでも）を使い、I always break a dish whenever I wash the dishes.と言うことができます。また、「～するたびに…する」「～すると必ず…する」という「never ～ without＋動名詞」構文で、I never wash the dishes without breaking a dish.と表現したりもします。She never speaks without smiling.と言えば、「彼女は話すたびにいつも笑顔だ」という意味です。

## 台所を整理する

| | |
|---|---|
| ・皿立てにぬれた皿を置いた。 | I put the wet dishes in the dish rack. |
| ・お皿をふきんでふいた。 | I dried the dishes with a dish towel. |
| ・戸棚にお皿をしまった。 | I put the dishes in the cupboard. |
| ・台所用品を整理した。 | I arranged the kitchen utensils.<br>＊ arrange　整理する、配列する／ utensil　台所用品 |
| ・ガラスの皿が割れないように気を付けた。 | I was careful not to break the glassware. |
| ・シンクをきれいに磨いた。 | I cleaned off the sink. |
| ・残った料理を入れ物に入れた。 | I put the leftovers into containers.<br>＊ leftover　残った料理 |
| ・腐った食べ物を捨てた。 | I threw away spoiled food. |
| ・ふきんを洗った。 | I washed kitchen towels. |
| ・ふきんのばい菌を除菌するために鍋で煮沸した。 | I boiled the kitchen towels in the pot to kill the bacteria. |

## 花の手入れをする

| | |
|---|---|
| ・私は花を育てるのが好きだ。 | I like to grow flowers. |
| ・ランの世話をするのが好きだ。 | I like to take care of orchids.<br>＊ take care of 〜の世話をする |
| ・ランの栽培が好きだ。 | I like to grow orchids. |
| ・春雨が降った後、庭に数種類の花の種をまいた。 | After the spring rain, I sowed several kinds of flower seeds in the garden. |
| ・種をまく前シャベルで土を掘り返した。 | I turned the soil with a spade before sowing. |
| ・苗木を何本か植えた。 | I planted some seedlings. |
| ・庭に何種類かの花を植え替えた。 | I transplanted a few kinds of flowers to the garden. |
| ・ハーブをいくつか植木鉢に植えた。 | I potted a few herbs. |
| ・ホウセンカの花をいくつか摘んだ。 | I picked up some touch-me-not flowers. |
| ・ホウセンカの花の汁で爪を赤く染めた。 | I dyed my nails red with the juice of touch-me-not flowers. |
| ・花が実を結んだ。 | The flowers went to seed. |

## 庭の手入れをする

| | |
|---|---|
| ・私は庭仕事が上手だ。 | I am good at gardening. |
| ・植物を育てるのが得意だ。 | I have a green thumb. |
| ・庭をほうきで掃いた。 | I swept the yard with a broom. |
| ・庭には雑草がたくさん生えていた。 | My garden has gotten a lot of weeds. |
| ・庭は雑草で覆われていた。 | The garden was covered with the weeds. |
| ・庭の草取りをした。 | I removed the weeds from the garden. |
| ・芝を刈らなければならなかった。 | The grass needed cutting. |
| ・芝に水をやらなければならなかった。 | The grass was in need of water.<br>＊ be in need of 〜を必要とする |
| ・芝を刈った後、水をやった。 | After mowing the lawn, I watered it.<br>＊ mow 切る、切り取る |
| ・芝に水をやるためにスプリンクラーをつけた。 | I turned on the sprinkler to water the lawn. |

Chapter 04 家事

| | |
|---|---|
| ・突然スプリンクラーから水が吹き出て驚いた。 | I was surprised that the water suddenly spurted out of the sprinkler.<br>＊ spurt　噴出する、吹き出る |
| ・雨が降った後、庭に草が生い茂った。 | The garden was thriving after the rain. |
| ・庭の草木の手入れをしなければならなかった。 | The plants in the garden needed to be tended. |
| ・木の古い枝を切った。 | I cut the aged branches of the tree. |
| ・木をきれいに刈りこんだ。 | I trimmed the tree nicely. |
| ・枯れ葉としおれた花を取り除いた。 | I removed the withered leaves and flowers.<br>＊ withered　生き生きしていない、枯れた |
| ・木から必要のない枝を切った。 | I pruned extra branches from the tree.<br>＊ prune　枝を切る、切断する |
| ・落ち葉を熊手でかき集めた。 | I raked fallen leaves. |
| ・陰を作るために支柱に枝を結んだ。 | I tied some branches on the pole to make shade. |
| ・植物が元気になるように肥料を使った。 | I used some fertilizer on the plants to keep them healthy. |
| ・害虫がいないかチェックした。 | I checked for harmful insects. |
| ・木から虫を駆除するために殺虫剤をまいた。 | I sprayed pesticides to remove insects from the trees. |
| ・昆虫から木を守るために木に縄を巻いた。 | I wound the ropes around the trees to protect them from insects.<br>＊ wound　wind（巻く）の過去形 |
| ・土に肥料をやった。 | I fertilized the soil.<br>＊ fertilize　豊かにする、肥料をやる |

column

### 「親指」を使った表現いろいろ

「園芸の才能がある」は、I have a green thumb. と言います。green thumb（緑の親指）が「園芸分野の才能」を表すのです。では、I am all thumbs. は何を意味するでしょう？　5本の指それぞれに役割がありますが、すべての指が親指だったら、手で何かをしようとしたとき、とてもやりづらいですよね。つまりこの表現は、「手先が不器用だ」という意味です。また、「いいね」とか「よくやった」と表現したいときに、親指を立てることに由来する表現が thumbs up です。thumbs up は、ある計画や提案に賛成するときや、映画や本などへの高い評価を表現するときに使います。立てる親指が両手の二本になると「とてもよかった」という意味で、The movie is two thumbs up. は、「その映画は最高だった」ということになります。

# 5 家を装飾する

HOME DECORATION

| | |
|---|---|
| ・室内を変えた。 | I changed my room around. |
| ・家の家具を配置しなおした。 | I rearranged the furniture in the house. |
| ・花で家を飾った。 | I decorated the house with flowers. |
| ・花瓶に花を差した。 | I put some flowers in the vase. |
| ・新しいテーブルクロスを買った。 | I bought a new tablecloth. |
| ・額をかけるために壁にくぎを打った。 | I hammered nails in the wall to hang the frames. |

＊ hammer　かなづちでくぎを打つ／ frame　額縁

| | |
|---|---|
| ・リビングに素晴らしい絵をかけた。 | I hung a wonderful picture on the wall of the living room. |
| ・暑くなったので、冬用のカーテンを薄いカーテンに替えた。 | I replaced the winter curtains with light curtains since it got hot. |
| ・壁紙を明るい色に替えた。 | I changed the wallpaper to brighter colors. |
| ・座り心地のよいソファーを買ってリビングに置いた。 | I bought a comfortable sofa and placed it in the living room. |
| ・魅力的なアンティーク家具一点を居間の隅に置いた。 | I placed an attractive old piece of furniture in the corner of the living room. |

＊ attractive　魅力的な、魅惑的な

| | |
|---|---|
| ・私たちは家をリフォームした。 | We remodeled our house. |
| ・私たちは家の周りのフェンスを白く塗った。 | We painted the fence around our house white. |

Chapter 04　家事

## 室内の家具

| | | | |
|---|---|---|---|
| ソファー | sofa | クローゼット | closet |
| 寝いす | couch | 収納箱 | chest |
| 茶卓 | tea table | 引き出し | drawer |
| 丸いす | stool | 化粧台 | dresser |
| ロッキングチェアー | rocker, rocking chair | 棚 | shelf |
| ひじ掛けいす | armchair | 靴入れ | shoe shelf |
| 飾り棚 | cabinet | 本棚 | bookshelf, bookcase |
| タンス | wardrobe | コンソール | console |

| | | | |
|---|---|---|---|
| 電気スタンド | lamp | ナイトテーブル | nightstand |
| ベッド | bed | 食卓 | dining table |

## 家の中の小物

| | | | |
|---|---|---|---|
| 枕 | pillow | ハンガー | hanger |
| キルト布団 | quilt | 帽子掛け | hat rack |
| ベッドカバー | coverlet | アイロン板 | ironing board |
| 毛布 | blanket | リモコン | remote control |
| クッション | cushion | 加湿器 | humidifier |
| ひざ掛け | lap robe | テーブルクロス | tablecloth |
| 額縁 | frame | 米びつ | rice chest |
| タペストリー | tapestry | 掃除機 | vacuum cleaner |
| 壁掛け時計 | clock | ブラシ | brush |
| 畳 | straw mat, tatami | ちりとり | dust pan |
| カーペット | carpet | モップ | mop |
| じゅうたん | rug | 床拭きぞうきん | floor cloth |
| 鏡 | mirror | ゴミ箱 | waste basket |
| シャンデリア | chandelier | くず入れ | trash can |
| ラック | rack | ゴミ袋 | trash bag |
| 呼び鈴 | doorbell | スリッパ | slippers |
| インターホン | intercom | 裁縫道具箱 | workbox |
| コンセント | outlet | 白熱灯 | incandescent light |
| プラグ | plug | 蛍光灯 | fluorescent light |
| 取っ手 | handle | ブラインド | window shade |
| ノブ | knob | カーテン | curtain |

# 6 家の修理

REPAIRS TO THE HOUSE

## 水漏れ

- 蛇口から水が漏れていた。
  The faucet was leaking.
  ＊ leak　漏れる、漏れ出る

- 蛇口から水がぽたぽた落ちていた。
  The faucet was dripping.

- お父さんが水漏れしている蛇口を直した。
  My dad repaired the leaky faucet.

- トイレが水漏れしているようだった。
  The toilet seemed to be leaking.

- ネジを締めてみた。
  I tried tightening the screw.
  ＊ tighten　締める、固くする

- 水漏れをふさいだ。
  I plugged up a leak.
  ＊ plug up　穴をふさぐ

## 詰まる

- シンクが詰まっている。
  The sink is blocked up.
  The sink is clogged up.

- シンクが詰まって水が上がってきた。
  The sink is backed up.

- 台所の排水溝が詰まっている。
  The kitchen drain is plugged up.
  ＊ drain　[名] 排水溝　[動] 排水する

- 排水溝の水がよく流れなかった。
  It didn't drain well.

- お湯が出ない。
  Hot water doesn't come out.

- トイレに何かが詰まって流れなくなった。
  The toilet was plugged up with something, so it didn't flush.

- トイレ用吸引具を使ったがうまくいかなかった。
  I used a plunger, but it didn't work.
  ＊ plunger　トイレ用吸引具、ラバーカップ

- 配管工を呼んだ。
  I called the plumber.

## 故障

- エアコンが壊れた。
  The air-conditioner broke down.

- 電話が故障していた。
  The telephone was on the fritz.
  The telephone wasn't working.
  ＊ on the fritz　故障した

- 好きなテレビ番組を見ている時、テレビが故障した。
  My TV broke down while I was watching my favorite TV program.

| | |
|---|---|
| ・テレビの受信状態がよくなかった。 | The TV reception was poor.<br>＊ reception （テレビの）受信状態、受領 |
| ・テレビの調子が変になってきた。 | The TV started acting weird.<br>＊ weird　あやしい、変な |
| ・テレビが白黒になった。 | The TV went to black and white. |
| ・テレビのアンテナが曲がっている。 | My TV antenna is bent. |
| ・テレビがちらついている。 | The TV looks like snow. |
| ・洗濯機からずっと変な音がしていた。 | The washing machine kept making a strange noise. |
| ・冷蔵庫が壊れたので、ちゃんと冷えなかった。 | The refrigerator broke down, so it didn't get cool enough. |
| ・冷凍庫に何か問題があるようだった。 | Something was wrong with the freezer. |
| ・アイロンの温度調節器が壊れた。 | The thermostat in my iron was broken. |
| ・電球が暗かった。 | The light bulb wasn't bright enough. |
| ・時計が止まったのは、おそらく電池が切れたからだろう。 | The clock has stopped, probably because the batteries have run out.<br>＊ run out　使い切る、底をつく |
| ・アフターサービスを受けるためそれを預けた。 | I took it in to be serviced. |

---

### 家庭用品関連の和製英語にご用心

家庭用品の名称の中には、英語のネイティブスピーカーが使わないものがいくつもあります。正しい英語表現は次のとおりです。「ガスレンジ」はstove、「電子レンジ」はmicrowave oven、「インターホン」はintercom、「コンセント」はoutlet、「フライパン」はfrying pan、「ドライバー」はscrew driver、「ミキサー」はblenderが適切な英語表現です。ちなみに英語でmixerは一般に、かき混ぜるだけの「混合器」を意味します。

column

---

## 修理を依頼する

| | |
|---|---|
| ・修理センターに電話した。 | I called the repair center. |
| ・その会社のフリーダイヤルに電話した。 | I used the company's toll-free number.<br>＊ toll　通話料、通行料 |
| ・修理工は迅速に対処してくれた。 | The serviceman took care of the problem promptly.<br>＊ promptly　迅速に、素早く |

| | |
|---|---|
| ・その製品はまだ保証期間内だったので修理は無料だった。 | The repair was free, because the product was still under warranty.<br>＊ warranty　保証 |

## 電気の問題

| | |
|---|---|
| ・この機械は120ボルトで使わないといけないが、100ボルトのコンセントに差したため動かなかった。 | This machine uses 120 voltage, but I plugged it into a 100 voltage outlet, so it didn't work.<br>＊ plug into　〜にプラグを差す／ outlet　コンセント |
| ・スイッチが利かなかった。 | The switch didn't work. |
| ・明かりがちらちらした。 | The light was flickering.<br>＊ flicker　ちらつく、ちらちらする |
| ・電球が切れた。 | The light bulb has burned out.<br>The light bulb has gone out. |
| ・余分な電球があったので、切れた電球を取り替えた。 | I changed the light bulb that had gone out, because I had extra ones. |
| ・ヒューズが飛んだ。 | The fuse has burned out. |
| ・停電した。 | We had a blackout.<br>The electricity was out.<br>The electricity has gone off. |
| ・懐中電灯を見付けた。 | I found a flashlight. |
| ・ぼんやりした光では何も見えなかった。 | I couldn't see anything in the dim light. |

## 害虫

| | |
|---|---|
| ・私の家にはゴキブリがたくさんいる。 | There are lots of cockroaches in my house. |
| ・ゴキブリはやっかいな存在だと思う。 | I think cockroaches are troublesome. |
| ・ゴキブリを全滅させるのはとても難しい。 | It is very hard to exterminate the cockroaches.<br>＊ exterminate　根絶する、全滅させる |
| ・ゴキブリ退治の薬を買った。 | I bought some cockroach poison. |
| ・ゴキブリ退治のスプレーを使った。 | I used roach spray. |
| ・ゴキブリをなくすため家をきれいにしようと努めている。 | I try to keep my house clean to get rid of the cockroaches. |
| ・私の家はアリが多い。 | My house has lots of ants. |
| ・部屋にハエがたくさんいた。 | There were so many flies in my room. |
| ・ハエをハエたたきで殺した。 | I killed flies with a fly swatter.<br>＊ swatter　ハエたたき、ぴしゃりとたたくこと |
| ・ハエよけの薬を使った。 | I used a fly repellent.<br>＊ repellent　虫よけ、防虫剤 |
| ・殺虫剤をまいた。 | We sprayed. |

## そのほかの問題

| | |
|---|---|
| ・鍵が壊れている。 | The lock is broken. |
| ・ドアがびくともしない。 | The door is stuck. |
| | ＊stuck　くっついた |
| ・ドアが動かない。 | The door is jammed. |
| ・ドアの取っ手が取れた。 | The door handle has come off. |
| ・強力な接着剤でそれをくっつけた。 | I bonded it with a strong adhesive. |
| ・壁のペンキがはがれている。 | The paint on the wall is peeling off. |

### 家の造り

| | | | |
|---|---|---|---|
| 玄関 | entrance | 物置 | shed, barn |
| 屋根付き玄関 | porch | 地下貯蔵庫 | cellar |
| ベランダ | balcony, veranda | 地下室 | basement |
| テラス | terrace | 車庫 | garage |
| 居間 | living room | 屋根裏 | attic |
| 風呂 | bathroom | 屋内階段 | stairs |
| 浴槽 | bathtub | 屋外階段 | steps |
| トイレ | toilet | 屋根 | roof |
| 寝室 | bedroom | 煙突 | chimney |
| 台所 | kitchen | アンテナ | antenna |
| ダイニングルーム | dining room | 中庭 | courtyard |
| 洗濯室 | laundry room | 裏庭 | backyard |
| ユーティリティールーム、家事部屋 | utility room | 垣根 | fence |
| 書斎 | library, reading room | 庭 | garden |
| 勉強部屋 | study room | 芝 | lawn |
| 子ども部屋 | kid's room, nursery | 門 | gate |

### 家庭用工具

| | | | |
|---|---|---|---|
| 道具箱 | tool box | やっとこ | pliers |
| はさみ | scissors | ペンチ | pincers |

| | | | |
|---|---|---|---|
| ニッパー | nippers | 金づち | hammer |
| ピンセット | tweezers | 金づちの柄 | handle of a hammer |
| 植木ばさみ | shears | くぎ抜き | nail puller |
| のこぎり | saw | 針金 | wire |
| はかり | scales | 電線 | electric wire |
| 懐中電灯 | flashlight | レバー | lever |
| スパナ | spanner, wrench | 裁断機 | cutter |
| ドライバー | screwdriver | 接着剤 | adhesive |
| くぎ | nail | 折りたたみ定規 | folding ruler |
| ねじくぎ | screw | シャベル | shovel |

# 7 そのほかの家事 HOUSEHOLD CHORES

・食材を買いに食料品店に行った。 I went to the grocery store to buy some food.

・お母さんのためお使いをした。 I ran an errand for my mom.

・布団を日に当てた。 I put the futons in the sun.

・布団のほこりを払った。 I shook out the futons.
＊ shook　shake（振る、払う）の過去形

・洗車をした。 I washed my car.

・電気の消費を減らすため家電製品のプラグ を抜いておいた。 I unplugged the appliances to cut down on the consumption of electricity.
＊ appliance　家電製品／ consumption　消費

・しなければいけない家事がとてもたくさん あった。 I had a lot of work to do in the house.

・一日中家事に縛られていた。 I was tied up with housework all day long.

・家の掃除と食事の準備で一日が過ぎた。 I spent all day cleaning the house and cooking food.

・家事に終わりはない。 Housework is never-ending.
Housework is never done.

・終わりのない家事のせいで へとへとだ。 The endless chores around the house take a lot out of me.
＊ take a lot out of　〜をへとへとにする

・家政婦を雇わなければいけない。 We really need to hire a housekeeper.

・家事は家族みんながいっしょに
　するべきだと思う。

I think all the family should do housework together.

**「家政婦／夫」と「専業主婦／夫」**

今の時代、家政婦／夫というと、住み込みではなく、時間制で家事を手伝う場合が大半です。家政婦／夫を英語ではどのように表現するでしょうか？「（住み込みの）家政婦／夫」は housekeeper、「（時間制の）家政婦／夫」は、visiting housekeeper、あるいは part-time domestic helper と言います。「専業主婦／夫」は housewife/househusband/homemaker なので、混同しないようにしましょう。

196

# Doing Housework

Monday, September 5. Fair

Today, after doing household chores all day long, I realized again that housework was so hard.

In the morning, I prepared breakfast and washed dishes. Upon finishing the chores in the kitchen, I cleaned up the house. I had lots of laundry to do. I picked up the washable clothes and sorted the laundry by separating dark-colored ones from light-colored ones. Then I did the laundry in the washing machine. My back hurt a little when I hung the washing out on the laundry pole. I checked the time when I wanted to sit down and relax. It was lunch time. I had bread for lunch. I studied some school work for a short time, and then it was time to prepare dinner. I washed the rice and made miso soup. My family came back home one after another, and we had dinner all together.

It was a very hard day. I thought household chores are the hardest in the world.

## 毎日の家事をする
9月5日　月曜日　晴れ

　今日は一日中家で家事をして、家事がとてもつらいということが改めてよく分かった。

　朝、朝食の準備と皿洗いをした。台所での仕事を終えると、家を掃除した。洗濯物がとても多かった。洗濯できる服を集めて洗濯物を色別に分け、その後洗濯機で洗濯をした。物干しざおに干す時、腰が少し痛かった。座って休みたくなって時間を確認したら、昼食の時間だった。昼食はパンにした。少しの間学校の勉強をしたら夕食の準備をする時間だった。米を洗って味噌汁を作った。家族が次々に帰ってきて、一緒に夕食を食べた。

　大変な1日だった。家事が世界で一番大変だと思った。

**NOTES**
household　家族の、家事の／ chores　雑務／ upon -ing　〜するやいなや／ laundry　洗濯物／ washable　洗濯できる／ sort　分類する、区別する／ laundly pole　物干しざお／ relax　緊張を解く、疲れを癒す

# CHAPTER 05

## 日常生活

## 午前

- わが家の一日の営みは朝6時に始まる。

My family's daily routine begins at 6 o'clock in the morning.

- 私は6時に起きてから布団をたたむ。

I get up at 6 o'clock and fold the futon.

- お母さんは家族で一番早起きをして朝ごはんの準備をする。

My mom gets up the earliest and prepares breakfast.

- 私は朝シャワーを浴びる。

I take a shower in the morning.

- 私は7時ごろに朝ごはんを食べる。

I have breakfast around 7 o'clock.
＊ around ＋時間　〜ごろに

- 朝ごはんを食べてから服を着替える。

I get dressed after breakfast.

- うちの両親はどこへ行くときも、帰って来るときもいつも気を付けるように言う。

My parents always tell me to be very careful on my way to and from any place.

- 朝ごはんの後、お父さんは職場へ出掛ける。それから弟と私が学校へ行く。

After breakfast, my dad goes to his office. Then my brother and I go to school.

- お母さんが玄関で見送ってくれる。

My mom sees me off at the porch.
＊ see off　〜を見送る

- 弟は歩いて学校に通う。

My brother walks to school.

- 私はバスで学校に行く。

I go to school by bus.

## 午後

- 学校が終わったら家に帰ってくる。

After school, I come back home.

- 放課後にネットカフェへ直行する時もある。

Sometimes I make a beeline for an internet cafe after school.
＊ make a beeline for　〜へまっすぐ行く、直行する

- お母さんが私を迎えに来てくれる。

My mom picks me up.

- 放課後に私は英語塾に行く。

I go to an English academy after school.

- 家に帰るとすぐにシャワーを浴びる。

As soon as I come back home, I take a shower.

- コンピューターを使って宿題をする。

I do my homework on the computer.

- 私たちは通常7時に夕食をとる。

We usually have dinner at 7 o'clock.

- 夕食の後、だいたいテレビを見る。

I usually watch TV after dinner.

- 寝る前に日記をつけている。

I keep a diary before going to bed.

- 10時ごろに寝る。

I go to bed about 10 o'clock.

# 休日

| | |
|---|---|
| ・今日は休みの日だ。 | Today is my day off. |
| ・休暇を有効的に使うことは重要だ。 | It is important to make good use of spare time. |
| ・最近は余暇の時間がほとんどない。 | These days I have little time for leisure.<br>＊ little　ほとんど〜ない |
| ・余暇活動を楽しむ時間がない。 | I have no time for leisure activities. |
| ・暇があるときに本を読むのが好きだ。 | I like to read books in my free time. |
| ・音楽を聴きながら揺りいすに座っているのが好きだ。 | I like to sit in the rocking chair while listening to music.<br>＊ rocking　揺れる |
| ・今回の休みは家で一日中本を読んでいた。 | I spent all day reading at home this holiday. |
| ・今回の週末連休は特に予定がなかった。 | I had no plans for this holiday weekend. |
| ・一日中家でのんびりしていた。 | I lazed around at home all day.<br>＊ laze around　のんびりする、ごろごろする |
| ・休日には一日中ぶらぶらしているのが好きだ。 | I like to sit around all day long on holidays.<br>＊ sit around　ぶらぶらして過ごす |
| ・今回の休みは家で過ごすつもりでいる。 | I am planning to stay at home this holiday. |
| ・休日はよくお風呂に入りに銭湯へ行く。 | I often go to the bathhouse to bathe on holidays. |
| ・テレビを見て時間をつぶした。 | I killed time watching TV. |
| ・普段、暇な時間はテレビを見て過ごす。 | I usually spend my leisure time watching TV. |
| ・空いた時間に漫画を読んで過ごした。 | I passed my spare time reading comic books. |
| ・楽しいドライブへ出掛けた。 | I went for a nice drive. |
| ・忙しくて時間が取れない。 | I have no time to spare because I am so busy.<br>＊ spare　（時間・お金を）さく |
| ・暇なときには映画を見に行く。 | I go to the movies at my leisure. |
| ・時間があるときは、友達と街をぶらぶらするのが好きだ。 | When I have free time, I like to hang out downtown with my friends. |
| ・公園で自転車に乗った。 | I rode my bike in the park. |
| ・今日は時間がたくさんあったので、デパートで買い物をした。 | Today I had a lot of free time, so I went shopping at the department store. |
| ・よくビデオゲームをするためにゲームセンターに行く。 | I often go to an arcade to play video games.<br>＊ arcade　ゲームセンター |
| ・時間があるときは、友達とボードゲームをして遊ぶ。 | When I have spare time, I play board games with my friends. |

| | |
|---|---|
| ・休みの日には一日中ネットサーフィンをする。 | I surf the internet all day long on my day off. |
| ・休みの日には、音楽を聴いたり、楽器の演奏をしたりする。 | I listen to music and play a musical instrument on my day off. |
| ・時間がたくさんあったので料理をしてみた。 | Since I had a lot of time, I tried cooking a meal. |
| ・特にすることがなかったので、友人にEメールを送った。 | Because I had nothing special to do, I sent an e-mail to my friends. |

## 2　生理現象

PHYSIOLOGY

### 口・のど

| | |
|---|---|
| ・食事の最中にくしゃみをした。 | I sneezed while I was eating a meal. |
| ・コーラを一杯飲んだら、げっぷが出た。 | I burped after drinking a glass of Coke. |
| ・赤ちゃんにミルクを飲ませた後、げっぷをさせるために背中を軽くたたいてあげた。 | I patted the baby's back to make her burp after feeding her. |
| ・何かが詰まってむせた。 | I choked on something.<br>＊ choke on　～がのどに詰まる |
| ・むせたときに、だれかが背中をさすってくれた。 | When I choked, someone stroked my back. |
| ・突然しゃっくりが出た。 | Suddenly I hiccupped. |
| ・しゃっくりを止めようとしたが、もっと大きな音が出た。 | I tried to stop the hiccups, but I made a bigger sound. |
| ・しゃっくりを止めるために水を飲んだ。 | I drank some water to stop my hiccups. |
| ・本を読みながらあくびをした。 | I yawned while reading a book. |

| | |
|---|---|
| ・一人があくびをすると、ほかのみんなも あくびをし出すようだ。 | If one person yawns, everyone else seems to start too. |
| ・あくびは伝染する。 | Yawning is contagious.<br>＊ contagious　伝染性の |
| ・部屋に煙が充満していたので、せきが止まら なかった。 | It was so smoky in the room that I couldn't stop coughing. |
| ・のどにたんがつまる。 | I get phlegm in my throat.<br>＊ phlegm　たん、粘液／throat　のど、食道 |
| ・声が出なかった。 | I lost my voice. |
| ・のどを痛めて声がかれている。 | I have a frog in my throat.<br>＊ have a frog in one's throat　声がかれる、のどにたんが からんでいる |
| ・息が切れた。 | I was out of breath.<br>＊ out of breath　息が切れて、あえいで |
| ・深呼吸をした。 | I took a deep breath. |
| ・彼はよくため息をつく。 | He often sighs. |
| ・彼は深いため息をついた。 | He drew a long breath. |

column

### 「息をする」

「息をする」「呼吸する」はtake a breathと言いますが、「深呼吸をする」ならtake a deep breath、「浅く呼吸をする」ならtake a shallow breathと表現します。「息を吸い込む」はbreathe inまたはinhale、「息を吐く」はbreathe outまたはexhaleと言い、「息を切らす」はgasp、「ため息をつく」はsigh、「息をひそめる」はhold one's breathです。では、save one's breathはどんな意味でしょうか？　これは「余計なことは言わずに黙っている」という比ゆ的表現です。

### 鼻

| | |
|---|---|
| ・鼻水が出る。 | I have a runny nose. |
| ・鼻水が垂れている。 | My nose is running. |
| ・鼻が詰まっていた。 | I had a stuffy nose. |
| ・鼻がむずむずした。 | My nose felt itchy.<br>＊ itchy　かゆい、むずむずする |
| ・私は寝ているときにいびきをかく。 | I snore when I sleep. |
| ・彼はよく鼻をほじくっている。 | He often picks his nose. |
| ・鼻血が出ている。 | I have a bloody nose. |

## 目

| | |
|---|---|
| ・目に何かが入ったのでぱちぱちとまばたきをした。 | I blinked because something went into my eye.<br>＊ blink　まばたきをする |
| ・目やにがついている。 | I have sleep in my eyes.<br>＊ sleep　目やに（口語） |
| ・目やにで目が開かない。 | My eyes are gummed up.<br>＊ gum　（ゴム状のもので）張り付ける |
| ・目に固まって目やにがついている。 | My eyes are crusted over.<br>＊ crusted　固くなってついている |
| ・涙が込み上げた。 | Tears welled up in my eyes. |
| ・涙が流れた。 | Tears flowed. |
| ・涙があふれた。 | Tears flooded from my eyes. |
| ・涙をこらえた。 | I kept back my tears. |
| ・涙を流した。 | I shed tears.<br>＊ shed　（涙・血を）流す、過去形もshed |
| ・涙をぬぐった。 | I wiped my wet eyes. |
| ・無意識のうちに目をこすった。 | I rubbed my eyes unconsciously.<br>＊ unconsciously　知らぬ間に、無意識のうちに |
| ・感動して涙が出た。 | I was moved to tears. |

## 耳

| | |
|---|---|
| ・誰かが私のうわさをしている。 | My ear is burning. |
| ・耳鳴りがした。 | My ears are ringing.<br>I have a ringing in my ears. |
| ・耳かきをした。 | I picked my ears. |
| ・その音には聞き覚えがあった。 | The sound was familiar to my ears. |
| ・彼は耳が早い。 | He is quick to hear.<br>He has good hearing. |
| ・彼は耳が遠い（世間のうわさ・情報などにうとい）。 | He has poor hearing. |

## 顔・頭

| | |
|---|---|
| ・私は恥ずかしいと顔が赤くなる。 | When I am embarrassed, I blush. |
| ・私は驚くと顔が青ざめる。 | When I am surprised, my face turns pale. |
| ・最近髪が薄くなっている。 | I have been losing my hair recently. |
| ・髪が逆立った。 | My hairs stood up on my neck. |

| | |
|---|---|
| ・髪が少し白くなった。 | Some of my hair has turned gray. |
| ・私の髪は白髪交じりだ。 | I have gray hair. |
| ・私の髪は伸びるのが早い。 | My hair grows well. |
| ・私の髪は伸びるのが遅い。 | My hair grows slowly. |
| ・頭にふけがある。 | I have dandruff. |

## 手・足

| | |
|---|---|
| ・コーヒーをたくさん飲むと手が震える。 | My hands tremble when I drink a lot of coffee. |
| ・脚がけいれんしている。 | I have a cramp in my leg.<br>＊ cramp　けいれん、ひきつり |
| ・脚がけいれんしたので、歩くことが全然できなかった。 | I had a cramp in my leg. That's why I couldn't walk at all. |
| ・脚の筋肉が凝っている。 | My leg muscles are stiff.<br>＊ stiff　凝った、硬直した、堅い |
| ・脚が凝った。 | I had stiff legs.<br>My legs were stiff.<br>I felt stiff in my legs. |
| ・脚がしびれた。 | My legs were asleep. |
| ・脚がしびれてびりびりする。 | I have pins and needles in my legs. |
| ・片方の足がしびれた。 | My foot has gone to sleep. |
| ・足がしびれてまひした。 | My foot became numb. |

## 小便・大便

| | |
|---|---|
| ・おしっこがしたい。 | I feel like peeing. |
| ・トイレに行きたい。 | I want to urinate.<br>I want to go a number one.<br>I want to answer the call of nature.<br>＊ number one　小便／ answer the call of nature<br>　　自然の呼びかけに応じる（大小便をする） |
| ・トイレにおしっこをしに行った。 | I went to the restroom to take a pee. |
| ・便意をもよおした。 | I felt the call of nature. |
| ・用を足したかった。 | I wanted to relieve myself. |
| ・トイレに行きたかった。 | I wanted to go potty. |
| ・大便をした。 | I defecated.<br>I went a number two.<br>I had a bowel movement. |

| | |
|---|---|
| ・下痢をしている。 | I have diarrhea.<br>I have loose bowels.<br>＊ diarrhea　下痢 |
| ・水っぽい下痢をしている。 | I have watery diarrhea. |
| ・ひどい下痢に苦しんだ。 | I suffered from violent diarrhea. |

## そのほかの生理現象

| | |
|---|---|
| ・おなかがぐうぐう鳴っている。 | My stomach is growling. |
| ・おなかがごろごろ鳴った。 | My stomach rumbled.<br>＊ rumble　ごろごろ鳴る |
| ・運動をすると汗をかく。 | When I work out, I sweat. |
| ・全身に鳥肌が立った。 | I got goose bumps all over.<br>＊ goose bumps　鳥肌 |
| ・驚きのあまり冷や汗をかいた。 | I was so surprised that I broke out in a cold sweat. |
| ・寝汗をかいた。 | I had night sweats. |
| ・車の中でおならをした。 | I broke wind in the car.<br>I passed gas in the car. |
| ・私はよくおならをするほうだ。 | I tend to pass gas a lot.<br>＊ tend to＋動詞原形　〜する傾向がある |
| ・おならのにおいがひどかった。 | The gas smelled terrible.<br>The smell of the fart was terrible. |

## 家の中で

| | |
|---|---|
| ・妹は人形で遊ぶのが好きだ。 | My sister likes to play with her dolls. |
| ・妹とままごとをした。 | I played house with my sister. |
| ・お手玉をした。 | I played jacks. |
| ・家でネコと遊んだ。 | I played in the house with my cat. |
| ・さいころ遊びをした。 | We played dice. |
| | ＊ dice　さいころ遊び |
| ・なぞなぞを出した。 | We told riddles. |
| ・私がなぞなぞをいくつか当てた。 | I guessed a few riddles. |
| ・20の質問ゲームで遊んだ。 | We played twenty questions. |
| ・パズルを組み立てた。 | I put a puzzle together. |
| ・ジグソーパズルを完成させた。 | I completed the jigsaw puzzle. |
| ・奇数か偶数かを当てっこした。 | We played odd or even. |
| | ＊ odd　奇数／even　偶数 |
| ・将棋を指した。 | I played Japanese chess. |
| ・碁を打った。 | I played Go. |
| ・トランプで遊んだ。 | I played cards. |
| ・トランプは私が好きな遊びのうちの一つだ。 | Playing cards is one of my favorite pastimes. |
| ・彼は勝負がうまい。 | He plays a good hand. |
| ・そのゲームは運で決まるゲームだ。 | That is a game of chance. |
| ・弟はトランプで時々ずるをする。 | My brother sometimes cheats when playing cards. |
| ・家族と花札をした。 | I played Japanese playing cards with my family. |

Chapter 05　日常生活

## column

### 複数形を使う名称

英語においては慣用的に、病名、学問の名称、遊びの名前には複数形を使います。病名の場合、measles（はしか）、mumps（おたふく風邪）、diabetes（糖尿病）、hepatitis（肝炎）など。学問の名称では、ethics（倫理学）、economics（経済学）、politics（政治学）、mathematics（数学）、physics（物理学）などがあり、遊びの名前としては、billiards（ビリヤード）、cards（カードゲーム）、marbles（ビー玉遊び）、darts（ダーツ）などがあります。

## 運動場で

| | |
|---|---|
| ・キャッチボールをした。 | We played catch. |
| ・ビー玉遊びをした。 | I played marbles.<br>＊ marble　大理石、ビー玉／ marbles　ビー玉遊び |
| ・ビー玉をたくさん取った。 | I gained many marbles. |
| ・メンコ遊びをした。 | I played menko. |
| ・友達のメンコに強く打ちつけた。 | I slapped my friend's game piece. |
| ・メンコを打ってひっくり返したので、私のものになった。 | I turned over the game piece by slapping it, so I took it. |
| ・一日中運動場で遊んだ。 | I spent all day playing on the playground. |
| ・かくれんぼをした。 | We played hide-and-seek. |
| ・コインを投げて誰が鬼をやるかを決めた。 | I tossed a coin to decide who "it" was.<br>＊ toss　軽く投げる／ it　鬼（＝tagger） |
| ・私が鬼だった。 | I was it.<br>I was the tagger. |
| ・風車で遊んだ。 | I played with a pinwheel. |
| ・私たちは海賊ごっこをして遊んだ。 | We pretended we were pirates.<br>＊ pretend　〜のふりをする、〜ごっこをする／ pirate　海賊、海賊船 |
| ・兵隊ごっこをした。 | We played soldiers. |
| ・はじめに、二つのグループに分けることにした。 | First of all, we decided to divide the group into two. |
| ・二つのグループに分けるためにじゃんけんをした。 | We played rock-paper-scissors to form two groups. |
| ・彼を遊びに交ぜてあげた。 | We counted him in.<br>＊ count ~ in　〜を参加させる、交ぜる |
| ・彼を仲間に入れなかった。 | We counted him out.<br>＊ count ~ out　〜を仲間に入れない |

## 遊具場で

| | |
|---|---|
| ・友達と遊び場へ行った。 | I went to the playground with my friends. |
| ・シーソーに乗って遊んだ。 | We played on a seesaw. |
| ・ブランコをこいだ。 | I swung. |
| ・ブランコを強くこいだ。 | I rocked the swing hard.<br>＊ rock　（前後に）揺り動かす |
| ・滑り台をすべった。 | I slid on a playground slide.<br>＊ slid　［動］slide（すべる）の過去形／ slide　滑り台 |

| | |
|---|---|
| ・ジャングルジムで楽しく遊んだ。 | I played excitingly on a jungle gym. |
| ・鉄棒で運動した。 | I exercised on the horizontal bar. |
| | ＊ horizontal　水平の、横向きの |
| ・砂遊びをした。 | I played in the sand. |

# 4 交通

**VEHICLES**

### 交通手段

| | | | |
|---|---|---|---|
| 車両、乗り物 | vehicle, carriage | パトカー | patrol car |
| 自動車 | motorcar, automobile, car | バン | van |
| | | タクシー | cab, taxi |
| バス | bus | 自家用車 | private car |
| ミニバス | minibus | 消防車 | fire engine, fire truck |
| 二階建てバス | double-decker | | |
| 観光バス | sightseeing bus | クレーン、起重機 | crane |
| 空港バス | airport shuttle limousine bus | ブルドーザー | bulldozer |
| | | 電車 | train |
| 通勤バス | commuter bus | 急行列車 | express train |
| 通学バス | school bus | 普通列車 | local train, slow train |
| トラック | truck | | |
| フォークリフト車 | forklift | 地下鉄 | subway, tube |
| 耕運機 | cultivator | ゴミ収集車 | garbage truck, dust cart |
| トラクター | tractor | | |

## タクシー

| | |
|---|---|
| ・電車の時間に間に合わなければならなかった。 | I had a train to catch. |
| ・急がなければならなかった。 | I had to rush. |
| | ＊ rush　急いで行く、突進する |
| ・どの交通手段を使うべきか分からなかった。 | I didn't know what kind of transportation I should use. |

| | |
|---|---|
| ・時間がなかったので、タクシーに乗らなければならなかった。 | I didn't have enough time, so I had to catch a taxi. |
| ・タクシーでそこまで行くには30分かかる。 | It takes me half an hour to get there by taxi. |
| ・そこは私がタクシーを捕まえられなかった所だ。 | That was the place where I couldn't flag down a taxi.<br>＊ flag down　合図して停止させる |
| ・タクシー乗り場がどこなのか分からなかった。 | I didn't know where the taxi stand was.<br>＊ stand　タクシー乗り場、待合所 |
| ・タクシー乗り場でタクシーが来るのを待った。 | I waited for a taxi to come at the taxi stand. |
| ・タクシーを呼ばなければならなかった。 | I had to call a taxi. |
| ・タクシーを呼び止めた。 | I hailed a taxi.<br>＊ hail　大声で呼び止める |
| ・タクシーの相乗りをした。 | I shared the taxi with others. |
| ・タクシーの相乗りを拒否した。 | I refused to share the taxi with others. |
| ・タクシーの後ろの席に乗った。 | I got into the back seat of the taxi. |
| ・タクシーの運転手にその住所に連れて行くよう頼んだ。 | I asked the taxi driver to take me to the address. |
| ・タクシーの運転手がその目的地を知らなかったので、私が道案内をした。 | The taxi driver didn't know the destination, so I directed him.<br>＊ direct　（方向を）案内する、指示する |
| ・タクシーに乗っている間、運転手に目的地への道を指示した。 | During the ride, I gave the taxi driver directions to the destination. |
| ・タクシーの運転手にできるだけ近道をして駅に行くよう頼んだ。 | I asked the taxi driver to take the shortest way to the station. |
| ・駅への近道をタクシーで通った。 | I took a short-cut to the station by taxi.<br>＊ short-cut　近道、最短で |
| ・タクシーの運転手に建物の入り口で止まるよう頼んだ。 | I asked the taxi driver to stop at the building entrance. |
| ・タクシーの運転手はとても親切だった。 | The taxi driver was very kind to me. |
| ・（タクシーの料金を）吹っ掛けられたと思った。 | I thought I was overcharged.<br>＊ overcharge　過剰請求する |
| ・運転手に料金を払った。 | I paid the driver the fare. |
| ・運転手はおつりを持っていなかった。 | The driver didn't have change. |
| ・運転手におつりはいらないと言った。 | I told the driver to keep the change. |
| ・タクシーを急いで降りた。 | I got out of the taxi in a hurry. |
| ・スピード違反のタクシーは危険だ。 | A speeding taxi is dangerous. |

| | |
|---|---|
| ・運転手にスピードを落とすように頼んだ。 | I asked the driver to slow down.<br>＊ slow down （速度を）落とす |
| ・そのタクシー運転手はカーナビに慣れて<br>いなかったので、目的地に着くのにすごく<br>時間がかかってしまった。 | As the taxi driver was not used to the car-navigation system, it took a lot of time to get to my destination. |

### 交通手段は by ですが…

どんな交通手段を使うかは「by ＋交通手段」で表現すればいいのですが、その際、交通手段の前には冠詞を付けず、by taxi/bus/train/plane/subway（タクシー／バス／電車／飛行機／地下鉄で）とします。ただし、「車で職場に通う」と言う場合は、I go to work by car. よりも、I drive to work. のほうが英語らしい表現になります。

column

## 地下鉄

| | |
|---|---|
| ・ラッシュアワーの時に私は地下鉄に乗る。 | When it is rush hour, I ride the subway. |
| ・地下鉄はバスよりも快適だ。 | The subway is more comfortable than the bus. |
| ・自家用車を持っているが職場には地下鉄で<br>行く。 | Even though I have my own car, I take the subway to work.<br>＊ even though ～であるけれども、たとえ～であっても |
| ・一番近い地下鉄の駅を探さなければなら<br>ない。 | I have to find the nearest subway station. |
| ・切符を買うために切符売り場の前に並んだ。 | I stood in line in front of the ticket booth to get a ticket. |
| ・自動券売機で切符を買った。 | I got a ticket at an automated ticketing machine.<br>＊ automated 自動化された |
| ・地下鉄の定期券を使っている。 | I use a subway commuter pass. |
| ・プリペイド型乗車カードを使っている。 | I use a prepaid rail pass. |
| ・電車が入って来るときは、安全線の後ろに<br>下がっていなければいけない。 | We have to stay behind the safety line when the trains are coming. |
| ・地下鉄では本や新聞を読むのがいい。 | It is good to read books or newspapers on the subway. |
| ・地下鉄で立っているときは何に視線を向け<br>ていいのか分からない。 | When I stand on the subway, I don't know what to look at.<br>＊ what to ＋動詞原形 何を～べきか |

| | |
|---|---|
| ・ラッシュアワーには地下鉄が非常に込み合う。 | The subways are very crowded during rush hour. |
| ・反対の路線に乗ってしまった。 | I got on the wrong platform. |
| ・たくさんの人とぶつかった。 | I bumped into many people. |
| ・地下鉄が込んでいるときにほかの人とぶつかるのが嫌だ。 | When the subway is crowded, I hate being bumped into others. |
| ・おばあさんが階段を上がるのが大変そうだったので手伝ってあげた。 | I helped an old lady who was having difficulty climbing up the stairs. |
| ・乗り換えの駅はいつも大変込み合っている。 | The transfer stations are always overcrowded. |
| ・誰かが私の足を踏んだ。 | Someone stepped on my foot. |
| ・シルバーシートや障害者用の席に座ると居心地が悪い。 | I am uncomfortable when sitting in the seats for the old or the disabled. |
| ・若者が老人に席を譲らない傾向がある。 | The young tend not to offer their seats to the elderly.<br>＊ the＋形容詞　〜な人たち |
| ・障害を持つ人に席を譲った。 | I made room for a physically handicapped man.<br>＊ make room for　〜に席を譲る |
| ・時々、どの出口を使うべきなのか分からない。 | Sometimes I don't know which exit I should use. |
| ・ときたま、案内の放送が聞こえない。 | Occasionally I can't hear announcements.<br>＊ occasionally　時折、ときたま |
| ・毎日環状線の山手線を使う。 | Every day I use the Yamanote-line, which is a loop.<br>＊ loop　丸い輪、環状線 |
| ・そこへ行くためには地下鉄を乗り換えなければいけない。 | I should change subway trains to go there. |
| ・ほかの路線に乗り換えた。 | I transferred to another line. |
| ・電車内でうとうとしていたら乗り過ごした。 | I missed my stop because I was napping in the train. |
| ・地下鉄を降りて、3番出口から出た。 | After getting off the subway, I took exit number 3. |

### タクシーに「乗る」と、地下鉄に「乗る」は違う？

bus、subway、train、planeなどのように、立ったまま乗り込むことができる交通手段に「乗る」はget on、「降りる」はget offと言いますが、car、taxiのように体をかがめて「乗る」はget in、「降りる」はget outで表現します。ただし、乗り降りの行為ではなく、ある交通手段を利用するという意味の「〜に乗る」はtakeで表します。自転車や馬のようにまたがるものの場合はrideを使います。

## バス

| | |
|---|---|
| ・バスの停留所にたくさんの人が並んでいた。 | There were many people standing in line at the bus stop. |
| ・デパート行きのバスに乗るために列に並んで待っていた。 | I was waiting in line to get on the bus to the department store. |
| ・誰かが私の前で列に割り込んできた。 | Somebody cut in line in front of me. |
| ・バスを逃したのでもう20分待たなければならなかった。 | I missed the bus, so I had to wait for another 20 minutes. |
| ・そこへ行くために市外バスに乗った。 | I took an intercity bus to go there. |
| ・改札を出てから、市外バスに乗った。 | After passing through the wicket, I took the intercity bus.<br>＊ wicket （駅の）改札口、窓口 |
| ・そこに行く直行便はなかった。 | There was no direct route to the place. |
| ・貸し切りバスに乗って行った。 | I went on a chartered bus.<br>＊ charter　借り切る |
| ・シャトルバスを利用した。 | I took a shuttle bus. |
| ・そのバスは20分おきに運行している。 | The buses run every 20 minutes. |
| ・バスの間隔がとても長いと思った。 | I thought the interval between buses was very long. |
| ・バスを30分待ったが、来なかった。 | I waited for a bus for 30 minutes, but no bus turned up. |
| ・それは交通渋滞のせいだと思った。 | I thought it was because of the heavy traffic. |
| ・バスが30分遅れて到着した。 | The bus arrived thirty minutes late. |
| ・時々、バスが時間通りに来ないことがある。 | Sometimes the bus is not on time. |
| ・バスの路線図を探した。 | I looked for the bus route map. |
| ・私はバスカードを利用している。 | I use a bus pass. |
| ・その公園までのバス料金は〜だ。 | The bus fare to the park is ~. |

| | |
|---|---|
| ・バスの停留所に着くとちょうどバスが来た。 | As soon as I got to the bus stop, the bus came. |
| ・バスカードを機械にタッチしてバスに乗った。 | I got on the bus, touching the machine with my bus pass. |
| ・バスはがらがらだったので、席に座ることができた。 | The bus was almost empty, so I could sit down. |
| ・バスで年輩の人に席を譲った。 | I offered my seat to an elderly person on the bus. |
| ・バスで眠ってしまい、終点まで行った。 | I fell asleep on the bus, so I went to the end of the bus line. |
| ・バスは乗客でいっぱいだった。 | The bus was packed with passengers. The bus was crowded with passengers. |
| ・バスは非常に混み合っていたので、乗り込むのが難しかった。 | The bus was overcrowded, so I had difficulty getting on the bus. <br> ＊ have difficulty (in) –ing　〜するのが難しかった |
| ・満員のバスに体を無理に押し込んで乗った。 | I crammed into a crowded bus. <br> ＊ cram　ぎゅうぎゅう詰める、押し込む |
| ・バスの運転手が乗客に奥のほうまで進むよう叫んだ。 | The bus driver shouted for the passengers to move to the rear of the bus. |
| ・バスの中はとても暑かった。 | It was too hot in the bus. |
| ・バスの中はすし詰め状態だった。 | We were packed in like sardines. <br> ＊ sardine　［名］イワシ　［動］〜をすし詰めにする |
| ・バスはとても混んでいて席がなかったので、私は着くまでずっと立っていた。 | The bus was so crowded that I could not find a seat, so I kept standing all the way. |
| ・私が降りる所はここから10個目の停留所だ。 | It is ten stops from here to my stop. |
| ・その公園に着くまで停留所はあと三つだった。 | There were three stops before the park. |
| ・バスから降りるためにブザーを押さなければならなかった。 | I had to push one of the buzzers on the bus to get off. |
| ・バスでブザーを押し忘れたため、降りるはずの停留所を過ぎてしまった。 | I missed my stop because I didn't push the buzzer on the bus. |
| ・バスが混んでいたせいで降りられなかった。 | I couldn't get off the bus because it was so crowded. |
| ・乗客は一人ずつバスから降りた。 | The passengers got off the bus one by one. |
| ・満員バスに乗るのはうんざりだ。 | I am tired of taking a jam-packed bus. |
| ・電車の駅に行くにはどこで降りればいいのか運転手に聞いた。 | I asked the driver where to get off to go to the train station. |
| ・バスが別の方向へ走っていた。 | The bus was going in another direction. |
| ・そのバスがどこへ行くのか分からなかった。 | I didn't know where the bus was bound for. <br> ＊ bound for　〜行きの、〜へ行こうとしている |

| | |
|---|---|
| ・そのバスがデパートに止まるかどうか人に聞いた。 | I asked someone whether the bus stopped at the department store. |
| ・バスを乗り間違えていた。 | I had taken the wrong bus. |
| ・道の反対側からバスに乗るべきだった。 | I should have taken the bus from the other side of the street. |
| ・私は20番バスに乗るべきだった。 | I should have taken bus number 20. |
| ・バスの運転手は私が知らない場所で降ろした。 | The bus driver dropped me off at a place that I didn't know. |
| ・バスの運転手に次の停留所で降ろしてくれるよう頼んだ。 | I asked the bus driver to let me off at the next stop. |
| ・バスが急停車した。 | The bus stopped suddenly. |
| ・バスがパンクした。 | The bus had a flat tire. |
| ・バスが故障したせいで遅刻した。 | I was late because the bus broke down. |
| ・最終バスは11時だ。 | The last bus is at 11 o'clock. |
| ・最終バスを逃してしまい、どうすればいいかわからなかった。 | I missed the last bus, so I didn't know what to do. |
| ・結局、家まで歩かなければならなかった。 | At last, I had to walk home. |

## column

### 「バスがすし詰め」

「満員バス」はcrowded busやjam-packed busのように表現できます。バスが乗客であふれ身動きできない状況を、「すし詰めのようだ」と言いますが、英語ではこれをsardines（イワシ）またはsardine can（イワシの缶詰）のようだと言います。イワシが缶にぎゅうぎゅう詰めになっている様子を思い浮かべると分かりやすいですよね。The bus was packed like sardines.が「バスはすし詰め状態だった」という意味になります。

## 電車

| | |
|---|---|
| ・電車に乗ったときに酔わない。 | When I take a train, I don't get trainsick. |
| ・京都行きの席を予約した。 | I reserved a seat to Kyoto.<br>＊ reserve　予約する |
| ・急行列車で行きたかった。 | I wanted to take the express train.<br>＊ express　急行の |
| ・片道切符を買った。 | I got a one-way ticket. |
| ・往復切符を買った。 | I got a round-trip ticket. |
| ・お父さんが電車の駅まで車で送ってくれた。 | My dad gave me a ride to the station. |

| | |
|---|---|
| ・電車出発の10分前に改札をくぐった。 | I passed through the gate 10 minutes before the train left. |
| ・私の乗った電車は30分遅れで到着した。 | My train arrived thirty minutes behind schedule. |
| ・電車が故障したため、1時間延着するとのことだった。 | They said that the train was out of order, so it would arrive one hour late. |
| ・電車がまた遅れたのでいらいらした。 | I was annoyed because the train was delayed again. |
| ・電車に乗る前に京都行きの正しい電車か確認した。 | Before getting on the train, I made sure it was the right one for Kyoto. |
| ・その電車には食堂車があった。 | The train had a dining car. |
| ・チケットにある座席番号の席を見つけた。 | I found my reserved seat. |
| ・別の人が私の席に座っていた。 | Someone was sitting in my seat. |
| ・私は自分の座席番号を再度確認した。 | I checked my seat number again. |
| ・窓際の席に座った。 | I took a window seat. |
| ・そこに行くには電車を乗り換えなければいけなかった。 | I had to change trains to get there. |
| ・〜で別の電車に乗り換えた。 | I transferred to another train at 〜.<br>＊ transfer　移る、乗り換える |
| ・終電は10時発だ。 | The last train leaves at 10 o'clock. |

## 自家用車

| | |
|---|---|
| ・私は新しい車を持っている。 | I have a brand-new car.<br>＊ brand-new　真新しい、新品の |
| ・私の車はオートマだ。 | My car is an automatic. |
| ・私の車は旅行の時にとても便利なバンだ。 | I have a van which is very convenient for trips. |
| ・私の車は9人乗りだ。 | My car seats 9 people. |
| ・私の車はすべての機能が揃っている。 | My car is fully equipped.<br>＊ equipped　設備を備える |
| ・私の車は小型車だ。 | My car is a compact. |
| ・小型車は駐車しやすい。 | A compact car is easy to park. |
| ・私の車はセダンだ。 | My car is a sedan. |
| ・私の車は四輪駆動車だ。 | My car is a four-wheel drive. |
| ・屋根が開閉式の車が欲しい。 | I want to have a convertible.<br>＊ convertible　[名] 屋根が折り畳める自動車　[形] 改造できる、屋根が折り畳める |

· 車を慣らし運転しているところだ。 I am breaking my car in.
＊ break ~ in　～を慣らし運転する

· 私の車は燃費がいい。 My car gets good mileage.

· 私の車はガソリンを食う。 My car is a gas-guzzler.
＊ guzzler　（酒やガソリンを）がぶがぶ飲む人や車のこと

· 車の維持費がとてもかかる。 It costs a lot to maintain my car.

· 私の車は古いのにもかかわらずよく走る。 Even though my car is old, it runs well.

· 私の車はあちこちがへこんでいる。 My car has some dents here and there.

· 私は普段地下の駐車場に車を止めている。 I usually park my car in the underground parking lot.

· 私は1カ月に2回洗車する。 I wash my car twice a month.

· 一週間に一度、自動洗車をしに行く。 I go to a drive-through car wash once a week.
＊ drive-through　車に乗ったままできるようになっている

· 洗車する前に車の窓を閉めた。 I rolled up the car windows before washing the car.

· 私は車を常にきれいに保っている。 I keep my car clean all the time.

## 車の付属品

| | | | |
|---|---|---|---|
| ハンドル | steering wheel | バックミラー | rearview mirror |
| シートベルト | seat belt | サイドミラー | side-view mirror |
| ブレーキ | brake | 車輪 | wheel |
| サイドブレーキ | emergency brake | テールライト | tail light, rear light |
| アクセル | accelerator | ヘッドライト | headlight |
| クラッチ | clutch | バックライト | back up light, reverse lignt |
| ギア | gear shift | ブレーキライト | brake light |
| 手動変速装置 | stick shift | ウィンカー | winker, blinker, turn signal |
| 自動変速装置 | automatic shift | トランク | trunk, boot |
| 計器パネル | instrument panel | スペアタイヤ | spare tire |
| 走行距離計 | odometer | ワイパー | wiper |
| 速度計 | speedometer | ボンネット | hood, bonnet |
| ガソリンメーター | fuel gauge | ナンバープレート | license plate |
| イグニッション | ignition | サンルーフ | sun roof |
| スキーラック | ski rack | 後部座席 | back seat |
| 前部座席 | front seat | 助手席 | passenger seat |

**自動車関連の和製英語にご用心**

Chapter 04の家庭用品と同様に、自動車関連の用語の中にも、英語のネイティブスピーカーが使わないものがいくつもあります。正しい英語表現は次のとおりです。「オープンカー」はconvertible、「ハンドル」はsteering wheel、「クラクション」はhorn、「ホイールキャップ」はwheel cover、「パンク」はflat tire、「バックミラー」はrearview mirror、「フロントガラス」はwindshield、「カーセンター」はrepair shop、maintenance shopです。

## 自動車のメンテナンス

| | |
|---|---|
| ・私は常に車の整備をきちんと行っている。 | I always maintain my car well. |
| ・1年に2回、自動車の点検を受ける。 | I get my car serviced twice a year. |
| ・毎年冬になる前に車のタイヤを取り替える。 | I change the tires of my car before every winter. |
| ・冬にはスノータイヤを使う。 | I use my snow tires in the winter. |
| ・半年ごとに車のエンジンを整備する。 | I tune up my car every six months.<br>＊tune up （エンジンなどの）調整をする、調律する |
| ・ブレーキオイルが切れた。 | The brakes of my car are out of fluid. |
| ・ブレーキオイルを補充するために修理を呼ばなければならなかった。 | I had to call the mechanic to put in brake fluid. |
| ・シートベルトが外れなくなった。 | The seat belt was stuck. |
| ・エンジンがかからなかった。 | I couldn't start my car. |
| ・車が突然エンストした。 | My car suddenly stalled.<br>＊stall　エンジンが止まる |
| ・車に何か問題があるようだった。 | There seemed to be something wrong with my car. |
| ・車の調子が悪い。 | My car is in terrible condition. |
| ・ブレーキが正しく作動しなかった。 | The brakes didn't work properly. |
| ・ブレーキに何か問題があるに違いなかった。 | Something must have been wrong with the brakes. |
| ・道路の真ん中で車が故障した。 | My car broke down in the middle of the road. |
| ・エンジンがオーバーヒートした。 | The engine overheated. |
| ・エンジンからおかしな音がした。 | I heard a strange noise from the engine. |
| ・理由もなくエンジンが止まることがよくある。 | The engine often stops for no reason. |
| ・車に問題があるに違いなかった。 | The car must have had a problem. |
| ・エンジンには何の問題もなかった。 | There was nothing wrong with the engine. |

| | |
|---|---|
| ・オイルが漏れているようだ。 | It seems that the oil is leaking. |
| ・オイルを点検した。 | I checked the oil. |
| ・ようやくエンジンがかかった。 | Finally the engine started. |
| ・バッテリーが切れた。 | The battery was dead. |
| ・ガソリンが足りなかった。 | There wasn't enough gas. |
| ・バッテリーを充電した。 | I had the battery charged. |
| ・全部のタイヤがすりへっている。 | All the tires are worn out. |
| ・タイヤを点検した。 | I checked the tires. |
| ・タイヤを新しいものに取り替えてもらった。 | I had the tires replaced with new ones. |
| ・私は再生タイヤを使わない。 | I don't use retreads.<br>＊ retread　（古タイヤに）再び踏面をつけた再生タイヤ |
| ・タイヤの空気圧を点検してもらった。 | I had the tire pressure checked. |
| ・タイヤに空気を入れてもらった。 | I had the tires filled up. |
| ・車輪のアライメントを真っすぐにした。 | I had the alignment of my car straightened.<br>＊ alignment　整列、配列、一直線にすること |
| ・タイヤがパンクした。 | I had a flat tire. |
| ・タイヤのパンクをした部分に継ぎ当てをしてもう一度使うことにした。 | I decided to patch the flat tire and reuse it.<br>＊ patch　継ぎを当てて修繕する |
| ・穴をふさいだ。 | I had the hole plugged. |
| ・車を洗車してワックスをかけた。 | I washed and waxed the car. |
| ・車の窓が開かなかったので、故障したと思った。 | The window of the car didn't roll down, so I thought it was broken. |
| ・車から降りる前に窓を閉めるのを忘れた。 | Before leaving the car, I forgot to close the windows of my car. |
| ・雨が降ってきたので、雨水が車の中に入ってきた。 | Rain began to fall, and the rainwater came into the car. |
| ・一日中車のドアを開けたままにして車を乾かした。 | I dried out my car by opening the doors all day long. |
| ・冷却水が足りなかったので補充した。 | My car needed radiator fluid, so I added some.<br>＊ radiator　冷却装置／fluid　流体、液体 |
| ・ウインカーの一つが切れた。 | One of the blinkers is burned out. |
| ・修理工に車の点検をしてもらった。 | I had the mechanic check my car. |
| ・修理工が車を修理した。 | The mechanic repaired the car. |
| ・修理費の請求書を受け取って、過剰請求されていると思った。 | When I received the bill for the repairs, I thought they had overcharged me. |

| | |
|---|---|
| ・車から締め出されてしまった。 | I was locked out of my car. |
| ・予備の鍵を持っていなかった。 | I had no spare key. |
| ・緊急自動車サービスに電話をして助けを求めた。 | I called Emergency Car Service and asked for their help. |

## 運転の実力

| | |
|---|---|
| ・私は運転初心者だ。 | I am a novice driver.<br>I am a beginner driver. |
| ・運転が苦手だ。 | I am a poor driver. |
| ・いつも安全運転を心掛けている。 | I always try to drive safely. |
| ・マニュアル車の運転はできない。 | I can't drive a stick shift. |
| ・車をバックさせるのが苦手だ。 | I am not good at backing up. |
| ・縦列駐車ができない。 | I can't parallel park. |
| ・絶対に無茶な運転はしない。 | I never drive recklessly.<br>＊ recklessly　無鉄砲に、何も考えずに |
| ・ゆっくり慎重に運転する。 | I am a Sunday driver. |
| ・濡れた道路で運転したくない。 | I don't want to drive on wet roads. |
| ・夜はうまく運転できない。 | I don't drive well at night. |
| ・ラッシュアワーには車を運転しない。 | I don't drive during rush hour. |
| ・私は無事故ドライバーだ。 | I am an accident-free driver. |
| ・私は交通違反の切符を切られたことも事故を起こしたこともない。 | I've never had a ticket or an accident. |
| ・私は運転がうまい。 | I am a good driver. |
| ・運転歴が10年だ。 | I have been driving for 10 years. |

column

### Sunday driver

運転に不慣れで、車の少ない日曜日や休暇のときだけ運転するドライバーや、あまりに慎重にゆっくり運転するせいで交通の流れを妨げるドライバーを、Sunday driver と呼びます。とはいえ、reckless driver（乱暴な運転をするドライバー）より Sunday driver のほうがましですよね。さらに、スピードを出して暴走族のように運転することは have a lead foot と表現します。一説によると「鉛（lead）の足をアクセルに乗せるから」が語源だそうです。

## 運転

| | |
|---|---|
| ・車のエンジンをかけた。 | I started my car. |
| ・速度を上げた。 | I speeded up.<br>I stepped on it. |
| ・速度を落とした。 | I slowed down. |
| ・前の車に追いついた。 | I caught up with the car ahead of me.<br>＊ catch up with 〜に追いつく |
| ・車線を間違えたのでとても恥ずかしかった。 | I was so embarrassed because I was in the wrong lane.<br>＊ lane 車線、小道 |
| ・道を間違えた。 | I took a wrong road. |
| ・左折するべきだった。 | I should have turned left. |
| ・行き止まりだった。 | There was no outlet.<br>＊ outlet 出口 |
| ・間違った方向に行った。 | I went in the wrong direction. |
| ・マイル標を勘違いしていた。 | I misunderstood the milepost. |
| ・ガソリンが足りなかったので、ガソリンスタンドを探す必要があった。 | I was running out of gasoline, so I needed to find a gas station.<br>＊ run out of 〜を全部使ってしまう |
| ・高速道路を使った。 | I took the expressway. |
| ・私たちは交替で運転した。 | We took turns driving.<br>＊ take turns 交代で行う |
| ・車の中があまりにも暑かったので、窓を開けた。 | I rolled down the window because it was too hot in the car. |
| ・ガソリンが切れそうだったのでガソリンスタンドで満タンにした。 | We were running out of gas, so I filled the tank up at the gas station. |
| ・ガス欠になった。 | I was all out of gasoline. |
| ・無鉛のガソリンで満タンにした。 | I filled the car up with unleaded.<br>＊ fill ~ with... 〜を…でいっぱいにする／ unleaded ［名］無鉛ガソリン ［形］無鉛の、鉛成分のない |
| ・すべての赤信号に引っかかった。 | I hit every red light on the way. |
| ・道でこぼこだったので運転するのがとても大変だった。 | It was very hard for me to drive because the road was bumpy. |
| ・信号無視して道を渡る人がいたのでとても驚いた。 | I was very surprised by a jaywalker. |

## ガソリンスタンドで

gasはgasoline（ガソリン）を略した言葉で、gas stationは「ガソリンスタンド」のことです。ガソリンスタンドで「ガソリン満タンにして」と言うときは、Please fill it up.、または車を女性扱いしてFill her up.と言います。会話中、早口だとFill'er up.となります。Top it up.も満タンにしてくれという表現です。

## 安全運転

| | |
|---|---|
| ・車に乗るときは、シートベルトを締めたほうがよい。 | When we are in a car, we had better fasten our seat belts. |
| ・シートベルトは事故の際の死亡やけがの危険性を軽減させる。 | Seat belts reduce the risk of death or injury in an accident. |
| ・私はシートベルトを締めると心地が悪かったので、締めないことが多かった。 | I wouldn't wear my seat belt because it made me uncomfortable. |
| ・運転手がシートベルトを締めなければならないのは法律である。 | It is the law that drivers must wear their seat belts. |
| ・シートベルトが私を危険から守ってくれると思う。 | I think the seat belt can protect me. |
| ・これからはシートベルトを締めることを決心した。 | I decided to fasten my seat belt from now on. |
| ・運転するとき、集中していないのは危険だ。 | It is dangerous not to concentrate while we drive.<br>＊ concentrate　注意を集中する |
| ・運転中にうとうとするのは非常に危険だ。 | It is very dangerous to doze off at the wheel.<br>＊ doze off　うとうと眠る |
| ・夜にスピードを出して運転するほうがもっと危険である。 | It is more dangerous to drive fast at night. |
| ・運転手は暗い道でスピードを出してはいけない。 | Drivers must not speed up on a dark road. |
| ・運転をしながら携帯電話で話をするのは危険であり、事故を引き起こす原因になる。 | Talking on a cell phone while driving is dangerous and causes accidents. |
| ・交差点では注意をしなければならない。 | We have to be careful at intersections. |
| ・車線を変更したり、方向転換するときには、合図を出さなければいけない。 | We have to signal when we change lanes or make a turn. |
| ・カーブになっている道では周囲をよく確認する必要がある。 | We need to look around on curves. |

・私はお酒を飲んだら誰かほかの人を呼んで運転してもらう。　When I am drunk, I call and ask someone else to drive.

## 交通規則違反

・時間がなくて交通違反をしてしまった。　I didn't have enough time and committed a traffic violation.
＊ commit　（過ちを）犯す

・スピード違反で警察に捕まった。　The police officer caught me speeding.

・警察官が車を止めるように合図を送ってきた。　The police officer signaled me to pull over.
＊ pull over　車を道に止める

・スピード違反をした。　I went over the speed limit.
I exceeded the speed limit.
＊ exceed　超過する、超える

・制限速度が時速80キロだった。　The speed limit was 80 kilometers per hour.

・私の車の速度が、スピード違反取り締まり機にチェックされた。　The speed of my car was checked by the radar gun.

・彼が運転免許証を見せるように言った。　He asked me to show my driver's license.

・速度違反切符を切られた。　I got a ticket for speeding.

・スピード違反で〜円の罰金が課された。　I was fined ~ yen for speeding.

・スピード違反の罰金を支払った。　I paid my speeding ticket.

・出勤途中にUターン違反で切符を切られた。　I got a ticket for an illegal U-turn on my way to work.

・路上駐車をしたら車がレッカー移動された。　My car was towed because I parked on the street.
＊ tow　けん引する

・そこは駐車禁止の場所だった。　It was a no parking zone.

・レッカー移動された車を引き取りに行くところだ。　I'm picking up my car that was towed.

・駐車違反の切符を切られた。　I got a parking ticket.

| | |
|---|---|
| ・駐車違反の罰金を払った。 | I paid a parking fine. |
| ・信号無視して走った。 | I ran a red light. |
| ・赤信号で止まらなかった。 | I didn't stop for a red light. |
| ・信号無視で切符を切られた。 | I got a ticket for running a red light. |
| ・警察官が飲酒運転の取り締まりをしていた。 | The police officers were checking for drunk drivers. |
| ・アルコール測定器に息を吹き込んだ。 | I blew into the Breathalyzer. |
| ・警察官が飲酒運転違反の切符を発行した。 | The police officer issued a ticket for drunk driving. |
| ・30日間の免許停止を受けた。 | I had my license suspended for 30 days. <br> ＊ suspended　停止された |
| ・運転免許が取り消しになった。 | My driver's license was revoked. <br> ＊ be revoked　取り消しされる、無効になる |

---

### column

**「信号機」**

「信号機」はtraffic lightまたはtraffic signalと言います。「赤信号を無視する」はrun a red lightと表現します。また、「歩行者用の信号」はpedestrian lightと言います。

---

## 交通規則

| | |
|---|---|
| ・交通規則を破ってはいけない。 | We should not violate traffic laws. <br> ＊ violate　破る、違反する |
| ・横断歩道を渡るときは、信号を守らなければいけない。 | When we cross at the crosswalk, we had better obey the traffic signs. |
| ・信号を無視してはいけない。 | We shouldn't run the light. |
| ・青信号のときのみ、道を渡るべきだ。 | We should cross the road only when the light is green. |
| ・赤信号のときは待たなければいけない。 | We should wait when the light is red. |
| ・信号が黄色のとき、道を渡り始めてはいけない。 | We had better not start crossing the road when the light is yellow. |
| ・道路を好き勝手に渡ってはいけない。 | We shouldn't cross the road at just any place. |
| ・歩道橋の下の道を渡ってはいけない。 | We shouldn't cross under a pedestrian overpass. <br> ＊ pedestrian　[形] 歩行者用の　[名] 歩行者／overpass　陸橋 |

| | |
|---|---|
| ・歩道橋があるところでは歩道橋を渡らなければいけない。 | When there is a pedestrian overpass, we have to take it. |
| ・信号無視をしてはいけない。 | We shouldn't jaywalk.<br>＊ jaywalk 信号を無視して横断する |
| ・歩行者は通常右側通行をする。 | Pedestrians usually walk on the right-hand side. |
| ・道を渡るときは気を付けなければいけない。 | We should be careful when crossing the road. |

## 道路の状況

| | |
|---|---|
| ・交通量が少なかった。 | The traffic was light. |
| ・交通量は適度だった。 | The traffic was moderate. |
| ・何としてでも時間通りにそこへ行かなければならなかった。 | I had to get there on time by any means. |
| ・今日は交通量がひどかった。 | The traffic was terrible today. |
| ・ラッシュアワーはいつもこんな状態だ。 | It is always like that during rush hour. |
| ・道が混んでいた。 | The road was congested.<br>＊ congested 混雑した、停滞した |
| ・交通量がとても多かった。 | The traffic was very heavy. |
| ・車が延々と連なって渋滞していた。 | It was bumper-to-bumper traffic. |
| ・道路が駐車場と化していた。 | The road was like a parking lot. |
| ・道路状況が悪化していった。 | Traffic was getting worse. |
| ・道路が通行止めになった。 | The roads were blocked.<br>＊ blocked ふさがれた、封鎖された |
| ・渋滞していた。 | The traffic was backed up. |
| ・道路が車でいっぱいになった。 | The roads got packed with traffic. |
| ・学校へ行く道の交通渋滞がひどかった。 | There was a terrible traffic jam on the way to school. |
| ・交通渋滞に足止めされた。 | I was tied up in traffic. |
| ・交通渋滞に引っ掛かった。 | I got caught in a traffic jam. |
| ・これまでで最悪の交通渋滞だったと思う。 | It seemed to be the heaviest traffic I'd ever seen. |
| ・道路が封鎖された。 | The road was closed. |
| ・道路工事のため、通行止めになった。 | The traffic was stopped since the road was under construction. |
| ・道路作業のため車が徐行していた。 | The traffic was crawling along because of the road work. |

| | |
|---|---|
| ・一台の車が通行を妨げていた。 | A car was in the way.<br>＊ in the way　妨げになる |
| ・前方で交通事故が起こった。 | There was a car accident ahead. |
| ・その事故で家に帰るのが遅くなった。 | The accident slowed the ride home. |
| ・渋滞で、車がけたたましくクラクションを鳴らしていた。 | The cars were backed up and honked wildly. |
| ・回り道をした。 | I went around.<br>I made a detour. |
| ・ほかの道を選んだ。 | I took another way. |
| ・市内に入る道の交通量が増えていた。 | Traffic was increasing on the roads into the city's center. |
| ・交通警察が交通整備をしていたが、あまり役に立っていなかった。 | The traffic police directed traffic, but it didn't help much. |
| ・ラッシュアワーの交通状況にうんざりしている。 | I am tired of rush hour traffic. |
| ・こんなのろのろとした交通渋滞が早くなくなればいいと思う。 | I hope this snail-paced traffic disappears soon.<br>＊ snail-paced　かたつむりのようにのろまな |
| ・交通状態がよくなっている。 | The traffic is easing up.<br>＊ ease up　楽になる |
| ・もっと多くの人が公共交通を利用するべきだと思った。 | I thought more people should use public transportation. |

## トラフィックジャム？

jamは果物から作ったおいしい「ジャム」のことですが、びっしりと詰まっていることや、つかえていることを表す言葉でもあります。たとえば、コピー機の「用紙詰まり」はpaper jamです。「交通渋滞」はtraffic jamと言いますが、文脈によってはjamを省略してtrafficとしても同じ意味になります。渋滞すると車のバンパー（bumper）が触れ合うくらい車が近づいて並ぶことから、bumper to bumper（車が数珠つなぎになって）と表現されることもあります。

## 手紙・文通

| | |
|---|---|
| ・私は同い年の女の子と文通をしている。 | I correspond with a girl who is about my age.<br>＊ correspond with 〜と文通する |
| ・私のような初心者にとって英語で手紙を書くのは容易ではない。 | It is not easy for beginners like me to write in English. |
| ・私は手紙を書くのがうまい。 | I am a good writer. |
| ・私は筆無精だ。 | I am a poor correspondent. |
| ・私にはペンパルがいる。 | I have a pen pal. |
| ・私たちはお互いによく手紙を書く。 | We write to each other very often. |
| ・始めのころは、英語で自分の意見と気持ちを表現するのが難しかった。 | At first, it was very difficult for me to express my own opinion and feelings in English. |
| ・手紙には主に学校生活のことについて書く。 | I write letters mainly about my school life. |
| ・学校から帰って来ると郵便受けに彼からの手紙があった。 | I found his letter in the mailbox when I came home from school. |
| ・家に帰ると、一通の手紙が私を待っていた。 | When I got home, there was a letter waiting for me. |
| ・友達からの手紙を受け取った。 | I got a letter from my friend. |
| ・返事をすぐにもらった。 | I received a quick reply. |
| ・2021年10月1日付けの彼の手紙を受け取った。 | I received his letter dated October 1, 2021. |
| ・彼からの手紙を受け取ってうれしかった。 | I felt happy to get his letter. |
| ・彼からすぐに返事が来たのでとてもうれしかった。 | I was very glad to get a reply from him so soon. |
| ・彼は学校で撮った写真を送ってくれた。 | He sent me a photo taken at school. |
| ・思っていたよりもずっと早く彼から返事が来てとてもうれしかった。 | I was very pleased to hear from him much earlier than I expected. |
| ・彼からの手紙を急いで読んだ。 | I quickly read his letter. |
| ・手紙にはいい知らせが書いてあった。 | There was good news in his letter. |
| ・さっそく返事をした。 | I answered the letter immediately. |
| ・しばらく返事が書けなかった。 | I couldn't answer the letter for a while. |
| ・もっと早く彼の手紙に返事ができなかったのには、いくつか理由があった。 | There were a few reasons why I couldn't reply to his letter earlier. |

| | |
|---|---|
| ・とても長い間、彼に手紙を書いていない。 | I haven't written to him for such a long time. |
| ・長い間連絡ができなかったことをすまなく思った。 | I was sorry that I couldn't get in touch for a long time. |
| ・もっと早く彼に手紙を書くべきだった。 | I should have written to him much sooner. |
| ・最近あまりにも忙しくて彼に手紙を書く時間を作ることができなかった。 | These days, I have been so busy that I couldn't find any time to write to him. |
| ・久しぶりに手紙を書いた。 | I wrote a letter after a period of long silence. <br> ＊ silence 沈黙、消息のない期間 |
| ・手紙を独特の形に折り畳んだ。 | I folded up my letter uniquely. |
| ・手紙と一緒に写真を何枚か同封した。 | I enclosed some pictures with the letter. |
| ・封筒に封をした。 | I sealed the envelope. |
| ・切手をなめて封筒に貼り付けた。 | I licked a stamp and stuck it on the envelope. <br> ＊ lick なめる／ stuck stick（つける）の過去形 |
| ・封筒の真ん中に彼の住所を書いた。 | I wrote his address in the middle of the envelope. |
| ・自分の住所は左上の部分に書いた。 | I wrote my return address in the upper left corner. |
| ・最近は、彼から連絡がなかった。 | I haven't heard from him lately. |
| ・私は彼の次の手紙を楽しみにしている。 | I am looking forward to his next letter. |
| ・しばらくの間彼から手紙が来ないと寂しい気分になる。 | I feel lonely when I don't hear from him for some time. |
| ・私たちはずっと前から連絡が途絶えている。 | We lost touch with each other long ago. <br> ＊ lose touch with ～と連絡が途絶える |
| ・便りがないのはよい便りだ。 | No news is good news. |
| ・最近私たちの手紙のやりとりは少しずつ減っている。 | Our correspondence is getting slower these days. |
| ・手紙が戻ってきた。 | The letter has returned. |
| ・彼とずっと手紙のやりとりを続けたい。 | I want to keep in touch with him. |
| ・私の～がうまくいくまで、彼に手紙を送るのをしばらく中断するつもりだ。 | I am going to stop sending him letters for a while until I succeed in ～. |

**「できるかぎり早く返事をして」**

できるかぎり早い返事や対応を求めるとき、メモや手紙の末尾にASAPと書きます。これはas soon as possibleの頭文字で、「できるかぎり早く」返事や対応をしてほしいという意味になります。また、何か仕事を頼むときに、なるべく早くしてほしいという場合は、The sooner, the better.と言いましょう。これは「早ければ早いほどいい」という意味です。

## 郵便局

| | |
|---|---|
| ・小包を送るため郵便局へ行った。 | I went to the post office to mail a parcel. |
| ・切手を何枚か買った。 | I bought some stamps. |
| ・〜へ送るエアメール用切手を二、三枚買った。 | I bought a few airmail stamps to 〜. |
| ・記念切手を何枚か買った。 | I bought some commemorative stamps.<br>＊ commemorative　記念の |
| ・切手を二列分買った。 | I bought two strips of stamps. |
| ・友達に手紙を送った。 | I mailed a letter to my friend. |
| ・手紙をポストに入れた。 | I put the letter in the mailbox. |
| ・手紙を速達で送った。 | I sent a letter by express. |
| ・電報を送った。 | I sent a telegram. |
| ・エアメールで送った。 | I sent it by airmail. |
| ・船便で送った。 | I sent it by ship. |
| ・エアメールの郵送料金はかなり高かった。 | The airmail postage was quite expensive.<br>＊ postage　郵送料金 |
| ・手紙を書留で送った。 | I sent a letter by registered mail. |
| ・翌日配達便で送った。 | I sent it by overnight mail. |
| ・本数冊を小包で送った。 | I sent some books by parcel post. |
| ・小包の中身が割れ物だったので、「割れ物注意」という表示を付けた。 | The contents of the package were fragile, so I marked it "FRAGILE".<br>＊ fragile　割れやすい、壊れやすい |
| ・小包を送るのに一番速い方法は何かと聞いた。 | I asked them what the fastest way to send my package was. |
| ・エアメールで〜に一週間ほどで到着すると言われた。 | They said that it would get to 〜 by airmail about a week later. |
| ・重さを量るためにはかりの上に荷物を置いた。 | I put my package on the scale to weigh it. |

| | |
|---|---|
| ・重さが１キロだった。 | It weighed 1 kilogram. |
| ・１キロまでは〜円だ。 | It costs ~ yen for up to 1 kilogram.<br>＊ up to　〜まで |
| ・〜を郵便為替に替えた。 | I bought a money order for ~. |
| ・彼に郵便為替を送った。 | I sent him the postal money order. |

## メール友達

| | |
|---|---|
| ・メール友達とのやりとりを通じて、私たちは<br>お互いについて、またお互いの国について<br>学んでいる。 | Through correspondence with e-pals, we<br>learn about each other and about each other's<br>countries.<br>＊ e-pal　メールをやりとりする友達 |
| ・メールを書くことによって、新しい友達も<br>でき、英語の実力アップにもつながる。 | By writing e-mail, I can make new friends<br>and improve my English. |
| ・私にはアメリカ人のメール友達がいる。 | I have an American e-pal. |
| ・私は外国人のメール友達と約２年間もやり<br>とりをしている。 | I have corresponded with my foreign e-pal for<br>about 2 years. |
| ・私たちはほぼ毎日、インターネットで連絡<br>を取り合っている。 | We communicate with each other on the<br>internet almost every day. |
| ・私は時々インターネットで彼とチャットを<br>する。 | Sometimes I chat with him on the internet. |
| ・外国人の友達がいるというのは、とても<br>面白そうなことに思える。 | Having a friend from abroad sounds very<br>interesting. |
| ・毎朝メールをチェックする。 | I check my e-mail every morning. |
| ・仕事が終わるとすぐにメールをチェック<br>する。 | As soon as I get off work, I check my e-mail. |
| ・最近はとても忙しくてメールを見る<br>時間さえない。 | These days I am so busy that I have no time to<br>check my e-mail. |
| ・私は今日初めてメール友達からメールを<br>受け取った。 | Today I got an e-mail from an e-pal for the<br>first time. |
| ・一週間に二回くらいメールを書く。 | I send e-mails about twice a week. |
| ・メール友達からメールを受け取ると気分が<br>いい。 | I feel good when I get an e-mail from my<br>e-pal. |
| ・今日はメール友達からいい知らせを聞いた<br>ので気分がよかった。 | Today I heard good news from my e-pal, so<br>I was happy. |
| ・私のメール友達は彼の国の食文化について<br>の話を書いてくることが多い。 | My e-pal writes a lot about the food culture<br>of his country. |
| ・私はメール友達にプレゼントを送った。 | I sent my e-pal a present. |

| | |
|---|---|
| ・いつか将来、〜に行って私のメール友達に会ってみたい。 | I want to go to ~ and see my e-pal someday in the future. |
| ・彼のメールを見てすぐ返事を書いた。 | I replied as soon as I received his e-mail. |
| ・彼に返事を送った。 | I wrote back to him. |
| ・彼に送ったメールが戻ってきた。 | The e-mail that I had sent to him has returned. |
| ・宿題が忙しくて返事が書けなかった。 | I was so busy with my homework, so I couldn't reply. |
| ・できる限り早く彼の返事がほしい。 | I hope to hear from him as soon as possible. |
| ・何日間かメールチェックをしなかった。 | I didn't check my e-mail for a few days. |
| ・彼に一筆書こう。 | I will drop him a line.<br>＊ drop ~ a line　〜に短い手紙を送る |
| ・彼に私の近況を書き送った。 | I sent him a message about the latest events in my life. |

## 携帯電話

| | |
|---|---|
| ・現代社会において携帯電話は必需品のようだ。 | Cell phones seem to be a necessity in modern society. |
| ・両親は、私が奨学金を受けられたら携帯電話を買ってくれると言っている。 | My parents say that when I receive a scholarship,they will buy me a cell phone. |
| ・私は携帯電話を持っていない。 | I don't have a cell phone. |
| ・私の携帯電話は古いので新しいものに替えたい。 | My cell phone is outdated, so I want to buy a new one.<br>＊ outdated　時代遅れの、旧型の |
| ・新しい携帯電話を手に入れた。 | I got a brand new cell phone. |
| ・私のは二つ折りの携帯電話だ。 | I have a flip phone. |
| ・スマホが欲しい。 | I want to have a smartphone. |
| ・私は重要な電話に必ず出られるようにいつも携帯電話を持ち歩いている。 | I carry my cell phone at all times so that I won't miss important calls. |
| ・スマートフォンでゲームやスケジュール管理などさまざまなことをしている。 | On my smartphone, I do many things such as playing games, making up my schedule and so on. |
| ・私は暇さえあれば、いつでも携帯電話で何かをしている。 | Whenever I have time to kill, I do something with my cell phone. |
| ・私の携帯電話はどこでもよくつながる。 | My cell phone works anywhere. |
| ・着メロとゲームをダウンロードした。 | I downloaded ringtones and games. |
| ・私は発信者番号通知サービスを利用している。 | I use caller ID service. |

| | |
|---|---|
| ・時々発信者番号が出ないときがある。 | Sometimes my phone doesn't show caller ID. |
| ・私は電話の転送サービスを利用している。 | I use call forwarding.<br>＊forwarding　発送、転送 |
| ・私の携帯電話では写真を撮ることができる。 | I can take pictures with my cell phone. |
| ・携帯電話を充電した。 | I charged my cell phone. |
| ・携帯電話をチェックした。 | I checked my cell phone. |
| ・彼が私にコレクトコールをした。 | He called me collect.<br>＊collect　受信者負担の |
| ・電話料金が非常に高かった。 | I got a big phone bill. |
| ・私の月々の基本料金は～だ。 | My monthly service rate is ~. |
| ・友達に携帯電話でメールを送った。 | I sent my friends text messages with my cell phone. |
| ・携帯電話にメールが来た。 | I got a message on my phone. |
| ・授業中に携帯電話が鳴ったので怒られた。 | I was scolded because my phone rang during class. |
| ・授業中は携帯電話をマナーモードにした。 | I turned my cell phone to vibration mode during class. |
| ・授業中だったので、電話を受けることができなかった。 | I couldn't answer the phone because it was during class. |
| ・携帯電話で通話中だった。 | I was talking on my cell phone. |
| ・発信音が聞こえた。 | I heard a dial tone. |
| ・家に電話をかけた。 | I made a phone call home. |
| ・誰かが電話に出た。 | Someone answered the phone. |
| ・「もしもし」と言って電話を取った。 | I answered the phone by saying "Hello." |
| ・あいさつをして自分の名前を名乗った。 | I said hello and identified myself.<br>＊identify　～だと身分を明かす |
| ・話し中だった。 | The line was busy. |
| ・おそらく彼はずっと電話を独占していたのだろう。 | He was probably hogging the phone.<br>＊hog　がつがつと食べる、受話器をずっと握っている |
| ・彼に電話がつながらなかった。 | I couldn't get through to him by phone. |
| ・彼の携帯電話に音声メッセージを残した。 | I left a voice message on his cell phone. |
| ・彼の電話を待っていた。 | I was expecting his call. |
| ・彼の電話番号をなくしてしまったので、彼に連絡ができなかった。 | I couldn't contact him because I had lost his phone number. |
| ・彼の携帯番号を思い出せなかった。 | I couldn't remember his cell phone number. |

| | |
|---|---|
| ・彼女が彼の電話番号を教えてくれた。 | She told me his number. |
| ・友達の携帯電話を借りた。 | I borrowed my friend's cell phone. |
| ・公衆電話を使った。 | I used a pay phone. |
| ・電話番号を間違えてかけたようだった。 | I seemed to dial the wrong number. |
| ・私の知らない人が電話に出た。 | I didn't know the person who answered the phone. |
| ・彼は私が電話をかけ間違えたのだと言った。 | He said that I had the wrong number. |
| ・謝ってから電話を切った。 | I apologized and hung up. |
| ・もう一度電話をかけた。 | I tried calling again. |
| ・彼が電話に出るまでかけ続けた。 | I kept calling until he answered his phone. |
| ・彼は長電話をする傾向がある。 | He tends to talk too long on the phone. |

## 携帯電話の問題

| | |
|---|---|
| ・私の電話に雑音がたくさん入った。 | My phone made a lot of noise. |
| ・電池がなくなりそうだ。 | The battery is getting low. |
| ・電池がなくなった。 | The battery was dead. |
| ・電池の取り替えが必要だった。 | The battery needed changing. |
| ・充電が必要だった。 | The battery needed charging. |
| ・電池を前もってチェックしておくべきだった。 | I should have checked the battery in advance.<br>＊ in advance　あらかじめ、前もって |
| ・充電し忘れた。 | I forgot to charge the battery. |
| ・電話が突然切れた。 | Suddenly the phone was disconnected. |
| ・接続が切れた。 | I was disconnected. |
| ・電話が突然つながらなくなった。 | The phone went dead suddenly. |
| ・電話が突然動かなくなってしまった。 | The phone stopped working all of a sudden. |
| ・電話が混線していた。 | The phone lines were crossed. |
| ・電話の接続が悪かった。 | We had a bad connection. |
| ・電話を落としてしまい、液晶が壊れた。 | I dropped my phone, so the LCD was ruined.<br>＊ LCD ( = liquid crystal display)　液晶画面 |
| ・いたずら電話がかかってくる。 | I've been getting prank calls. |
| ・いたずら電話が多いので、選別してから<br>電話に出ている。 | I screen my calls, because there are many prank calls. |

**電話に「出る」は answer**

「電話を受ける」を receive the phone と表現すると、誰かが投げた電話機を受け取るというような意味になります。かかってきた電話に出る場合は answer the (phone) call、get the (phone) call と言わなければなりません。また、玄関のチャイムが鳴って応対に出る際にも、動詞 answer を使い、answer the door と表現します。

## パソコン

| | |
|---|---|
| ・最近はコンピューターを使えることが必要不可欠だ。 | These days, it's necessary to be computer literate.<br>＊ literate　読み書きできる |
| ・今日、コンピューターは必需品だ。 | A computer is a must today. |
| ・時代に乗り遅れないようにコンピューターの使い方を学んだ。 | I learned how to use computers so as not to be behind the times. |
| ・コンピューターが学習を助けてくれるのでよく利用する。 | I use computers often because they facilitate learning.<br>＊ facilitate　容易にする、促進する |
| ・将来ウェブサイトデザイナーになりたい。 | I want to be a web site designer in the future. |
| ・大学でコンピューターを専攻したい。 | I want to major in computers at university. |
| ・コンピューターは私たちがさまざまなことをするのを助けてくれる。 | Computers help us do many things. |
| ・コンピューターを使用することで、私たちはインターネットバンキングのようなさまざまなことができる。 | By using a computer, we can do a lot of things such as internet banking. |
| ・インターネットでは情報を検索したり、ショッピングをしたり、メッセージを送ったりできる。 | I can search for information, go shopping and send messages on the internet. |
| ・両親が新しいコンピューターを買ってくれた。 | My parents bought me a new computer. |
| ・彼は周辺機器を買いそろえるために大枚をはたいた。 | He paid a lot of money to buy all the extras. |
| ・コンピューターを使用する際に心に留めておくべきことがいくつかある。 | There are a few things we should keep in mind when using our computer.<br>＊ keep in mind　心に刻む、心に留める |
| ・液体はコンピューターから離しておかなければならない。 | We should keep liquids away from our computer.<br>＊ liquid　液体 |
| ・定期的に作業したものを保存しておいたほうがよい。 | We had better always save work at regular intervals. |

| | |
|---|---|
| ・作業した物はバックアップしておいたほうがよい。 | It's better to back up the work. |
| ・ケーブルをつなげるときや分離するときは、あらかじめ電源を切っておくべきだ。 | We should turn off the power before connecting or disconnecting any cables. |
| ・電源を切る前にシステム終了コマンドを使ったほうがいい。 | It's better to use the shut-down command before turning off the power.<br>＊ shut-down 廃止、中断／command 命令 |
| ・コンピューターをプリンターにつないだ。 | I hooked my computer up to the printer.<br>＊ hook ~ to... ～を…につなげる |
| ・コンピューターに新しいプログラムを設定した。 | I loaded a new program on the computer. |
| ・約100ギガバイトの容量が残っている。 | I have about 100 gigabytes of space left. |
| ・必要な情報をプリントした。 | I printed out the information that I needed. |

column

**「インターネットで」**

「インターネットで」は on the internet と言いますが、online とも表現でき、この単語は形容詞や副詞として使われます。「インターネットゲームをした」と言う場合、I played some games on the internet / online.、または I played some online games. となります。

## コンピューターマニア

| | |
|---|---|
| ・コンピューターを使うのが大好きだ。 | I love to work on my computer. |
| ・コンピューターに夢中だ。 | I am a computer enthusiast.<br>＊ enthusiast 熱狂者 |
| ・コンピューター中毒のようだ。 | I seem to be addicted to the computer. |
| ・ほかのどんなことよりもコンピューターに関心がある。 | I am more interested in computers than anything else. |
| ・ウェブサイトデザインに特に関心がある。 | I have a special interest in web site design. |
| ・家にいるときは常にコンピューターの前に座っている。 | When I stay at home, I always sit in front of the computer. |
| ・私はコンピューターに詳しい。 | I know a lot about computers. |
| ・私はコンピューターに関することであれば誰にも負けない。 | I am second to none as far as computers are concerned.<br>＊ second to none ほかの誰にも劣らない |
| ・コンピューターに関するものを開発していきたい。 | I want to develop things related to computers. |

- 両親は私が毎日コンピューターに何時間も費やすようなことはしてほしくないと思っている。 My parents don't want me to spend several hours each day working on my computer.

- コンピューターゲームは面白いし、楽しい。 Computer games are very interesting and exciting.

- 私はコンピューターに慣れている。 I am accustomed to computers.
  * be accustomed to　〜に慣れている

- 私はコンピューターが得意だ。 I am good at computers.

- 私はコンピューターの扱いに熟達している。 I am proficient at operating the computer.
  * proficient　熟達した

- 私は本物のコンピューター名人だ。 I am a real computer whiz.

- 私は暗号も解読できる。 I can even break codes.

- 私は活動的な趣味や遊びよりもコンピューターゲームをするほうが好きだ。 I prefer playing on a computer to active hobbies and other pastimes.

- 私の好きなコンピューターゲームはスタークラッシュだ。 My favorite computer game is Star Crush.

- コンピューターをしていると時間が過ぎるのがとても速く感じる。 I feel that time goes by so fast when I work on the computer.

- コンピューターゲームで多くの時間を浪費した。 I wasted a huge amount of time playing computer games.

- コンピューターに費やす時間が増えた。 The time I spent on the computer increased.

- 私は一日中コンピューターに張り付いていた。 I was glued to the computer all day.
  * be glued to　〜に付いている

- コンピューターの前にあまりにも長い時間座っていたので腰が痛くなった。 Since I sat at my computer for so long, I got a backache.

- コンピューターに張り付いている学生は姿勢が悪くなり、それが原因で後々腰痛を引き起こすだろう。 Computer-bound students develop poor posture which will lead to back pain in later years.
  * posture　姿勢、態度

- しばしばゲームをして夜更かしをすることがある。 Sometimes I stay up late playing games.

- 私はコンピューター音痴だ。 I am computer-illiterate.
  * illiterate　読み書きができない

- コンピューターに関しては何も分からない。 I am ignorant when it comes to computers.
  * ignorant　無知な、無学な／when it comes to　〜に関する限り

- コンピューターをどのように操作するのか分からない。 I don't know how to operate a computer.

## インターネット

| | |
|---|---|
| ・私はネットサーフィンを楽しんでいる。 | I enjoy surfing the internet. |
| ・少なくとも一日一回はインターネットに接続する。 | I log on to the internet at least once a day. |
| ・ときどき一日中ネットサーフィンをしている。 | Sometimes I surf the internet all day long. |
| ・インターネットで映画を無料ダウンロードした。 | I downloaded a free movie from the internet. |
| ・迷惑メールを遮断するプログラムをインストールした。 | I installed a program to block spam.<br>＊ install 取り付ける、設置する |
| ・インストールが完了したあと、コンピューターを再起動させた。 | After the installation was complete, I restarted the computer. |
| ・インターネット情報の半分以上が英語で書かれてある。 | Over half the information on the internet is written in English. |
| ・私はブロードバンドを利用しているが、速度が非常に速い。 | I use a broadband, which is so fast.<br>＊ broadband インターネット接続サービスのうち高速回線を使用するもの。 |
| ・私のコンピューターはネットサーフィンをするにはあまりにも遅い。 | My computer is very slow for internet surfing. |
| ・ブロードバンドに問題があるに違いない。 | There must be a problem with the broadband. |
| ・インターネット接続がしょっちゅう切れる。 | I often get disconnected from the internet. |
| ・ログインした。 | I logged in. |
| ・ログアウトした。 | I logged out. |
| ・自分のIDとパスワードを忘れた。 | I forgot my ID and password. |
| ・時々、友達とインターネット上でチャットをする。 | Sometimes, I chat with my friends on the internet. |
| ・私はインターネットに書き込みをするのが好きだ。 | I like to post messages online.<br>＊ post つける、掲示する |
| ・掲示板に書き込みをした。 | I posted a message on the board. |
| ・私は個人ホームページを持っている。 | I have my own homepage. |
| ・新しいホームページを作った。 | I created my new homepage. |
| ・私のホームページにすてきな写真と言葉を載せた。 | I posted nice pictures and text on my homepage. |
| ・先週、ホームページを更新した。 | I updated a homepage last week. |
| ・フェイスブックに登録した。 | I signed up for Facebook. |

| | |
|---|---|
| ・祖父にメールを送る方法を教えた。 | I showed my grandfather how to send e-mails. |
| ・家でコンピューターを使わせてもらえないのでネットカフェへ行った。 | I went to an internet cafe because I wasn't allowed to use the computer at home. |

## コンピューターの故障

| | |
|---|---|
| ・私のコンピューターの動作が突然遅くなった。 | My computer was suddenly slowing down. |
| ・何か問題があるに違いなかった。 | Something must have been wrong with it. |
| ・マウスが機能しなくなった。 | The mouse was not working. |
| ・コンピューター画面が固まった。 | The screen was frozen. |
| ・コンピューターが動かなくなった。 | My computer was down. |
| ・コンピューターが故障した。 | My computer was not working. My computer was on the blink. My computer crashed. My computer was broken down. ＊ crash 壊れる、故障する |
| ・システムに問題があるようだった。 | The system seemed to have a failure. |
| ・コンピューターが起動しなくなった。 | I couldn't boot up the computer. |
| ・システムをもう一度立ち上げようとした。 | I tried rebooting the system. |
| ・ウイルスをチェックしてみた。 | I checked for a virus. |
| ・私のコンピューターがウイルスに感染していた。 | My computer got a virus. |
| ・ウイルス駆除のソフトウエアを起動してウイルスを取り除いた。 | I ran antivirus software and got rid of the virus. |
| ・私のコンピューターに何か異常があると思った。 | I thought there was something wrong with my computer. |
| ・ウイルスが私のファイルをすべて消してしまった。 | The virus erased all my files. |
| ・コンピューターが故障してファイルがすべてなくなった。 | The computer crashed, so I lost all my files. |
| ・コンピューターは便利だが、時々問題を引き起こすこともある。 | Computers are useful, but sometimes they cause some problems. |
| ・何が問題なのか聞くためにサービスセンターに電話で問い合わせた。 | I made a call to a service center to ask what the problem was. |
| ・私のコンピューターはハードウエアに問題があった。 | My computer had a hardware problem. |

| | |
|---|---|
| ・ハードドライブをもう一度フォーマットしなければならなかった。 | I had to reformat my hard drive. |
| ・コンピューターを修理しなければならなかった。 | The computer needed to be fixed. |
| ・コンピューターを修理してもらった。 | I had my computer repaired. |
| ・すべてのプログラムをもう一度入れなおした。 | I reloaded all the programs. |
| ・コンピューターを修理するのにたくさんの費用がかかった。 | It cost me a lot to have my computer repaired. |
| ・時々コンピューターを点検する必要がある。 | I need to check the computer often. |
| ・プリンターに紙が詰まった。 | The printer was jammed. |
| ・プリンターのトナーが切れた。 | The printer was out of toner. |
| ・文字が不明瞭に印刷された。 | The letters came out fuzzy.<br>＊ fuzzy　不明瞭な、ぼやけた |
| ・トナーを取り替えなければならなかった。 | I had to replace the toner. |

### column

### コンピューターを修理してもらった

誰かに何かをさせたという文を作るときは、「〜に…するようにする／させる」の意味を持つ使役動詞で表現します。使役動詞にはmake、have、letなどがありますが、makeは強制性を持つ場合が多く、haveは要求したり要請したりする場合に、letは主に許可するニュアンスで使われます。これらは目的語である「誰か／何か」と動詞の関係が、能動の関係ならば目的補語として動詞の原形を、受動の関係ならば過去分詞を使います。例えば、「コンピューターを修理してもらった」という場合は、haveを使ってI had my computer repaired.と書きます。My computer was repaired. のように、目的語と動詞が受動の関係だからです。

## 6　銀行

**BANKING**

### お金

| | |
|---|---|
| ・お金がすべてだ。 | Money talks.<br>Money is everything. |
| ・お金をたくさん稼ぎたい。 | I want to earn a lot of money. |
| ・金のなる木などありはしない。 | Money doesn't grow on trees.<br>＊ grow on trees　たやすく手に入る |

| | |
|---|---|
| ・お金なしでは生きていけない。 | We can't get along without money.<br>＊ get along　暮らす |
| ・お金を無駄遣いしないようにしている。 | I try not to be a spender. |
| ・お金を賢く遣うことは重要だ。 | It is important to spend money wisely. |
| ・家計の収支のバランスをとる努力をしている。 | I try to balance the household budget.<br>＊ balance　均衡をとる／ household　家族の、家事の／<br>　 budget　予算、生活費 |
| ・幸せは必ずしもお金から得られるものではない。 | Happiness doesn't necessarily come from money.<br>＊ not ~ necessarily　必ずしも～というわけではない |
| ・得やすいものは失いやすい(悪銭身につかず)。 | Easy come, easy go. |

**column**

**お金がある利点**

Being without money doesn't automatically make someone unhappy, but neither does having money guarantee happiness. However, money can do one thing for us: It can give us more freedom to choose how we use our time. (お金がないことは自動的に誰かを不幸にすることでないが、お金があるということもまた、幸せを保障するものではない。ただ、お金がわれわれのためにしてくれることが一つある。それは、どのように時間を使うかを選択する、より多くの自由を与えてくれる)

## 小遣い

| | |
|---|---|
| ・私は月ごとに小遣いをもらう。 | I get a monthly allowance.<br>I get pocket money once a month.<br>＊ allowance (= pocket money)　小遣い |
| ・両親は私に小遣いとして一週間～円くれる。 | My parents give me ~ yen a week for my allowance. |
| ・私の一カ月の小遣いは平均～円だ。 | My monthly allowance is ~ yen on average.<br>＊ on average　平均して |
| ・私は自分で自分の小遣いを稼ぐ。 | I earn my own pocket money. |
| ・小遣いをもらうために両親の靴を磨いた。 | I polished my parents' shoes to get my allowance. |
| ・私は両親を手伝って小遣いを稼ぐ。 | I earn my own pocket money by helping my parents. |
| ・お金を稼ぐためにアルバイトをする。 | I work part-time to make some money. |
| ・小遣いのために毎朝コンビニで働く。 | I work at the convenience store every morning to earn my pocket money. |

| | |
|---|---|
| ・小遣いを全部使ってしまった。 | I spent all my allowance. |
| ・小遣いを全部使い果たしてしまった。 | I ran out of my allowance. |
| ・小遣いが底をついた。 | I ran short of my allowance. |
| ・～円で数日生き延びなければならない。 | I have to live on ~ yen for several days. |
| ・両親に小遣いが少なすぎると不満を言った。 | I complained to my parents that my allowance was too small. |
| ・両親に小遣いを増やしてくれるようせがんだ。 | I pressed my parents for more allowance. |
| ・両親に小遣いの前借りをお願いした。 | I asked my parents for my allowance in advance. |
| ・彼らは快く私にお金をくれた。 | They were willing to give me some money.<br>＊ be willing to ＋動詞原形　快く～する |

## 金欠

| | |
|---|---|
| ・私は無駄遣いをしすぎる。 | I am too much of a spender. |
| ・私はお金に困っている。 | I am pressed for money. |
| ・私はお金のことで悩んでいる。 | I am distressed about money.<br>＊ distressed　赤貧の、苦しんだ |
| ・多少お金があった。 | My purse was half full. |
| ・あまりお金がなかった。 | My purse was half empty. |
| ・お金が足りなかった。 | I fell short of money.<br>I ran short of money. |
| ・現金が足りなかった。 | I came up short on cash. |
| ・～円足りなかった。 | I was ~ yen short. |
| ・お金が不十分だった。 | My money was insufficient.<br>My money was not enough.<br>＊ insufficient　不十分な |
| ・私の家は裕福ではない。 | My family is not affluent.<br>＊ affluent　裕福な、富裕な |
| ・私の家はさほど豊かではない。 | My family is not well-off.<br>＊ well-off　金持ちの、裕福な |
| ・生活費が上がっている。 | The cost of living has increased. |
| ・私の家は以前より暮らし向きが悪くなったようだ。 | My family seems to be on a tighter budget than before. |
| ・あれこれとお金が必要だった。 | I needed money for this and that. |
| ・お金がなくてそれが買えなかったので、みじめな気持ちになった。 | I felt miserable because I didn't have money to buy it. |

Chapter 05　日常生活

| | |
|---|---|
| ・現金が足りないことに気付いてきまりが悪かった。 | I felt awkward to find myself short of cash.<br>＊ awkward　不器用な、困った、きまりが悪い |
| ・友達をだましてお金を巻き上げたくはなかった。 | I didn't want to cheat my friends out of their money.<br>＊ cheat ~ out of...　～をだまして…をうばう |
| ・彼は私からお金をだましとった。 | He swindled some money out of me.<br>＊ swindle ~ out of...　…から～をだましとる |
| ・不正な方法でお金を得たくない。 | I don't want to get money by wrong means. |
| ・分相応の生活をするつもりだ。 | I will cut my coat according to my cloth.<br>＊ according to　～に合わせて |

## 破産する

| | |
|---|---|
| ・私はお金を気前よく使う。 | I am generous with money. |
| ・お金が一銭もない。 | I don't have a penny. |
| ・ポケットには一銭もなかった。 | There was not a single penny in my pocket. |
| ・破産した。 | I have gone bankrupt.<br>＊ go bankrupt　破産する |
| ・一文無しだ。 | I am flat broke.<br>I am completely broke. |
| ・借金を返すと一銭も残らなかった。 | After I paid my debts, I was left penniless.<br>＊ dept　借金／ penniless　無一文の |

column

### 「一文無し」

過度な浪費や事業の失敗が原因で、破産して「一文無し」になってしまった場合、I am penniless. とも言います。「一文無し」を表す別の表現として、lose one's shirt があります。これは、着るべきシャツすら失ってしまったという意味で、何一つ持っていないさまを表します。

## 借金

| | |
|---|---|
| ・友達からお金をいくらか借りた。 | I borrowed some money from a friend of mine. |
| ・彼がいくらかお金を貸してくれた。 | He loaned me some money.<br>＊ loan　貸し付ける |
| ・お金をすぐに返すと彼に約束した。 | I promised him that I would pay it back soon. |
| ・彼は私から～円借りた。 | He borrowed ~ yen from me. |

| | |
|---|---|
| ・返すという約束の下で私は彼にお金を貸した。 | I lent him money on the promise that he would pay it back. |
| ・一週間以内に返すという条件で彼にお金を貸した。 | I lent him some money on the condition that he would return it in a week. |
| ・私は彼に〜円の借金がある。 | I owe him ~ yen.<br>＊ owe　借金する |
| ・できる限り早く借りたお金を返すようにするつもりだ。 | I will try to pay back what I owe as soon as possible. |
| ・お金がないので借金の支払を延ばさなければならなかった。 | I had to put off paying my debt because I had no money. |
| ・二度と借金は作らない。 | I will never get into debt again.<br>＊ get into debt　借金を作る |

### 貸したり借りたり

人に何かを「貸す」は lend、人から「借りる」は borrow です。「（銀行などがお金を）貸し付ける」は loan ですが、「貸付を受ける」場合は take out a loan と言います。自動車や家を「賃貸する」は rent、正式に契約をして家や装備などを比較的長期間「借りる」場合は lease を使います。

## お金持ち

| | |
|---|---|
| ・私はお金がある。 | I have a lot of money.<br>I am loaded.<br>I have loads of money. |
| ・我が家はお金持ちだ。 | My family is rich.<br>My family lives well.<br>My family is well off. |
| ・競馬にお金を賭けた。 | I bet on horse races.<br>＊ bet on　〜に（賭などに）お金を賭ける |
| ・慈善団体にお金をふんだんに寄付した。 | I gave money freely to charities.<br>＊ freely　気前よく、ふんだんに／ charity　慈善、慈善団体 |
| ・そのお金を高価な物に使った。 | I spent the money on expensive things. |
| ・有り余るほどお金を持っている。 | I have money enough to burn.<br>I have more money than I can spend. |
| ・彼は莫大な財産を持っている。 | He has an enormous fortune.<br>＊ fortune　財産、幸運 |
| ・彼は自分の財産をひけらかす傾向がある。 | He tends to show off his fortune.<br>＊ show off　見せびらかす |

## 貯蓄

- 毎月、貯金している。
  I save some money every month.

- 毎月、お金を貯めている。
  I put aside some money every month.
  ＊ put aside　別にとっておく、蓄える

- 収入の大部分を貯金する。
  I save much of my income.

- 支出を減らす努力をする。
  I try to cut down on my expenses.

- 働いて何とか暮らしている。
  I work and scrape by.
  ＊ scrape by　なんとか暮らしていく

- 毎月、少しずつお金を貯蓄してきた。
  I have saved a little money every month.

- プレゼントを買うためにお金を工面した。
  I saved money to buy a present.

- お金をたくさん使ったので貯金をしなかった。
  I spent much money, so I didn't save.

- 生活もままならないので、貯金ができない。
  I can hardly make a living, so I can't save money.
  ＊ hardly　ほとんど～ない／make a living　生計を立てる

## 貯蓄の必要性

- 将来のために貯金をするべきだ。
  We should save money for the future.

- まさかの時に備えて貯蓄するべきだ。
  We should save up for a rainy day.
  ＊ for a rainy day　まさかの時に備えて

- 老後に備えて貯金しなければならない。
  We have to save money for our old age.

- 貯蓄すれば将来の財政的な困難に備えられると思う。
  I think saving money prepares us for financial hardships in the future.
  ＊ financial　財政的な／hardship　困難、逆境

- ヨーロッパ旅行へ行くためにお金を貯めた。
  I saved money in order to take a trip to Europe.

## 貯蓄計画

- 一カ月にせめて～円でも貯金したいと思う。
  I wish to save money even if it is only ~ yen a month.

- 節約して貯蓄をしなければいけない。
  We have to scrimp and save.
  ＊ scrimp　節約する

- 万が一の時に備えて、小遣いのうちいくらかを別にして貯めておくことさえするつもりだ。
  I'll even put aside part of my allowance for a rainy day.

- 予算内でなんとかするつもりだ。
  I'll stay within my budget.

- 私は月給の10％を預金口座に預金しておくつもりだ。
  I will put 10 percent of my salary into a savings account.
  ＊ savings account　預金口座

| | |
|---|---|
| ・貯蓄できるうちに貯蓄することに決めた。 | I decided to save money while I could. |
| ・必要のない物に私たちのお金を無駄遣いしないつもりだ。 | I won't waste our money on useless things. |

## 口座開設

| | |
|---|---|
| ・銀行は午前９時00分に開店する。 | The bank opens at 9:00 a.m. |
| ・銀行が混んでいたので列に並ばなければならなかった。 | The bank was crowded, so I had to stand in line. |
| ・まず整理券を取った。 | First of all, I took a number. |
| ・行員が口座新設のために用紙数枚に記入するように言った。 | The teller asked me to fill out a few forms to make a new bankbook.<br>＊ teller （銀行の）金銭出納係、行員／ fill out （書式などを）作成する |
| ・行員が私の身分証明証を確認させてほしいと言った。 | The teller asked me to let her check my ID.<br>＊ ID (= identification) 身分証、身元確認 |
| ・私は今日銀行に口座を開設した。 | I opened an account with the bank today. |
| ・積立預金口座を開設した。 | I opened an installment savings account. |
| ・銀行員にどれが一番利子が高いか聞いた。 | I asked the teller what had the highest interest.<br>＊ interest 利子 |
| ・私が開設した口座の利子率は一番高い。 | My new account has the highest interest rate.<br>＊ rate 比率、レート |

## 預金

| | |
|---|---|
| ・銀行に預金した。 | I deposited some money in the bank.<br>＊ deposit 預ける、預金する |
| ・収入を得るたびに預金をする。 | I make a deposit whenever I get paid. |
| ・キャッシュカードをなくしたので、銀行の窓口でバイト代を預金した。 | I've lost my cash card, so I went to the bank counter to deposit the pay from my part-time job. |
| ・預金申請用紙に書き込んだ。 | I filled out a deposit slip. |
| ・用紙に口座番号と預金金額を書き込んだ。 | I filled out the slip by writing my account number and the deposit amount. |
| ・通帳、預金申請用紙と一緒に預けるお金を行員に渡した。 | I gave the teller my deposit with the bankbook and deposit slip. |

## 出金

| | |
|---|---|
| ・お金をいくらか引き出した。 | I withdrew some money. |

| | |
|---|---|
| ・銀行から貯金を引き出した。 | I withdrew my savings from the bank. |
| ・銀行で小切手〜円分引き出した。 | I withdrew a check for ~ yen at the bank. |
| ・〜を買うために銀行の口座から大金を引き出した。 | I took a lot of money out of my bank account to buy ~. |
| ・預金口座に十分なお金がなかった。 | There wasn't enough money in my account. |
| ・両親の誕生日プレゼントのためにいくらか貯金していた。 | I had some money put aside for my parents' birthday present. |
| ・お金があまり残っていなかった。 | I didn't have much money left. |
| ・今、預金口座にお金がまったく残っていない。 | I have no money left in my account now. |
| ・今月は予算オーバーしている。 | I am over budget this month. <br> ＊ budget　予算、運用費、生活費 |
| ・今月は赤字だ。 | I am in the red this month. <br> ＊ in the red　赤字の |
| ・今月は黒字だ。 | I am in the black this month. <br> ＊ in the black　黒字の |

## ATM

| | |
|---|---|
| ・お金を引き出すのにATMを利用した。 | I used the ATM to withdraw some money. <br> ＊ ATM (= Automatic Teller Machine)　現金自動預け払い機 |
| ・ATMがオフライン状態だった。 | The ATM was off-line. |
| ・ATMがオンライン状態だった。 | The ATM was on-line. |
| ・カードをATMの差込口に入れた。 | I inserted my card into the slot in the ATM. |
| ・暗証番号を入力した。 | I entered my PIN number. <br> ＊ PIN (= Personal Identification Number)　銀行やカード利用時に使う暗証番号 |
| ・必要な金額を入力した。 | I entered the amount of money I needed. |
| ・ATMからカードが出てきてから、現金が出てきた。 | The ATM returned my card and then gave me the money. |
| ・ATMで通帳を記帳した。 | I had the ATM update my bankbook. |

## 送金

| | |
|---|---|
| ・両親にオンラインで金を送金した。 | I remitted some money to my parents via wire transfer. <br> ＊ remit　送る、郵送する、送金する／via wire transfer　電信送金で |
| ・彼が私の口座に〜円を電信送金した。 | He wired ~ yen to my account. <br> ＊ wire　電信送金する |

| | |
|---|---|
| ・入金がされているか口座を確認した。 | I checked my account to see if my money was deposited. |

## 銀行業務

| | |
|---|---|
| ・銀行で請求書の支払いをした。 | I paid the bills at the bank. |
| ・銀行員に小切手を現金に換えるよう頼んだ。 | I asked the teller to cash the checks. |
| ・銀行口座の残高を確認した。 | I checked the balance of my bank account.<br>＊ balance　残高 |
| ・残高はゼロだった。 | My account was empty. |
| ・お金をドルに両替した。 | I exchanged some money for U.S. dollars. |
| ・今日は１ドルが〜円だ。 | It is ~ yen to one dollar today. |
| ・銀行口座を閉鎖した。 | I closed my account. |
| ・家でテレフォンバンキングやインターネットバンキングを利用するほうが快適だ。 | It is more comfortable to use phone banking or internet banking at home. |

## クレジットカード

| | |
|---|---|
| ・クレジットカードを申し込んだ。 | I applied for a credit card. |
| ・そのカードの年会費は〜だ。 | The card's annual fee is ~. |
| ・私の利用限度額はかなり高いほうだ。 | My credit rating is pretty high. |
| ・私は物を買うときはいつでもカードで支払う。 | When I buy things, I always pay by credit card. |
| ・そのカードは有効ではなかった。 | The card was not valid. |
| ・利用限度額まで使ってしまった。 | I've run it up to the max. |
| ・カードの使用限度額を超えた。 | My credit card is maxed out.<br>＊ max out　限界まで使い切る |
| ・店によってはクレジットカードを受け入れていない。 | Some stores don't accept credit cards. |
| ・カードの現金サービスを利用しなければならなかった。 | I had to borrow money on my card. |
| ・クレジットカードの支払いが延滞している。 | I'm behind in my credit card payments.<br>＊ be behind in　〜が遅れている |
| ・支払いが延滞している。 | I am falling behind on my bills.<br>＊ fall behind on　〜を延滞する |
| ・支払いをする余裕がない。 | I can't afford to pay the bill. |
| ・クレジットカードを無計画に使ってはいけない。 | We shouldn't use credit cards thoughtlessly.<br>＊ thoughtlessly　考えなしに、軽率に |

| | |
|---|---|
| ・クレジットカードの過剰利用は後の借金になることを肝に銘じておかねばならない。 | We should keep in mind that our excessive credit card use becomes debt later. |
| ・クレジットカードをこれ以上使わないようにカードをはさみで切った。 | I cut the credit card with scissors, so I wouldn't use it any more. |

---

**column**

### 「デビットカード」

利用後、決められた決済日に支払いが行われる「クレジットカード」はcredit card、または plasticと言い、カード利用時に利用金額が口座から引き落とされる「即時決済カード」はdebit cardまたはcash cardと言います。

---

## 貸し付け

| | |
|---|---|
| ・貸し付けを受けるために貸し付け担当の職員と相談をした。 | I consulted with the clerk in charge of loans in order to get a loan.<br>＊ consult　相談する、話し合う／ in charge of　〜を担当する |
| ・貸し付けを申請した。 | I applied for a loan. |
| ・貸し付けの申請用紙を作成した。 | I filled out the loan application form. |
| ・貸し付けを受けるためには保証人が必要だった。 | I needed a guarantor for my loan. |
| ・叔父が保証人になってくれた。 | My uncle guaranteed the loan.<br>My uncle cosigned the loan.<br>＊ guarantee　保証する、保証人になる／ cosign　保証人として署名する |
| ・貸し付けが承認された。 | My loan was approved. |
| ・銀行から貸し付けを受けた。 | I took out a loan from the bank. |
| ・銀行が貸し付けをしてくれた。 | The bank loaned me some money. |
| ・家を担保にして金を借りた。 | I got a loan with my house as security. |
| ・利子率が年間〜%だった。 | The interest rate was ~ percent per year. |

# 7 節約

SAVING

## つましい生活

- 両親はとてもやりくり上手だ。

  My parents are very thrifty.

- 母の節約のおかげでわが家は十分に生活できるのだと思う。

  I think that my family lives well because of my mom's frugality.
  * frugality 倹約、質素、形容詞は frugal

- 私は節約しようと努力している。

  I try to be economical.

- 私の家族は生活がつましい。

  My family is very thrifty.

- 私の家族は質素な生活を送っている。

  My family lives a frugal life.

- 私たちは時間と金を含むすべてのものを慎重に使うよう努力する。

  We try to be prudent with everything including time and money.
  * prudent 慎重に／including ～を含めて

---

**column**

### 節約関連のことわざ

| Every penny counts. | 一文のカネにも価値がある。 |
| Many a little makes a mickle. | ちりも積もれば山となる。 |
| Waste not, want not. | 浪費がなければ不足もない。 |
| Save it for a rainy day. | 万が一に備えて節約せよ。 |

---

## 節約方法

- わが家は家庭のエネルギーを節約するためにさまざまな方法を使っている。

  My family uses various methods to save home energy.

- 蛍光灯を LED に換えた。

  I replaced fluorescent light bulbs with LED ones.
  * fluorescent 蛍光性の

- 普通の電球を節電用の電球に換えた。

  I replaced regular light bulbs with energy-saving ones.

- 使っていない場所の電気は消す。

  We turn off the light in the rooms that we are not using.

- 私たちは省エネ設計の家電製品を使う。

  We use appliances designed to save energy.
  * appliance 家電製品

- 見たい番組があるときだけテレビをつける。

  I turn on the TV only when there is a program I want to watch.

Chapter 05 日常生活

| | |
|---|---|
| ・家の中を暖かくしたり涼しくしたりするのにエネルギーを浪費しないようにしている。 | We try not to waste energy in heating and cooling the home. |
| ・部屋から出るときは必ずエアコンや暖房を切るようにしている。 | When I go out of a room, I make sure to turn off the air conditioner or the heater. |
| ・冷蔵庫の扉を開けっ放しにしない。 | We don't leave the refrigerator door open.<br>＊ leave ～ 形容詞　～を…の状態のままにする |
| ・冷蔵庫に食べ物を詰め過ぎない。 | We don't fill up the refrigerator with too much food. |
| ・洗濯物がたくさん溜まってから洗濯機にかける。 | I use the washing machine after the laundry has piled up. |
| ・水を節約するために水が少しずつ出るシャワーを利用している。 | I use a low-flow shower head to save water.<br>＊ low-flow　水が少しずつ出る |
| ・歯を磨いているときに水を出しっ放しにしない。 | I don't let the water run when I brush my teeth. |
| ・自動車を運転するとき、一定の速度で走ることがガソリンを節約する方法の一つだ。 | When we drive a car, one of the ways we save gasoline is driving at a steady speed. |
| ・近い場所に行くときは車を使わずに歩きか自転車で行く。 | When we go to nearby places, we walk or bike instead of using the car.<br>＊ instead of　～のかわりに |
| ・必要でない物は絶対に買わない。 | I never buy things I don't need. |

## 再利用

| | |
|---|---|
| ・紙は両面を使ってから捨てる。 | I use both sides of paper before throwing it away. |
| ・ゴミをきちんと分類する。 | I sort the rubbish accordingly.<br>＊ sort　分類する |
| ・古新聞を再利用するために集める。 | I collect old newspapers for recycling. |
| ・古新聞を束にした。 | I bundled old newspapers.<br>＊ bundle　束にする |
| ・牛乳パックをほかのゴミから分類する。 | I separate milk cartons from the other trash. |
| ・アパートの入り口にはガラス瓶用、空き缶用、ペットボトル用のゴミ箱、そして生ゴミ用のゴミ箱がおいてある。 | At the entrance of the apartment building, there is a bin for glass bottles, one for cans, one for plastic bottles and a trash can for food waste.<br>＊ bin　ゴミ箱／trash　ゴミ |
| ・ゴミを捨てるとき、分別して別々の再利用ボックスに入れる。 | When I throw away my garbage, I sort it into several different recycling bins. |

・ ゴミの分別は面倒くさいが、私は再利用には協力する。

Even though it is a lot of trouble to sort trash, I cooperate in the recycling.
＊ cooperate　協力する、協同する

・ 再利用は環境のために必要なことだと思う。

I think recycling is necessary for our environment.

・ アルミ缶一つを再利用すると３時間テレビを見られるくらいのエネルギーを節約することができるという。

It is said that recycling one aluminum can saves enough energy to run a TV for three hours.

・ 再利用は地球を守るために、私たちがするべきさまざまなことのうちの一つだ。

Recycling is one of many things we need to do in order to make our earth green.

・ できる限り使い捨ての製品を使わないようにする。

I try not to use disposable products if possible.
＊ disposable　使い捨ての、一回用の／ if possible　可能な限り

・ 使い捨ての製品を使わなければならないときは、再利用された素材で作られた製品を使ったほうがよい。

If we have to use disposable products, it is better to use products made from recycled materials.

・ 使い捨てよりは何度も使える製品を使うほうがいい。

We had better use reusable items instead of disposable ones.
＊ reusable　再使用できる

・ 節約、再使用、再利用をしよう。

Let's reduce, reuse and recycle.

・ 雨粒もたくさんあればにわか雨になる（ちりも積もれば山となる）。

Many drops make a shower.

・ 一銭の節約は一銭のもうけ。

A penny saved is a penny earned.

・ 家の中で浪費をする人は家の外でも浪費する。

One who is extravagant at home is extravagant outside as well.
＊ extravagant　金遣いの荒い、浪費癖のある／ as well　また、やはり

# ボランティア活動
VOLUNTEERING

## ボランティア

| | |
|---|---|
| ・ボランティア活動に関わりたい。 | I want to get involved in volunteer activities.<br>＊ get involved in　～に関わる、参加する |
| ・今年はボランティア活動をたくさんした。 | I volunteered a lot to help others this year. |
| ・私は定期的に教会団体でボランティア活動を行っている。 | I do voluntary work regularly for the church community. |
| ・病気や事故で傷ついた人のように、ほかの人の助けを必要とする人がたくさんいる。 | There are many people who need others' help, such as the sick and people suffering from accidents. |
| ・社会奉仕活動のプログラムに参加することに決めた。 | I decided to take part in a social service program. |
| ・ボランティア活動をすると満足感を感じる。 | I feel fulfilled after volunteering.<br>＊ fulfilled　満足した |
| ・困っている人を助けることは私に深い満足感を与える。 | Helping people in need gives me deep satisfaction. |
| ・ほかの人を助けることは私にとって大きな意味を持つ。 | Helping others means something to me.<br>＊ something　重要なこと、すごいこと |
| ・多くの人がボランティア活動にもっと積極的に参加してくれればいいと思う。 | I hope many people will join in voluntary work more actively. |
| ・私はボランティア活動を通じて多くのことを学ぶ。 | I learn many lessons through volunteering. |
| ・どんな小さなことでも役に立つ。 | Every little bit helps. |

## 老人ホームで

| | |
|---|---|
| ・老人ホームには寂しいお年寄りがたくさんいる。 | There are a lot of lonely old people in nursing homes. |
| ・お年寄りを助けに老人ホームへ定期的に通う。 | I regularly go to a nursing home for the aged to help them.<br>＊ the aged　お年寄りたち |
| ・そこで掃除や洗濯を手伝う。 | I help clean the rooms or wash clothes there. |
| ・時々、お年寄りを楽しませるために歌を歌ったり、笑い話をしたりする。 | Sometimes I sing and tell funny stories to the aged to give them pleasure. |
| ・彼らの足をマッサージした。 | I massaged their legs. |
| ・彼らは私たちが行くといつでも温かく迎えてくれる。 | They always receive us warmly whenever we go there. |

## 孤児院

| | |
|---|---|
| ・孤児院の子どもたちの勉強を手伝った。 | I helped the children in the orphanage study.<br>＊ orphanage　孤児院 |
| ・その子どもたちは愛情を求めていた。 | The children longed for affection.<br>＊ long for　～を思い焦がれる、切望する |
| ・その子どもたちは親と一緒に暮らしていなくても、ちゃんと生きている。 | Even though the children live without their parents, they live well. |
| ・彼らは週末ごとに私に会うのを楽しみにしている。 | They look forward to seeing me every weekend. |

## 障害者施設で

| | |
|---|---|
| ・毎週日曜日には障害者施設に行く。 | I go to the institution for the disabled every Sunday.<br>＊ the disabled　障害者たち |
| ・そこには一人で食事ができない障害者もいる。 | There are some disabled people who can't eat by themselves. |
| ・私は彼らにごはんを食べさせ、お風呂に入れた。 | I fed and bathed them. |
| ・彼らをかわいそうだと思った。 | I felt pity for them. |
| ・できる限り彼らを助けてあげたい。 | I'd like to help them as much as possible. |
| ・可能な限りあらゆる方法で彼らを助けると約束した。 | I promised to help them in any way possible. |

---

### column

### 「障害者」の表現

「身体障害者」はthe disabledと言います。「the＋形容詞」で「～な人たち」を表現できるのです。これは身体的な障害のみならず、知的（精神的）な障害がある人たちも含む言葉なので、正確に使うためにはthe intellectually/mentally disabled（知的［精神］障害者）、the physically disabled（身体障害者）のように、区別したほうがいいでしょう。

---

## 公園で

| | |
|---|---|
| ・私たちはホームレスの人に無料で食事を提供する計画を立てた。 | We planned to provide free food for the homeless.<br>＊ provide ~ for...　…に～を提供する |
| ・私たちはホームレスの人に食べる物を与えた。 | We gave the homeless something to eat. |
| ・公園のゴミを集めた。 | I gathered trash in the park. |
| ・公園にゴミがたくさんあった。 | There was so much trash in the park. |

| | |
|---|---|
| ・公園がきれいになったのでとても気分がよかった。 | I felt so good because the park got clean. |
| ・ゴミをそこら中に捨ててはいけないと思った。 | I thought that people should not throw trash everywhere. |
| ・ゴミをどこにでも捨てるような人にはなるまいと決めた。 | I decided never to be a litterbug.<br>＊ litterbug　ゴミをどこにでも捨てる人 |

## チャリティーバザー

| | |
|---|---|
| ・困窮している人は物質的な支援を必要としている。 | People in need require some material help. |
| ・私たちは慈善活動を支援するために資金集めのイベントをするつもりだ。 | We are going to have fund-raising events to support charities.<br>＊ fund-raising　資金集め |
| ・私は困っている家庭を助けるための資金集めのチャリティーバザーを提案した。 | I suggested a charity bazaar for fund-raising to help poor families. |
| ・もう着ない服を集めて売ろうと提案した。 | I proposed that we should gather unused clothes and sell them. |
| ・たくさんの人がチャリティーバザーを訪れ、さまざまな物を買って行った。 | A lot of people came to the charity bazaar and bought various items. |
| ・私たちは障害者のための寄付金をたくさん集めた。 | We collected a lot of donations for the handicapped.<br>＊ donation　寄付、動詞は donate ／ the handicapped　障害者たち |
| ・私たちは募金したお金を慈善活動に寄付した。 | We donated the money that we had raised to a charity. |

# 9　失敗・間違い
MISTAKES

BUS

## 失敗

| | |
|---|---|
| ・私はしょっちゅう失敗をする。 | I make mistakes very often. |
| ・私の注意が足りないせいだと思う。 | I think it is because I am not careful. |
| ・それは私の不注意のせいだった。 | It was because of my carelessness. |
| ・うっかり花瓶を割ってしまった。 | I broke the vase by mistake. |
| ・うっかり誰かの足を踏んでしまった。 | I stepped on someone's foot by mistake. |
| ・もう少し注意すべきだった。 | I should have been more careful. |

・時折、ぼーっとしている時にへまをしてしまう。 Occasionally when I am beside myself, I make some mistakes.

・最初は、何が悪かったのか分からなかった。 At first, I didn't realize what was wrong.

・時々、ほかの人のことを誤解して失敗してしまう。 Sometimes I make mistakes, because I misunderstand others.

・うっかりミスをしてしまい、恥ずかしかった。 I felt ashamed of my careless mistake.

・時々失敗のせいで恥ずかしい思いをする。 Sometimes I feel embarrassed by my mistakes.

・私の失敗で彼を怒らせた。 My mistake offended him.

・自分の失敗に気づかなかった。 I didn't realize my mistakes.

・私は彼に謝るべきだった。 I should have said sorry to him.
I should have apologized to him.
＊ should have ＋過去分詞　〜するべきだった

・私の失敗について彼に謝った。 I apologized to him for my mistakes.
I made my apology to him for my mistakes.

・彼は私の謝罪を受け入れてくれた。 He accepted my apology.

・彼はそれが誰の失敗だったのかを確かめなかった。 He didn't check whose fault it was.

・失敗が大惨事を引き起こすこともある。 Some mistakes can result in a big disaster.

・私は災難を引き起こす人間だと思う。 I feel that I am a walking disaster.

・彼はいつも私の失敗を指摘する。 He always points out my mistakes.

・次は失敗せずにうまくやってみせる。 Next time, I will do a good job without any mistakes.

・二度と同じ失敗は繰り返さないようにする。 I will try not to make the same mistake again.

・覆水盆に返らず。 It is no use crying over spilt milk.

・一度したことは元には戻らない。 What is done cannot be undone.

・弘法も筆の誤り。 Even Homer sometimes nods.
There isn't a wise man that never makes blunders.
＊ blunder　大きな失敗

・賢い人は失敗から学ぶ。 A wise person profits from his mistakes.
＊ profit from　〜から利益を得る

**「失敗」**

一般的な「間違い」はmistake、計算やコンピューターなどで起こる「誤り」はerror、「大失敗」はblunder、不注意による「ちょっとしたミス」はslipと言います。これら「失敗する」の表現は、動詞makeを使い、make a mistake / a blunder / an errorと表します。

## 不注意

| | |
|---|---|
| ・ほぼすべての事故が不注意によって引き起こされる。 | The cause of almost every accident is carelessness. |
| ・時々、ばかみたいな失敗のせいで恥ずかしい思いをする。 | Now and then I am embarrassed because of stupid mistakes. |
| ・同じ失敗を5回も繰り返した。 | I made the same mistake five times. |
| ・私がそんなばかな失敗をする度に、ほぼ全員に怒られる。 | Almost everyone gets mad at me whenever I make such a silly mistake. |
| ・その問題は私たちの失敗によって引き起こされた。 | That problem was caused by our mistake. |
| ・不注意による失敗は深刻な結果をもたらす。 | Careless mistakes result in serious consequences.<br>＊ consequence　結果、影響 |
| ・私の唯一の落ち度は、私が少し不注意だったということだ。 | My only fault is that I was a little careless. |
| ・今回は私が責任を負った。 | I took the bullet this time.<br>＊ take the bullet　責任を負う |
| ・ズボンのチャックが開いていたことに気付かなかった。 | I hadn't realized that the fly of my pants was open.<br>＊ fly　ズボンのチャック |

**「チャックが開いてる！」**

flyは厳密に言うと「チャック（zipper）を覆う部分」なのですが、「チャックが開いている」はYour fly is open.と言います。また、それとなく相手に注意したい場合、XYZと言ったりしますが、これはeXamine Your Zipper（チャックを調べたら）の略です。

## 忘れ物

| | |
|---|---|
| ・私は忘れっぽい。 | I am forgetful. |
| ・私は記憶力が悪い。 | I have a short memory. |
| ・私はぼんやりしている。 | I am absentminded. |
| ・すっかり忘れていた。 | It slipped my mind. |
| ・重要な物をどこかに置き忘れてしまった。 | I misplaced some important things. |
| ・時々大切な物をどこに置いたのか忘れてしまうことがある。 | Sometimes I can't remember where I put important things. |
| ・以前、ある重要な物を秘密の場所に置いたのだが、後からそれが必要になったのに見つけることができなかった。 | Once, I put certain important things in a secret place, and then when I needed them, I couldn't find them. |
| ・家中を探したがそれを見つけられなかった。 | I searched the entire house, but I couldn't find it. |
| ・頭がすっかり混乱してしまった。 | I got all mixed up. |
| ・時々人の名前と顔をなかなか覚えられないことがある。 | Sometimes I have trouble remembering names and faces of people. |
| ・記憶力が本当に悪い。 | My memory is like a sieve.<br>＊ like a sieve　ざるのような（記憶力の） |
| ・最近私は記憶力が落ちた。 | My memory is declining recently. |
| ・私が忘れっぽいせいで、しばしばほかの人に迷惑をかける。 | I often get others into trouble because of my forgetfulness.<br>＊ get ~ into trouble　～を困らせる、巻き込む |
| ・時間があまりなくて急いでいるときは、何かを必ず忘れる。 | When I don't have enough time and I am in a hurry, I always forget some things. |
| ・アパートから閉め出された。 | I was locked out of my apartment. |
| ・アパートの玄関の鍵をなくして中に入れなかった。 | I lost the key to the front door of my apartment and couldn't get in. |
| ・鍵修理の人を呼ばなければならなかった。 | I had to call a locksmith. |
| ・バスに財布を置いたまま降りてしまった。 | I've left my wallet behind on the bus. |

## 間違い

| | |
|---|---|
| ・彼が大目に見てくれた。 | He went easy on me. |
| ・彼が私の間違いを見逃してくれた。 | He overlooked my fault. |
| ・彼は私の間違いを絶対にそのまま見過ごさない。 | He never passes over my faults. |

| | |
|---|---|
| ・本当は私の落ち度ではなかったのに、彼は私を誤解したようだった。 | It was not really my fault, but he probably misunderstood me. |
| ・自分の落ち度を認めた。 | I admitted my fault.<br>＊ admit　認める、許容する |
| ・わざとそうした訳ではなかった。 | I didn't do that on purpose.<br>＊ on purpose　故意に、わざと |
| ・故意にそのようにするつもりはなかった。 | I didn't mean to do it.<br>＊ mean to＋動詞原形　～するつもりだ |
| ・故意にそうしたのではなかった。 | It wasn't my intention.<br>＊ intention　意図、意志、つもり |
| ・本当にわざとそこに行ったのではない。 | I honestly didn't go there intentionally. |
| ・それはただの偶然だった。 | It was just an accident. |
| ・わざとそうしたのではないから、もう一度機会を与えてほしいと彼に言った。 | I asked him to give me another chance, because it was accidental. |
| ・私は彼に対して悪意はなかった。 | I meant him no offense.<br>＊ offense　罪、いやがらせ |
| ・私の落ち度ではないと主張した。 | I insisted that it was not my fault. |
| ・白黒をはっきりさせたかった。 | I wanted to distinguish between right and wrong. |

## 失言

| | |
|---|---|
| ・そのことをうっかり彼に言ってしまった。 | I blurted it out to him.<br>＊ blurt out　何かの拍子に言ってしまう |
| ・言ってはいけないことを間違って言ってしまった。 | I accidentally blurted out what I shouldn't say. |
| ・私は口を滑らせてしまった。 | I made a slip of the tongue.<br>＊ slip　滑ること／tongue　舌 |
| ・私は間の悪いことを言ってしまった。 | I really put my foot in my mouth.<br>＊ put one's foot in one's mouth　余計なことを言う |
| ・言葉は少ないほうがいい（失言が少ない）。 | The less said about it, the better.<br>＊ the＋比較級, the＋比較級　～すればするほどより～だ |

column

### The＋比較級 ～, the＋比較級 …

「～すればするほど…」と言いたい場合、「The＋比較級＋（主語＋動詞）～, the＋比較級＋（主語＋動詞）…」の構文を使いますが、「主語＋動詞」の部分が省略される場合もあります。たとえば、「多ければ多いほどよい」はThe more, the better.です。「早ければ早いほどよい」はThe sooner, the better.、「年齢を重ねるほどよい」はThe older, the better.となります。

## 火事

| | |
|---|---|
| ・アパートの近くで火事があった。 | A fire broke out near the apartment building.<br>＊ break out　起こる、発生する |
| ・消防車のサイレン音が近くで聞こえてびっくりした。 | I was surprised to hear the fire truck's siren near. |
| ・幸いにも消防士たちが火をただちに消し止めた。 | Fortunately the fire fighters controlled the fire rapidly. |
| ・けが人が出なかったのが幸いだった。 | It was fortunate that there were no injuries. |
| ・あいにくその家は全部焼けてしまった。 | Unfortunately, the house burned down. |
| ・その火事は漏電によって発生したという。 | It is said that the fire was started by a short circuit.<br>It is said that the fire was caused by a spark of electricity. |
| ・一つのコンセントに連結しすぎるのは危険だ。 | It is dangerous to overload an outlet.<br>＊ overload　荷物をたくさん載せる |
| ・火災時には急いで家の外に出なければならない。 | We must get out of the house fast in the event of a fire. |
| ・火事の時は119に電話をしなければいけない。 | In case of fire, we must dial 119.<br>＊ in case of　〜の場合に |
| ・火の用心を心掛けるつもりだ。 | I will be careful of fire. |
| ・家に消火器がある。 | I have a fire extinguisher in my house. |
| ・それをすぐ手に届く場所に置いている。 | I put it within our reach.<br>＊ within one's reach　〜の手にすぐ届く |
| ・消火器をどうやって作動させるのか学んだ。 | I learned how to operate the fire extinguisher. |
| ・家に火災報知器を取り付けた。 | I put a fire alarm in the house. |
| ・子どもを引火性物質に近付けないようにするべきだ。 | We should keep children away from flammables. |
| ・子どもがマッチで遊ぶのはとても危険なことだ。 | Matches are very dangerous for children to play with.<br>It is very dangerous for children to play with matches. |
| ・マッチやライターは子どもの手の届かないところに置くべきだ。 | We should keep matches and lighters out of the reach of children.<br>＊ out of the reach of　〜の手に届かない |

Chapter 05　日常生活

259

| | |
|---|---|
| ・濡れた手で電化製品を触るのは危ない。 | It is dangerous to touch electric appliances with wet hands. |
| ・非常時に慌ててはいけない。 | We should not hurry in emergencies.<br>＊ emergency 非常時態、緊急事態 |
| ・火災はどこでも起こりうるので、私たちはどのように対処するべきか事前に知っておくべきである。 | Fires can happen anywhere. Thus we should know in advance how to deal with them. |
| ・私たちはいつでもどこでも常に安全を重視する。 | We always emphasize safety everywhere and at all times. |

## 盗難

| | |
|---|---|
| ・ドアの鍵を閉めずにしばらく外出した。 | I went out for a short time without locking the door. |
| ・家に泥棒が入った。 | My house was robbed. |
| ・家が強盗に襲われた。 | There was a robbery at my house. |
| ・泥棒はたくさんの物を盗んでいった。 | The thief had stolen many things. |
| ・昨晩近所の家に強盗が入った。 | A burglar broke into the neighbor's last night. |
| ・警察がその強盗を見付けて逮捕した。 | The policeman found and arrested the burglar. |
| ・珍しいことではあるが、時にはそんなことが実際に起こる。 | It is not common, but it happens once in a while.<br>＊ once in a while 時たま、時折 |
| ・その事故の詳細をテレビのニュースで聞いた。 | I heard the details of the accident on the TV news. |

## スリ

| | |
|---|---|
| ・バッグが裂けているのに気付いてとても慌てた。 | I was so upset to find the bag was torn. |
| ・スリにあった。 | Someone picked my pocket. |

| | |
|---|---|
| ・財布をすられた。 | I had my pocket picked. |
| ・私の後ろに怪しい男がいた。 | There was a strange man behind me. |
| ・私の横に立っていた男性が怪しかったが、証拠がなかった。 | I suspected the man who was standing beside me, but I had no proof.<br>＊ suspect 疑う／ proof 証拠 |
| ・地下鉄の中で財布を盗まれた。 | I had my wallet stolen on the subway. |
| ・財布がなかった。 | My wallet was missing. |
| ・財布がなくなった。 | My wallet has disappeared. |
| ・一瞬の間に起こった出来事だった。 | It happened in a flash.<br>＊ in a flash 一瞬で |
| ・スリがいたに違いない。 | There must have been a pickpocket. |
| ・スリが私のかばんを奪って逃げた。 | A pickpocket took my bag and ran away. |
| ・そのスリは警察に捕まった。 | The pickpocket was taken by the police. |
| ・家に帰って来るまで財布がなくなったことに気付かなかった。 | I didn't notice my wallet was gone until I came back home.<br>I noticed my wallet was gone only after coming back home. |
| ・財布をどこでなくしたのか分からない。 | I don't know where I lost my wallet. |
| ・財布をなくしたことが分かってすぐにクレジットカードの紛失を申告した。 | I reported the loss of my credit cards immediately when I knew that my wallet was lost. |
| ・地下鉄ではスリに気を付けなければならない。 | We should beware of pickpockets on the subway.<br>We should look out for pickpockets on the subway.<br>We should be careful of pickpockets on the subway. |

column

### 「かばんをなくした！」

かばんをなくしたとき、I forgot my bag. と言ってはいけません。forgetは「記憶からなくなる、忘れる」という意味で、「物をなくす」はloseです。したがって、「かばんをなくした」はI lost my bag.と言わなければなりません。I forgot my bag.だと、「かばんを持ってくるのを忘れた」、つまり、I forgot to bring my bag.の意味になります。

## 紛失・拾得

| | |
|---|---|
| ・電車の中に重要な書類を置き忘れた。 | I left the important documents on the train. |
| ・そのことを遺失物センターに連絡した。 | I reported it to the lost and found center.<br>＊ lost and found center　遺失物センター |
| ・偶然レストランの床に落ちていたお金を<br>　見付けた。 | By chance I found some money on the floor<br>in the restaurant. |
| ・電話ボックスの中で財布を発見した。 | I found a wallet in the public telephone<br>booth. |
| ・財布の中に持ち主の連絡先があったので、<br>　電話をした。 | I found the owner's telephone number in the<br>wallet and called him. |
| ・持ち主に返すことができてうれしかった。 | I was glad to return it to the owner. |

## 交通事故

| | |
|---|---|
| ・不幸なことに悲惨な交通事故があった。 | Unfortunately, there was a tragic car accident. |
| ・接触事故を起こした。 | I had a fender bender.<br>＊ fender bender　軽い車の接触事故 |
| ・正面衝突だった。 | It was a head-on collision.<br>＊ collision　ぶつかること、衝突 |
| ・後部衝突だった。 | It was a rear-end collision. |
| ・側面に衝突だった。 | It was a broadside collision.<br>＊ broadside　広い面、自動車の側面 |
| ・ひき逃げ事故だった。 | It was a hit-and-run accident. |
| ・私の車がトラックに衝突した。 | My car crashed into the truck. |
| ・その車が私の車の横にぶつかった。 | The car hit the side of my car.<br>The car hit mine broadside. |
| ・私の車が自転車と衝突した。 | My car collided with a bicycle. |
| ・私の車が電柱に突っ込んだ。 | I ran my car into the power pole. |
| ・私の車が危うくバスにぶつかるところ<br>　だった。 | My car almost hit the bus. |
| ・危機一髪の瞬間だった。 | It was a close call. |
| ・本当に間一髪だった。 | It was a critical moment.<br>＊ critical　危機の、緊急の |
| ・一瞬の出来事だった。 | It happened in the blink of an eye. |
| ・私の車の前バンパーがへこんだ。 | The front bumper of my car got dented. |
| ・扉がへこんだ。 | The door was dented.<br>＊ dented　ぺこんとへこんでいる |

| | |
|---|---|
| ・私の車は事故でひどく壊れた。 | My car was badly damaged in the accident. |
| ・車が大破した。 | The car is totaled. |
| | ＊ total　乗り物を完全に破壊する |
| ・歩道の縁石で車をこすった。 | I scraped my car against the curb. |
| | ＊ curb　（人道と車道の間にある）縁石 |
| ・突然男の子が私の車の前に飛び出した。 | Suddenly a boy ran out in front of my car. |
| ・私は道路に飛び出した男の子を避ける<br>ためにハンドルをきった。 | I swerved my car to avoid the boy who had<br>run into the road. |
| | ＊ swerve　ハンドルを急にきる |
| ・車が横断歩道で男の子をはねた。 | A car ran into a boy at the pedestrian<br>crossing. |
| ・突然私の前で車が止まったので驚いた。 | I was so surprised because a car suddenly<br>stopped in front of me. |
| ・車にはねられるところだった。 | I was almost knocked down by a car. |
| | ＊ knock down　たたきつぶす、ぶちのめす |
| ・間一髪で車にひかれなかった。 | I just missed being run over by a car. |
| ・誰かが私を助けるために、勇敢にも車の<br>流れの中に飛び出して私を脇へ押しやった。 | Someone braved the traffic to save me and<br>pushed me aside. |
| | ＊ brave　勇敢に立ち向かう |
| ・彼が私の命を助けてくれた。 | He saved my life. |
| ・その事故で死ぬところだった。 | The accident almost cost me my life. |
| ・今日私は交通事故で死にかけた。 | I almost got killed in a car accident today. |
| ・その運転手は運転をしながらうとうとして<br>いた。 | The driver dozed off at the wheel. |
| ・雪の後で道路が凍っていたためだ。 | It was due to the icy road conditions after it<br>snowed. |
| | ＊ due to　〜のために |
| ・その衝突事故は飲酒運転が原因だった。 | The collision was caused by a drunk drinker.<br>The cause of the collision was drunk driving. |
| ・その自動車事故を警察に届けた。 | I reported the car accident to the police. |
| ・その事故現場をこの目で見た。 | I saw the accident with my own eyes. |
| ・その事故の目撃者が何人かいた。 | There were some witnesses to the accident. |
| ・彼らは交通警察に状況を説明していた。 | They gave a statement to the traffic police. |
| ・間違いなく何人かひどいけがを負っていた。 | A few people must have been badly hurt. |
| ・何人かは重傷を負い、病院へ運ばれた。 | Some people were badly injured and taken to<br>the hospital. |
| ・彼はひどいけがをしていたが、まだ意識が<br>あった。 | He was badly hurt, but still alive. |

| | |
|---|---|
| ・それは本当に恐ろしい事故だった。 | It was a terrible accident. |
| ・二度とそのような大事故が起こらないことを願う。 | I hope such a big accident won't happen again. |
| ・大抵、不注意とスピードオーバーが大部分の交通事故を引き起こす。 | Usually carelessness and speeding cause most car accidents. |

# Eating Out

Saturday, September 18. Perfect

My family loves to eat out from time to time. Today my family had a nice dinner in a good restaurant. The restaurant is well known for its steaks. I like the cozy atmosphere of the restaurant. The price of the food is affordable. All of us ordered steaks. The food tasted heavenly. My family ate everything and there were no leftovers. Luscious fruits and ice cream were served for dessert. I wanted to have some more, but I stopped because I was afraid that I would gain weight. That was the best restaurant we have ever been to.

When we eat out, it is good that we can talk more to one another. After dinner, we took a walk near the park. A gentle breeze was blowing. I really liked it. It's a pleasure for us to eat out every weekend.

## 楽しい外食

9月18日　土曜日　快晴

　わが家では時々外食に出掛けるのを楽しみにしている。今日、家族ですてきなレストランでおいしい夕食を食べた。そのレストランはステーキが有名なのだ。私はそのレストランのこぢんまりとした雰囲気が好きだ。料理の値段も高すぎずちょうどいい。私たちはみんなステーキを注文したが、本当においしかった。私たち家族は全部残さず平らげた。デザートに甘い果物とアイスクリームが出た。もっと食べたかったが太りたくないので、やめた。そのレストランは私が今まで行った中で最高だった。

　外食をすると家族ともっとたくさん話をすることができるのでよい。夕食の後、私たちは公園の近くを散歩した。優しいそよ風が吹いていて、とてもよかった。週末ごとに外食するのは私たちの楽しみだ。

**NOTES**

eat out　外食する／ from time to time　時々／ cozy　居心地のよい、こぢんまりとした／ atmosphere　環境、雰囲気／ affordable　ちょうどいい、購入しやすい価格の／ taste heavenly　とてもおいしい／ leftover　食べ残し／ luscious 甘い、おいしい／ gain weight　太る／ gentle　優しい、丁重な、穏やかな／ breeze　そよ風

# CHAPTER
# 06

## 年中行事

## 元旦

| | |
|---|---|
| ・もうすぐ元旦だ。 | New Year's Day is around the corner.<br>＊ around the corner　もうすぐ |
| ・ほかの国々と同様に、新年最初の日は日本で重要な意味を持つ。 | As it does in other countries, New Year's Day has a significant meaning in Japan.<br>＊ significant　重要な、意味深な |
| ・私たちは除夜の鐘をつくところを見に浅草に出掛けた。 | We went to Asakusa in order to see people ring the temple bells. |
| ・浅草周辺は混んでいた。 | The area around Asakusa was crowded with people. |
| ・年が変わるときに、彼らは鐘を108回鳴らした。 | They rang the bell 108 times as the new year was coming in. |
| ・新年を迎える華々しい祝祭が開かれた。 | We held a brilliant festival welcoming the new year. |
| ・1月1日は一年の始まりというだけでなく、日本の伝統的な祝日でもある。 | January 1 is not only the first day of the year but also a traditional holiday for the Japanese. |
| ・何日か前に遠くに住む友人に年賀状を送った。 | A few days ago I sent New Year's cards to friends living far away. |
| ・今年はさる年だ。 | This is the year of the monkey. |
| ・みんなにとって幸多い一年になりますように。 | I wish everybody a happy New Year! |
| ・私たちは旧暦の元旦は祝わない。 | We don't observe New Year's Day according to the lunar calendar.<br>＊ lunar　陰暦の、旧暦の (*cf.* solar　陽暦の) |
| ・私たちは新暦の正月を祝う。 | We celebrate the solar calender's New Year's Day. |
| ・今年の正月は4連休だった。 | We had four days' holiday for New Year this year. |
| ・祖父母の家まで行くのにかなり時間がかかった。 | It took quite a long time to reach my grandparents' house. |
| ・故郷へ帰る人たちの車でほぼすべての道路が渋滞していた。 | Almost every road was jammed up with the cars of those who were going to their hometowns.<br>＊ be jammed up with　〜で身動きがとれない |

| | |
|---|---|
| ・地方へ続くすべての道路がおびただしい数の車によって駐車場のように見えた。 | All the roads connecting the provinces seemed like parking lots due to the innumerable cars.<br>＊ innumerable　数えきれない |
| ・元旦は早起きをして新しい服を身に着けた。 | On New Year's Day, we got up early in the morning and put on new clothes. |
| ・私は日本の伝統的な衣装である着物を着るのが好きだ。 | I like to wear kimono, the Japanese traditional costume. |
| ・色鮮やかで優雅なので私は着物が好きだ。 | I like kimono because it is very colorful and graceful. |
| ・最近の着物は簡単に着られて、着心地もいい。 | Modern kimono is comfortable and easy to wear. |
| ・正月に新年のあいさつをしに親戚の家を訪ねた。 | On New Year's Day, I visited my relatives to pay my respects.<br>＊ pay one's respects　あいさつに伺う |

## 新年のあいさつ

| | |
|---|---|
| ・元旦の朝、家の大人たちにあいさつをした。 | On the morning of New Year's Day, we bowed to the elder members of the family. |
| ・私は祖父の健康と長寿を祈った。 | I wished my grandfather good health and longevity.<br>＊ longevity　長生き |
| ・あいさつの後、彼らは私たちにお年玉をくれた。 | After the bows, they gave us some handsel.<br>＊ handsel　お年玉 |
| ・今年は計～円のお年玉をもらった。 | I got a total of ~ yen this year. |
| ・初めてそんなにたくさんのお金をもらったのでとてもうれしかった。 | I was very happy to have such a large sum of money for the first time. |
| ・私が期待していたよりも少ない金額だった。 | I got less money than I expected. |
| ・そのお金は私の自由に使いたい。 | I want to spend the money as I wish. |

## 一年の抱負

| | |
|---|---|
| ・私は新年の決意をした。 | I made my New Year's resolutions.<br>＊ resolution　決心、決意、誓い、抱負 |
| ・私は新年に、いくつかの抱負を抱いた。 | I made several resolutions for this new year. |
| ・新年の抱負のうち一つは遅刻をしないで時間をちゃんと守ることだ。 | One of my New Year's resolutions is to be punctual, not to be late.<br>＊ punctual　きちょうめんな、時間を守る |
| ・今年は英語の勉強を頑張ると決心した。 | I made a resolution to study English hard this new year. |

| | |
|---|---|
| ・定期的に運動することが私の新年の抱負だ。 | My New Year's resolution is to work out regularly. |
| ・今年は体重を減らすよう努力する。 | I'll try to lose weight this year. |
| ・今年は体重が増えないよう努力する。 | I'll try not to gain weight this year. |
| ・去年あまり勉強しなかった科目をもっと一生懸命勉強する計画だ。 | I am planning to work harder on subjects which I did not study enough last year. |
| ・私の抱負が今年はすべて実現すればいいのに。 | I hope all my resolutions will come true this year. |

## 新年のあいさつ

| | |
|---|---|
| ・よい年をお迎えください。明けましておめでとうございます。 | Happy New Year! |
| ・新年がよい年になりますように。 | Best wishes for the coming new year!<br>May the new year bring you happiness!<br>Holiday greetings and best wishes for the new year! |

# 2 誕生日

**B I R T H D A Y**

## 誕生日

| | |
|---|---|
| ・今日は弟の初めての誕生日だ。 | Today, it is my brother's first birthday. |
| ・何日かすると私の誕生日だ。 | My birthday will be in a few days. |
| ・私の誕生日は今から二週間後だ。 | My birthday is two weeks from now. |
| ・私は4月生まれだ。 | I was born in April. |
| ・私の誕生日は5月2日だ。 | My birthday is on May 2. |
| ・今年の私の誕生日は土曜日だ。 | My birthday falls on Saturday this year.<br>＊ fall on （記念日などが）～（曜日）にあたる |
| ・私はうま年だ。 | I was born in the year of the horse. |
| ・次の誕生日で10歳になる。 | I will be ten years old on my next birthday. |
| ・誰も気付かないまま私の誕生日が過ぎてしまった。 | My birthday passed by without anyone noticing it.<br>＊ notice 気付く |
| ・誰も私の誕生日を覚えていなかった。 | No one remembered my birthday. |
| ・誰も私に関心がないようだったので、がっかりした。 | I thought people had no interest in me, so I felt sorry for myself. |
| ・家族が私の好きな料理を作ってくれた。 | My family made my favorite food for me. |
| ・両親に感謝を伝えたときは照れくさかった。 | I felt awkward when I expressed my thanks to my parents. |

## 誕生日パーティー

| | |
|---|---|
| ・家族が私の18歳の誕生日パーティーを開く計画を立てた。 | My family planned to throw a party for my 18th birthday.<br>＊ throw a party パーティーを開く |
| ・彼らは風船と花で家を飾り付けした。 | They decorated the house with balloons and flowers. |
| ・彼らは誕生日ケーキに10本のろうそくを立てた。 | They put 10 candles on the birthday cake. |
| ・兄が誕生日ケーキのろうそくに火をつけた。 | My brother lit the candles on the birthday cake.<br>＊ lit light（火をつける）の過去形 |
| ・家族が誕生日の歌を歌って私の誕生日を祝ってくれた。 | My family celebrated my birthday by singing "Happy Birthday" to me. |
| ・ケーキのろうそくを吹き消した。 | I blew out the candles on the cake. |

Chapter 06 年中行事

| | |
|---|---|
| ・ろうそくを消しながらお願い事をした。 | I made a wish blowing out the candles. |
| ・祖父の還暦を祝った。 | We celebrated my grandfather's 60th birthday. |
| ・祖父の還暦を祝うためにパーティーを開いた。 | We threw a party in celebration of my grandfather's 60th birthday.<br>＊ in celebration of　〜を祝うために |
| ・私たちは彼のために大宴会を準備した。 | We gave a great feast for him.<br>＊ feast　大宴会、素晴らしい料理 |

column

**birthday suitは誕生パーティーの服？**

birthday suitは誕生パーティーに着る服ではありません。これは、服を一枚も着ていない「真っ裸」「裸体」という意味で、生まれたときの何もまとっていない状態を表す言葉です。The boy was sitting in his birthday suit.と言うと、「男の子が裸の状態で座っていた」という意味になります。

## 誕生日プレゼント

| | |
|---|---|
| ・誕生日プレゼントをもらった。 | I got some birthday presents. |
| ・誕生日プレゼントを開けた。 | I opened my birthday presents. |
| ・友達が誕生日プレゼントに本を買ってくれた。 | My friends bought me a book for my birthday present. |
| ・叔母が誕生日プレゼントに財布を送ってくれた。 | My aunt sent me a wallet as my birthday present. |
| ・叔父が私に腕時計をプレゼントしてくれた。 | My uncle presented a watch to me.<br>My uncle presented me with a watch.<br>＊ present 〜 to...（＝present...with 〜)<br>　…に〜をプレゼントする |
| ・そのプレゼントは私が一番欲しかったものだった。 | The present was what I wanted the most. |
| ・私のための特別なプレゼントだった。 | The presents were especially for me. |
| ・友達が花束をプレゼントしてくれた。 | My friends presented me with a bunch of flowers. |
| ・プレゼントをもらってとてもうれしかった。 | I was so happy to get the present. |
| ・そのプレゼントをもらって気まずさを感じた。 | I felt uncomfortable receiving the present. |
| ・彼の誕生日にあげるプレゼントを準備した。 | I got a present for his birthday. |

| | |
|---|---|
| ・彼にすてきなプレゼントをあげたかったが、高い物を買う余裕がなかった。 | I wanted to give him a good gift, but I couldn't afford to buy anything expensive.<br>＊ can't afford to ＋動詞原形　～する余裕がない |

## 誕生日のお祝い

| | |
|---|---|
| ・私たちは彼の誕生日を祝った。 | We celebrated his birthday. |
| ・いとこの誕生を祝った。 | I celebrated my cousin's birth. |
| ・愛する人へ、お誕生日おめでとう。 | Happy birthday to the one I love. |
| ・友達に「誕生日おめでとう。素晴らしい一年になることを祈るよ」と言った。 | I said to my friend "Happy birthday and lots of warm wishes for a great year ahead!" |
| ・彼の誕生日に彼の望みがすべて叶うことを願った。 | I hoped all his wishes would come true on his birthday. |
| ・彼の誕生日が本当に特別なものになることを願った。 | I hoped his birthday was really special. |
| ・何歳であるかは重要なことではない。 | It's not important how old I am. |
| ・友達が「誕生日だね。おめでとう！」と私の誕生日を祝ってくれた。 | My friends celebrated my birthday, saying to me "It's your day. Happy Birthday!" |
| ・今日は本当に素晴らしい誕生日だった。 | Today was a really wonderful birthday for me. |
| ・今日は私のための日だった。 | Today was my day. |
| ・家族のおかげでいい一日を過ごした。 | My family made my day. |
| ・今年の誕生日は一生忘れないだろう。 | I'll never forget this year's birthday. |

### column

**「祝う」**

誕生日を「祝う」という場合、congratulateは使いません。congratulateは卒業や合格など、「苦労の末に得たよい結果を祝う」ことで、記念日や誕生日など特別な日にパーティーや記念式典で「祝う」際にはcelebrateを使います。「両親の結婚記念日をお祝いした」はWe celebrated our parents' wedding anniversary.となります。それに対し、「彼の卒業をお祝いした」は、I congratulated him on his graduation.です。

## 結婚記念日

| | |
|---|---|
| ・私は自分の家族の誕生日や記念日を絶対に忘れない。 | I never forget my family's birthdays or anniversaries.<br>＊ anniversary　記念日 |
| ・昨日は両親の結婚記念日だった。 | Yesterday was my parents' wedding anniversary. |
| ・お父さんが結婚記念日を忘れていたのでお母さんが怒った。 | My mom was angry because my dad didn't remember their wedding anniversary. |
| ・お父さんはそれをすっかり忘れていた。 | My dad forgot all about it. |
| ・私たちはお父さんにその日にお母さんに何をしてあげるべきか助言した。 | We advised my dad on what he should do for her on that day. |
| ・今日は両親の銀婚式だ。 | Today is my parents' silver wedding anniversary. |
| ・今日は祖父母の金婚式だ。 | Today is my grandparents' golden wedding anniversary. |
| ・今日は忘れられない日になりそうだと思う。 | I think today is a memorable day.<br>＊ memorable　記憶に残る、忘れられない |
| ・お父さんは結婚記念日を祝うためにお母さんを夕食に連れて行った。 | My dad took my mom out for dinner to celebrate their wedding anniversary. |

## 記念日のプレゼント

| | |
|---|---|
| ・私たちは両親のためにサプライズパーティーの計画を立てた。 | We planned to throw a surprise party for my parents. |
| ・私たちは両親の結婚記念日のプレゼントに指輪を買った。 | We bought rings for my parents' anniversary gift. |
| ・プレゼントとして花をいくらか準備した。 | I prepared a few flowers as a gift. |
| ・花で自分の気持ちを示した。 | I showed my feelings with flowers. |
| ・私たちは彼らに大きな花束をプレゼントした。 | I presented them with a big bouquet of flowers. |
| ・私たちは小遣いを出し合って彼らにプレゼントを買った。 | We put our allowances together to buy them a present. |

## 開校記念日

| | |
|---|---|
| ・私たちの学校は昨日、開校10周年を迎えた。 | My school celebrated the 10th anniversary of its foundation yesterday.<br>＊ foundation　創立 |

- 今日は開校記念日なので学校に行かなかった。

  I didn't go to school because today was the school foundation anniversary.

- ついてないことに今年の開校記念日は日曜だった。

  Unfortunately, this year's school foundation anniversary falls on Sunday.

## 祝日・記念日

| | | | |
|---|---|---|---|
| 元日 | New Year's Day | 母の日 | Mother's Day |
| 成人の日 | Coming-of-Age Day | 父の日 | Father's Day |
| 建国記念日 | National Foundation Day | 七夕 | the Star Festival |
| バレンタインデー | Valentine's Day | 海の日 | Marine Day |
| 天皇誕生日 | the Emperor's Birthday | 山の日 | Mountain Day |
| ひな祭り | the Dolls' [Girls'] Festival | 敬老の日 | Respect for the Aged Day |
| ホワイトデー | White Day | 秋分の日 | the Autumnal Equinox Day |
| 春分の日 | the Vernal Equinox Day | スポーツの日 | Health Sports Day |
| 昭和の日 | Day of Showa | 文化の日 | Culture Day |
| 憲法記念日 | Constitution Memorial Day | 勤労感謝の日 | Labor Thanksgiving Day |
| みどりの日 | Greenery Day | クリスマス | Christmas |
| こどもの日 | Children's Day | 大晦日 | New Year's Eve |

## バレンタインデー

- バレンタインデーには、女性が愛する人にチョコレートをプレゼントして愛を表現する。

  On Valentine's Day, women express their love by giving chocolate to those they love.

- 私はチョコレートをあげる彼がいない。

  I have no boyfriend to give chocolate to.

- なぜだか悲しい。

  I feel sad, but I don't know why.

- 彼にあげるチョコレートを買った。

  I bought some chocolate for my boyfriend.

- それをかごに詰めて丁寧に包装した。

  I put it in the basket and wrapped it with great care.

- かわいいカードを同封した。

  I enclosed a pretty card in it.
  ＊ enclose　同封する

- チョコレートをあげて彼に告白するつもりだ。

  I will confess my love to him by giving him the chocolate.
  ＊ confess　自白する、告白する

- どうやって愛を伝えるか悩んでいるところだ。

  I am worrying about how I should express my love.

275

| | |
|---|---|
| ・彼はチョコレートの入ったかごを受け取ってとてもうれしそうだった。 | He looked very happy to get the basket of chocolate. |
| ・その時私がどれほど緊張していたか言い表せない。 | I can't express how nervous I was then. |
| ・忘れられないバレンタインデーだった。 | It was an unforgettable Valentine's Day. |

## エイプリルフール

| | |
|---|---|
| ・今日は4月1日、エイプリルフールだ。 | Today is the first of April, April Fool's Day. |
| ・エイプリルフールには悪意のないうそをついてもいい。 | On April Fool's Day, it is allowable to tell white lies.<br>＊ be allowed to＋動詞原形　〜が許される |
| ・私はうそが苦手だ。 | I am poor at lying.<br>＊ be poor at　〜がうまくない、苦手だ |
| ・うそをつくとどもってしまう。 | When I lie, I stammer.<br>＊ stammer　どもる、口ごもる |
| ・うそをついたがばれてしまった。 | I told a lie, but it came to light.<br>＊ come to light　真実が明らかになる |

### column

**「うそつき」**

よくうそをつく人のことを「うそつき」、つまり liar と言いますよね。堂々とバレバレのうそをつく人に「真っ赤なうそをつくな！」と叱りたいときは、Don't lie through your teeth! と言ってやりましょう。lie through one's teeth で「真っ赤なうそをつく」の意味になります。

## こどもの日

| | |
|---|---|
| ・今日はこどもの日だ。 | Today is Children's Day. |
| ・5月5日は子どもたちの幸せを願う日だ。 | May 5 is the day to pray for children's happiness. |
| ・両親からのすてきなプレゼントを期待した。 | I expected to get nice presents from my parents. |
| ・両親がこどもの日を祝って外食をしようと言った。 | My parents suggested that we eat out to celebrate Children's Day. |
| ・私は遊園地へ行きたかった。 | I wanted to go to the amusement park. |
| ・デパートでは子どものためのさまざまな催しがあった。 | The department store held various events for children. |
| ・彼らはすべての子どもたちにあめ玉と風船を配っていた。 | They gave all children candy and balloons. |

## 母の日・父の日

| | |
|---|---|
| ・母の日は５月の第２日曜日だ。 | We have Mother's Day on the second Sunday in May. |
| ・母の日にカーネーションを贈った。 | I gave my mother carnations on Mother's Day. |
| ・父の日のプレゼントにハンカチを贈った。 | I gave my father handkerchiefs as gifts for Father's Day. |
| ・両親に対して愛情表現をするのは照れくさかった。 | I felt awkward to express my love for my parents. |
| ・両親の愛情に感謝している。 | I am grateful to my parents for their love. |
| ・もちろん両親の愛情は果てしないということはわかっている。 | Of course, I know our parents' love for us is endless. |
| ・両親が私たちを立派に育ててくれたのでいつも尊敬している。 | I always respect my parents because they brought us up well. |
| ・両親が今の私を作ってくれた。 | My parents made me what I am.<br>＊ what I am　今の私、現在の私 |
| ・両親は私たちの教育にお金を出し惜しみしたことがない。 | My parents never spare money in educating us. |
| ・今は両親にどれほどの恩を受けているのかわかる（両親に感謝している）。 | Now I understand how much I owe my parents.<br>＊ owe　〜の恩恵を受けている、〜のおかげだ |
| ・親と子どもの間の愛情は常に果てしなく、また無条件だ。 | Love between parents and children is usually endless and unconditional. |
| ・親が子どもを愛するのは当然のことだ。 | It is natural for parents to love their children. |
| ・私は両親に愛情を持っている。 | I am attached to my parents.<br>＊ be attached to　〜に対して愛情を持つ |
| ・両親を永遠に愛するだろう。 | I will love my parents forever. |

## パーティーの種類

| | | | |
|---|---|---|---|
| 新年会 | New Year's party | 卒業パーティー | graduation party |
| 誕生日会 | birthday party | お茶会 | tea party |
| パジャマパーティー<br>（10代の少女のパーティー） | pajama party | ダンスパーティー | dance party |
| | | 仮装舞踏会 | costume party |
| 引越祝い | housewarming party | ディナーパーティー、<br>晩さん会 | dinner party |
| 持ち寄りパーティー | potluck dinner | | |
| サプライズパーティー | surprise party | 祝賀会、歓迎会 | reception |
| 歓迎会 | welcome party | 感謝祭 | Thanksgiving party |
| 送別会 | farewell party | クリスマス | Christmas party |

## パーティーの計画

- 各自が飲み物を持ち寄るパーティーを計画中だ。
  I am planning a BYOB[Bring Your Own Bottle] party.

- 彼のために歓迎パーティーをするつもりだ。
  We are going to throw a welcome party for him.

- 彼のために送別会を秘密で準備した。
  I secretly prepared a farewell party for him.
  ＊ farewell 別れ

- 私たちは大晦日にパーティーを開くつもりだ。
  We are going to throw a party on New Year's Eve.

- 私たちがパーティーの準備をした。
  We made arrangements for a party.
  ＊ make arrangements for ～のための準備をする

- 私はパーティーの準備のために忙しかった。
  I was busy preparing for the party.

- 私はパーティーのことでわくわくしていた。
  I was excited about the party.

- パーティーには私の大好きな友人たちを招待した。
  I invited my favorite friends to the party.

- 私が招待した友人が全員パーティーに出席できるだろうかと思った。
  I wondered if all the friends I had invited could come to the party.

**「招待状」**

パーティーを計画したら、招待したい人たちに招待状を送ります。「招待」はinvitationですが、その後ろにcardを付けず、invitationだけでも「招待状」を意味します。招待状に時間と場所、目的などを記し、最後にRSVPと書くことがありますが、これはフランス語のRépondez s'il vous plaît.の頭文字。英語でPlease reply.(ご返答ください)に当たる言葉で、「出欠をお知らせください」という意味になります。

## パーティーに参加

- 彼らがパーティーに来てくれたことをありがたく思った。
  I felt thankful to them for coming to the party.

- 彼がパーティーに現れたのでとても驚いた。
  I was so surprised because he turned up at the party.
  * turn up　現れる（＝appear）

- 彼は招待していないのにやってきた。
  He wasn't invited, but he invited himself.

- 彼は招かれざる客だった。
  He crashed the party.
  * crash　突進する、招待状なしで入り込む

- 彼をパーティーに入れないことになっていた。
  He was not allowed to enter the party.

- 彼がパーティーを台無しにした。
  He spoiled the party.

- 彼は彼の友達を連れてきた。
  He brought his friends.

- 彼は必ず来るはずだった。
  He was sure to come.

- 彼は来なかった。
  He was a no show.
  * no show　来るはずだったのに来なかった人

- 彼がなぜ来なかったのか気になった。
  I wondered why he didn't turn up.

- 彼が来なかったので何か物足りない気分だった。
  I felt something was missing because of his absence.

- 彼は時間がほとんど無かったので、パーティーに少しだけ立ち寄った。
  He had little time, so he made a quick trip to the party.
  * make a quick trip　少しだけ立ち寄る

- 彼がその場をリードした。
  He broke the ice.
  * break the ice　緊張を解く

## 招待

- 彼らの引っ越し祝いに招待された。
  I was invited to their housewarming party.

- 彼は私を彼のパーティーに招待してくれた。
  He invited me to come to his party.

| | |
|---|---|
| ・予期せぬことが起き、パーティーに参加できなかった。 | I couldn't attend the party because of an unexpected event. |
| ・先約があったのでそのパーティーに参加できなかった。 | I couldn't attend the party owing to a previous appointment. |
| ・行ってもいいという両親の許しを得なければならなかった。 | I had to get my parents' permission to go. |
| ・私は絶対に行くつもりだ。 | I won't miss it. |
| ・もちろん彼の招待を受けた。 | Of course, I accepted his invitation. |
| ・私は彼にぜひ参加すると伝えた。 | I informed him that I would attend with pleasure. |
| ・彼は私を喜んで迎えてくれた。 | He accepted me with delight. |
| ・彼らは私を温かく迎えてくれた。 | They gave me a warm welcome. |

## パーティーのプレゼント

| | |
|---|---|
| ・彼らは私にプレゼントをくれた。 | They gave me presents. |
| ・プレゼントの包みを開けた。 | I opened the gift. I unwrapped the gift. |
| ・彼らはプレゼントで私を驚かせた。 | They surprised me with presents. |
| ・友達からのプレゼントを受け取りうれしかった。 | I was happy to receive presents from my friends. |
| ・本当に気に入った。 | I really liked them. |
| ・ちょうど私が欲しいと思っていたものだった。 | That was just what I wanted. |
| ・こんなプレゼントをもらえるなんて考えてもいなかった。 | I never expected anything like this. |
| ・彼のためにちょっとしたものを準備した。 | I prepared a little something for him. |
| ・彼のためにちょっとしたプレゼントを一つ買った。 | I bought a small gift for him. |
| ・大したプレゼントではなかったが、私が心から贈ったものだ。 | The gift was not much, but it was from my heart. |
| ・彼はとても感謝していた。 | He was very thankful. |
| ・私のプレゼントを彼が気に入ってくれるといいと思った。 | I hoped he would like my present. |

## パーティーの服装

- どの服を着ていくかまだ決めていなかった。　I hadn't decided yet which clothes to wear.

- 着ていくのに適当な服がなかった。　I didn't have appropriate clothes to wear.
  ＊ appropriate　適当な、ちょうどいい

- 正装していた。　I was formally dressed.
  ＊ formally　正式に、形式的に

- とっておきの服を着た。　I was at my best.
  ＊ at one's best　一番いい状態で

- 今日のパーティーのために、とっておきの服を着た。　I wore my Sunday best for today's party.

- 彼は自分の一番いい姿を見せるために着飾っていた。　He was all dressed up to look his best.

- 彼は個性的な服装で現れた。　He appeared in unusual clothes.

- 彼女の服は人々の目を引いた。　Her dress was eye-catching.
  ＊ eye-catching　ほかの人の視線を引く

- 彼女の服はとても派手だった。　Her clothes were flashy.
  ＊ flashy　閃光のような、けばけばしい、派手な

- 自分の服が流行遅れに見えないか心配だった。　I was afraid that my clothes looked old-fashioned
  ＊ old-fashioned　時代遅れの、古くさい

## パーティーの楽しみ

- たくさんの人がパーティーにやって来た。　A lot of people came to the party.

- おいしい料理と飲み物がたくさんあった。　There were lots of delicious food and drinks.

- おいしい料理をいただいた。　I was served delicious food.
  ＊ be served　応対を受ける

- 私たちは歌と踊りを楽しんだ。　We enjoyed singing and dancing.

- 彼と踊った。　I danced with him.

- あるすてきな男性にダンスを申し込んだが、断られた。　I asked a handsome guy to dance with me, but he refused.

- 面白いゲームをした。　We played interesting games.

- パーティーの雰囲気がとてもよかった。　I really liked the atmosphere of the party.
  ＊ atmosphere　周囲の状況、雰囲気

- 雰囲気を壊さないよう努力した。　I tried not to be a wet blanket.
  ＊ wet blanket　雰囲気を壊す人

- 雰囲気を壊す人は嫌いだ。　I don't like party poopers.
  ＊ party pooper　雰囲気を壊す人

- 私たちは花火を準備した。　We prepared the fireworks.

| | |
|---|---|
| ・庭で花火をした。 | We did fireworks in the yard. |
| ・花火はとても素晴らしかった。 | The fireworks were so wonderful. |

## パーティーの終わり

| | |
|---|---|
| ・家へ帰る時間だった。 | It was time to go home. |
| ・彼は私にもう少しいるよう引き留めた。 | He asked me to stay a bit longer. |
| ・パーティーを終える時間だった。 | It was time to finish the party. |
| ・私は場違いのようだった。 | I felt like a fish out of water. |
| | ＊ a fish out of water 陸に上がった魚（場違いな人） |
| ・そのパーティーは居心地が悪かった。 | I didn't feel at ease at the party. |
| | ＊ at ease 居心地のいい |
| ・私にとってはつまらないパーティーだった。 | The party was so boring to me. |
| ・本当に楽しいパーティーだった。 | I enjoyed the party a lot. |
| ・とても素晴らしいパーティーだった。 | It was a fantastic party. |
| ・本当に楽しい時間だった。 | We had a whale of a time. |
| | ＊ a whale of 素晴らしい |
| ・パーティーで思いっきり楽しんだ。 | I partied to the max. |
| | ＊ party パーティーで思い切り遊ぶ／ |
| | to the max 完全に、最後まで |
| ・パーティーで楽しい時間を過ごした。 | I had a good time at the party. |
| ・いつまでも記憶に残るようなパーティーだった。 | I'll remember this party for a long time. |

# 5 クリスマス

CHRISTMAS

## メリークリスマス

| | |
|---|---|
| ・クリスマスまでもうすぐだ。 | Christmas is near at hand. |
| | Christmas is around the corner. |
| ・今年のクリスマスは日曜日だ。 | Christmas falls on Sunday this year. |
| ・友人たちへのクリスマスカードを作った。 | I made Christmas cards for my friends. |
| ・友人たちにクリスマスカードを送った。 | I sent Christmas cards to my friends. |
| ・このカードで友人たちが喜んでくれるとうれしい。 | I hope these cards will please my friends. |

| | |
|---|---|
| ・メリークリスマス！ | Merry Christmas!<br>A merry Christmas to you!<br>I wish you a merry Christmas! |
| ・クリスマスおめでとう！<br>（クリスマスカードのあいさつ文） | Season's Greetings! |
| ・今年はクリスマスに雪が降るといいな。 | My wish is a white Christmas this year! |
| ・クリスマスイブには教会で大きなイベントがあった。 | There was a big event at church on Christmas Eve. |
| ・クリスマスに弟と教会へ行った。 | I went to church with my younger brother on Christmas. |
| ・クリスマスキャロルを歌って楽しんだ。 | We enjoyed singing Christmas carols. |
| ・私たちはみんなで一緒にクリスマスキャロルを歌った。 | We all joined in singing Christmas carols. |
| ・プレゼントをいくつももらって<br>うれしかった。 | I was glad to receive several presents. |

## サンタクロース

| | |
|---|---|
| ・今年のサンタクロースは先生だった。 | My teacher was Santa Claus this year. |
| ・私はサンタクロースが存在しないということを知った。 | I learned that Santa Claus didn't exist. |
| ・私のお父さんがサンタクロースに変装した。 | My dad dressed up as Santa Claus. |
| ・毎年クリスマスの度にどんなプレゼントをもらおうかと思いをめぐらせる。 | Every year I wonder what kind of presents I will receive for Christmas. |
| ・寝る前に頭のそばに靴下を置いておいた。 | I placed a Christmas stocking by my head before going to bed. |
| ・今晩、サンタクロースからすてきなプレゼントがもらえるといいなあ。 | I hope I can get good presents from Santa Claus tonight. |

## クリスマスパーティー

| | |
|---|---|
| ・クリスマス用に装飾されたケーキを買った。 | I bought a cake especially decorated for Christmas. |
| ・クリスマスを祝ってパーティーを開くことにしている。 | We'll have a party to observe Christmas.<br>＊ observe （祝祭日・記念日を）祝う |
| ・クリスマスパーティーを楽しみにしている。 | I am looking forward to the Christmas party. |
| ・両親に贈るプレゼントを包装して隠しておいた。 | We wrapped and hid the presents for our parents.<br>＊ hid　hide（隠す）の過去形 |

- プレゼントを渡して両親を驚かせたかった。 I wanted to surprise my parents by giving them presents.

- 私たちはプレゼントでクリスマスを祝った。 We celebrated Christmas with presents.

## クリスマスの飾り

- クリスマスツリーを飾った。 We decorated our Christmas tree.

- クリスマスツリーを家族全員で飾り付けた。 The whole family put up the decorations on the tree.

- クリスマスツリーにクリスマス用の鈴と玉飾りを付けた。 We put Christmas bells and balls on our Christmas tree.

- クリスマスツリーにいろいろな飾りをぶら下げた。 I hung various decorations on our Christmas tree.

- クリスマスツリーにカラフルな豆電球を飾った。 I decorated our Christmas tree with colored light bulbs.

- 扉にクリスマスリースを飾った。 I hung up the Christmas wreath on the door.
  ＊ wreath　花輪、花冠

- クリスマスが終わった後、ドアに掛かっていたクリスマスの飾りを外して新年の飾りを付けた。 After Christmas, I took down my Christmas decorations and hung up the New Year's decorations on the door.

# 6 年末行事

YEAR-END-PARTY

- 年末が近付いてきた。 The end of the year is drawing near.
  ＊ draw near　近付いて来る

- もうすぐ年末だ。 The end of the year is right around the corner.

- 時間が経つのが速すぎて信じられない。 I can't believe how quickly time flies.

- 時間がゆっくり過ぎて行くような気がする。 I feel time drags.
  ＊ drag　のろのろ行く

- 忘年会があった。 We had a year-end party.

- 私たちは去る年を祝って小さな集まりを開いた。 We had a small meeting to celebrate the passing year.

- 今日はその集まりに行く気分ではなかった。 I just didn't feel like going to the meeting today.
  ＊ feel like –ing　〜したい、〜する気分だ

- パーティーに少しだけ寄った。 I dropped by the party.
  ＊ drop by　〜に寄る（＝stop by）

| | |
|---|---|
| ・私たちは軽くグラスを合わせて互いの健康のために乾杯した。 | We clinked glasses and drank to one another's health.<br>＊ clink　カチンと音を鳴らす |
| ・忘年会に参加して友人たちと楽しい時間を過ごした。 | I took part in the year-end party and enjoyed it with my friends. |
| ・友人たちは私がその集まりに参加した後、面白くなったと言った。 | My friends said that the meeting became interesting only after I showed up.<br>＊ show up　姿を現す |
| ・今日の集まりは本当に活気に満ちていて面白かった。 | Today's meeting was really lively and exciting. |
| ・レストランは私たちのしゃべり声と笑い声でいっぱいだった。 | The restaurant was filled with our chatter and laughter. |
| ・去年あったいやなことや憂うつなことは全部忘れるつもりだ。 | I will forget all the bad and gloomy events of last year. |
| ・光陰矢のごとし。 | Time flies like an arrow.<br>＊ arrow　矢 |
| ・歳月、人を待たず。 | Time and tide waits for no man. |
| ・一度過ぎた時間は二度と戻らない。 | Time is flying never to return. |

column

### 「乾杯！」

酒杯を触れ合わせて「乾杯！」するとき、普通はCheers!と言います。「あなたの健康のために」と言いたければHere's to your health!　日本語でいう「一気！」——掛け声に合わせてひと息に飲み干すときの表現は、Bottoms up!です。また、「乾杯しよう！」と誘うときは、Let's make a toast!と言います。一説によると、これはその昔、古代ローマでワインの風味をよくするために焼いたパンをひとかけら入れたという習慣に由来しているそうです。

# Living Hell

Thursday, January 3. Sunny

I don't feel good. I've been vomiting all day. I think I had eaten too much at grandma's house. I wonder how other people spent their New Year's Day. Me? Well, I wanted to blow up all the cars on the road. It took our family 10 hours to get from Nigata to Tokyo. It seemed to be a living hell. We were stuck in a traffic jam. It was reported on the radio that almost every road was jammed up with the cars of those who were coming back from their hometowns. On the way, I wanted to pee, but I couldn't find a restroom. I had to withstand it until we reached a resting place on the highway.

I really think the government should do something about this. What are they doing with our tax money? They should set up more restrooms along the roads. I just hope we will have a more comfortable trip to my grandparents' house next year.

## つらい帰省の道のり

1月3日　木曜日　晴れ

　気分がよくない。一日中吐き続けた。祖母の家で食べ過ぎたのだと思う。ほかの人たちは元旦をどのように過ごしたんだろう。私はというと路上の車をすべて吹き飛ばしてしまいたかった。新潟から東京まで10時間もかかったのだ！それはまさに生き地獄だった。渋滞で身動きがとれなかった。ラジオでは地方から戻ってくる車でほぼすべての道路が渋滞していると言った。途中でおしっこがしたくなったが、トイレを見つけることができなかった。高速道路の休憩所に着くまで我慢しなければならなかった。

　私は本当に政府がこの問題を何とかするべきだと思う。私たちが払う税金で一体何をしているのか？彼らは道路沿いにトイレをもっと増やすべきだ。来年には祖父母の家への往復がもっと楽になることを願うばかりだ。

### NOTES

vomit　吐く／ blow up　吹き飛ばす／ be reported　報道される、報告される／ be jammed up　交通渋滞している
on the way　道中に、行く途中に／ pee　おしっこをする／ withstand　我慢する、耐える／ set up　建てる、設置する

# CHAPTER

# 07

## 食生活

## 大食漢

| | |
|---|---|
| ・私は大食漢だ。 | I am a big eater. |
| | I eat like a horse. |
| | ＊ eat like a horse　馬のようによく食べる |
| ・私は食い意地が張っている。 | I am greedy when eating. |
| | ＊ greedy　食い意地の張った、欲深い |
| ・私は食べ物にけちをつけない。 | I don't complain about food. |
| ・私は食べ物を選り好みしない。 | I am not a fussy eater. |
| | ＊ fussy　口うるさい、気難しい |
| ・私はバランスの取れた食事をする。 | I eat a balanced diet. |
| | ＊ balanced　均衡のとれた／ diet　摂取する飲食物 |
| ・私は大概のものは食べられる。 | I eat just about everything. |
| ・私は食卓に並んだものなら何でも食べる。 | I eat everything offered at the table. |
| ・私は時々食べ過ぎて困る。 | I sometimes have problems because of overeating. |

## 小食家

| | |
|---|---|
| ・私は小食だ。 | I am a light eater. |
| | I am a small eater. |
| ・小食にしようと努力している。 | I try to eat a little. |
| ・少ししか食べないよう努力している。 | I try to eat like a bird. |
| ・健康のために適量の食事をとっている。 | I eat properly to stay in shape. |
| | ＊ in shape　健康状態がいい |
| ・太らないように食事を少な目にしている。 | I eat light so as not to gain weight. |
| ・小食にすると体が軽くなる気がする。 | When I eat a little, I feel light myself. |

## 偏食

| | |
|---|---|
| ・私は偏食をしない。 | I have a balanced diet. |
| ・私は食べ物に少し神経質だ。 | I am a little picky. |
| | I am a little particular about food. |
| ・私は食べ物にうるさいほうだ。 | I am kind of fastidious about food. |
| | ＊ kind of　〜ある程度、どちらかというと |
| ・私は好きな物だけを食べる。 | I eat just the food I like. |
| ・バランスの悪い食事をしている。 | I have an unbalanced diet. |

| | |
|---|---|
| ・食事が不規則だ。 | I eat irregularly.<br>＊ irregularly　不規則的に |
| ・好きなメニューでないときは、食事を<br>しない。 | When it isn't my favorite food, I don't eat<br>the meal. |
| ・彼は時々、私が米粒を数えながら食べて<br>いるようだと言う。 | He sometimes says that I seem to eat my rice<br>by counting the number of grains. |
| ・彼はいつも私に食べ物をつつくように<br>食べるなと言う。 | He always asks me not to pick at my food.<br>＊ pick at　～を少しずつつまんで食べる |

## 食欲

| | |
|---|---|
| ・私は食欲旺盛だ。 | I have a big appetite.<br>I have a good appetite.<br>I have a hearty appetite. |
| ・その料理は私の食欲をかき立てる。 | The food increases my appetite.<br>The food sharpens my appetite.<br>＊ sharpen　とがらせる、（食欲を）かき立てる |
| ・私の食欲は果てしない。 | I have a voracious appetite.<br>＊ voracious　（食欲が）旺盛な、どん欲な |
| ・食欲が増した。 | My appetite increased. |
| ・それほど食欲がなかった。 | I didn't have much of an appetite. |
| ・食欲が落ちている。 | My appetite is decreasing. |
| ・私は食欲不振で困っている。 | I am suffering from loss of appetite. |
| ・食欲を失った。 | I lost my appetite. |
| ・食欲がほとんどない。 | I have little appetite. |
| ・食欲が全然ない。 | I have no appetite. |
| ・食欲が出ない。 | I have a poor appetite. |
| ・口の中がからからだ。 | My mouth feels dry. |
| ・間食をしたので、夕飯で食欲がなかった。 | Since I ate between meals, it spoiled my dinner.<br>＊ spoil　台無しにする |

## 好きな食べ物

| | |
|---|---|
| ・私は家庭料理だけが好きだ。 | I only like home made meals. |
| ・私は中華料理が好きだ。 | I like Chinese food. |
| ・私は低脂肪の料理が好きだ。 | I like low-fat food. |
| ・私は薄い味の料理が好きだ。 | I like mild food.<br>＊ mild　刺激性がない |

| | |
|---|---|
| ・私は甘いものが好きだ。 | I like sweets.<br>I have a sweet tooth.<br>＊ have a sweet tooth　甘い物が好きだ |
| ・私は肉が好きだ。 | I am a meat lover.<br>I am fond of meat.<br>＊ be fond of　〜が好きだ |
| ・私はウェルダンのステーキが好きだ。 | I like well-done steak. |
| ・私は焼き加減がミディアムのステーキが<br>好きだ。 | I like medium steak. |
| ・私はレアステーキが好きだ。 | I like rare steak. |
| ・私は野菜が好きだ。 | I like vegetables. |
| ・私は野菜よりも肉が好きだ。 | I prefer meat to vegetables.<br>＊ prefer A to B　BよりAがもっと好きだ（A・Bは名詞） |
| ・私は飲むより食べるほうが好きだ。 | I prefer to eat rather than drink.<br>＊ prefer to A rather than B　BするよりAするほうがもっ<br>と好きだ（A・Bは動詞） |
| ・生野菜をよく食べる。 | I often eat raw vegetables.<br>＊ raw　加工していない |
| ・私は特別な好みはない。 | I have no special preference.<br>＊ preference　より好きな物 |
| ・私は肉を控えている。 | I abstain from meat.<br>＊ abstain from　〜を控える、避ける |

## 嫌いな食べ物

| | |
|---|---|
| ・私は菜食主義者なので肉は絶対に口に<br>しない。 | I never touch meat because I am a vegetarian. |
| ・油っこいものは食べない。 | I don't like fatty foods. |
| ・苦い味がする食べ物は嫌いだ。 | I don't like bitter tasting food. |
| ・塩辛い食べ物は好きではない。 | I don't like salty foods. |
| ・野菜が嫌いだ。 | I don't like vegetables. |
| ・私はほうれん草を絶対に食べない。 | I never eat spinach. |
| ・すっぱい果物は好きではない。 | I don't like fruits which taste sour. |
| ・すっぱい果物に慣れてきた。 | I am getting used to sour fruits.<br>＊ get used to　〜に慣れる |

## column

### 「菜食主義者」

肉や魚を食べない「菜食主義者」のことを vegetarian と言い、反対に肉をたくさん食べる「肉食の人」のことは meat eater、または meat lover と言います。卵や乳製品も受け付けない「完全菜食主義者」は vegan です。

## 相性

- その食べ物は私の口に合う。
The food suits my taste.
The food is pleasant to my taste.

- その食べ物は口当たりがいい。
The food is palatable.
＊ palatable （食べ物が）口に合う、口当たりがいい

- その食べ物は私の口に合わない。
The food doesn't suit my taste.

- その食べ物は私の好みではない。
The food doesn't agree with my stomach.

- その食べ物は私に合わないようだ。
The food seems to disagree with me.

## 健康食

- 野菜が健康にいいというが、私は食べたくない。
It is said that vegetables are good for health, but I don't want to eat them.

- 私は健康にいいものしか食べたくない。
I want to eat only foods that are good for my health.

- 消化不良を起こさないように、ゆっくり食べなければならない。
I have to eat slowly so as not to get indigestion.

- 油っこい食べ物は胃によくない。
Fatty foods are not good for the stomach.

- バランスのいい食事をするのが一番だ。
It is best to have a well-balanced diet.

- 刺激の少ない食べ物を食べるのが健康にいい。
It's good for health to eat mild food.

- 私たちはできる限り食べ過ぎないようにしている。
We try not to overeat if possible.

- 私はジャンクフードを食べないようにしている。
I try not to eat junk food.

## 牛乳

- 牛乳にアレルギーがあるので飲まない。
I have an allergy to milk, so I don't drink it.

- 私は牛乳の味が好きではない。
I don't like the taste of milk.

- 私は牛乳の消化が悪い。
I can't digest milk well.
＊ digest （食べ物を）消化する

| | |
|---|---|
| ・牛乳を飲むとおなかが痛くなる。 | Milk upsets my stomach. |
| ・牛乳を飲むと下痢になる。 | I get diarrhea when I drink milk. |
| ・私は牛乳が大好きで水のかわりに飲むほどだ。 | I like milk so much that I drink it instead of water. |
| ・体がもっと大きくなるように牛乳をたくさん飲んでいる。 | I drink a lot of milk so that I can grow more. |

## コーヒー

| | |
|---|---|
| ・私はブラックコーヒーが好きだ。 | I like my coffee black. |
| ・コーヒーに砂糖二杯とミルク一杯を入れて飲む。 | I drink coffee with two spoonfuls of sugar and one spoonful of cream. |
| ・濃いコーヒーが好きだ。 | I like my coffee strong. |
| ・薄いコーヒーを飲む。 | I drink weak coffee. |
| ・コーヒーを甘くして飲む。 | I drink my coffee sweet. |
| ・濃いコーヒーを飲むと眠れなくなる。 | When I drink a cup of strong coffee, I can't fall asleep. |

## 和食

| | | | |
|---|---|---|---|
| ごはん | (steamed) rice | 牛丼 | beef bowl |
| おかゆ | rice porridge | カレーライス | curry with rice, curry |
| 味噌汁 | miso soup | 寿司 | sushi |
| 漬物 | pickles | さしみ | sliced raw fish |
| 焼き魚 | grilled fish | 焼き鳥 | Japanese BBQ Chicken |
| 干物 | dried fish | お好み焼き | Japanese pancake |
| のり | dried seaweed | 煮物 | simmered dishes |
| 豆腐 | tofu | 肉じゃが | braised meat and vegetables |
| 納豆 | natto, fermented soybeans | 茶碗蒸し | savory cup custard |
| 大根おろし | grated radish | すき焼き | sukiyaki |
| 梅干 | pickled plum | しゃぶしゃぶ | shabu-shabu |
| 生卵 | raw egg | 弁当 | bento, lunch box |
| ゆで卵 | boiled egg | 天ぷら | tempura |
| 目玉焼き | fried egg | 天丼 | rice topped with deep-fried prawns |
| 赤飯 | red rice with azuki beans | | |
| おにぎり | rice ball | そば | buckwheat noodles, soba |
| 雑煮 | soup with rice cake | うどん | udon |

## 料理

| | | | |
|---|---|---|---|
| スープ | soup | ハンバーグ | hamburger, hamburger steak |
| コンソメスープ | consommé | オムレツ | omelet |
| ミネストローネ | minestrone | ミートボール | meatball |
| 野菜サラダ | green salad | ピザ | pizza |
| フルーツサラダ | fruit salad | 串物 | skewer |
| マッシュポテト | mashed potatoes | 点心 | dim sum |
| ベイクドポテト | baked potato | フライドチキン | fried chicken |
| ステーキ | steak | タレ付チキン | seasoned chicken |
| トンカツ | pork cutlet | 冷凍食品 | frozen food |
| スパゲッティ | spaghetti | | |
| ロブスター焼き | broiled lobster | | |

## 台所用品

| | | | |
|---|---|---|---|
| シンク台 | sink | ランチョンマット | place mat |
| 冷蔵庫 | refrigerator | 栓抜き | corkscrew |
| 冷凍庫 | freezer | 包丁 | knife |
| 皿洗い機 | dishwasher | まな板 | cutting board |
| 炊飯器 | rice cooker | おろし金 | grater |
| ガスこんろ | gas stove | 深い鍋 | pot |
| グリル | grill | 浅い鍋 | pan |
| オーブン | oven | 片手鍋 | saucepan |
| 電子レンジ | microwave | フライパン | frying pan |
| トースター | toaster | フライ返し | spatula |
| ミキサー | blender | 泡立て器 | whisk |
| フードプロセッサー | food processor | 鍋つかみ | hot pad |
| 蒸し器 | steamer | アルミホイル | aluminum foil |
| パイ皮練り器 | pastry blender | ラップ | plastic wrap |
| めん棒 | rolling pin | 缶切り | can opener |
| 戸棚 | cupboard | こし器 | strainer |
| 皿置き | dish rack | おたま | ladle |

| | | | |
|---|---|---|---|
| 大さじ | tablespoon | 小さじ | teaspoon |
| 焼き網 | grid iron | スプーン | spoon |
| ざる | colander | はし | chopsticks |
| 計量カップ | measuring cup | フォーク | fork |
| レモン搾り器 | lemon juicer | お碗 | bowl |
| 氷入れ | ice bucket | 深めの皿 | dish |
| 氷用とん具 | ice tongs | 楕円形の大きな皿 | platter |
| コーヒーメーカー | coffee maker | 個人用の皿 | plate |
| 布巾 | kitchen towel | 茶碗などの受け皿 | saucer |
| たわし | scrubbing pad | ご飯茶碗 | rice bowl |
| ゴム手袋 | rubber gloves | カップ | cup |
| 脱臭剤 | deodorizer | グラス | glass |
| 食器類 | tableware | おぼん | tray |

## 調味料

| | | | |
|---|---|---|---|
| | | ごま油 | sesame oil |
| 薬味 | spice | マヨネーズ | mayonnaise |
| 調味料 | seasoning | マーガリン | margarine |
| 砂糖 | sugar | 塩 | salt |
| 角砂糖 | cubed sugar | コショウ | pepper |
| 精白糖 | refined sugar | 酢 | vinegar |
| 黒砂糖 | brown sugar unrefined sugar | ケチャップ | ketchup |
| ごま | sesame seed | からし | mustard |
| しょうゆ | soy sauce | 香料 | flavor |
| みそ | fermented soybean paste, miso | にんにく | garlic |
| | | タマネギ | onion |
| コチュジャン | red pepper paste | 唐辛子 | red pepper |
| 唐辛子粉 | powdered red pepper | ハーブ | herb |

## 野菜

| | | | |
|---|---|---|---|
| キャベツ | cabbage | 豆 | bean |
| 白菜 | Chinese cabbage | エンドウ豆 | pea |
| ホウレンソウ | spinach | 玉ネギ | onion |
| キュウリ | cucumber | ネギ | spring onion |
| カボチャ | pumpkin | ニンニク | garlic |
| ニンジン | carrot | ニンニクの芽 | stalk of garlic |
| 大根 | radish | トウモロコシ | corn |
| カブ | turnip | レタス | lettuce |
| ラディッシュ | young radish | 春菊 | crown daisy |
| ブロッコリー | broccoli | 赤カブ | red beet |
| カリフラワー | cauliflower | 赤カブの根 | beetroot |
| アスパラガス | asparagus | セリ | dropwort |
| パセリ | parsley | 赤唐辛子 | red pepper |
| ナス | eggplant | 青唐辛子 | green pepper |
| ニラ | leek | キノコ | mushroom |
| ヨモギ | mugwort | ワカメ | brown seaweed |
| ナズナ | shepherd's purse | ゴマ | sesame seed |
| ジャガイモ | potato | エゴマ | wild sesame |
| サツマイモ | sweet potato | ゴマの葉 | sesame leaf |

## 果物

| | | | |
|---|---|---|---|
| リンゴ | apple | イチゴ | strawberry |
| 青リンゴ | green apple | ラズベリー | raspberry |
| 梨 | pear | ピーナッツ | peanut |
| 柿 | persimmon | 栗 | chestnut |
| 干し柿 | dried persimmon | クルミ | walnut |
| 熟柿 | mellow persimmon | スイカ | watermelon |
| 甘柿 | sweet persimmon | メロン | melon |
| バナナ | banana | サクランボ | cherry |
| パイナップル | pineapple | ブドウ | grape |
| ココナッツ | coconut | ヤマブドウ | wild grape |
| オレンジ | orange | 干しブドウ | raisin |

| | | | |
|---|---|---|---|
| イチジク | fig | レモン | lemon |
| 桃 | peach | ザクロ | pomegranate |
| マンゴー | mango | キウイ | kiwi |
| アンズ | apricot | スモモ | plum |

## 海鮮物

| | | | |
|---|---|---|---|
| 鮭 | salmon | エビ | prawn |
| マス | trout | 小エビ | shrimp |
| イワシ | sardine | カニ | crab |
| サバ | mackerel | ロブスター | lobster |
| ニシン | herring | カキ | oyster |
| サンマ | saury | 貝 | shellfish |
| カタクチイワシ | anchovy | ザリガニ | crayfish |
| タラ | cod | 二枚貝 | clam |
| カレイ | plaice | ムール貝 | mussel |
| イカ | squid | アワビ | abalone |
| コウイカ | cuttlefish | マグロ | tuna |
| タコ | octopus | タニシ | mud snail |
| タチウオ | hair tail | | |

## 肉

| | | | |
|---|---|---|---|
| 牛肉 | beef | テンダーロイン | tender loin |
| 豚肉 | pork | ヒレ肉 | fillet |
| 羊肉 | mutton | あばら肉（カルビ） | rib |
| 子羊の肉 | lamb | 胸肉 | brisket |
| 子牛の肉 | veal | しり肉 | rump |
| ベーコン | bacon | わき腹肉 | flank |
| 鶏肉 | chicken | 肩肉 | shoulder |
| トリの胸肉 | chicken breast | | |

## 料理方法

| | | | |
|---|---|---|---|
| 切る | cut | （粉などを）まぶす | coat |
| 切り刻む | chop | （肉を）焼く | roast |
| 細かく刻む | mince | 網で焼く | grill |
| 薄切りする | slice | 丸焼きにする、バーベキューにする | barbecue |
| つぶす | mash | オーブンで焼く | bake |
| （皮を）むく | peel | トースターで焼く | toast |
| 切り身にする | fillet | こんがり焼く | brown |
| 粉々にする | crush | 温める | heat |
| （おろし金で）おろす | grate | 沸かす、ゆでる | boil |
| （粉などを）ひく | grind | 煮込む | stew |
| 混ぜる | mix, blend | とろとろ煮る | simmer |
| さいの目に切る | dice | 凍らす | freeze |
| 軽く混ぜ合わせる | toss | 冷蔵する | refrigerate |
| | mix | 冷ます | cool |
| こねる | knead | 揚げる | fry |
| かき回す | stir | たっぷりの油で揚げる | deep-fry |
| 泡立てる | whip | 味付けする | season |
| （塩などを）ふる | sprinkle | | |

## 料理の腕

| | |
|---|---|
| ・私は料理が好きだ。 | I like to cook.<br>I like cooking.<br>I like preparing dishes. |
| ・私は料理がうまい。 | I am a good cook.<br>I am good at cooking. |
| ・私は料理の手際がいい。 | I am very handy at cooking.<br>＊handy 巧みな、器用な |
| ・私は料理が下手だ。 | I am poor at cooking.<br>I am a bad cook.<br>I am a terrible cook. |
| ・私はあらゆる種類の料理を作ることができる。 | I can cook all kinds of dishes. |
| ・その料理方法を知っている。 | I know how to cook it. |
| ・たくさんのレシピを知っている。 | I know a lot of recipes. |

| | |
|---|---|
| ・料理の講習を受けた。 | I took lessons on cooking.<br>I took lessons in culinary arts.<br>＊ culinary art　料理法 |
| ・スパゲティやケーキなどを作れる。 | I can make spaghetti, cake and other things. |
| ・特にパン作りが得意だ。 | I am especially good at baking. |
| ・私は魚料理が得意だ。 | I do fish well.<br>＊ do fish　魚料理をする |

column

**「料理人」**

「料理する」はcookですが、「料理人」「料理をする人」も動詞と同じcookです。cookerとは言いません。cookerはrice cooker（炊飯器）など、「調理器具」を指す言葉です。したがって、「料理人になりたい」をI want to be a cooker.と言ってしまうと、「私は調理器具になりたい」というとんでもない意味になってしまいます。専門的な教育を受けた「専門の料理人」は、chefと言います。

## 料理の準備

| | |
|---|---|
| ・今日は私が夕食を作る番だった。 | It was my turn to cook dinner tonight.<br>＊ turn　順番、順序 |
| ・その料理を作るためにはいろいろな材料が必要だった。 | I needed different ingredients to make the dish.<br>＊ ingredient　原料、食材 |
| ・冷蔵庫からいくつかの材料を取り出した。 | I took several ingredients out of the refrigerator. |
| ・おいしい料理を作るには新鮮な材料を使う必要がある。 | It is necessary to use fresh ingredients in order to make delicious dishes. |
| ・玉ねぎが必要だったがなかった。 | I needed onions but had none. |
| ・キャベツ一玉を刻んだ。 | I chopped a head of cabbage.<br>＊ a head of　～一玉 |
| ・オレンジの皮をむいた。 | I peeled oranges.<br>＊ peel　皮をむく |
| ・オレンジの汁を搾った。 | I squeezed the juice from oranges. |
| ・大根をおろし金ですった。 | I grated a radish.<br>＊ grate　こすってする |
| ・数個のナッツをひいて粉にした。 | I ground a few nuts into powder.<br>＊ ground　grind（ひく）の過去形 |
| ・りんごをさいの目に切った。 | I diced an apple. |
| ・オーブンを150度に予熱した。 | I preheated the oven to 150℃. |

| | |
|---|---|
| ・ケーキを作るために材料を準備した。 | I prepared the ingredients for making a cake. |
| ・魚を丁寧に始末して洗った。 | I cleaned and washed the fish carefully. |
| ・内臓を取り除いて岩塩で洗った。 | I removed the internal organs and rinsed them with rock salt.<br>＊ internal　内部の、中の／ organ　器官 |
| ・塩を少量魚にこすりつけてうろこを取り除いた。 | I rubbed a little salt on the fish to remove the scales.<br>＊ scale　（魚の）うろこ |

---

### 魚の生臭いにおい

魚を料理する際、生臭いにおいがしたらIt smells fishy.と言います。fishyは本来、「魚の」「生臭いにおいのする」という意味ですが、何か疑わしいことがあったり、怪しい気配がしたりするときにも比ゆ的に使います。I smell something fishy around here.で、「この辺りが何だか怪しいぞ」という表現になります。

column

---

## 料理

| | |
|---|---|
| ・ガスコンロをつけたあと弱火にした。 | I turned on the gas stove and turned down the flame. |
| ・ガスコンロの火を強くした。 | I turned up the flame of the gas stove. |
| ・鍋をコンロにかけた。 | I put the pan on the stove. |
| ・お湯が沸くまで待った。 | I waited until the water boiled. |
| ・ボールに小麦粉とベーキングパウダー、砂糖を入れてパイ皮練り器で混ぜた。 | I mixed flour, baking powder and sugar in a bowl with a pastry blender.<br>＊ pastry　練ったもの |
| ・砂糖と卵黄をなめらかになるまで混ぜた。 | I mixed sugar and egg yolks until they got smooth.<br>＊ yolk　（卵の）黄身 |
| ・混ぜた粉にバターを加えた。 | I put the butter into the flour mixture.<br>＊ mixture　混合、混合物 |
| ・ボールに小麦粉を入れて、水を少しずつ加えながら生地をこねてまとめた。 | I put flour in a bowl, added water a little at a time and kneaded it into a ball. |
| ・生地をいくつかに分けて小さく丸めた。 | I divided the dough into several pieces and shaped them into small balls.<br>＊ divide ~ into...　～を…に分ける |
| ・生地をのばした。 | I flattened the dough.<br>＊ flatten　平らにする |

| | |
|---|---|
| ・予熱したオーブンで30分間焼いた。 | I baked it in a preheated oven for 30 minutes. |
| ・つまようじで真ん中を刺しても、何もつかなくなるまで焼いた。 | I baked it until a toothpick inserted in the center came out clean.<br>＊ insert　差し込む、挿入する |
| ・冷めるまで中に入れておいた。 | I left them inside until they cooled. |
| ・脇に置いて冷ました。 | I set them aside to cool. |
| ・30分間冷ました。 | I chilled them for 30 minutes. |
| ・厚手の鍋にチョコレートを入れて弱火で溶かした。 | I melted the chocolate over low heat in a thick sauce pan. |
| ・泡立てたクリームをケーキの上に適量にのせて、できるだけ均等になるように塗った。 | I placed an adequate amount of whipped cream on top of the cake and spread it as evenly as possible.<br>＊ place　置く／ adequate　適量の／<br>　evenly　むらなく、平等に |
| ・その上にいろいろな種類の果物を載せた。 | I topped it with assorted fruits.<br>＊ assorted　さまざまな、各種取りそろえた |
| ・自分の好みに合わせてケーキを飾り付けた。 | I decorated the cake according to my preference.<br>＊ preference　好み、好きな物 |
| ・魚を鍋に入れて沸騰させた。 | I put the fish in the sauce pan and brought it to a boil.<br>＊ bring ~ to a boil　〜を火にかける、ゆでる |
| ・さまざまな調味料を加え、魚に味が染み込むまでとろとろ煮込んだ。 | I added various seasonings and simmered until the fish had absorbed them.<br>＊ seasoning　調味料／ simmer　とろとろ煮る／<br>　absorb　吸収する |
| ・ビーフシチューを作った。 | I made beef stew. |
| ・米にごま油をスプーン一杯入れて混ぜた。 | I stirred a spoonful of sesame oil into the rice.<br>＊ a spoonful of　スプーン一杯の |
| ・料理をしていたら指を切ってしまった。 | I cut my finger when I was cooking. |
| ・今日はとてもおいしい夕食と特製デザートを作った。 | Today I made a very good dinner and a special dessert. |
| ・デザートにアップルパイを作った。 | I made an apple pie for dessert. |
| ・私はマッシュポテトを作るためにじゃがいもをすりつぶした。 | I mashed up some potatoes to make mashed potatoes.<br>＊ mash　すりつぶす |
| ・マヨネーズとほかの材料を混ぜた。 | I mixed mayonnaise with other ingredients. |
| ・サラダを和えた。 | I tossed a salad. |
| ・サラダを混ぜ合わせた。 | I mixed up a bowl of salad. |
| ・オーブンでパンを焼いた。 | I baked some bread in the oven. |

・塩で味を調えるのは重要なことだ。　It is important to properly season a dish with salt.

・私は心を込めて料理を作った。　I put my heart into the food that I cooked.

## 3 味

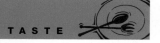

### いろいろな味

| | | | |
|---|---|---|---|
| 新鮮な | fresh | 渋い | astringent |
| 香辛料のきいた | spicy | 風味のよい | tasty |
| おいしい | delicious, yummy | (肉が)筋っぽい、堅い | stringy, tough |
| 香ばしい | savory | (肉が)やわらかい | tender, soft |
| 塩辛い | salty | 味のない、まずい | tasteless |
| 味が薄い | flat, bland | 新鮮ではない | stale |
| まろやかな味の | mild | 生の、生焼けの | raw |
| 辛い | hot | 腐った | rotten |
| 酸っぱい | sour | 油っこい | greasy, oily, fat |
| 甘い | sweet | 淡泊な | light |
| 甘ったるい | sugary | さくさくの | crispy |
| 苦い | bitter | ぱりぱりした | crunchy |

## 味見

・味見をした。　I tasted the food.

・今日のおかずは薄味だった。　Today's dishes tasted bland.

・炭酸の抜けたコーラを飲んだ。　I drank flat Coke.

・キムチが塩辛過ぎた。　The kimchi was too salty.

・オレンジが熟していなかったのでとてもすっぱかった。　The oranges were so sour because they were not yet ripe.

・そのブドウは甘そうに見えたのにとてもすっぱかった。　The grapes looked sweet, but tasted very sour.

| | |
|---|---|
| ・きりっとした味だった。 | It was tangy.<br>＊ tangy　味が強い、風味の強い |
| ・甘い味がした。 | It tasted sweet.<br>It had a sweet taste. |
| ・その桃は甘かった。 | The peach was luscious. |
| ・コーヒーが甘過ぎた。 | The coffee tasted so sugary. |
| ・辛かった。 | It was spicy. |
| ・シチューがとても熱かった。 | The stew was very hot. |
| ・舌がひりひりした。 | My tongue burned. |
| ・刺激のある味だった。 | It was pungent.<br>＊ pungent　辛い、ひりっとする、刺激性の |
| ・油っこかった。 | It was greasy. |
| ・その柿は渋かった。 | The persimmon tasted astringent. |
| ・とてもなめらかな味だった。 | It tasted so smooth. |
| ・そのヨーグルトは何も加えていないものだった。 | The yogurt was plain.<br>＊ plain　香辛料・調味料などをいれていないそのままの、はっきりした |
| ・ブドウ味がした。 | It was grape-flavored. |
| ・それはお母さんが作ったものとまったく同じ味だった。 | It tasted exactly like my mom's. |
| ・その料理には砂糖がたくさん入っていた。 | The food had a lot of sugar in it. |
| ・そのスープは塩を入れ過ぎたようだった。 | There seemed to be too much salt in the soup. |
| ・その食べ物は時間が経って傷んでいるようだった。 | The food looked old and stale.<br>＊ stale　傷んだ、新鮮でない |

## column

### 「辛い！」

ヒリヒリするような食べ物の辛さはhotで表せますが、I'm hot. と言うと、食べ物が辛いのではなく、気温や室温が高いせいで「暑い」という意味になってしまいます。食べ物が「辛い」と言うには、It is hot.、または、「食べ物の名前＋is hot」としなければなりません。

## 料理の出来

| | |
|---|---|
| ・ごはんがうまく炊けていた。 | The rice was well cooked. |
| ・ごはんが生煮えだ。 | The rice was undercooked. |

| | |
|---|---|
| ・ごはんが胃にもたれた。 | The rice was heavy. |
| ・ごはんがべちゃべちゃになった。 | The rice was mushy. |
| | The rice was too watery. |
| | ＊ mushy (=watery)　お粥のような、水気の多い |
| ・スープが濃かった。 | The soup was thick. |
| ・スープが薄かった。 | The soup was thin. |
| ・ステーキは焼き過ぎだった。 | The steak was overdone. |
| ・ステーキが生焼けだった。 | The steak was undercooked. |
| ・ステーキが半分しか焼けていなかった。 | The steak was half done. |
| ・ステーキがとても堅くて、切りにくかった。 | The steak was so tough that it was hard to cut. |
| | ＊ tough　堅い、切れにくい |
| ・どの料理も生焼けか、焼き過ぎだった。 | Each dish was either undercooked or overcooked. |
| ・ドレッシングがサラダにとてもよく合っていた。 | The dressing was perfect for the salad. |

## 4 食前

**B E F O R E   A   M E A L**

### おなかがすく

| | |
|---|---|
| ・朝食をとりそこねた。 | I missed breakfast. |
| ・今日は昼食を抜いた。 | I skipped lunch today. |
| ・冷蔵庫の残り物を食べなければいけなかった。 | I had to eat some leftovers from the refrigerator. |
| ・毎日同じ物を食べて飽き飽きしている。 | I am sick and tired of having the same food every day. |
| | ＊ be sick and tired of　～に飽き飽きする |
| ・おいしそうに見えた。 | It looked delicious. |
| ・おいしそうな香りがした。 | It smelled tasty. |
| ・食欲を誘った。 | It was appetizing. |
| ・なまつばが出た。 | My mouth was watering. |
| ・おいしい料理のにおいがしたのでよだれが出た。 | The smell of tasty food made my mouth water. |
| | ＊ make one's mouth water　なまつばを出させる |

| | |
|---|---|
| ・一日中一口も食べなかったので、とても おなかがすいた。 | I haven't had a bite to eat all day, so I was as hungry as a bear.<br>＊ a bite 一口、ほんの少しの食べ物 |
| ・おなかがぐうぐう鳴っていた。 | My stomach was growling. |
| ・私はとてもおなかがすいていた。 | I was famished.<br>I was hungry like a horse.<br>I was as hungry as a hunter. |
| ・あまりにもおなかがすいたので、何でも 食べられそうだった。 | I was so hungry that I could eat a horse. |
| ・おなかがすいて死にそうだった。 | I was starving to death.<br>I was dying with hunger.<br>＊ dying with 〜で死にそうな |
| ・空腹が一番のソースだ<br>（空き腹にまずいものはない）。 | Hunger is the best sauce. |
| ・空腹だと道理も聞こえない<br>（衣食足りて礼節を知る）。 | The belly has no ears. |
| ・パンは鳥のさえずりに勝る<br>（花より団子）。 | Bread is better than the song of the birds. |

## 軽食をとる

| | |
|---|---|
| ・軽く食べるためにファストフード店に 入った。 | I went to a fast-food restaurant to grab a bite.<br>＊ grab a bite 少し食べる、一口食べる、<br>biteは「一口、ひとかじり」 |
| ・簡単に何か食べようとパン屋へ行った。 | I went to a bakery to have a bite to eat. |
| ・おやつにドーナツをいくつか食べた。 | I had a few doughnuts for a snack. |
| ・食べ物をほかの人と分けて食べた。 | I shared my food with others. |

## おいしい

| | |
|---|---|
| ・おいしかった。 | It was nice.<br>It was good.<br>It was delicious. |
| ・素晴らしくおいしかった。 | It was excellent.<br>It was wonderful.<br>It was fantastic. |
| ・香りが食欲をそそった。 | It was savory. |
| ・風味がよかった。 | It was flavorful. |
| ・食べられなくはなかった。 | It was edible. |
| ・そんなに悪くなかった。 | It was not so bad. |
| ・天下一品だった。 | It was out of this world.<br>＊ out of this world　この世のものとは思えない、天下一品で |
| ・食事を楽しんだ。 | I enjoyed the meal very much. |
| ・私はスパゲティを食べて大満足した。 | I feasted on the spaghetti.<br>＊ feast　ごちそうになる、大いに楽しむ |
| ・その食べ物は口の中でとろけるようなおいしさだった。 | The food melted in my mouth. |
| ・その食べ物は本当においしかった。 | The food tasted like heaven.<br>＊ taste like heaven　本当においしい |
| ・もう少し食べたかった。 | I wanted to have some more. |
| ・お母さんが作る料理は全部おいしい。 | All the dishes my mom makes are very delicious. |

## まずい

| | |
|---|---|
| ・まずかった。 | It was not tasty.<br>It tasted bad. |
| ・何の味もなかった。 | It had no taste.<br>It was flavorless. |
| ・その食べ物はあまりおいしくなかった。 | The food didn't have much taste. |
| ・ひどい味だった。 | It tasted terrible. |
| ・いやな味がした。 | It was disgusting.<br>＊ disgusting　気分の悪くなる、うんざりさせる |
| ・その料理は味がどこか変だった。 | Something was wrong with the food. |

| | |
|---|---|
| ・その料理はひどかった。 | The food was awful. |
| ・サラダが新鮮ではなかった。 | The salad was not fresh. |
| ・その料理は古くなっていた。 | The food was stale. |
| ・その料理は傷んでいる。 | The food has gone bad. |
| ・その料理は腐っていた。 | The food was rotten. |
| ・その料理はどうも腐っているようだった。 | The food seemed to be spoiled. |
| ・その牛乳は腐っていた。 | The milk had turned sour. |

## 満腹

| | |
|---|---|
| ・しっかり食べた。 | I ate properly. |
| ・食べ物を全部平らげた。 | I ate up all the food. |
| ・おなかいっぱいになるまで食べた。 | I ate until my stomach was full. |
| ・自分の好きな物を思う存分取って食べた。 | I helped myself to everything I liked. |
| ・満腹になった。 | I was full. |
| ・おなかいっぱいになった。 | I was filled. |
| ・おなかがぱんぱんになった。 | I was stuffed. |
| ・本当におなかがいっぱいになるまで食べた。 | I really stuffed myself. |
| ・十分に食べた。 | I've had enough. |
| ・もりもり食べた。 | I ate like a horse. |
| ・思う存分食べた。 | I ate my fill.<br>I stuffed my hole.<br>＊ one's fill　たらふく、いっぱい |
| ・食べられるだけ食べた。 | I ate as much food as I could hold. |
| ・ワンタンを堪能した。 | I feasted on wonton soup. |
| ・食べ過ぎた。 | I had too much.<br>I overate. |
| ・もうそれ以上食べられなかった。 | I couldn't eat another bite. |
| ・もうそれ以上飲めなかった。 | I couldn't drink another drop. |

## お店の種類

| 韓国料理屋 | Korean restaurant | パン屋 | bakery |
| --- | --- | --- | --- |
| 中華料理屋 | Chinese restaurant | 居酒屋 | pub |
| ビュッフェ | buffet | カフェテリア | cafeteria |
| 洋食レストラン | Western-style restaurant | 軽食堂 | snack bar |
| 売店 | corner, stand, stall | ピザ屋 | pizzeria |
| 構内売店 | concession stand | 飲み屋 | bar |
| 休憩所 | rest area, rest stop | | |

## 家族で外食

| | |
| --- | --- |
| ・わが家は時折外食するのが好きだ。 | My family loves to eat out from time to time. |
| ・外食をするといつもよりいろいろ話ができるのでよい。 | When we eat out, it is good because we can talk more to one another. |
| ・毎週末の外食は、わが家の楽しみと幸せになっているようだ。 | Eating out every weekend seems to give us pleasure and happiness. |
| ・わが家がお気に入りのレストランがいくつかある。 | My family has several favorite restaurants. |
| ・今日わが家はすてきなレストランで楽しく食事をした。 | Today my family had a nice dinner in a good restaurant. |

### column

**外食**

「外食する」は外で食べることなので、eat outといいます。「～を食べに出かける」はgo out for ～を使って表します。「ランチを食べに行こう！」ならば、Let's go out for lunch.となります。

## レストランの予約

| | |
|---|---|
| ・わが家は今日外食をすることにした。 | My family planned to eat out today. |
| ・日曜日は時々レストランで外食をする。 | On Sundays we sometimes eat out at a restaurant. |
| ・すてきなレストランに行くことにした。 | We decided to go to a nice restaurant. |
| ・叔父がいいレストランを薦めてくれた。 | My uncle recommended a good restaurant. |
| ・レストランの席を予約した。 | I reserved a table at a restaurant. |
| ・今日の夜6時に4名の予約をした。 | I made a reservation for this evening at 6 o'clock for four people. |
| ・個室の予約を希望した。 | I wanted to book a private room. |
| ・窓際の席を頼んだ。 | I asked for a table by the window. |
| ・窓際の席はすべて予約済みだと言われた。 | They said that all the tables by the window were taken. |
| ・席はすでにすべて予約済みだった。 | All the tables had already been reserved. |
| ・予約無しでは席を取ることができない。 | We can't get a table without reservations. |
| ・私はとても忙しかったので、予約をキャンセルしなければならなかった。 | I was very busy, so I had to cancel the reservation. |

## レストラン

| | |
|---|---|
| ・食事をするのにいい場所を見つけた。 | We found a good place to eat. |
| ・そのレストランは食事もおいしく、値段もちょうどいいのでとても人気がある。 | The restaurant is very popular because the food is delicious and the prices are reasonable. |
| ・そのレストランは新しくオープンしたばかりだ。 | The restaurant is newly opened. |
| ・そのレストランはこの都市では有名だ。 | That restaurant is well known in this city. |
| ・そのレストランはビビンバでよく知られている。 | The restaurant is well known for bibimbap. |
| ・私はそのレストランの常連だ。 | I am a regular customer of that restaurant. |
| ・そこに行くといつも丁重な対応を受ける。 | When I go there, they always give me the red-carpet treatment.<br>＊ red-carpet 丁重な、手厚い／ treatment 扱い、対応 |
| ・そのレストランは雰囲気がとてもいい。 | The ambiance of the restaurant is very good.<br>＊ ambiance 周囲の環境、雰囲気 |
| ・そのレストランには居心地のいい雰囲気がある。 | The restaurant has a cozy atmosphere. |

| | |
|---|---|
| ・そのレストランは恋人たちに人気のデートスポットだ。 | The restaurant is a popular rendezvous for romantic couples.<br>＊ rendezvous　会う約束、待ち合わせの場所 |
| ・そのレストランの料理はおいしい。 | The restaurant serves good meals. |
| ・私たちが行った中では最高のレストランだった。 | That was the best restaurant we had ever been to. |
| ・そのレストランはビーフステーキの専門店だ。 | The restaurant specializes in beef steak.<br>＊ specialize in　〜を専門とする |
| ・私は大きなテーブルにいろいろな料理が並べられ、自分で好きなものを取れるビュッフェが好きだ。 | I like the buffet where all the food is put on a large table and we serve ourselves. |
| ・食べたいだけ食べるには、ビュッフェがいい。 | The buffet is good for eating as much as I want. |
| ・サービスがあまりよくなかった。 | The service was not good. |
| ・そのレストランには二度と行かない。 | I am not going to that restaurant again. |
| ・私が行ったことのある中で最悪のレストランだった。 | That restaurant was the worst one that I had been to. |

column

**smart restaurantは「賢いレストラン」?**

形容詞smartは「賢い」「格好いい」という意味ですが、「洗練された」「高級な」の意味で使われることもあります。したがって、smart restaurantは「高級レストラン」のことです。ちなみにsmartが動詞として使われると「ひりひり痛む」の意味。The wound smarts.（傷がひりひりして痛い）のように使います。

## レストランに到着する

| | |
|---|---|
| ・レストランの入り口でウエイターが私たちを温かく迎えてくれた。 | The waiters greeted us warmly at the entrance to the restaurant. |
| ・レストランがとても混んでいたので席がなかった。 | The restaurant was so crowded that there was no place to sit. |
| ・私たち一行は４名だった。 | There were four people in my party. |
| ・席はすべてうまっていた。 | All the seats were occupied. |
| ・そのレストランには空いている席がなかった。 | The restaurant had no available seat.<br>＊ available　有用な、利用できる |
| ・レストランはがらがらだった。 | There was nobody in the restaurant. |
| ・私たちは隅にあるテーブルに座った。 | We sat at a table in the corner. |

| | |
|---|---|
| ・ほかの席に移りたかった。 | I wanted to move to another table. |
| ・ナプキンをひざの上に広げた。 | I spread the napkin over my lap. |

## 注文

| | |
|---|---|
| ・ウエイターを呼んだ。 | I called a waiter. |
| ・メニューの選択肢がとても多かった。 | There were so many choices on the menu. |
| ・そのレストランには約30種類の多様なメニューがある。 | The restaurant has a various menu of about 30 items. |
| ・何を注文すべきかなかなか決められなかった。 | I couldn't quickly decide what to order. |
| ・そのレストランの特別メニューを注文した。 | I ordered the restaurant's specialty.<br>＊ specialty　特技、専門 |
| ・それは韓国風たれ仕立てのステーキだった。 | It was a fusion steak with Korean seasoning. |
| ・ビーフステーキを食べてみたかった。 | I wanted to try the beef steak. |
| ・私はミートソースのスパゲティが食べたかった。 | I wanted a plate of spaghetti with meat sauce.<br>＊ a plate of　一皿の |
| ・私たちはメニューを見て夕食を注文した。 | We looked at the menu, and then we ordered dinner. |
| ・ハンバーガーとポテトを注文した。 | I ordered a hamburger with French fries. |
| ・私はトンカツよりはスパゲティが食べたい。 | I would rather have spaghetti than pork cutlet.<br>＊ would rather ~ than...　…より〜するのがいい |
| ・前菜としてビーフスープを注文した。 | I ordered a bowl of beef soup for an appetizer.<br>＊ appetizer　食欲を刺激するための前菜料理 |
| ・メインとしてウェルダンのビーフステーキを注文した。 | I ordered a well-done beef steak for the main course. |

## 食事

| | |
|---|---|
| ・料理がファストフードのようにすぐ出てきた。 | The food was served quickly like fast food. |
| ・料理が出てくるまでとても時間がかかった。 | It took a long time for us to be served.<br>It took us a long time to be served. |
| ・まず野菜スープが出た。 | First, a bowl of vegetable soup was served. |
| ・スープに塩とコショウをかけた。 | I sprinkled salt and pepper on the soup. |
| ・スープを飲むときはスプーンを手前から外側へむけて動かした。 | When eating the soup, I moved the spoon away from me to the outside. |
| ・フォークとナイフは外側のものから使った。 | I began with the knives and forks at the outside. |
| ・肉がとても柔らかかった。 | The meat was very tender. |

| | |
|---|---|
| ・料理に髪の毛が入っていた。 | There was hair in my food. |
| ・今日の特別料理はおいしかった。 | Today's specialty was delicious. |
| ・そのレストランは量が多かった。 | They served generous portions at that restaurant.<br>＊ generous　気前のよい、物惜しみしない |
| ・彼らの出してくれた料理を楽しんだ。 | We enjoyed the dishes they served. |
| ・私たちはすべての料理を平らげて、何も残さなかった。 | We ate all the dishes up and there were no leftovers. |
| ・その料理はサービスだった。 | The food was on the house.<br>The food was complimentary.<br>＊ on the house　飲食店から無料で提供する／<br>　complimentary　無料の、招待の |
| ・料理を少し残した。 | I had leftovers. |
| ・残った料理を持ち帰るための入れ物を頼んだ。 | I asked for a doggy bag to take it with me. |
| ・残った料理を包んでほしいと頼んだ。 | I asked them to put the leftovers in a doggy bag. |
| ・水のおかわりを頼んだ。 | I asked for more water. |
| ・デザートを食べる余裕があった。 | I had room for dessert.<br>＊ room　空間、余地 |
| ・デザートにアイスクリームを食べた。 | I had ice cream for dessert. |
| ・デザートに甘い果物が出た。 | Luscious fruits were served for dessert.<br>＊ luscious　甘い、甘美な |
| ・果物で口直しをした。 | I removed the aftertaste by eating fruit.<br>＊ aftertaste　食後のあと味 |

---

### サービス料理

レストランの店主が料理やつまみを無料で出してくれる際などに、「これ、サービスです」と言いますが、正しい英語の表現はIt's on the house.（店のおごりです）またはIt's complimentary.（無料でございます）です。「無料でお出しするビールです」と言いたいときはHere's a service beer.ではなく、Have a free beer.が正しい表現です。

---

## 食事代を払う

| | |
|---|---|
| ・その料理の値段は手ごろだった。 | The price of the food was affordable.<br>＊ affordable　値段が相応の |
| ・一人の人が全額を支払うという韓国の習慣が好きだ。 | I like the Korean custom of one person paying the whole bill. |

| | |
|---|---|
| ・非常に高かったので割り勘にした。 | We went Dutch because it was so expensive.<br>＊ go Dutch　費用を割り勘にする |
| ・割り勘にした。 | We divided it up.<br>We split the bill. |
| ・お金を半分ずつ出した。 | We each paid half. |
| ・会計でお互い出すと言って譲らなかった。 | We fought over the check. |
| ・前回は友達が夕食をおごってくれた。 | My friend treated me to dinner last time.<br>＊ treat　もてなす、おごる |
| ・私が払うつもりだった。 | I was going to foot the bill.<br>I was going to pick up the check.<br>＊ foot the bill (=pick up the check)　費用を出す |
| ・今回は私のおごりだ。 | This was on me.<br>This was my treat. |
| ・私が全額払った。 | I paid for everything. |
| ・私は彼に夕食をごちそうになっていた。 | I owed him dinner. |
| ・私がトイレに行っている間に彼が食事代を<br>払ってくれた。 | He paid for dinner while I went to the<br>restroom. |
| ・クレジットカードを持っていなかったの<br>で支払えなかった。 | I couldn't pay the bill because I didn't have<br>my credit card. |

**column**

**「私が払います」**

誰かと一緒に食事して、代金を自分が支払いたい場合、「私が払います」と言いますよね。英語の表現としては、It's my treat.、Lunch is on me.、Be my guest. などがあります。

# 7 出前　　ORDERING OUT

## 出前の料理

| | |
|---|---|
| ・私は出前をとるのが好きだ。 | I like to have food delivered.<br>＊ have ～ 過去分詞　～を…するようにさせる |
| ・私はとても面倒くさがりで料理をしない<br>ので、ほとんどいつも出前を頼む。 | I am too lazy to cook, so I almost always ask<br>for delivery. |

| | |
|---|---|
| ・時には、外食するのよりも家で出前を頼むほうがよい。 | On occasion, it is better to eat delivered food than to eat out.<br>＊ on occasion　時には、時々 |
| ・外に出て食事をする時間がないので、出前をとることに決めた。 | I had no time to eat out, so I decided to have the food delivered. |
| ・出前をとるのはとても便利だ。 | It's so convenient to have food delivered. |
| ・突然家に来客があった時は出前を頼む。 | When a guest visits our house suddenly, we have food delivered. |
| ・食事の後、皿洗いをする必要がないので（出前は）いい。 | It's good because I don't have to do the dishes after eating the food. |

column

### 出前を頼むなら使役動詞で

出前を頼むということは、人に食べ物を持ってきてくれと頼むことなので、使役動詞haveを使います。「have＋食べ物＋delivered」の構文で、「食べ物を配達させる」になります。目的語である食べ物と、目的補語の動詞deliverの関係が受動関係、つまり「食べ物」は「配達される」ものなので、動詞は過去分詞形deliveredにしなければいけません。

## 出前の注文

| | |
|---|---|
| ・中華料理の出前を頼んだ。 | I had Chinese food delivered. |
| ・電話で中華料理を注文した。 | I ordered Chinese food over the phone. |
| ・私はそば一人前を電話で注文した。 | I ordered one order of soba by phone.<br>＊ order　［動］注文する　［名］注文、一品料理 |
| ・配達がとても遅かったので二回も電話をした。 | I called twice because the delivery was so late. |
| ・配達係の人がオートバイに乗ってすぐに来た。 | The delivery man came fast by motorcycle. |
| ・配達がそんなに早く来るとは思わなかった。 | I didn't expect the delivery to be that fast. |
| ・彼はピザが冷めないように保温器に入れて配達した。 | He delivered the pizza in a warmer, lest it should get cold.<br>＊ lest ~ (should) …　～が…しないように |
| ・香辛料の効いたピザを頼んだら、コーラを無料でくれた。 | When I ordered a seasoned pizza, they gave me a bottle of Coke for nothing.<br>＊ for nothing　無料で（＝ for free） |
| ・配達係の人におつりをチップとして渡した。 | I gave the delivery man the change as a tip. |
| ・配達係がわが家の呼び鈴を鳴らした。 | A delivery man rang my house's door bell. |

・料理のうちいくつかは私が頼んだもので
　はなかったので、おそらくほかの人のも
　のだったに違いない。

Since I didn't order some of the food, it must
have been someone else's.

＊ must have ＋過去分詞　〜だったに違いない

・その配達係は住所を間違えた。

The delivery man got the wrong address.

# Table Manners

Sunday, November 23. Snowy

Today my parents went out for a meeting, so just my brother and I had dinner together. While having dinner, I was a little upset, seeing my brother eating. My brother made noise, smacking his lips and hogging down the food at the table. He seemed to be in the habit of making noise at the table. I really didn't like the noise. So I told him about table manners. It was as follows. There are several things we have to keep in mind at the table. First of all, it is better not to make any noise while eating or drinking. Another is that we should not burp or blow our nose, which are considered very rude at the table. I asked him not to do those things and to observe etiquette when eating from now on. He said that he would try to change his habits.

## テーブルマナー

11月23日 日曜日 雪

　今日は両親が集会に出掛けたので、弟と私だけで夕食を取った。夕食を取りながら、弟の食べ方を見て少し腹が立った。弟は食卓でブタのようにがつがつして音を立てながら食べていた。彼は食卓で音を立てながら食べるのが習慣になってしまっているようだった。私は本当にその音がいやだった。そこで私は弟に食卓でのマナーを教えた。次のような内容だ。食卓で心に留めておかねばならないことがいくつかある。何よりもまず、食べたり飲んだりするときに音を立ててはいけない。また食事中にげっぷをしたり鼻をかむことはとくに行儀が悪いとされている。

　私は弟にこれからは食べる時にこのようなことをしないで、エチケットを守るように言った。彼は習慣を変えるよう努力すると言った。

### NOTES

make noise 騒ぐ、音を立てる／ smack ぴちゃぴちゃ口を鳴らす／ hog down がつがつ食べる／
be in the habit of –ing ～するくせがある／ manners 行儀、作法／ keep in mind 心に留めておく／
burp げっぷする／ blow one's nose 鼻をかむ／ be considered (to be) ＋形容詞 ～とみなされている／
change one's habits 習慣を直す

# CHAPTER

# 08

# ファッション

## 服の種類

| | | | |
|---|---|---|---|
| 下着 | underwear | 細身のパンツ、レギンス、スパッツ | tight pants, leggings |
| | undergarment | ジャケット | jacket |
| | undershirt | ブラウス | blouse |
| | underclothes | ベスト | vest, waistcoat |
| | underclothing | タキシード | tuxedo |
| ワイシャツ | shirt | ブレザー | blazer |
| ドレスシャツ | dress shirt | ウィンドブレーカー | windbreaker |
| 半袖ワイシャツ | short-sleeved shirt | ジャンパー | jumper |
| Tシャツ | T-shirt | コート | overcoat |
| スエットシャツ | sweatshirt | タートルネックセーター | turtleneck |
| スカート | skirt | カーディガン | cardigan |
| プリーツスカート | pleated skirt | トップス | top |
| ミニスカート | miniskirt | セーター | sweater |
| フレアスカート | flared skirt | プルオーバー | pullover |
| ズボン | pants, trousers | へそ出しTシャツ | crop tops, half shirt |
| ひざ丈のズボン | breeches | ホルターネック | halter-top |
| 半ズボン | shorts | トレンチコート | trench coat |
| オーバーオール | overalls | スーツ | suit |
| ジーンズ | blue jeans | 礼服 | dress suit |
| スラックス | slacks | | |
| ベルボトム | bell-bottom trousers | | |

## 素材

| | | | |
|---|---|---|---|
| 綿 | cotton | ビロード | velvet |
| リンネル | linen | コーデュロイ | corduroy |
| シルク | silk | レザー | leather |
| デニム | denim | スエード | suede |
| ウール | wool | カシミア | cashmere |

| | | | | |
|---|---|---|---|---|
| レース | lace | 毛皮 | fur |
| ポリエステル | polyester | ミンク | mink |
| ナイロン | nylon | フランネル | flannel |

## 柄

| | | | |
|---|---|---|---|
| 花柄の | flowered, flowery | 格子じまの | plaid |
| ストライプの | striped | ペイズリー柄の | paisley |
| 細じまの | pin-striped | まだら柄の | spotted |
| 水玉柄の | polka-dotted | タータンチェックの | tartan |
| チェック柄の | checked | 無地の | plain |

## 服の好み

- 人々の服装は、その人の個性を表している と思う。
  I think the way people dress shows their character.

- 私は最新流行のファッションが好きだ。
  I like fashionable clothes.

- 私は服をたくさん持っている。
  I have a large wardrobe.
  ＊ wardrobe　ワードローブ、たんす

- 私は着飾るのが好きだ。
  I like to make myself presentable.
  ＊ presentable　人前に出せる

- 私は服装を毎日変える。
  I change my clothes each day.

- 私は服装のセンスがあると思う。
  I think I have wonderful taste in clothes.

- 腕に傷跡があるので、私は必ず長袖シャツ を着る。
  I have a big scar on my arm. That's why I always wear long-sleeved shirts.
  ＊ scar　傷跡、傷

- ヒールが高い靴を履くのが好きだ。
  I like to wear high-heeled shoes.

- 私は年齢より若く見える服を着たい。
  I want to wear clothes that make me look younger than my age.

- 私は綿100％の服が好きだ。
  I like clothes made of pure cotton.

- そのコートは、ウール100％で手作りだ。
  The coat is pure wool and is hand-made.

- ブランド品は好きではない。
  I don't like famous brand-name items.
  ＊ brand-name　ブランドの付いた

| | |
|---|---|
| ・彼はみすぼらしい身なりだ。 | He is poorly dressed. |
| ・彼は汚くてだらしなく見える。 | He is very scruffy and untidy-looking. |
| | * scruffy 汚い／ untidy だらしのない |
| ・私は自分がどのように見えるか気にしない。 | I don't care what I look like. |
| ・私は服装に気を使わない。 | I don't care how I dress. |
| ・服に気を使わない。 | I don't care about my clothes. |
| ・服を多く持っていない。 | I have a small wardrobe. |
| ・着て行く服がない。 | I have nothing to go out in. |

column

**「メーカーの服」**

有名ブランドの「メーカーの服」は、maker clothes ではなく brand-name clothes です。また、有名デザイナーが看板のメーカーが作った服を designer brand と言ったりもします。最新のメーカーの製品ならば、the latest brand と表現します。

## 楽な服

| | |
|---|---|
| ・カジュアルな服装が好きだ。 | I like to dress casually. |
| | I like to wear casual clothes. |
| ・私が好きな服装は、着るのが簡単で楽なものだ。 | My favorite clothes style is easy and comfortable to wear. |
| ・擦り切れたジーンズをはくのが好きだ。 | I like to wear worn-out jeans. |
| ・私は暑い日には半ズボンをはく。 | I wear shorts on hot days. |
| ・私は絶対ネクタイを締めない。 | I never wear a tie. |
| ・私は着心地がいいのでカーディガンが好きだ。 | I like cardigans because they are comfortable to wear. |
| ・よく、ぶかぶかのズボンをはく。 | I often wear baggy pants. |
| ・だぶだぶのズボンが好きだ。 | I like loose pants. |
| ・細身のパンツをはくと快適だ。 | It's comfortable for me to wear tight pants. |
| ・いつもアイロンがけがいらない服を買う。 | I always buy clothes that don't need to be ironed. |

## スーツ

| | |
|---|---|
| ・スーツを着るのが好きだ。 | I like wearing suits. |
| ・フォーマルな服装が好きだ。 | I like dressing formally.<br>I like being dressed up. |
| ・私は服の着こなしがかなりうまいと思う。 | I think I am quite a dresser. |
| ・彼はしばしば上品な身なりをしている。 | He often dresses in good style.<br>＊ in good style　品位のある |
| ・彼はデザイナーズブランドの服だけを着る。 | He only wears designer brands. |
| ・彼女は自分が特別にすてきだと思っている。 | She thinks she is the cat's meow.<br>＊ cat's meow　特別な人 |

## 派手な服

| | |
|---|---|
| ・私は派手な服が嫌いだ。 | I dislike loud clothes.<br>＊ loud　うるさい、派手な |
| ・彼女は派手に着飾るのが好きだ。 | She likes to be dressed up like a dog's dinner.<br>＊ dressed up like a dog's dinner　派手に着飾る |
| ・彼女は胸元が開いた服を着ていた。 | She wore a low-cut dress.<br>＊ low-cut　襟ぐりの深い |
| ・私は彼女に、襟ぐりの開きすぎた服を着るなと助言した。 | I advised her not to wear a dress cut too low. |
| ・私はへそ出しTシャツを着る人たちが理解できない。 | I don't understand those who wear half shirts. |
| ・へそ出しTシャツは私には大胆すぎる。 | Half shirts are too bold for me to wear. |
| ・私はミニスカートをよくはく。 | I wear miniskirts often. |
| ・派手な服を着ると、人に注目されやすい。 | When I wear loud clothes, people are likely to look at me. |

Chapter 08　ファッション

321

## 似合う服

・そのブラウスはこのズボンと合わなかった。 The blouse didn't go with these pants.
　　　　　　　　　　　　　　　　　　　　 ＊ go with 〜に似合う

・その服は私に似合わない。 Those clothes look terrible on me.

・その服を着ると落ち着かない。 I feel awkward in the clothes.

・その服はダサく見えた。 The clothes looked old-fashioned.

・その服は私によく似合う。 The clothes look good on me.

・それは私によく似合う。 It becomes me.
　　　　　　　　　　　　 It suits me well.
　　　　　　　　　　　　 It sits well on me.

・そのズボンは私のセーターによく似合った。 The pants matched my sweater.

・そのネックレスはドレスに似合わなかった。 The necklace didn't match the dress.

・そのセーターは緑のズボンとよく似合った。 The sweater went well with the green pants.

・青色が私には一番よく似合う。 Blue suits me best.

・私は黒い服がよく似合う。 I look good in black.

・私はどの服でもよく似合う。 All clothes look good on me.

・人々は私は何を着てもよく似合うと言う。 People say that I look good in everything.

・その服は着る人を引き立てる。 The clothes are flattering.
　　　　　　　　　　　　　　 ＊ flattering　お世辞の、実物よりよく見える

・彼女は服をよく着こなし、優雅でもある。 She is well-dressed and graceful.

・彼女はおしゃれに服を着こなす。 She is a smart dresser.

・彼女はおしゃれだ。 She is stylish.

・彼女は驚くほどおしゃれだ。 She is a breathtaking dresser.
　　　　　　　　　　　　　 ＊ breathtaking　びっくり驚くほどに

・馬子にも衣装。 The tailor makes the man.
　　　　　　　 Fine feathers make fine birds.

・外見だけで人を判断することはできない。 You can't judge a book by its cover.

・光るものすべてが金とは限らない。 All that glitters is not gold.

# 2 アクセサリー

**ACCESSORIES**

## 服飾品の種類

| | | | |
|---|---|---|---|
| ブレスレット | bracelet | 安全ピン | safety pin |
| ネックレス | necklace | キャップ帽 | cap |
| イヤリング | earrings | 帽子 | hat |
| ブローチ | brooch, breastpin | 靴下 | socks |
| サングラス | sunglasses | ハイソックス | knee high socks |
| サスペンダー | suspenders | ストッキング | stockings |
| スカーフ、マフラー | scarf | パンティストッキング | pantyhose |
| バックル | buckle | ロングブーツ | thigh boots |
| ベルト | belt, waistband | アンクルブーツ | ankle boots |
| ヘアピン | hairpin | ハイヒール | high-heeled shoes |
| ヘアバンド | headband | フラット靴 | flat-heeled shoes |
| 細いリボン | fillet | スニーカー | sneakers |
| ウィッグ | wig | サンダル | sandals |
| タイピン | tie clip | ランニングシューズ | running shoes |
| ボウタイ | bow tie | 礼装用靴 | dress shoes |

## アクセサリー

- 私はいろんな形のイヤリングを持っている。 I have lots of shapes in my earring collection.
  ＊collection　収集物、所蔵品、コレクション

- 私は服に付けるブローチをいろいろ持っている。 I have various brooches for my clothes.

- そのネックレスは偽物だ。 The necklace is fake.

- 純金の指輪を一つ持っている。 I have a 24-karat gold ring.

- その真珠が本物かどうか宝石商に鑑定を依頼した。 I had the jeweler examine the pearl to see whether it was genuine.
  ＊jeweler　宝石細工職人、宝石商／
  examine　検査する、調査する／genuine　本物の

- すてきなデザインの宝石の中から指輪一つを選んだ。 I chose one ring from a nicely designed jewelry collection.

Chapter 08　ファッション

323

| | |
|---|---|
| ・カタログにあるデザインで指輪を作ってほしいと宝石細工職人に頼んだ。 | I asked the jeweler to make a ring to a certain design in the catalog. |
| ・金の指輪に真珠をあしらった。 | I set a pearl in the gold ring. |
| ・彼氏とカップルリングをはめた。 | My boyfriend and I each wore couple ring. |
| ・私はイタリア製の際立って美しいガラスのビーズで作られたブレスレットを買った。 | I bought the bracelet made of strikingly beautiful glass beads from Italy.<br>＊ bracelet　ブレスレット／ strikingly　際立って、目立って |
| ・キャッツアイのビーズが付いたペンダントが気に入った。 | The necklace pendent with cat's eye beads appealed to me.<br>＊ appeal to　〜が気に入る |

## アクセサリーを着用する

| | |
|---|---|
| ・ピアスがつけられるように、耳に穴を開けた。 | I had my ears pierced to be able to wear earings. |
| ・特に夏はブレスレットをはめると不快になる。 | Wearing a bracelet makes me uncomfortable, especially in summer. |
| ・暑い時は汗が出るので、ネックレスをするのはよくない。 | When it is hot, wearing a necklace is not good because of sweat. |
| ・私は肩にスカーフをまとうのが好きだ。 | I like to use a scarf for my shoulders. |
| ・彼女は金でできたアクセサリーをするのが好きだ。 | She likes to wear gold accessories. |
| ・フリンジの付いたベルトをした。 | I wore a fringe belt.<br>＊ fringe　フリンジ、ふさ飾り |
| ・人差し指に指輪をはめている。 | I am wearing a ring on my index finger. |
| ・彼女の偽物のネックレスは、すてきなドレスを台無しにした。 | Her fake necklace spoiled the wonderful dress.<br>＊ fake　模造品、偽造品、偽物 |
| ・ストッキングが伝線した。 | My stockings had a run.<br>I had a run in my stockings.<br>＊ run　伝線 |

# 3 流行

## 最新の流行

| | |
|---|---|
| ・それが流行している。 | It is in fashion.<br>It is in vogue.<br>∗ vogue　流行、はやり |
| ・それは新しい流行だ。 | It is a new fashion. |
| ・それが最新のものだ。 | It is up to date. |
| ・流行の最先端のスタイルだ。 | It is the latest style. |
| ・それが最近の流行だ。 | It is the fad today.<br>∗ fad　一時的な流行 |
| ・そのファッションはとてもかっこよかった。 | The fashion was out of this world.<br>∗ out of this world　この世のものとは思えない、<br>とても素晴らしい |
| ・そのスタイルが流行し始めた。 | That style has come into fashion. |
| ・それが今若者たちの間で大流行だという。 | It is said that it is all the rage among young people.<br>∗ rage　一時的な大流行、激怒 |
| ・私は友達より流行に敏感なほうだ。 | I tend to be more fashion-conscious than my friends.<br>∗ conscious　意識する |
| ・私はファッションのセンスがある。 | I have a good sense of fashion.<br>I have an eye for fashion.<br>I have a sense of style. |

## 流行を追いかける

| | |
|---|---|
| ・私は流行に乗っている。 | I go along with the fashion of the times. |
| ・流行を追おうとしている。 | I try to follow fashion. |
| ・流行に乗り遅れないようにしている。 | I try not to get behind the times.<br>∗ get behind the times　流行に乗り遅れる |
| ・流行に遅れないようにしている。 | I try to keep pace with the current style.<br>∗ keep pace with　〜に遅れない |
| ・最新の流行を追いかける。 | I keep up with the latest trends. |
| ・流行の先端を行っている。 | I am leading the fashion. |
| ・今年はショートカットが流行しているようだ。 | It looks like short hair is in fashion this year. |

| | |
|---|---|
| ・それは人気のある服装であるが、誰にでも似合うというものではない。 | It is a popular look, but it's certainly not for everyone. |
| ・最近はボディピアスが流行だ。 | Body piercing is a recent fad. |
| ・流行しているセーターを一枚買った。 | I bought a stylish sweater. |
| ・彼はかっこよく見せようと、流行している服しか着ない。 | He wears only fashionable clothes to look cool. |

## 流行に乗らない

| | |
|---|---|
| ・それは流行遅れだ。 | It is ancient. |
| | It is outdated. |
| | It is antiquated. |
| | It is out of style. |
| | It is not in vogue. |
| | It is out of date. |
| | It is old-fashioned. |
| | It is out of fashion. |
| | It is behind the times. |
| ・私は流行に鈍感だ。 | I have no sense of style. |
| ・それは私にあまり似合わなかった。 | It did not suit me. |
| ・流行は繰り返されるようだ。 | Fashion seems to repeat itself. |
| ・流行に振り回されないように気を付けなければならない。 | We should be careful not to be swept up in fashion. |
| | ＊ swept　sweep（席巻する、掃く）の過去分詞形 |

# 4 服の修繕　CLOTHES MENDING

## 服の状態

| | |
|---|---|
| ・それは私には少し小さかった。 | It was a little small for me. |
| ・それは私には少し大きかった。 | It was a little big for me. |
| ・私が成長したので、このズボンはもう私には合わない。 | These pants don't fit me anymore because I have grown out of them. |
| | ＊ fit　（服などが）合う |
| ・その服は仕立て直しが必要だった。 | The clothes needed to be altered. |
| | ＊ alter　変える、直す、修繕する |
| ・その服は仕立て直しが不可能だった。 | The clothes couldn't be altered. |

| | |
|---|---|
| ・ そのスカートを仕立て直してもらわなければならなかった。 | I needed to get the skirt altered. |
| ・ スカートがきつすぎたので、身幅を出さなければならなかった。 | The skirt was too tight and it needed to be let out.<br>＊ let out　（服を）伸ばす、大きく直す |
| ・ ズボンのポケットが破れた。 | The pocket ripped from my pants. |
| ・ コートのボタンが落ちた。 | My coat button fell off.<br>My coat button came off. |
| ・ ズボンに小さな穴が開いている。 | My pants have a little hole. |
| ・ ズボンのすそが擦り切れた。 | The bottom hem of the pants was worn out.<br>＊ hem　囲む、へりを縫う／ be worn out　擦り切れる |
| ・ ファスナーが途中で上がらなくなった。 | The zipper stuck halfway up. |

## 服を修繕する

| | |
|---|---|
| ・ スカートのすそをまつった。 | I hemmed the bottom of the skirt. |
| ・ ドレスの寸法を詰めなければならなかった。 | The dress needed taking in. |
| ・ ズボンを仕立て直してもらった。 | I had the pants altered. |
| ・ ズボンの丈を詰めてもらった。 | I had the pants shortened. |
| ・ ズボンのすそを出さなければならなかった。 | The pants needed letting out. |
| ・ ズボンの丈を伸ばしてもらった。 | I had my pants lengthened. |
| ・ 仕立て屋さんにズボンのすそを伸ばしてほしいと頼んだ。 | I asked the tailor to make the pants longer. |
| ・ 彼に袖丈を伸ばしてほしいと頼んだ。 | I asked him to let out the sleeves. |
| ・ 彼が袖を丁度よく伸ばしてくれた。 | He made the sleeves the right length. |
| ・ 自分でポケットを繕った。 | I sewed the pocket myself.<br>＊ sew　縫う、繕う |
| ・ セーターの破けたところを繕った。 | The tear on my sweater was mended.<br>＊ tear　破れたところ、裂けたところ |
| ・ ズボンの穴が開いたところに布を当てた。 | I patched the hole in my pants. |
| ・ 仕立て屋さんに、ズボンのひざに当て布をしてほしいと頼んだ。 | I asked the tailor to put a patch on the knees of the pants.<br>＊ patch　布切れ、当て布 |
| ・ 靴下に開いた穴を繕った。 | I stitched up the hole in my socks. |
| ・ ファスナーが壊れたので、取り替えてもらった。 | The zipper was broken, so I had it replaced. |
| ・ コートにボタンを付けた。 | I put the button on my coat. |

・ジャケットにボタンを付け直した。 I sewed the button back on my jacket.

・彼は服を上手に仕立て直してくれた。 He did a good job altering my clothes.

・修繕をしたら、そのズボンが私にぴったり After the alteration, the pants fit me very well.
合うようになった。

# Going on a Diet

Friday, August 2. Scorchingly hot

Recently I am worried about my appearance. I think I am gaining weight. I get stressed when being told that I am fat. It seems that it's easy to gain weight, but very difficult to lose weight.

Today it was scorchingly hot, but I wasn't able to wear a sleeveless shirt and short pants because I was afraid that I looked terrible. I always long to wear pretty and cute clothes. Sometimes I want to wear a half-shirt and even a stylish miniskirt. But those clothes usually are too small for me to put on. That's why I am irritated when I go to get clothes at the department store.

I decided to go on a diet. I'll never eat instant food or junk food. I think doing exercises is the best method to lose weight. From tomorrow I will start jogging every morning and do sit-ups to reduce the fat in my stomach every night.

## ダイエット突入！

8月2日　金曜日　焼けるように暑い

　　最近、自分の外見が心配だ。私が思うに、私は太ってきたようだ。太っていると言われると、ストレスを感じる。太るのは簡単だけど、やせるのはすごく難しいようだ。

　　今日は焼けつくように暑かったけど、見苦しいかと思ってノースリーブや短パンが着られなかった。私はいつもすてきでかわいい服を着たいと思っている。たまにはへそ出しＴシャツやすてきなミニスカートも着たい。でもそういう服はだいたい私には小さすぎて着られない。だからデパートに服を買いに行くとイライラする。

　　ダイエットをしようと決心した。インスタント食品やジャンクフードは絶対に食べない。運動をするのが、やせるのに一番よい方法だと思う。明日から毎朝ジョギングをして、夜にはおなかの肉を落とすため腹筋をしようと思う。

**NOTES**

appearance　外見、見かけ／ get stressed　ストレスを受ける／ scorchingly　焼けるほど暑い／ stylish　流行の、洗練された／ irritate　イライラさせる、怒らせる／ sit-up　腹筋／ reduce　減らす

# CHAPTER

## 09

# 外見

## 身体部位

|  |  |  |  |
|---|---|---|---|
| | | 背中 | back |
| 頭 | head | 背骨 | backbone, spine |
| 脳 | brain | 腹 | belly |
| 髪 | hair | 腕 | arm |
| 額 | forehead | わき | armpit |
| まゆ毛 | eyebrow | ひじ | elbow |
| まつ毛 | eyelash | 手首 | wrist |
| まぶた | eyelid | 手のひら | palm |
| 目 | eye | 手の甲 | back of the hand |
| 眼球 | eyeball | 指 | finger |
| 鼻 | nose | 親指 | thumb |
| 口ひげ | mustache | 人差し指 | index finger |
| あごひげ | beard | 中指 | middle finger |
| もみあげ | sideburns | 薬指 | ring finger |
| 鼻筋 | bridge of the nose | 小指 | little finger, pinky |
| 鼻孔 | nostril | 指関節 | knuckles |
| ほお | cheek | 指紋 | fingerprint |
| 口 | mouth | こぶし | fist |
| 唇 | lips | つめ | nail |
| 上唇 | upper lip | 尻 | buttocks |
| 下唇 | lower lip | 腰 | hips |
| 人中（鼻の下のくぼみ） | philtrum | 太もも | thigh |
| 舌 | tongue | 内もも | inner thigh |
| 耳 | ear | 足 | foot |
| 鼓膜 | eardrum | 脚 | leg |
| 首 | neck | 足首 | ankle |
| のど | throat | ひざ | knee |
| 口蓋垂<br><small>こうがいすい</small> | uvula | 腰からひざまで | lap |
| 肩 | shoulder | ふくらはぎ | calf |
| 乳房 | breast | つま先 | toe |
| 胸 | chest | かかと | heel |
| あばら骨 | rib | 足のつめ | toenail |

## 似ている

| | |
|---|---|
| ・私はお母さんに外見が似ている。 | I resemble my mom.<br>I look like my mom. |
| ・私はお母さんに似ている。 | I take after my mom. |
| ・私はお父さんよりもお母さんに似ている。 | I resemble my mom more than my dad. |
| ・私はお父さんにとてもよく似ている。 | I look very much like my dad.<br>I am the perfect image of my dad.<br>I am the spitting image of my dad.<br>＊ spitting image of　～とうり二つ、生き写し |
| ・お父さんと全然似ていない。 | I look different from my dad.<br>I don't resemble my dad at all. |
| ・鼻はお母さんに、口と目はお父さんに似ている。 | I have my mom's nose and my dad's mouth and eyes. |
| ・私たちは外見がまったく違う。 | In appearance, we are as different as night and day.<br>＊ as different as night and day　昼と夜のように違う |
| ・私は年齢より若く見える。 | I look young for my age. |
| ・私は年齢よりずっと若く見える。 | I look much younger than my age. |
| ・それはわが家に脈々と伝わっている。 | It runs in my family. |
| ・わが家全員がそんなふうだ。 | Everyone in my family is like that. |
| ・彼はそんな年齢には見えない。 | He doesn't look his age at all. |
| ・彼は中年のように見える。 | He looks middle-aged. |
| ・彼はいつもと同じ姿だ。 | He looks the same as always. |

## 魅力的な外見

| | |
|---|---|
| ・彼女はかわいい。 | She is pretty.<br>She is good-looking. |
| ・彼女はきれいだ。 | She is beautiful. |

Chapter 09　外見

333

| | |
|---|---|
| ・彼女はとてもかわいい。 | She is as pretty as a picture.<br>＊ as pretty as a picture　とてもかわいい |
| ・彼女は魅力的だ。 | She is attractive. |
| ・彼女は知的に見える。 | She looks intelligent. |
| ・彼女は目の覚めるような美人だ。 | She is very gorgeous.<br>＊ gorgeous　華麗な、まぶしい、素敵だ |
| ・彼女はかなり美人だ。 | She is quite a beauty. |
| ・彼女はすごい美人だ。 | She is a real knockout.<br>＊ knockout　すごい美人 |
| ・彼女は色白でつやのある髪、生き生きとした瞳、そしてふくよかな唇を持つ美人だ。 | She is a beauty with fair skin, silky hair, twinkling eyes and full lips. |
| ・彼は魅力的だ。 | He is attractive. |
| ・彼は魅惑的だ。 | He is fascinating. |
| ・彼はすてきだ。 | He looks nice. |
| ・彼は男前だ。 | He is handsome. |
| ・彼は背が高くてハンサムだ。 | He is tall and handsome. |

## 平凡な外見

| | |
|---|---|
| ・彼女は平凡な外見だ。 | Her appearance is ordinary. |
| ・彼女はぱっとしない。 | She looks plain. |
| ・彼女は地味だ。 | She looks homely. |
| ・私は背も低いしハンサムでもない。 | I am neither tall nor handsome.<br>＊ neither ~ nor ...　～でも…でもない |

## 外見にとらわれる

| | |
|---|---|
| ・彼女はどんなことよりも自分の外見に関心がある。 | She is more interested in her appearance than anything else. |
| ・彼女がすることと言えば、自分の外見の話をすることだけだ。 | All she ever does is talk about her appearance.<br>＊ all ~ ever do is ＋動詞原形　～がすることといえば…だけだ |
| ・彼女は鏡の前でポーズをとることが好きだ。 | She likes to pose in front of the mirror. |
| ・人は見かけで判断はできない。 | We can't judge people by looks alone. |
| ・美貌はただの皮一枚<br>（外見では人柄はわからない）。 | Beauty is only skin deep. |

## 整形手術

・整形手術を受けたい。　I want to get cosmetic surgery.
＊ cosmetic　美顔用の、表面的な／ surgery　手術

・鼻を高くしたかった。　I wanted to make my nose bigger.

・私は顔を整形手術した。　I had cosmetic surgery on my face.

・二重まぶたの手術を受けた。　I got double-eyelid surgery.

・あごを削った。　I had the size of my jaw reduced.
＊ jaw　あご

・鼻の整形手術に失敗した。　The cosmetic surgery on my nose had a problem.

・私はどんな整形手術もしたくない。　I don't want to have any cosmetic surgery done.

・私は自分の外見は気にしない。　I don't care how I look.
I don't care what I look like.

・外見は重要ではない。　Appearance is not important.
It is not important what I look like.

・私はこのままがいい。　I like it the way it is.

---

# 2　顔

**FACE**

## 顔

・私は顔が丸い。　I have a round face.

・私の顔はたまご形だ。　My face is oval.

・彼女の顔は四角い。　Her face is square.

・彼の顔はのっぺりしているほうだ。　His face is kind of flat.

・私は顔が少しぽっちゃりしている。　My face is a little chubby.
＊ chubby　丸々太った

・私は細面だ。　I am thin-faced.

・私は貧相な顔だ。　I have a meager face.
＊ meager　やせた

・私の顔は魅力的だと思う。　I think I have a charming face.

・私は両方のほおにえくぼができる。　I have dimples on my cheeks.

・私は笑うとえくぼができる。　I have dimples when I smile.

· 私は近視なので眼鏡をかけている。    I am near-sighted and wear glasses.

## 肌

| | |
|---|---|
| · 私は色白だ。 | I have fair skin.<br>I am fair-skinned.<br>I have a fair complexion.<br>＊ complexion　肌の色、顔色、顔のつや |
| · 彼女の肌は絹のようになめらかに見える。 | Her skin looks as smooth as silk. |
| · 私の肌は透き通っている。 | My skin is clear. |
| · あかぎれができている。 | I have chapped skin.<br>My skin is chapped.<br>＊ chapped　あかぎれになる |
| · 彼は顔色がいい。 | He has good color.<br>He has a good complexion. |
| · 彼女の肌は弾力がある。 | Her skin is elastic.<br>＊ elastic　弾力性のある |
| · 私の肌は浅黒い。 | My skin is dark.<br>I have a dark complexion. |
| · 肌が浅黒い方だ。 | I have darkish skin. |
| · 日に焼けた。 | I was tanned by the sun. |
| · オイリー肌だ。 | My skin is oily. |
| · 乾燥肌だ。 | My skin is dry. |
| · ひどい乾燥肌だ。 | My skin is super dry. |
| · 私の肌はキメが粗い。 | I have rough skin. |
| · 私はそんなキメの粗い肌が嫌いだ。 | I don't like such rough skin. |
| · ニキビができて気分が悪い。 | I feel unhappy because pimples are breaking out. |
| · そばかすがある。 | I have some freckles. |
| · 顔中にそばかすがある。 | I have freckles all over my face. |

| | |
|---|---|
| ・頬に大きな傷跡がある。 | I have a big scar on my cheek. |
| ・顔に大きなほくろがある。 | I have a big mole on my face.<br>＊ mole　ほくろ、あざ |
| ・首にほくろができて盛上がっている。 | I have a protruding mole on my neck.<br>＊ protrude　突き出す、はみでる |
| ・ほくろを取るつもりだ。 | I'll get rid of my mole. |
| ・顔にあるほくろを取った。 | I had a mole on my face removed. |
| ・顔にしわが多い。 | I have lots of wrinkles on my face. |
| ・毎日しわ防止クリームを塗っている。 | I apply anti-wrinkle cream every day. |
| ・老化防止クリームを使っている。 | I use an age-defying cream.<br>＊ defying　〜を許さない |
| ・ボトックス注射をする必要がある。 | I should get Botox injections. |

## 目

| | |
|---|---|
| ・私は目が大きい。 | I have large eyes. |
| ・私は目が小さい。 | I have small eyes. |
| ・私は二重まぶただ。 | I have double eyelids. |
| ・私のまぶたは厚い。 | My eyelids are thick. |
| ・私のまぶたは薄い。 | My eyelids are thin. |
| ・私は両目の間が狭い。 | My eyes are close together. |
| ・私の両目は離れている。 | My eyes are far apart from each other. |
| ・私の目はつり上がっている。 | My eyes slant upward.<br>＊ slant　斜めになっている／upward　上に |
| ・私の目はたれ目だ。 | My eyes slant downward. |
| ・私の目は細い。 | My eyes are narrow. |
| ・私の目はとても細い。 | My eyes are like slits.<br>＊ slit　細長い切り口 |

Chapter 09　外見

337

| | |
|---|---|
| ・私の目はおちくぼんでいる。 | I have sunken eyes.<br>＊ sunken　沈没した、落ちくぼんだ |
| ・私は目が出っ張っている。 | I have bug eyes. |
| ・彼の目は大きくてぱっちりしている。 | He has big bright eyes. |

**column**

### black eye は「黒い瞳」でいい？

瞳が黒いからといって、I have black eyes. と言ってはいけません。「私は両方の目の周りに黒あざができている」ということになってしまいます。瞳が黒いと言いたい場合は、I have dark eyes. が正しい表現です。

## 鼻

| | |
|---|---|
| ・私は鼻が低い。 | I am flat-nosed.<br>I have a flat nose. |
| ・私は鼻が高い。 | I have a big nose. |
| ・私の鼻は上を向いている。 | I have a turned-up nose.<br>＊ turned-up　上を向いた |
| ・私はわし鼻だ。 | I have a Roman nose.<br>I have an aquiline nose.<br>＊ aquiline nose　わし鼻、かぎ鼻 |
| ・私の鼻はとがっている。 | I have a pointed nose. |
| ・私の鼻は幅が広い。 | My nose is wide. |
| ・私の鼻は幅が狭い。 | My nose is kind of narrow. |
| ・私の鼻はだんごっ鼻だ。 | My nose is ball-shaped. |
| ・兄の鼻はだんごっ鼻で赤い。 | My brother has a bulbous red nose.<br>＊ bulbous　球根のような |
| ・父の鼻は酒のせいで赤い。 | My father has a strawberry nose. |

**column**

### 鼻の高さ

「低くてのっぺりとした鼻」は、low nose ではなく flat nose と言います。反対に、「高い鼻」は high nose ではなく big nose と表現し、「鼻筋が通って形の良い鼻」は shapely nose と言います。

## 唇

| | |
|---|---|
| ・私の唇は薄い。 | My lips are thin. |
| ・私の唇はふっくらしている。 | My lips are full. |
| ・上唇が厚い。 | My upper lip is thick. |
| ・下唇が薄い。 | My bottom lip is thin. |
| ・上唇が反り返っている。 | My upper lip is turned up. |
| ・私は唇がよくひび割れる。 | My lips often crack. |

column

**さくらんぼみたいな唇**

「赤くてかわいらしい唇」を、さくらんぼみたいな唇だと言ったりしますが、英語では宝石のルビーに例えて ruby red lips と言います。ルビーが赤い輝きを帯びているからです。また、「官能的でセクシーな唇」のことは luscious（官能的な、甘い）を使って luscious red lips と言います。

## 歯

| | |
|---|---|
| ・歯並びがいい。 | I have straight teeth. |
| ・歯並びが悪い。 | I have crooked teeth. |
| ・八重歯がある。 | I have a double tooth. |
| ・斜めに生えている歯がある。 | I have a slanted tooth.<br>＊ slanted　傾いた、斜めの |
| ・詰めた歯がいくつかある。 | I have a few fillings. |
| ・私は歯が白い。 | My teeth are white. |
| ・歯が黄ばんでいる。 | My teeth are yellowish. |
| ・親知らずが生えてきている。 | My wisdom tooth is cutting through.<br>I have a wisdom tooth coming in.<br>＊ wisdom tooth　親知らず |
| ・親知らずが生えた。 | My wisdom tooth broke through.<br>＊ break through　押し出る |
| ・私は差し歯が一本ある。 | I have a false tooth.<br>＊ false　誤った、虚偽の、偽造の |
| ・祖母は総入れ歯だ。 | My grandmother wears dentures.<br>＊ denture　入れ歯、総入れ歯 |

## 耳

| | |
|---|---|
| ・私の耳は小さいほうだ。 | My ears are kind of small. |
| ・私の耳は広がっていて大きい。 | My ears are floppy.<br>＊ floppy　はためく |
| ・耳にピアスをしている。 | I wear pierced earrings.<br>＊ pierce　穴を空ける |
| ・耳にイヤリングをしている。 | I wear clip-on earrings.<br>＊ clip-on　クリップで固定した |

## ひげ

| | |
|---|---|
| ・お父さんは口ひげを生やしている。 | My dad has a moustache. |
| ・お父さんはあごひげを生やしている。 | My dad has a beard. |
| ・叔父はもみあげを生やしている。 | My uncle has sideburns. |
| ・叔父はほおひげを生やしている。 | My uncle has mutton chops. |
| ・兄は下あごにひげを生やしている。 | My brother has a goatee. |

---

### milk moustacheってどんなひげ？

「（耳に沿って耳の下あたりまで生えている）もみあげ」はsideburnsと言い、「（もみあげとつながり、上端が細く下端は広がった）ほおひげ」はmutton chopsと言います。猫やナマズなどの「長いひげ」はwhiskerと言います。また、牛乳を飲んだ後、口の周りがひげのように白くなることはmilk moustacheと言います。

column

---

# 3 髪形

HAIR

## 髪の色

| | |
|---|---|
| ・私は黒髪だ。 | I have black hair. |
| ・私は焦げ茶色の髪だ。 | I have brunet hair. |
| ・私は茶色の髪だ。 | I have brown hair. |
| ・私は金髪だ。 | I have blond hair. |
| ・祖父は白髪だ。 | My grandfather is grey-haired. |

| | |
|---|---|
| ・以前彼は髪が黒かったが、今はほとんど白くなった。 | He used to have black hair, but now it has become almost white. |

## 髪の長さ

| | |
|---|---|
| ・私は髪が長い。 | I have long hair. |
| ・私は髪を長く伸ばしている。 | I let my hair grow long. |
| ・私の髪はセミロングだ。 | I have medium-length hair. |
| ・私の髪は肩ぐらいまである。 | I have shoulder-length hair. |
| ・私は腰まであるお下げ髪だ。 | I have pigtails that hang down to my waist.<br>＊ hang down to　〜まで垂れている |
| ・私はボブカットだ。 | I have a bob cut. |
| ・私はショートヘアだ。 | I have short hair. |
| ・私は坊主頭だ。 | I have a buzz cut. |
| ・私は角刈りだ。 | I have a crew cut. |

## くせ毛

| | |
|---|---|
| ・私の髪はストレートだ。 | My hair is straight. |
| ・私の髪は色が濃くて巻き毛だ。 | I have dark curly hair. |
| ・私はパーマが必要ではない天然パーマだ。 | I have naturally curly hair that doesn't have to be permed. |
| ・私はくせ毛がいやでストレートパーマをかけた。 | I hate my curly hair, so I had my hair straightened. |
| ・私の髪はウエーブがかかっている。 | I have wavy hair. |

## 髪の毛の量

| | |
|---|---|
| ・髪が多い。 | I have thick hair.<br>I am thick-haired. |
| ・髪がふさふさだ。 | My hair is bushy.<br>＊ bushy　毛がふさふさした |
| ・髪がやせていく。 | My hair is thinning. |
| ・髪が少ない。 | I have thin hair.<br>I am thin-haired. |
| ・私はまだ若いのにはげてしまった。 | I became baldheaded even though I am young.<br>＊ baldheaded　はげた |
| ・前は髪がもっとあった。 | I used to have more hair. |

| | |
|---|---|
| ・髪が抜けるのが心配だ。 | I am worried about losing my hair. |
| ・はげになるのが心配だ。 | I am worried about going bald. |
| ・彼は頭のてっぺんがはげている。 | He has no hair on the top of his head. |
| ・彼は生え際が後退しつつある。 | He has a receding hairline.<br>＊ receding　後退している |
| ・彼はかつらを使わなければならない。 | He has to wear a wig. |

## 髪形

| | |
|---|---|
| ・髪をセンター分けにした。 | I parted my hair in the middle.<br>I had my hair parted in the middle.<br>＊ part　分ける |
| ・髪の分け目を左側（右側）にした。 | I parted my hair on the left[right]. |
| ・髪をオールバックにした。 | I pulled back my hair. |
| ・私は髪を耳にかけている。 | I tuck my hair behind my ears. |
| ・髪をリボンで結わえた。 | I tied my hair with a ribbon. |
| ・ポニーテールにしている。 | My hair is in a ponytail. |
| ・私は髪を後ろで結んだ。 | I tied my hair in the back. |
| ・髪がちょぼちょぼ生えている。 | I have a few strands.<br>＊ strand　（一束の）ひも、髪の毛 |
| ・髪をお下げにしている。 | My hair is in pigtails. |
| ・髪を三つ編みにした。 | I put my hair in braids. |
| ・髪をほどいた。 | I untied my hair. |
| ・心配事のせいで髪が白くなった。 | Anxiety has turned my hair gray. |

# 4 体型
BUILD

## 背

| | |
|---|---|
| ・私は背が180センチある。 | I am 180 centimeters tall.<br>My height is 180 centimeters.<br>I measure 180 centimeters in height.<br>＊ measure　（長さ、高さなどの数値が）〜だ |
| ・背が高くてやせている。 | I am tall and thin. |

| | |
|---|---|
| ・背が高くてやせているので、友達からよくのっぽと言われる。 | I am very tall and slender, so my friends often call me a bean pole. |
| ・私は背が高いほうだ。 | I am kind of tall.<br>＊ kind of ～な方だ |
| ・平均身長を超えている。 | I am above average in height. |
| ・背は普通くらいだ。 | I am of medium height. |
| ・背が低い。 | I am short.<br>I am small in stature.<br>I am of diminutive stature.<br>＊ stature 背、身長／ diminutive 小さい |
| ・私たちは身長を測った。 | We measured our height. |
| ・私は彼より少し背が高い。 | I am a little taller than he. |
| ・私は彼より３センチ大きい。 | I am taller than he is by 3 centimeters. |
| ・私は彼と背丈が同じだ。 | I am as tall as he. |
| ・私たちはほぼ背が同じくらいだ。 | We are almost the same height.<br>We are all similar in height. |
| ・去年より５センチ背が伸びた。 | I have grown five centimeters taller than last year. |

## column

### 身長と体重を教えて

背の高さなどを、単位を用いて表現したいときは「be＋数値＋形容詞」の構文で表します。「身長」を表す形容詞は tall、「高さ」は high、「幅」は wide、「深さ」は deep、「長さ」は long、「年齢」は old で、「その箱の幅は2mだ」と言いたいときは「幅」を表す wide を用い、The box is 2 meters wide. と言いましょう。身長の場合は、I am 160 centimeters tall.（私の身長は160センチです）のように言います。ただし、体重については異なります。「重さがある」の意味の動詞 weigh を使って I weigh 52 kilograms.（体重は52キロです）、または、I'm 52 kilograms. のように言います。

## 体型

| | |
|---|---|
| ・私は太っている。 | I am round. |
| ・背が低くてぽっちゃりしている。 | I am short and a little fat. |
| ・がっしりしている。 | I am stocky.<br>＊ stocky がっしりした、ずんぐりした |
| ・ずんぐりしている。 | I am stout.<br>＊ stout ずんぐりした、かっぷくのよい |

| | |
|---|---|
| ・少しぽっちゃりしている。 | I am a little plump.<br>＊plump　まるまると太った、ぽっちゃりした |
| ・おなかが出ている。 | I am potbellied.<br>I am fat bellied.<br>I am big bellied.<br>I have a big belly. |
| ・最近おなかが出てきている。 | I've been developing a gut recently. |
| ・身長の割に太りすぎだ。 | I am overweight for my height. |
| ・ほっそりしている。 | I am slender. |
| ・やせている。 | I am thin.<br>I am skinny.<br>I am lean. |
| ・彼はがりがりだ。 | He is all skin and bones.<br>＊all skin and bones　骨と皮しかない、がりがりの |
| ・私はすらっとしている。 | I am slim. |
| ・私はスタイルがいい。 | I have a nice figure.<br>＊figure　体型 |
| ・私は胸毛がある。 | I have a hairy chest. |

column

### くびれ体型

スリムな体型が好まれる傾向にあります。バランスよく痩せている状態ならばslimまたはslenderと言いますが、痩せ過ぎて骨と皮ばかりになっている場合はskinnyと表現します。さらにthinやleanは、不健康でやつれた姿を表します。メリハリのあるくびれ体型はcurvaceous body（曲線の美しい体形）、あるいは砂時計のような体型だということからhourglass figure（砂時計体形）と言ったりします。

## 体格

| | |
|---|---|
| ・私は筋肉質だ。 | I am muscular. |
| ・私の筋肉はしっかりしている。 | My muscle is solid. |
| ・がっちりとした体格だ。 | I have a strong build. |
| ・ちょうどよい体格だ。 | I am built just right.<br>＊built　〜な体格の |
| ・平均的な体格だ。 | I am of average build. |
| ・肩幅が広い。 | I am broad-shouldered. |
| ・肩幅が狭い。 | I am narrow-shouldered. |

# 5 化粧

MAKEUP

## 化粧品の種類

| | | | |
|---|---|---|---|
| 化粧品 | cosmetics, makeup | チーク | blush |
| 化粧水 | toner | 口紅 | lipstick |
| ローション | lotion | リップグロス | gloss, rouge |
| 保湿クリーム | moisture cream<br>moisturizer | 香水 | perfume |
| 老化予防クリーム | age-defying cream | マスカラ | mascara |
| しわ予防クリーム | anti-wrinkle cream | まゆかきペンシル | eyebrow pencil |
| ハンドクリーム | hand cream | アイライナー | eyeliner |
| 日焼け止め | suntan lotion,<br>sunscreen | フェイスパウダー | face powder |
| | | パフ | puff |
| ファンデーション | foundation, base | ビューラー | eyelash curler |

## 化粧の濃さ

| | |
|---|---|
| ・彼女は化粧が濃い。 | She wears heavy makeup. |
| ・私は薄化粧しかしない。 | I only put on a little bit of makeup. |
| ・ベースメークをしたあと、口紅を塗った。 | After putting on base, I applied lipstick. |
| ・私はベースメークだけする。 | I just wear base. |
| ・私は化粧が薄い。 | I wear light makeup. |

| | |
|---|---|
| ・彼は私が化粧をするのをいやがる。 | He doesn't want me to wear makeup. |
| ・化粧が濃くならないようにしている。 | I try not to wear makeup heavily. |
| ・私は敏感肌なので、濃い化粧はしない。 | My skin is sensitive, so I don't wear a lot of makeup.<br>＊ sensitive　鋭敏な、敏感な |
| ・厚化粧の顔はいやだ。 | I don't like a thickly powdered face.<br>＊ powdered　粉を塗った |
| ・パーティーのために化粧を濃くした。 | I wore a lot of makeup for a party. |
| ・自分は化粧をしないほうがいいと思う。 | I think I look good without makeup. |

## 化粧をする

| | |
|---|---|
| ・化粧品を買うために化粧品店に立ち寄った。 | I stopped by a cosmetic shop to buy cosmetics. |
| ・サンプル品を塗ってみた。 | I tried applying some samples. |
| ・私は美容に関することならば何でも関心がある。 | I am interested in everything about beauty. |
| ・毎朝、洗顔の後に化粧をする。 | Every morning I put on makeup after washing my face. |
| ・まずローションを塗る。 | First, I apply lotion. |
| ・保湿クリームをあごのほうから上にむかってむらなく塗る。 | I apply the moisturizer evenly in upward movements from my chin. |
| ・ファンデーションを塗った後、フェイスパウダーで仕上げる。 | After the foundation cream, I finish with face powder. |
| ・まゆかきペンシルでまゆ毛を描く。 | I draw in my eyebrows with an eyebrow pencil. |
| ・私はアイライナーを使わない。 | I don't use any eyeliner. |
| ・化粧がだいたい終わった。 | I am almost done with my makeup.<br>＊ be done with　〜を終える |
| ・今日は香水をつけた。 | Today I put on perfume. |
| ・寝る前にアイクリームを塗る。 | I apply eye-cream before going to bed. |
| ・化粧を直した。 | I fixed my makeup.<br>I retouched my face.<br>I adjusted my makeup. |
| ・泣いたせいで化粧が流れ落ちた。 | My tears washed away the makeup from my face. |

| | |
|---|---|
| ・化粧を落とした。 | I took off my makeup. |
| | I removed my makeup. |
| ・私は背中にタトゥーがある。 | I have a tattoo on my back. |
| ・タトゥーを消した。 | I had a tattoo removed. |

## 6 髪の手入れ

### 髪の状態

| | |
|---|---|
| ・自分の髪形が気に入らなかった。 | I didn't like my hairstyle. |
| ・今日は髪の状態がいまいちだった。 | I had a bad-hair day. |
| ・髪がはねている。 | My hair is sticking up here and there. |
| | ＊ stick up　飛び出す、突き出る |
| ・髪がぼさぼさになった。 | My hair got messed up. |
| | ＊ messed up　混乱している、落ち込んでいる |
| ・自分のもじゃもじゃな髪が嫌だった。 | I didn't like my bushy hair. |
| ・髪形を変えたかった。 | I wanted to change my hairstyle. |
| ・流行の髪形にしたい。 | I want a fashionable haircut. |
| ・ヘアスタイルを新しくしたい。 | I want a new hairdo. |
| | ＊ hairdo　ヘアスタイル、髪のセット |
| ・私の髪は手入れがしにくい。 | My hair is hard to take care of. |
| ・髪の手入れに美容室へ行った。 | I went to a beauty shop to get my hair done. |
| ・私は～美容院で髪をやってもらう。 | I get my hair styled at the ~ hairdresser's. |
| ・この髪形は私によく似合っている。 | This style looks good on me. |
| ・新しい髪形が気に入らなかった。 | I hated my new hairstyle. |
| ・新しい髪形に文句を言った。 | I complained about my new hairdo. |

Chapter 09　外見

#### column

**髪の手入れ**

髪の手入れをするときは、動詞doを使いdo one's hairと表現しますが、これは自分自身で手入れする場合の表現です。人に任せて手入れしてもらう場合は、使役動詞のhaveやgetを使い、have/get one's hair doneと表現しなければいけません。「髪の毛を切った」という表現は、普通は美容師に髪を切ってもらうことなので、使役動詞を使い、I had/got my hair cut.となります。

## ヘアカット

| | |
|---|---|
| ・美容院で髪の毛をそろえてもらった。 | I had my hair trimmed at a beauty shop.<br>＊trim　整頓する、手入れする、刈り取る |
| ・前髪を切ってもらった。 | I had my bangs trimmed. |
| ・髪を全体的に切ってもらった。 | I had my hair trimmed all over. |
| ・髪を短く切った。 | I had my hair cut short. |
| ・美容師はトップを残してサイドだけ切った。 | The hairdresser left the top alone and trimmed the sides. |
| ・美容師に髪を短くしすぎないでほしいと頼んだ。 | I asked the hairdresser not to cut my hair too short. |
| ・〜のような髪形にしてほしいと頼んだ。 | I asked for the exact same hairstyle as ~. |
| ・髪にレイヤーを入れた。 | I had my hair layered. |
| ・ボブカットにした。 | I had my hair bobbed.<br>＊bob　短い髪にする |
| ・髪を肩の長さまで切った。 | I had my hair cut shoulder-length. |
| ・理髪師が私の髪を短く切った。 | The barber cut my hair short. |
| ・クルーカットにしたかった。 | I wanted a crew cut. |
| ・お坊さんのような頭にした。 | I had my hair cut closely like a monk's. |
| ・彼は髪をそった。 | He shaved his head. |
| ・美容師がスポンジで髪を払い落としてくれた。 | The hairdresser brushed off the hair with a sponge. |
| ・髪を切ったあと、美容師が髪を洗ってくれた。 | After my hair cut, the hairdresser shampooed my hair. |
| ・月に二回、髪を切る。 | I have my hair cut twice a month. |

## パーマ

| | |
|---|---|
| ・ウエーブパーマをかけたい。 | I want to get a wavy perm. |
| ・髪をくるくるにした。 | I had my hair curled. |
| ・パーマをかけた。 | I got my hair permed. |
| ・カーラーをはずした。 | I took my curlers out. |
| ・弱いパーマをあてた。 | I had a loose permanent. |
| ・強いパーマをあてた。 | I had a tight permanent. |
| ・私はパーマが長持ちする。 | My permanent lasts a long time.<br>＊last　持続する、続く |
| ・髪をストレートにした。 | I had my hair straightened. |

## カラーリング

| | |
|---|---|
| ・髪を染めた。 | I dyed my hair. |
| ・髪を染めてもらった。 | I had my hair colored. |
| ・髪を茶色く染めた。 | I dyed my hair brown. |
| ・髪を金髪に染めた。 | I dyed my hair blonde. |
| ・髪を部分染めした。 | I got a touch-up. |
| ・髪を脱色した。 | I had my hair bleached.<br>＊ bleach　漂白する、脱色する |

## スタイリング

| | |
|---|---|
| ・シャンプーをして髪をセットした。 | I had a shampoo and set. |
| ・髪にジェルをつけた。 | I put gel in my hair. |
| ・髪を固めるためにムースを使った。 | I used mousse to fix my hair. |
| ・ムースを使って髪を後ろに流すのが好きだ。 | I like to use mousse in my hair to brush it back. |
| ・髪を後ろにとかしたあと、スプレーをした。 | I sprayed my hair after combing it back. |
| ・髪をアップにした。 | I put my hair up. |
| ・髪を下ろした。 | I let my hair down. |

## ひげそり

| | |
|---|---|
| ・私は毎朝ひげをそる。 | I shave my face every morning. |
| ・きれいにひげをそった顔が好きだ。 | I like a clean shaven face. |
| ・口ひげだけ残してひげをそる。 | I shave my face except for my moustache.<br>＊ except for　〜を除いて |
| ・私はひげをそらないまま外出はしない。 | I don't go out with an unshaven face. |
| ・理髪師にひげそりを頼んだ。 | I asked the barber to give me a shave. |

## つめの手入れ

| | |
|---|---|
| ・つめを切った。 | I trimmed my fingernails. |
| ・足のつめを切った。 | I trimmed my toenails. |
| ・私はいつもマニキュアを塗っている。 | I always wear nail polish.<br>＊ nail polish　マニキュア (= manicure) |
| ・つめにマニキュアを塗った。 | I put on fingernail polish.<br>I gave myself a manicure. |
| ・マニキュアを塗ってもらった。 | I got a manicure. |

| | |
|---|---|
| ・つめの手入れをしてもらった。 | I got my fingernails done. |
| ・マニキュアを落とした。 | I removed my fingernail polish. |

## 7 肥満

OVERWEIGHT

### 肥満の程度

| | |
|---|---|
| ・私は太りすぎだ。 | I am overweight. |
| ・私はやせすぎだ。 | I am underweight. |
| ・私は太っている。 | I am fat. |
| ・最近太った。 | I've been getting fat recently. |
| ・ここのところ体重が増えている。 | I am gaining weight these days. |
| ・このごろ太ってきた。 | I am putting on weight lately. |
| ・ずっと体重が増えている。 | I keep on gaining weight.<br>＊ keep on –ing　ずっと～している |
| ・体重計で体重を量った。 | I weighed myself on a scale. |
| ・学校の身体検査で先生が私の体重を量った。 | The teacher measured my weight during the physical examination at school. |
| ・体重が増えた。 | My weight increased. |
| ・体重が減った。 | My weight decreased. |
| ・体重が70キロだった。 | I weighed 70 kilograms. |
| ・身長を測った。 | I measured my height. |
| ・1年で背が5センチ伸びた。 | I have grown 5 centimeters in a year. |
| ・10キロほど太った。 | I put on about 10 kilograms. |
| ・私は胸板が広い。 | I have a broad chest. |
| ・私は太鼓腹だ。 | I have a potbelly.<br>＊ potbelly　太鼓腹 |
| ・おなかが出てきた。 | My belly is protruding. |
| ・おなかが突き出ている。 | My stomach sticks out. |
| ・ズボンが入らなくなった。 | I can't get my pants on. |
| ・私は太っているほうだ。 | I am kind of obese.<br>＊ obese　太った、肥えた |

## スリムな体

| | |
|---|---|
| ・私は自分の体重を見て驚いた。 | I was surprised at my weight. |
| ・体重が増えることに対して敏感になった。 | I got sensitive about gaining weight. |
| ・太っていると言われるのがストレスになる。 | I get stressed hearing that I am fat. |
| ・スタイルが悪い。 | I am out of shape.<br>＊ out of shape　原形を失った |
| ・ウエストが細くなればいいのに。 | I wish to have a slim waist. |
| ・体重を減らさなければならない。 | I need to reduce my weight. |
| ・やせたい。 | I want to slim down.<br>＊ slim down　体重を減らす、やせる |
| ・以前の体型に戻りたい。 | I want to get back into shape. |
| ・この2カ月間で体重が増えて元に戻った。 | I regained weight in the past two months. |
| ・何かを食べた後は運動することに決めた。 | I decided that I should exercise after eating something. |
| ・やせている女性は美しく、太っている女性は魅力がないと考えられているようだ。 | Slim women seem to be considered beautiful, and fat women seem to be considered unattractive. |
| ・多くの女性があまり食べないで、やせる努力をしている。 | Many women eat little and try to be skinny. |
| ・多くの若い女性はモデルのように見えることを望んでいる。 | Many young women want to look like models. |
| ・外見を気にしている人が多い。 | There are many people who are sensitive about their appearance. |
| ・太るのは簡単だが、やせるのは難しいようだ。 | It seems that it is easy to gain weight, but very difficult to lose weight. |
| ・細ければ美しいという神話をくつがえしたい。 | I want to discredit the myth that being thin is beautiful.<br>＊ discredit　〜を信用しない、〜を疑う |

## 食事ダイエット

・ダイエットをすることに決めた。 I decided to go on a diet.

・やせるためにダイエットをしているところだ。 I am going on a diet to lose weight.

・これからずっと小食にするつもりだ。 I am going to eat like a bird from now on.
  ＊ from now on　これからずっと、続けて

・インスタント食品やファストフードは
絶対に食べない。 I never eat instant food or fast food.

・低脂肪食品をとらなければならない。 I have to have a low-fat diet.

・油っこい料理はすべて減らさなければ
ならない。 I will reduce all the fatty foods.

・肉を減らして野菜をとるようにしている。 I try to eat less meat and more vegetables.

・適量の食事をとらなければならない。 I have to eat in moderation.
  ＊ in moderation　ちょうどいい、適当な

・定期的に軽食をとるのがいい。 It is good to have light meals regularly.

・やせるために夜6時以降は何も食べない。 I don't have anything after 6 p.m. in order to
lose weight.

・食べたいと思ったものは全部食べたい。 I want to eat everything I want.

---

**column**

### instant food と junk food

一般に、カップラーメンのように簡単かつ時短の調理で食べられる加工食品を instant food と言い、ハンバーガーやピザのように注文してすぐ出てくるような食品を fast food と言います。instant food や fast food は素早く手軽に食べられるように作られただけで、そのような食品がすべて体に悪いわけではありません。一方、スナック菓子や一部のハンバーガーなどのように、カロリーが高くても栄養価が低く体に良くない食品は、junk food と言います。ハンバーガーや揚げ物は、fast food であると同時に junk food とも言える食品ですね。

## 運動ダイエット

| | |
|---|---|
| ・私に必要なのは運動だけだと思う。 | I think all I need is to work out. |
| ・規則的な運動はやせるための健康的な方法だ。 | Regular workouts are a healthy way to lose weight. |
| ・脂肪を減らす一番いい方法は運動をすることだ。 | The best way to reduce fat is to work out. |
| ・流行のダイエット方法に流されるべきではないと思う。 | I think we shouldn't follow fad diets. |
| ・やせるための運動をしてきた。 | I've been working on my weight. |
| ・私は毎朝おなかを引っこめるために運動をする。 | I exercise to flatten my stomach every morning.<br>＊ flatten　平たくする |
| ・私は腹筋を毎日50回する。 | I do 50 sit-ups every day. |
| ・一日に10キロずつ走る。 | I run 10 kilometers a day. |
| ・エアロビクスに挑戦してみたい。 | I want to try aerobic dancing. |
| ・エアロビクス教室に通って運動している。 | I work out by taking an aerobic class. |

## 体調管理

| | |
|---|---|
| ・スリムになるために運動を始めた。 | I started exercising to have a nice figure. |
| ・健康のため一日一時間ずつ走る。 | I run for an hour every day to keep myself fit. |
| ・健康な体を維持していくつもりだ。 | I will keep myself in good shape. |
| ・腹の脂肪を減らすために腹筋をずっと続けている。 | I keep on doing sit-ups to reduce the fat in my stomach. |
| ・体調を管理することは素晴らしいと思う。 | I think it is great to get myself in shape.<br>＊ get ~ in shape　〜の体調を管理する |
| ・健康を維持するために運動を続けている。 | I keep working out to stay in shape.<br>＊ stay in shape　健康を維持する |
| ・ダイエットが効果を表しているようだ。 | My diet seems to work. |
| ・体重が減った。 | I've lost weight. |
| ・体重が少し減った。 | I've taken off a little weight. |
| ・体重が5キロ減った。 | I've lost 5 kilograms. |
| ・リバウンドしないことを願う。 | I hope I won't gain it back. |

# Bad Hair Day

Sunday, October 7. Chilly

I happened to see myself in a mirror at home and my hair looked messy and disheveled. I thought I had to go to a hairdresser. I wanted to grow my hair longer, but it was so difficult to fix my hair neatly. I needed to trim my hair. I went to my favorite hair salon in sportswear and mules. I asked the hairdresser not to cut it too short and to trim only a little. When someone touches my head, I get sleepy. That's why I dozed off while she cut my hair. When I felt someone pat me on the shoulder, I woke up and saw myself in the mirror. Oh my gosh! I really didn't like my new hairstyle and my face looked bigger owing to the style. I felt like crying. I couldn't help it. When I complained about it, the hairdresser said that it was good on me and looked stylish. Of course, I knew that hairdressers usually talk like that. From now on, I decided I would not doze off when getting my hair cut. I need to get a nice cap, because I have to go out with a cap on for the time being.

## 美容室での悪夢

10月7日　日曜日　肌寒い天気

　家でふと鏡をみると、髪の毛がぼさぼさでむさ苦しかった。美容院に行かなければと思った。長く伸ばしたかったが、髪型を整えるのは難しかったので、少し切る必要があると思った。ジャージとサンダルを履いてお気に入りの美容院へ出掛けた。私は美容師にあまり短くせずに少しだけ切ってほしいと頼んだ。私はほかの人に髪を触られると眠くなってしまう。だから髪を切っている間つい居眠りしてしまった。誰かが私の肩をぽんぽんと叩いたのを感じて目が覚め、鏡を見た。何ということだ！　顔がずっと大きく見える髪形になっていて本当に気に入らなかった。泣きたくなった。もう取り返しがつかないことだった。私が文句を言うと、美容師はとても似合っておしゃれだと言った。もちろん美容師はいつでもいいことしか言わないのは私も分かっていた。これからは美容院で髪を切る時、絶対に居眠りをしないと決心した。しばらくの間は帽子をかぶって過ごさなければならないので、いい帽子を買わなくては。

**NOTES**

happen to＋動詞原形　偶然〜する／ disheveled　ぼさぼさの、だらしない／ trim　手入れする／ mules　ヒールのあるサンダル／ doze off　つい居眠りする／ owing to　〜のせいで／ can't help it　どうしようもない

# CHAPTER
# 10
## 性格

## 肯定的な性格を表す形容詞

| | | | |
|---|---|---|---|
| 倹約的な | thrifty | 無私の・無欲の | selfless |
| 謙虚な | humble | 心優しい | soft-hearted |
| 温かい心を持った | hospitable | 生き生きした | picturesque |
| 気前がいい | generous, bountiful | 誠実な | sincere |
| 寛容な | tolerant | 率直な | frank, straightforward |
| かわいい | cute | | |
| のんきな | carefree | 従順な | obedient, docile |
| 前向きな | positive | 信頼できる | trustworthy, reliable |
| ちょっと辛口な | spicy | 思いやりのある | considerate |
| 楽天的な | optimistic | 気さくな | genial |
| ロマンチックな | romantic | 野心のある | ambitious |
| 内向的な | introverted, reserved | 愛すべき | lovable |
| のんびりとした | easy-going | （子どものように）純真な | childlike |
| 人なつっこい | friendly | | |
| 断固とした | determined | 礼儀正しい | polite, courteous |
| 大胆な | bold | おとなしい | meek, gentle, quiet |
| 徳の高い | virtuous | 完璧な | perfect |
| 寛大な | liberal | 外交的な | outgoing, extrovert |
| 気立てのよい | sweet-tempered | 勇敢な | brave, intrepid fearless |
| 心が広い | big-hearted | | |
| 魅力的な | attractive, charming | 勇気のある | courageous |
| 陽気な | cheerful, jovial | 勇猛な | heroic |
| 機敏な | agile | こっけいな | funny, humorous |
| 公正な | righteous | 幼稚な | childish |
| 快活な | vivacious, lively | 融通が利く | flexible |
| 勤勉な | diligent, industrious | 他者を立てる | unselfish |
| 分別のある | sensible | 親切な | kindly |
| 愛想のよい | amiable | 忍耐強い | patient |
| 社交的な | sociable | 慈しみ深い | benevolent |
| 愛情深い | affectionate | 慈悲深い | humane |
| 思慮深い | thoughtful | 情け深い | merciful |

| | | | |
|---|---|---|---|
| 自信のある | self-assured | 感じのよい | nice |
| つましい | economical, frugal | 優しい、親切な | kind |
| 控えめな | modest | 冷静な | calm even-tempered |
| 情熱的な | passionate | | |
| 当たり障りのない | neutral | 偏見のない | open-minded |
| まじめな | earnest | 献身的な | devoted |
| 進歩的な | progressive enterprising | 好感の持てる | likable |
| | | 活気に満ちた | animated |
| 善良な | good | 活動的な | active |
| 温厚な | good-natured kind-hearted | 協力的な | cooperative |
| 忠実な | faithful | | |

## 否定的な性格を表す形容詞

| | | | |
|---|---|---|---|
| うぬぼれた | pretentious | ～に甘い | indulgent |
| 横柄な | arrogant | 不誠実な | insincere |
| 臆病な | cowardly | 狭量な | narrow-minded |
| 軽べつ的な | contemptuous | 鈍感な | insensitive |
| 軽率な | indiscreet, incautious | 議論好きな | argumentative |
| 競争心が強い | competitive | 不機嫌な | ill-tempered |
| 頑固な | stubborn | 冷淡な | frigid, icy, cold-hearted |
| 攻撃的な | aggressive | | |
| ずる賢い | cunning | 無関心な | indifferent |
| 緊張しやすい | high-strung | 無礼な | rude |
| 神経質な | picky, particular fussy, fastidious | 無慈悲な | ruthless |
| | | 無情な | merciless |
| しつこい | persistent, dogged | 信頼できない | unreliable |
| 悪い | bad | 受け身な | defensive |
| 乱暴な | violent, ferocious wild, outrageous | 気まぐれな | capricious, uncertain moody |
| 辛らつな | sharp | 保守的な | conservative |
| 血も涙もない | coldblooded | 不注意な | careless |
| 単純な | simple | マイナス思考の | negative |

| 憤慨した | indignant | ごう慢な | haughty |
|---|---|---|---|
| 悲観的な | pessimistic | 強情な | pig-headed, headstrong |
| 卑劣な | mean | 意固地な | obstinate |
| 批判的な | critical | 要求の多い | demanding |
| 厚かましい | audacious, cheeky | 欲深い | greedy |
| 荒々しい | fierce | 優柔不断な | indecisive, wishy-washy |
| 社交性のない | unsociable | 融通が利かない | inflexible |
| 邪悪な | wicked, evil | 陰険な | sly |
| 不器用な | awkward | 疑い深い | suspicious |
| 怒った | angry | 頼っている | dependent |
| 怒りっぽい | hot-tempered | わがままな | selfish, egoistic |
| 消極的な | passive | 忍耐力のない | impatient |
| 気の弱い | timid, faint-hearted | けちな | stingy, miserly tight-fisted |
| おしゃべりな | talkative | 残忍な | cruel |
| シャイな | shy | 残酷な | brutal |
| 内気な | bashful | 敵意のある | hostile |
| うるさい | loud | 不正直な | dishonest |
| 意地悪な | malevolent, ill-natured bad-tempered | 嫉妬深い | jealous, envious |
| けんかっぱやい | quarrelsome | いたずら好きな | mischievous |
| おべっかを使う | flattering | 強欲な | avaricious |
| 悪意のある | vicious, malicious | 怠慢な | negligent |
| 野心のない | unambitious | 短気な | short-tempered |
| 厚かましい | impudent | 懐疑的な | skeptical |
| 神経過敏な | sensitive | | |
| 無礼な | impolite, discourteous | | |

## 似ているが異なる性格の比較

| 倹約的な：けちな | thrifty：miserly |
|---|---|
| 寛大な：甘い | generous：pushover |
| はきはきした：攻撃的な | assertive：aggressive |
| 断固とした：頑固な | determined：stubborn |
| 野心的な：厚かましい | ambitious：pushy |
| 利発な：ずる賢い | clever：cunning |

節約する：しみったれた　　　economical：stingy
指導力のある：横柄な　　　　leading：bossy
冷静な：冷淡な　　　　　　　calm：cold-hearted
好奇心の強い：詮索好きな　　curious：nosy

## 知的能力を表す形容詞

| | | | |
|---|---|---|---|
| 知的な | intelligent | 愚かな | stupid, silly |
| 利口な | bright | ばかな | foolish |
| 聡明な | brainy | 頭が悪い | brainless |
| 利発な | clever, smart, shrewd | まぬけな | daft |
| 賢い | wise | ばかげた | idiotic |
| 天賦の才能のある | gifted | 頭の鈍い | dim |
| 才能のある | talented | 愚鈍な | dumb |
| 創造力のある | creative, original | 偏屈な | peculiar |
| 機知のある | witty | 鈍い | blunt |
| 機転の利く | quick-witted | 物分りの悪い | dull-witted |

## 性格

| | |
|---|---|
| ・人は誰でも長所と短所がある。 | Every person has their own strong and weak points.<br>＊own　自分の／strong points　長所／<br>　weak points　短所 |
| ・長所は状況によっては短所としてあらわれることもある。 | The merits in someone's character can be seen as flaws depending on the situation.<br>＊depending on　〜によって |
| ・他人の性格を理解するのはたやすいことではない。 | It is not easy to understand another's personality. |
| ・私は他人の性格を判断するのが下手だ。 | I am not a good judge of character.<br>＊be a good judge of　〜をちゃんと判断する |
| ・彼は思っていたほど悪い人ではない。 | He is not as bad as I thought he would be. |

## 自分の性格

| | |
|---|---|
| ・友達と私は性格が正反対だ。 | My friend's character is the opposite of mine. |
| ・友達と私は性格が似ている。 | My friend and I are similar in character. |
| ・友達によると私はおとなしく、シャイな ほうらしい。 | According to my friends, I am a little quiet and shy. |
| ・私は他人のことには関心を払わない。 | I don't care about other people's business. |
| ・自分に関係のないことには干渉しない。 | I don't interfere in what does not concern me. <br> ＊interfere 妨げる、干渉する |
| ・いつも他人のことには干渉しない。 | I always keep my nose out of other people's business. <br> ＊keep one's nose out of ～に干渉しない |
| ・不安な状況に陥ったとき、とても内気に なる。 | I am so shy in uneasy situations. |
| ・見知らぬ人といるとそわそわする。 | I feel ill at ease with strangers. |
| ・ややおてんばなところがある。 | I am a little bit of a tomboy. <br> ＊tomboy おてんば娘 |
| ・友達とのおしゃべりが好きだ。 | I enjoy chatting with friends. |
| ・私の性格は両親の性格とは異なる。 | My character is different from my parents. |
| ・私には両親の持っている才能はない。 | I don't have the qualities of my parents. <br> ＊quality 性質、資質、性格 |
| ・もし誰かが私を傷付けることを言ったら、 それを考えてしまって夜眠れない。 | If someone tells me something that hurts me, I lie awake at night thinking about it. |
| ・今は昔ほど傷付きやすくはない。 | I am not as sensitive as I used to be. |
| ・酸いも甘いもかみ分けた人間だ。 | I have known both the bitter and the sweet. |
| ・とても多忙だ。 | I am as busy as a bee. |
| ・いつも関心を集めていたい。 | I always want to be the center of attention. |
| ・目立つのが好きだ。 | I like to stand out from others. <br> ＊stand out ぐっと抜きんでる、飛び抜けている、目立っている |
| ・私は抜け目がない。 | I am a shrewd person. <br> ＊shrewd そつがない、如才ない |
| ・完璧主義者だ。 | I am a perfectionist. |
| ・個性が強い。 | I have a strong personality. |
| ・私はとてもデリケートだ。 | I am very delicate. <br> ＊delicate 敏感な、繊細な |
| ・シャイだ。 | I am shy. |
| ・内気だ。 | I am so bashful. <br> ＊bashful 内気な、恥ずかしがり屋の |

| | |
|---|---|
| ・現実主義者だ。 | I am realistic. |
| ・現実的だ。 | I have my feet on the ground.<br>＊ have one's feet on the ground　現実的だ |
| ・どちらかというと内向的だ。 | I am kind of an introvert. |
| ・まだ異性に興味をもつ年ではない。 | I'm not old enough to be interested in the opposite sex. |
| ・自分の性格に欠点があることは自分でも分かっている。 | I know I have a flaw in my character. |

---

## column

### 性格

人の「性格」「性質」を表す英語表現には、personality、character、nature、individuality などがあります。personalityは他人に与える印象から判断される「性格」や「性質」を表し、characterは倫理的、道徳的側面から評価した「人格」「人となり」を、natureは事物固有の性質や生まれ持った「天性」「本性」を、individualityは他人とは違うその人特有の性格つまり「個性」を表します。ですから、have a good personalityは「性格がよい」、a woman/man of characterは「人格者」という意味で、a good-natured personは「生まれつき善良な人」を指します。

---

## 2　肯定的な性格　BEING POSITIVE

### 穏やかだ

| | |
|---|---|
| ・私は大体においてよい人だといえる。 | Most of the time, I am a good person. |
| ・私は常にどんなことでも明るい面を見ようと努力する。 | I always try to see the bright side of everything. |
| ・私はだいたいにおいて当たり障りのない性格だ。 | I generally have a neutral character. |
| ・私は誰とでもうまくやっていける。 | I get along with everybody. |
| ・彼は素晴らしい人だ。 | He has a great personality. |
| ・彼は機嫌をとりやすいひとだ。 | He is easy to please. |
| ・彼はいつもポジティブだから好きだ。 | I like him because he is always positive. |
| ・彼は偏見がない。 | He is open-minded. |
| ・彼は絶対に無鉄砲な行動はしない。 | He never behaves recklessly. |

## 社交的だ

| | |
|---|---|
| ・私は人と一緒にいるのが好きだ。 | I enjoy others' company.<br>I like to be with other people. |
| ・とても社交的で正直なので友達が多い。 | I am very sociable and honest, so I have many friends. |
| ・誰にでも声をかける社交的な人間だ。 | I am a sociable person who will talk to anyone. |
| ・人と仲良くやっていける。 | I get along well with others. |
| ・とても陽気だ。 | I am very jolly. |
| ・友達から信望が厚い。 | I am trusted by all my friends. |
| ・彼女はとても優しい。 | She is so sweet. |

## 善良だ

| | |
|---|---|
| ・彼は善良な人だ。 | He is a good-natured person. |
| ・彼は法がなくとも生きられる人だ。 | He is a person who can live without laws. |
| ・彼は人格者だ。 | He is a man of character. |
| ・彼は（子羊のように）無邪気な人だ。 | He is as innocent as a lamb. |
| ・彼はとても美しい心の持ち主だ。 | He has a heart of gold.<br>＊ a heart of gold　美しい心の |
| ・彼はとても親切だ。 | He is as good as gold.<br>＊ as good as gold　寛大な、親切な |
| ・彼は親切で理解がある。 | He is kind and understanding. |
| ・彼は聞き上手だ。 | He is a good listener. |
| ・彼はとても思慮深い人だ。 | He is a very thoughtful person. |
| ・彼は思いやりがある。 | He is caring. |
| ・彼は何事にも腹を立てない。 | He never gets upset about anything. |
| ・彼は助けが必要な人のためによい行いをたくさんする。 | He does many good things for people in need. |

## 模範的だ

| | |
|---|---|
| ・彼はいつも率先して行動する。 | He always takes the initiative.<br>＊ initiative　自発性、進取的精神 |
| ・彼は誠実だ。 | He is sincere. |
| ・彼は熱心に働く人だ。 | He is a hard-working person. |
| ・彼は心が温かいので人をよく助ける。 | He is warm-hearted, so he is good at helping others. |

| | |
|---|---|
| ・彼は若いが分別がある。 | He is young, and he is prudent. |
| ・彼は責任感が強い。 | He has a strong sense of responsibility. |
| ・彼は意志が強い。 | He is a man of strong resolve.<br>He has strong willpower.<br>＊ willpower　意志力 |
| ・彼は義理堅い人だ。 | He is really loyal to his friends.<br>＊ loyal　忠実な、誠実な |
| ・彼は信頼できる。 | He is dependable. |
| ・彼はいつも頼りになる。 | I can always count on him.<br>＊ count on　〜を信じる、頼る |
| ・彼が正直だからこそ、その分彼が好きだ。 | I like him all the better for his honesty.<br>＊ all the better for　〜だからその分 |
| ・彼は何でもやり遂げる忍耐心がある。 | He has the patience to do anything well. |
| ・彼は準備のいい人だ。 | He is always prepared. |
| ・彼は常に人に模範を示す。 | He always sets a good example.<br>＊ set an example　模範を示す |
| ・彼はほかの人の模範となる人だ。 | He is a good example to others. |

## 積極的だ

| | |
|---|---|
| ・私は以前より活動的になった。 | I have become more active than before. |
| ・彼は目立つのが好きだ。 | He likes to stand out. |
| ・彼は活発でポジティブなので人気がある。 | He is popular because he is active and positive. |
| ・彼は自信に満ち溢れている。 | He is so confident.<br>He is very self-assured.<br>＊ self-assured　自己満足の、自信がある |
| ・彼は野心がある。 | He is ambitious. |
| ・彼は冒険好きだ。 | He is adventurous. |
| ・私はいったんやり始めると最後までやり通す。 | Once I start something, I stick to it to the end.<br>＊ stick　くっつく、固執する、最後まで取り組む |
| ・私は何事も中途半端にやるということがない。 | I never do anything halfway. |
| ・野心は人を勤勉にする。 | Ambition makes people diligent. |

## わがままだ

- 彼はとてもわがままで彼の助けが必要な人の面倒をみない。

He is so selfish that he dose not take care of those in need of his help.

- 彼がほかの人とものを分け合うのが嫌いなことから判断すると、彼は利己的な人のようだ。

Judging from the fact that he doesn't like to share things with others, he seems to be an egoist.
＊ judging from the fact that　〜の事実から推測すると

- 彼は絶対に他人を助けない人だ。

He is the last person who would help others.
＊ the last　最も〜しなさそうな

- 彼は自分のことだけに関心がある。

He is concerned only with himself.
＊ concerned　心配する、関心がある

- 彼は自分自身にしか興味がない。

He is only out for himself.

- 彼は賢さが度を過ぎて自分のためになっていない。

He is too smart for his own good.
＊ good　利益、物、善

- 彼には良心がない。

He puts his conscience in his pocket.

- 彼は自分のしたことで他人に迷惑をかけても気にしない。

He doesn't care if something he does bothers other people.

- 彼はとてもけちなのでけちん坊と呼ばれている。

He is called a penny pincher because he is so stingy.
＊ penny pincher　けちん坊

- 彼は誰にも一銭もやらない。

He never gives a cent to anyone.

- 彼はいつも自分の思うとおりにする。

He always gets his own way.

- 彼は我を通したがる。

He only wants his way.

- 彼は思いやりがない。

He is uncaring.

- 彼は他人が彼をどう思うかまったく気にしない。

He never cares what others think of him.

- 彼は冷酷だ。

He is heartless.

## 気難しい

- 彼とうまくやっていくのは難しい。

He is hard to get along with.

- 彼は神経質だ。

He is picky.

- 彼はとても気難しい。

He is very particular.

- 彼を満足させるのは難しい。

He is hard to please.

- 彼は要求が多い。

He is so demanding.
＊ demanding　要求が多い

| | |
|---|---|
| ・私は我が強い。 | I am pushy. |
| ・時には一つのことをしつこく言い張ることもある。 | Sometimes I keep on insisting on one thing.<br>＊ keep on –ing　ずっと〜する |
| ・彼は不平を言ってばかりいる。 | He complains about things so often. |
| ・彼の不平にはうんざりだ。 | I'm tired of his complaints. |
| ・彼の態度は5歳児のようだ。 | His behavior is like that of a 5-year old. |

## 冷たい

| | |
|---|---|
| ・彼は心が冷たい。 | He is cold-hearted. |
| ・彼は冷たい人だ。 | He is as cold as a fish.<br>He has a heart of stone.<br>＊ a heart of stone　無情な人、冷たい人 |
| ・彼は感情を出さない人だ。 | He is an unemotional person. |
| ・彼はとても冷淡だ。 | He is very apathetic.<br>＊ apathetic　無関心な、冷淡な |
| ・彼はとても冷たい。 | He is really cold. |
| ・彼は冷酷な人だ。 | He is as hard as nails.<br>＊ as hard as nails　冷淡な、きびしい |
| ・彼は思いやりのない人だ。 | He is an unfeeling person. |
| ・彼は時々私につれない。 | Sometimes he is heartless toward me.<br>＊ heartless　無情な、薄情な |
| ・彼は（キツネのように）狡猾な人だ。 | He is as sly as a fox. |

## 神経質だ

| | |
|---|---|
| ・彼はいつもビクビクしている。 | He is always jumpy. |
| ・彼はすぐ神経質になる。 | He easily gets nervous. |
| ・彼はいら立ちやすい。 | He gets his feathers ruffled easily.<br>＊ get one's feathers ruffled　怒る |
| ・彼は不機嫌な人だ。 | He is a disgruntled person.<br>＊ disgruntled　不満な、不機嫌な |
| ・彼はすぐかっとなる。 | He has a short fuse. |
| ・彼は短気だ。 | He is hot-tempered.<br>He is short-tempered. |
| ・彼はとても傷付きやすい。 | He is highly sensitive. |
| ・彼はすぐ怒る。 | He loses his temper easily.<br>He gets angry easily.<br>It doesn't take him much to get angry. |

| | |
|---|---|
| ・彼はかんしゃく持ちだ。 | He has a bad temper. |
| ・彼はいつもけんか腰だ。 | He seems to be carrying a chip on his shoulder.<br>＊ carry a chip on one's shoulder　けんか腰になる |

## 融通が利かない

| | |
|---|---|
| ・彼は古風な人だ。 | He is old-fashioned. |
| ・彼は時代遅れの人だ。 | He is an old fogy. |
| ・彼は融通が利かない。 | He is not flexible. |
| ・彼はとても融通の利かない人だ。 | He is such an inflexible person.<br>＊ inflexible　融通の利かない、頑固な |
| ・彼はとても保守的だ。 | He is very conservative. |
| ・彼は強情な人だ。 | He is headstrong.<br>＊ headstrong　無理強いする、強情な |
| ・彼は新しいことに適応するのが下手だ。 | He is poor at adapting himself to new things.<br>＊ adapt ~ to...　〜を…に適応させる |
| ・彼は新しいことをするのが好きではない。 | He doesn't like to do new things. |

> **時流に遅れている人**　　　　　　　　　　　column
> 行動や服装が流行遅れで、新しい試みを嫌う人をa stick-in-the-mudと言います。行動する際に腰が重い人や、思考が古く保守的な人を指すこともあります。a stick in the mudは直訳すると「泥の中に突き刺さっている小枝」ですが、そんな状態で、抜こうとしてもびくともしない小枝を思い浮かべると理解しやすいのではないでしょうか。

## 偉そうだ

| | |
|---|---|
| ・彼は自分が最高に優れた人間だと常に思っている。 | He always thinks he is the cream of the crop.<br>＊ cream of the crop　一番すばらしい人 |
| ・彼は偉そうにしている。 | He puts on airs.<br>＊ airs　気取った態度 |
| ・彼は自慢屋だ。 | He is a show-off.<br>＊ show-off　自慢屋 |
| ・彼はあまりに自慢しすぎる。 | He shows off too much. |
| ・彼はうぬぼれが過ぎる。 | He is too cocky.<br>＊ cocky　生意気な、うぬぼれた |
| ・彼はとてもごう慢なようだ。 | He seems to be very haughty. |

| · 彼は高慢だ。 | He is stuck up. |
| · 彼は出しゃばりだ。 | He is presumptuous.<br>＊ presumptuous　生意気な、出しゃばり |
| · 彼はしばしば他人の弱点をあばく。 | He often reveals others' Achilles' heels.<br>＊ reveal　明らかにする／ Achilles' heel　人の弱点、欠点 |
| · 彼は他人のあら探しをするのが好きだ。 | He likes to find others' weaknesses. |
| · 彼は私がどんな提案をしても必ず反対する。 | He always opposes everything I suggest.<br>＊ oppose　反対する、意義を唱える |

column

**「私のこと、バカにしてる？」**

偉そうな態度をとる人たちは、周囲の人を見下す傾向があります。相手が自分を軽視しているようならば、こんなふうに言ってみましょう。Do I look like a pushover? (私のこと、バカにしてる？)。句動詞 push over (押してひっくり返す) がもとで「だまされやすい人」や「言いなりになる人」を指す言葉です。似た表現として soft touch や easy touch があります。ちなみに、pushover の反対語に見える pullover は、何の関連もなく、「頭からかぶって着る形の衣服」のことです。

## 意志が弱い

| · 私はやや優柔不断だ。 | I am somewhat wishy-washy. |
| · 私は決断力がない。 | I lack the ability to make a decision.<br>I am indecisive.<br>＊ lack　欠いている、足りない |
| · 彼は意志が弱い人だ。 | He is a man of weak resolve.<br>He is a man of weak willpower.<br>He has weak willpower. |
| · 彼は何でも簡単に諦める。 | He easily gives up everything. |
| · 彼は最後までやり通したことがない。 | He never finishes anything. |
| · 彼はいい加減だ。 | He is lukewarm.<br>＊ lukewarm　なまぬるい、いい加減な |
| · 彼は常に物事を後回しにする人だ。 | He is a procrastinator. |
| · 私はいつも最後の瞬間まで事を先延ばしにする。 | I always put things off until the last minute.<br>＊ put ~ off　～を先のばす、延期する |
| · 私は何事にも根気がない。 | I never stick to anything. |
| · 私の短所は優柔不断な性格だ。 | My weak point is that I have a wishy-washy personality. |
| · 私はとても鈍感だ。 | I am a very insensitive person. |

| | |
|---|---|
| ・私はいつもほかの人がすることに従う。 | I always follow what everyone else does. |
| ・彼は人の後についていくばかりだ。 | He is too much of a follower.<br>＊ follower　追従者、まねする人 |
| ・彼はしばしば人の言いなりになる。 | He often dances to someone else's tune.<br>＊ tune　曲調、旋律、気分 |
| ・彼は人の意見に耳を貸しすぎる。 | He listens to other people too much. |
| ・彼は他人が言うことにたやすく左右される。 | He is easily swayed by what others say.<br>＊ be swayed by　～に振り回される、動揺させられる |
| ・彼は何事もきちんとできない。 | He can't do anything right. |
| ・彼は気まぐれだ。 | He is fickle.<br>＊ fickle　変わりやすい、気まぐれの |
| ・彼は気分屋だ。 | He is moody.<br>He is a man of many moods. |
| ・彼は気まぐれな人だ。 | He is a capricious person.<br>＊ capricious　一時的な、気まぐれな |
| ・彼はわけも無く気分が変わる。 | He has mood swings for no reason.<br>＊ have mood swings　気分が変わる |
| ・小さな鍋はすぐ熱くなる（小人はすぐ<br>怒り出す）。 | A little pot is soon hot. |

<br>

**column**

### ああ言ったりこう言ったり

ああ言ったりこう言ったりと気まぐれな性格を表す形容詞はfickleですが、「ころころと考えを変える」という動詞としてはblow hot and coldがあります。She kept blowing hot and cold about the plan.と言えば、「彼女はずっと、その計画についてころころと考えを変えていた」という意味になります。人の言葉に流されやすくて優柔不断に考えを変える場合の形容詞は、wishy-washyです。

<br>

## 4　習慣・癖　　　　HABITS

### 昔からの癖

| | |
|---|---|
| ・私は鼻をほじる癖がある。 | I have a habit of picking my nose.<br>＊ have a habit of -ing　～する習慣（癖）がある |
| ・つめをかむ癖がある。 | I have a habit of chewing my nails. |

| | |
|---|---|
| ・私は緊張するといつも何かをかむ。 | I always chew things when I am nervous. |
| ・その男の子はまだ親指をしゃぶっている。 | The boy still sucks his thumb.<br>＊ suck　なめる、しゃぶる |
| ・私は食事を不規則にとる習慣がある。 | I have irregular eating habits. |
| ・私は早食いの傾向がある。 | I tend to eat fast. |
| ・頻繁にまばたきをするのが癖になった。 | Frequent eye blinking has grown into a habit with me.<br>＊ frequent　しばしば起こる、頻繁に、常習的な |
| ・夕食をとってから散歩をするのが習慣になった。 | It became my habit to go out for a walk after dinner. |
| ・私は普段宿題をしない。 | I don't usually do my homework. |
| ・朝遅く起きることにしている。 | I make it a point to get up late in the morning.<br>＊ make it a point to＋動詞原形　習慣的に～する |
| ・私は大声で話す傾向がある。 | I tend to shout. |
| ・私は習慣的に物事を行う。 | I do things habitually. |
| ・私がもごもご話すといつも彼ははっきり話すようにと怒鳴る。 | Whenever I mumble, he shouts at me to speak up.<br>＊ mumble　ぶつぶつ言う、つぶやく |
| ・私はその習慣に慣れた。 | I got accustomed to the habit. |
| ・自分の悪い癖が恥ずかしい。 | I am ashamed of my bad habit. |
| ・その習慣が染み付いている。 | The habit is ingrained in me.<br>＊ ingrained　深く染みこむ |
| ・習慣は第二の天性。 | Habit is second nature. |
| ・三つ子の魂百まで。 | As the boy, so the man. |

## column

### 彼はいつも～なんだよね

「always＋現在進行形」で、習慣や癖を表すことができます。「いつも～している」という意味で、多くの場合、否定的なニュアンスで使われます。たとえば、「彼はいつも手を洗っている」はHe is always washing his hands.ですが、この表現には、彼があまりにも頻繁に手を洗い過ぎるという否定的な意味が含まれています。

## 悪い癖を直す

| | |
|---|---|
| ・私は貧乏ゆすりをする悪い癖を直すつもりだ。 | I will correct the bad habit of shaking my leg. |
| ・癖を直すのはたやすいことではない。 | It is not easy to kick the habit.<br>It is difficult to drop the habit. |
| ・いったん癖になるとなかなか抜けない。 | Once I get a habit, it always stays with me. |
| ・その悪い癖を必ず直すつもりだ。 | I will make sure to break off the bad habit.<br>＊ break off （習慣を）なくす |
| ・厳格な先生が私の悪い遅刻癖を直してくれた。 | A strict teacher broke me of the bad habit of being late. |
| ・悪い癖が付かないよう努力している。 | I am trying not to acquire bad habits. |
| ・早起きの習慣を付けるつもりだ。 | I will develop a habit of waking early.<br>＊ develop 開発する、（習慣）付ける |
| ・遅刻しない癖を付けようと努力している。 | I am trying to make a habit of not being late. |
| ・読書の習慣を付けるつもりだ。 | I'll develop a reading habit. |
| ・身に付いた癖はなかなか直らない。 | Old habits die hard. |
| ・悪い癖は簡単に付くが直すのは難しい。 | A bad habit is easy to get into and hard to get out of. |
| ・悪い癖を直すのに遅すぎるということはない。 | It is never too late to mend bad habits.<br>＊ mend 直す、修繕する、改善する |

### 「貧乏ゆすりしないで！」 column

時々、貧乏ゆすりをする人を見かけます。「貧乏ゆすりをする」はshake one's leg。Don't shake your leg!で「貧乏ゆすりをしないで！」という意味になります。では、Shake a leg!はどのような意味でしょうか。直訳の「脚を揺らせ！」ではなく、「急げ！」という意味になります。

## 好きだ

| | |
|---|---|
| ・私はそれが好きだ。 | I like it.<br>I am fond of it. |
| ・それに夢中だ。 | I am keen on it.<br>I adore it.<br>＊ keen 熱中して、鋭い／adore とても好きだ |
| ・それが気に入った。 | I fancy it. |
| ・それに関心がある。 | I'm interested in it. |
| ・それを好きになる。 | I take a fancy to it. |
| ・それを大事にしている。 | I cherish it. |
| ・好きなものは〜だ。 | My favorite is ~. |
| ・一番好きなものは〜だ。 | The things I like most are ~. |
| ・それに引かれる。 | I am attracted to it.<br>＊ attract 興味をひく、魅惑する |
| ・それは私の好みだ。 | It appeals to me.<br>＊ appeal to 〜の心を奪う |
| ・私はそれに魅了された。 | I was fascinated with it.<br>＊ be fascinated with 〜に振り回される、〜に魅惑される |
| ・それに夢中だ。 | I am crazy about it. |
| ・ほかの何よりもそれが好きだ。 | I like it better than anything else. |
| ・それよりこれが好きだ。 | I prefer this to that. |
| ・そこに行くよりむしろここにとどまるほうがいい。 | I prefer to stay here rather than to go there. |

---

column

### 「この上なくよい」

「この上なくよい」と言いたいときは、「as 〜 as can be」の構文で表現します。「この上なくよい天気だ」はThe weather is as fine as can be.、「彼はこの上なく素晴らしい先生だ」はHe is as good a teacher as can be.と表現すればよいです。過去形の場合はcanをcouldに置き換えて、I was as happy as could be.とすれば、「私はこの上なく幸せだった」という意味になります。

## 人が好きだ

| | |
|---|---|
| ・私は彼が好きだ。 | I like him. |
| ・彼を愛している。 | I love him. |
| ・彼に愛情を感じている。 | I am attached to him.<br>I have attachments to him. |
| ・彼に敬服している。 | I admire him. |
| ・彼を尊敬している。 | I respect him.<br>I look up to him. |
| ・私は神を崇拝する。 | I worship God. |
| ・彼を敬愛している。 | I revere him. |
| ・彼は彼女を崇拝している。 | He idolizes her.<br>＊ idolize 偶像視する、崇拝する |
| ・その歌手の熱狂的ファンだ。 | I am an enthusiastic fan of the singer. |

## 物事が好きだ

| | |
|---|---|
| ・私はそれをするのが好きだ。 | I like to do it.<br>I love to do it. |
| ・それをするのを切望している。 | I long to do it.<br>I yearn to do it.<br>I am eager to do it.<br>I am anxious to do it. |
| ・それがしたくて待ちきれない。 | I can't wait to do it. |
| ・それをするのに中毒になっている。 | I am addicted to doing it. |
| ・それに没頭している。 | I am devoted to it. |
| ・それに凝っている。 | I am indulged in it.<br>＊ be indulged in ～にふける |
| ・それに熱中している。 | I am absorbed in it. |

# 6 嫌いなこと
DISLIKES

## 嫌いだ

| | |
|---|---|
| ・私はそれが好きではない。 | I don't like it. |
| ・それが嫌いだ。 | I dislike it. |

| | |
|---|---|
| ・それが大嫌いだ。 | I hate it. |
| ・それを嫌悪している。 | I abhor it.<br>I detest it. |
| ・それにはへどが出るくらい嫌いだ。 | I loathe it.<br>＊ loathe　ひどく嫌う、へどが出る |
| ・それを毛嫌いしている。 | I have an antipathy to it.<br>＊ antipathy　嫌悪、反感 |
| ・それに嫌悪感を覚える。 | I am abhorrent of it.<br>＊ abhorrent　嫌悪感を起こさせる |
| ・それにはうんざりさせられている。 | I abominate it.<br>I have an abomination of it.<br>＊ abominate　うんざりする、嫌悪する |
| ・最も嫌いなものは〜だ。 | The things I hate most are 〜. |
| ・それにうんざりしている。 | It is my turn-off.<br>＊ turn-off　興味を失うこと |
| ・それに敵意を感じている。 | I have animosity for it.<br>＊ animosity　悪意、敵意、憎悪 |
| ・それに恨みを抱いている。 | I hold a grudge against it.<br>＊ grudge　悪意、敵意、恨み |
| ・我慢できない。 | I can't bear it. |
| ・耐えられない。 | I can't stand it. |
| ・嫌でたまらない。 | I am filled with loathing. |

## 人が嫌いだ

| | |
|---|---|
| ・私は彼に憎しみを抱いている。 | I have a hatred for him. |
| ・それに偏見を持っている。 | I am biased against it. |
| ・彼がむかむかするほど嫌だ。 | He is so disgusting. |
| ・彼は私のタイプではない。 | He is not my type. |
| ・私は彼の振る舞いに嫌悪感を抱いた。 | I was revolted by the way he behaved.<br>＊ revolted　不快感を持つ、嫌悪感を持つ |
| ・彼を軽蔑している。 | I despise him.<br>I look down on him. |
| ・彼を拒絶した。 | I rejected him.<br>＊ reject　拒絶する、捨てる、吐く |
| ・私は彼をうんざりさせた。 | I turned him off. |

## 物事が嫌いだ

・私はそれをするのが好きではない。 　I don't like to do it.

・それをするのが嫌いだ。 　I hate doing it.

・それをしたくない。 　I am unwilling to do it.
　　　　　　　　　　＊ unwilling　乗り気でない、やむをえず

・それをするのに気が進まない。 　I am reluctant to do it.
　　　　　　　　　　＊ reluctant　心が乗り気でない

・それをするのを避けたい。 　I'd like to avoid doing it.

・いい加減にそれをした。 　I did it halfheartedly.
　　　　　　　　　　＊ halfheartedly　乗り気じゃない気分で、やむをえず

・何もせずじっと座っているのが嫌いだ。 　I am loath to sit still without doing anything.
　　　　　　　　　＊ be loath to ＋動詞原形　～するのが嫌だ

# My Favorite Things

Tuesday, March 10. Chilly

The other day, I sent my friends a text message asking 'What do you think about me?' One of the replies was 'a girl who likes cute things.' After seeing the message again today, I felt like thinking about my favorite things.

I have so many things I like. Among them, my family and friends are what I like most. I love them, because they take good care of me and understand me. Even though I sometimes have conflicts with them and annoy them, they always help me with everything and guide me. When I'm in trouble, I look for someone whom I can depend on. All of them listen to my worries and agonies.

Another thing I like is cute things such as puppies, kittens, dolls, babies, etc. When I see those kinds of cute things, I approach them squealing loudly. Also, I like sleeping and eating. I am not particular about food and I like greasy, salty, spicy, sweet, and sour foods. Even when I have lunch at the school cafeteria, I am always happy, even though they are not very tasty.

## 私が好きなもの

3月10日 火曜日 涼しい

　先日、友達に「私のことをどんな風に思ってる？」とたずねる携帯メールを送った。返信の一つが『かわいいものが好きな女の子』だった。今日またそのメッセージを見て、私が好きなものについて考えてみたくなった。私が好きなものはたくさんある。中でも、家族と友達が一番好きだ。彼らは私の面倒をよく見てくれるし、理解してくれるから大好きだ。時々彼らと対立したり、悩ませたりしているが、彼らは何でも手助けしてくれて、導いてくれる。私は困ると誰か頼れる人を探す。彼らは皆私の心配や苦痛に耳を傾けてくれる。

　ほかに私が好きなものは、子犬・子猫・人形・赤ちゃんなどかわいいものだ。私はそういったかわいいものを見ると、大声でキャーキャー言って近づいてしまう。また、私は寝ることと食べることが好きだ。私は食べ物に関してはうるさくなく、脂っこいもの・しょっぱいもの・辛いもの・甘いもの・すっぱいもの皆好きだ。そんなにおいしくないのだが学校の食堂でお昼を食べる時でさえいつも幸せだ。

**NOTES**

text message　携帯電話のメール／ conflict　葛藤／ squeal　悲鳴をあげる／ particular　気難しい／ greasy　油っこい

# CHAPTER
# 11

## 言行

## 礼儀を守る

| | |
|---|---|
| ・私は礼儀正しくすることは大切だと思う。 | I think it is important to be courteous. |
| ・誰に対しても礼儀正しくすることはよいことだ。 | It is good to be polite to everyone. |
| ・最低限の道徳感は必要だ。 | We have to have basic morals.<br>＊ morals　道徳、品行 |
| ・人は学識があればあるほど、謙虚であるべきだ。 | The more learned a man is, the more modest he should be.<br>＊ the more ~, the more ...　～するほどより… |
| ・礼儀正しい人はよい印象を残す。 | One who has good manners leaves a good impression. |
| ・私は礼儀正しい。 | I am polite.<br>I am courteous.<br>I am well-mannered.<br>I have good manners. |
| ・私は決して礼儀を忘れない。 | I never forget my manners. |
| ・私は礼儀正しく行動するように努力している。 | I try to behave properly. |
| ・私はいつも紳士らしく行動するよう努力している。 | I always try to act like a gentleman. |
| ・当然、目上の人に会ったときにはおじぎをしなくてはならない。 | Of course, we have to bow when we meet our elders. |
| ・目上の人にものを渡すときは礼儀正しく両手で渡す。 | When I give something to my elders,<br>I use both hands politely. |

## 失礼なこと

| | |
|---|---|
| ・彼は無礼だ。 | He is rude. |
| ・彼は不作法だ。 | He is impolite.<br>He is ill-mannered.<br>He is discourteous.<br>He has no manners. |
| ・彼は不作法なことをする。 | He misbehaves. |
| ・彼は自分のマナーに気を使ったほうがよい。 | He needs to work on his manners. |
| ・彼の失礼な振る舞いが嫌だ。 | I hate his impolite behavior. |

| | |
|---|---|
| ・彼は横柄だ。 | He is arrogant. |
| ・彼は生意気だ。 | He is impudent.<br>He is impertinent.<br>＊ impertinent　生意気な、厚かましい |
| ・彼はうぬぼれが強い。 | He is full of conceit.<br>＊ be full of conceit　うぬぼれが強い |
| ・彼は良いことと悪いことの区別がつかない。 | He can't distinguish the good from the bad.<br>＊ distinguish ~ from ...　～を…特別する、識別する |
| ・彼は扱いにくい。 | He is hard to control.<br>He is hard to manage. |
| ・知らない人に失礼なことを言ってはいけない。 | We must not say rude things to strangers. |
| ・食事中に口に食べ物を入れたまましゃべるのはよくない。 | It is not good to speak with your mouth full at the table.<br>＊ with＋目的語＋形容詞　～が…したまま |
| ・食事中におしゃべりが過ぎるのはエチケットに反する。 | It is against etiquette to talk too much at the table.<br>＊ against　～に反して、～にはずれた |
| ・人前でげっぷしてよいことはめったにない。 | It is rarely good to burp in front of others. |
| ・ガムをかむときにぱちんと音を立てるのは人の迷惑になる。 | Cracking gum when we chew disturbs others.<br>＊ crack　ひびを入れる、割る |
| ・いない人のことを悪く言うのはよくない。 | It is bad to speak ill of the absent.<br>＊ speak ill of　～を悪くいう、～に対して陰口を言う |
| ・人がしゃべっているのをさえぎるのは失礼だ。 | It is rude to interrupt people while they are talking.<br>＊ interrupt　ふさぐ、妨害する、中断させる |
| ・女性に年齢を聞くのは失礼だ。 | It is impolite to ask a lady her age. |
| ・うそをついてはいけないと思う。 | I believe it's wrong to tell a lie. |
| ・恩知らずな人は嫌いだ。 | I hate those who are ungrateful. |
| ・礼儀に関する限り彼は最悪だ。 | When it comes to manners, he is the world's worst. |
| ・インターネットではネチケットを守らなくてはいけない。 | We have to keep netiquette on the internet. |
| ・彼の失礼な振る舞いは本当に不快だった。 | I was really displeased because of his rude behavior. |

## 目上の人に対する礼儀

| | |
|---|---|
| ・彼は自分の親に対してぞんざいな口を利く。 | He speaks to his parents very impolitely. |

| · 自分の親に対して思いやりのない態度で接してはいけない。 | We must not be unkind to our parents. |
|---|---|
| · 両親を敬わなければいけない。 | We ought to respect our parents.<br>We ought to look up to our parents. |
| · 年長者を敬うのは当然のことだ。 | It is natural that we should respect our elders. |

## 2　行動

BEHAVIOR

### 正しい行動

| · 彼は約束を守る。 | He is as good as his word.<br>＊ as good as one's word　約束を守る、信頼できる |
|---|---|
| · 彼は年齢の割には落ち着いている。 | He is mature enough for his age.<br>＊ mature　成熟した、慎重な |
| · 私は約束を必ず守る。 | I always keep my promises. |
| · 私は約束したことを行動に移した。 | I converted promise into action.<br>＊ convert ~ into ...　～を…に転換する、変える |
| · 勇気を出して行動した。 | I got the courage to do it. |
| · 彼の行動から彼は正直な人だろうと思う。 | I guess from his behavior that he is an honest person. |
| · 私は常識から外れたことはしない。 | I don't act against common sense. |
| · 彼は機転が利く。 | He has quick wits.<br>He is quick-witted. |
| · 彼は理解が速い。 | He catches on quickly. |
| · 私は行動が機敏だ。 | I act quickly. |
| · 彼は誰にでも親切だ。 | He is kind to everyone. |
| · 人に親切にして損をすることはない。 | One never loses by doing others a good turn.<br>＊ a good turn　親切な行為 |

column

### 「お先にどうぞ」

親切心で相手に順番を譲るとき、「お先にどうぞ」「先にやってください」などと言いますよね。英語ではこういうとき、After you. という表現を使います。「あなたが先に何かをした後に私がやりますよ」という意味です。例えば、入口に入るタイミングが他の人と重なって「お先にどうぞ」と譲る場合は、After you. と言います。Please go ahead.、Let me follow you. でもOKです。

## よくない行動

・私は怠ける傾向がある。 I am inclined to be lazy.
　＊ be inclined to ＋動詞の原形　〜する傾向がある

・彼はとてものんびりと動く。 He moves very slowly.

・彼はぐずぐずしている。 He drags his feet.
　＊ drag one's feet　ぐずぐずする
　　dragは「ずるずるひきずる」

・彼は約束を守らない傾向がある。 He tends to break his promise often.

・彼は行動が子どもっぽい。 He acts like a child.

・私は人にはかまわずやりたいようにやる。 I do as I want regardless of others.
　＊ regardless of　〜と関係なく、〜に頓着なく

・彼はやりすぎることが多い。 He often overacts.

・彼は本当にやりすぎだ。 He is really over the top.
　＊ over the top　大胆に、誇張されて

・彼は大胆に行動した。 He acted boldly.

・彼は大胆に行動するようになった。 He became bold in action.

・彼らしからぬ行動をとった。 He didn't act like himself.

・彼の行動は周りの人を驚かせる。 His behavior surprises everybody.

・私は何事もなかったかのように振る舞った。 I behaved as if nothing had happened.

・彼の振る舞いには驚かざるを得なかった。 I couldn't help being surprised at his conduct.
　＊ can't help –ing　〜せずにはいられない

・ある意味では彼の突然の行動を理解できる。 In a sense, I can understand his sudden behavior.

・彼は人をイライラさせるように振る舞う。 He behaves in an annoying way.

・彼は横柄に振る舞った。 He acted arrogantly.

・彼は偉そうにふんぞり返っていた。 He got up on his high horse.
　＊ get up on one's high horse　威張る、得意がる

・彼は七面鳥のように威張っていた。 He swelled like a turkey cock.

・彼は要領が悪い。 He is tactless.
　＊ tactless　要領が悪い、機転が利かない

・彼はすぐ弱音を吐く小さい子どものようだ。 He is like a crybaby.

・誰かがたんを吐くのを見るのはとても不快 It was disgusting to see someone spit out
　だった。 phlegm.
　＊ phlegm　たん、粘液質

## 正しい振る舞い

| | |
|---|---|
| ・堂々と振る舞うことはよいことだ。 | It is good to behave fairly. |
| ・私は何をしてもいつも間違ったことをするように思える。 | Whatever I do, I always seem to do the wrong thing.<br>＊ whatever　なんでも、〜すること全て |
| ・彼は私の振る舞いに満足しなかった。 | He wasn't satisfied with my behavior. |
| ・そのような不健全な素行は好きじゃない。 | I don't like such unsound behavior.<br>＊ unsound　不合理な、不健全な |
| ・もっとよく考えて行動しよう。 | I will be more prudent. |
| ・恥ずべき行動は決して認めない。 | I won't have shameful behavior. |
| ・私は自分の態度を改めなくてはならない。 | I need to mend my ways. |
| ・分別ある行動が取れるよう心掛けている。 | I try to act sensibly. |
| ・言葉より行動のほうがより雄弁である。 | Actions speak louder than words. |
| ・跳ぶ前に見よ（転ばぬ先のつえ）。 | Look before you leap. |
| ・あなたがして欲しいと思うように相手にもしなさい。 | Do unto others as you would have them do unto you. |
| ・まいた種は自ら刈り取らねばならない（自業自得）。 | As one sows, so one reaps. |

> **column**
>
> **NATO**
>
> NATOというと「北大西洋条約機構」のことかと思いますが、実際に行動したり実践したりしないで、口だけでああだ、こうだと言うことを指す言葉でもあります。これはNo Action Talk Onlyの頭文字で、「行動はしないで口だけ」という意味です。

## 3　言葉

SPEAKING

## 正しい言葉

| | |
|---|---|
| ・そのことに納得できた。 | That made sense to me.<br>＊ make sense　意味が通じる、道理にかなう |
| ・私は彼の言葉をそのまま信じた。 | I took him at his word. |
| ・彼の言葉を額面通りに受け取った。 | I took his word at face value. |

| | |
|---|---|
| ・彼が言うことなら信じる。 | I'll have faith in what he says. |
| ・彼の言葉なら信用する事ができる。 | I can rely on his word. |
| ・彼の言葉は契約書と同じくらい信用できる。 | His word is as good as his bond.<br>＊ as good as one's bond　契約書と同じくらい |
| ・彼は言ったことは必ず守る。 | He never eats his words. |
| ・彼の言うことは常に理にかなっている。 | He always talks sense.<br>＊ talk sense　もっともなことを言う、理にかなったことを言う |
| ・彼は常に率直な物言いをする。 | He always speaks frankly. |
| ・彼はいつも遠慮なく話をする。 | He never minces his words.<br>＊ mince　上品ぶって婉曲に言う |
| ・彼は常に真実を口にする。 | He always tells the truth. |
| ・認めたくはないがそのことは事実だった。 | I hated to admit it, but it was true. |
| ・たとえどんな話であっても、彼の話は<br>興味深い。 | No matter what he may say, I listen to him<br>with interest.<br>＊ no matter what　たとえ〜しても |
| ・私は決して彼の言葉を疑わない。 | I never doubt his word. |
| ・私は人のことをほめる。 | I speak well of others. |
| ・私は言ったことは必ず守る。 | I always keep my word. |
| ・お世辞は私の性に合わない。 | Flattery is foreign to my nature.<br>＊ foreign to　〜に合わない |

## 沈黙

| | |
|---|---|
| ・私は人の悪口を言わないようにしている。 | I won't speak ill of others. |
| ・沈黙を守っていた。 | I kept silent. |
| ・私は何も言えなかった。 | I was speechless. |
| ・黙っていた。 | I kept my mouth shut. |
| ・私は少し内向的な性格なので、あまり<br>話さない。 | I am somewhat reserved, so I don't talk too<br>much. |
| ・答えが分からず口ごもってしまった。 | I didn't know the answer, so I mumbled. |
| ・なんと言ったらよいのか分からなかった。 | I didn't know what to say. |
| ・私はひと言も発せずに頭を垂れた。 | I didn't say a word, and hung my head. |
| ・私は口べただ。 | I am a poor speaker. |
| ・私は焦ると言葉をつっかえてしまう。 | When I am embarrassed, I stutter.<br>＊ stutter　言葉をつっかえる |
| ・口ごもりながら謝った。 | I stammered out the apology. |
| ・常に言葉に気を付けるべきだ。 | We should watch our mouth at all times. |

**舌を縛り付けておくと……**

「沈黙は金」とは言うものの、ひとこと言いたくなるのが人情です。話すときには舌が動くので、言いたいことも言わず黙っていることをhold one's tongueと表現したりもします。これは「堅く口をつぐむ」「沈黙する」という意味です。また、I'm tongue-tied.（舌が縛られている）は「何も言えない」の意味を表す比喩的な表現です。

## 能弁

| | |
|---|---|
| ・彼の言葉はまるでロマンチックな映画のせりふのようだ。 | His words sound like a line from a romantic movie. |
| ・彼はおしゃべりが上手だ。 | He is a good talker.<br>He is a smooth talker. |
| ・彼のスピーチはいつも説得力がある。 | His speech is always eloquent.<br>＊ eloquent 雄弁な、説得力のある |
| ・彼は常に自分の考えを明確に表現する。 | He always expresses himself very articulately.<br>＊ articulately （考え、感情を）はっきりと、明確に |
| ・彼は理路整然と話す。 | He is very articulate.<br>＊ articulate はっきりと発音する、明確に話す |
| ・彼は決して回りくどい話はしない。 | He never beats around the bush.<br>＊ beat around the bush 遠回しに言う |
| ・彼は決して自分の意見を私に押し付けたりしない。 | He never imposes his views on me.<br>＊ impose 強要する、負わせる |

## 秘密

| | |
|---|---|
| ・秘密を誰かに漏らすようではいけない。 | We shouldn't spill the beans to anyone.<br>＊ spill the beans 秘密を漏らす |
| ・そのことは秘密にしておく。 | I'll keep it secret. |
| ・私は話すつもりはない。 | My lips are sealed.<br>＊ seal 封をする、口を閉じる、秘密を厳守する |
| ・秘密を漏らしたりしない。 | I won't reveal the secret.<br>I won't let the cat out of the bag.<br>＊ let the cat out of the bag 無神経に秘密を話してしまう |
| ・そのことについては誰にも一言も話すつもりはない。 | I won't breathe a word about it to anyone.<br>＊ not breathe a word 一言も話さない |
| ・そのことは秘密にしておくことにした。 | I decided to keep it under my hat. |
| ・彼には率直に話したほうがよいと思う。 | I had better give it to him straight.<br>I may as well give it to him straight. |

| | |
|---|---|
| ・秘密が漏れた。 | The secret is revealed. |
| | The secret is divulged. |
| | The secret is exposed. |
| | The cat is out of the bag. |
| ・壁に耳あり。 | Walls have ears. |
| ・うわさをすれば影。 | Speak of the devil and he appears. |
| ・持ちつ持たれつ（魚心あれば水心）。 | You scratch my back, and I'll scratch yours. |

## うわさ

| | |
|---|---|
| ・みんなが彼のうわさをしている。 | Everyone is talking about him. |
| ・彼はよく人の私的なことについて話す。 | He talks a lot about others' private business. |
| ・彼はよく人の私生活に関するうわさをする。 | He often comments on rumors about others' personal life. |
| ・彼はうわさ話をやめようとしない。 | He never stops gossiping.<br>＊ gossip　雑談する、ひそひそ話をする |
| ・そのことについて彼と話をする必要がある。 | I need to talk to him about it. |
| ・彼はとぼけた。 | He played dumb.<br>＊ dumb　言葉が分からない、話をしない |
| ・彼の言葉は事実ではないようだ。 | His words sound untrue. |
| ・彼はうわさを広げるのが好きだ。 | He likes to spread rumors. |
| ・悪いうわさはすぐに広まる。 | Bad news travels quickly. |
| ・火のない所に煙は立たない。 | There's no smoke without fire. |

column

### 「秘密だから、誰にも言わないで」

何か秘密を知ると、口がムズムズして誰かに言いたくなってしまう人は多いですよね。そんなとき、Keep it to yourself.（秘密だから、誰にも言わないで）なんて言いながら、内緒の話を打ち明けてしまったりします。するとその秘密は spill the beans になります。これは直訳すると「豆をこぼす」ですが、「秘密を漏らす」の意味の比ゆ表現です。由来については諸説ありますが、古代ギリシャでは、壺に白豆（賛成）と黒豆（反対）を入れていく方法で賛否を投票していたところ、ある日誰かが誤って壺をひっくり返してしまい、豆がこぼれて投票結果が先に知れてしまったというエピソードが有力です。

## 不平・弁明

| | |
|---|---|
| ・彼はいつも何にでも不平を言う。 | He always complains about everything. |

| | |
|---|---|
| ・彼のいつもの愚痴にはうんざりだ。 | I am tired of his constant complaining. |
| ・彼はいつも言い訳をする。 | He always has an excuse. |
| ・彼の言い訳を聞きたくなかった。 | I didn't want to hear his excuses. |
| ・彼はいつもよく考えもせずに話すので、時として周りの人にショックを与える。 | He always says everything casually, but sometimes it shocks us. |
| ・彼は同じ事を繰り返し言う癖がある。 | He tends to repeat himself.<br>He tends to say the same things repeatedly. |

## 誤解

| | |
|---|---|
| ・彼の言葉は誤解を受けやすい。 | His words are likely to be misunderstood. |
| ・お互いに話が食い違っていた。 | We were talking at cross-purposes. |
| ・彼が誤解した。 | He's got it wrong. |
| ・彼は私のことを誤解している。 | He is taking me wrong.<br>＊ take wrong 　～を誤解する |
| ・彼は誤解していると思う。 | I think he got the wrong end of the stick.<br>＊ get the wrong end of the stick 　誤解する |
| ・彼の言っていることはある程度事実だった。 | What he said was true to some extent.<br>＊ to some extent 　多少、ある程度 |
| ・私はそのことがうそだと分からないほど子どもではない。 | I am mature enough to know that is a lie. |
| ・彼が何を言っているのかまったく分からなかった。 | I couldn't understand at all what he was talking about. |
| ・彼の言っていることは何が何だか分からなかった。 | I wasn't able to make heads or tails of what he said.<br>＊ not make heads and tails 　何が何だか分からない |
| ・彼の言葉をそのまま受け取ってはいけない。 | We must not take him at his word. |
| ・私は彼の言ったことを信じなかった。 | I didn't believe what he had told me. |
| ・私の言葉は誤解を招きやすいようだった。 | My words seemed to be misleading. |
| ・誤解を解かなくてはならない。 | I need to remove misunderstanding. |

## 冗談

| | |
|---|---|
| ・彼は冗談がうまい。 | He makes jokes well. |
| ・彼の冗談についつい笑ってしまった。 | I couldn't help laughing at his joke.<br>I couldn't help but laugh at his joke.<br>I had no choice but to laugh at his joke. |
| ・私達は彼のおかしな冗談に吹き出した。 | We exploded into laughter at his funny joke. |
| ・彼の冗談はつまらなかった。 | His joke was corny. |

| | |
|---|---|
| ・彼の冗談は古臭かった。 | His joke was so old. |
| ・時々私は冗談がよく分からない。 | Sometimes I don't get jokes. |
| ・私は時々冗談をまじめにとってしまうことがある。 | I take jokes seriously at times.<br>＊ at times　時々、たまに |
| ・彼が冗談を言うと、彼にからかわれているように感じる。 | When he makes a joke, I think he is making fun of me. |
| ・冗談が本当になることがある（ひょうたんから駒）。 | Sometimes what was said as a joke comes true. |
| ・冗談の受け方を学ばなくてはいけない。 | I need to learn how to take a joke. |
| ・冗談で言っただけだ。 | I said it just for fun. |

## 言い争い・口出し

| | |
|---|---|
| ・彼はいつも私をばかにする。 | He always puts me down. |
| ・彼はすぐにけんかをふっかける。 | He is very quarrelsome. |
| ・彼が私に口論をふっかけた。 | He provoked me to quarrel.<br>＊ provoke　扇動する、（問題を）引き起こす、誘発する |
| ・彼は訳もなく私にけちをつけた。 | He picked on me for nothing. |
| ・彼はしょっちゅうくだらないことを言う。 | He speaks nonsense often. |
| ・何を言ってもしょうがない。 | It was no good talking.<br>Talking was no good.<br>＊ no good　役に立たない、使い道のない |
| ・彼は私が言いもしないことを言ったと言った。 | He put words into my mouth.<br>＊ put words into one's mouth　人が言いもしないことを言ったという |
| ・彼はしょっちゅう私をイライラさせる。 | He often grosses me out.<br>＊ gross ~ out　〜をいらだたせる、怒らせる |
| ・彼が私が言おうとしたことをとって先に言ってしまった。 | He took the words out of my mouth. |
| ・彼はよく過ぎ去った日々の話をする。 | He often talks about bygone days.<br>＊ bygone　過去の、過ぎてしまった |
| ・彼は人の陰口が好きだ。 | He likes to talk about others behind their backs.<br>＊ behind one's back　本人のいないときに、こっそり |
| ・彼はすぐ人のことに干渉する。 | He is so nosy. |
| ・彼は人によく口出しする人だ。 | He is such a back seat driver.<br>＊ back seat driver　ああだこうだと言う人 |
| ・彼はいつも人のことに口を出す。 | He always puts his nose in other people's business.<br>＊ put one's nose　鼻を突き出す、干渉する |

## 悪口

| | |
|---|---|
| ・彼の言葉は耳障りだった。 | His words were offensive to the ears.<br>＊ offensive　不快な、気にかかる |
| ・彼が私をののしった。 | He verbally abused me. |
| ・彼はとても皮肉屋だ。 | He is very sarcastic.<br>＊ sarcastic　皮肉る、当てこする |
| ・彼はずけずけと話す。 | He is a straight talker. |
| ・彼は考えなしにしゃべる。 | He doesn't think before he speaks. |
| ・彼は私を傷つけるようなことを言った。 | He stung me with his words.<br>＊ stung　sting（刺す）の過去形 |
| ・彼の言葉にはとげがあった。 | His words carried a sting.<br>＊ sting　刺すこと、皮肉、当てこすり |
| ・彼は口が悪い。 | He has a foul mouth.<br>＊ foul　卑しい、とても不快な |
| ・彼の乱暴な言い方で不愉快になった。 | His rough expressions made me uncomfortable. |
| ・彼の毒舌に不快になった。 | His abuse made me feel uneasy. |
| ・彼の毒舌に傷ついた。 | His cursing offended me very much.<br>＊ cursing　ののしり、憎まれ口 |
| ・彼の言葉に傷ついた。 | What he had said hurt me. |
| ・彼の言葉に心が傷ついた。 | His words broke my heart. |

## 誇張・おしゃべり

| | |
|---|---|
| ・彼はしばしば針小棒大に話をする。 | He often makes a mountain out of a molehill.<br>＊ make a mountain out of a molehill　モグラ塚を山という、針小棒大に言う |
| ・彼はほら吹きだ。 | He talks big.<br>He is a big talker.<br>He is a tall talker. |
| ・彼は誇張がひどい。 | He brags a lot.<br>＊ brag　自慢する、大風呂敷を広げる |
| ・彼は話だけだ。 | He is all talk. |
| ・彼はひどく誇張する。 | He exaggerates a lot.<br>＊ exaggerate　誇張する、針小棒大に言う |
| ・彼女はおしゃべりだった。 | She had a big mouth. |
| ・彼は口が軽い。 | He is a blabber-mouth.<br>＊ blabber　口の軽い人 |

| | |
|---|---|
| ・彼はあたかもすべてのことが分かっているように話す。 | He talks as if he knew everything.<br>＊ as if　あたかも～であるように |
| ・彼は自慢屋だ。 | He is so boastful of himself.<br>＊ boastful　自慢する、自画自賛する |
| ・彼はいつも自分の自慢ばかりする。 | He always blows his own horn.<br>＊ blow one's own horn　自分の自慢をする、自画自賛する |
| ・彼はいつも自分を売り込もうとする。 | He is always advertising himself. |
| ・彼が自慢するのをやめてくれるといいのに。 | I wish he would stop bragging. |
| ・彼女はとてもおしゃべりだ。 | She is so talkative. |
| ・彼女はよくしゃべる。 | She talks a lot. |
| ・彼女は一旦話し始めると止まらない。 | Once she starts talking, she goes on forever.<br>＊ once　一旦～すると　go on　続ける |

## うそ

| | |
|---|---|
| ・彼はよくうそをつく。 | He tells lies so often. |
| ・彼はものすごいうそつきだ。 | He is a great liar. |
| ・彼がしらじらしいうそをついた。 | He told a barefaced lie.<br>＊ barefaced　顔をむき出しにした、厚かましい |
| ・彼は真っ赤なうそをついた。 | He told a downright lie.<br>＊ downright　明白な、露骨な |
| ・彼の言っていることは大抵真実ではない。 | Most of what he says is not true. |
| ・彼は厚かましく私にうそをついた。 | He had the nerve to tell me a lie. |
| ・言葉に詰まった。 | I was struck dumb. |
| ・何と言ったらいいのか分からなかった。 | I was at a loss for words.<br>＊ at a loss　窮して、どうしたらいいか分からず |
| ・私は彼がうそつきだということを知っているので、彼が何を言っても信じない。 | I don't believe anything he said, because I know he is a great liar. |
| ・彼のついたうそが露見した。 | His lie came to light. |
| ・率直に言うと、彼は決してうそをつかない。 | To be frank with you, he never tells a lie. |
| ・彼は決してうそつきなんかではない。 | He is anything but a liar.<br>＊ anything but　決して～ではない |
| ・真実は必ず明らかになる。 | The truth will come out. |

## お世辞

| | |
|---|---|
| ・彼はいつも心にもないお世辞を言う。 | He always gives lip service.<br>＊ lip service　心にもないお世辞 |

| | |
|---|---|
| ・彼はごますりだ。 | He is a flatterer. |
| | He is a blandisher. |
| | He is an apple polisher. |
| ・彼は誰にもごまをする。 | He flatters everyone. |
| | ＊ flatter　おべっかを使う、お世辞を言う |
| ・彼は誰にでもへつらう。 | He butters everyone up. |
| | ＊ butter ~ up　お世辞を言う |
| ・彼は誰にでもお世辞を言う。 | He polishes the apple for everyone. |
| | ＊ polish the apple　お世辞を言う |
| ・それはおべっかに過ぎなかった。 | It was just sweet talk. |
| ・彼の言ったことは事実とまったく違っていた。 | His statement was totally different from the facts. |
| ・彼の偽善的な話にはイライラする。 | His hypocritical talk really irritates me. |
| | ＊ hypocritical　うわべだけの、偽善的な／irritate　怒らせる |
| ・言うは易く行うは難し。 | Easier said than done. |
| | Easy to say, hard to do. |

column

**「おだてないで！」**

「心にもないお世辞」（lip service）ばかり言われていると、それが本心なのか疑ってしまうようになりますが、それでも気分はいいですよね。そのうち、勘違いしてしまう危険もあります。そんなときはflatter（おだてる、褒めそやす）を使って、Stop flattering me.、またはI'm flattered.と言いましょう。「もう～おだてないでよ、恥ずかしい！」と相手に伝える表現です。

# 4　助言・忠告

ADVICE

## 助言

| | |
|---|---|
| ・その問題を処理する方法について、私は助言を必要としていた。 | I needed a few pieces of advice on how to deal with it. |
| ・誰に助言を請えばよいのか分からなかった。 | I didn't know who to go to for advice. |
| ・もし彼がこの場にいたら、この状況をすべて話して彼に助言を請うのに。 | If he were here, I would tell him everything about the situation to get his advice. |
| ・彼に悩みを打ち明けて助言を求めた。 | I got it off my chest and asked him for advice. |
| | ＊ get it off one's chest　心中を打ち明ける |

| | |
|---|---|
| ・彼はまず何をすべきか私に助言してくれた。 | He advised me on what to do first. |
| ・決してあきらめてはいけないという助言を受けた。 | I was advised never to give up. |
| ・彼の助言によってもう一度自分の問題について考えさせられた。 | His advice made me think about my problem again. |
| ・彼は私が必要とするときにはいつも貴重な助言をしてくれる。 | He gives me some helpful words whenever I am in need. |
| ・それが最善の方法であると思われたので彼の助言には従わざるを得なかった。 | I could not help following his advice, because I thought that was the best way. |
| ・両親はいつでもどんなことでもきちんと出来るように助言してくる。 | My parents always advise me to do everything well. |
| ・私は彼に気を付けるようにと助言した。 | I advised him to be careful. |

## 忠告

| | |
|---|---|
| ・あまり走り過ぎるなと言われた。 | I was asked not to run too much. |
| ・彼は私に列を乱さないようにと注意した。 | He advised me not to break ranks.<br>＊ break ranks　列を乱す、脱落する |
| ・彼の忠告には心から感謝する。 | I am wholeheartedly thankful for his advice. |
| ・喜んで彼の忠告に従うことにした。 | I decided to follow his advice with delight. |
| ・二度とあのようなことはしないと約束した。 | I promised not to do that again. |
| ・彼はいつも私にあわててはいけないと注意する。 | He always advises me not to be so impatient. |
| ・私は彼にそんなところには行くなと言った。 | I told him not to go to such a place. |
| ・彼は私にそういった類の本は読むなと注意した。 | He advised me not to read those kinds of books. |
| ・その忠告は私には効果がなかった。 | The advice was lost on me.<br>＊ be lost on　～に何の効力（効果）もない |
| ・友達にいくつかアドバイスした。 | I gave a few pieces of advice to a friend of mine. |
| ・彼女を説得して自制させた。 | I persuaded her to behave herself. |
| ・彼にもめ事に巻き込まれないようにと忠告した。 | I advised him not to get into trouble. |
| ・彼は私の忠告を聞かなかった。 | He refused to follow my advice. |
| ・彼は私の忠告を無視した。 | He turned a blind eye to my advice.<br>＊ turn a blind eye to　～を知らぬふりをする、～を見ぬふりをする |

- 彼が必要とすればいつだって助言する用意 I will give him advice whenever he asks for it.
  がある。

## column

### 目を覚まさなければいけないとき

朝起きて、香りを楽しみながらコーヒーを飲んで眠気を覚ます人もいるでしょう。「起きてコーヒーの香りをかげ」を意味する Wake up and smell the coffee. は、まだ眠気が覚めずに集中できないでいる人に向かって、「目を覚ませ」の意味で使われる表現です。真昼に誰かから It's time for you to wake up and smell the coffee. と言われたら、本当にしっかりと目を覚まさなければいけません。(p.127参照)

# 5 慰労
COMFORTING

## 慰め

- 運動をして気持ちを慰めた。 I consoled myself by exercising.

- そのことはうまくいくだろう。 It will turn out all right.
  * turn out　結果が~になる

- すべてうまくいくと確信している。 I am sure everything will work out fine.
  * work out　結局~となる

- それは別に深刻なことではなかった。 It was nothing serious.
  It wasn't such a serious thing.

- それはまったくたいしたことではない。 It makes no matter.

- 生きるの死ぬのといったような問題ではない。 It isn't a matter of life and death.

- 明るい面を見るようにする。 I will look on the bright side.

- われわれは運命を共にしている。 We are all in the same boat.
  * be in the same boat　運命(立場)を共にする

## 慰めを受ける

- 誰かに励ましてもらいたい。 I want someone to cheer me up.

- 私に必要なのは温かい慰めの言葉だ。 All I need is warm words of consolation.

- 彼が私を励ましてくれた。 He encouraged me.
  He gave me comfort.

| · 私が落ち込んでいると彼が慰めてくれた。 | He consoled me when I was discouraged.<br>＊ console　慰める、慰問する |
| --- | --- |
| · 私がしょんぼりしていたとき彼が温かい言葉をかけてくれた。 | When I was moping, he gave me warm words.<br>＊ moping　沈うつな、寂しくて憂うつな、気力のない |
| · 私が悲しんでいると彼が慰めの言葉をかけてくれた。 | He gave me some words of comfort when I was sad. |

## 元気を出す

| · 私を元気づけるために彼が面白い話をしてくれた。 | He told me a funny story to cheer me up. |
| --- | --- |
| · 彼の言葉が背中を押してくれた。 | His words encouraged me. |
| · 彼の言葉で元気が出た。 | His words gave me quite a lift.<br>His words made me keep my chin up.<br>＊ give ~ a lift　～を乗せてやる、～の手助けをする／<br>　keep one's chin up　元気を出す |
| · 憂うつなときは旅行が私にとって唯一の慰めとなる。 | Traveling is my only consolation when I feel down. |

## 弔問

| · 彼のおじさんが亡くなって、彼に慰めの言葉をかけた。 | I consoled him at his uncle's death. |
| --- | --- |
| · 悲しみに沈んでいた彼を慰めた。 | I consoled him in his sorrow. |
| · 彼にお悔やみを言った。 | I expressed my sympathy to him.<br>I offered my condolences to him.<br>I presented my condolences to him.<br>＊ sympathy　同情、なぐさめ、弔問／condolence　哀悼 |
| · 誠にご愁傷様です。 | My deepest sympathies! |
| · 彼が早くこの悲しみを克服できるようにと願っている。 | I hope he'll overcome this sorrow quickly. |
| · 彼の哀悼が大きな慰めとなった。 | His sympathy was a great consolation. |
| · 彼に何と言って感謝したらいいか分からない。 | I have no words to thank him enough. |

## 人生とは

| · これぞ人生。 | That's life.<br>C'est la vie.<br>＊ C'est la vie はフランス語 |
| --- | --- |

| | |
|---|---|
| ・これが世の中というものさ。 | That's the way it always is.<br>That's just the way it is.<br>That's the way it goes.<br>That's the way the ball bounces.<br>That's the way the cookie crumbles.<br>＊ bounce 跳ね上がる／crumble 砕ける、粉々になる |
| ・そんなこともあるさ。 | That is one of those things. |
| ・人生、そんなこともあるさ。 | Those things will happen. |
| ・人生というものは、われわれが考えているほど刺激的なものでもない。 | Life is seldom as exciting as we think it ought to be. |
| ・人生楽しいことばかりではない。 | Life is not all beer and skittles.<br>＊ beer and skittles 酒を飲んで遊ぶ　skittleは遊び、楽しみ |
| ・これで世界が終わるというわけではない。 | This is not the end of the world. |
| ・因果応報。 | What goes around comes around. |
| ・済んでしまったことは仕方がない。 | What's done is done. |
| ・人生は思っているほど楽ではない。 | The world is a lot tougher than we think. |
| ・歳月は傷を癒してくれる。 | Time heals all wounds.<br>＊ heal 治す、癒す |
| ・何とかなるさ。 | There is always a way. |
| ・誰にでも花を咲かせる時期はある。 | Every dog has his day. |
| ・どんな悪いことにも良い面がある（苦は楽の種）。 | Every cloud has a silver lining. |
| ・あしたはあしたの風が吹く。 | Tomorrow is another day. |
| ・人生山あり谷あり。 | Life is full of ups and downs. |
| ・上り坂があれば下り坂がある。 | Where there is an uphill road, there is a downhill road. |
| ・嵐が去れば虹が出る。 | There is always a rainbow after the storm. |
| ・志あるところに道あり（精神一到なにごとか成らざらん）。 | Where there is a will, there is a way. |
| ・最後に笑う者が最もよく笑う。 | He laughs best who laughs last. |
| ・努力しなければ結果はついてこない。 | No sweet without sweat. |
| ・プーシキンは「たとえ人生があなたを欺いたとしても、悲しみを、また憤りを抱いてはいけない」と言った。 | Pushkin said, 'Don't be sad, don't be angry if life deceives you.' |

## 激励

| | |
|---|---|
| ・彼はいつも自分の思う通りにやれと励ましてくれる。 | He always encourages me to follow my heart. |
| ・彼の励ましの言葉にいつも感謝している。 | I am always thankful for his words of encouragement. |
| ・彼は私に最善を尽くすよう励ましてくれた。 | He encouraged me to do my best. |
| ・彼は私の幸運を祈ってくれた。 | He wished me luck.<br>He kept his fingers crossed for me.<br>＊ keep one's finger crossed for　～の幸運を祈る |
| ・彼は私が落ち込まないように励ましてくれた。 | He encouraged me to lighten up. |
| ・彼は私がその困難を乗り越えるのを助けてくれた。 | He helped me get over the difficulty. |
| ・彼の素晴らしい助言のおかげですべての困難を克服できると確信している。 | I'm sure to overcome all of my difficulties thanks to his great advice. |
| ・最善を尽くせと励まされた。 | I was encouraged to try my best. |
| ・彼は私に長い時間をかけてじっくり取り組めることを探せと言った。 | He asked me to find something to stick to for a long time.<br>＊ stick to　最後までやりとげる、忠実である |
| ・彼は私に元気を出せと励ましてくれた。 | He encouraged me to cheer up. |
| ・誠実な人だと言って褒められた。 | I was praised for being a sincere person. |
| ・彼は私にこの調子で頑張れと言った。 | He told me to keep up the good work. |
| ・天才とは１％のひらめきと99％の努力だ。 | Genius is one percent inspiration and ninety-nine percent perspiration. |
| ・すべてのことがうまくいくだろう。 | Everything will work out.<br>Everything will be all right.<br>Everything is going to be fine. |
| ・彼ならば間違いなくやり遂げる。 | I bet he can make it.<br>＊ make it　成功する、やり遂げる |
| ・私はどんなことでもできると確信している。 | I am sure I can do anything. |
| ・気にするな。どうしようもなかったんだ。 | That's okay. These things happen. |
| ・彼が私を前向きにさせてくれた。 | He made me think positively. |
| ・それは何の心配もないことだと思う。 | I think there's nothing to be worried about. |

· 立ち直ろうと努力した。      I tried to get on my feet again.
       * get on one's feet　自立する

---

**make it にこんな意味も？**

make it は、あることを成功裏にやり遂げたときに使う表現ですが、約束の時間や予定の時間に間に合うように到着するという意味もあります。I can't make it on time. は「時間どおりに行くことができない」、I couldn't make it to school in time. で「始業時刻に間に合わなかった」の意味になります。

column

---

## 祝賀

| | |
|---|---|
| · 私たちはお互いに祝いの言葉を述べた。 | We gave congratulations to one another. |
| · おめでとう。 | Congratulations! |
| · 卒業おめでとう。 | Congratulations on your graduation! |
| · 昇進おめでとう。 | Congratulations on your promotion! |
| · 合格おめでとう。 | Congratulations on passing your exam! |
| · 勝利おめでとう。 | Congratulations on your win!<br>Congratulations on your victory! |
| · 大会優勝おめでとう。 | Congratulations on winning the contest! |
| · 君の成功を誇りに思う。 | I am proud of your accomplishment! |
| · 君は天下一品だ。 | You're out of this world! |
| · 本当によくやったね。 | You did a good job! |
| · 素晴らしい。 | That's fantastic!<br>That's incredible! |
| · お祝いしよう。 | Let's celebrate this occasion! |
| · 結婚記念日おめでとうございます。 | Happy wedding anniversary! |
| · 50歳のお誕生日おめでとう。 | I wish you a happy 50th birthday. |
| · 100日記念おめでとう。 | Congratulations on your 100th day! |

**ハイタッチ**

優勝したり、祝うべきことがあったりしたとき、2人がお互いの片手を高く上げて手のひらを合わせることをhigh-fiveと言います。距離が離れていて直接手を合わせられない場合はair fiveまたはfive upと表現します。これは、空中で手のひらを合わせるまねをして、口で手を合わせる音を出す動作を意味します。We high-fived each other.（私たちは互いにハイタッチをした）のように、high-fiveは動詞として使われることもあります。相手を称えるためにhigh-fiveしようと提案するときは、Give me a high-five!と言います。

# 7 祈り

**W I S H E S**

## 幸福

| | |
|---|---|
| ・あなた方の末永い幸せを願っています。 | I hope you have many wonderful years together. |
| ・2人の愛が永遠に続くことを心から祈っています。 | It is my sincere wish that you keep a loving relationship forever. |
| ・仲のよい2人であることを祈っています。 | I wish you a perfect relationship together! |
| ・2人の幸せを願っています。 | May you both be happy! |
| ・幸福を祈ります。 | I wish you happiness! |
| ・世界中の幸福と喜びがあなたに訪れることを祈ります。 | I wish you all the happiness and joy in the world! |
| ・メリークリスマス＆ハッピーニューイヤー。 | I wish you a Merry Christmas and a Happy New Year. |
| ・新年のご多幸をお祈り申し上げます。 | All the best for the New Year. |
| ・あなたの希望がすべて叶うことを願っています。 | I hope all of your wishes come true. |
| ・楽しい休暇をお過ごしください。 | Happy holidays! |
| ・旅行を楽しんで来てください。 | Have a great trip! |
| ・試験の成功を祈ります。 | Good luck on your test! <br> I wish you good luck on the exam! |
| ・健闘を祈ります。 | I wish you all the best! |
| ・努力が実ることを祈っています。 | I wish you success in your endeavors! |
| ・あなたの成功を祈っています。 | I wish you all the success! |

| | |
|---|---|
| ・すべてがうまくいくことを祈っています。 | I hope everything is well with you! |
| ・すべてのことがうまくいきますように。 | Best of everything!<br>I hope everything works out! |

## 幸運

| | |
|---|---|
| ・新年の幸運を祈っています。 | Wishing you good luck for the new year! |
| ・どうかお幸せに。 | May you be happy! |
| ・あなたの未来に幸あれ。 | Good luck on your future!<br>Good luck to you in the future! |
| ・幸運を祈る。 | Break a leg!<br>Best of wishes!<br>Good luck to you!<br>Best of luck to you!<br>I wish you the best of luck!<br>I'll keep my fingers crossed for you. |
| ・あなたにも（幸運を）。 | Same to you! |
| ・神のご加護がありますように。 | God bless you! |
| ・日本よりあなたの幸運を祈っています。 | Good luck from Japan! |
| ・あなたの結婚に幸あれ。 | Best wishes on your wedding! |

column

### 「棚からぼたもち」

努力した末に手にした幸運は本当に価値あるものですが、時には棚からぼたもちで予想外の幸運が舞い込むこともあります。そのような幸運をwindfallと言います。「風で落ちたもの」を意味するwindfallが、なぜ「棚からぼたもち」になったのかというと、中世の英国で、貧しい小作農が森の木を切ることは厳しく制限されていた一方で、風で倒れた木などは薪として使ってよいとされていたからです。

## 健康

| | |
|---|---|
| ・ご回復をお祈りしています。 | I hope you'll get over your sickness. |
| ・お体を大切に。 | Stay healthy! |
| ・お体をご自愛ください。 | I wish you good health. |
| ・どうか長生きしてください。 | Live a long healthy life! |
| ・あなたのためにお祈りいたします。 | I'll keep you in my prayers. |
| ・ご健康をお祈りいたします。 | I pray to God for your health. |

# A Little Problem

Monday, September 30. Clear

Today, I consulted with a counselor at school. It was because I had a little problem with my friend. It was caused by a misunderstanding. I said something about his appearance and I should not have said such a thing. I never meant to hurt his feelings.

I got along with him and he was a very good friend of mine for a long time. I think he is a really wonderful guy. When a friend needs a favor, he is always there to do it. Besides, he is well-behaved, that's why the whole class likes him. I wanted to be a popular guy like him.

I asked my counselor about how to solve this problem and he gave me a piece of advice, saying that I had better apologize to my friend for what I said. I told my friend that I was really sorry for what I said. I think we will be good friends again. I do hope our friendship will never break.

## 友達とのけんか

9月30日 月曜日 快晴

　今日は学校でカウンセラーに相談した。友達とちょっとしたトラブルがあったからだ。それは誤解によるものだった。私が彼の外見についてあることを言ったのだが、私はそんなことを言うべきではなかった。彼の気持ちを傷つけるつもりは決してなかったのだ。

　彼とは仲がよくて、ずっと大切な友達だった。彼は本当に素晴らしい人だと思う。彼は友達の頼みを必ず聞いてくれる。その上とても礼儀正しい。だから彼はクラスのみんなから好かれている。私も彼のような人気者になりたいと思っていた。

　私はこの問題をどうやって解決すればいいのかをカウンセラーに聞いてみた。カウンセラーは私が自分の言ったことについて友達に謝るべきだと助言してくれた。私は友達に、あんなことを言って本当にすまなかったと思っていると言った。私たちはまたいい友達に戻れるだろう。私たちの友情が永遠に続くことを願っている。

**NOTES**

consult with　〜と相談する／ counselor　カウンセラー／ besides　その上、しかも／ well-behaved　行儀がいい（正しい）／ apologize　謝る、謝罪する

# CHAPTER 12

## 健康

# 1 　健康

**HEALTH**

## 健康の大切さ

| | |
|---|---|
| ・健康は何より大切だ。 | Health is the most precious of all. |
| ・健康よりも大切な物はない。 | Nothing is as precious as health.<br>Nothing is more precious than health.<br>Health is more precious than anything else. |
| ・健康は幸福の必須条件だと思う。 | I think that health is essential to happiness.<br>＊ essential　必須の、一番重要な |
| ・健康は大切な財産だ。 | Health is a precious possession. |
| ・健康は成功するための第一条件だと思う。 | I think health is the first requisite for success.<br>＊ requisite　必要な、必要条件 |
| ・私は健康を何より優先にする。 | I set health before anything else. |
| ・私は健康を一番重要視する。 | I consider health the most important. |
| ・若者は自分が永遠に健康でいられると思う。 | The young think they can permanently stay healthy.<br>＊ permanently　永遠に、永久に |
| ・病気になって初めて私たちは健康のありがたさを知る。 | It is only after we get ill that we know how blessed it is to be healthy.<br>＊ it is ~ that ...　…してこそ~だ（強調構文） |
| ・誰でも死ぬまで健康でありたいと願う。 | Everybody hopes to stay healthy until death. |

---

### mostのさまざまな意味

column

mostといえば、manyやmuchの最上級＝「最も」と考えがちですが、それ以外の意味でも使われます。most Americans（ほとんどのアメリカ人）のように、冠詞なしで複数名詞の前に来る形容詞mostは「ほとんどの~」という意味で使われます。「most of＋複数名詞」は「~のほとんど」という意味になり、このmostは名詞として使われています。また、「a most＋形容詞」のmostはveryと同じ意味の副詞で、直後の形容詞を強調します。He is a most diligent student.で「彼はとても勤勉な学生だ」という意味です。

---

## 健康だ

| | |
|---|---|
| ・私は健康だ。 | I am healthy.<br>I am sound. |
| ・健康状態がいい。 | I am in good health. |

| | |
|---|---|
| ・私は丈夫だ。 | I am as fit as a fiddle. |
| | ＊ as fit as a fiddle　丈夫な、健康な　fiddleは「バイオリン」 |
| ・体調がいい。 | I am well. |
| ・私は元気だ。 | I have a lot of energy. |
| ・私は強い。 | I am strong. |
| ・私は体力がある。 | I am athletic. |
| ・私はたくましい。 | I am robust. |
| | ＊ robust　健康な、たくましい |
| ・彼は年齢の割りにとても健康だ。 | He is in excellent condition for his age. |
| ・頭のてっぺんから足の先まで健康だ。 | I am healthy from head to toe. |
| ・私はあまり病気をしない。 | I don't often get sick. |
| ・健全な身体に健全な精神。 | Sound mind, sound body. |

## column

### I am in the pink. は 「服がピンク」？

I am in the pink. で「私はピンク色の服を着ている」の意味だと思ってしまうかもしれませんが、「私はとても健康だ」という慣用表現です。また、I am as fit as a fiddle.（私はバイオリンのように健康だ）も同じ意味ですが、これは美しい音色と均整のとれたフォルムを持つバイオリンを、健康な人にたとえた表現です。I am sound as a bell. も健康な状態を表す表現で、清らかな鐘の音のようにコンディションがよいという表現です。

## 不健康だ

| | |
|---|---|
| ・私は最近調子がよくない。 | I haven't been feeling well recently. |
| ・私は見た目より体が弱い。 | I am not as healthy as I look. |
| | ＊ not as ~ as ...　…ほど～でない |
| ・年を感じる。 | I feel my age. |
| ・体のことがとても心配だ。 | I am very worried about my health. |
| ・健康が気掛かりだ。 | I am anxious about my health. |
| ・以前ほど体が丈夫でない。 | I am not as healthy as I used to be. |
| | ＊ used to ＋動詞原形　～したりした、（過去に）～だった |
| ・私はよく病気になる。 | I always get sick. |
| ・いつも疲れている。 | I feel tired all the time. |
| ・いつも体の具合が悪い。 | I always feel lousy. |
| ・過労が原因で私の体はぼろぼろだ。 | My body is shot because of overwork. |

| | |
|---|---|
| ・過労によって体調が悪くなってきている。 | My health has been failing as a result of overwork. |
| ・少し休む時間が必要だ。 | I need some time to relax. |
| ・あまりにも疲れやすいので医師の診察を受けることにした。 | I felt tired so often that I decided to consult the doctor. |
| ・彼は肝臓に問題がある。 | He has something wrong with his liver. |
| ・彼はB型肝炎だ。 | He has hepatitis B.<br>＊ hepatitis　肝炎 |
| ・彼は糖尿病だ。 | He suffers from diabetes.<br>＊ diabetes　糖尿病 |
| ・彼は食事の糖分の量を制限しなければならない。 | He should limit the amount of sugar in his diet. |
| ・私は彼の健康が心配だ。 | I am concerned about his health. |
| ・その病気は不治の病と言われている。 | The disease is said to be an incurable disease. |
| ・その病気は医学的な治療が不可能だと言われている。 | The disease is said to be beyond medical treatment.<br>＊ beyond　〜を超えた、〜が難しい |

## 健康を害すること

| | |
|---|---|
| ・ストレスはしばしば健康を害する。 | Stress often causes poor health. |
| ・感情を抑えすぎるのは健康によくない。 | It is not healthy to repress our feelings too much.<br>＊ repress　抑制する、抑える |
| ・ずっとテレビばかり見ている生活習慣は健康に支障をきたす可能性がある。 | Couch potato lifestyles can lead to health problems. |
| ・睡眠不足は徐々に健康に害を及ぼす。 | Lack of sleep gradually takes its toll on one's health.<br>＊ take its toll on　〜に悪影響を及ぼす |
| ・朝食を抜くことは健康に悪い。 | It is not healthy to skip breakfast. |
| ・食事を頻繁に抜くと、栄養不良になる。 | When we often skip meals, we lack nutrition. |
| ・栄養失調は健康に深刻な影響を与える。 | Malnutrition seriously affects our health.<br>Malnutrition has a serious effect on our health.<br>＊ malnutrition　栄養不良、栄養失調／<br>　affect（＝have an effect on）　〜に影響を与える |
| ・食べ過ぎは健康によくない。 | Overeating is bad for our health. |
| ・健康のためにきちんと食事を取らなければいけない。 | We have to eat right for our health. |
| ・過労が私に影響を与え始めているようだ。 | The strain is starting to affect me. |

· 喫煙と飲酒は当然、健康を害する。 Smoking and drinking are naturally harmful to one's health.

## 禁煙

· 喫煙は不健康だ。 Smoking is unhealthy.

· たばこは百害あって一利なしと言われる。 People say that smoking does more harm than good.

· 喫煙は健康に深刻な影響を与える。 Smoking has devastating effects on health.
＊ devastating 破壊的な、ひどい

· たばこは有害な物質を多く含有している。 Cigarettes contain many harmful chemicals.

· 彼は愛煙家だ。 He is a heavy smoker.

· たばこの煙のせいでほとんど息ができなかった。 I could hardly breathe because of the smoke.

· 彼以外は家族全員、たばこの煙が好きではない。 The whole family except him doesn't like cigarette smoke.

· 彼はベランダでこっそりたばこを吸う。 He smokes secretly on the balcony.

· お母さんは受動喫煙が直接喫煙よりももっと悪いと考えているため、たばこの煙を家の中に入れない。 My mom doesn't let smoke enter the house, because she thinks that second-hand smoke is worse than smoking directly.
＊ second-hand 間接の

· 受動喫煙は非常に有害だ。 Second-hand smoke is very harmful.

· 喫煙は心臓病の主な原因だと言われている。 It is said that smoking is a major cause of heart disease.

· 喫煙が彼の肺を害した。 Smoking has damaged his lungs.
＊ damage ～に損害を負わせる、損傷させる

· 彼がたばこをやめられることを願っている。 I wish he could stop smoking.

· 彼はたばこを減らし始めた。 He started to cut down on his smoking.
＊ cut down on ～を減らす、減少させる

· 彼は二カ月ほど前にたばこをやめた。 He stopped smoking about two months ago.

· 彼は一本だけたばこを吸いたいと言った。 He said that he wanted to smoke just one cigarette.

· 彼は禁煙をしてから前より健康になった。 He became healthier after he stopped smoking.

· 健康を維持したければたばこを吸わずお酒を飲まないのがいい。 It is good to neither smoke nor drink in order to keep healthy.

· 健康のために、すべての喫煙者がたばこをやめられることを願っている。 For health purposes, I wish all smokers could quit smoking.
＊ for~ purposes ～を目的として、～のために

## 健康管理

| | |
|---|---|
| ・特に季節の変わり目は健康管理に気を付けなければいけない。 | We need to take care of our health, especially when the seasons change. |
| ・休息は健康を維持するためにとても重要だ。 | Rest is essential to maintain our health. |
| ・休息は健康につながる。 | Rest is conducive to good health.<br>＊ conductive to 〜を導く、伝導する |
| ・早く寝て十分な休息をとる必要がある。 | We had better go to bed early and get enough rest. |
| ・病気は初期のうちに治療をすべきだ。 | Disease should be treated when it starts. |
| ・水をたくさん飲むことが私の健康の秘訣。 | Drinking a lot of water is how I keep healthy. |
| ・早起きが健康の秘訣となりえる。 | Getting up early in the morning can be a key to good health. |
| ・都会で暮らすよりも田舎で暮らしたほうが健康にいい。 | It is healthier to live in the country than in town. |
| ・健康を維持するためには健康によい食事と健康的な生活習慣が必要だ。 | We need a healthful diet and a healthy lifestyle to keep fit. |
| ・健康にいい食べ物、特に果物と野菜をたくさん取らなければならない。 | We should eat healthy food, especially many fruits and vegetables. |
| ・一日三回、バランスの取れた食事を取らなければいけない。 | We have to eat three balanced meals a day. |
| ・健康のために毎日ビタミン剤を服用する。 | I take vitamin tablets for my health every day. |
| ・料理をするときは塩を使い過ぎないようにするのが健康によい。 | It is healthy to abstain from using too much salt when cooking dishes.<br>＊ abstain from 〜を控える、慎む |
| ・私は去年よりも今のほうが健康状態がよい。 | I am healthier now than I was last year. |
| ・私はいつでも健康に注意を払っている。 | I always take good care of myself. |
| ・私はいつも体を壊さないように気を付けている。 | I am always careful not to ruin my health.<br>＊ ruin 破壊させる、台無しにする |
| ・治療よりも予防が大事だ。 | Prevention is better than cure. |

## 運動

| | |
|---|---|
| ・私は運動をほとんどしない。 | I hardly ever exercise. |
| ・毎日一時間、運動することに決めた。 | I made a decision to work out for an hour every day. |
| ・運動は人のためになる。 | Exercise does good for people.<br>＊ do good　役に立つ |
| ・適度の運動は健康にいい。 | Moderate exercise is good for our health. |
| ・毎日適度な運動を行うことは健康を促進させる。 | Moderate exercise every day promotes good health.<br>＊ promote　促進させる、増進させる |
| ・定期的にストレスを解消することは重要だ。 | It is important to relieve one's stress on a regular basis.<br>＊ relieve　取り除く、軽減する |
| ・定期的にストレスを発散しなければならない。 | We need to relieve stress regularly. |
| ・軽い病気の大部分は定期的な運動によって治癒することができると思う。 | I think regular exercise will cure me of most minor diseases. |

---

### column

**健康に関連することわざ**

Good health is a great asset.　健康は財産だ。
Health is better than wealth.　健康は富に勝る。
He who loses health loses everything.　健康を失えばすべてを失う。
To the well man, every day is a feast.　健康な者にとっては毎日が祝祭だ。
An apple a day keeps the doctor away.　1日1個のりんごは医者いらず。

---

## 2　健康診断

CHECKUP

### 検診の段取り

| | |
|---|---|
| ・定期的な検診が健康を守る第一歩であるようだ。 | A regular checkup seems to be the first step to staying healthy. |
| ・健康診断を受けたかった。 | I wanted to get a medical checkup. |
| ・健康診断を受けるために予約を入れた。 | I made an appointment to get a medical checkup. |

| | |
|---|---|
| ・叔父が素晴らしい医者を薦めてくれた。 | My uncle recommended a great doctor. |
| ・毎年恒例の健康診断を受けに病院へ行った。 | I went to the hospital to get my annual checkup. |
| ・血液検査のため12時間絶食しなければならなかった。 | I had to fast for 12 hours for blood tests.<br>＊fast 断食する |
| ・問診票をうめた。 | I filled out the medical checkup questionnaire.<br>＊questionnaire 質問票、調査票 |
| ・まずはかりの上に乗ると看護師が体重と身長を測った。 | First of all, when I stood on the scale, the nurse measured my weight and height. |
| ・医者から、若干太り気味なのでダイエットをしなければならないと言われた。 | The doctor told me that I was a little overweight, and I must go on a diet. |
| ・看護師が私の血圧を測った。 | The nurse took my blood pressure. |
| ・血圧が高かった。 | My blood pressure was high. |
| ・看護師が血液検査をした。 | The nurse did some blood tests. |
| ・看護師が脈拍をとった。 | The nurse took my pulse.<br>＊pulse 波動、振動、脈拍 |
| ・小便をカップにとって看護師に渡した。 | I gave the nurse my urine in the cup. |
| ・レントゲン技師が胸のレントゲンを撮った。 | The X-ray technician took a chest X-ray. |
| ・レントゲンを撮られた。 | I had my X-ray taken.<br>＊have＋目的語＋過去分詞 …される |
| ・内視鏡で胃を検査した。 | I had my stomach examined by an endoscope.<br>＊endoscope 内視鏡 |
| ・医者が私に健康に関する質問をいくつかした。 | The doctor asked me some questions about my health. |
| ・医者が聴診器で心臓音を聴いて私を診察した。 | The doctor examined me by listening to my heart with a stethoscope.<br>＊stethoscope 聴診器 |

## 診断結果

| | |
|---|---|
| ・今日診断結果を受け取った。 | I received the test results today. |
| ・期待通りの結果が出てうれしかった。 | I was glad to see the test results were as I expected. |
| ・結果によると、思っていたより健康であった。 | According to the results, I am healthier than I had thought. |
| ・私は健康上の問題がいくつかあるという結果だった。 | The results showed that I had several health problems. |
| ・医者は〜と診断した。 | The doctor diagnosed it as 〜.<br>＊diagnose 〜 as ... 〜を…と診断する |

| | |
|---|---|
| ・医者は私が急性〜と診断した。 | The doctor's diagnosis was that I had acute ~.<br>＊ acute　急性の（chronic　慢性の） |
| ・心臓には問題がないと医者が言った。 | The doctor told me that my heart had no problems. |
| ・私はさらに検査を受けなければいけなかった。 | I had to undergo further tests. |
| ・医者は病気の経過をしばらく見守るつもりだと言った。 | The doctor said that he would wait and see how the disease progresses. |
| ・私は医者に運動を勧められた。 | The doctor advised me to start exercising. |
| ・医者は私にパンと甘い物を控え、魚と野菜をもっととるよう勧めた。 | The doctor advised me to eat less bread and sweets and more fish and vegetables. |
| ・医者の指示にちゃんと従おうと決心した。 | I decided to follow the doctor's instructions well. |

## 3　発病

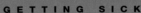

GETTING SICK

### 疾病

| | |
|---|---|
| ・はしかは感染症だ。 | Measles is a an epidemic. |
| ・白血病は感染症ではない。 | Leukemia is not a contagious disease. |
| ・肝炎は遺伝性疾患のうちの一つだ。 | Hepatitis is one of the hereditary diseases. |
| ・がんは適切な治療法が見つかっていない最も恐ろしい病気だ。 | Cancer is the most dreadful disease, without proper cure. |

## 病名

| | | | |
|---|---|---|---|
| 糖尿病 | diabetes | 小児まひ | polio |
| 高血圧 | hypertension | はしか | measles |
| 低血圧 | hypotension | 天然とう | smallpox |
| 脳卒中 | stroke | 水ぼうそう | chickenpox |
| 肝炎 | hepatitis | 流行性耳下せん炎<br>（おたふく風邪） | mumps |
| がん | cancer | | |
| 心臓病 | heart disease | ぜん息 | asthma |
| 心不全 | heart failure | ぢ | hemorrhoids |
| 心臓まひ | heart attack | へんとうせん | tonsils |
| 気管支炎 | bronchitis | 貧血 | anemia |
| 肺炎 | pneumonia | 日射病 | sunstroke |
| 結核 | tuberculosis | 感染症 | contagious disease<br>epidemic<br>infectious disease |
| 白血病 | leukemia | | |
| 腎臓病 | kidney failure | 職業病 | occupational disease |
| 腎臓結石 | renal calculus | 公害病 | pollution-caused<br>disease |
| 胃炎 | gastritis | | |
| 胃かいよう | stomach ulcers | 風土病 | endemic disease |
| 虫垂炎 | appendicitis | 慢性病 | chronic disease |
| 十二指腸かいよう | duodenal ulcer | 難病 | incurable disease |
| 関節炎 | arthritis | 奇病 | rare disease |
| リューマチ | rheumatism | 仮病 | feigned illness |

## 身体器官

| | | | |
|---|---|---|---|
| 臓器 | internal organs | 小腸 | small intestine |
| 肝臓 | liver | 大腸 | large intestine |
| 胃腸 | stomach | 盲腸（虫垂） | appendix |
| 心臓 | heart | ぼうこう | bladder |
| 腎臓 | kidney | 尿道 | urethra |
| 肺 | lungs | 動脈 | artery |
| 食道 | gullet, esophagus | 静脈 | vein |
| 気管支 | bronchus | 血管 | blood vessel |
| すい臓 | pancreas | 毛細血管 | capillary vessel |
| 十二指腸 | duodenum | リンパ節 | lymph node |

## 初期症状

| | |
|---|---|
| ・体の具合があまりよくなかった。 | I didn't feel very well. |
| ・元気がなかった。 | I was under the weather.<br>＊ under the weather 元気がない |
| ・体調がよくなかった。 | I wasn't feeling like myself. |
| ・気分が悪かった。 | I felt terrible. |
| ・体調が悪かった。 | I was in bad shape.<br>＊ in bad shape 体調が悪い |
| ・体中が痛かった。 | My body was sore from head to toe. |
| ・口から嫌なにおいがしたので診察を受けるつもりだ。 | I have foul breath in my mouth, so I will see a doctor. |
| ・体の具合がとても悪かった。 | I felt so sick. |
| ・痛みが激しかった。 | I had severe pain. |
| ・その症状が続いた。 | The symptom persisted.<br>＊ persist 固執する、持続する |
| ・それはそんなに深刻ではなかった。 | It wasn't so serious. |
| ・私はそれがあまりにも心配で病気になった。 | I was so worried about it that I became ill. |

## 仮病

| | |
|---|---|
| ・私は仮病を使った。 | I faked an illness.<br>＊ fake だます、〜のふりをする |
| ・私は病気のふりをした。 | I pretended to be sick.<br>＊ pretend to＋動詞原形 〜のふりをする |
| ・あまりそれをやりたくなかったので腹痛の仮病を使った。 | I pretended to have a stomachache because I didn't really want to do it. |
| ・私の家族は私が本当に病気だと信じた。 | My family believed that I was really sick. |
| ・仮病のおかげで気詰まりな状況から逃げられることがある。 | Sometimes my feigned illness lets me escape uncomfortable situations.<br>＊ feigned 仮装の、だます |

### column

**「病院へ行く」**

「病院へ行く」ことだけを表現するならgo to the hospitalでOKですが、「診察（治療）を受けるために病院に行く」と言いたい場合は、go (to) see a doctor、visit a doctorなどのように表現します。「歯科へ行く」はgo to the dentistです。

## 病欠

| | |
|---|---|
| ・病院へ行かなければならなかった。 | I needed to go see a doctor. |
| ・病気で行けないと電話をした。 | I called in sick.<br>＊ call in sick　電話で病欠を知らせる |
| ・病気で休暇中だった。 | I was on sick leave.<br>＊ sick leave　気気休暇、病欠 |
| ・病気で欠席した。 | I was absent because of my illness. |
| ・病院に行くため休みをとった。 | I went on leave to see a doctor.<br>＊ go on leave　休みをとる |
| ・一週間病気で寝込んでいる。 | I have been ill in bed for a week. |
| ・両親が私を病院へ連れて行った。 | My parents took me to the hospital. |
| ・家族は私の病気を心配していた。 | My family was worrying about my sickness. |
| ・外に出て新鮮な空気を吸ったら<br>少し気分がよくなった。 | After I went out to get some fresh air,<br>I felt better. |

column

### 「病欠」

leaveは「去る」「残しておく」などを意味する動詞として多用されますが、名詞としては「(公的に取得する) 休暇」を意味します。たとえば、「体調不良で取る休暇 (病欠)」はsick leave、「出産後に取る休暇 (産休)」はmaternity/paternity leaveと言います。「彼は休暇で不在です」と言いたい場合はHe is away on leave.とすればよいです。

# 4 発熱

RUNNING A FEVER

## 熱が出る

| | |
|---|---|
| ・熱が出た。 | I have a fever. |
| ・熱っぽい。 | I feel feverish. |
| ・熱が上がっている。 | I'm developing a fever.<br>＊ develop　発展する、進行する |
| ・熱がある。 | I have a temperature. |
| ・高熱がある。 | I have a high temperature. |
| ・若干熱がある。 | I have a little fever. |

| | |
|---|---|
| ・微熱がある。 | I have a slight fever. |
| ・熱がとても高かった。 | The temperature was very high. |
| ・平熱より3度も高かった。 | The temperature was three degrees above normal. |
| ・平熱ではなかった。 | My temperature was abnormal.<br>＊ abnormal　異常な、変態的な |
| ・おそらくその病気の最初の兆候は高熱だ。 | Supposedly, the first symptom of the disease is a high temperature.<br>＊ supposedly　たぶん、推定で |

## 熱が下がる

| | |
|---|---|
| ・熱を計った。 | I took my temperature. |
| ・体温計の目盛りを見て驚いた。 | I was surprised when I read the thermometer. |
| ・熱を下げるために濡れタオルをおでこにのせた。 | I put a wet towel on my forehead to bring down my fever.<br>＊ bring down　下げる、落とす |
| ・ぬるま湯のシャワーを浴びた。 | I took a shower by using lukewarm water.<br>＊ lukewarm　なまぬるい |
| ・熱を下げるために薬を飲んだ。 | I took medicine to reduce my fever.<br>＊ reduce　下げる、減らす |
| ・熱はゆっくり下がった。 | The fever has gone down slowly. |
| ・熱が下がった。 | The fever was gone. |

## 悪寒

| | |
|---|---|
| ・ぞくぞくした。 | I felt chilly. |
| ・悪寒がした。 | I had a chill. |
| ・寒けがした。 | I caught a chill. |
| ・寒けで身震いした。 | I shivered with a chill.<br>＊ shiver　ぶるぶる震える |
| ・体が震えて冷や汗が出た。 | I broke into a cold sweat trembling. |

## めまい

| | |
|---|---|
| ・めまいがした。 | I felt faint. |
| ・突然頭がくらくらするのを感じた。 | I suddenly felt as if my head were spinning.<br>＊ spin　回転する、回る |
| ・頭がふらふらする。 | My head swims.<br>My brain reels.<br>＊ reel　よろめく、面食らう |
| ・頭がもうろうとする。 | I am lightheaded.<br>＊ lightheaded　頭がもうろうとする、めまいがする |
| ・しばしばめまいがする。 | Often I feel dizzy. |
| ・その問題のせいで頭が混乱する。 | My head spins because of the problem. |

## 頭痛の症状

| | |
|---|---|
| ・頭が痛かった。 | I had a headache. |
| ・頭が少し痛かった。 | I had a slight headache. |
| ・頭痛がひどかった。 | I had a terrible headache. |
| ・慢性的な偏頭痛がある。 | I have chronic migraines.<br>＊ chronic　慢性的な、常習的な／ migraine　偏頭痛 |
| ・頭が痛くて死にそうだった。 | The pain was killing me. |
| ・一日中ずっと頭が痛かった。 | I had a constant headache all day long. |
| ・偏頭痛に苦しんだ。 | I suffered from migraines. |
| ・頭がずきずき痛んだ。 | My head throbbed.<br>＊ throb　ずきずき痛む、激しく動悸を打つ |
| ・ずきずきするような頭痛があった。 | I had a throbbing headache.<br>I had a pounding headache.<br>＊ pound　どんどん叩く |
| ・割れるような頭痛がした。 | I had a splitting headache.<br>＊ splitting　割れる、裂ける |
| ・頭が重かった。 | My head felt heavy. |
| ・天気のせいか頭が重かった。 | My head felt heavy, probably because of the weather. |
| ・肩凝りがした。 | I had a stiff neck.<br>＊ stiff　堅い、曲がりにくい、硬直した |

**「頭が痛い」**

「頭が痛い」を My head hurts. と言うと、頭に傷があって痛いことになってしまいます。「頭痛がする」のであれば、I have a headache. と言いましょう。頭痛（headache）、腹痛（stomachache）、歯痛（toothache）、腰痛（backache）、耳痛（earache）、咽喉痛（sore throat）などの病名を使って痛いと表現する場合は、動詞 have と組み合わせます。歯痛がひどければ、I have a terrible toothache. と言えばよいです。

# 6 風邪

**COLD**

## 風邪

| | |
|---|---|
| ・風邪は万病の原因だ。 | A cold may develop into all kinds of illnesses.<br>＊ develop into 〜に発展する |
| ・私ははやっているとすぐ風邪をひく。 | I easily catch every cold that goes around. |
| ・風邪をひきそうだった。 | I was likely to catch a cold. |
| ・風邪っぽかった。 | I had a slight cold.<br>＊ slight 軽い、若干の |
| ・風邪をひいたようだった。 | I felt a cold coming on. |
| ・風邪で倒れそうな気がした。 | I felt as though I were coming down with a cold.<br>＊ as though ちょうど〜のような |
| ・気温が不安定な時は風邪に気を付けなければいけない。 | We should be careful of colds when the temperature is irregular. |
| ・昨晩窓を開けっ放しで眠ってしまったので風邪をひいた。 | I had a cold, because I fell asleep with the window open yesterday. |
| ・風邪をひいて寒けがする。 | I had a cold and the chills. |
| ・風邪のせいで寒けがして震えた。 | I felt chilly and shivered because of my cold. |
| ・元気がなかった。 | I felt so weak. |
| ・全身に疲労感を感じた。 | I felt general fatigue.<br>＊ fatigue 疲労、疲れ |
| ・風邪で寝込んだ。 | I was in bed with a cold. |

## 鼻風邪

| | |
|---|---|
| ・鼻風邪をひいたようだった。 | I seemed to have a head cold.<br>＊ head cold　鼻風邪 |
| ・鼻風邪をひいた。 | I've got the sniffles.<br>＊ sniffle　鼻風邪、鼻をすすること |
| ・鼻水が出た。 | I had a runny nose.<br>My nose was running. |
| ・一日中鼻がぐずぐずした。 | I sniffled all day. |
| ・くしゃみをした。 | I sneezed. |
| ・くしゃみが止まらなかった。 | I couldn't stop sneezing. |
| ・一日中鼻をかんでいた。 | I blew my nose all day long. |
| ・鼻がひりひりした。 | My nose has gotten sore. |
| ・鼻を強くかんだら耳鳴りがした。 | When I blew my nose hard, my ears rang. |
| ・鼻詰まりだった。 | My nose was stuffy. |
| ・鼻が詰まっていた。 | My nose was stuffed up. |
| ・鼻が詰まって息が苦しかった。 | I had trouble breathing because my nose was congested. |
| ・鼻がむずむずした。 | My nose tickled.<br>＊ tickle　くすぐる、むずむずする |
| ・鼻の奥が乾燥していた。 | My nose felt dry. |
| ・鼻血が出た。 | I had a nosebleed. |
| ・私は鼻炎だ。 | I have an inflamed nose.<br>＊ inflamed　炎症がある |

## のどの風邪

| | |
|---|---|
| ・息をするのが困難だった。 | I had a lot of trouble breathing. |
| ・のどが痛かった。 | My throat hurt.<br>I had a sore throat. |

| | |
|---|---|
| ・へんとうせんが腫れて痛かった。 | My tonsils were swollen and painful.<br>＊ tonsil　へんとうせん／ swollen　はれあがった |
| ・ものをのみ込むのが大変だった。 | I had trouble swallowing. |
| ・食べ物をのみ込むとのどが痛かった。 | My throat hurt when I swallowed food. |
| ・のどの痛みに苦しんだ。 | I suffered from a sore throat. |
| ・のどが乾いた。 | I had a dry throat. |
| ・のどが詰まった感じがした。 | My throat felt closed up. |
| ・風邪で声が枯れた。 | My voice got hoarse from a cold.<br>＊ hoarse　声がかれた、しわがれた |
| ・せきをしすぎてのどが枯れた。 | I coughed myself hoarse. |
| ・話をする度にのどが痛かった。 | My throat hurt whenever I talked. |
| ・塩水でうがいをした。 | I gargled with some salt water. |
| ・せき止めの薬用ドロップをなめた。 | I took throat lozenges.<br>＊ lozenge　ひし形のせき止め薬用ドロップ |
| ・医者にへんとうせん除去手術を受ける<br>必要があると言われた。 | The doctor said that I needed to have<br>my tonsils taken out in an operation. |

### column

#### 「のどが枯れる」

同じ「のどが枯れる」でも、せきをするせいで「のどが枯れる」はcough oneself hoarseと表現し、大声で叫んで「のどが枯れる」はshout oneself hoarseと言います。「叫んでのどが枯れた」と言いたければI shouted myself hoarse.となります。

## せきの風邪

| | |
|---|---|
| ・せきがひどく高熱が出た。 | I had a bad cough and high fever. |
| ・三日間せきが止まらなかった。 | I have had a cough for three days. |
| ・せきをする度にたんが出た。 | Phlegm came up whenever I coughed. |
| ・せきをしてたんを吐いた。 | I coughed up phlegm. |
| ・せきがずっと止まらなかった。 | I coughed constantly.<br>I had a persistent cough. |
| ・乾いたせきが出続けた。 | I had dry coughs continuously. |
| ・せき込むと息苦しくなった。 | I choked when I coughed hard. |

**「よくないせき」**

せき風邪にかかると、薬を飲んで注射を打ってもなかなか治らないことがあります。そんな「よくないせき」をnagging coughと言います。naggingは、苦痛をともなう痛みやせきが収まらずにずっと続くさまを表す形容詞で、一晩中ズキズキと歯が痛む場合はnagging toothacheと言います。一方、naggingには「口やかましい」という意味もあり、nagging momは小言が絶えないお母さんのことです。

## インフルエンザ

| | |
|---|---|
| ・最近インフルエンザが大流行している。 | There's a lot of the flu going around these days.<br>＊ go around　出回る、流行する |
| ・インフルエンザにかかった。 | I had the flu.<br>I was attacked by influenza.<br>＊ be attacked by　（病気に）かかる |
| ・私は乾いたせきと高熱に加え、胸が痛み呼吸も速かった。 | I had a dry cough, high fever, chest pain and rapid breathing. |
| ・肺炎ではないかと心配だった。 | I was afraid that I would have inflammation of the lungs.<br>＊ inflammation　炎症、点火 |
| ・風邪が悪化して肺炎にかかった。 | My cold developed into pneumonia.<br>＊ develop into　〜に発展する／ pneumonia　肺炎 |
| ・誰にも自分の風邪をうつしたくなかった。 | I didn't want to pass my cold on to anyone. |
| ・薬を飲み、横になって休むことが必要だ。 | I need to take some medicine and rest in bed. |

## 風邪の治療

| | |
|---|---|
| ・注射を打った。 | I got a shot.<br>I got an injection. |
| ・処方せんをもらった。 | I got a prescription. |
| ・薬局で処方せんの薬を受け取った。 | I received my prescription medication at the pharmacy. |
| ・風邪の薬を飲んだ。 | I took medicine for my cold. |
| ・風邪薬を飲むと眠くなった。 | The cold medicine made me sleepy. |
| ・たんを出すための薬を飲んだ。 | I took an expectorant.<br>＊ expectorant　去たん剤 |
| ・風邪がよくなっている。 | My cold is getting better.<br>I am getting over a cold. |

| | |
|---|---|
| ・温かい一杯のお湯が効いた。 | A glass of hot water hit the spot. |
| | ＊ hit the spot　満足させる、元気づける |
| ・少し休んでよくなった。 | After some rest, I felt better. |
| ・風邪が治った。 | I got over my cold. |
| | I recovered from my cold. |
| ・風邪が治るのに時間がかかった。 | It took me a long time to get over my cold. |
| ・風邪がよくならない。 | I can't get rid of my cold. |
| ・予防接種をしておくべきだった。 | I should have gotten the vaccination. |
| | ＊ vaccination　予防接種、ワクチン接種 |
| ・熱のときは食べ物を与えず、風邪のときは食べ物を与えるのがよい。 | Starve a fever, feed a cold. |

---

### column

**薬を飲むときはtakeで**

「朝食／昼食／夕食をとる」は動詞haveを使ってhave breakfast/lunch/dinnerと表現します。何か具体的な食べ物を「食べる」場合はeat、飲み物を「飲む」場合はdrink、「ごくごく飲む」はgulp、「ちびちび飲む」ならsip、「ごくりと飲み込む」ならswallow、「ガツガツ食べる」ならdevourと言います。ただし、「薬を飲む」ときはdrinkやhaveではなく、take medicineのように、takeを使わなくてはいけません。

---

# 7　腹痛

STOMACHACHE

## 腹痛

| | |
|---|---|
| ・顔が青ざめていた。 | I was pale. |
| ・顔色が悪かった。 | I had a bad complexion. |
| ・おなかの調子がよくなかった。 | My stomach didn't feel well. |
| ・おなかをこわした。 | My stomach is upset. |
| | I have an upset stomach. |
| ・おなかが痛かった。 | My stomach hurt. |
| | My stomach ached. |
| | I had a stomachache. |
| ・おなかが気持ち悪かった。 | I felt discomfort in my stomach. |
| ・おなかの具合が悪かった。 | Something was wrong with my stomach. |

| | |
|---|---|
| ・食事の後、おなかが痛くなった。 | After my meal, I felt a pain in my stomach. |
| ・おなかの痛みが続いていた。 | I felt pain continuously in my stomach. |
| ・おなかが張っていた。 | My abdomen felt swollen.<br>＊ abdomen　腹、腹部 |
| ・おなかにガスがたまっていた。 | I had gas in my stomach. |
| ・おなかが重かった。 | My stomach felt heavy. |
| ・げっぷを何度もした。 | I belched again and again. |

## 吐き気

| | |
|---|---|
| ・吐き気を催した。 | I felt queasy.<br>I felt nauseated.<br>I felt nauseous.<br>I felt sick to my stomach.<br>＊ queasy　吐き気を催させる、むかつく<br>＊ nauseous　吐き気がする、いやな |
| ・胃がむかむかした。 | My stomach was churning.<br>＊ churning　むかむかする、激しく揺れ動く |
| ・吐きそうだった。 | I felt like vomiting.<br>＊ vomit　吐く、もどす<br>I felt like throwing up.<br>＊ throw up　もどす |
| ・吐いた。 | I vomited. |
| ・食べた物を全部吐いた。 | I threw up all that I had eaten. |

**column**

### おなかの調子がよくない

I feel a knot in my stomach. は、胃の中にknotつまり「結び目」があるという意味で、「胃腸の具合が悪い」という比ゆ表現です。何かの臭いや目にした光景のせいで吐き気を催すような場合は、turn one's stomachという表現を使います。The smell turned my stomach. なら、「その臭いのせいで気持ちが悪くなった」の意味になります。ある食べ物を食べると胃の調子が悪くなる場合はdisagree with ～で表現し、This food disagrees with me. は「この食べ物は私の体に合わない」という意味になります。

## 食中毒

| | |
|---|---|
| ・昼食を食べた後からおなかが痛かった。 | I have had a stomachache since lunch. |
| ・突然おなかが痛くなり始めた。 | My stomach has suddenly begun to hurt. |

| | |
|---|---|
| ・悪い物を食べたに違いない。 | I must have had something bad. |
| ・食中毒に違いない。 | It must have been food poisoning. |
| ・痛みがひどかった。 | I felt a severe pain. |
| ・胃に激痛が走った。 | My stomach twinged.<br>＊ twinge　激痛がする |
| ・ひどい胃けいれんにおそわれた。 | I had severe stomach cramps.<br>＊ cramps　けいれん |
| ・胃が締め付けられるように痛かった。 | I had a squeezing pain in my stomach. |
| ・痛みを我慢できなかった。 | I couldn't stand the pain. |
| ・痛みを和らげるために薬を飲んだ。 | I took some medicine to ease the pain. |
| ・それを食べるべきではなかった。 | I shouldn't have eaten it. |
| ・食習慣にもっと気を付けるべきだった。 | I should have been more careful about my eating habits. |

## 消化

| | |
|---|---|
| ・私は急いで食べる傾向があるので<br>しょっちゅう腹痛をおこす。 | I tend to eat quickly, so my stomach is often upset. |
| ・私は胃に問題がある。 | I have trouble with my stomach. |
| ・消化に何か問題があった。 | I had something wrong with my digestion.<br>＊ digestion　消化、消化力 |
| ・私は胃が弱い。 | I have a weak stomach. |
| ・私は消化器官が弱い。 | I have poor digestion. |
| ・消化不良だ。 | I have indigestion. |
| ・慢性の消化不良だ。 | I have chronic indigestion. |
| ・消化不良でおなかが痛かった。 | I felt pain from indigestion. |
| ・胸やけがした。 | I had heartburn.<br>＊ heartburn　胸やけ |
| ・おなかの調子が悪かった。 | I felt discomfort in my stomach. |
| ・おなかがごろごろ鳴った。 | My stomach rumbled. |
| ・おなかが張っていた。 | I felt bloated.<br>＊ bloated　ふくれた、むくんだ |
| ・消化不良なので医者が薬を処方してくれた。 | Because of my indigestion, the doctor prescribed some medicine. |
| ・食事の30分後に消化剤を飲んだ。 | I took antacids half an hour after each meal.<br>＊ antacid　制酸剤、消化剤 |

## 下痢

| | |
|---|---|
| ・下痢をした。 | I had diarrhea.<br>I had a loose bowel movement. |
| ・便がゆるかった。 | I had a watery stool.<br>＊ stool　大便 |
| ・普通の便ではなかった。 | I had a abnormal stool. |
| ・ひどい下痢をした。 | I had terrible diarrhea. |
| ・おなかがずっとしくしく痛み続けた。 | I felt a slight and constant pain in my stomach. |
| ・下痢気味だった。 | I had a touch of diarrhea.<br>＊ touch　気味、少 |
| ・冷や汗が出た。 | I broke into a cold sweat. |
| ・腸炎をおこしたようだった。 | I seemed to have irritated intestines.<br>＊ irritated　炎症をおこした／ intestines　腸 |
| ・腸炎で苦しんだ。 | I suffered from inflammation in my intestines. |
| ・トイレに何回も行った。 | I went to the bathroom several times. |
| ・便に血が混じっていた。 | I had blood in my stool. |
| ・血便だったのでとても驚いた。 | I was so surprised to see my bloody stool. |
| ・下痢を止めるために薬を飲んだ。 | I took medicine to stop my diarrhea. |

## 便秘

| | |
|---|---|
| ・便秘だ。 | I am constipated.<br>＊ constipated　便秘になる |
| ・何日も便通がない。 | I've had no bowel movement for a few days. |
| ・便秘薬を飲んだ。 | I took a laxative.<br>＊ laxative　下剤、便秘薬 |
| ・毎朝便秘に悩まされる。 | I suffer from constipation every morning. |
| ・かん腸をした。 | I had an enema.<br>＊ enema　かん腸、かん腸剤 |

## 胃炎

| | |
|---|---|
| ・胃炎だ。 | I have inflammation in my stomach. |
| ・胃腸が弱いのは両親からの遺伝だと思う。 | I think I inherited a weak stomach from my parents.<br>＊ inherit　受け継ぐ、相続する |

・胃かいようがまた再発したみたいだった。 My stomach ulcers seemed to be acting up again.
＊ulcer　かいよう、病根／act up　調子が悪くなる

・胃がからっぽだと、鋭い痛みを感じる。 When my stomach is empty, I get a sharp pain.

・食事をしたら少しよくなった。 I felt better after meals.

・胃に激痛があった。 I had a biting pain in my stomach.

・胃かいようはとても痛かった。 My stomach ulcers were really painful.

・胃かいようのせいでひどい痛みがあった。 My stomach ulcers caused me terrible pain.

---

### column

**「胃が痛む」**

消化不良（indigestion）やストレス、飲酒により胃が痛い場合、sore stomachまたはupset stomachなどと表現します。「空腹時にコーヒーを飲み過ぎると胃が痛くなる」ならI get a sore stomach when I have too much coffee on an empty stomach.と言えばよいです。

---

## 虫垂炎

・へそのあたりがひどく痛かった。 It hurt badly around my navel.
＊badly　とても、ひどく

・床にのたうち回るほどおなかが痛かった。 My stomach hurt badly enough to make me roll on the floor.

・足を真っすぐにしていられなかった。 I couldn't extend my legs.
＊extend　延長する、延ばす、広げる

・家族が私を急いで病院へ連れて行った。 My family brought me to the hospital in a hurry.

・医者がおなかを押した。 The doctor pressed on my stomach.

・右下腹部がとても痛かった。 I felt terrible pain on the right lower side of my stomach.

・医者は虫垂炎と診断した。 The doctor diagnosed my case as appendicitis.

・盲腸を切らなければならなかった。 I needed my appendix taken out.

・手術を受けなければいけなかった。 I had to undergo an operation.
＊undergo　経験する、受ける

・医者が麻酔を打った時は怖かった。 I was afraid when the doctor put me under anesthesia.
＊anesthesia　麻酔

| | |
|---|---|
| ・医者が盲腸を取り除いた。 | The doctor removed my appendix. |
| ・手術は成功した。 | The operation was successful. |

## 8 皮膚

**S K I N**

### 皮膚疾患

| | |
|---|---|
| ・皮膚病を患っている。 | I have a skin disease. |
| ・あせもができている。 | I have prickly heat.<br>I have a heat rash.<br>＊ prickly　ちくちく痛む／rash　発疹 |
| ・体中にじんましんができている。 | I have hives all over my body.<br>＊ hives　じんましん |
| ・体中がかゆかった。 | I itched all over. |
| ・かゆい部分をこすった。 | I rubbed the itching spot.<br>＊ rub　こする |
| ・手に湿疹ができている。 | I have eczema on my hand.<br>＊ eczema　湿疹 |
| ・皮膚がむけている。 | My skin is peeling. |
| ・ほこりアレルギーがある。 | I am allergic to dust. |
| ・花粉のアレルギーがある。 | I am allergic to pollen.<br>＊ pollen　花粉 |
| ・花粉のせいでほおに発疹ができた。 | I've got a rash on my cheek from pollen. |
| ・蚊に食われた。 | I've got bitten by mosquitoes. |
| ・蚊に食われて脚が腫れている。 | I have a swollen mosquito bite on my leg. |
| ・ハチに刺された。 | I've got stung by a bee. |
| ・指にとげが刺さった。 | I've got a splinter in my finger.<br>＊ splinter　（木の）ささくれ、とげ、とがった破片 |
| ・ピンでとげを抜き取った。 | I pulled the splinter out with a pin. |
| ・のどに魚の骨が刺さった。 | I had a fishbone stuck in my throat. |
| ・口にヘルペスができた。 | I have a cold sore in my mouth.<br>＊ cold sore　ヘルペス |
| ・唇がひび割れた。 | My lips are cracked. |

・唇が荒れた。 My lips are chapped.
＊ chap ひびわれる

## にきび

・顔ににきびがある。 I have acne.
I have pimples.

・顔ににきびができる。 My face breaks out.
I have a pimpled face.
＊ break out 発疹する

・にきびをつぶした。 I popped my pimples.
＊ pop ぽんと破裂させる

・もしにきびをつぶしたらあとが残るだろう。 If I pop the pimples, it'll leave scars.

・おでこに吹き出物がある。 I have a rash on my forehead.

・ほおにおできがある。 I have a boil on my cheek.
＊ boil おでき、はれもの

column

**ニキビ**
「顔にニキビがある」のI have acne.のacneは単数形、I have pimples.のpimpleは複数形を
とります。なぜなら、acneは顔全体にニキビがあることを指しているので不可算名詞、pimpleは
ニキビの一つひとつを表す言葉なので可算名詞なのです。ちなみに、似たつづりのdimpleは「え
くぼ」なので、混同しないようにしましょう。

## やけど

・バーベキューをしていてやけどをした。 While I was barbecuing, I burned myself.
＊ burn oneself やけどをする

・指をやけどした。 I burned my finger.

・指に氷をあてた。 I put a piece of ice on my finger.

・やけどで水ぶくれができている。 I have a blister from a burn.
＊ blister 水ぶくれ、水泡

column

**やけどの深さ**
やけどの深さは「Ⅰ度」「Ⅱ度」「Ⅲ度」で表しますが、英語ではfirst-degree burn、second-
degree burn、third-degree burnと表現します。「手にⅠ度のやけどを負った」ならば、I
have a first-degree burn on my hand.と言います。

## 足の問題

- 新しい靴でかかとにまめができた。    My new shoes made blisters on my heels.

- スニーカーが小さくてかかとを締め付けた。    The sneakers pinched my heels.
  - ＊ sneaker　運動靴、スニーカー／
    pinch　締め付ける、傷める

- かかとにまめができた。    I got a blister on my heel.

- まめがつぶれた。    The blister popped.

- 足にうおのめがある。    I have a corn on my foot.
  - ＊ corn　（足にできる）たこ、うおのめ

- うおのめを取ってしまいたい。    I want to have the corn removed.

- 足にいぼがある。    I have a wart on my foot.
  - ＊ wart　いぼ

- 足の裏にたこがある。    I have a callus on the sole of my foot.
  - ＊ callus　皮膚が硬くなっている部分、たこ

- 水虫がある。    I have athlete's foot.
  - ＊ athlete's foot　水虫

- 水虫の治療をする必要がある。    I need to treat the athlete's foot.

- 水虫は簡単に治るという。    It is said that athlete's foot can be easily cured.

- 足の指が痛い。    My toe hurts.

- 足が痛くて死にそうだ。    My feet are killing me.

- 足に感覚がない。    My feet are numb.

## あざ、あと

- 私はすぐにあざができる。    I get bruised very easily.
  - ＊ get bruised　あざができる、打撲傷ができる

- いすにぶつかった。    I ran into the chair.
  - ＊ run into　～にぶつかる

- テーブルに頭をぶつけて目がちかちかした。    I saw stars when I hit my head against the table.

- 頭にあざができた。    I was bruised on my head.

- 目に青あざを作った。    I've got a black eye.

- その衝撃で全身を打撲した。    I've got bruises all over my body from the impact.
  - ＊ impact　衝撃、衝突

- あざができたところがまだ痛い。    My bruise is still tender.
  - ＊ tender　触ると痛い、敏感な

| | |
|---|---|
| ・頭にこぶができた。 | I had a bump.<br>I had swelling.<br>＊ bump　こぶ、打撃／ swelling　はれ、こぶ |

## けが

| | |
|---|---|
| ・誤ってアイスピックで刺された。 | I was accidentally stabbed by an ice pick.<br>＊ accidentally　偶然、誤って／ stab　突き刺す |
| ・間違ってアイスピックで自分を刺してしまった。 | I stabbed myself with an ice pick by mistake. |
| ・ナイフでけがをした。 | I've got a cut from a knife.<br>I cut myself with a knife. |
| ・ナイフでふざけていたら手を切ってしまった。 | While I fooled around with the knife,<br>I cut my hand.<br>＊ fool around　〜を触りながら遊ぶ |
| ・血がたくさん出た。 | It bled so much.<br>＊ bled　bleed（血を流す）の過去形 |
| ・血をたくさん流した。 | I lost a lot of blood. |
| ・傷を包帯で手当てした。 | I got my injury dressed.<br>＊ dress　（傷を）包帯で巻く |
| ・ひざをすりむいた。 | I skinned my knee.<br>I scraped my knee. |
| ・ひざがすりむけた。 | My knee was chafed.<br>＊ chafe　すりむく、すり減らす |
| ・ひざにかすり傷ができた。 | I had a scratch on my knee. |
| ・指をドアにはさんだ。 | I pinched my finger in the door. |
| ・指をけがした。 | I hurt my finger. |

## 痛み

| | |
|---|---|
| ・けがをした。 | I've got a wound. |
| ・その傷がとても痛んだ。 | The wound hurt badly. |
| ・傷が腫れていた。 | The wound was swollen. |
| ・傷が一晩中ずきずきと痛んだ。 | The wound throbbed with pain all night long. |
| ・傷が刺すように痛んだ。 | I felt a stinging pain on my wound.<br>＊ stinging　刺すような、辛らつな |
| ・傷は定期的に痛んだ。 | I felt the pain on my wound regularly. |
| ・傷がひりひりした。 | My wound felt sore. |

## けがの治療

・傷は消毒してから軟こうを塗った。 | I disinfected the wound and applied some ointment to it.
＊ disinfect　殺菌する、消毒する

・医者が傷口を縫った。 | The doctor sewed up the wound.

・医者はその傷を五針縫った。 | The doctor used 5 stitches on the wound.

・医者が抜糸した。 | The doctor removed the stitches.

・傷がかさぶたになっている。 | My wound has scabbed over.
＊ scab over　かさぶたが生じる

・傷があとを残さないことを願う。 | I hope that the wound will not leave a scar.

## 炎症

・傷がうんだ。 | The wound festered.
＊ fester　うむ、ただれる

・傷口が炎症を起こした。 | The wound was inflamed.
I had inflammation of the wound.

・傷口から感染した。 | The wound got infected.
＊ get infected　感染する

・傷口にうみが出た。 | Pus has formed in the wound.
＊ pus　うみ／ form　形成される

・傷がうまずに治って幸いだった。 | It was lucky that the wound healed without festering.

・炎症のせいで傷口が広がった。 | The wound became bigger because of the inflammation.

---

## 9　筋肉痛

MUSCULAR PAIN

## 筋肉痛

・筋肉痛になった。 | I had sore muscles.
My muscles felt sore.
My muscles ached.
I had muscular pain.
＊ ache　痛む、うずく

・本当に痛かった。 | I was really sore.

・体全体が痛んだ。 | My body ached all over.

| | |
|---|---|
| ・全身がずきずきし、痛かった。 | I had aches and pains all over. |
| ・運動をしすぎたせいで背中が本当に凝った。 | I worked out too much, and my back became really stiff. |
| | ＊ stiff　凝った、硬直した |

## 関節の問題

| | |
|---|---|
| ・ひざの関節が痛かった。 | I had pain in my knees. |
| ・ひざは腫れて硬直し痛みがあった。 | My knees were swollen, stiff and painful. |
| ・ひざがしびれた。 | My knees felt numb. |
| ・関節炎を起こしているようだった。 | I seemed to be developing arthritis. |
| | ＊ arthritis　関節炎 |
| ・足を伸ばすことができなかった。 | I couldn't stretch my legs. |
| ・ひじの関節が外れた。 | My elbows were out of joint. |
| ・脱きゅうした。 | I had a dislocated joint. |
| | ＊ dislocated　外れた、脱きゅうした |
| ・腕をつり包帯でつっていた。 | My arm was in a sling. |
| | ＊ sling　ぱちんこ、つり包帯 |
| ・右ひじが痛かった。 | I've got a sore right elbow. |
| ・重い箱を持ち上げたらバランスをくずした。 | I lost my balance when I lifted the heavy box. |
| ・腰が痛かった。 | I had a bad back. |
| ・腰痛のせいで歩くのが大変だった。 | I had trouble walking because of a bad back. |
| ・長時間机に向かっていたせいで腰が痛かった。 | My back hurt from sitting at my desk for too long. |
| ・起きたら首の筋を違えていたので、寝方が悪かったに違いない。 | I must have slept wrong because I woke up with a crick in my neck. |
| | ＊ crick　ひきつり、筋違い |

## 10　骨折

FRACTURE

## 転ぶ

| | |
|---|---|
| ・転んだ。 | I fell down. |
| ・逆さまに落ちた。 | I fell upside down. |
| ・前につまずいた。 | I fell forward. |

| | |
|---|---|
| ・後ろに転んだ。 | I fell on my back. |
| ・尻もちをついた。 | I fell on my buttocks. |
| ・どしんと転んだ。 | I fell like a log. |
| ・石につまずいて転んだ。 | I fell over a stone. |
| ・家に帰る途中で石につまずいた。 | I tripped on a stone on my way home.<br>＊ trip　つまずく |
| ・階段を踏み外した。 | I missed a step on the stairs. |
| ・階段を降りていたらつまずいて転んだ。 | I tripped and fell while walking down the stairs. |
| ・階段から転がり落ちた。 | I tumbled down the stairs.<br>＊ tumble down　転がり落ちる |
| ・誰かに押されて転んだ。 | I was pushed down by someone. |
| ・氷の上で滑って転んだ。 | I slipped and fell on the ice. |
| ・何人かの人に転んだところを見られた。 | A few people saw me fall down. |
| ・誰かが私を起こしてくれた。 | Someone helped me up. |
| ・あまりにも恥ずかしくて顔が赤くなった。 | I felt so embarrassed that I blushed. |

## くじく

| | |
|---|---|
| ・かけっこで走っていたら足首をひねった。 | I twisted my ankle while running in the race. |
| ・足首をくじいた。 | I sprained my ankle.<br>I wrenched my ankle.<br>＊ sprain（=wrench）　くじく、ねんざする |
| ・くじいた足首が大きく腫れあがった。 | My sprained ankle swelled so big. |
| ・腫れが引いた。 | The swelling subsided.<br>＊ subside　元に戻る、腫れが引く |
| ・腫れはすぐに治まった。 | The swelling has gone down fast. |
| ・ひざのじん帯を痛めた。 | The ligament in my knee was strained.<br>＊ ligament　じん帯 |
| ・そのけがは重傷だった。 | It was a very serious injury. |
| ・くじいた足首を保護するためにギプスをしている。 | I have my leg in a cast to protect my sprained ankle.<br>＊ cast　ギプス |

**「ギプスをはめる」**

足の骨が折れたときに付ける「ギプス」は「石膏」の意味のドイツ語gypsで、英語ではcastと言います。「ギプスをはめる」はput on a cast、「ギプスをはずす」はtake off a cast、「ギプスをはめている」はbe in a castまたはhave ～ in a castで表現します。ですから、「私は足にギプスをはめている」は、My leg is in a cast.またはI have my leg in a cast.となります。

## 折れる

| | |
|---|---|
| ・サッカーしていたら足をけがした。 | I hurt my leg playing soccer. |
| ・私はひどいけがを負った。 | I was seriously injured. |
| ・致命的なけがではなかった。 | It was not a fatal injury.<br>＊ fatal　命取りになる、致命的な |
| ・ひどいけがではなくて幸いだった。 | It was lucky for me not to have been badly hurt. |
| ・脚を骨折した。 | I broke my leg.<br>My leg was broken. |
| ・骨折した。 | I suffered a fracture.<br>＊ fracture　骨折 |
| ・立ち上がることができなかった。 | I couldn't get on my feet. |
| ・肩をけがした。 | I hurt my shoulder. |
| ・背骨が折れた。 | My spine was broken.<br>＊ spine　背骨、せき柱 |
| ・単純骨折だった。 | It was a simple fracture. |

## 骨折治療

| | |
|---|---|
| ・彼は私の脚に添え木をして包帯を巻いてくれた。 | He put a splint on and applied a bandage to my leg.<br>＊ apply a bandage　包帯を巻く |
| ・彼が私をおんぶして病院に連れて行ってくれた。 | He gave me a piggyback ride to the hospital.<br>＊ piggyback　おんぶして |
| ・まず脚のレントゲンを撮った。 | First, I had my leg x-ray taken. |
| ・医者が私の脚は複雑骨折していると言った。 | The doctor said I had a compound fracture in my leg.<br>＊ compound　合成の、複雑な |
| ・脚が三カ所折れていた。 | My leg was broken in three places. |
| ・手術を受けなければならなかった。 | I had to have surgery. |

| | |
|---|---|
| ・手術は簡単なものだと言われたが、怖かった。 | They said it would be a simple operation, but I was scared. |
| ・足にギプスをはめている。 | My leg is in a cast. |
| ・松葉杖を使っている。 | I am on crutches.<br>＊crutch　松葉杖 |
| ・松葉杖があれば歩けた。 | I was able to walk on crutches. |
| ・松葉杖をついて歩くのが難しかった。 | It was difficult for me to walk around on crutches. |
| ・早くギプスが取れて欲しい。 | I want to have my cast removed soon. |
| ・何の助けもなく自由に歩けるようになりたい。 | I want to walk freely without any aid. |

# 11　歯の管理　DENTAL CARE

### 口の中

| | | | |
|---|---|---|---|
| 歯 | tooth, teeth（複数形） | 義歯 | denture |
| 犬歯 | canine tooth, eyetooth | 入れ歯 | false tooth |
| きゅう歯 | molar | 虫歯 | decayed tooth |
| 切歯、門歯 | incisor | 歯茎 | gum |
| 永久歯 | permanent tooth | 歯石 | tartar |
| 乳歯 | deciduous tooth | あご（上下） | jaws |
| 小きゅう歯 | premolar | あご先 | chin |
| 前歯 | front teeth | 上あご | upper jaw |
| 奥歯 | back teeth | 下あご | lower jaw |
| 親知らず | wisdom tooth | | |

## 歯の問題

| | |
|---|---|
| ・私は最近歯に問題がある。 | I have trouble with my teeth these days. |
| ・ぐらぐらしていた乳歯が抜けた。 | I lost my baby tooth which had been loose. |

| ・虫歯治療の詰め物が取れてしまった。 | My cavity filling disappeared.<br>＊ cavity　穴、虫歯／ filling　詰め物、具 |
|---|---|
| ・歯が一本欠けた。 | One of my teeth was chipped.<br>＊ chip　欠く、砕く |
| ・歯が一本ぐらぐらしていた。 | One of my teeth was loose. |
| ・ぐらぐらしていた歯を抜いた。 | I pulled out the loose tooth. |
| ・歯が敏感になった。 | My teeth became sensitive. |
| ・冷たい物に歯が敏感だ。 | I have teeth sensitivity in response to cold.<br>＊ in response to　〜に反応して |
| ・甘い物を食べると歯に痛みを感じる。 | When I eat sweet foods, I feel pain in my teeth. |
| ・歯が茶色くなってきた。 | My teeth have turned brown. |
| ・奥歯に虫歯ができた。 | I had a cavity in one of my molars. |
| ・おそらく甘い物が好きだからだろう。 | It may be because I like sweets. |
| ・甘い物には目がない。 | I have a weakness for sweets.<br>＊ have a weakness for　〜が大好物だ |
| ・虫歯がある。 | I have tooth decay. |
| ・虫歯が一本ある。 | I have a rotten tooth.<br>I have a decayed tooth.<br>＊ rotten (=decayed)　腐った |

## column

### sweet tooth
I have a sweet tooth. とは、どういう意味でしょうか？ 「甘い歯を持っている」わけではなく、「甘いものが好きだ」を表す慣用表現です。tooth には「（食べ物の）好み」という意味があるのです。ただ、sweet tooth の人は、decayed tooth（虫歯）ができやすいので注意しましょう。

## 歯痛

| ・ひどい歯痛だった。 | I had a terrible toothache. |
|---|---|
| ・問題が深刻になるまで痛みは感じなかった。 | I didn't feel any pain until a serious problem developed. |
| ・虫歯のせいで一睡もできなかった。 | I couldn't sleep a wink because of my decayed tooth. |
| ・ずきずきと歯が痛んだ。 | I had a throbbing toothache. |
| ・虫歯だと思った。 | I thought my tooth was rotting. |

| | |
|---|---|
| ・その歯を抜いてしまいたかった。 | I wanted to pull out the tooth. |
| ・痛みを和らげるため鎮痛剤を飲んだ。 | I took a painkiller to alleviate the pain.<br>＊ alleviate　和らげる、軽減する |

## 口内の病気

| | |
|---|---|
| ・堅い物を食べると歯茎から血が出る。 | When I eat something hard, my gums bleed. |
| ・歯をこすり合わせると上歯茎に痛みを感じる。 | I feel pain in my upper gum when I grind my teeth. |
| ・歯磨きをすると歯茎から血が出る。 | When I brush my teeth, my gums bleed. |
| ・栄養不足のせいで歯茎に腫れ物ができた。 | I got an abscess on my gums since I was malnourished.<br>＊ abscess　腫れ物／malnourished　栄養不足の、栄養失調の |
| ・歯肉炎のせいで歯茎が腫れてしばしば出血する。 | Because of gingivitis, my gums are swollen and often bleed.<br>＊ gingivitis　歯肉炎 |
| ・口の中に炎症がある。 | I have inflammation in my mouth. |
| ・口の中に小さな口内炎ができている。 | I have a small canker sore in my mouth.<br>＊ canker　口内炎、口周りのかいよう |
| ・舌が荒れている。 | I have a rough tongue. |
| ・舌に発疹ができた。 | I had a cold sore on my tongue. |
| ・舌に口内用の軟こうを塗った。 | I put some oral ointment on my tongue.<br>＊ ointment　軟こう |
| ・口から悪臭がした。 | My mouth was stinky.<br>＊ stinky　悪臭を放つ、実に嫌な |
| ・時々口臭がする。 | Sometimes I have bad breath. |
| ・歯石を取り除いてもらった。 | I had plaque removed from my teeth. |

## 歯医者の治療

| | |
|---|---|
| ・歯医者へ行くのが怖かった。 | I was afraid of going to the dentist. |
| ・歯医者へ行くのが本当に嫌だった。 | I really hated seeing the dentist. |
| ・歯医者の予約をした。 | I made a dental appointment. |
| ・歯の治療を受けた。 | I had my teeth treated. |
| ・歯医者に二本の虫歯を治療しなければならないと言われた。 | The dentist said that I had two cavities to be filled. |
| ・歯に詰め物をした。 | I got a filling. |
| ・歯医者に歯を一本抜かれた。 | The dentist pulled out one of my teeth. |

| | |
|---|---|
| ・親知らずを抜いてもらった。 | I had a wisdom tooth pulled. |
| ・歯に歯石がたくさんたまっている。 | I have lots of plaque on my teeth. |
| ・歯の歯石除去をしてもらった。 | I had my teeth scaled.<br>The dentist scaled my teeth. |
| ・差し歯をつけてもらった。 | I had a tooth implanted.<br>＊ implant　植え付ける、はめ込む |
| ・歯にもう一度かぶせものをした。 | I had a tooth recapped.<br>＊ recap　もう一度かぶせる |
| ・虫歯から歯を守るためにフッ素処理をしてもらった。 | I got fluoridized to prevent my teeth from decay.<br>＊ fluoridize　フッ素で処理する、フッ素塗装する |

## 歯の矯正

| | |
|---|---|
| ・歯並びが悪いので矯正をしなければならない。 | I have to have my teeth corrected because they are crooked.<br>＊ crooked　曲がっている、ゆがんでいる |
| ・歯を矯正するのにとてもお金がかかる。 | It costs a lot to have my teeth corrected. |
| ・歯に矯正器をつけているのが嫌だ。 | I hate having braces in my mouth.<br>＊ brace　歯の矯正器、かすがい |
| ・歯並びを真っすぐにするために矯正器をつけている。 | I am wearing braces to straighten my teeth. |
| ・歯の矯正器をしているので歯磨きがしづらい。 | It's hard to brush my teeth well because of my braces. |
| ・二年間、歯の矯正器をつけていなければならなかった。 | I had to wear my braces for two years. |
| ・私は歯の矯正器が見えないように口を大きく開けない。 | To hide my braces, I don't open my mouth widely. |
| ・とうとう歯の矯正器が外れた。 | Finally, I had my braces removed. |
| ・歯並びが真っすぐになった。 | I've got straight teeth. |
| ・歯の矯正器を外してからは保定器をつけている。 | Since removing my braces, I wear a retainer.<br>＊ retainer　固定させる物、保定 |

## 歯の管理

| | |
|---|---|
| ・甘い物を控えるつもりだ。 | I will reduce eating sweets. |
| ・半年ごとに歯医者へ通ったほうがいい。 | It is good to visit a dental clinic every six months. |
| ・歯を守るために甘い物を食べないつもりだ。 | In order to protect my teeth, I won't eat sweet things. |

| | |
|---|---|
| ・毎食後すぐに歯磨きと歯間掃除をする。 | I brush and floss my teeth right after each meal.<br>＊ floss　歯と歯の間を掃除する |
| ・歯ブラシを上下に動かす。 | I move my toothbrush up and down. |
| ・歯磨きができないときは水で口をすすぐ。 | When I can't brush my teeth, I gargle with water. |
| ・毎食後、マウスウォッシュで口をすすぐ。 | I use mouthwash after each meal. |
| ・私はいつも息をさわやかにするものを<br>持ち歩く。 | I always carry something to freshen my breath with.<br>＊ freshen　新鮮にする、新しくする |

---

**column**

### 口の臭い

歯の手入れが口臭予防のカギですが、「口臭」はmouth smellではなく、bad breathと言います。朝起きたときに臭う口臭はmorning breathです。「彼は口臭がひどい」と言いたければ、He has bad breath.となります。

---

# 12 視力

**EYESIGHT**

## 視力の問題

| | |
|---|---|
| ・遠いところがよく見えない。 | I have trouble seeing at a distance. |
| ・近くにあるものがはっきりと見えない。 | I can't clearly see things that are close. |
| ・よく見えない。 | I can't see properly. |
| ・特に夜にはよく見えない。 | I can't see well, especially at night. |
| ・視力が落ちている。 | My eyesight is getting worse. |
| ・視力が悪くなり始めた。 | I am starting to have weak vision. |
| ・視界がぼやけている。 | My eyes are blurry.<br>＊ blurry　ぼやけた、しみだらけの |
| ・ものがぼやけて見える。 | Things look blurry. |
| ・ものがゆがんで見える。 | Things look distorted.<br>＊ distorted　ゆがんだ、曲がった |
| ・黒板の文字がよく見えない。 | I can't read the letters on the blackboard accurately.<br>＊ accurately　正確に |

| | |
|---|---|
| ・目に何か問題がある。 | There is something wrong with my eyes. |
| ・私は夜目が効く。 | I have the eyes of a cat. |
| ・私は鳥目だ。 | I have night blindness. |

### 「よく見えない」

暗かったり濃い霧がかかっていたりして「よく見えない」場合は、I can't see well.と言いますが、視力が悪くて「よく見えない」ときは、「正しく」「適切に」という意味のproperlyを使ってI can't see properly.と表現しなければなりません。

## 視力検査

| | |
|---|---|
| ・視力検査をした。 | I had my eyes examined. |
| ・両目とも1.0だ。 | I have 1.0 / 1.0 vision. |
| ・私は目がいい。 | I have good eyes.<br>I have good vision.<br>I have good eyesight. |
| ・視力に問題がない。 | I have perfect vision. |
| ・目が悪い。 | I have bad vision.<br>I have weak sight.<br>I have bad eyesight.<br>I have defective eyesight.<br>＊ defective　欠陥がある |
| ・私は近視だ。 | I am near-sighted. |
| ・遠視だ。 | I am far-sighted. |
| ・若干の遠視だ。 | I am slightly far-sighted. |
| ・乱視だ。 | I have astigmatism.<br>I have distorted vision.<br>＊ astigmatism(=distorted) vision　乱視 |
| ・色覚障害がある。 | I am color-blind. |
| ・色をよく識別できない。 | I can't distinguish colors.<br>I can't tell one color from another. |
| ・彼は盲目だ。 | He is blind. |
| ・レーシック手術を受けたい。 | I want to get LASIK surgery. |
| ・ビタミンAが視力にいいらしい。 | It is said that vitamin A enhances eyesight.<br>＊ enhance　高める、強化する |

- 視力が低化しないように目を大切に しなければいけない。

I need to care for my eyes so as not to have weaker sight.
＊ care for　〜を気遣う、大切にする

## 眼鏡

- 眼鏡をかけなければならない。

I have to wear glasses.

- クラスに眼鏡をしている友達が多い。

I have a lot of friends in my class who wear glasses.

- 眼鏡をかけるとうっとおしいので私は 眼鏡をかけるのが好きではない。

I don't like wearing glasses, because I am not comfortable wearing them.

- 眼鏡なしではちゃんと見えない。

I can't see straight without my glasses.

- 眼鏡なしでは本が読めない。

I can't read books without my glasses.

- 眼鏡がないと物が二重に見える。

I see double without glasses.

- 眼鏡を外すと全てがぼやけて見える。

When I take off my glasses, everything is blurred.

- 眼鏡をかけると頭痛がする。

When I wear my glasses, I have a headache.

- 眼鏡の度数が私に合っていないようだ。

I think my glasses aren't right for me.

- 眼鏡の度を合わせに眼鏡屋に行った。

I went to the optician's to adjust my lens prescription.
＊ optician　眼鏡技師／ adjust　調整する、合わせる

- 眼鏡を変えなければならなかった。

I needed to change my glasses.

- 眼鏡の度数をもっと強くしなければ ならなかった。

I had to make my eyeglasses stronger.

- 眼鏡を壊してしまった。

I broke my glasses.

- 眼鏡フレームが折れてしまった。

The frames of my glasses are broken.
＊ frame　枠、縁、構造

- 金縁の眼鏡を買った。

I bought gold-rimmed glasses.
＊ rimmed　縁どられた

- 縁なしの眼鏡を選んだ。

I chose rimless glasses.
＊ rimless　縁なしの

- 眼鏡のレンズに傷が付いていた。

My glasses were scratched.

- 眼鏡のレンズを取り替えた。

I had the lenses of my glasses replaced.

- 眼鏡が曇るととてもいらいらする。

It is annoying when my glasses get fogged up.
＊ fogged up　（水蒸気などで）曇る

- もっとよく見えるように眼鏡のレンズを 拭いた。

I cleaned my glasses in order to see better.

- 彼女は日光から目を守るために暗い色の 眼鏡をかけていた。

She wore dark glasses to protect her eyes from the sun.

## コンタクトレンズ

| | |
|---|---|
| ・私はコンタクトレンズをしている。 | I wear contact lenses. |
| ・私は使い捨てのコンタクトレンズを使っている。 | I use disposable contact lenses.<br>＊ disposable　使い捨ての、一回用の |
| ・カラーコンタクトをつけた。 | I put on colored contact lenses. |
| ・黒目を大きく見せるコンタクトをつけたい。 | I'd like to wear the contact lenses that make my irises look bigger.<br>＊ iris　虹彩、黒目 |
| ・私はコンタクトをつけると目が痛くなる。 | When I wear my contact lenses, they hurt my eyes. |
| ・寝る前にコンタクトを外すのは気分が悪い。 | It is so uncomfortable to take out my contact lenses before going to bed. |
| ・コンタクトを洗うのが嫌いだ。 | I hate cleaning my contact lenses. |
| ・とても疲れていたのでコンタクトを外すのを忘れてしまった。 | I was so tired that I forgot to take out my contact lenses. |

# 13　眼病
## EYE TROUBLE

## 眼病

| | |
|---|---|
| ・右目にものもらいができている。 | I have a sty in my right eye. |
| ・眼病があった。 | I had eye trouble.<br>I had an eye problem. |
| ・目が疲れるようだ。 | My eyes seem to get tired. |
| ・最近目が敏感になった。 | My eyes became sensitive lately. |
| ・光がまぶしすぎて目が開けられない。 | I can't open my eyes because they are overwhelmed by the bright light.<br>＊ overwhelmed　圧倒された、制圧された |
| ・何の理由もなく涙が出た。 | My eyes were watery for no reason. |
| ・目が充血した。 | My eyes have turned red.<br>My eyes were bloodshot.<br>＊ bloodshot　充血した、血走った |
| ・目が真っ赤になった。 | My eyes were really red. |
| ・目が痛かった。 | My eyes hurt. |

| | |
|---|---|
| ・目がずきずきと痛んだ。 | I had sore eyes.<br>My eyes were sore. |
| ・目の病気のせいで涙が出た。 | My eye trouble made my eyes tear. |
| ・目があまりに痛くて開けていられなかった。 | My eyes were so sore that I couldn't keep them open. |
| ・目に何かが入っているようだった。 | I felt as if there was something in my eyes. |
| ・目がかゆかった。 | My eyes itched.<br>My eyes were itchy. |
| ・目が腫れた。 | My eyes were puffy.<br>＊ puffy　ふくらんだ、腫れた |
| ・目がかゆくてむずむずした。 | My eyes felt scratchy.<br>＊ scratchy　かゆくさせる、カリカリ音をさせる |
| ・目をこすった。 | I rubbed my eyes. |
| ・まつげが目に入って取れなかった。 | My eyelashes got stuck in my eyes. |
| ・目に砂が入ったように感じた。 | My eyes felt sandy. |
| ・目をぱちぱちした。 | I blinked my eyes fast. |

## 眼科の治療

| | |
|---|---|
| ・眼科へ行った。 | I went to an ophthalmic clinic.<br>＊ ophthalmic　目の、眼科の |
| ・医者から軽い感染症があると言われた。 | The doctor said that I had a minor infection. |
| ・医者に目をこすらないように言われた。 | The doctor asked me not to rub my eyes. |
| ・目の治療を受けた。 | I had my eyes treated. |
| ・目に目薬を差した。 | I put some eye drops into my eyes.<br>＊ eye drop　目薬 |
| ・目に塗り薬を塗った。 | I applied eye ointment to my eyes.<br>＊ ointment　軟こう |

## 14 耳の病気　EAR TROUBLE

| | |
|---|---|
| ・耳が痛かった。 | I had an earache.<br>My ear hurt. |
| ・耳の感染症にかかった。 | I've got ear infections. |

・耳掃除をしょっちゅうしていたせいだと思った。 I thought it was because I often picked my ears.

・耳鳴りがする。 I have a ringing in my ears.

・ざわざわする音が聞こえる。 My ears hum.
＊ hum　ざわざわする、ブンブン音をたてる

・耳が詰まっているような気がする。 My ears feel plugged up.
＊ plug up　つまる、ふさがる

・耳に何かが入っているようだ。 I feel something in my ear.

・私は耳がよく聞こえない。 My hearing is poor.

・時々よく聞こえない時がある。 Sometimes I have trouble hearing.

・右の耳が聞こえない。 I am deaf in my right ear.
＊ deaf　耳が聞こえない、耳が遠い

・彼は耳が聞こえない。 He is deaf.

# 15 応急処置　FIRST AID

## 緊急状況

・気絶したのですぐに病院に運ばれた。 Because I fainted, I was immediately taken to a hospital.
＊ faint　失神する、気絶する／immediately　すぐに、すぐさま

・お母さんが助けを呼ぶために緊急電話をかけた。 My mom made an emergency call for help.

・担架で緊急治療室へ運ばれた。 I was carried to the emergency room on a stretcher.

・私は危険な状態だった。 I was in critical condition.
＊ critical　危険な、危篤の

・意識を失った。 I had lost consciousness.
＊ consciousness　自覚、意識

・心臓が動かず、脈もなかった。 My heart wasn't beating, and I had no pulse.

・私はこん睡状態だった。 I was in a coma.
＊ coma　こん睡

## 応急処置

・できる限り早く治療を受ける必要があった。 I needed to be treated as soon as possible.
＊ as ~ as possible　可能な限り～に

| | |
|---|---|
| ・応急処置を受ける必要があった。 | I needed to receive first aid. |
| ・すぐに手当を受けた。 | I received immediate attention. |
| ・医者が手で私の胸を押してからマウスツーマウスで人工呼吸をした。 | The doctor pressed on my chest with his hands and gave me mouth-to-mouth resuscitation.<br>＊ resuscitation　復活、蘇生 |
| ・私は生き返った。 | I was revived. |
| ・峠を越えた。 | I was over the crisis. |
| ・集中治療室に入っていた。 | I was in the intensive care unit.<br>＊ intensive　集中的な、徹底した／ care　手当、看護 |
| ・かすかな脈しかなかったと言われた。 | They said that my pulse was only beating faintly. |
| ・輸血を受けた。 | I received a blood transfusion.<br>＊ transfusion　注入、輸血 |
| ・死ぬ一歩手前だった。 | I was almost at death's door. |
| ・病院で意識を取り戻した。 | I came back to consciousness in the hospital. |
| ・適切な応急処置を受けていなければ、今ごろ生きてはいなかっただろう。 | If I hadn't received proper first aid, I wouldn't be alive now. |
| ・病院できちんとした治療を受けた。 | I received a very good treatment at the hospital. |
| ・段々とよくなり今は危険な状態も脱した。 | I gradually recovered and am now out of danger. |
| ・私は病院ですぐに回復した。 | I recovered quickly in the hospital. |

## 16 診察

SEEING A DOCTOR

### 病院の予約

| | |
|---|---|
| ・予約のため事前に電話した。 | I called in advance for an appointment.<br>＊ in advance　事前に、あらかじめ |
| ・診察の予約の時間を決めなければならなかった。 | I needed to schedule an appointment to see the doctor. |
| ・予約ができる時間を彼に尋ねた。 | I asked when he was available. |
| ・診察を受けるために予約をした。 | I made an appointment to see the doctor. |

| | |
|---|---|
| ・明日５時に診察の予約がある。 | Tomorrow I have a 5 o'clock appointment to see the doctor. |

## 予約の受付

| | |
|---|---|
| ・受付の人に医療保険カードを提示した。 | I showed my insurance card to the receptionist.<br>＊ receptionist　受付係 |
| ・私は名前を呼ばれるまで待合室で待っていた。 | I was waiting in the waiting room until I was called. |
| ・診察の予約がなかったので、長い時間待たされた。 | I had to wait for a long time since I had no appointment with the doctor. |
| ・その病院で初診だったため、問診票に記入した。 | It was my first visit to the hospital, so I filled the questionnaire out. |
| ・看護師が私の名前を呼んだ。 | The nurse called my name. |
| ・私の診察の番だった。 | It was my turn to see the doctor. |

## 診察

| | |
|---|---|
| ・専門家の診療を受けた。 | I saw a specialist. |
| ・私の症状を詳しく説明した。 | I described my symptoms in detail.<br>＊ symptom　症状・兆候／in detail　詳しく |
| ・医者が私に病歴を持ってきたか尋ねた。 | The doctor asked me whether I had my medical history. |
| ・体温と血圧を測った。 | My temperature and blood pressure were checked. |
| ・診察台の上で診察を受けた。 | I was examined on the stretcher.<br>＊ stretcher　担架、診察台 |
| ・医者が私のおなかを押して診察した。 | The doctor pressed my stomach to diagnose my sickness. |
| ・彼が押した部位が痛かった。 | I had pain on the area he pressed. |
| ・彼は聴診器で私の心臓の音を聞いた。 | He listened to my heart beat by using a stethoscope. |
| ・医者が私にいつから痛み出したのか尋ねた。 | The doctor asked me when my pain had started. |
| ・医者が私に薬を処方してくれた。 | The doctor prescribed some medicine for me. |
| ・医者が当分の間は休んでいるようにと言った。 | The doctor told me to take it easy for the time being.<br>＊ for the time being　当分の間 |

・医者に無理をしないよう言われた。　The doctor told me not to overdo it.
＊ overdo　やりすぎる

# 17 病院の治療

TREATMENT

## 病院・医者の種類

| | | | |
|---|---|---|---|
| 内科 | internal medicine | 精神科 | psychiatry |
| 内科医 | physician | 精神科医 | psychiatrist |
| 外科 | surgery | 産婦人科 | obstetrics and gynecology |
| 外科医 | surgeon | | |
| 小児科 | pediatrics | 産婦人科医 | gynecologist |
| 小児科医 | pediatrician, baby doctor | 整形外科 | orthopedic surgery |
| | | 整形外科医 | orthopedist, orthopedic surgeon |
| 眼科 | ophthalmology | | |
| 眼科医 | ophthalmologist eye doctor | 形成外科 | plastic surgery |
| | | 形成外科医 | plastic surgeon |
| 耳鼻咽喉科 | otolaryngology | 放射線科 | radiology |
| 耳鼻咽喉科医 | otolaryngologist | 放射線科医 | radiologist |
| 泌尿器科 | urology, urinology | 麻酔科 | anesthesiology |
| 泌尿器科医 | urologist | 麻酔科医 | anesthesiologist |
| 皮膚科 | dermatology | 歯科 | dentistry |
| 皮膚科医 | dermatologist | 歯科医 | dentist |
| 神経科 | neurology | 歯科矯正医 | orthodontist |
| 神経科医 | neurologist | 漢方医 | Chinese herb doctor |

## 病院施設・医療器具

| | | | |
|---|---|---|---|
| 診察室 | consultation room | 内視鏡 | endoscope |
| 救急処置室 | emergency room | 胃カメラ | gastroscope |
| 手術室 | operating room | 酸素吸入器 | oxygen breathing apparatus |
| 集中治療室 | intensive care unit | 人工呼吸器 | pulmotor |
| 回復室 | recovery room | 体温計 | thermometer |
| 分娩室 | delivery room | 注射器 | syringe |
| 病室 | sickroom | 手術針 | needle |
| 病棟 | ward | 車椅子 | wheelchair |
| レントゲン室 | x-ray room | 担架 | stretcher |
| 聴診器 | stethoscope | | |

## 初期治療

- 病気はごく初期の段階で治療しなければいけない。
Diseases should be treated at the very beginning.

- どこか悪いと感じたときはすぐに病院へ行ったほうがよい。
When you feel sick, it is better to go to a doctor at once.

- 適切な治療を受けずに放っておくのは危険だ。
It is dangerous to neglect proper treatment.

- 病気を治療しないままにしておくと、さらに悪化することがある。
When you leave a disease untreated, it can get worse.

- 初期の段階で病気を治療すれば、完治する可能性がある。
When you treat a disease early, it's possible to be cured completely.

## 入院治療

- 症状がどんどん悪化している。
I am getting worse and worse.
＊比較級＋and＋比較級　どんどん〜

- 電話で医者の往診を頼んだ。
I called for a doctor over the phone.
＊call for　要求する、要請する

- 特殊な治療が必要だった。
I needed a special remedy.

- 入院治療が必要だった。
I required hospital treatment.

- 入院しなければならなかった。
I needed to be hospitalized.

- 結局病院で治療を受けることになった。
At last, I got to be treated at the hospital.

- 簡単な検査の後、入院の手続きをした。
I checked into the hospital after a simple test.

| | |
|---|---|
| ・入院することになった。 | I was admitted to the hospital.<br>＊ admit 収容する |
| ・私は入院している。 | I am in the hospital. |
| ・私は今病院で治療を受けているところだ。 | I am under medical treatment. |
| ・医者の治療を受けているところだ。 | I am under the care of a doctor. |
| ・医者が私の糖尿病を治療した。 | The doctor treated me for my diabetes. |
| ・薬物治療を受けている。 | I am on medication.<br>＊ medication 薬物治療 |
| ・私は抗生物質治療を続けなければならなかった。 | I needed to continue taking antibiotics.<br>＊ antibiotics 抗生物質 |
| ・放射線治療を受けた。 | I received radiation treatment.<br>I underwent radiological treatment.<br>＊ radiation 放射線／radiological 放射線の |
| ・点滴を打たれた。 | I was given an intravenous drip.<br>＊ intravenous 静脈の |
| ・一週間寝たきりだった。 | I've been bedridden for a week.<br>＊ bedridden 寝たきりの |
| ・私の入院の知らせは友人たちを驚かせた。 | My friends were so surprised to hear of my admission to the hospital.<br>＊ admission 入場、入学、入院 |
| ・私は2〜3週間、入院していた。 | I was hospitalized for a couple of weeks. |
| ・友達がお見舞いに来た。 | My friends visited me at the hospital. |
| ・彼らは私に見舞いの手紙をくれた。 | They gave me a get-well card. |
| ・彼らは花と食べる物を持って来てくれた。 | They brought some flowers and something to eat. |

## 回復

| | |
|---|---|
| ・早くよくなることを願う。 | I hope I will get well soon. |
| ・容態がよくなることを願っている。 | I am hoping my condition will improve. |
| ・具合が段々よくなっている。 | I am getting better and better. |
| ・具合が目に見えてよくなった。 | My condition has markedly improved.<br>＊ markedly 顕著に、目に見えて |
| ・医者が効果的な食餌療法を教えてくれた。 | The doctor let me know the effective dietary therapy.<br>＊ dietary 食餌の、食餌療法の／therapy 治療、療法 |
| ・適切な治療を受けることを忘れなかった。 | I didn't neglect to have proper medical care.<br>＊ neglect 無視する、放っておく、怠ける |
| ・病気が治った。 | I was cured of a disease. |

| | |
|---|---|
| ・医師の治療のおかげで完治した。 | I recovered completely, thanks to the doctor's treatment.<br>＊ thanks to 〜のおかげで |
| ・医師の治療の下、完全に回復した。 | I had a complete recovery under the doctor's treatment. |
| ・病気が完全によくなって健康を取り戻した。 | I got well again and rid of the illness completely.<br>＊ get well 回復する／ get rid of 〜を取り除く |
| ・病気を患った後、再び健康を取り戻した。 | I regained my health after the illness. |
| ・病気から完全に回復しなかった。 | I didn't fully recover from my disease. |
| ・治療費を支払った。 | I paid the doctor's fee. |
| ・退院した。 | I left the hospital.<br>I was released from the hospital.<br>I was discharged from the hospital.<br>＊ release(=discharge) from 〜から解放させる、〜退院させる |

## 東洋医学の治療

| | |
|---|---|
| ・はりを打った。 | I had acupuncture done.<br>＊ acupuncture はり術、はり治療 |
| ・それほど痛くなかった。 | It didn't hurt so much. |
| ・漢方の治療は副作用がないので気に入っている。 | I like Chinese herbal remedies since they have no side effects.<br>＊ herbal 薬草／ remedy 治療、医療／ side effect （薬物の）副作用 |
| ・健康のために月に二回漢方を飲む。 | I take Chinese herbal medicine for my health twice a month. |
| ・お母さんが私のために薬草をせんじてくれた。 | My mom boiled down medical herbs for me. |
| ・漢方はとても苦いので好きではない。 | The Chinese medicine is so bitter that I don't like it. |
| ・最近私は強壮剤を飲んでいる。 | I'm taking some restorative medicine these days.<br>＊ restorative 健康を回復させるための |

## 薬の種類

| | | | |
|---|---|---|---|
| シロップ | syrup | 消化剤 | peptic |
| 丸薬 | pill | 制酸剤 | antacid |
| 粉薬 | powder | 解熱剤 | antipyretic, fever remedy |
| 錠剤 | tablet | 鎮痛剤 | painkiller |
| カプセル | capsule | 抗生物質 | antibiotic |
| 軟こう | ointment | 睡眠薬 | sleeping pill |
| ばんそうこう | adhesive tape | 精神安定剤 | tranquilizer |
| 包帯 | bandage | 座薬 | suppository |
| 解毒剤 | antidote | 目薬 | eye drops |
| 消毒薬 | antiseptic | 強壮剤 | restorative medicine |

## 処方せん

・処方せんを持って薬局に行った。

I went to the pharmacy with the prescription.
＊ prescription　処方せん

・薬剤師が処方せん通りに薬を調合して
くれた。

The pharmacist filled the prescription.
＊ pharmacist　薬剤師／ fill the prescription　処方せん
通りに調合する

・痛みを和らげる薬が必要だった。

I needed some medicine to relieve my pain.

・処方せんなしでは薬を買えなかった。

I couldn't buy any medicine without a
prescription.

・処方せんなしで買える薬をいくつか買った。

I bought some over-the-counter medicine.
＊ over-the-counter　医師の処方せんなしで店頭で買える

・そのシロップは処方せんなしで買える薬だ。

The syrup is available over the counter.

・薬局で消毒薬、包帯、ばんそうこうを
買った。

I bought a disinfectant, a bandage and
adhesive tape at the drugstore.
＊ disinfectant　消毒薬、殺菌剤

**drugstoreとpharmacy**

日本語にするとどちらも「薬局」で区別がつきにくいdrugstoreとpharmacyですが、drugstoreは市販薬のほか化粧品や清涼飲料水なども売っている「薬局」、pharmacyは病院で出された処方せんを基に、薬剤師が薬を調剤する「薬局」です。

## 服用方法

- 薬剤師にその薬を一日三回飲むように言われた。

  The pharmacist said that I should take the medicine three times a day.

- 彼はその薬を食事の30分前に二錠ずつ飲むように言った。

  He told me to take two pills half an hour before each meal.

- 私はシロップより丸薬のほうがいい。

  It is better for me to take pills than syrup.

- 薬を6時間おきに飲んだ。

  I took the medicine every 6 hours.

- その薬は空腹の時に飲まなければならなかった。

  I had to take the medicine on an empty stomach.

- 薬はとても苦い味がした。

  The medicine tasted very bitter.

**「一日に三回」**

「一回」はonce、「二回」はtwice、そして「三回」からは「〜 times」で表します。したがって「三回」はthree times、「百回」ならばa hundred timesとなります。「一日に三回」という場合の「一日に」は、eachやperのように「〜あたり」「〜ごとに」の意味も持つ不定冠詞a/anを用いてa dayとし、three times a dayと言います。「一週間に五回」はfive times a week、「ひと月に一度は」once a month、「一キログラムあたり百円」は100 yen a kilogramです。

## 薬の効用

- その薬を飲むと眠くなった。

  The medicine made me drowsy.
  ＊ drowsy　眠くなる、眠い

- その薬は眠気を誘った。

  The medicine caused drowsiness.
  ＊ drowsiness　うとうと眠いこと、ものうさ

- 薬を飲んだらよくなった。

  After taking medicine, I felt better.

- その薬で気分がよくなった。

  The medicine made me feel better.

- その薬は効果があったようだった。

  The effect of the medicine seemed to be good.

- その薬は効果的だった。

  The medicine was effective.

| | |
|---|---|
| ・その薬の効き目はよかった。 | The effect of the medicine was good. |
| ・その薬はすぐに効いた。 | The medicine worked on me instantly.<br>The medicine had an immediate effect on me.<br>＊ work on　〜に効き目がある、作用する |
| ・その薬はすぐに効果をあらわした。 | The medicine showed its effect immediately. |
| ・その薬は魔法のようによく効いた。 | The medicine worked like magic. |
| ・その薬は私の頭痛をきれいに取り去った。 | The medicine cleared my headache up. |
| ・アスピリンを飲んだら痛みが和らいだ。 | After taking an aspirin, the pain decreased. |
| ・それがその病気の特効薬だ。 | It is a sovereign remedy for curing the disease.<br>＊ sovereign　最上の、効き目のある |
| ・薬の副作用があった。 | There were side effects of the medicine. |
| ・その薬は何の効果もなかった。 | The medicine had no effect. |
| ・症状が重くないときはしばしば民間療法を使う。 | I often use home remedies when the problem is not serious. |
| ・良薬口に苦し。 | Good medicine is bitter to the mouth but of value for the body.<br>＊ of value　貴重な、重要な、有用な |
| ・笑いが最良の薬。 | Laughter is the best medicine. |

# ACHOO!

Monday, April 9. Cloudy

Mr. Cold, whom I haven't seen for some time, came back to me again. Mr. Cold is one of the characters of the cartoon diary series on the Internet. He is just like a human but instead of eyes, nose and mouth, he has 'a cold' on his face and his body is all blue. In the cartoon, he comes to the hero every winter.

Unfortunately, Mr. Cold came to me when I was preparing for the test. Yesterday, when I called my father, he said "Are you preparing for the test? If so, be careful not to catch a cold!" I have hardly ever caught a cold before a test. But this semester, I got a cold. Now I can't breathe well. In addition, I had a runny nose all day long and a terrible headache. I feel like I will blow the test. Oh! No way! I really want Mr. Cold to leave me as fast as he can.

## はくしょん！

4月9日　月曜日　曇り

　しばらく姿を見せなかった風邪男が戻って来た。風邪男はインターネットで連載されているアニメ日記シリーズのキャラクターの一人だ。彼は人間の姿をしているが、目、鼻、口が無く、顔に「風邪」と書いてあって、全身が青い。そのアニメでは、彼は毎年冬になると主人公に会いに来る。

　ついていないことに、風邪男は私が試験の準備をしている時に私を訪れた。昨日、父と電話をしているとき「試験の準備中なのかい？　もしそうなら風邪をひかないよう気をつけるんだぞ」と言われた。私はこれまで試験前に風邪をひいたことはほとんどなかった。しかし今学期は風邪をひいた。今、私は息も苦しい。さらに鼻水は一日中止まらず、ひどい頭痛もする。試験は散々なことになりそうだ。いや、だめだ！一日も早く風邪男にはお引き取りいただきたい。

**NOTES**

character　登場人物、特性、人格／be like　～と似ている、～のようだ／instead of　～の代わりに／unfortunately　不幸にも／hardly　ほとんど～ない／in addition　しかも、さらに／feel like　～しそうな気分だ／no way!　それはだめだ！／as～as＋主語＋can　できる限り～な

# CHAPTER
# 13

## 学校生活

# 1 学校

## 学校の種類

| 幼稚園 | kindergarten | 商業高校 | commercial high school |
|---|---|---|---|
| 小学校 | elementary school<br>primary school | 工業高校 | technical high school |
| | | 農業高校 | agricultural high school |
| 中学校 | junior high school<br>middle school | 短期大学 | junior college |
| 高等学校 | high school | 総合大学 | university |

## 私たちの学校

| | |
|---|---|
| ・私は高等学校に通っている。 | I go to high school.<br>I attend high school. |
| ・私は〜中学校の学生だ。 | I am a 〜 junior high school student. |
| ・私は私立の学校に通っている。 | I am attending a private school.<br>＊private 私立の (⇔public 公立の) |
| ・私は高校で2年2組2番だ。 | I am in high school, 2nd grade, class 2, number 2. |
| ・友達と遊べるので私は学校へ行くのが好きだ。 | I like to go to school because I can play with my friends. |
| ・私は勉強が好きではないので、学校へ行くのが嫌だ。 | I hate to go to school because I don't like to study. |
| ・私の学校は暴力がないのでよい。 | It is good that there isn't any violence in my school.<br>＊violence 暴力、暴行 |
| ・私の学校は暴力がない。 | My school is safe from violence. |
| ・私の学校は楽しいときもあるし、つらいときもある。 | My school is sometimes enjoyable and sometimes very difficult. |

## 一日の日課

| | |
|---|---|
| ・私の学校は8時に始まる。 | My school begins at eight. |
| ・学校の授業は午前8時から午後6時までだ。 | I have classes from 8 a.m. to 6 p.m. |

| | |
|---|---|
| ・私たちは１時間ごとに10分間の休憩がある。 | We have a 10-minute break every hour. |
| ・４時限目が終わると１時間の昼休みがある。 | We have an hour for lunch after fourth period. |
| ・正規の授業は一日６時限だ。 | We have 6 regular classes a day.<br>＊ regular　正規の、規則的な |
| ・正規の授業が終わってから補習授業を受ける。 | After regular classes, I take a supplementary lesson.<br>＊ supplementary　補習の、追加の |
| ・放課後には課外の特別活動に参加する。 | After school, I take part in extracurricular activities.<br>＊ extracurricular　正規科目以外の、課外の |
| ・すべての授業が５時30分に終わる。 | All of my classes are over at half past five.<br>All of my classes come to an end at five thirty.<br>＊ be over (=come to an end) 終わる |
| ・午後の授業が終わるとみんなで教室の掃除をする。 | After classes in the afternoon, we clean our classroom together. |
| ・私は夜７時に学校から帰ってくる。 | I come home from school at seven in the evening. |
| ・今日は学校で楽しかった。 | I had fun at school today. |
| ・私は学校でのいつも通りの日常にうんざりしている。 | I am tired of the same school routines.<br>＊ routine　日常、規定通りの |
| ・明日は学校が休みだ。 | I have no school tomorrow. |

---

### column

### 「学校に通う」

「学校に通う」は、schoolの前に冠詞を付けず、go to schoolと言います。同様に、go to work（仕事に行く）、go to church（教会に行く）、go to bed（床に就く）も、場所を表す名詞の前に冠詞を付けません。これは、schoolなどの場所に行くことよりも、schoolなどで行うことのほうが目的だからです。

---

## 規則

| | |
|---|---|
| ・学校では制服を着なければいけない。 | I have to wear a school uniform at school. |
| ・制服のジャケットに名札を付ける。 | I have my name tag on my school jacket. |
| ・私たちの学校は髪形についての校則がとても厳しい。 | Our school has very strict rules about hairstyles. |
| ・髪は短くしていなければいけない。 | I have to keep my hair short. |
| ・髪を染めるのは許されていない。 | I am not allowed to dye my hair. |

| | |
|---|---|
| ・髪を染めるのは校則に反している。 | Dying hair is against school rules.<br>＊against 〜に反する、逆らう |
| ・学校の校舎内ではスリッパを履く。 | We wear slippers in the school building. |
| ・上履きで学校の外に出てはいけない。 | We are not allowed to leave the school wearing indoor shoes. |
| ・私はいつも校則を守るよう努力している。 | I always try to obey school rules. |
| ・時々校則を破ってしまう。 | I sometimes break school rules. |

## 登校

| | |
|---|---|
| ・学校は家からかなり遠い。 | My school is quite far from my house. |
| ・お母さんが学校まで車で送ってくれる。 | My mom drives me to my school. |
| ・お母さんがバス停まで乗せていってくれる。 | My mom gives me a ride to the bus stop. |
| ・お父さんが学校の前で降ろしてくれる。 | My dad drops me off in front of my school.<br>＊drop 〜 off 〜を降ろしてくれる |
| ・私はバスで学校に通う。 | I go to school by bus. |
| ・私は登校するときスクールバスを使う。 | I take the school bus to school. |
| ・〜で別のバスに乗り換えなければいけない。 | I have to transfer to another bus at 〜. |
| ・私は自転車で学校まで行く。 | I go to school by bicycle. |
| ・私の学校は家からそれほど遠くない。 | My school is not far from my house. |
| ・私は歩いて学校に通う。 | I walk to school. |
| ・私の学校は家から歩いて２分の距離だ。 | My school is a two-minute walk from my house. |
| ・歩いて行ける距離にある。 | It's within walking distance. |

## 出席

| | |
|---|---|
| ・寝坊をして学校に遅刻した。 | I was late for school because I overslept. |
| ・遅くなったので学校に急いで駆け込んだ。 | I was late, so I rushed into the school. |
| ・二度と遅刻をしないと約束した。 | I promised not to be late again. |
| ・交通渋滞で遅刻した。 | I was late because of the traffic jam. |
| ・遅刻をしないよう注意された。 | I was warned not to be late. |
| ・これからは時間を守るつもりだ。 | I will be punctual from now on.<br>I will be on time from now on. |
| ・学校を早退した。 | I left school early. |
| ・学校が終わる前に家へ帰った。 | I went home before school was over. |

| | |
|---|---|
| ・授業をさぼった。 | I cut class.<br>I skipped class.<br>I played hooky. |
| ・学校を欠席した。 | I was absent from school.<br>I stayed away from school. |
| ・理由もなく学校に行かなかった。 | I skipped school for no reason. |
| ・何日間か無断で学校を休んだ。 | I was absent from school without notice for a few days.<br>＊ notice 注意、予告、通知 |

---

**column**

**「歩いて学校に行く」**

「歩いて」は on foot なので、「歩いて学校に行く」は I go to school on foot. とも言えますが、より英語らしい表現は I walk to school. です。また、「車で職場に行く」は I go to work by car. よりも、I drive to work. のほうが自然です。

---

## 学籍

| | |
|---|---|
| ・今年入学した。 | I entered school this year. |
| ・〜学校に転校した。 | I transferred to 〜 school. |
| ・一学期間休学中だ。 | I am taking a semester off. |
| ・もうすぐ復学するつもりだ。 | I'll get back to school soon. |
| ・学校をやめたい。 | I want to drop out. |
| ・学校をやめられることになった。 | I got to leave school. |
| ・停学になった。 | I got suspended from school.<br>＊ suspended 停止された、停学にされる |
| ・退学させられた。 | I was expelled from school.<br>＊ expel 追い出す、排出する、除籍する |
| ・学校を卒業した。 | I graduated from school. |

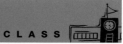
### 科目

| | | | |
|---|---|---|---|
| 国語 | Japanese | 生物 | biology |
| 漢文 | Chinese classics | 物理 | physics |
| 文学 | literature | 化学 | chemistry |
| 倫理 | ethics | 地理 | geography |
| 数学 | mathematics | 歴史 | history |
| 英語 | English | 社会 | society |
| フランス語 | French | 音楽 | music |
| スペイン語 | Spanish | 美術 | art |
| 中国語 | Chinese | 家庭科 | home economics |
| ドイツ語 | German | 技術 | manual training |
| 理科 | science | 体育 | physical education |

### 文具

| | | | |
|---|---|---|---|
| 文具 | stationery | コピー用紙 | copying paper |
| 文房具店 | stationery store stationer | ボールペン | ball-point pen |
| はさみ | scissors | 毛筆 | writing brush |
| 分度器 | protractor | 絵筆 | paint brush |
| 計算機 | calculator | 色鉛筆 | colored pencil |
| ノート | notebook | 色紙 | colored paper |
| 穴あけ器 | hole punch | シャープペンシル | mechanical pencil automatic pencil |
| 絵の具 | paints, colors | 切手 | stamp |
| はんこ | seal | 水彩絵の具 | watercolors |
| 画用紙 | drawing paper | スケッチブック | sketchbook |
| 万年筆 | fountain pen | ホッチキス | stapler |
| メモ帳 | memo pad | 画びょう | thumbtack |
| 方眼紙 | graph paper | 鉛筆 | pencil |

| | | | |
|---|---|---|---|
| 鉛筆削り | pencil sharpener | 黒板消し | chalk eraser<br>blackboard eraser |
| 鉛筆のしん | lead | コンパス | compass |
| セロテープ | cellophane tape<br>Scotch tape | クレヨン | crayon |
| 油絵の具 | oil paint | クリップ | clip |
| インク入れ | reservoir | ファイル | file, folder |
| 接着テープ | adhesive tape | パレット | palette |
| 図画用鉛筆 | drawing pencil | 封筒 | envelope |
| 彫刻刀 | chisel | 便せん | letter paper, notepaper |
| 巻き尺 | tape measure | 包装紙 | packing paper<br>wrapping paper |
| 消しゴム | eraser | のり | glue |
| 紙ばさみ | paper clips | 筆箱 | pencil case |
| 文鎮 | paper weight | | |

## 出席確認

・先生が出席を取った。　The teacher called the roll.
＊ call the roll　出席を呼ぶ

・先生は生徒の出欠を確認した。　The teacher checked the attendance of the students.

・私は大きな声で出席の返事をした。　I answered the roll loudly.

・友達の代返をした。　I answered the roll for a friend of mine.

・先生は気付かなかった。　The teacher didn't notice.

・すべての学生が出席した。　All the students were present.

・欠席の学生はいなかった。　There were no students absent.

・一人の学生が欠席した。　One student was absent.

・先生はなぜ彼が欠席なのかを私たちに尋ねた。　The teacher asked us why he was absent.

・私たちは彼の欠席の理由を知らなかった。　We didn't know the reason for his absence.

## 授業

・今日の数学の授業はとても面白かった。　Today's math class was very interesting.

・私は数学が得意だ。　I am good at math.

・私の頭は数字に強い。　I have a good head for numbers.

| | |
|---|---|
| ・数学ならばとてもよくできる。 | When it comes to math, I am really on the ball.<br>＊ on the ball　抜け目のない、よく知っている |
| ・私は計算が苦手だ。 | I am poor at computing.<br>＊ be poor at　〜が苦手だ／ computing　計算、測定 |
| ・問題を解いた。 | I solved the problems.<br>I worked out the problems. |
| ・私は英語の授業を受けるのが楽しい。 | It is fun for me to attend English classes. |
| ・私は英語以外すべての科目が嫌だ。 | I dislike all subjects except English. |
| ・理科の時間に化学の実験をした。 | We did a chemistry experiment in science class. |
| ・今日社会の授業で宗教問題について学んだ。 | In today's social studies class, we studied religious problems. |
| ・体育の先生が縄跳びの方法を教えてくれた。 | My P.E. teacher taught us how to skip.<br>＊ P.E.(=physical education)　体育 |
| ・美術の時間に物作りをした。 | We crafted things in art class.<br>＊ craft　〜を精巧に作る |
| ・美術の時間に粘土で動物を作った。 | I made animals of clay in art class. |
| ・私は物を作るのが苦手だ。 | I am poor at making things. |
| ・コンピューターの先生はインターネットで有用なサイトを使う方法を教えてくれた。 | My computer teacher taught us how to use useful sites on the internet. |
| ・私はインターネットで調べものをするふりをしながら友達とチャットをした。 | I pretended to look up something on the internet and chatted with my friends.<br>＊ pretend to ＋動詞原形　〜するふりをする |
| ・今日突然抜き打ちテストがあった。 | We had a pop quiz today.<br>＊ pop quiz　抜き打ちテスト |

## 討論の授業

| | |
|---|---|
| ・グループごとに問題の解決方法について討論した。 | In groups, we discussed how to solve the problem. |
| ・今日の討論の主題は宗教だった。 | The subject of today's discussion was religion. |
| ・5人ずつのグループを作ってその主題について討論をした。 | We formed groups of five and had a discussion about the topic. |
| ・私は討論に積極的に参加した。 | I actively took part in the discussion.<br>＊ take part in　〜に参加する |
| ・私たちの討論はとても活発だった。 | We had a really animated discussion.<br>＊ animated　生き生きとした、活発な |
| ・私は問題の重要性を強調した。 | I emphasized the importance of the problem.<br>＊ emphasize　力説する、強調する |

| | |
|---|---|
| ・誰も私の意見に耳を傾けていないと思った。 | I thought no one listened to my opinion. |
| ・彼らは私の考えに同意しなかった。 | They disagreed with my thoughts. |
| ・それに関する意見をもう少し聞きたかった。 | I wanted to get a few more opinions about that. |
| ・友人たちの意見を聞いた。 | I listened to friends' opinions. |
| ・彼らの意見に一生懸命耳を傾けた。 | I was all ears to their opinions.<br>＊be all ears to　〜に耳を傾ける |
| ・自分の意見をはっきりと説明した。 | I explained my thoughts articulately.<br>＊articulately　はっきりと、明確に |
| ・私は彼の提案に賛成だった。 | I agreed with his proposal.<br>I approved of his proposal.<br>I consented to his proposal.<br>I was in favor of his proposal.<br>I went along with his proposal.<br>I gave the thumbs up to his proposal.<br>＊proposal　提案／give the thumbs up　〜に賛成する |
| ・私たちは満場一致で彼の意見に賛成した。 | We unanimously agreed on his idea.<br>＊unanimously　満場一致で、もれなく |
| ・私はそれに全面的に賛成した。 | I was all for that. |
| ・私は彼の意見に反対した。 | I opposed his opinion.<br>I objected to his opinion.<br>I was against his opinion.<br>I disagreed with his opinion.<br>I dissented from his opinion.<br>I gave the thumbs down to his opinion. |

## column

### 自分の考えや意見を伝える

自分の考えや意見を伝えるときは、文章の最初にI think、I believe、I guessを入れることもありますし、In my mind/opinion/view, I think 〜（私の考え／意見／見解では〜だと思います）などを用いて表現することもできます。「私の考えでは、彼がうまくやり遂げると思った」と言いたければ、In my mind, I thought he would be able to do well.となります。

## 発表の授業

| | |
|---|---|
| ・来週の発表のために準備中だ。 | I am preparing for the presentation next week. |
| ・目を通さなければならない資料が多かった。 | There were many materials to look into. |
| ・ついに発表の準備が終わった。 | Finally I finished preparing the presentation. |

| | |
|---|---|
| ・私はクラス全員の前で発表を行った。 | I gave a presentation in front of the whole class. |
| ・すべての視線が私に集中した。 | All eyes were focused on me. |
| ・笑い者になるのではないかと心配した。 | I was afraid of making a fool of myself. |
| ・とても緊張したがうまくいった。 | I was very nervous, but I did well. |
| ・緊張しすぎて手が震えていた。 | I was so nervous that my hands trembled. |
| ・私は自信を持って自分の意見を発表した。 | I expressed my opinion with confidence. |
| ・先生の前で発表するのは大変だった。 | It was very difficult presenting in front of my teacher. |
| ・先生にもっと自信を持つようにとアドバイスをもらった。 | My teacher advised me to be more confident. |

## 授業を理解する

| | |
|---|---|
| ・先生がその内容を十分に説明してくれた。 | The teacher explained the content at length.<br>＊at length　十分に、詳しく |
| ・先生の説明をよく理解した。 | I understood the teacher's explanation well. |
| ・先生の説明は私には難しすぎて理解できなかった。 | The teacher's explanation was too difficult for me to understand. |
| ・最初は先生が何を説明しているのか理解できなかった。 | At first, I couldn't understand what the teacher explained. |
| ・先生が要点を詳しく説明してくれた。 | The teacher gave a full detail of the point.<br>＊give a full detail of　〜を詳しく説明する |
| ・彼が何を言っているのか要領を得なかった。 | I wasn't able to get the point of what he said.<br>＊get the point of　〜について要領を得る |
| ・それを理解できなかった。 | I couldn't understand it. |
| ・話についていけなかった。 | I couldn't follow it. |
| ・その問題が分からなかった。 | I couldn't figure the question out.<br>＊figure 〜 out　答えを考え出す、〜を理解する |
| ・私の能力を超えていた。 | It was above my head. |
| ・意味をつかめなかった。 | I couldn't catch the meaning. |
| ・私の理解の範囲を超えていた。 | It was beyond my understanding. |
| ・すべてのことが理解できなかった。 | Everything was over my head.<br>＊over one's head　理解ができない |
| ・彼が何を言おうとしているのかまったく理解できなかった。 | I couldn't make out at all what he meant.<br>＊make out　理解する |
| ・その授業についていけなかった。 | I couldn't catch up with the class. |

| | |
|---|---|
| ・先生の説明をもう一度聞いてみたら、理解できた。 | After listening again to the teacher's explanation, I understood it. |

column

**先生が配る「プリント」**

補習学習のために先生が作成する配布物を、私たちは普段「プリント」と呼んでいますが、ネイティブスピーカーはprintと言われてもどういう意味なのか理解できないでしょう。「プリント」はhandouts、またはprintoutsと言わなければなりません。

## 授業の態度

| | |
|---|---|
| ・先生の言うことに集中しようと努力している。 | I try to keep my eye on the ball for what the teacher says.<br>＊keep one's eye on the ball　放心しない、集中する |
| ・授業中、友達にいたずらをした。 | I played a trick on my friends during class.<br>＊play a trick on　～をだます、～にいたずらをする |
| ・授業中に隣の子とおしゃべりした。 | I talked to my partner in class. |
| ・先生の言葉に注意を傾けなかった。 | I didn't pay attention to the teacher.<br>I didn't listen attentively to the teacher. |
| ・教科書を読むふりをしながら漫画を読んでいた。 | I read a comic book while pretending to read the textbook. |
| ・頭痛がしたので学校の保健室へ行った。 | I had a headache, so I went to the school nurse's office. |
| ・授業中、気が散った。 | I got distracted in class.<br>＊distract　そらす、散らす、当惑する |
| ・私は先生の指示に従わなかった。 | I didn't follow the teacher's instructions. |

column

**「私の話をちゃんと聞いて！」**

自分の話に耳を傾けるよう注意するとき、「私の話をちゃんと聞いて！」と言いますよね。これはListen to me.でもいいのですが、もう少し強い意味を表す表現として、Mark my words!があります。直訳すると、「私の言葉にマークしろ！」つまり「よく覚えておけ」という意味です。授業中、先生がよそ見や内職をしている学生たちに、または母親が自分の子どもに、何かを教えておくときなどに使える表現です。

## 居眠り

| | |
|---|---|
| ・授業中に眠らないよう努力している。 | I try not to fall asleep during class. |
| ・授業の間ずっと先生の説明を聞いていたら眠気が襲ってきた。 | I got sleepy from just listening to the teacher's explanation during the whole class. |
| ・つまらない授業のせいでとても眠かった。 | The boring class really put me to sleep. |
| ・授業中に居眠りした。 | I dozed during class. |
| ・居眠りをした。 | I dozed off. |
| ・授業中ずっと居眠りをした。 | I dozed through my class. |
| ・眠気を追い払おうと頑張った。 | I tried to shake off my sleepiness. |
| ・死ぬほどつまらなかった。 | I was bored to death. |
| ・授業が終わるころ、眠りに落ちた。 | Near the end of the class, I fell asleep. |
| ・何か変化が必要だ。 | I need something different. |

### column

### aで始まる形容詞

「眠りに就く」はfall asleepと言います。このasleepのように、aで始まる形容詞、ashamed（恥ずかしい）、awake（目覚めている）、afraid（恐れている）、alone（孤独な）、alive（生きている）などは、補語となる叙述用法でのみ使われ、後に続く名詞を修飾する限定用法では使えません。例えば、「眠っている子ども」はasleep babyではなくsleeping babyと言わなければなりません。

## 賞賛

| | |
|---|---|
| ・先生は生徒がいいことをするといつでも褒めてくれる。 | My teacher always speaks well of the students whenever they do something good. |
| ・担任の先生に教室の掃除をちゃんとしたことを褒められた。 | My homeroom teacher praised me for cleaning the classroom well. |
| ・先生に褒められた。 | I was praised by the teacher. |
| ・彼は私の背中を軽くたたいてくれた。 | He patted me on the back. |
| ・彼がとても褒めてくれた。 | He spoke highly of me. |
| ・彼が非常に賞賛してくれた。 | He paid me a high compliment.<br>＊compliment　賞賛、敬意 |
| ・彼が私の几帳面さを褒めてくれた。 | He praised my punctuality.<br>＊punctuality　時間厳守、几帳面さ |
| ・褒め言葉を聞いてうれしかった。 | It felt good to hear words of praise. |
| ・褒められたので誇らしい気分だった。 | When I was praised, I felt proud. |

・彼は私たちを褒めることでいつも
元気づけてくれる。　　　　　　　He always cheers us up by praising us.

## おしかり、罰

・先生にしかられた。　　　　　　　I was scolded by the teacher.

・行いが悪かったので怒鳴られた。　I was bawled out for my misbehavior.
　　　　　　　　　　　　　　　　　＊ bawl out　大声で怒鳴る

・先生は遅刻した学生をしかった。　The teacher scolded students for being late.

・担任の先生にうそをついたせいで怒られた。　I was scolded for having lied to my
　　　　　　　　　　　　　　　　　homeroom teacher.

・怒られたので恥ずかしかった。　　I felt ashamed that I had been scolded.

・私は先生との間には問題が多い。　I have many problems with my teacher.

・授業中におしゃべりをしたせいで
美術の先生から罰を受けた。　　　My art teacher punished me for talking in
　　　　　　　　　　　　　　　　　class.

・彼は私たちの行いを直すために罰を
与えた。　　　　　　　　　　　　He punished us to correct our misbehavior.

## 先生の質問

・先生が私たちに質問をした。　　　My teacher asked us a question.

・先生の質問に正しく答えた。　　　I had the right answer to the teacher's question.

・私は自信を持って質問に答えた。　I answered the question with confidence.

・私は先生の質問すべてに正しく答え
たかった。　　　　　　　　　　　I wanted to answer all the teacher's
　　　　　　　　　　　　　　　　　questions correctly.

・私の答えはすべての点において正確だった。　My answer was accurate in every detail.

・正しい答えだったので先生に褒められた。　I was praised by the teacher for the right
　　　　　　　　　　　　　　　　　answer.

・気分がよかった。　　　　　　　　I felt so good.

・先生の質問に答えなかった。　　　I didn't answer the teacher's question.

・間違った答えを出した。　　　　　I gave the wrong answer.

・先生はほかの学生に答える機会を与えた。　The teacher gave the chance to another
　　　　　　　　　　　　　　　　　student to answer it.

・私は難しい質問をして先生を困らせた。　I annoyed my teacher with hard questions.

## 優等生

| | |
|---|---|
| ・私は彼がほかの学生よりもずっと優れていると思う。 | I think he is much better than the other students. |
| ・私は彼の賢さの秘密が何なのか知りたい。 | I wonder what his secret to being smart is. |
| ・彼は歩く百科事典だ。 | He is a walking encyclopedia. |
| ・彼はほかの学生よりも一段上のようだ。 | He seems to be a cut above the other students.<br>＊ a cut above　～より一段上 |
| ・彼はとてもやる気がある。 | He is highly motivated. |
| ・彼は本当に熱心な学生だ。 | He is a really hardworking student. |
| ・彼は先生のお気に入りだ。 | He is the teacher's pet.<br>＊ teacher's pet　権力者の歓心を買う人、先生に気に入られている学生 |
| ・時々彼の答えはおかしかった。 | Sometimes his answers didn't make sense. |
| ・彼は何でも知ったかぶりをする。 | He is a real know-it-all.<br>＊ know-it-all　知ったかぶりをする人 |
| ・彼はそれについてすべてのことを知っているような口をきく。 | He talks as though he knew all about it. |

## 問題児

| | |
|---|---|
| ・彼は学校の問題児だ。 | He is a troublemaker at school. |
| ・彼はいつも遅刻をする。 | He is always late for class. |
| ・彼はあまり学校に来ない。 | He doesn't appear at school so often. |
| ・彼は時々授業をさぼる。 | He skips class once in a while. |
| ・彼は午後の授業をさぼった。 | He cut the afternoon classes. |
| ・彼が悪い態度をとると、教室を出て行くように言われる。 | When he misbehaves, he is asked to leave the classroom. |
| ・彼は授業中に大声でおしゃべりをする。 | He talks loudly during class. |

| | |
|---|---|
| ・彼は廊下を走る。 | He runs in the hallway. |
| ・彼は先生の指示を無視する。 | He disregards the teachers' instructions. |
| ・彼はしょっちゅう学校を休む。 | He is often absent from school. |
| ・彼は絶対に宿題をしない。 | He never does his homework. |
| ・彼は自分のやりたいことをする。 | He does what he likes. |
| ・彼の行動は気ままだ。 | He runs wild.<br>＊run wild　野放しにしてある、気ままにふるまう |
| ・彼はなんでも自分勝手にやる。 | He does everything his own way. |
| ・彼はいつも問題を起こす。 | He is always getting into trouble. |
| ・彼はしばしば先生に口答えする。 | He often talks back to the teachers.<br>＊talk back　口答えする |
| ・彼は生まれながらの反逆者のようだ。 | He seems to be a born rebel.<br>＊born　先天的な、生まれつきの／rebel　反逆者、反抗者 |

# 3　勉強

**STUDYING**

## 勉強

| | |
|---|---|
| ・私は学校でよくできる。 | I do well at school. |
| ・私は学校の勉強ができない。 | I do poorly at school. |
| ・勉強を怠けた。 | I neglected my studies. |
| ・私は中学生のときあまり勉強をしなかった。 | I did not study hard when I was a junior high school student. |
| ・数学を勉強しようと本を開いた。 | I opened the book to study math.<br>I cracked the book to study math.<br>＊crack the book　本を開く、勉強する |
| ・宿題のテストに取り組んだ。 | I worked on the take-home test. |
| ・英語の復習をした。 | I brushed up on English.<br>＊brush up　勉強をもう一度する、復習する |
| ・時々予習をする。 | I preread my lessons once in a while. |

## 勉強への決意

| | |
|---|---|
| ・勉強を一生懸命やると決心した。 | I made a decision to study hard. |
| ・両親を喜ばせるために一生懸命 | I have to hit the books to please my parents. |

| | |
|---|---|
| 勉強しなければならない。 | ＊hit the books　一生懸命勉強する |
| ・今から一生懸命やるつもりだ。 | I will keep my nose to the grindstone from now on.<br>＊keep one's nose to the grindstone　一生懸命やる |
| ・学生としてやるべきことがとても多い。 | As a student, I have many things to achieve. |
| ・努力をして悪いことは何もないようだ。 | It seems that trying wouldn't do any harm. |
| ・たくさんの知識を憶えようと努力した。 | I tried to learn a lot of information by heart. |
| ・それぞれの科目をしっかり身に付けることが重要だと思う。 | I think it is important to master each subject. |
| ・知識は力だ。 | Knowledge is power. |
| ・努力は報われる。 | Hard work is never wasted. |
| ・転がる石はコケむさず（腰を落ち着けて取り組まないと成功しない）。 | A rolling stone gathers no moss. |
| ・蒔いたとおりに刈りとることになる（自業自得）。 | As a man sows, so shall he reap. |

## 勉強しろという言葉

| | |
|---|---|
| ・お母さんはいつも勉強について小言を言う。 | My mom keeps nagging me about studying. |
| ・お母さんの毎日続く小言にいらいらする。 | I am irritated by my mom's constant nagging. |
| ・両親はいつも勉強させようと私を苦しめる。 | My parents are always on my back to study.<br>＊be on one's back　〜を苦しめる |
| ・お母さんはいつも私が何をするかを見張っている。 | My mom always keeps her eye on what I do.<br>＊keep one's eye on　〜を見守る、監視する |
| ・両親は私にぶらぶらせずにひたすら勉強をしろと言った。 | My parents told me not to fool around and just to study. |
| ・両親の説教をこれ以上聞きたくなかった。 | I didn't want to hear their lecture any longer.<br>＊lecture　講義、説教、訓戒 |
| ・両親が私をほうっておいてくれればいいと思う。 | I want my parents to leave me alone.<br>＊leave 〜 alone　〜をほうっておく、妨害しない |
| ・両親は私にできる限り一生懸命勉強しろと言った。 | My parents asked me to study as hard as I could. |
| ・両親は私に次の試験ではもっと頑張るようにと言った。 | My parents told me to work harder for the next examinations. |
| ・彼らの期待を裏切らないように一生懸命やるつもりだ。 | I will work hard so as not to let them down. |
| ・両親を失望させないように一生懸命やるつもりだ。 | I will work hard so as not to burst my parents' bubble.<br>＊burst one's bubble　〜の希望を壊す、〜を失望させる |

## learnとstudyは違います

studyは数学や英語など、特定の科目を学習するという意味の「勉強する」で、learnは運転や泳ぎ方など、ある技術や方法を、経験を通して「習う」ことを意味します。ですから、「1日に1時間ずつ英語を勉強する」は、studyを使いI study English one hour a day.、「ギターの弾き方を習いたい」は、learnを使いI want to learn to play the guitar.となります。

# 4 試験

EXAMS

## 各種試験

| | |
|---|---|
| ・私たちは1年に4回試験を受ける。 | We have examinations four times a year. |
| ・学期ごとに中間と期末試験がある。 | Each semester, we have midterm and final exams. |
| ・中間試験が来週から始まる。 | The midterm exams begin next week. |
| ・試験はもう目前だ。 | Exams are at hand.<br>Exams are around the corner. |
| ・中間試験が近づいている。 | Midterms are coming up. |
| ・今日は学力検査のテストがあった。 | Today we had achievement tests. |
| ・模擬試験を受けた。 | We had a mock test.<br>＊ mock　模擬の、偽物の |

## 試験勉強

| | |
|---|---|
| ・試験の準備でとても忙しかった。 | I was very busy preparing for the test. |
| ・試験を受ける前に習ったことを復習する必要がある。 | Before the exam, I need to review what we have learned. |
| ・試験でいい成績を取るために最善を尽くさなければいけない。 | I need to do my best to get good grades on my exams. |
| ・試験勉強をいつもより一生懸命やった。 | I studied for the exam harder than usual. |
| ・休む暇もなく熱心に勉強した。 | I studied hard without any break. |
| ・夕食の後に一日4時間ずつ勉強した。 | I studied for four hours a day after dinner. |
| ・試験のために一夜漬けした。 | I crammed for the examination.<br>＊ cram　一夜漬けで勉強する |
| ・直前になって勉強を始めた。 | I began to study at the last minute. |

| | |
|---|---|
| ・一夜漬けはいい勉強方法でないことは分かっていたが、どうしようもなかった。 | I knew cramming was not a good way to study, but I couldn't help it. |
| ・夜遅くまで勉強した。 | I studied till late at night. <br> I burned the midnight oil. |
| ・夜遅くまで寝ないで勉強した。 | I stayed up late at night studying. |
| ・試験のために一晩中復習をした。 | I stayed up all night for reviewing for the exam. |
| ・一日中遊ばないで勉強をした。 | I spent all day studying without playing. |
| ・まず始めに教科書にざっと目を通した。 | First of all, I glanced at my textbook. <br> ＊ glance at　〜をさっと眺める |
| ・まだ二問しか解けていない。 | I've only finished two exercises so far. |
| ・たくさんのことを覚えた。 | I memorized many things. |
| ・試験が私にストレスを与える。 | The exams stress me out. <br> The exams give me a lot of stress. |
| ・試験のせいでストレスがたまった。 | I got stressed a lot because of the exams. |
| ・眠くてしかたがなかった。 | I was dying to go to bed. <br> ＊ dying to ＋動詞原形 どうしても〜したい |
| ・弟がうるさいので勉強に集中できなかった。 | I had trouble concentrating on studying because of my brother's noise. <br> ＊ concentrate on　〜に集中する |
| ・一生懸命勉強するふりをした。 | I pretended to study hard. |
| ・何をどう勉強するのか分からない。 | I don't know what to study or how to study. |
| ・先生の説明をもう少しよく聞けばよかった。 | I should have listened to the teachers' explanation more carefully. |
| ・試験がよくできたら両親が新しいコンピューターを買ってくれると約束した。 | My parents promised me a new computer if I would do well on my test. |
| ・両親が約束を守ってくれることを願う。 | I hope they will keep their promise. |

column

### 先生の話を listen to

「先生の話を聞きなさい！」とよく言われます。そんな場合、聞き流さずに耳を傾けて聞くべきです。音がただ耳に入って聞こえてくる場合は hear、耳を傾けてしっかり聞こうとする場合は listen to を使います。例えば、歩いているときにどこかからラジオの音が聞こえてきたならば hear を、寝る前に好きなラジオ番組を聞くならば listen to を用います。

## 試験前

| | |
|---|---|
| ・試験の前はとても緊張した。 | I was very nervous before the exams. |
| ・昨日からとても緊張している。 | I have been very nervous since yesterday. |
| ・落ち着くように努力した。 | I tried to stay relaxed. |
| ・テストのせいでそわそわして落ち着かなかった。 | I had butterflies in my stomach because of the exams.<br>＊ have butterflies in one's stomach　そわそわして落ち着かない |
| ・心臓がどきどきした。 | My heart was pounding. |
| ・あまりにも緊張して一睡もできなかった。 | I was so tense that I couldn't sleep a wink. |
| ・深く深呼吸をしたら緊張が解けた。 | Taking deep breaths helped me relax. |
| ・気楽に試験を受けるつもりだ。 | I will take the exams at ease.<br>＊ at ease　安心して、気楽に |
| ・試験の前にノートをざっと見た。 | I looked over the notebooks before the test. |
| ・私はカンニングペーパーを準備した。 | I prepared a cheat sheet. |

## 試験中

| | |
|---|---|
| ・試験を受けた。 | I sat for an exam.<br>I had an exam.<br>I took an exam. |
| ・英語の試験を受けた。 | I had an English exam.<br>I had an exam in English. |
| ・今日は私にとって重要な日だった。 | Today was crucial for me.<br>＊ crucial　重要な、決定的な |
| ・今日の試験科目は、倫理、体育、国語、物理、地理だった。 | Today's test subjects were ethics, physical education, Japanese, physics and geography. |
| ・試験で一度カンニングをしたことがある。 | I cheated once on an exam.<br>＊ cheat　カンニングする、だます |
| ・私の学校では二人の先生が試験監督をした。 | Two teachers proctored the exams in my school. |
| ・試験中にある学生がほかの学生に答えを教えているところを見つかった。 | One student was caught giving another student the answers during the exam. |
| ・分からない問題が多くてカンニングをしたくなった。 | I wanted to cheat, because I had many questions that I didn't know the answers to. |
| ・試験中に話をしたり、きょろきょろしたり、カンニングをしたりしてはいけない。 | We were not allowed to talk, turn around, or cheat during the exams. |
| ・最善を尽くして問題を解いた。 | I did my best while answering the questions. |
| ・力の限りを尽くして試験を受けた。 | I took the exams to the best of my ability. |

「カンニング」

「カンニング」は英語のcunningに由来する言葉ですが、これは「狡猾な」「悪質な」という意味の形容詞で、試験中に不正行為を行うというそのものの意味ではありません。「カンニングする」という表現には動詞cheatを使い、名詞の「カンニング」はcheatingと言います。「彼がカンニングした」と言いたければ、He was cunning. ではなくHe cheated. です。

## 試験問題

| | |
|---|---|
| ・正しい答えが分からないので、当てずっぽうで答えなければならなかった。 | I had to guess on questions because I didn't know the correct answers.<br>＊guess　推測する、推定する |
| ・でたらめに答えを選んだ。 | I chose the answers at random.<br>＊at random　でたらめに、手当たり次第に |
| ・運のいいことにその答えは合っていた。 | Luckily, the answer was right. |
| ・その問題が試験に出た。 | The question was asked in the exam. |
| ・思ったよりも試験が簡単だった。 | The exam was easier than I expected. |
| ・試験は私が予想していたものとはかなり違っていた。 | The exam was much different from what I expected. |
| ・穴埋め問題がいくつか出た。 | There were a few fill-in-the-blank questions on the test. |
| ・大部分の問題は多肢選択式の問題だった。 | Most questions were multiple-choice.<br>＊multiple-choice　多肢選択の |
| ・ひっかけ問題にひっかかった。 | I missed the tricky question.<br>＊tricky　こうかつな、落とし穴のある |
| ・いくつかの問題は私の能力の範囲を超えていた。 | Some questions were beyond my ability. |
| ・その問題はあまりに難しかったので解けなかった。 | The question was too difficult for me to solve.<br>The question was so difficult that I couldn't solve it. |
| ・その問題は私には解けなかった。 | I couldn't answer the question. |
| ・その問題に私の能力では及ばなかった。 | My ability fell short of the question.<br>＊fall short of　〜に届かない |
| ・数学の問題を解くのは困難だった。 | I had difficulty in solving the math questions. |

## 試験終了

| | |
|---|---|
| ・知らぬ間に終了時間が来てしまった。 | Before I knew it, the time was up. |
| ・時間内に試験を終えることができなかった。 | I couldn't finish my exam on time. |
| ・急いで答案を埋めた。 | I filled out the answer sheet in a hurry. |
| ・残り時間を確認しなかったため、何問か落とした。 | I didn't check the time left, so I missed some questions. |
| ・今日は試験の最終日だった。 | Today was the last day of exams. |
| ・最善を尽くした。 | I did my best. |
| ・試験が終わったので、少しリラックスすることができた。 | Now that the exams were over, I could relax a little.<br>＊now that　いまや〜だから、〜である以上（＝since） |
| ・試験が終わり、気が楽になった。 | After the exams, I felt free. |
| ・試験が終わったので緊張が解けた。 | I was so relieved because the exams were over.<br>＊relieved　緊張を解いた、安堵した |
| ・これで夜はゆっくり寝ることができる。 | Now I can sleep more soundly at night. |

## 試験の結果

| | |
|---|---|
| ・試験はよくできた。 | I did well on the exam. |
| ・試験に運良く合格した。 | I lucked out to pass the test. |
| ・試験に失敗した。 | I blew the exam.<br>I messed up on the exam.<br>I did terribly on the test.<br>I screwed up on my exam. |
| ・数学の試験を落とした。 | I failed my math test. |
| ・数学の試験で落第した。 | I flunked my math exam.<br>＊flunk　失敗する、落第する |
| ・次は最善を尽くしてもっといい結果を出したい。 | I'll do my best to do better next time. |
| ・試験での成功は運次第だという私の考えは間違いだったとわかった。 | I found it wrong to think that success on an examination depends on chance.<br>＊depend on　〜にかかっている |
| ・試験の結果が今日出た。 | The exam results came out today. |
| ・来週、成績表を受け取る予定だ。 | I will get my report card next week. |

# 5　成績

## 成績

|  |  |
|---|---|
| ・成績がよかった。 | I made good grades in my studies. |
| ・私はクラスで成績が一番よい。 | I am first in my class. |
| ・私はクラスで一番だ。 | I rank highest in my class. |
| ・私はクラスでトップだ。 | I am at the top of my class. |
| ・私は1年間ずっとクラスで一番だった。 | I have been at the top of my class for one year. |
| ・私はほかの学生よりもずば抜けてよくできる。 | I am head and shoulders above the other students.<br>＊ head and shoulders above　ずば抜けている |
| ・理科のテストで満点を取った。 | I got a perfect score on my science test. |
| ・数学の試験で100点中90点取った。 | I got 90 points out of 100 on the math test. |
| ・英語がよくできた。 | I did well in English. |
| ・英語でいい成績を取った。 | I got a good grade in English. |
| ・一問だけ間違えた。 | I missed just one question. |
| ・クラスで二番だ。 | I am second in my class. |
| ・私はクラスの優等生だった。 | I did very well in my class. |
| ・今学期は成績表でほとんどAを取った。 | This semester I got mostly A's on my report card. |
| ・成績優秀者への奨学金を受けた。 | I got an academic scholarship. |
| ・成績はまあまあだ。 | I have fair grades.<br>＊ fair　（成績が）悪くない、普通の |
| ・平均的な成績だ。 | I have average grades. |
| ・私はクラスで中間ぐらいの成績だ。 | I rank in the middle of my class.<br>＊ rank　序列が〜だ、整列する |
| ・私は平均以下だ。 | I am below average. |
| ・学校の勉強がよくできない。 | I am doing poorly at school. |
| ・学校での成績がよくない。 | I am getting poor grades at school. |
| ・私は英語がよくできなかった。 | I didn't do well in English. |
| ・英語で悪い成績をとった。 | I got a poor grade in English. |
| ・英語で50点しか取れなかった。 | I only got a 50 in English. |
| ・思ったほどはよくできなかった。 | I didn't do as well as I expected. |

| | |
|---|---|
| ・物理と地理が最悪だった。 | I did terribly in physics and geography. |
| ・私はクラスメイトよりもずっと出来が悪い。 | I am far behind my classmates. |
| ・私はクラスで成績がビリだった。 | I got the worst grade in my class. |
| ・勉強を一生懸命やらなかったのだから、私の成績が悪いのは当たり前のことだ。 | It's natural that my grades are poor because I didn't study hard. |
| ・私は成績表を両親に見せなかった。 | I didn't show my report card to my parents. |
| ・私は記憶力が悪いと思う。 | I think I have a bad memory.<br>I think I have a head like a sieve. |

＊ have a head like a sieve　記憶力が悪い、sieveは「ふるい、こし器」

| | |
|---|---|
| ・成績を上げなければいけない。 | I need to improve my grades. |
| ・幸せが成績で決まるとは限らない。 | Happiness doesn't always depend on the rank of the grades. |

---

### 「最高だ！」「最悪だ！」

成績が１位なら、気分は最高です。It couldn't be better.、つまり「この上ない」という意味です。最下位の成績ならば、気分は最悪でしょうね。It couldn't be worse. は、「これ以上悪くなりえないほど最悪の状態だ」という表現です。どちらの表現を使いたいですか？　「最高だ！」と叫べるように、学業に励んだほうがいいですよね。

---

## 成績が上がる

| | |
|---|---|
| ・今学期の成績は私が思っていたよりもずっとよかったのでとてもうれしい。 | I am very glad that my grades this semester were much better than I thought they would be. |
| ・今学期は成績が上がった。 | My grades have improved this semester. |
| ・成績が段々とよくなっている。 | My grades are improving. |
| ・成績はどれだけ一生懸命勉強するかにかかっていると思う。 | I think my grades depend on how hard I study. |
| ・成績が上がったことに満足している。 | I am satisfied with my improved grades. |
| ・今、私の学校での成績は平均以上だ。 | Now my school grades are above average. |

## 好きな先生

| | |
|---|---|
| ・先生たちは私が思っていたよりも<br>親しみやすい。 | The teachers are friendlier than I expected. |
| ・数学の先生は優秀でかっこいい。 | My math teacher is excellent and looks handsome. |
| ・私は実力のある先生のほうが好きだ。 | I prefer a competent teacher.<br>＊ competent　適格な、有能な |
| ・英語の先生は授業中、生徒に対して<br>厳しくもあり、また優しくもある。 | My English teacher is at once stern and tender with his students during class.<br>＊ at once ～ and...　～でもあり…でもある |
| ・私はその先生が面白くて親しみやすいので<br>好きだ。 | I like the teacher because he is funny and friendly. |
| ・彼は私が手本にしたい人だ。 | He is my personal model to follow.<br>＊ personal　個人的な、人の／ model　模範、手本 |
| ・たくさんの学生が彼を尊敬している。 | Plenty of students look up to him. |
| ・彼はたくさんの学生から尊敬を集めている。 | He is well respected by a lot of students. |
| ・私はその先生に夢中だ。 | I have a crush on the teacher.<br>＊ have a crush on　～にほれる、夢中になる |
| ・その先生はユーモアのセンスがあるので<br>学生の間で人気がある。 | The teacher is popular among students because of his sense of humor. |
| ・その先生は私たちに正しい行いをする<br>ことの重要性を教えてくれた。 | The teacher taught us the importance of doing the right thing. |
| ・その先生はこれ以上ないぐらいいい先生だ。 | He is as good a teacher as can be.<br>＊ as ～ as can be　この上なく～な |
| ・その先生はかなり進歩的だ。 | The teacher is quite progressive. |
| ・彼は先生としての資格を十分に備えている。 | He is very qualified as a teacher.<br>＊ qualified　資格がある、適当な、適任の |
| ・その先生は私たちにいい影響を与えている。 | The teacher has had a good influence on us.<br>＊ have an influence on　～に影響を与える |

## 嫌な先生

| | |
|---|---|
| ・その先生は採点がとても厳しい。 | The teacher is very strict in his grading. |
| ・その先生はとても保守的だ。 | The teacher is so conservative. |

| ・その先生はとても厳しいので学生はみんなおびえている。 | The teacher is so stern that all students are frightened.<br>＊stern　厳格な、きびしい |
|---|---|
| ・担任の先生は本当に冷酷だ。 | My homeroom teacher is really cruel.<br>＊cruel　冷酷な、むごい |
| ・担任の先生は私たちをなかなか帰らせてくれない。 | My homeroom teacher doesn't let us go early. |
| ・その先生はいつも私たちを嫌な気分にさせる。 | The teacher always grosses us out.<br>＊gross out　怒らせる、うんざりさせる |
| ・その先生はしょっちゅう私たちに罰を与える。 | The teacher often punishes us. |
| ・その先生はつまらない。 | The teacher bores us. |
| ・その先生は学生たちのあいさつにちゃんと応えない。 | The teacher doesn't respond when students bow to him. |
| ・彼はしばしば私たちの間違いを指摘する。 | He often points out our faults. |

## 師の恩

| ・先生の指導に感謝している。 | I am grateful for my teachers' guidance. |
|---|---|
| ・その先生がしてくれたことに心から感謝している。 | I really appreciate what the teacher has done for me. |
| ・今の私があるのは先生たちのおかげだと思う。 | I think I owe what I am to my teachers.<br>＊owe ~ to...　～は…のおかげだ |
| ・先生たちへどのように感謝の気持ちを表せばいいのか分からない。 | I don't know how to express my gratitude to my teachers.<br>＊gratitude　感謝の気持ち |
| ・卒業してからも先生に会いに行くつもりだ。 | Even after graduation, I will visit my teachers. |

## 7　英語　ENGLISH

### 英語

| ・英語は国際語として使われているので必ず勉強しなければいけない。 | It is necessary to study English because English is used as the international language. |
|---|---|
| ・英語はどこでも必須のようだ。 | English seems to be required everywhere.<br>＊required　要求される、必要とされる、必須の |

| | |
|---|---|
| ・私は5年以上英語を勉強してきた。 | I have been studying English for more than 5 years. |
| ・英語の勉強のこととなると、私はまったくの無知だ。 | I am clueless, when it comes to learning English.<br>＊clueless　無知の、無力な／when it comes to　〜に関する限り |
| ・アルファベットの文字を見るだけでめまいがする。 | My head is swimming just looking at the alphabet.<br>＊swimming　めまいがするような |
| ・英語は私の強みとは言えない。 | English is not my strong suit. |
| ・外国人に何か言われても理解できない。 | I can't understand what foreigners say to me. |
| ・英語のせいでときどき挫折感を感じる。 | Sometimes I am frustrated because of English.<br>＊frustrated　失望した、挫折感をもった |
| ・英語で誰にも負けたくない。 | I want to be second to none in English.<br>＊second to none　ほかの誰にも負けない |
| ・自分の意見を英語でうまく表現できない。 | I can't express my opinion well in English. |
| ・英語で自分の意志をきちんと表現できないともどかしく感じる。 | I feel frustrated when I can't express myself well in English. |
| ・時々自分の言いたいことをうまく伝えられず困っている。 | Sometimes I feel troubled if I'm not able to make myself understood.<br>＊make oneself understood　自分の考えを相手に理解させる |

## 流ちょうな英語

| | |
|---|---|
| ・彼は英語をネイティブのように話せるのでうらやましい。 | He sounds like a native speaker, so I envy him. |
| ・彼は英語はもちろん、スペイン語も話せる。 | He can speak Spanish, not to mention English.<br>＊not to mention　〜は言うまでもなく、〜はもちろん |
| ・私は彼に追いつくためにもっと一生懸命勉強するつもりだ。 | I will study harder in order to catch up with him. |
| ・英語がぺらぺらになれたらいいのにと思う。 | I wish I could speak English fluently. |
| ・英語を流ちょうに操れたらいいのにと思う。 | I wish to have a good command of English.<br>＊have a good command of　〜を自由自在に操る |
| ・ぺらぺらにしゃべれるようになるまで英語を一生懸命勉強することを決心した。 | I made up my mind to study English hard until I would be fluent.<br>＊make up one's mind　決心する（=decide, determine） |

## 英語学習の王道

- 英語の勉強は一朝一夕で済むものではない。 Learning English takes time.
  * take time　時間がかかる

- 英語の勉強に王道というものはない。 There is no best method of learning English.

- 英語を完全に習得することは簡単ではない。 It is not easy to master English completely.

- 試行錯誤は英語学習の秘訣だ。 Trial and error is the key to learning English.

- 子どもは大人よりも英語の上達が早いと言われる。 It is said that kids learn English faster than adults.

- 英語を勉強するのにどの方法が一番いいのか迷う。 I wonder which method is the best for learning English.

- 途中で諦めることは最初から何もしないことよりも悪い。 Giving up in the middle is worse than not starting at all.

- 私の英語は急速に上達している。 My English is progressing by leaps and bounds.
  * by leaps and bounds　急速に

- たくさんの練習と努力の結果、流ちょうに英語が話せるようになった。 I acquired fluency in English after lots of practice and effort.

- 英語を勉強する上で一番重要なことは練習だ。 Practice is the most important thing in learning English.

- 練習してこそうまくなる（習うより慣れよ）。 Practice makes perfect.

## 聞き取り練習

- 聞き取りのためには英語のテレビ番組を見るのがよい。 For listening comprehension, it is good to watch English programs on TV.

- 私は聞き取りの力をつけるために、毎朝テレビで英語のニュース番組を見ている。 I watch an English TV news program every morning to improve my listening skills.

- 私は字幕なしで英語の映画を見るようにしている。 I try to watch English movies without subtitles.
  * subtitle　副題、字幕

- 私は登下校の時いつも英語のニュースを聞いている。 I always listen to the news in English on my way to and from school.

- 分からない部分を繰り返し聞く。 I listen repeatedly to what I can't understand.

- 何回か聞くうちに分かるようになってくる。 After listening several times, I come to understand it.

Chapter 13　学校生活

## 発音練習

| | |
|---|---|
| ・いくつかの単語がうまく発音できない。 | I can't pronounce some words well. |
| ・ネイティブスピーカーと発音の練習をしたい。 | I want to practice pronunciation with a native speaker. |
| ・私は発音の勉強をするときは英語を声に出して練習する。 | I practice making the sounds of English when I study pronunciation. |
| ・私はその日に習った英語の発音を毎晩復習する。 | Every night I review the English pronunciation that I have learned during the day. |
| ・自分の発音を確認するために録音した。 | I recorded myself to check my pronunciation. |
| ・ネイティブの発音を聞いて自分の間違った発音を矯正した。 | I corrected my incorrect pronunciation after listening to a native speaker. |

column

**tongue twister**

舌がもつれて発音しにくい言葉や早口言葉をtongue twisterと言って、英語の発音練習をするためによく使います。次のtongue twisterを発音してみてください。Betty Botter bought a bit of better butter.

## 語彙学習

| | |
|---|---|
| ・私は英語の語彙力が不足している。 | I have a limited vocabulary of English. |
| ・語彙力を上げなければいけない。 | I need to increase my vocabulary. |
| ・語彙を増やすために毎日新しい単語を覚える。 | To improve my vocabulary, I memorize new words every day. |
| ・私は毎日新しい英単語と表現を勉強する。 | I study new English words and expressions every day. |
| ・単語の意味だけでなく、使用方法も知るほうがよい。 | We had better know how to use words as well as their meanings. |
| ・新しい単語を何回も書いて覚える。 | I learn new words by writing them repeatedly. |

## 英作文の訓練

| | |
|---|---|
| ・私は英作文の練習が必要だ。 | I need practice in of writing English. |
| ・英作文の上達のために簡単な短文を覚える。 | I memorize easy and short sentences to write good English composition. |
| ・英作文の力を上げるのにペンパルと文通するのもいい方法だ。 | To improve writing skills, it is a good idea to get a pen pal and exchange letters. |

| | |
|---|---|
| ・私は英語でメールを書いたり日記を書いたりする。 | I write e-mails or keep a diary in English. |
| ・英語の文章がうまくなるにはもっと頻繁に練習しなければならない。 | I need to practice it more often to write in English better. |
| ・私は英語で自分の考えを表現する努力をしている。 | I try to express my thoughts in English. |
| ・英語で自分の考えをどう表現したらよいのか分からないときは、しばしば辞書を参照する。 | When I don't know how to express myself in English, I often refer to the dictionary.<br>＊ refer to　〜を参照する |
| ・英作文をうまく書くためには基本的な文の構造を知る必要がある。 | It's necessary to know basic English structure for good composition.<br>＊ composition　構成、作曲、作文 |

## 読解練習

| | |
|---|---|
| ・英語で書かれた本を読もうと努力している。 | I try to read books written in English. |
| ・平易でシンプルな英語で書かれた本を読む。 | I read books written in plain and simple English.<br>＊ plain　平易な、分かりやすい、平凡な |
| ・その本は易しい英語で書かれていたので分かりやすかった。 | It was easy to understand since the book was written in plain English. |
| ・読解力を上げるために英語のエッセイを読む。 | I read English essays to improve reading comprehension. |

## 話す練習

| | |
|---|---|
| ・間違えないか心配なときでも英語で話す努力をする。 | I try to speak English even when I am afraid of making mistakes. |
| ・英語の会話練習を手伝ってくれる外国人がいればいいのに。 | I wish to have a foreigner to help me practice my English conversation. |
| ・ネイティブスピーカーと話をする機会があればいいのに。 | I wish to have opportunities to talk with native speakers. |
| ・私は英語で意思疎通ができるようになりたい。 | I want to be able to make myself understood in English. |
| ・ネイティブのように英語が話せるようになりたい。 | I wish to speak almost as well as a native speaker. |

## 宿題

- 先生が多過ぎる量の宿題を出した。

  The teacher assigned us too much homework.
  ＊assign　割り当てる、与える、あげる

- たくさんの宿題は負担になる。

  A lot of homework burdens me.
  ＊burden　〜に荷物をのせる、負担をかける

- 宿題が多いと気が重い。

  I feel burdened when I have lots of homework.

- 宿題を先にやったほうがよさそうだ。

  I had better do my homework first.

- 今日の宿題は自分の将来について作文を書くことだ。

  Today's homework is to write an essay about my future.

- 宿題は環境汚染について調査することだ。

  The homework is to research environmental pollution.

- 最近読んだ本の感想文を書かなければならなかった。

  I had to write a book review on what I read lately.

- 宿題が終わらないとテレビが見られない。

  Only after I finish my homework, I can watch TV.

- うれしいことに今日は宿題がない。

  To my joy, I have no homework today.
  ＊to one's 感情名詞　…なことに

## グループ課題

- グループで宿題をしなければならなかった。

  We had to do our homework in groups.

- 私たちは宿題をするためにみんなで集まった。

  We all gathered to do our homework.

- 宿題のためにインターネットが必要だった。

  I needed the internet to do my homework.

- 環境問題に関するレポートを書くためにインターネットで検索した。

  I searched the web to write a paper about the environmental problem.

- インターネット上の情報を調べた。

  I looked up the information on the internet.
  ＊look up　探す、調査する、調べる

- それについてもう少し調べる必要があった。

  I needed to do more research on it.

- 私は資料収集を担当した。

  I was in charge of collecting the information.
  ＊be in charge of　〜を担当する、責任を持つ

- お互いに協力することが必要だった。

  We needed one another's cooperation.
  ＊cooperation　協同、協調

- 私たちはお互いに協力した。

  We cooperated with each other.

- 友達が宿題を手伝ってくれた。

  My friends helped me with the homework.

| ・友達と協力して難しい宿題をやり遂げた。 | I got through the hard homework in cooperation with my friends. |
| | * get through　終える |

## 課題の提出

| ・宿題の提出期限は明後日だ。 | The homework is due the day after tomorrow. |
| | * due　（提出・支払いが）満期の、期日になった |
| ・遅くとも今日の夜までには宿題を終わらせなければならない。 | I have to finish my homework by tonight at the latest. |
| ・宿題を1時間以内に終わらせようとした。 | I tried to get through the homework in one hour. |
| ・時間内に宿題が終わるよう兄が手伝ってくれた。 | My elder brother helped me so that I could finish my homework in time. |
| ・今日中に宿題を終わらせるのはほぼ不可能だ。 | It is next to impossible to finish my homework today. |
| | * next to　（否定語の前で）ほとんど（=almost） |
| ・宿題を終わらせるために徹夜をするつもりだ。 | I'll stay overnight to finish the homework. |

## 宿題が終わる

| ・宿題のために友達との約束を延期した。 | I delayed my appointment with friends because of my homework. |
| ・あやうく今日の宿題を忘れるところだった。 | I almost forgot today's homework. |
| ・宿題を終わらせるのに一日かかった。 | It took me a whole day to finish the homework. |
| ・宿題をするのに大量の時間と努力を費やした。 | It took a lot of time and effort to finish the homework. |
| ・宿題が終わるまでほかのことは何もできなかった。 | I couldn't do anything else until I finished my homework. |
| ・今日の宿題をなんとか終わらせた。 | I finished today's homework with difficulty. |
| ・私一人で全部やり遂げた。 | I did it all by myself. |
| | * by myself　一人で、一人の力で |
| ・全部終えたとき、自分自身に感心した。 | After finishing, I felt great about myself. |
| ・宿題を慌てて適当にやったせいで間違いが多かった。 | Since I did my homework so quickly and carelessly, I made many mistakes. |

## 宿題が終わらない

| | |
|---|---|
| ・時間が足りなくて宿題が終わらなかった。 | Because of a lack of time, I didn't finish the homework. |
| ・おなかが痛くて宿題ができなかった。 | I couldn't do my homework because I had a stomachache. |
| ・宿題を明日まで持ち越す。 | I put off my homework until tomorrow. |
| ・時々宿題をやりたくない時がある。 | Sometimes I don't feel like doing my homework. |
| ・宿題を持って帰るのを忘れて提出できなかった。 | I forgot to bring my homework, so I couldn't hand it in.<br>＊hand in　提出する |
| ・宿題を早めにやっておかなかったことが悔やまれる。 | I regret not doing my homework earlier. |

# 9　塾・家庭教師

ACADEMIES

## 塾

| | |
|---|---|
| ・放課後、私は英語塾に通っている。 | After school, I go to an English academy. |
| ・私は塾に行きたくないのに両親が無理矢理通わせる。 | I don't want to go to the academy, but my parents force me to. |
| ・塾の行き帰りは塾の専用バスを使う。 | I use the academy shuttle bus there and back. |
| ・塾で一日に2時間ずつ勉強する。 | I study at the academy for two hours every day. |
| ・時には私の学力向上に役立つ。 | Sometimes it helps me improve my studying abilities. |
| ・塾に通っているので遊んだり休んだりする暇がない。 | I don't have enough time to play or rest because I go to the academy. |
| ・塾では個人指導が受けられる。 | I can take private lessons in the academy. |
| ・塾で勉強した後は家に帰るのが夜遅くなる。 | After studying at the academy, I come home late at night. |
| ・塾で勉強しているので学校の授業にはあまり集中していない。 | I pay less attention to my classes at school, because I study at the academy. |
| ・毎日勉強をしすぎてとても疲れている。 | I am very tired from studying so much every day. |

## 家庭教師

| | |
|---|---|
| ・私には数学の勉強を助けてくれる家庭教師の先生がいる。 | I have a private tutor who helps me study math. |
| ・家庭教師の先生は家に週二回来て、２時間ずつ教えてくれる。 | The tutor visits me at home twice a week and teaches me two hours each time. |
| ・家庭教師の先生と一対一で勉強するのは役に立つ気がする。 | It seems to be helpful when I study one on one with a tutor. |
| ・その先生の助けで勉強がはかどった。 | The help of the tutor facilitated my studying.<br>＊ facilitate　容易になる、促進する |
| ・もう一度復習しなければそれほど役に立たない。 | It is not very helpful unless I review again. |
| ・家庭教師の先生は、教えた内容を私が反復できるように練習問題をくれる。 | The tutor gives me exercises so that I can practice what he taught me. |
| ・家庭教師と勉強する前に要点を予習しなければならない。 | I have to preview the learning points in advance before studying with the tutor. |
| ・一学期間、家庭教師に教わったら成績がとてもよくなった。 | After one semester of tutoring, I was able to improve my grade a lot. |
| ・私にとって家庭教師はあまり効果がない。 | Studying with my tutor isn't helpful to me. |
| ・私は家庭教師の先生なしでは勉強できない。 | I can't study alone without my tutor. |
| ・私は家庭教師の先生に頼りすぎている。 | I depend on my tutor too much. |
| ・家庭教師と勉強するようになってから、一人では勉強していない。 | Since studying with my tutor, I no longer study alone.<br>＊ no longer　これ以上～ない |

# 10　長期休暇　VACATION

## 休暇の始まり

| | |
|---|---|
| ・待ちに待った休みになった。 | The long-awaited vacation has come. |
| ・ついに長期休暇が始まった。 | Finally, we got to have a long vacation. |
| ・今日から休みだ。 | Today we started vacation. |
| ・今日から学校が休みになった。 | Today the school closed for vacation.<br>The school began its vacation today. |
| ・今日は休みの最初の日だ。 | Today is the first day of vacation. |

| | |
|---|---|
| ・今回の休みには補習授業がない。 | I have no supplementary classes during this vacation. |

## 休暇の計画

| | |
|---|---|
| ・休暇の計画をちゃんと立てるつもりだ。 | I will make good vacation plans. |
| ・今回の休暇の間は英語の勉強を一生懸命するつもりだ。 | I will study English hard during this vacation. |
| ・今回の休暇の間は健康のために運動するつもりだ。 | I will exercise in order to keep healthy during this vacation. |
| ・今回の休暇の間は必ず10冊以上の本を読もうと決心した。 | I was determined to read more than 10 books during this vacation. |
| ・この冬休みには絶対にスキーを習うつもりだ。 | I will definitely learn how to ski during this winter vacation.<br>＊ definitely　明確に、確実に、間違いなく |
| ・遠くに住む親戚を訪ねるつもりだ。 | I'll visit my relatives living far away. |
| ・私は今まで行ったことのない所へ旅行に行くつもりだ。 | I will travel to the places where I have never been. |
| ・有意義な休みになるようにするつもりだ。 | I will try to have a meaningful vacation.<br>I will try to spend my vacation in a meaningful way.<br>＊ meaningful　有意義な、意味深長な |

## 有意義な休暇

| | |
|---|---|
| ・両親は休暇の間、私を塾に行かせてさらに勉強させた。 | My parents forced me to study more at an academy during the vacation. |
| ・学校での補習授業が多すぎて遊ぶ時間がなかった。 | There was no time to play because I had so many supplementary classes at school. |
| ・休暇の間、実力が足りない科目を一生懸命勉強した。 | During the vacation, I studied hard at subjects which I needed to study. |
| ・いろんな種類の本を読んだ。 | I read various kinds of books. |
| ・休暇の間、掃除、皿洗い、洗濯などをしてお母さんを手伝った。 | I helped my mom clean the house, do the dishes, wash clothes and so on during the vacation. |
| ・両親のためにお使いをたくさんした。 | I ran many errands for my parents. |
| ・両親がでかけている時、弟の面倒を見た。 | When my parents went out, I took care of my brother. |
| ・休暇中にスキー教室に参加した。 | I took part in a ski-camp during the vacation. |

| | |
|---|---|
| ・友達に会いたくなって、元気にしているか どうか電話をかけた。 | I called my friends when I missed them in order to know how they were doing. |

**「世話をする」**

学校が休みのときに、弟や妹たちの面倒を見たり、ペットの世話をしたりする人もいますよね。「〜 を世話する」は take care of、care for、look after などで表現します。look after は take after（〜に似ている）と混同しないようにしましょう。

## だらだら過ごす休暇

| | |
|---|---|
| ・休暇の大部分を特に何もしないまま 過ごした。 | I spent most of the vacation doing nothing. |
| ・「遅くてもしないよりはましだ」。今から でも何かを始めよう。 | "Better late than never." I'll start something from now on. |
| ・毎日遅くまで寝ているのでお母さんに しかられた。 | I was scolded by my mom because I got up late every day. |
| ・このような怠惰な生活はもう終わりに しよう。 | Now I have to stop such a lazy lifestyle. |
| ・休暇の間、多くの時間をテレビを見て 過ごした。 | I spent a lot of time watching TV during the vacation. |
| ・私は休暇の間中、弟とけんかをした。 | I fought with my brother during the vacation. |
| ・お母さんが私たちにけんかをするなと 怒鳴った。 | Mom shouted at us to stop fighting with each other. |
| ・有意義な休暇を過ごそうと思っていたのに。 | I had expected to have a meaningful vacation. |
| ・このように無益な休暇を過ごすつもりは なかった。 | I didn't think that I would spend the vacation in vain like this.<br>＊in vain　むだな、無益な |

## 休暇の宿題

| | |
|---|---|
| ・休暇の宿題があまりにも多いので 全部できる気がしない。 | I have so many vacation tasks, so I don't think I can do all of them. |
| ・休暇が終わる前に計画していたことを すべて終わらせるつもりだ。 | I will finish everything I planned to do before the vacation is over. |
| ・宿題が終わっていないのが心配だ。 | I am worried about my unfinished homework. |
| ・休暇の課題が全部終わらなかった。 | I have not done all my vacation tasks. |

| ・早めに宿題を終わらせておくべきだった。 | I should have finished the homework early. |
| ・始業式の日に休暇中の宿題を提出しなければならない。 | I have to hand in the vacation homework on the first day of school after the vacation. |

## 休暇の終わり

| ・休暇はまだあと一日ある。 | I've got one vacation day left. |
| ・残念ながら休暇を無駄に過ごしてしまった。 | I regret to have wasted my vacation. |
| ・もう少しまじめに過ごすべきだった。 | I should have been more diligent. |
| ・有意義な休暇を過ごしたと思うので満足している。 | I feel satisfied because I think I had a good vacation. |
| ・休暇中は本当に楽しかった。 | I had great fun during the vacation. |
| ・今回の休暇は本当に有意義だった。 | This vacation was really meaningful. |
| ・休暇中に何度か旅行に行き、とてもいい経験をたくさんした。 | I had many good experiences through several travels during the vacation. |
| ・学校が始まるのが待ちきれない。 | I can't wait for school to start. |

## 始業

| ・休暇が終わり明日から学校が始まる。 | Tomorrow school begins after the vacation. |
| ・友達と先生に会いたい。 | I miss my friends and teachers. |
| ・友人たちは元気かどうか気になる。 | I wonder how my friends are doing. |
| ・今日は休み明けの初登校日なので学校へ行った。 | Today was the first day of school after the vacation, so I went to school. |
| ・友達や先生に長い間会っていなかったので、久しぶりに会えてとてもうれしかった。 | I was so glad to see my friends and teachers again, because we hadn't seen each other for a long time. |
| ・友達のうち何人かは少し見た目が変わっていた。 | Several of my friends changed a little in appearance. |
| ・友達と久しぶりに会ったので、休暇中のことを話した。 | I met my friends after a long time, so we talked about our vacation. |
| ・私は休暇中にあったことを友達に話した。 | I told my friends what had happened to me during the vacation. |

# 11 大学入試 COLLEGE ENTRANCE EXAMINATIONS

## 受験勉強

| | |
|---|---|
| ・私は入学試験の準備をしている。 | I am preparing for an entrance examination. |
| ・今年入試を受けるつもりだ。 | I will take an entrance examination this year. |
| ・試験に合格するために勉強に専念するつもりだ。 | I will apply myself to studying so as to pass the exam. |
| ・勉強に専念するつもりでいる。 | I will devote myself to my studies.<br>＊ devote oneself to　～に専念する、没頭する |
| ・両親は個人指導はお金がかかりすぎると言う。 | My parents say it costs too much to take private lessons. |
| ・大学入試のために夜遅くまで勉強する。 | I study hard till late at night preparing for the university entrance exam. |
| ・入学試験でいい成績を取れるように最善を尽くすつもりだ。 | I will do my best to get good grades on the entrance exam. |
| ・今私がするべきことはただ勉強のみだ。 | All I have to do now is study. |

## 進路の決定

| | |
|---|---|
| ・私は大学に行くべきかどうかまだ決めていない。 | I haven't decided yet whether I should go to university or not. |
| ・絶対にその大学に行きたい。 | I long to enter the university.<br>I yearn to enter the university.<br>I am eager to enter the university.<br>I am anxious to enter the university.<br>I aspire to enter the university.<br>I have a craving for entering the university.<br>I have a great desire to enter the university. |
| ・私の点数はその大学に行くには十分だ。 | My grades are good enough to get into the university. |
| ・何を専攻するか先生と相談した。 | I discussed what to major in with my teacher. |
| ・自分の適性に合った専攻を探している。 | I am looking for the major that will suit my aptitude. |
| ・どの専攻にするか決めるのはとても難しい。 | It's so difficult to decide which major to choose. |
| ・大学で医学を専攻したい。 | I want to major in medical science at university. |
| ・医学部に進むつもりだ。 | I am going on to medical college. |

## 大学進学

| | |
|---|---|
| ・三つの大学に出願した。 | I applied to three universities. |
| ・その大学に出願した。 | I applied for admission to the university. |
| ・その大学に入るための入学要件は厳しかった。 | The entry requirements for the university were fastidious.<br>＊fastidious　厳格な |
| ・二つの大学に合格した。 | I got accepted by two universities. |
| ・ある大学に合格した。 | I got admitted to a university.<br>＊get admitted to　〜に入学を許可される、〜に合格する |
| ・大学の入学試験に合格した。 | I passed an entrance examination for a university. |
| ・試験にかろうじて合格した。 | I scraped through the exam.<br>＊scrape through　（試験に）かろうじて合格する |
| ・試験に危機一髪で通過した。 | I passed the exam by the skin of my teeth. |
| ・大学生活を通じてたくさんのことを経験することができるだろう。 | I will be able to experience many things during my university life. |
| ・私は彼の合格を祝った。 | I congratulated him on his success in the exam. |
| ・私は彼が合格すると思っていた。 | I expected that he would pass. |
| ・彼の合格は絶え間ない努力のおかげだ。 | He passed the exam due to his endless efforts.<br>＊due to　〜のおかげ |
| ・私は交換学生として〜大学に通っている。 | I attend ~ university on an exchange scholarship. |

## 受験に失敗

| | |
|---|---|
| ・驚いたことに、彼が試験に落ちた。 | To my surprise, he failed the exam. |
| ・彼は余裕で試験に合格すると確信していた。 | I was sure that he would have no difficulty passing the exam. |
| ・不幸なことに私は大学入試に失敗した。 | Unfortunately, I failed the university entrance exam. |
| ・一生懸命努力したが失敗してしまった。 | I tried hard only to fail.<br>＊only to＋動詞原形　（結果的に）〜になる |
| ・自分が試験に落ちたことが信じられない。 | I can't believe my failure on the exam. |
| ・私は試験に失敗したががっかりはしなかった。 | Even though I failed the exam, I was not discouraged. |
| ・もう一度挑戦する自信がない。 | I have no confidence to try once more. |
| ・失敗は成功のもとだ。 | Failure is but a stepping stone to success. |
| ・失敗から学ぶ。 | Failure teaches success. |

## 浪人

| | |
|---|---|
| ・入試で失敗したので来年もう一度挑戦することに決めた。 | I failed the entrance exam, so I decided to try it again next year. |
| ・私は浪人中だ。 | I am studying to prepare for the second university entrance exam. |
| ・来年は失敗しないよう一生懸命勉強するつもりだ。 | I will study hard lest I should fail next year. |
| ・大学に通っているいとこがうらやましい。 | I envy my cousin who goes to university. |

## 12 大学生活 COLLEGE LIFE

### 大学に関する表現

| | | | |
|---|---|---|---|
| 単科大学 | college | 成績平均値（評定平均） | grade point average (GPA) |
| 総合大学 | university | 1年生 | freshman |
| 学科 | department | 2年生 | sophomore |
| 学部長 | dean | 3年生 | junior |
| 助手 | assistant | 4年生 | senior |
| 講師 | instructor | 学生証 | student identification card (I. D.) |
| 准教授 | assistant professor associate professor | 中退者 | dropout |
| 教授 | professor | 学費 | tuition fee |
| 指導教員 | academic advisor | 学位論文 | thesis |
| 専攻 | major | 学士学位 | bachelor's degree |
| 副専攻 | minor | 修士学位 | master's degree |
| 単位 | credit, unit | 博士学位 | doctorate |
| 必須単位外科目 | non-credit courses | 学位授与式 | commencement ceremony |
| 履修単位時間 | credit hours | 卒業生 | alumni |
| 履修課程 | curriculum | 同窓会 | alumni association |
| 登録 | enrollment | | |

## 大学入学

- 私は～大学の1年生だ。 　I am a freshman at ~ University.
I am in my first year at ~ University.

- 彼は～大学2年に在学中だ。 　He is attending ~ University as a sophomore.

- 私は3年生だ。 　I am a junior.

- 私は4年生だ。 　I am a senior.
I am in my fourth year.

- 先輩たちが新入生の歓迎パーティーを開いてくれた。 　The older students threw a reception party for freshmen.

- 新入生のためのオリエンテーションに参加した。 　I attended orientation for first-year students.

- 何人かの先輩が大学生活に関するアドバイスをしてくれた。 　Some older students gave us advice about campus life.

- 私は英文学を専攻している。 　I major in English literature.
I specialize in English literature.

- 私の専攻は英文学だ。 　My major is English literature.

- 副専攻は仏文学だ。 　My minor is French literature.

- 専攻を替えたい。 　I want to change my major.

- 来年は国文学科に入りたい。 　I want to be enrolled in the Japanese Literature Department next year.
＊ enroll　登録する、入学させる

- 学生証を発行してもらった。 　I had a student identification card issued.

- 学生証で地下鉄とバスが10％引きになる。 　My student ID gets me 10 percent off subways and buses.

## 受講申請

- 今学期にどんな講義を取るか全然考えていない。 　I have no idea what courses to take this semester.

- どんな科目が自分にとってためになるか考えているところだ。 　I am thinking about what subjects will be helpful for me.

- いくつかの講義の受講を申し込んだ。 　I applied to attend several lectures.

- 人気の講義は取れなかった。 　I couldn't apply for the popular lectures.

- 私はその講義を絶対に取りたかった。 　I definitely wanted to attend the lecture.

- 人気のある教授の講義を取るならば、急がなければいけない。 　We have to be in a hurry to apply for attending the popular professors' lectures.

- その講義は受講申請が多かった。 　The lecture had a lot of applicants to attend it.

| | |
|---|---|
| ・私が着いた時には、人気の講義の受付がすでに終わっていた。 | When I arrived, they stopped accepting applications for the popular lecture. |
| ・その科目はすでに申し込みが終わっていた。 | The class was already closed. |
| ・いくつかの科目は必須単位だ。 | Some subjects were requirements. |
| ・いろいろな選択科目のなかで中国語を選んだ。 | I chose Chinese among the several optional subjects.<br>＊ optional　選択の、任意の |
| ・～講義に登録した。 | I signed up for ~ class.<br>＊ sign up for　～を申請する、登録する |
| ・専攻科目を取れるようにするために、予備必須科目を取らなければいけない。 | I need to take prerequisite subjects for me to be able to take major subjects.<br>＊ prerequisite　前提として不可欠の |
| ・今学期は15単位取るつもりだ。 | I am going to take 15 credit hours this semester.<br>＊ credit　履修単位 |
| ・卒業するためには～単位取らなければいけない。 | I need to have ~ credits to graduate. |
| ・受講登録をした後で、今学期の時間割表を作成した。 | After signing up for the classes, I made a schedule for this semester. |

---

## column

### 「楽勝科目」

受講申請をするとき、担当教員の点数の付け方の傾向が選択科目に影響を与えることもあります。単位が取りやすい科目、「楽勝科目」は bird course と言い、「単位が取りやすい科目を受講するつもりだ」は、I will take bird courses. となります。受講する価値があまりない楽勝科目をやゆして、underwater basket weaving class（水中かご編みクラス）と表現したりもします。

---

## 講義

| | |
|---|---|
| ・その教授の講義はつまらなかった。 | I was bored with the professor's lectures. |
| ・その講義は本当に面白くなかった。 | The lecture was very dull. |
| ・その教授はとても熱心に学生に講義を行う。 | The professor gives the students lectures very enthusiastically. |
| ・その教授はいつも英語で講義を行う。 | The professor always gives lectures in English. |
| ・私はいつも講義に集中する努力をする。 | I always try to concentrate on the lecture. |
| ・私にはその講義を理解するのは難しかった。 | It was hard for me to understand the lecture. |
| ・私が取った講義は私には難しすぎた。 | The course I took was above me.<br>The course I took was too difficult. |

| | |
|---|---|
| ・その教授は出席にとても厳しかった。 | The professor was very strict about attendance.<br>＊ attendance　出席、参席 |
| ・代返は不可能だった。 | It was impossible to answer the roll for others. |
| ・私は絶対に授業をさぼらない。 | I never cut class.<br>I never play hooky. |
| ・授業中にノートをたくさん取った。 | I took a lot of notes in class. |
| ・講義中に可能な限りたくさんノートを取った。 | I took notes as much as possible in the class. |
| ・その授業を一週間に一回聴講していた。 | I sat in on the class once a week.<br>＊ sit in on　〜を見学する、聴講する |
| ・私は成績をとても気にしていた。 | I kept an eye on my grades.<br>＊ keep an eye on　〜に留意する |
| ・その先生は成績の付け方が甘かった。 | The professor was generous in grading. |
| ・歴史科目でＡを取った。 | I got an A in history. |

## レポート

| | |
|---|---|
| ・私はたくさんのレポートを提出しなければならない。 | I have a lot of papers to hand in. |
| ・読むべき参考文献がとても多い。 | There are so many reference books that I have to read.<br>＊ reference　参考、参照 |
| ・そのレポートを書くために10以上の論文を読まなければならない。 | I have to read more than 10 articles before writing the paper. |
| ・環境に関するレポートを書かなければならない。 | I have to write an essay on the environment. |
| ・二週間以内にレポートを提出しなければならない。 | I have to submit the paper within two weeks.<br>＊ submit　提出する (=hand in) |
| ・レポートが終わるのはまだまだ先だ。 | I am far from completing the paper. |
| ・一日かけて長たらしいレポートを書いた。 | I prepared a lengthy paper all day long.<br>＊ lengthy　長い、冗長な |
| ・本当に一生懸命レポートを書いた。 | I worked on the paper really hard. |
| ・レポートが完成に近づいている。 | The paper is close to completion. |
| ・いい点数をもらうためには決められた時間にレポートを提出しなければならない。 | I have to hand in the paper on time to get a good grade. |
| ・そのレポートのせいでストレスがたまった。 | The paper stressed me out. |
| ・インターネット上の情報を使ってレポートを書いた。 | I wrote the paper by using information from the internet. |

| | |
|---|---|
| ・正直に言うと、たくさんの文章をひょう窃した。 | To be honest, I plagiarized many sentences.<br>＊ plagiarize　（他人の文章を）ひょう窃する、盗用する |
| ・レポートを早く仕上げようと努力した。 | I tried hard to finish my paper quickly. |
| ・レポートの期限は〜だ。 | The paper is due on 〜. |
| ・レポートを完成させるのに十分な時間がなかった。 | I didn't have enough time to finish the paper. |
| ・私は自分の課題に取り組んでいる。 | I am working on my project. |
| ・その課題についてはもっと踏み込んだ研究をしなければならなかった。 | I had to do further study on the project. |
| ・調査資料がたくさん必要だった。 | I needed a lot of research data. |
| ・教授に締め切りを一週間延ばしてほしいとお願いした。 | I asked the professor to extend the deadline by another week. |
| ・幸いなことに締め切りが延長された。 | Luckily, the due date was extended. |
| ・時間を少し稼ぐことができた。 | It bought me some time.<br>＊ buy 〜 time　〜の時間を稼ぐ |
| ・ついさっきレポートが終わったばかりだ。 | I just finished my paper a few minutes ago. |

column

### 「レポート」

大学で毎学期提出しなければならない「レポート」を、英語ではreportとは言わず、paperと言います。paperは作文や小論文のessayも含めた言葉です。学期末に提出する「期末レポート」はterm paperと言います。一方、reportは調査や研究結果を記した「報告書」「論文」を指します。

## サークル活動

| | |
|---|---|
| ・大学のキャンパス内はいつも活気がある。 | The university campus is always active.<br>The university campus is where all the action is. |
| ・私はたくさんの課外活動に参加した。 | I joined many extracurricular activities. |
| ・私の関心のある事をほかの学生と一緒に行えるサークルを見つけた。 | I found school clubs to join and share my interests with other students. |
| ・休暇中にサークルのメンバーとの合宿に参加した。 | I took part in the training camp with club members during the vacation. |
| ・研究旅行に行き、それについてのレポートを書いた。 | We had a field trip for writing an essay. |
| ・講義の間の空き時間を部室で過ごした。 | I spent time between classes in the club room. |

## 奨学金

| | |
|---|---|
| ・私は奨学生だ。 | I am a student on a scholarship. |
| ・私は４年間、全額奨学金をもらっている。 | I get a four-year, full-ride scholarship. |
| ・私は今学期、奨学金をもらえるくらいよい成績を取った。 | I made enough fine grades to get a scholarship this term. |
| ・今回は成績がすごく上がった。 | My marks improved much this time. |
| ・私の成績平均値は奨学金をもらえるほどよくはなかった。 | My GPA was not high enough to get a scholarship.<br>＊ GPA (=Grade Point Average)　成績平均値 (評定平均) |
| ・すべての科目でＡを取れば、奨学金を受けられる。 | If all my grades are A's, I will be able to receive a scholarship. |
| ・奨学金を申し込んだ。 | I applied for a scholarship. |
| ・今学期は奨学金を取れることを願う。 | I want to get a scholarship this semester. |
| ・今学期は奨学金をもらえてとてもうれしかった。 | I was so glad to get a scholarship this semester. |
| ・今回の奨学金は全額支給だ。 | This scholarship is a full-ride. |
| ・全額支給の奨学金を受け取った。 | I received a full scholarship. |
| ・一部支給の奨学金を受け取った。 | I received a partial scholarship.<br>＊ partial　部分的な、一部分の |
| ・授業料の免除を受けた。 | I am exempt from paying tuition.<br>＊ exempt　免除された／ tuition　授業料 (=tuition fee) |
| ・奨学金で勉強している。 | I am studying on a scholarship. |
| ・学生ローンを申し込んだ。 | I applied for a student loan. |

## アルバイト

| | |
|---|---|
| ・最近はアルバイトを探すのがとても大変だ。 | These days it's very hard to get a part-time job. |
| ・やっとアルバイトを見つけた。 | I got a part-time job with difficulty. |
| ・学費を稼ぐためにアルバイトをしている。 | I work part-time for my school expenses. |
| ・アルバイトをして学費を稼いでいる。 | I earn my tuition by working part-time. |
| ・高校生の英語の家庭教師をしている。 | I tutor a high school student in English. |
| ・授業の後にレストランで皿洗いをしている。 | I wash dishes at a restaurant after school is over. |
| ・時給を～円もらっている。 | I get ~ yen per hour. |
| ・一週間ごとにお金を受け取る。 | I am paid weekly. |
| ・アルバイトでいつも忙しい。 | I am always busy with my part-time job. |

・夜、へとへとになって家に帰ってくる。 I come back home exhausted at night.
＊ exhausted　疲れ切った、へとへとの

・給料日に友達に夕食をおごった。 I treated my friends to dinner on my payday.

## 寮、一人暮らし

・私は大学の寮に入っていた。 I stayed in the campus dormitory.

・寮は家具付きだった。 The dormitory was furnished.
＊ furnished　家具付きの（＝equipped）

・ルームメートとアパートの部屋をシェアした。 I shared an apartment with my roommate.

・先週ルームメートが引っ越して行った。 My roommate moved out of the apartment last week.

・一人でいると寂しくなった。 When I stayed by myself, I felt lonely.

・私はワンルームのアパートで自炊している。 I cook my own meals in my studio apartment.

・敷金が～で、家賃が…だ。 The monthly rent is ... with a security deposit of ~.
＊ security deposit　敷金

・毎日パンを食べるのにうんざりだ。 I am sick of eating bread every day.

・私は大学から歩いて行けるところに下宿をしていた。 I lived in a lodging within walking distance of the university.
＊ lodging　貸間、下宿

・大学の近所で下宿している。 I live at a boarding house near the university.

## 学位

・私は学部生だ。 I am an undergraduate student.

・大学の学位が必ずしも必要だとは思わない。 I don't think a university degree is a must.

・大学の学位が人生の全てではない。 A university degree is not everything in life.

・大学の学位が必ずしもよりよい人生を送るための助けになるとは限らない。 A university degree doesn't always help us live a better life.

・私は仏文学の学士号を持っている。 I have a bachelor's degree in French literature.

・私は大学院生だ。 I am a graduate student.

・私はワシントン大学の修士課程で勉強している。 I am studying for a master's degree at Washington University.

・来年には修士の学位を取る予定だ。 I will earn a master's degree next year.

・修士課程の修了に２年かかった。 I did my master's degree over a two-year period.

・私は英文学の修士号を持っている。 I have a master's degree in English literature.

・私は博士課程にいる。 I am in a doctor's course.

| | |
|---|---|
| ・私は生物学の博士号を持っている。 | I have a doctorate in biology. |

## 留学の準備

| | |
|---|---|
| ・私は留学をしたかった。 | I wanted to study abroad. |
| ・留学のために2年間休学をした。 | I took two years off to study abroad. |
| ・音楽を勉強する目的で〜へ行くつもりだ。 | I am going to ~ for the purpose of studying music. |
| ・国費で留学することになった。 | I got to study abroad through government funding. |
| ・〜大学について情報を集めた。 | I collected some information about universities in ~. |
| ・私はアイビーリーグの中の一つに出願をした。 | I applied to one of the Ivy League universities. |
| ・入学の要件が多かった。 | There were a lot of requirements for admission. |
| ・その大学に出願するためにたくさんのものを用意しなければならなかった。 | I had to prepare many things to apply for the university. |
| ・そのプログラムへの申込用紙を記入した。 | I filled out the application form for the program. |
| ・教授に推薦状を書いてくださいとお願いした。 | I asked the professor to write me a letter of recommendation. |
| ・その大学から入学許可書を受け取った。 | I got a letter of acceptance from the university. |
| ・私は〜大学に合格した。 | I got accepted to ~ University. |
| ・外国人学生のための案内書を読んだ。 | I read a brochure for international students.<br>＊brochure　案内書、パンフレット |

## 留学生活

| | |
|---|---|
| ・ついにその大学に登録した。 | I was finally enrolled in the university. |
| ・〜に住むつもりだ。 | I am going to stay in ~. |
| ・私は1年間語学研修を受けるつもりだ。 | I will take a language course for about one year. |
| ・膨大な費用がかかると思った。 | I expected it to cost a lot of money. |
| ・学費がとても高かった。 | The tuition fee was very expensive. |
| ・両親が海外留学の費用を負担してくれた。 | My parents covered the expenses for my overseas education. |
| ・お父さんがすべての費用を出してくれたのでとても感謝している。 | I am thankful that my dad pays for all the expenses. |

| | |
|---|---|
| ・私は〜に知り合いが一人もいない。 | I have no acquaintances in 〜.<br>＊ acquaintance　知り合い、知人 |
| ・わが国とは違い、大学の学期が９月から始まる。 | Unlike in my country, the academic year of the university begins in September.<br>＊ unlike　〜とは違い |
| ・多くの学生は困難な就職事情を心配している。 | Many students are worried about the tough job market. |
| ・勉強のためにここに来てもう一年が過ぎた。 | It has already been one year since I came here to study. |
| ・時々故郷が懐かしくなる。 | I sometimes feel homesick. |
| ・故郷への思いがつのる。 | I long for my hometown. |
| ・家族が恋しい。 | I miss my family. |
| ・家族が恋しいときは手紙を送った。 | I sent a letter when I missed my family. |

## column

### 「郷愁」

故郷を懐かしむ気持ちである「郷愁」を表現する言葉として、homesickとnostalgiaがありますが、意味は少し違います。homesickは、故郷がとても恋しくて帰りたいと思う気持ちを表し、nostalgiaは、楽しかった昔の出来事や場所を思い出して懐かしむことを表します。

# April Fool

Friday, April 1. Fine

Today was April first, April Fool's Day. This year, we made a fool of the teachers, so we are very tired now.

Today we were supposed to have a math test, but we didn't want it, so we exchanged classrooms with some other students. But the math teacher came to us personally to tell us we had to take the test, so we failed to play a trick on him. During the next World History class, we set the alarms to each of our cell phones for 2 o'clock and hid them. We expected them to ring at the same time, but it wasn't as effective as we had expected, because a cell phone rang in advance.

We discussed what to do during Japanese class. Finally, 8 students including me moved to another class. The teacher shouted at us, "Students who moved to this classroom, come forward!" We were surprised and came back to our own class.

We couldn't help it. Anyway, we were able to have a really exciting day.

## エイプリルフール

4月1日　金曜日　晴れ

　今日は4月1日、エイプリルフールだ。今年は先生たちに冗談を仕掛けたので、今はとても疲れている。
　今日私たちは数学の試験があったが、試験を受けるのは嫌だったのでほかのクラスの子たちと教室を入れ替わった。でも数学の先生は私たちのところに直接やって来て、試験を受けなければいけないと言ったので、先生をだますのは失敗に終わった。
　次の歴史の授業では、私たちは各自の携帯電話で2時にアラームをセットしてそれを隠しておいた。携帯電話が同時に鳴ることを期待していたのに、誰かの携帯電話がその前に鳴ってしまい、思っていたほどは効果が得られなかった。
　私たちは国語の時間は何をするかを話し合った。結局、私を含めた8人の生徒がほかの教室に移動した。先生に「教室を移動した生徒は前に出なさい！」と怒鳴られた。私たちは驚いて自分の教室に戻ってしまった。仕方がなかった。とにかく、とても刺激的な一日だった。

**NOTES**
April Fool's Day　エイプリルフール／ make a fool of　〜を笑い者にする、かつぐ／ personally　自ら、じきじきに／ in advance　事前に

# CHAPTER

# 14

## 学校行事

# 1 入学

| | |
|---|---|
| ・今年私は中学校に入学する。 | I enter middle school this year. |
| ・今日は学校の入学式があった。 | Today I had initiation at school.<br>＊ initiation　入学式、入社式 |
| ・新しい制服を着て入学式に出席した。 | I attended the entrance ceremony in my new uniform. |
| ・私たちは立派な学生となることを宣誓した。 | We swore that we would be good students.<br>＊ swore　swear（誓う）の過去形 |
| ・今日は新しい学年の始まりの日だ。 | Today is the beginning of the new school year. |
| ・感無量だった。 | I felt very emotional. |
| ・新入生のためのオリエンテーションがあった。 | There was an orientation for freshmen. |
| ・教頭先生が学校の規則と私たちが守るべきさまざまなことについて教えてくれた。 | The school vice principal let us know the school rules and other things that we should keep. |
| ・新しい学校を見学して少し緊張した。 | I was a little nervous when I looked around the new school. |
| ・見慣れない顔が多かった。 | There were lots of unfamiliar faces. |
| ・知っている人を何人か見つけてうれしかった。 | I was glad to meet some familiar people. |
| ・担任の先生が誰になるのか気になった。 | I wondered who would be my homeroom teacher. |
| ・私の担任の先生が発表された。 | My homeroom teacher was announced. |
| ・私が勉強することになる教室へ行った。 | I went to my class where I would study. |
| ・先生が新しい教科書を配った。 | The teachers distributed new textbooks.<br>＊ distribute　分配する、配る |
| ・新しい学用品を使おう。 | I will use new school supplies.<br>＊ school supplies　学用品 |
| ・私たちは互いに自己紹介した。 | We introduced ourselves to one another. |
| ・みんなと仲良くなりたいと言った。 | I said that I wanted to get along with them. |
| ・両親と入学の記念写真を撮った。 | I took pictures with my parents to celebrate my entrance. |
| ・両親は、学校生活を有意義なものにしなさいと言ってくれた。 | My parents advised me to have the will to lead a good school life.<br>＊ will　意志、決意、気持ち |

## 体育祭

| | |
|---|---|
| ・今日は学校の体育祭だった。 | Today was Sports Day at school. |
| ・体育祭は学校の年中行事だ。 | Sports Day is a part of the annual school program.<br>＊ annual　毎年の、1年ごとの |
| ・今年の体育大会は5月6日に開かれる。 | The athletic competitions are held on the 6th of May this year.<br>＊ athletic　運動の、体育の、競技の／ competition　競争、試合 |
| ・絶好の体育祭日和だった。 | The weather was perfect for the Sports Day. |
| ・大部分の学生が体育祭に参加した。 | Most students attended the Sports Day. |
| ・私たちは色々な競技に参加した。 | We took part in several games. |
| ・雨が降ったので競技が延期された。 | Because of the rain, the game was postponed.<br>＊ be postponed　延期される |

## 徒競走

| | |
|---|---|
| ・徒競走のために一生懸命練習した。 | I practiced hard for the running race. |
| ・徒競走を全速力で走った。 | I ran at full speed in the race. |
| ・必死で走った。 | I made a run for my life. |
| ・ライバルに追いついた。 | I caught up with my rival. |
| ・私がゴールのテープを切った。 | I broke the finish tape. |
| ・徒競走で1等だった。 | I was first in a running race. |
| ・徒競走でびりだった。 | I was last in the race. |
| ・徒競走で彼に勝てる者はいなかった。 | He was the best runner. |
| ・彼はフライングをした。 | He jumped the gun. |
| ・彼はシカのように足が速かった。 | He ran like a deer. |

## 競技

| | |
|---|---|
| ・多くの試合は接戦となった。 | There were many close games.<br>＊ close　（試合などが）接戦の、互角の |
| ・私たちは試合を放棄した。 | We threw out the game.<br>＊ throw out　放棄する |

| | |
|---|---|
| ・綱引きで勝った。 | We won at tug of war.<br>＊ tug of war　綱引き |
| ・800メートルリレーが一番盛り上がった。 | The 800-meter relay was the most exciting. |
| ・団体競技での個人プレーは役に立たない。 | Individual play in a team game is not helpful. |
| ・私はバスケットボールで最多得点を挙げた。 | I scored the most points in basketball. |
| ・私のクラスが勝つと確信した。 | I felt confident that my class would win. |
| ・私たちはよく戦ったが、結局は負けてしまった。 | We played well, but we lost the game in the end.<br>＊ in the end　結局は、最後は |
| ・どのチームが勝っても、私にはどうでもよかった。 | Whichever team won, it didn't matter to me.<br>＊ whichever　どの〜が…しても |
| ・自分のチームを応援した。 | We rooted for our team.<br>＊ root for　〜を応援する |
| ・ついに競技が終わった。 | Finally, the game was over. |
| ・私のクラスはすべての競技で勝った。 | My class won all the games. |
| ・私のクラスは2等だった。 | My class won the second prize. |
| ・私のクラスはチームワーク賞をもらった。 | My class won the prize for good team spirit. |

## 3　学園祭

SCHOOL FESTIVAL

### 学園祭

| | |
|---|---|
| ・私の学校は毎年10月に学園祭がある。 | There's a festival at my school in October each year. |
| ・グループ別に学園祭について話し合った。 | We discussed the school festival in groups.<br>We had a discussion about the school festival in groups. |
| ・それぞれのクラブが色々な催しを準備した。 | Each school club prepared for various events. |
| ・学園祭の前夜祭を開いた。 | We celebrated the eve of our school festival. |
| ・イベントの中に仮装行列があった。 | Among the events, there was a costume parade. |
| ・私は女装をした。 | I made up myself as a woman.<br>＊ make up　化粧をする、扮装する |
| ・私はお姫様の衣装を着た。 | I was dressed in a princess costume. |

| | |
|---|---|
| ・校内の庭園では挿し絵付きの詩が展示されていた。 | There was an exhibition of illustrated poems at the school garden.<br>＊ exhibition　展覧会、展示会／illustrated　挿し絵付きの |
| ・運動場ではバザーが開かれた。 | The bazaar was held on the sports field.<br>＊ bazaar　バザー、慈善市／be held　開かれる、開催される |
| ・安い値段で欲しいものを手に入れられた。 | I was able to get what I wanted at a cheap price. |
| ・催しに参加するために友達とあちこち動き回った。 | I hung around with my friends to take part in the events. |
| ・学園祭を楽しんだ。 | I enjoyed myself at the school festival. |

## 演劇発表

| | |
|---|---|
| ・午後には講堂で学生たちの発表があった。 | In the afternoon, there were students' presentations in the hall. |
| ・私は舞台恐怖症だ。 | I have stage fright.<br>＊ fright　恐怖 |
| ・私たちは学園祭の時、舞台で芝居を上演した。 | We performed a play on stage at the school festival. |
| ・初めてたくさんの観衆の前で演じた。 | I performed before a large audience for the first time. |
| ・私は～の役を演じた。 | I played the part of ～. |
| ・その上演のために部員たちは一カ月間たくさん練習してきた。 | The club members have practiced very much for the performance for a month. |
| ・台本を完璧に覚えたと思った。 | I thought I memorized the play script completely.<br>＊ script　台本、脚本 |
| ・昨晩、最初から最後まで通しでリハーサルをした。 | We rehearsed the play from beginning to end last night. |
| ・舞台の幕が上がった途端、動転してせりふが思い出せなくなった。 | As soon as the stage curtain went up, I got embarrassed and couldn't remember my lines. |
| ・幕の後ろにいた友達が小さな声でせりふを読んでくれたのでなんとか演じきることができた。 | A friend behind the curtain read my lines in a low voice, so I could manage to play my role.<br>＊ manage to＋動詞原形　なんとか～する |
| ・上演は成功した。 | We performed the play successfully. |

## 発表会

| | |
|---|---|
| ・私は学芸会のために変わったものを準備した。 | I prepared unusual things for the students' talent show. |
| ・私は舞台でサックスを演奏した。 | I played the saxophone on stage. |
| ・私はテコンドーを披露した。 | I showed my Taekwondo skills. |
| ・私は先生の話し方の物まねをした。 | I imitated the teachers' way of speaking.<br>＊ imitate　模倣する、まねする |
| ・ダンス大会があった。 | There was a dance contest. |
| ・講堂でダンスパーティーが開かれた。 | We held a big dance in the hall. |
| ・私は音楽に合わせて熱烈に踊った。 | I danced fervently to the music.<br>＊ fervently　熱烈に、強烈に |
| ・舞台の上でダンスの腕を披露した。 | I displayed my dancing skills on the stage. |
| ・私はその大会で大賞をもらった。 | I won the grand prize in the contest. |

# 4 クラブ活動

CLUBS

## 入部

| | |
|---|---|
| ・私の学校には色々なクラブがある。 | There are various clubs at my school. |
| ・私はどのクラブにも入っていない。 | I don't belong to any clubs. |
| ・コンピュータークラブを作った。 | We formed a computer club.<br>＊ form　形成する、構成する |
| ・先生は私に文科系のクラブに入ることを勧めた。 | The teacher recommended that I join the academic club. |
| ・私はそのクラブに入りたかった。 | I wanted to get into the club. |
| ・私はコンピュータークラブに入った。 | I joined the computer club. |
| ・私は映画が好きだったので映画クラブに入った。 | As I was very fond of movies, I joined a movie club.<br>＊ be fond of　〜が好きだ |
| ・私は英語に興味があったので、英会話クラブに入った。 | I was interested in English, so I joined an English conversation club. |
| ・私はサッカー部に入っている。 | I am in the soccer club. |
| ・私は合唱部に入っている。 | I belong to the chorus club. |
| ・私は読書クラブに入っている。 | I am a member of the reading club. |

## circle と club

大学などで同じ趣味の人たちが集まった会を「サークル（circle）」と呼びますが、英語での正しい表現はclubです。circleは同じ利害関係や職業を持った人たちの集団を表す言葉で、business circle（実業界）のように「〜界」「集団」を意味します。clubは、公的に組織され定期的に集まる同好会を表す言葉です。

## クラブ活動

| | |
|---|---|
| ・私は演劇部の行事に参加した。 | I took part in a drama club event. |
| ・クラブの集まりに出席した。 | I attended a club meeting. |
| ・コンピュータークラブでは先輩たちからコンピューターについていろいろなことを学ぶことができた。 | In the computer club, I could learn much about computers from the older students. |
| ・私たちのクラブがほかの人のためにどんなことをしてきたのか考えてみた。 | I wondered what my club has done for others. |
| ・私たちは部員たちに貧しい人を助けるべきだと提案した。 | I proposed that the club members should help the poor. |
| ・私のクラブは週に一回会合がある。 | My club has a meeting once a week. |
| ・クラブの会費は月に〜だ。 | The membership fee of my club is ~ a month. The club dues of my club are ~ a month. ＊ due 料金、手数料、会費 |
| ・私は友人を自分のクラブに誘った。 | I asked my friends to join my club. |
| ・部員たちはお金を出し合って行事の準備を行った。 | The club members put some money together and prepared for the events. |
| ・私は部員たちとあまり仲がよくない。 | I don't get along with the club members. |
| ・いずれ、クラブをやめるつもりだ。 | Sooner or later, I will withdraw from the club. ＊ withdraw 脱退する、撤回する |

## キャンプの準備

| | |
|---|---|
| ・ボーイスカウトのキャンプに行く予定だ。 | I am going to a boy scout camp. |
| ・昨晩、荷造りをした。 | I packed up last night. |
| ・何が必要なのか分からなかった。 | I didn't know what I would need. |
| ・寝袋も含めてキャンプに必要な物は本当にたくさんあった。 | There were so many camping requisites including a sleeping bag.<br>＊ requisite 必需品、必要品 |
| ・歯ブラシ、歯磨き粉、着替えの洋服などをリュックサックに詰めた。 | I put a toothbrush, toothpaste, spare clothes and so on in the backpack. |
| ・兄が荷造りを手伝ってくれた。 | My brother helped me pack.<br>＊ pack 荷造りする、梱包する |
| ・忘れ物がないか再度確認した。 | I checked again for what I had missed. |
| ・胸がどきどきする。 | My heart flutters.<br>＊ flutter そわそわする、どきどきする、ときめく |
| ・今回のキャンプが楽しみだ。 | I am looking forward to this camp. |
| ・興奮のあまりなかなか眠れない。 | I am so excited that I can't fall asleep. |

column

### ときめき
心がときめいて胸がどきどきすることは、flutterを用いてMy heart flutters.と言います。flutterは蝶がひらひらと舞うこと、花びらがはらはら落ちることを表す表現で、「彼女を見るたびにときめく」と言いたければ、My heart flutters whenever I see her.となります。

## キャンプ

| | |
|---|---|
| ・朝早く集合場所へ行った。 | I went to the meeting place in the early morning. |
| ・みんなわくわくしていた。 | Everyone was excited. |
| ・私たちのクラブは奥多摩へキャンプに行った。 | My club went to camp in Okutama. |
| ・森の中でキャンプをした。 | We camped out in the woods. |
| ・海岸でキャンプをした。 | We set up camp on the beach. |

| | |
|---|---|
| ・キャンプは三日間だった。 | Camping lasted for 3 days. |
| ・今回は私にとって初めてのキャンプだった。 | This was my first-time camping out. |
| ・キャンプ場に着くとすぐにテントを張った。 | As soon as we arrived at the campsite, we pitched tents. |
| ・さまざまな楽しい催しが行われた。 | There were various interesting events. |
| ・キャンプの間にたくさんの友達と仲良くなった。 | I got to make many friends while camping. |
| ・私たちはみんなキャンプファイヤーの周りに集まった。 | We all gathered around the campfire. |
| ・私たちはキャンプファイヤーを中心にして円になった。 | We stood in a circle with the campfire in the center. |
| ・誰かがキャンプファイヤーに火をつけた。 | Someone lit the flame in the campfire. |
| ・私たちは歓声を上げた。 | We cheered. |
| ・花火に点火した。 | We set off fireworks.<br>＊ set off　爆発させる、発射する |
| ・出し物大会をした。 | We had a talent show. |
| ・私は出し物大会でみんなから好評だった。 | I won my popularity in the talent show contest.<br>＊ popularity　大衆性、人気 |
| ・キャンプファイヤーの前に座って友人たちといろいろな話をした。 | We sat before the campfire talking about things with my friends. |
| ・夜遅くまで寝ないで友達と話をした。 | I stayed up late talking with my friends. |
| ・眠る前に家族のことが恋しくなった。 | I missed my family before falling asleep. |
| ・次の日の朝、キャンプ場から撤収した。 | The next morning, we struck camp. |
| ・本当に楽しいキャンプだった。 | It was a really interesting camp. |
| ・私にとってとても楽しくて有意義なキャンプだった。 | It was a very exciting and helpful camp for me. |

## 遠足の準備

| | |
|---|---|
| ・明日は学校の遠足で遊園地に行く。 | Tomorrow we are going on a school trip to an amusement park. |
| ・スーパーに行って遠足の時に食べる物を買った。 | I went to the supermarket to buy food for a school trip. |
| ・明日の朝はお母さんがお弁当を作ってくれる予定だ。 | My mom will pack a lunch tomorrow morning. |
| ・遠足が楽しみだ。 | I am looking forward to the school trip. |
| ・楽しい遠足になるといいなあ。 | I hope we will have a pleasant school trip. |
| ・遠足に合わせてカジュアルな服装にした。 | I wore quite a casual outfit, just right for the school trip.<br>＊ outfit 衣装、用品 |
| ・お弁当と飲み物をリュックに詰めた。 | I packed my lunch and drink in my backpack. |
| ・遠足に遅刻しないように早く家を出た。 | I started early not to be late for the school trip. |

## 遠足の天気

| | |
|---|---|
| ・明日天気がよくなければ、遠足には行かないことになっている。 | Unless it is fine tomorrow, we won't go on the school trip. |
| ・明日は天気だといいなあ。 | I hope it will be fine tomorrow. |
| ・天気がよかったので幸いだった。 | It was fortunate that the weather was fine. |
| ・遠足日和だった。 | It was ideal weather for a trip. |
| ・天気が悪かったため、遠足は断念せざるをえなかった。 | We had to cancel our school trip because of bad weather. |
| ・どしゃぶりの天気になったので、遠足は延期された。 | The school trip was put off because there was a downpour. |
| ・天候は不可抗力なので、仕方がない。 | We couldn't help it, because it was an act of God. |
| ・雨が降っていたにもかかわらず遠足に出かけた。 | Even though it was rainy, we went on a school trip. |

## 遠足の場所

| | |
|---|---|
| ・高尾山へ遠足に出掛けた。 | We went to Takao mountain for a school trip. |
| ・私はそこに何度か行ったことがある。 | I have been there several times. |

| | |
|---|---|
| ・山登りをしたら息切れした。 | I was out of breath from hiking up the mountain.<br>＊ out of breath　息をはずませて、あえいで |
| ・山を登るのはしんどかったが、頂上に到着するととてもいい気持ちだった。 | It was hard to hike up the mountain, but I felt good when we got to the top. |
| ・道がすべるので山からゆっくり降りてきた。 | I descended the mountain slowly because the path was slippery.<br>＊ slippery　すべる |
| ・先生があらかじめ景品の名前を書いた紙切れを隠していた。 | The teacher hid the slips of paper on which he had written present names in advance.<br>＊ slip　紙切れ |
| ・紙切れを探した。 | We had a hunt to find the slips of paper. |
| ・私は二枚の紙切れを見つけた。 | I found two slips. |
| ・私は景品を二つもらえた。 | I could have two presents. |
| ・遠足で友人たちと写真を撮った。 | I took pictures with my friends on the trip. |
| ・本当に楽しい遠足だった。 | It was a really happy trip. |
| ・社会科見学に行ってきた。 | We had a field trip. |
| ・忘れられない思い出の一つになるだろう。 | This will be one of the unforgettable events. |
| ・今回の遠足はあまり面白くなかった。 | I really didn't enjoy this trip. |
| ・昼食だけ食べて家に帰ってきた。 | Just after lunch, I came back home. |

# 7 修学旅行　SCHOOL EXCURSION

| | |
|---|---|
| ・京都に３泊４日で修学旅行に行く予定だ。 | We are going on a school excursion to Kyoto for 3 nights and 4 days.<br>＊ excursion　団体旅行、遠足 |
| ・私たちは春に京都へ修学旅行に行く。 | We will take a school excursion to Kyoto in spring. |
| ・歴史的な場所を見学する予定だった。 | We had plans to visit the historical sites. |
| ・今日は三日間の京都修学旅行の初日だった。 | Today was the first day of the three-day school excursion to Kyoto. |

| | |
|---|---|
| ・朝から元気に旅行へ出かけた。 | I started the excursion in high spirits in the morning.<br>＊ in high spirits　上機嫌で、元気に |
| ・私たちは朝8時に出発して12時に京都に到着した。 | We departed at 8:00 in the morning and arrived at Kyoto at 12:00. |
| ・新幹線で京都まで向かった。 | We went to Kyoto by Shinkansen. |
| ・私たちがそこに到着したとき、かなり曇っていた。 | When we arrived there, the weather was very cloudy. |
| ・一晩中、友達と遊んでいた。 | I played all night with friends. |
| ・夜、先生にいたずらをした。 | We played tricks on the teachers at night. |
| ・夜にちゃんと寝なかったせいで、バスの中でずっと眠かった。 | I was sleepy all the time in the bus, because I didn't sleep well at night. |
| ・バスの中で人気のある歌を歌った。 | We sang popular songs in the bus. |
| ・バスに乗って観光した。 | We went on a sightseeing tour by bus. |
| ・家族におみやげを買った。 | I bought some souvenirs for my family.<br>＊ souvenir　おみやげ、記念品 |
| ・北海道から飛行機で戻ってきた。 | We returned from Hokkaido by plane. |
| ・私は飛行機に初めて乗った。 | I flew for the first time. |
| ・飛行機が離陸するとき、少しどきどきした。 | I was a little excited when the plane was taking off. |
| ・暗くなってから、ようやく到着した。 | We hadn't arrived until it was dark.<br>＊ not ~ until ...　…になってようやく~する |
| ・修学旅行から帰ってきて学校の前で解散した。 | We came back from the excursion and parted in front of the school. |
| ・旅行中に撮った写真を早く見たい。 | I can't wait for the pictures from the trip. |
| ・修学旅行の思い出は一生大切にするだろう。 | I will keep this memory of the school excursion. |
| ・夢のような旅行だった。 | The trip was like a dream. |
| ・旅行について家族に話したいことがとてもたくさんあった。 | There was so much to tell my family about the trip. |

# 8 卒業

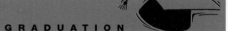

GRADUATION

## 卒業式の前

| | |
|---|---|
| ・私はこの春学校を卒業する予定だ。 | I will graduate from school this year. |
| ・卒業式は普通3月に行われる。 | Graduation ceremonies are usually held in March. |
| ・卒業式の予行練習をした。 | We had a graduation ceremony rehearsal. |
| ・私はびりで、ぎりぎりの卒業だった。 | I was last on the list and barely graduated. |
| ・彼は私よりも1年先に卒業した。 | He graduated from school one year ahead of me. |
| ・私にはたくさんの素晴らしい学校生活の思い出がある。 | I have many good memories from my school days. |
| ・その思い出をいつまでも忘れない。 | I will keep the memories fresh forever. |
| ・タイムカプセルの中に私たちの思い出を詰めた。 | We put our memories into the capsule. |
| ・穴を掘ってタイムカプセルを埋めた。 | We dug a hole and buried our time capsule. |

＊dug dig（掘る）の過去形、過去分詞形／bury 埋める、埋蔵する

## 卒業式

| | |
|---|---|
| ・今日は卒業式が行われた。 | The graduation ceremony was held today. |
| ・卒業できて本当にうれしかった。 | I was so happy to graduate. |
| ・叔父がすてきな花束をくれた。 | My uncle gave me a nice bouquet of flowers. |
| ・両親が卒業祝いにカバンを贈ってくれた。 | My parents gave me a bag for my graduation present. |

| | |
|---|---|
| ・親戚たちが私の卒業を祝ってくれた。 | My relatives congratulated me on my graduation.<br>My relatives gave me their congratulations on my graduation. |
| ・卒業証書それ自体は私にとって特に意味をもたなかった。 | The diploma itself had no meaning for me.<br>＊ diploma　卒業証書 |
| ・友人たちと離れたくなくて泣いた。 | I cried because I didn't want to part from my friends. |
| ・帽子を空中にほうり投げた。 | We threw our hats in the air. |
| ・学校を卒業してうれしいと同時に切なくもあった。 | I was both happy and sad to graduate from school. |
| ・さまざまな感情が入り交じった気持ちで学校を卒業した。 | I graduated from school with mixed emotions. |

## 卒業証書授与

| | |
|---|---|
| ・卒業証書を受け取った。 | I received a graduation diploma. |
| ・3年間の皆勤賞をもらった。 | I received a prize for 3 years of perfect attendance. |
| ・3年間の間、一日も学校を休まなかった。 | I have never been absent from school for 3 years. |
| ・3年間の精勤賞をもらった。 | I got a prize for 3 years of good attendance. |
| ・優秀賞をもらって誇らしかった。 | I was proud of winning an honor prize. |
| ・オールAの成績で卒業した。 | I graduated with an all-A record. |
| ・優秀な成績で卒業した。 | I graduated with honors. |
| ・首席で卒業した。 | I graduated with top honors. |
| ・功労賞を受賞した。 | I got a prize for distinguished achievement.<br>＊ distinguished　すぐれた、顕著な、抜群の |
| ・善行賞をもらった。 | I got a prize for my good conduct.<br>＊ conduct　行為、行動、品行 |
| ・模範賞をもらった。 | I got a prize for my exemplary behavior.<br>＊ exemplary　模範的な |

## 卒業後の計画

| | |
|---|---|
| ・卒業したら大学生になる。 | After this graduation, I will be a university student. |
| ・卒業後の計画はまだない。 | I have no plans after graduation. |
| ・卒業したらすぐに運転免許を取りたい。 | After graduating, I want to get my driver's license at once. |
| ・卒業後はいい仕事に就きたい。 | I want to get a good job after graduation. |
| ・卒業したら世界中を旅行したい。 | I want to travel around the world after graduation. |
| ・友人たちと卒業後も少なくとも月に一度は会おうと約束した。 | I promised my friends that we would have get-togethers at least once a month after graduation.<br>＊ get-together　集まり、懇親会（＝reunion）／ at least　少なくとも |
| ・卒業してから10年後に会うことを約束した。 | We decided to meet in 10 years after graduation. |

# Orientation

Thursday, February 26. Cold

I met my "soon to be" college friends today. It was so awkward. We were divided into 14 groups. I was in group 5. We got on the bus to go to OO university's camp site.

I sat by a student who was listening to her MP3 player. I wanted to break the ice, so I tried to make eye contact with her. That didn't work out because she kept looking out the window. I squirmed in my seat to attract her attention. But all my efforts were in vain. It took us 3 hours and 30 minutes to arrive at the destination. Guess what? I didn't get to say even one word to her!

As time went by, I was able to make friends. The really wonderful party started at night. We got intoxicated easily with the exciting atmosphere because we were young! We played games with the older students and the professors who came with us. I stayed up all night talking with my new friends.

## オリエンテーション

2月26日　木曜日　寒い

　　私は今日、これから大学の友達になる人たちに会った。とてもぎこちない雰囲気だった。私たちは14グループに分けられ、私は第5グループだった。私たちはバスに乗って○○大学のキャンプ場へ向かった。

　　私はMP3プレーヤーを聞いているある学生の横に座った。私は気詰まりな雰囲気を壊したかったので、彼女と目を合わそうと努力した。しかし彼女は窓の外を眺めたままだったので、その試みは失敗に終わった。私は彼女の注意を引こうと席でもぞもぞ動いてみたが、すべての努力は無駄だった。目的地に着くまで3時間30分かかった。その間何をしたのか？　私は彼女に一言も話しかけることができなかったのだ。

　　時間が経ってくると、友人を作ることができた。夜には素晴らしいパーティーが始まり、私たちは盛り上がる雰囲気に酔いしれることができた。これも私たちの若さゆえだ。私たちは一緒にやってきた先輩や先生たちとゲームをして遊んだ。一晩中、眠らずに新しく出来た友人たちと話し続けた。

**NOTES**
soon to be　まもなく〜になる人／ break the ice　口火を切る、気のおけない間になる／ squirm　もぞもぞする、動く／ attract one's attention　〜の注意を引く／ intoxicate　酔わせる、夢中にさせる

# CHAPTER 15

## 友達

## 友達を指す言葉

| | | | |
|---|---|---|---|
| 学校の友達 | schoolmate | いい友達 | good friend |
| クラスメイト | classmate | 本当の友達 | true friend |
| ルームメイト | roommate | 親友 | close friend |
| 旧友 | old friend<br>a friend of long standing | 相棒 | buddy |

## 友達とは

・人は周囲の人に影響されやすい。

People are easily influenced by those around them.

・付き合う友達によって性格を変えることもできる。

Our personality can be changed according to the friends we keep.
＊ according to 〜によって

・友人を賢く選ぶことはとても重要だ。

It is very important to choose our friends wisely.

・友人は見つけるよりも失うほうが簡単だ。

A friend is easier lost than found.

・共通の関心事があれば、お互いに親しくなれる。

With mutual interests, we can get along with each other.
＊ mutual 互いの、共通の

・友人がどういう人なのかを知るためには、彼女／彼と一緒に一週間旅行をしてみればよい。

In order to know what kind of person our friend is, we have only to travel with her/him for a week.

・人は付き合う友達を見れば分かる。

A man is known by the company he keeps.
You can judge a man by the company he keeps.
＊ be known by 〜を見れば分かる／ judge 判断する

・困った時の友こそ真の友。

A friend in need is a friend indeed.

・類は友を呼ぶ。

Birds of a feather flock together.
＊ flock 群れをなして押し寄せる、集まる

・友とワインは時間が経つほどよくなる。

Friends and wines improve with age.

## 付き合いたい友達

| | |
|---|---|
| ・私は彼と友達になりたい。 | I want to be friends with him. |
| ・私は彼と親しく付き合いたい。 | I want to keep company with him. |
| ・彼は付き合いにくい人だ。 | He is hard to get along with. |
| ・彼は付き合いやすい人だ。 | He is easy to get along with. |
| ・彼は年齢の割にとても大人びている。 | He is very mature for his age. |
| ・彼が私と友達になりたいと思っているのか気になる。 | I wonder whether he would like to be a friend of mine. |
| ・彼は一緒にいて面白い人だ。 | He is good company. |
| ・彼は素敵な笑顔の持ち主だ。 | He has a nice smile. |
| ・彼はつらい時を分かち合ってくれる友人だ。 | He is a companion in my time of misery.<br>＊ companion　友達、同僚 |
| ・彼はいつも面白いことを言う。 | He always says funny things. |

## 友人と付き合う

| | |
|---|---|
| ・よい友人と付き合うようにしなければならない。 | We have to keep good company. |
| ・正直で勤勉な人と友達になると、私もそういう人になれると思う。 | I think that if I become friends with a person who is honest and hardworking, I will be the same kind of person. |
| ・新しい友達を作りたい。 | I want to make new friends. |
| ・悪い仲間は避けるようにしている。 | I try to avoid bad company. |
| ・外国人の友達がいることはとても刺激的だ。 | Having a friend from abroad is very exciting. |
| ・私の本に対する興味を共有できる友人がほしい。 | I want a friend who can share my interest in books. |
| ・私の悩みを話せる友人が必要だ。 | I need someone to tell my troubles to. |
| ・何でも話すことのできる友人が必要だ。 | I need someone whom I can talk to about everything. |
| ・彼と知り合いになった。 | I got acquainted with him.<br>＊ get acquainted with　～と知り合いになる |
| ・彼と友達になった。 | I made friends with him. |

## column

### 「～と友達になる」

「～と友達になる」「～と付き合う」は make friends with ～、または become friends with ～ と表現します。このとき、friends は複数形にする必要があります。「友達になる」には 2 人以上の 人間が必要になるからです。この考えはほかにも応用できて、例えば、「～と握手する」は shake hands with ～、「～と席を替える」は exchange seats with ～、「列車を乗り換える」は change trains と言います。

## 2 いい友達 GOOD FRIENDS

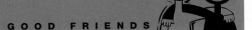

### 私の友達

| | |
|---|---|
| ・高志と私はとてもいい友達だ。 | Takashi and I are very good friends. |
| ・私たちは一緒に育ち、同じ学校に通った。 | We grew up together, and went to the same school. |
| ・私たちは幼なじみだ。 | We are friends from childhood. |
| ・彼は私の近所に住んでいる。 | He lives in my neighborhood. |
| ・彼はほんの 2 軒先に住んでいる。 | He lives just two doors away. |
| ・彼は私の家の近くに住んでいる。 | He lives near my house. |
| ・彼の家は私の家と本当に近い。 | His house is really close to mine. |
| ・彼と私は会えば親しく言葉を交わす間柄だ。 | I am on speaking terms with him.<br>＊terms　交際関係、親しい関係 |
| ・彼は私の親友だ。 | He is my best friend. |
| ・私は彼を親友だと思っている。 | I regard him as my best friend.<br>＊regard ~ as ...　～を…と思う |
| ・彼は友達がいない。 | He is friendless.<br>He has no friends. |
| ・私たちは親しくなった。 | We got closer to each other. |
| ・彼は異性の知り合いが多い。 | He has many acquaintances of the opposite sex.<br>＊acquaintance　知り合い |
| ・私たちの友情が絶対に壊れないことを切実に願う。 | I do hope our friendship will never break. |

・私たちの友情が永遠に続くよう願う。　I hope our friendship will last forever.
＊ last　持続する、続く

## 仲のいい友達

・私たちはいつも行動を共にしている。　We always stick together.
＊ stick together　連れ合う、仲がいい

・私たちは5年間、友達として過ごしてきた。　We have been friends for 5 years.

・私たちは離れて暮らしてはいるが、今も　Even though we live far apart, we are still very
いい友達だ。　good friends.

・その友人は私に何でも話す。　That friend tells me everything.

・私は彼と親しい。　I am close with him.

・私は彼と親しい間柄だ。　I am on close terms with him.

・私たちはお互いにとても親しい。　We are hand in glove with each other.
＊ be hand in glove with　～ととても親しい関係だ

・私は彼と仲がいい。　I am on good terms with him.

・私は彼と仲良く過ごしている。　I get along well with him.

・彼と私は互いに仲良く過ごしている。　He and I get on well with each other.

・私たちは気が合う。　We hit it off.
＊ hit it off　気が合う、仲良く過ごす

## いい友達

・私たちはお互いをよく理解している。　We understand each other well.

・私はいつも友人を理解しようと努力して　I always try to understand my friends.
いる。

・私は彼が他人を悪く言うのを聞いたことが　I've never heard him speak ill of others.
ない。

・彼は社交的だ。　He is sociable.

・私は彼が好きだ。なぜなら、私たちは　I like him because we have the same hobbies.
趣味が同じだからだ。

・私は友達と絶対にケンカをしない。　I never fight with my friends.

・めったなことでは友達とケンカはしない。　I fight with my friends once in a blue moon.
＊ once in a blue moon　非常に珍しく、なかなか～ない

・私は彼といい友達だ。　I am good friends with him.

・私は彼といい関係を保っている。　I keep a good relationship with him.

・彼は秘密をしっかりと守ってくれて、私を　He keeps secrets well and doesn't criticize me.
批判しない。　＊ criticize　批評する、非難する

| | |
|---|---|
| ・私は彼に非常に世話になった。 | I owed him a big one. |
| ・彼は私にとてもよくしてくれる。 | He is very good to me. |
| ・彼はとても面白い人だ。 | He is a very amusing guy. |
| ・彼の話はいつも私を楽しませる。 | His stories always amuse me. |
| ・彼は行儀がよい。だからみんなから、特に<br>先生から愛されている。 | He is well-behaved. That's why he is loved by<br>all and especially by the teachers. |
| ・私は素晴らしい友人を持って、本当に<br>ラッキーだと思う。 | I think I am really lucky because I have<br>wonderful friends. |
| ・友情を深めるために私たちはよく会う。 | We often meet to cement the bonds of<br>friendship.<br>＊ cement　〜を固くする |

## 3　仲が悪い友達 BAD FRIENDS

### 卑劣な友達

| | |
|---|---|
| ・彼は本当の友達ではない。 | He is not a true friend. |
| ・彼は都合のいい時だけの友達だ。 | He is a fair-weather friend.<br>＊ fair-weather　順境の時だけの |
| ・彼が私の罪を先生に告げ口した。 | He told the teacher about my offense. |
| ・彼は先生に私のことを告げ口した。 | He told on me to the teacher. |
| ・彼は私に本当に意地悪だ。 | He is really mean to me.<br>＊ mean　卑劣な |
| ・彼は私をばかだと言って侮辱した。 | He insulted me by calling me a fool.<br>＊ insult　無礼にふるまう、侮辱する |
| ・彼は私のことを不快な存在だと思っている。 | He thinks I am a pain in the neck.<br>＊ a pain in the neck　うんざりさせる人 |
| ・彼はよく自分より弱い生徒たちを困らせて<br>いる。 | He often bothers the weaker students.<br>＊ bother　苦しめる、煩わせる |
| ・彼は他人の弱点を利用する。 | He takes advantage of others' weaknesses.<br>＊ take advantage of　〜を利用する |
| ・彼は自分の悪事を他人のせいにする傾向<br>がある。 | He tends to blame his own wrongdoing on<br>others.<br>＊ blame 〜 on ...　〜を…のせいだと非難する／<br>　wrongdoing　悪事、非行、犯罪 |

## column

**陰口**

「陰口を言う」は英語で talk behind one's back と言います。その内容が誰かを罵ったり中傷したりしているものなら、speak ill of ~ behind one's back となります。「陰で悪口を言う人」のことは backbiter と言います。

## からかう友達

| | |
|---|---|
| ・彼はよく友達をからかう。 | He often pulls his friends' legs.<br>＊ pull somebody's leg　~をからかう |
| ・彼は私をからかった。 | He teased me.<br>He made fun of me.<br>He poked fun at me.<br>He played a joke on me. |
| ・彼は私をばかにした。 | He made a fool of me.<br>He made an ass of me. |
| ・彼は私をあざけった。 | He made a mockery of me. |
| ・彼は私をだました。 | He fooled me. |
| ・彼は私の髪型をからかった。 | He teased me about my hairstyle.<br>＊ tease　苦しめる、からかう |
| ・彼はみんなの神経を逆なでする。 | He gets on everyone's nerves.<br>＊ get on ~ nerves　~の神経を逆なでする、~を怒らせる |
| ・友達をいじめてはいけない。 | We had better not bully our friends.<br>＊ bully　（弱い友達を）いじめる |
| ・弱者を苦しめるのは卑劣なことだ。 | It is mean to tease the weak. |
| ・彼はとてもうるさい。それ以外は、彼はいい子だ。 | He makes a lot of noise. Otherwise he is a nice boy.<br>＊ otherwise　そうでなければ |

## 私と合わない友達

| | |
|---|---|
| ・彼はゲームセンターに入り浸ってタバコを吸ったり酒を飲んだりしている。 | He smokes and drinks, hanging out at video game rooms. |
| ・彼はふざけたやつだ。 | He is so playful. |
| ・彼はいたずら好きだ。 | He is such a naughty boy.<br>＊ naughty　いたずら好きの、行儀が悪い |
| ・彼は問題児だ。 | He is a troublemaker. |
| ・彼女はおてんばだ。 | She is a tomboy. |
| ・彼は社交的ではない。 | He is unsociable. |

| | |
|---|---|
| ・彼はクラスで避けられている。 | He is shunned by my class.<br>＊ shun 避ける、遠ざける |
| ・彼は私のクラスで仲間はずれだ。 | He is an outcast in my class.<br>＊ outcast 見捨てられた人、追放された人 |
| ・彼は私のクラスで無視されている。 | He is left out of my class. |
| ・彼は友人たちの間で悪く言われている。 | He is spoken ill of by our friends.<br>＊ speak ill of ～を悪く言う |
| ・彼は人を侮辱する。 | He calls people names.<br>He insults others. |
| ・彼は他人の悪口をよく言う。 | He often speaks ill of others. |
| ・彼は他人の悪口を言うのが得意だ。 | He is good at speaking ill of others. |
| ・私は特別な理由はないが、彼が嫌いだ。 | I dislike him for no specific reason. |
| ・私は彼と意見が合わないことが多い。 | I often disagree with him. |
| ・私は彼と見解が一致しない。 | I don't see eye to eye with him.<br>＊ see eye to eye with ～と見解が一致しない |
| ・私は彼と関係があまりよくない。 | I am on bad terms with him. |
| ・私は彼と仲が悪い。 | I am on the outs with him. |
| ・朱に交われば赤くなる。 | One rotten apple spoils the bunch. |

# 4 友達とのいさかい QUARRELS

## ささいなもめごと

| | |
|---|---|
| ・私は友達とささいなことでけんかをした。 | I quarrelled with my friend over a trivial matter.<br>＊ trivial ささいな |
| ・友達としばしばけんかをしていた。 | I used to quarrel with my friends on and off.<br>＊ on and off しばしば |

| | |
|---|---|
| ・友人間のケンカはよくあることだ。 | Quarrels between friends are common. |
| ・私は彼が間違っていると思った。 | In my opinion, he was wrong.<br>In my mind, he was at fault. |
| ・私はそれは彼のせいだと思った。 | I thought it was his fault. |

---

### column

**used to＋動詞の原形**

「used to＋動詞の原形」は、「以前は〜したものだった」の意味ですが、「be/get used to＋名詞／動名詞」だと、「〜に／することに慣れている／慣れる」という表現なので、混同しないようにしましょう。例えば、I used to cook Western food.だと、「私は以前、西洋料理を作ったものだった」ですが、I am used to cooking Western food.ならば、「私は西洋料理を作ることに慣れている」という意味になります。

## 誤解と弁明

| | |
|---|---|
| ・彼は私を誤解した。 | He got me wrong.<br>He misunderstood me.<br>He took me the wrong way. |
| ・私は誤解を解くために弁解した。 | I made excuses to remove the misunderstanding. |
| ・私たちの間に誤解があったようだ。 | There seemed to be some misunderstanding between us. |
| ・何かがこじれているようだった。 | Something seemed to go wrong. |
| ・私は彼に文句があった。 | I've got a bone to pick with him. |
| ・私は彼とけんかをした。 | I picked a bone with him.<br>＊ pick a bone with　〜と論争する、〜を問いただす |
| ・彼がうそをついたことは明白だった。 | It was obvious that he told a lie.<br>＊ obvious　明白な、明瞭な、明らかな |
| ・今回は彼を許すことはできなかった。 | I couldn't forgive him this time. |
| ・彼の言い訳を理解できなかった。 | I couldn't understand his excuse. |
| ・それは言い逃れるためのただの弁明だった。 | It was just an excuse for explaining it away. |
| ・彼はもう友達ではない。 | He isn't my friend any more. |
| ・私は「覚えてろ」と言いながら去った。 | I went out, saying "Wait and see!" |
| ・彼がなぜそんな言い方をしたのか理解できなかった。 | I couldn't understand why he had talked like that. |

## 口論に発展

- 偶然、彼が私の陰口を言っているのを聞いた。 — By chance I heard him talk about me behind my back.

- 彼の言葉を聞いて、とても腹が立った。 — I was very angry to hear his words.

- 彼は私の気持ちを傷つけた。 — He hurt my feelings.

- 彼が私に話す態度に我慢ならなかった。 — I couldn't stand the way he talked to me.

- 彼は完全に私をあざ笑っていた。 — He was totally taunting me.
  * taunt　あざ笑う、見下す

- 私は彼と口論した。 — I argued with him.
  I had arguments with him.
  I wrangled with him.
  * wrangle　口げんかをする

- 私たちはそれについて言い争った。 — We argued about it.

## けんかの発端

- 彼は度を越していた。 — He went too far.
  * go too far　度が過ぎる

- 私は完全に無視された。 — I was totally blown off.
  * be blown off　無視される

- あまりにも不快で耐えられなかった。 — It was too unpleasant to endure.
  * endure　我慢する

- 気を静めることができなかった。 — I couldn't calm myself down.

- そんな侮辱には耐えられなかった。 — I couldn't stand such an insult.

- 彼は私を意地悪い目つきで見た。 — He gave me a nasty look.

- 彼のそのような行動にはうんざりだ。 — I am sick and tired of his behaving like that.

- 彼を冷たくあしらった。 — I gave him the cold shoulder.
  * give ~ the cold shoulder　~に冷たい態度を見せる

- 虫も踏まれれば反撃する（一寸の虫にも五分の魂）。 — A worm will turn.

---

### column

### 「やり過ぎだぞ！」

誰かとトラブルになり、相手の行動が度を越していると思ったとき、「お前、やり過ぎだぞ！」とたしなめたくなります。これを直訳して、You do too much!と言ったのでは相手に伝わりません。「お前、やり過ぎだぞ！」はYou went too far!です。

## けんか

| | |
|---|---|
| ・彼は私とけんかをした。 | He took me on. |
| ・ついに彼とけんかをすることになった。 | Finally I got to fight with him. |
| ・私は彼とけんかをした。 | I fought with him.<br>I had a fight with him.<br>I got in a fight with him. |
| ・彼が私をつねった。 | He pinched me. |
| ・彼は私の頭を殴った。 | He beat me on the head.<br>＊ beat　殴る |
| ・彼は私の顔を平手打ちした。 | He slapped me on the face.<br>＊ slap　ピシャリと打つ |
| ・彼が私の顔を殴ったので、目の回りにあざができた。 | He punched me in the face, so I have a black eye. |
| ・私は彼を殴り倒した。 | I knocked him down. |
| ・最後までけんかをした。 | We fought to the finish.<br>＊ to the finish　最後まで |
| ・彼とはもう口もきかないつもりだ。 | I won't give him the time of day. |
| ・彼らのけんかに巻き込まれたくなかった。 | I didn't want to get involved in their fight.<br>＊ get involved in　～に巻き込まれる |

## 和解

| | |
|---|---|
| ・彼はなぜ私に腹を立てているのだろうと思った。 | I wondered why he got angry with me. |
| ・彼とそのことについて話さなければならなかった。 | I had to talk about it with him. |
| ・彼の気持ちを傷つけるつもりはなかった。 | I didn't mean to offend him.<br>＊ offend　気分を害する |
| ・本当は彼に好意を抱いていた。 | As a matter of fact, I meant well to him. |
| ・先に私がすまないと言った。 | First I said that I was sorry. |
| ・彼に謝罪した。 | I apologized to him. |
| ・彼は私の謝罪を受け入れた。 | He accepted my apology. |
| ・私たちはけんかをしたことを水に流す。 | We will forget about our fight. |
| ・彼と和解した。 | I made up with him.<br>＊ make up with ~　～と和解する |
| ・もちろん、友達とけんかをすることはおろかなことだと分かっている。 | Of course, I know that it is stupid to quarrel with friends. |
| ・負けるが勝ち。 | To back down is to win. |

## 5　旧友

OLD FRIENDS

### 懐かしい旧友

| | |
|---|---|
| ・その写真は私に旧友を思い出させる。 | The picture reminds me of my old friends.<br>\* remind ~ of ...　～に…を思い出させる |
| ・時々、旧友を懐かしく思う。 | Sometimes I miss my old friends. |
| ・長い間、彼に会っていない。 | I haven't seen him for ages. |
| ・私たちはお互いに長期間会っていない。 | It has been ages since we've met.<br>It has been a long time since we last met.<br>We haven't seen each other for a long time. |
| ・彼は昔のままに見えた。 | He looked just the same. |
| ・彼はまったく変わっていない。 | He hasn't changed at all. |
| ・彼があまりにも変わっていたので、私は一目で彼を認識できなかった。 | He had changed so much that I couldn't recognize him at a glance.<br>\* at a glance　一目で |
| ・彼がどのように過ごしてきたのか尋ねた。 | I asked him how he has been getting along. |
| ・彼の外見は以前ほどきちんとしていなかった。 | He didn't look as neat as he used to. |
| ・友人たちによろしく伝えてくれるよう彼に頼んだ。 | I asked him to give my regards to some friends.<br>I asked him to give my best wishes to some friends. |

### 旧友との遭遇

| | |
|---|---|
| ・彼に見覚えがあった。 | He looked familiar to me. |
| ・知人と勘違いして、彼にあいさつをした。 | I mistook him for someone I knew and said hello to him. |
| ・彼は以前にどこかで会ったことがある人のようだった。 | He seemed to be a person I had seen somewhere before. |
| ・彼は高校時代の同級生の1人だった。 | He was one of my high school alumni. |
| ・彼はガールフレンドと一緒にいた。 | He was accompanied by his girlfriend. |
| ・私たちは高校時代以降、連絡を取っていない。 | We haven't kept in touch since high school. |
| ・長い間、彼から何の音沙汰もなかった。 | I didn't hear anything from him for long. |

| | |
|---|---|
| ・偶然、昔の友達に会った。 | I ran into an old friend of mine.<br>I ran across an old friend of mine.<br>I bumped into an old friend of mine.<br>I came across an old friend of mine.<br>I met an old friend of mine by chance.<br>I happened to meet an old friend of mine. |
| ・私は幼なじみに偶然会った。 | I encountered a childhood friend by chance.<br>＊ encounter 偶然出会う／ by chance 偶然に |
| ・私たちの出会いは本当に偶然だった。 | Our meeting was quite an accident. |
| ・本当に偶然の出会いだった。 | It was just a casual encounter. |
| ・図書館に行く途中で彼に会った。 | I met him on my way to the library. |
| ・最後に会ってから数年になる。 | It's been a few years since we met last. |
| ・彼の名前を思い出せなかった。 | I wasn't able to recall his name. |
| ・彼の名前が思い出せそうで思い出せなかった。 | His name was on the tip of my tongue. |
| ・うれしい驚きだった。 | It was a nice surprise. |
| ・世界はなんて狭いのだろう。 | What a small world! |
| ・私は彼を見ないふりをした。 | I pretended not to see him. |
| ・彼と数時間、楽しく話をした。 | I had a happy talk with him for several hours. |

## 同窓会

| | |
|---|---|
| ・今日は同窓会があった。 | There was an alumni meeting today.<br>＊ alumni 同窓生 |
| ・私たちは1年に1回、同窓会を開く。 | We have a reunion once a year.<br>＊ reunion 再結合、再会、集まり |
| ・久しぶりに旧友に会えてとてもうれしかった。 | I was very glad to see old friends after a long time. |
| ・10年間会わなかったが、すぐに彼だと分かった。 | Even though I had not seen him for 10 years, I recognized him in a flash.<br>＊ in a flash すぐに、一度で |
| ・私たちは小学校の時、同じクラスだった。 | We were in the same class together at the elementary school. |
| ・同窓会で中学校の時の相棒に会った。 | I met my middle school buddy at the reunion. |
| ・彼は私がずっと会いたかった人だった。 | He was just the person whom I had wanted to see. |
| ・小学生の時、彼に熱を上げていた。 | When I was in elementary school, I had a crush on him. |
| ・彼は相変わらずだった。 | He remained the same. |

| | |
|---|---|
| ・やんちゃだった生徒たちが今では穏やかになった。 | The students who had been naughty were gentle now. |
| ・一番勉強熱心だった生徒は教授になった。 | The most studious student became a professor. |
| ・彼らの何人かは成功したようだった。 | Some of them looked very successful. |
| ・どのように過ごしていたのかについて話をした。 | We talked about how we had been doing. |
| ・私たちは学生時代の思い出にふけった。 | We reminisced about the memories of our school days.<br>＊ reminisce　追憶する、思い出にふける |
| ・学生時代の思い出は私の心の中に残っている。 | The memory of my school days dwells in my mind.<br>＊ dwell　生きる、居住する、とどまる |
| ・私たちは昔の学生時代の話をしながら記憶を新たにした。 | We refreshed our memories talking about our old school days.<br>＊ refresh　さわやかな気分にする、新たにする |
| ・同窓会に出席しなかった人たちに会いたかった。 | I missed those who didn't attend the reunion. |
| ・私たちはもっと頻繁に会うことを約束して別れた。 | We parted, promising to meet more often. |

column

**「振り返ってみると」**

同窓会へ行くと、昔のことを思い出しながら楽しい時間を過ごすことになるでしょう。「振り返ってみると」、恥ずかしかったことも、残念に思うことも、楽しかったこともたくさんあって…。「振り返ってみると」はin retrospect と言います。「振り返ってみると楽しいことがたくさんあった」はIn retrospect, I had a lot of great times. となります。

# Chatting With an E-Pal

Saturday, October 17. Very cool

Today I chatted with my e-pal, Giulia. We were really excited that we were able to chat together even if we were far away. I became her e-pal 5 years ago or so by chance. She asked me if I had an MSN ID once. Of course I did, so it was possible to chat with each other on the Internet.

I didn't sleep until about 1 o'clock in the morning, and she sent a message to me. I asked what time it was in Italy then, and she answered that it was 5:00 p.m. Wow! I realized the remarkable development of communication. We chatted about Johnny Depp, Giulia's favorite movie star, for about one hour. He was an actor of the movie *Pirates of the Caribbean*. She was crazy about him. She recommended that I see the movie, *From Hell*. She said Johnny Depp was fantastic in that movie. And then we talked about our future such as what to do in the future.

## メル友とのチャット

10月17日　土曜日　とても涼しい

　今日はメル友のジュリアとチャットをした。私たちはたとえ遠く離れていてもチャットができてとてもわくわくした。私は約5年前に偶然、彼女とメル友になった。彼女は一度私にMSNのIDがあるか尋ねた。私は当然持っていたので、インターネット上でチャットができた。

　午前1時まで寝ないでいたら、彼女が私にメッセージを送ってきた。その時、イタリアは何時なのか聞いたところ、夕方5時だと言われた。すごい！　通信技術の著しい発展を実感した。私たちはジュリアのお気に入りの映画俳優であるジョニー・デップについて1時間ほどチャットをした。彼は映画『パイレーツ・オブ・カリビアン』の俳優だ。彼女は彼に夢中だ。私に映画『フロム・ヘル』を見るように薦めた。その映画でのジョニー・デップは素晴らしいと彼女は言った。その後、私たちは将来について、将来何をするかについて話した。

**NOTES**

or so　～程度／ by chance　偶然に／ remarkable　顕著な、注目すべき／ be crazy about　～に夢中／ recommend
推薦する

# CHAPTER

# 16

## 愛

## ブラインドデート

| | |
|---|---|
| ・ブラインドデートをした。 | I had a blind date.<br>＊ blind date　友人などの紹介による面識のない相手とのデート |
| ・ブラインドデートの場所と時間を決めた。 | I set a place and time for the blind date. |
| ・友達が彼を私に紹介してくれた。 | A friend of mine introduced him to me. |
| ・彼がブラインドデートをセッティングしてくれた。 | He set me up on a blind date. |
| ・彼は私をブラインドデートの場所に引っ張っていった。 | He dragged me to the place for the blind date.<br>＊ drag　引っ張っていく |
| ・私は彼について話をたくさん聞いている。 | I've heard much about him. |
| ・私はそのカフェで初めて彼に会った。 | I met him face to face for the first time in the cafe. |
| ・2対2のダブルデートだった。 | It was a double date. |
| ・とてもドキドキした。 | I was very thrilled. |
| ・すてきな人に出会えることを願った。 | I hoped to meet a nice person. |
| ・数人の中で、ボブカットの女の子が私のパートナーになることを願った。 | Among them, I hoped the bobbed-haired girl would be my partner. |
| ・彼はどこかで会った人のようだった。 | He looked kind of familiar. |

## 気に入らないパートナー

| | |
|---|---|
| ・彼は私のタイプではなかった。 | He was not my cup of tea. |
| ・彼はいわゆる自慢屋だった。 | He was what is called a braggart.<br>＊ what is called　いわゆる／braggart　自慢屋、ほら吹き |
| ・彼は私が嫌いな資質をすべて備えた人だった。 | He had all the qualities that I didn't like. |
| ・彼は女性を魅了する方法をよく知っているようだった。 | He seemed to know a lot about how to attract ladies. |
| ・彼は女性の扱いがうまいと思った。 | I thought he had a way with the ladies. |
| ・彼の話の内容は不快だった。 | He said slimy things.<br>＊ slimy　不快な、いやらしい、へつらう |
| ・彼の第一印象は威圧的だった。 | His first impression was threatening.<br>＊ threatening　威圧的な、険悪な |
| ・彼は醜かった。 | He looked ugly. |

| | |
|---|---|
| ・彼はきちんとした人に見えなかった。 | He didn't look neat. |
| ・彼の話し方はよくなかった。 | His manner of speech was not good. |
| ・彼はとても無礼な人だった。 | He was very rude. |
| ・彼はマザコンだった。 | He was a mama's boy. |
| ・彼が私のパートナーにならないことを願った。 | I hoped he wouldn't be my partner. |
| ・不幸にも彼が私のパートナーになった。 | Unfortunately, he became my partner. |

---

**column**

### イケメン！ ナイスバディ！

ブラインドデートの相手はイケメンでスタイル抜群でしたか？ 「彼はイケメンだ」はHe is a (good) looker.、スタイルがよければHe is in good shape.と言います。誰もがパートナーになりたがる超イケメンだったならば、He is a hunk.と表現します。hunkは「とてもカッコいい男性」を意味します。

---

## 理想

| | |
|---|---|
| ・彼は私の理想だった。 | He was my Mr. Right. |
| ・彼女は私の理想だった。 | She was my Ms. Right. |
| ・彼は私のタイプだった。 | He was my type. |
| ・夢に描いていた人を見つけた。 | I have found the man of my dreams. |
| ・私たちは一目で恋に落ちた。 | We fell in love at first sight. |
| ・私は彼に一目ぼれした。 | I fell in love with him at first sight. |
| ・私は彼を見て、一目ぼれした。 | It was love at first sight when I saw him. |
| ・彼は本当にかっこよかった。 | He was a real hunk.<br>＊ hunk ステキな男性 |
| ・彼はマナーがとてもよかった。 | He had good manners. |
| ・彼は印象がよかった。 | He made a good impression on me. |
| ・彼女は美人だった。 | She was an eyeful. |
| ・私は彼をデートに誘った。 | I asked him out.<br>I asked him for a date.<br>I asked him on a date. |
| ・彼と楽しいデートをした。 | I had a happy date with him. |

## 魅力的なパートナー

| | |
|---|---|
| ・彼はしゃべるのも上手だが、それ以上に聞き上手だった。 | He was a good speaker, but a better listener. |
| ・最初、彼は私に強い印象を残さなかった。 | At first, he didn't make much of an impression on me. |
| ・彼は魅力的だった。 | He was attractive. |
| ・彼は迫力があった。 | He was powerful. |
| ・彼はやり手だった。 | He was a go-getter. |
| ・彼の外見はとても印象的だった。 | His appearance was very impressive. |
| ・彼は気品があった。 | He looked distinguished.<br>＊distinguished　目立つ、有名な、高貴な |
| ・彼はユーモアのセンスがあった。 | He had a sense of humor. |
| ・彼は本当はロマンティックな人だった。 | He was a romantic at heart. |
| ・彼は、私が今まで会った中で最もすてきな人だった。 | He was the nicest man I'd ever met. |
| ・彼は笑顔がすてきだった。 | He had a beautiful smile. |
| ・私は感情的な人よりも理知的な人が好きだ。 | I like a man of intellect rather than of emotion.<br>＊rather than ~　~よりむしろ |

# 2 愛

## 愛とは

| | |
|---|---|
| ・愛という言葉よりロマンティックなものはない。 | No word is more romantic than love. |
| ・恋をすると人は幸せになる。 | People become happy when they are in love. |
| ・愛に国境はない。 | Love has no frontier. |
| ・愛に年齢は関係ない。 | Love is not related to age.<br>Age has nothing to do with love.<br>＊ have nothing to do with ~　～とは関係がない |
| ・私も同感だ。 | I feel the same way. |
| ・愛とは理解することだと私は考える。 | In my mind, love means understanding. |
| ・私は変わらぬ愛を望む。 | I want constant love. |
| ・美は見る人次第。 | Beauty is in the eye of the beholder.<br>＊ beholder　見る人 |
| ・ほれた目にはあばたもえくぼ。 | Every lover sees a thousand graces in the beloved object. |
| ・熱い愛はすぐ冷める。 | Hot love is soon cold. |
| ・愛に限界はない。 | Love knows no bounds.<br>＊ bound　境界、限度、範囲 |
| ・われ鍋にとじぶた。 | Every Jack has his Jill.<br>Every shoe has its match. |

## 初恋・片思い

| | |
|---|---|
| ・初恋は失敗しやすいという。 | It is said that first loves are likely to fail. |
| ・私は初恋を失いたくなかった。 | I didn't want to lose my first love. |
| ・結局初恋は実らなかった。 | At last, I lost my first love. |
| ・初恋の人を恋しく思う。 | I miss my first love. |
| ・私の愛は片思いだった。 | My love was never returned. |
| ・私は彼をひそかに愛している。 | I love him secretly. |
| ・彼を見ると心臓がどきどきする。 | He makes my heart flutter. |
| ・彼は私が彼を愛していることを知らない。 | He doesn't know that I love him. |
| ・彼に愛されたい。 | I want to be loved by him. |
| ・両思いになれればいいのに。 | I wish the feeling could be mutual.<br>＊ mutual　相互の、共通の |

| | |
|---|---|
| ・私は片思いをしている。 | I have unrequited love.<br>＊ unrequited　報われない |
| ・片思いは時々とても苦しい。 | Unrequited love is often very painful. |
| ・私は一方的な片思いはしないつもりだ。 | I will never love one-sidedly. |

## 恋に落ちる

| | |
|---|---|
| ・誰かと恋に落ちたい。 | I feel like falling in love with someone. |
| ・心に秘めた特別な人がいる。 | I have someone special in mind. |
| ・彼女は私が夢に描いていた女の子だ。 | She is the girl of my dreams. |
| ・私は彼女を好きになりつつある。 | I am falling for her. |
| ・私が彼と恋に落ちたなんておかしなことだ。 | It's so funny that I fell in love with him. |
| ・私たちは愛し合っている。 | We love each other. |
| ・私たちはお互いについて同じ感情を抱いた。 | We both felt the same way about each other. |
| ・私たちの友情は次第に愛に変わった。 | Our friendship grew into love by degrees.<br>＊ by degrees　次第に |
| ・彼女の愛を勝ち取って本当に幸せだ。 | I am very happy to win her heart. |
| ・私は今恋に落ちている。 | I am falling in love. |
| ・私は彼に夢中だ。 | I am stuck on him. |
| ・私は彼にのぼせている。 | I am nuts about him.<br>I have a crush on him.<br>＊ be nuts about　〜に狂う、〜に熱中している／ have a<br>　crush on　〜にほれ込む |
| ・私は彼にぞっこんだ。 | I am falling head over heels in love with him.<br>＊ head over heels　深く |
| ・私たちはお互いに夢中になっている。 | We're crazy about each other. |
| ・私は変わらずに彼を愛している。 | I love him as much as ever.<br>＊ as ever　変わりなく、相変わらず |
| ・彼の欠点にもかかわらず私は彼を愛している。 | I love him despite his faults.<br>＊ despite　〜にもかかわらず |
| ・私は心から彼を愛している。 | I love him with all my heart.<br>I love him with my whole heart.<br>I love him from the bottom of my heart.<br>＊ from the bottom of one's heart　心から |
| ・彼のありのままを愛している。 | I love him the way he is. |

## 愛に目がくらむ

| | |
|---|---|
| ・私は愛に分別を失っている。 | I am blinded by love. |
| ・恋は盲目。 | Love makes people blind. |
| ・愛するあまり私には彼の欠点が見えない。 | My love for him blinds me to his faults. |
| ・彼のためなら何をするのもいとわない。 | I am willing to do everything for him.<br>＊ be willing to ＋動詞原型　喜んで〜する |
| ・彼は私が望むことはなんでもしてくれた。 | He did whatever I wanted. |
| ・彼は私のすべてだ。 | He is my everything.<br>He is everything to me. |
| ・私は彼に夢中だ。 | I am crazy about him. |
| ・彼がいない世界など想像もできない。 | I can't imagine this world without him. |
| ・私たちはお互いのために作られたように思える。 | We seem to be made for each other. |
| ・ついに燃えるような愛を告白した。 | Finally, I confessed my ardent love.<br>＊ confess　告白する、認める |
| ・私は彼を永遠に愛する。 | I will love him forever. |
| ・私たちの愛が永遠であることを願う。 | I hope our love will be endless. |
| ・私たちの愛が永遠に続くことを望む。 | I wish for our love to last forever. |
| ・彼はいつも私の心の中にいる。 | He is always in my heart.<br>He is always on my mind. |
| ・彼が私を必要とするときはいつでも彼のそばにいる。 | I'll be there for him whenever he needs me. |

Chapter 16 愛

## 恋愛

| | |
|---|---|
| ・私はすてきな人と付き合っている。 | I am going out with a nice person.<br>＊ go out with　〜と付き合う |
| ・私たちは付き合って一年になる。 | We have been going out for a year. |
| ・毎日彼とデートする。 | I have dates with him every day. |
| ・彼はいつもデートに早く来て私を待っている。 | He is always early for our dates and waits for me. |
| ・彼と一緒にいると楽しい。 | He is fun to be with. |
| ・彼といると心が安らぐ。 | I feel at home when I am with him. |
| ・私は彼と絶対にけんかをしない。 | I never have quarrels with him. |
| ・デートすると彼がいつも食事代を払う。 | He always pays for our meals when we go out. |
| ・彼女の振る舞いはかわいい。 | She acts cute. |
| ・彼女の振る舞いは魅力的だ。 | She acts charmingly. |
| ・彼女は本当に愛らしい。 | She is really adorable. |
| ・彼女はバラのようなにおいがする。 | She smells like a rose. |
| ・私は彼と腕を組んで歩いた。 | I walked arm in arm with him. |
| ・私たちは手をつないで歩いた。 | We walked hand in hand. |
| ・私は一日中彼と一緒にいたい。 | I want to be with him day and night. |

## お別れ

| | |
|---|---|
| ・別れの時間が来た。 | It was time to say goodbye. |
| ・家に一人で帰りたくなかった。 | I didn't like going back home alone. |
| ・彼が家まで送ってくれた。 | He saw me home. |
| ・彼が車で家に送ってくれた。 | He took me home in his car. |
| ・彼は愛の証しとして私のほおにキスをした。 | He kissed me on the cheek as a token of his love.<br>＊ as a token of　〜の証しとして、証拠として |
| ・彼が私をぎゅっと抱きしめた。 | He held me tight.<br>He hugged me tight. |
| ・彼と頻繁に会いたい。 | I hope to see him frequently. |
| ・私は彼にまた会いたくて仕方ない。 | I can't wait to meet him again.<br>＊ can't wait to ＋動詞原型　〜するのを待ち望んでいる |

| | |
|---|---|
| ・彼と一緒にいるのはとても楽しかった。 | I really enjoyed his company. |
| ・彼が私とだけ付き合ってくれるのを望む。 | I want him to date only me.<br>I want him to go steady with me. |

**別れた後**

別れた後でもまた会えるように連絡を取り続けたい場合には、keep in touch with ～（～と連絡を取り続ける）を使って、I want to keep in touch with you. と言います。彼と連絡が途絶えたならば、lose touch with ～（～と連絡が途絶えた」を使い、I lost touch with him. と表現します。

column

# 4　別れ

**SAYING GOODBYE**

## 愛が冷める

| | |
|---|---|
| ・私はしょっちゅうささいなことで彼と口げんかする。 | I often quarrel about trivial things with him. |
| ・私たちの問題はコミュニケーションがうまくいかないせいで起こる。 | Our problems are caused by a breakdown in communication.<br>＊ breakdown　決裂、挫折 |
| ・私たちは互いに違った考えを持っている。 | We are not speaking the same language.<br>＊ speak the same language　性格や態度が同じだ |
| ・考える時間が必要だった。 | I needed some time to think. |
| ・彼女は私を拒絶した。 | She refused me.<br>She turned me down. |
| ・私は彼女にふられた。 | I got rejected by her.<br>I got dumped by her. |
| ・彼女は心変わりした。 | She had a change of heart. |
| ・彼女の気持ちを変えようとしたが無駄だった。 | I tried in vain to make her change her mind. |
| ・彼女は私に背を向けた。 | She turned her back on me. |
| ・彼女が私を裏切った。 | She betrayed me.<br>＊ betray　背反する、背信する |
| ・彼女がそうしたとき、裏切られたと感じた。 | I felt betrayed when she did so. |

| | |
|---|---|
| ・彼女はもう私を好きではない。 | She doesn't like me any more. |
| ・私たちは会った途端に別れを告げた。 | The instant that we met, we said goodbye.<br>＊ the instant(that)　〜した途端に |
| ・最初は彼が好きだったが、すぐ興味を失った。 | I liked him at first, but soon lost interest. |
| ・ほかの人を探したほうがいい。 | I had better find somebody else. |
| ・彼は私に待ちぼうけをくわせた。 | He stood me up.<br>＊ stand 〜 up　約束時間に来ない、待ちぼうけをくわせる |
| ・彼は私を2時間待たせた。 | He made me wait for two hours. |
| ・彼は私を長い間待たせ続けた。 | He kept me waiting for a long time. |
| ・私の愛は冷め始めた。 | My love began to cool down. |

## 別れ

| | |
|---|---|
| ・私たちは不釣合いだと思う。 | I think we are a mismatch.<br>＊ mismatch　不釣合いな相手 |
| ・私たちはいろいろな点で意見が合わない。 | We don't see eye to eye in many areas.<br>＊ see eye to eye　〜と意見が完全に一致する |
| ・私たちの関係を考える時間が必要だ。 | I need some time to think about our relationship. |
| ・彼と会うことについてもう一度考えてみなくてはいけないと思う。 | I think I have to reconsider dating him.<br>＊ reconsider　再考する |
| ・彼がなぜ突然別れを切り出したのか分からなかった。 | I couldn't figure out why he said good-bye to me all of a sudden.<br>＊ figure out　理解する／all of a sudden　突然 |
| ・私たちの関係は終わった。 | We are finished. |
| ・私たちは終わりの時が来た。 | We reached the end of the line. |
| ・私たちの関係を終わりにした。 | We ended our relationship. |
| ・私は彼と別れた。 | I am done with him.<br>I broke up with him.<br>I parted from him. |
| ・私は彼との関係を断った。 | I am through with him. |
| ・私たちは別れた。 | We split up.<br>We broke up. |
| ・私たちはお互いの元を離れた。 | We left each other. |
| ・彼と連絡が途絶えた。 | I lost touch with him. |

**別れた理由は二股？**

2人の相手と同時に付き合っている場合、「二股をかける」と言いますよね。これはtwo-timeという単語を動詞として使って表現できます。「彼はユミとマイに二股をかけている」は、He has been two-timing Yumi with Mai.と言います。

## 別れの後

| | |
|---|---|
| ・彼が行ってしまったら憂うつな気分になるだろう。 | When he goes away, I will be gloomy. |
| ・彼がいなくて心に穴が開いたようだ。 | I feel empty without him. |
| ・彼をとても恋しく思うだろう。 | I'll miss him a lot. |
| ・彼に会いたくて死にそうだ。 | I am dying to see him. |
| ・彼にとても会いたい。 | I am anxious to see him. |
| ・うれしいときも悲しいときも彼に会いたい。 | I miss him in joy and in sorrow. |
| ・その写真を見ると彼を思い出す。 | That picture reminds me of him. |
| ・彼に再び会うときが来るだろう。 | The time will come when I meet him again. |
| ・彼がなぜさよならも言わず去ったのか分からない。 | I wonder why he left without saying goodbye. |
| ・彼女を心から消し去ることができない。 | I can't get her out of my mind. |
| ・私は感情をあらわにしようと試みた。 | I tried to reveal my feelings. |
| ・私は恋煩いにかかっている。 | I am lovesick. |
| ・彼についての記憶をすべて消すつもりだ。 | I will erase all the memories of him. |
| ・恋をするには私はあまりに幼い。 | I am too young to be in love. |
| ・愛する人がいないと、寂しく憂うつだ。 | When I have no one to love, I feel lonely and depressed. |
| ・彼とやり直そうとしたが無駄だった。 | I tried to make it up with him, but it was in vain. |
| ・会わないとそれだけ余計に会いたくなる。 | Absence makes the heart grow fonder. |
| ・去るものは日々に疎し。 | Long absent, soon forgotten. Out of sight, out of mind. |

Chapter 16 愛

## 婚約

| | |
|---|---|
| ・できるだけ早く彼との婚約式を執り行うと宣言した。 | I announced that I would have an engagement ceremony with him as soon as possible.<br>＊ engagement　婚約、約束、契約 |
| ・私の両親は私が彼と婚約するのを望んでいなかった。 | My parents didn't want me to get engaged to him. |
| ・彼は私の両親に婚約を認めるよう説得した。 | He persuaded my parents to allow us to get engaged. |
| ・婚約式の際そのピンクのドレスを着た。 | I wore the pink dress at the engagement ceremony. |
| ・私は彼と婚約した仲だ。 | I am engaged to him. |
| ・彼は私のフィアンセだ。 | He is my fiancé. |
| ・彼女は私のフィアンセだ。 | She is my fiancée. |
| ・私たちはお互いにふさわしい相手だ。 | We are made for each other. |
| ・私たちは理想的な結婚相手だ。 | We are a match made in heaven. |
| ・私たちがお互い似ているという人もいる。 | Some people say that we look alike. |
| ・誤解で婚約が破談になった。 | Our engagement was broken off because of a misunderstanding. |
| ・フィアンセが婚約を破棄したのは、私にとって耐えがたい試練だった。 | When my fiancé broke our engagement, it was a bitter pill for me to swallow.<br>＊ bitter pill for ~ to swallow　〜にとってつらい試練、やらねばならぬこと |
| ・結局、私たちは婚約を破棄した。 | At last, we called off the engagement. |

## プロポーズ

| | |
|---|---|
| ・叔父が私たちの仲介をした。 | My uncle set us up.<br>＊ set ~ up　〜を紹介する |
| ・私たちの結婚の手はずを整えてくれたのが私の叔父だった。 | It was my uncle who arranged our marriage. |
| ・彼が私にプロポーズした。 | He proposed to me.<br>He made a proposal of marriage to me.<br>He popped the question.<br>＊ pop the question　（女性に）求婚する |

| | |
|---|---|
| ・彼がひざまずいて私にプロポーズして　くれた時、私は本当に幸せだった。 | When he got down on his knees and asked for my hand, I was really happy.<br>＊ ask for somebody's hand　〜にプロポーズする |
| ・とてもまごついてあいまいな返事をした。 | I was so embarrassed that I answered vaguely. |
| ・結局彼のプロポーズを受け入れた。 | Finally, I accepted his proposal. |
| ・私は彼と結婚することを決めた。 | I decided to marry him. |
| ・彼と永遠に一緒にいたい。 | I wish to stay with him forever. |
| ・彼を幸せにしてあげたい。 | I want to make him feel happy. |

## 結婚の承諾

| | |
|---|---|
| ・彼のプロポーズを受け入れた。 | I accepted his proposal. |
| ・彼のプロポーズを拒絶した。 | I declined his proposal.<br>＊ decline　拒絶する |
| ・愛し合っていれば結婚するのは当然だと　思う。 | I think it is natural to marry when people are in love. |
| ・結婚においては愛がすべてだとは思わない。 | I don't think love is everything in a marriage. |
| ・重要なことは彼の人となりであって、　彼の財産ではない。 | The important thing is not what he has but what he is. |
| ・私の両親は彼との結婚を許してくれない　だろう。 | My parents won't allow me to marry him. |
| ・私の両親は、結婚は愛だけでは十分でないか　ら、もっと現実的に考えるべきだと言った。 | My parents told me that love alone is not sufficient for marriage and I should be more realistic.<br>＊ sufficient　十分な／realistic　現実的な |
| ・結局、両親は私たちの結婚を許してくれた。 | At last, my parents allowed our marriage. |
| ・これで彼と結婚して落ち着くことができる。 | Now I can settle down with him.<br>＊ settle down　（結婚して）落ち着く |
| ・結婚式の日取りを決めた。 | We set a date for the wedding. |
| ・結婚式の日取りを5月5日に決めた。 | The wedding has been fixed for May 5th. |
| ・私が結婚するなんて不安でもあり、　わくわくもする。 | I am anxious and excited to be getting married. |
| ・友達全員に結婚式の招待状を送った。 | I sent wedding invitations to all of my friends. |

## 結婚式

| | |
|---|---|
| ・来週末に彼と結婚する。 | I will get married to him next weekend. |
| ・私たちは結婚の準備で忙しかった。 | We were busy with the wedding preparation. |

| | |
|---|---|
| ・ウエディングドレスを選びに行くと、白いドレスがとてもきれいだった。 | I went to pick out my wedding dress, and the white dresses were really beautiful. |
| ・明日は私の結婚式の日だ。 | Tomorrow is my wedding day. |
| ・今日が私たちの生涯で一番重要な日だ。 | Today is the most significant day in our lives. |
| ・花嫁と花婿はとてもすてきだった。 | The bride and bridegroom were wonderful. |
| ・花嫁の顔はベールで覆われていた。 | The bride's face was covered with a veil. |
| ・花嫁のブーケはバラで作られていた。 | The bride's bouquet was made out of roses. |
| ・バージンロードを歩いているときは感無量だった。 | I felt so excited when I was walking down the aisle.<br>＊ aisle　通路 |
| ・姪が花嫁の付き添い役をした。 | The niece was the flower girl. |
| ・花婿が花嫁に結婚指輪をあげた。 | The bridegroom gave the bride a wedding ring. |
| ・新郎の友人が結婚式の司会をした。 | The bridegroom's friend officiated at the wedding.<br>＊ officiate　式を執行する、司会する |
| ・神父は、死が私たちを分かつまで愛し合うようにと言った。 | The priest told us to love each other until death does us part. |
| ・私たちは結婚の誓いをした。 | We took marital vows.<br>＊ marital　婚姻の／vow　誓い |
| ・両親にお辞儀をした。 | We bowed to our parents. |
| ・花嫁が後ろを向いて友人たちにブーケを投げた。 | The bride, with her back facing her friends, tossed the bouquet. |
| ・未婚の女性がブーケを受け取った。 | A single woman caught the bouquet. |
| ・結婚式はすぐに終了した。 | The wedding ceremony finished quickly. |
| ・招待客がたくさんいた。 | There were so many guests. |
| ・私の結婚をお祝いしてくれるために親しい友達がみんな来てくれた。 | All my close friends came to celebrate my marriage. |
| ・芳名録に招待客の名前をすべて書いてもらった。 | I had the names of all the wedding guests written down in the guest book. |
| ・結婚披露宴で来てくれた方に感謝の気持ちを表した。 | We expressed our gratitude to the guests at the wedding reception. |
| ・離婚することなく幸せに暮らすつもりだ。 | I will live happily ever after without divorcing. |
| ・幸福と笑顔に満ちた家庭を作るため努力している。 | I try to fill our home with happiness and laughter. |

# Confession of Love

Wednesday, March 9. Cold.

What on earth is the feeling 'like'? Yesterday I had barely decided to send him a letter, and I prepared it today. But after discussing it with Yuriko, I gave up sending the letter to him. While I was reading the letter that I had written, I thought that if someone read it, he or she would think 'She seems to know everything about love stories and cartoons.'

At last, I tore it up because it was childish. I was not sure whom I liked and I was really confused. Yuriko suggested that I confess to him first by instant messenger, but I had no courage to do so. Sending him a letter is my one-sided act, but talking with him by using instant messenger on the Internet is direct communication, which makes me aware of his reactions.

How about confessing to him tomorrow? I am so nervous. Why have I come to like him? I am so confused. I want to find an easy solution.

## 愛の告白

3月9日　水曜日　寒い

　いったい好きという感情は何なのだろう？　昨日やっと彼に手紙を送る決心をして、今日準備をしたのに、友里子と話しあった後、彼に手紙を送るのをやめてしまった。私が書いた手紙の内容を読みながら、誰かがそれを読んだら『彼女は恋愛小説や漫画についてよく知っているのだろう』と思われるだろうと思った。

　結局、とても幼稚なので手紙を破ってしまった。誰を好きなのか分からずとても困惑した。友里子はまずインターネットのメッセンジャーで告白してみればと提案してくれたが、勇気が出なかった。彼に手紙を送るのは私の一方的な行動だけど、インターネットでメッセンジャーを使って彼と会話することは、彼の反応が分かる直接的なコミュニケーションだ。明日彼に告白してみようか？　とても緊張する。私はどうして彼を好きになったのだろう？　とても混乱してしまう。すっきりする解決策があればいいのに。

**NOTES**

on earth　（疑問文で）一体／ barely　やっと／ tore　tear　（破る）の過去形／ confess　告白する／ one-sided　一方的な／ reaction　反応／ confused　混乱した

# CHAPTER
# 17

## 趣味

# 1 趣味

## 趣味活動

| | | | |
|---|---|---|---|
| 音楽鑑賞 | listening to music | ピアノ演奏 | playing the piano |
| 映画鑑賞 | watching movies | コンピューターゲーム | playing computer games |
| 読書 | reading | そり滑り | sledding |
| ダンス | dancing | 縄跳び | skipping[jumping] rope |
| 絵を描くこと | painting | サイクリング | cycling |
| 写真撮影 | taking pictures | 釣り | fishing |
| テレビを見ること | watching TV | 登山 | mountain climbing |
| 切手収集 | collecting stamps | 折り紙 | paper folding |
| 旅行 | traveling | 編み物 | knitting |
| 書道 | calligraphy | 刺しゅう | embroidering |
| ガーデニング | gardening | | |

## 趣味

- 趣味は人の好みによってさまざまだ。

Hobbies vary according to taste.
＊vary 違ってくる、多様だ

- 趣味は時間の無駄だと考える人も中にはいるが、私はそう思わない。

Some people think a hobby is a waste of time, but I don't think so.

- 趣味を持つのは時間つぶしのためだけではない。

Having a hobby is not only for killing time.

- 趣味は私たちの緊張を和らげ、前向きな気持ちにさせる。

Hobbies relax us and promote positive thinking.
＊promote 増進する、促進する

- 友達が私と同じ趣味を持っているのを知り、とてもうれしい。

I am very happy to know that my friend has the same hobby as me.

- 私たち二人は共通している趣味が多い。

Two of us have a lot of hobbies in common.
＊have ~ in common ～を共通に持っている

## 私の趣味

- ・私はさまざまな娯楽に興味を持っている。 — I am interested in various pastimes.
- ・私は趣味が多いが、その中でも～が一番好きだ。 — I have lots of hobbies. Among them, my favorite hobby is ~.
- ・私の趣味は音楽鑑賞だ。 — My hobby is listening to music.
- ・私は旅行が好きだ。 — I am fond of traveling.
- ・私のお気に入りの趣味は刺しゅうだ。 — My favorite hobby is embroidering.
  * embroider　刺しゅうする
- ・私のお気に入りの趣味の一つがクロスステッチだ。 — One of my favorite hobbies is cross-stitching.
- ・私の趣味は生け花だ。 — My hobby is flower arrangement.
- ・私は釣りに行くのが好きだ。 — I like to go fishing.
- ・私は写真撮影が楽しいことを知った。 — I found it fun to take pictures.
- ・私は手先が器用だ。 — I am good with my hands.
- ・私の特技は歌を歌うことだ。 — My strong point is singing well.
- ・私は歌うことに特別な才能がある。 — I have a special talent for singing.

---

### column

**「私の趣味は…」**

「私の趣味はサッカーだ」を、My hoppy is soccer.としてはいけません。正しくは、自分の趣味は「サッカーをすること」なのですから、「～すること」を表す動名詞（～ing）を使い、My hobby is playing soccer.とします。

---

## 趣味の探求

- ・私はこれと言って趣味がない。 — I don't have any hobbies worth mentioning.
  * worth –ing　～する価値がある、～に値する
- ・私は特に趣味がない。 — I have no hobby in particular.
- ・私は収集の才能がない。 — I have no talent for collecting.
- ・私は手先が不器用だ。 — I am all thumbs.
  * be all thumbs　手先が不器用だ、鈍い
- ・誰にでも自分の業がある（餅は餅屋）。 — Every man to his own trade.
- ・生け花を勉強したい。 — I want to learn flower arrangement.
- ・私は書道とチェス、それからギターの弾き方を学びたい。 — I'd like to learn calligraphy, chess and how to play the guitar.
  * calligraphy　書道

· 私は趣味でペットの犬を飼いたい。　　　I want to raise a pet dog for my hobby.

# 2 登山

HIKING

## 登山へ出掛ける

| | |
|---|---|
| · 私は子どものころからずっと登山が趣味だ。 | Mountain hiking has been my hobby since I was a child. |
| · 私は登山用品をほぼすべて持っている。 | I have almost all the equipment for mountain climbing. |
| · 私は新鮮な空気を味わいに友人たちと登山へ出かけた。 | I went mountain hiking with friends to breathe in a refreshing atmosphere. |
| · この休みは家族と一緒に山に登った。 | I hiked up the mountain with my family this holiday. |
| · 登山で登りに通った道はつまらなかった。 | The mountain was boring on the way up. |
| · 彼はあっという間に山を登った。 | He hiked the mountain so fast. |
| · 彼について行けなかった。 | I couldn't keep up with him.<br>＊ keep up with ～についていく |
| · 額から汗が流れた。 | I had sweat on my forehead. |
| · あれほど高い山に登ったことがなかった。 | I had never hiked such a high mountain before. |
| · ロッククライミングに出掛けた。 | I went rock climbing. |
| · ロッククライミングの最中に足をけがした。 | I hurt my leg when I was rock climbing. |

column

### climbとhike

一口に「登山をする」と言っても、装備を身に着けロッククライミングのような登山をするのがclimbで、登山道を辿っていくような山歩きはhike、というように使い分けます。

## 頂上にて

・山の頂上に到着すると爽快な気分になった。 I felt refreshed when I reached the top of the mountain.

・展望台から眼下の風景を見下ろすことができた。 I could see the lower scenery on the viewing deck.
＊ scenery　風景、景色／ viewing deck　展望台

・展望台からの風景を一望するのは爽快だった。 I felt refreshed when I looked at the scenery on the viewing deck.

・そこから遠くもよく見えた。 I could see far from there.

・山の頂上からは村の景色がよく見えた。 From the top of the mountain, I had a clear view of the village.
＊ view　展望、眺望、見解、視野

・山に登ると私たちはその景色に感嘆した。 After hiking up the mountain, we admired the scenery.

・山間に日が沈んでいくのを見ることができた。 I could see the sun dipping behind the mountain.

・頂上からみる夕焼けは壮大だった。 The sunset from the summit was magnificent.
＊ summit　頂上、てっぺん、絶頂

・その景色に息をのんだ。 The view was breathtaking.
The view took my breath away.

・言葉では言い表せないほどだった。 It was beyond description.
＊ beyond　〜を超えた／ description　説明、描写

・その景色は言葉では言い表せないほど美しかった。 The scenery was beautiful beyond expression.

# 3 読書

READING BOOK

## 本の種類

| 童話 | fairy tale | 詩 | poem |
|------|-----------|------|------|
| 小説 | novel | 雑誌 | magazine |
| 伝記 | biography | 定期刊行物 | periodical |
| 推理小説 | mystery | 自伝 | autobiography |
| 探偵小説 | detective story | 随筆 | essay |
| ファンタジー | fantasy | 漫画 | comic books |
| 冒険小説 | adventure story | 百科事典 | encyclopedia |
| 叙事詩 | epic | | |

## 読書

| | |
|---|---|
| ・私は読書が好きだ。 | I am fond of reading books. |
| ・私は本を読むのが大好きだ。 | I love reading books. |
| ・私は読書が好きな人だ。 | I am a book lover. |
| ・読書は私の唯一の趣味だ。 | Reading books is my only hobby. |
| ・学校の推薦図書を読んだ。 | I read the required books of school. |
| ・秋は夜の読書に最適の季節だ。 | Autumn is the best season for reading books in the evening. |
| ・日曜日はほとんどの時間を読書に費やす。 | On Sundays I spend most of my time reading books. |
| ・私は一カ月に最低でも一冊小説を読む。 | I read at least one novel a month. |
| ・毎日必ず1時間以上は本を読むことにしている。 | I make it a rule to read books for more than an hour every day.<br>＊ make it a rule to＋動詞原形　〜するのを規則にしている |
| ・私は布団に入って本を読むのが好きだ。 | I like to read books in bed. |
| ・いつも新刊を読むようにしている。 | I always try to keep abreast of new books.<br>＊ keep abreast of　〜に遅れないでついて行く |
| ・本を読みながらうとうとした。 | I nodded off while reading a book. |

| | |
|---|---|
| ・本を読んでいたら眠ってしまった。 | I fell asleep while I was reading. |
| ・私は本を読まない。 | I don't read any books. |
| ・本を読む気分ではなかった。 | I was in no mood to read a book. |
| ・みんなが私に本を読むことを勧めるが、私にとって読書は面白くない。 | Everyone advised me to read books, but it is not interesting for me to read them. |
| ・私はいつもインターネットで本を購入する。 | I always purchase books online.<br>＊ purchase　購入する、購買する |
| ・インターネットで歴史に関する本を何冊か注文した。 | I ordered a few books about history on the internet. |
| ・読書と精神の関係は、食べ物と肉体の関係と同じだ。 | Reading is to the mind what food is to the body. |
| ・ペンは剣より強し。 | The pen is mightier than the sword. |

## 読書に没頭する

| | |
|---|---|
| ・私は本の虫だ。 | I am a bookworm. |
| ・私は本に埋もれている。 | I am buried in books. |
| ・私は手当たり次第に本を読む。 | I read books at random.<br>＊ at random　でたらめに、無作為に |
| ・私は読書に夢中だ。 | I am crazy about books. |
| ・私は読書のとりこだ。 | I am caught up in reading. |
| ・読み終わるまで本を離さなかった。 | I didn't put the book down until I finished it. |
| ・その本にはまった。 | I lost myself in the book.<br>＊ lose oneself in　没頭する |
| ・私はいつも本ばかり読んでいる。 | My nose is always in a book. |
| ・私はいつも本を持ち歩いている。 | I always carry a book. |
| ・その本は決して読みやすい本ではない。 | That is by no means an easy book.<br>＊ by no means　決して～ではない |
| ・三カ月でその本を読み終えた。 | I finished reading that book in three months. |
| ・私は深い意味を理解しようとした。 | I tried to understand the deeper meaning. |
| ・私は学校中で一番本を読んでいる。 | I am the greatest reader at my school. |

## 本の好み

| | |
|---|---|
| ・私は歴史ノンフィクションに関心が強い。 | I am quite interested in historical nonfiction. |
| ・今とても面白い探偵小説を読んでいる。 | I am reading a very exciting detective story right now. |
| ・私は特に漫画を読むのが好きだ。 | I especially like reading comic books. |

| | |
|---|---|
| ・漫画にはいい点がたくさんある。 | Comic books have many advantages. |
| ・漫画は面白いだけでなく教育的でもある。 | Comic books are instructive as well as funny. Comic books are at once funny and instructive. |
| ・漫画を読むことで難しい経済の勉強だってできる。 | We can even study difficult economics by reading comic books. |
| ・私は聖書を楽しんで読んでいる。 | I enjoy reading the Bible. |
| ・私はだいたいいつも文学作品を読む。 | I usually read literary books. |
| ・私は世界の著名な文学作品を読むのが好きだ。 | I am fond of reading world-famous literary works. |
| ・最近私はマーガレット・ミッチェルの『風とともに去りぬ』の翻訳を読んだ。 | Recently I've read 'Gone with the Wind' by Margaret Mitchell in translation. |
| ・その本は日本語に翻訳されている。 | The book has been translated into Japanese. |
| ・私の好きな作家はアーネスト・ヘミングウェーだ。 | My favorite writer is Ernest Hemingway. |
| ・彼は最も人気のある作家の一人だ。 | He is one of the most popular writers. |
| ・私は小説だけでなく詩と随筆にも関心が強い。 | I am interested in poems and essays as well as novels. |
| ・私は本を精読する。 | I read books intensively.<br>＊ intensively　集中的に |
| ・私は速読が得意だ。 | I am good at speed reading. |
| ・私は幅広くさまざまな本を読む。 | I read books extensively.<br>I am an extensive reader.<br>＊ extensive　広範囲の |

## 図書館で

| | |
|---|---|
| ・本を借りるために図書館へ行った。 | I went to the library to check out some books.<br>＊ check out　借り出す |
| ・一日中図書館で本を読んで過ごした。 | I spent all day reading at the library. |
| ・図書館で本を借りるためには図書館カードが必要だ。 | I need a library card to check out books from the library. |
| ・一度に三冊まで借りられる。 | We can check out three books at a time. |
| ・私が借りたかった本は参考書籍だったのだが、借りることができなかった。 | What I wanted was one of the reference books, but I couldn't check it out. |
| ・私はその本を閲覧室で読まなければならなかった。 | I had to read the book in the reading room. |
| ・貸し出し期間は二週間だ。 | I can have books for two weeks. |

| | |
|---|---|
| ・私が探していた本はすでに貸し出し中だった。 | The book that I looked for had already been checked out. |
| ・その本は返却期間が過ぎている。 | The book is overdue.<br>＊ overdue　期限の過ぎた |
| ・延滞料金を払わなければならなかった。 | I had to pay the overdue charges.<br>＊ charge　料金 |
| ・その本をもう二、三日持っていたかった。 | I wanted to keep the book a couple more days. |
| ・図書館員に貸出期間の延長を申し出た。 | I asked the librarian to extend the loan time. |
| ・本を読んでから返却した。 | I returned the books after reading them. |

## 感想

| | |
|---|---|
| ・本を読んだ後、感想文を書いた。 | After reading, I wrote a book review. |
| ・私は〜を読んでいるが、とても面白い。 | I am reading ~, and it is very interesting. |
| ・その本はつまらない。 | The book is boring. |
| ・その本はばかばかしい。 | The book is silly. |
| ・その話は薄っぺらい。 | The story is wishy-washy.<br>＊ wishy-washy　薄い、迫力のない |
| ・その本は劇的だ。 | The book is dramatic. |
| ・その本は笑える。 | The book is funny. |
| ・その本は恐ろしい。 | The book is dreadful. |
| ・その本は幻想的だ。 | The book is fantastic. |
| ・その本は理解するのが難しい。 | The book is difficult to understand. |
| ・その本はとても読みやすく面白いと思った。 | I found the book very easy and pleasant to read. |
| ・その本は私が読むには難しすぎた。 | The book was too difficult for me to read. |
| ・その本はとても面白かったので一日中読んでいた。 | The book was so interesting that I read it all day long. |
| ・その本を読んだ後で感傷的な気分になった。 | I felt sentimental after reading the book. |
| ・その本によって驚きの事実を知った。 | I got to know amazing facts through the book. |
| ・私たちは本を通じて間接的な体験を得られる。 | We can have vicarious experiences through books.<br>＊ vicarious　代理の、代わりに |
| ・その本は私に多くの知識を与えてくれた。 | The book taught me a lot of information. |

| | |
|---|---|
| ・その本は読むに値する本だった。 | The book was worth reading.<br>The book was worthwhile to read. |
| ・その本は私に最大の影響を与えた。 | That book had the most influence on me. |
| ・その本は今年のベストセラーだ。 | The book is a best-seller this year. |
| ・私はその本を読むよう友人たちに勧めた。 | I recommended my friends to read the book. |

## 4 音楽

MUSIC

## 私と音楽

| | |
|---|---|
| ・私は音楽が趣味だ。 | I have a taste for music.<br>＊ have a taste for　～を愛好する、～が趣味だ |
| ・私は子どものころから音楽の才能があったと両親は言う。 | My parents say that I've had a talent for music since childhood. |
| ・私は音楽のレッスンを受けている。 | I take music lessons. |
| ・私はその曲をクラリネット用に編曲した。 | I arranged the music for the clarinet.<br>＊ arrange　整頓する、脚色する、編曲する |
| ・ピアノ用にその旋律の美しい曲を作った。 | I composed the melodious music for the piano. |
| ・私の趣味は音楽を録音することだ。 | My hobby is recording music. |
| ・私は古いアナログレコードを集めている。 | I am collecting vintage vinyl records. |
| ・私はインターネットで歌をダウンロードする。 | I download songs on the internet. |
| ・私はいつでもどこでも音楽を聞けるようにMP3プレーヤーをいつも持ち歩いている。 | I always carry my MP3 player to listen to music anytime, anywhere. |
| ・音楽は私の関心事の一つなのでコンサートに出掛けるのも好きだ。 | Music is one of my interests, so I like going to concerts. |
| ・私のもう一つの趣味は音楽に合わせてダンスすることだ。 | Another hobby of mine is dancing to music. |

## 私の好きな音楽

| | |
|---|---|
| ・音楽が大好きだ。 | I love music. |
| ・私は音楽好きだ。 | I am a music lover. |
| ・ポップミュージックが好きだ。 | I like pop music. |
| ・ダンス曲が好きだ。 | I like dance music. |
| ・ラップが好きだ。 | I like rap music. |
| ・ヒップホップが好きだ。 | I like hip hop music. |
| ・ヘビーメタルが好きだ。 | I like heavy metal music. |
| ・クラシック音楽が好きだ。 | I like classical music. |
| ・うるさい音楽が好きだ。 | I like loud music. |
| ・静かな音楽が好きだ。 | I like soft music. |
| ・特にモーツァルトの作品が好きだ。 | I especially like the works of Mozart. |
| ・ベートーベンは私の一番好きな作曲家だ。 | Beethoven is my favorite composer. |
| ・モーツァルトは私が音楽好きになったきっかけだ。 | Mozart is the one who inspired my love of music. |

## 音楽鑑賞

| | |
|---|---|
| ・私は時々音楽を楽しむが、特に旋律の美しい曲が好きだ。 | Sometimes I enjoy music, especially melodious music. |
| ・私はクラシック音楽を聞くのが好きだが、特にピアノとバイオリンの二重奏が好きだ。 | I like listening to classical music, especially piano and violin duets. |
| ・私は何時間も座ってクラシック音楽を聞いていたものだ。 | I used to sit for hours listening to classical music. |
| ・その曲は昔の思い出をよみがえらせる。 | The music brings back old memories. |
| ・その曲は私に昔を思い出させる。 | The music reminds me of old times. |
| ・音楽は私を感動させる。 | Music touches me. |
| ・その音楽は本当に感動的だった。 | The music really got to me. |
| ・その音楽は私に深い感動を与えた。 | The music moved me deeply.<br>I was deeply impressed by the music. |
| ・その音楽は本当に印象的だった。 | The music was really impressive to me.<br>＊ impressive　印象的な、感動的な |
| ・私は音楽の拍子に合わせて足踏みするのが好きだ。 | I like to tap my foot to the beat of the music. |
| ・心が洗われるような音楽を聞く機会に恵まれた。 | I had an opportunity to hear some good music to refresh my spirit. |

| | |
|---|---|
| ・いい音楽のよさが分かってきたように思う。 | I think I am beginning to appreciate good music.<br>＊ appreciate　鑑賞する |
| ・音楽は感情の共有を促進させる。 | Music helps us share our feelings. |
| ・私は音楽を聞く耳が肥えている。 | I have a very good ear for music.<br>＊ ear　聴覚、聞き分ける力 |
| ・私は音楽には門外漢だ。 | I have no ear for music.<br>I am not a musical person. |

## 5 楽器 INSTRUMENTS

| | |
|---|---|
| ・私は2年間バイオリンのレッスンを受けてきた。 | I have been taking violin lessons for two years. |
| ・私は一週間に二回、ピアノのレッスンを受けている。 | I take piano lessons twice a week. |
| ・私はピアノがうまい。 | I can play the piano well. |
| ・ピアノは演奏するのに一番いい楽器だと思う。 | I think piano is the best musical instrument to play. |
| ・私はただ自分が楽しむためにピアノを弾く。 | I play the piano just for my own enjoyment. |
| ・バイオリンはさまざまな音を出すことができるので好きだ。 | I like violin because it can make various sounds. |
| ・私はエレキギターを弾くのが好きだ。 | I like playing my electric guitar. |
| ・今日は学校で尺八の吹き方を勉強した。 | Today I learned how to play the shakuhachi at school. |
| ・音を出すのが私には難しかった。 | It was difficult for me to make a sound. |
| ・私は学校の音楽部に入っている。 | I belong to the music club at my school.<br>＊ belong to　～に属している、～の一員だ |

| | |
|---|---|
| ・私は学校のバンドでクラリネットを吹いている。 | I play the clarinet in the school band. |
| ・クラリネットを吹く前にまず音を合わせた。 | I tuned up my clarinet before playing. |
| | ＊ tune up （楽器を）調律する |
| ・私は何の楽器もできない。 | I can't play any musical instrument. |
| ・私はサックスを学びたい。 | I want to learn how to play the saxophone. |

## 楽器の種類

| | | | |
|---|---|---|---|
| 管楽器 | wind instrument | ホルン | horn |
| 木管楽器 | wood-wind instrument | トランペット | trumpet |
| 金管楽器 | brass-wind instrument | サックス | saxophone |
| 弦楽器 | string instrument | ピッコロ | piccolo |
| 鍵盤楽器 | keyboard | バグパイプ、風笛 | bagpipe |
| 打楽器 | percussion | ピアノ | piano |
| チェロ | cello | オルガン | organ |
| バイオリン | violin | 木琴 | xylophone |
| ビオラ | viola | ハープ | harp |
| コントラバス | double bass | ドラム | drum |
| ギター | guitar | トライアングル | triangle |
| クラリネット | clarinet | リコーダー | recorder |
| フルート | flute | タンバリン | tambourine |
| オーボエ | oboe | | |

## column

### 楽器名の前に……

楽器を演奏すると言うとき、play the piano（ピアノを演奏する）のように楽器名の前に定冠詞theを置かなければなりません。これは特定のピアノではなく、ピアノという特定の形を持ったものを演奏できるということで定冠詞theを付けるのです。

## 私と歌

- 私は音楽を聞くよりも歌うほうが好きだ。　I like singing more than listening to music.

- 私はピアノに合わせて歌うことが好きだ。　I like to sing a song along with the piano.

- 私は情熱的に歌う。　I am an enthusiastic singer.
  ＊ enthusiastic　情熱的な

- 私は大きな声で歌を歌うのが好きだ。　I like to belt out tunes.
  ＊ belt out　大きな声で歌を歌う

- 私は歌がうまいので友達から人気がある。　I am popular with my friends because I sing really well.

- 私の声が素晴らしいので彼らに好かれている。　They like me because of my fantastic voice.

- 私がその歌を好きなのは歌詞が本当に素晴らしいからだ。　I like the song because the lyrics are really great.

- 私は物悲しい歌が好きだ。　I like kind of melancholy songs.

- その歌は私に昔の友人を思い出させる。　The song reminds me of an old friend of mine.

- 私は正しい音程で歌えない。　I can't sing in tune.

- 私は音痴だ。　I am tone-deaf.
  I can't carry a tune.

- 私は大勢の前で歌うのは好きではない。　I don't like singing in front of many people.

## カラオケ

- 時々友達とカラオケへ行く。　Sometimes I go to sing karaoke with my friends.

- まず曲を選んだ。　First, I selected a song.

- 私が一番にマイクを握った。　I took the microphone first.

- 歌を歌う前にせき払いをした。　I cleared my throat before singing.

- 私は一曲うまく歌った。　I turned a tune nicely.

- 友人たちはタンバリンを振りながら一緒に歌った。　My friends sang together shaking the tambourines.

- 歌で気分転換した。　I refreshed myself with a song.
  I diverted myself in singing.
  ＊ divert　気分転換する

| | |
|---|---|
| ・私たちは順番に歌った。 | We sang in turns.<br>＊ in turns　交替で、順番に |
| ・みんなで一緒に歌を歌った。 | We sang a song all together. |
| ・楽しく踊りながら歌を歌った。 | We sang a song, dancing merrily. |
| ・音楽に合わせて手拍子をした。 | I clapped along with the music. |
| ・その歌は思わず足踏みするほどうきうきした曲だった。 | The song was merry enough to make my feet tap. |
| ・のどが枯れるくらい大きな声で歌った。 | I sang so loudly that I got a sore throat. |

## 7 踊り

**D A N C I N G**

### 私と踊り

| | |
|---|---|
| ・私は友人たちと踊るのが大好きだ。 | I love to dance with my friends. |
| ・以前はよく踊っていたが、今はもう好きではない。 | I used to dance often, but I don't like to dance anymore. |
| ・うまく踊る方法を学びたい。 | I want to learn how to dance well. |
| ・私は踊りがうまい。 | I am a good dancer.<br>I am good at dancing. |
| ・私は踊りが好きだが、うまくはない。 | I am fond of dancing, but I am poor at it. |
| ・踊っている間に彼の足を何度か踏んでしまった。 | I stepped on his feet several times while dancing. |
| ・私は踊りがうまくはないが、しょっちゅう楽しんでいる。 | I can't dance well, but I enjoy it often. |

### 踊る

| | |
|---|---|
| ・私にとって踊りは、ストレスを十分に解消できるほど楽しいものだ。 | Dancing is fun enough for me to release my stress. |
| ・私は時々ダンスクラブに踊りに行く。 | I go dancing at a dance club now and then.<br>＊ now and then　時々 |
| ・音楽が始まるとみんな立ち上がって踊った。 | When the music started, everyone got up to dance. |
| ・私がダンスをリードした。 | I led the dance. |
| ・私はダンスに夢中だ。 | I am crazy about dancing. |

| | |
|---|---|
| ・愉快な音楽に合わせて楽しく踊った。 | We danced merrily to the delightful music. |
| ・彼は肩を使ったダンスがうまかった。 | He danced well using his shoulders. |
| ・私たちはブルースに合わせて一緒に踊った。 | We danced together to the melody of blues. |
| ・私たちはそれぞれのパートナーと踊った。 | We danced with each partner. |
| ・ハワイの踊りであるフラダンスの踊り方を学んだ。 | I learned how to hula dance, which is a Hawaiian dance. |
| ・私は南米の踊りであるルンバが好きだ。 | I like the rumba, a Latin-American dance. |
| ・彼のタップダンスをする姿は本当に素晴らしかった。 | It was really wonderful to see him tap dance. |

## 8 絵画

DRAWING & PAINTING

### 私と絵画

| | |
|---|---|
| ・私はペンで絵を描くのが趣味だ。 | I have a taste for drawing pictures with a pen.<br>＊ draw　ペンで描く |
| ・絵を描くことは私の大好きな趣味の一つだ。 | Painting is one of my favorite hobbies.<br>＊ painting　絵の具で描く |
| ・私には絵を描くすごい才能がある。 | I have a great talent for drawing and painting. |
| ・私はイラストレーターになりたい。 | I want to be an illustrator. |
| ・私は絵を描くのはうまくないが好きだ。 | I like painting even though I am not a good painter. |
| ・休息が必要な時は絵を描く。 | When I need to relax, I draw a picture. |
| ・絵を描いている間は心が落ち着く。 | I feel at ease while drawing.<br>＊ at ease　心が穏やかな、余裕のある |
| ・絵を描くと心が落ち着き、仕事のことをしばしの間忘れることができる。 | Drawing is relaxing and takes my mind off my work. |
| ・私は部屋にルノワールの絵を掛けた。 | I hung a Renoir in my room. |
| ・私は彼に私が描いた絵をあげた。 | I gave him a picture which I had drawn. |
| ・その絵を壁に掛けるために額に入れた。 | I had the picture framed to hang it on the wall. |

## 絵を描く

| | |
|---|---|
| ・私は日曜日に友人たちとスケッチをしに出掛けた。 | I went out sketching with my friends on Sunday. |
| ・油絵の具で風景画を描いた。 | I painted a landscape in oils. |
| ・水彩絵の具で静物画を描いた。 | I painted a still-life picture with watercolors.<br>＊ still-life 静物画 |
| ・木炭で彼の肖像画を描いた。 | I drew his portrait with a piece of charcoal.<br>＊ portrait 肖像画 |
| ・花の絵を描いた。 | I painted a picture of flowers. |
| ・私はデッサンがうまい。 | I am good at drawing. |
| ・しばしばイラストを描く。 | I often draw illustrations.<br>＊ illustration 挿し絵、イラスト |
| ・私ほど絵のうまい人は誰もいないと思う。 | I think that no one can match my drawing. |
| ・私の絵は遠くから見るとずっとよく見える。 | My picture looks much nicer when I look at it from a distance. |

---

**column**

### 比較級を強調

比較級を強調して「ずっと〜な」と言いたい場合は、much nicer（ずっとよい）のように、比較級の前にmuch、even、still、far、a lotを置きます。veryやmanyは比較級を強調する言葉として使えないので注意しましょう。

Chapter 17

趣味

## 写真に関する表現

| 写真館 | photo studio | 連続写真 | sequential photographs |
| レンズ | lens | スナップ写真 | snapshot |
| レンズキャップ | lens cap | 顔写真 | head shot |
| レンズの口径 | aperture | 全身写真 | full-length photograph |
| シャッター | shutter | 拡大写真 | enlarged picture |
| 写真 | picture, photograph | クローズアップ写真 | close up shot |
| カラー写真 | color picture | フィルム一本 | a roll of film |
| 白黒写真 | black and white photograph | 現像 | film development |
| ポラロイド | Polaroid | 印画紙 | developing paper |

## カメラ

- 私は外出するときは必ずカメラを持っていく。 I take my camera with me whenever I go out.
- 私のカメラは自動なので焦点を合わせる必要がない。 My camera is automatic, so I don't have to focus.
- デジタルカメラは撮った写真を修整できるのでいい。 The digitalized pictures are good because they can be corrected.
- 私のデジタルカメラは写真を5000枚より多く保存できる。 I can save more than 5,000 photos on my digital camera.
- レンズを回しながらカメラの焦点を合わせた。 I focused the camera by turning the lens.
- カメラのレンズを調節した。 I set the camera lens.

## 写真撮影

| | |
|---|---|
| ・私は風景写真を撮るのが好きだ。 | I like to take pictures of scenery. |
| ・私は人物を撮るよりも景色を撮るほうに興味がある。 | I am more interested in taking pictures of scenery than of people. |
| ・デジタルカメラで花の写真を撮った。 | I took a picture of flowers with my digital camera. |
| ・赤ちゃんたちのスナップ写真を撮った。 | I took snapshots of babies. |
| ・お願いして写真を撮ってもらった。 | I had my photograph taken. |
| ・彼にシャッターを押すときカメラを動かさないようお願いした。 | I asked him not to shake the camera when pressing the shutter. |
| ・写真撮影でポーズをとる時、きまりが悪かった。 | I felt awkward when I posed for the picture. |
| ・ポーズを何回も変えた。 | I changed my pose several times. |
| ・髪を風になびかせてみた。 | I let my hair loose in the wind. |
| ・カメラのバッテリー残量が少なくなっていた。 | My camera was running low on its battery. |
| ・替えのバッテリーを持って行くべきだった。 | I should have carried an extra battery. |
| ・私は写真嫌いだ。 | I am camera-shy.<br>＊ camera-shy　写真嫌いの |
| ・私は写真コンテストで一等賞をとった。 | I won the first prize in the photo contest. |

## 撮影後

| | |
|---|---|
| ・気に入らない写真は削除した。 | I deleted the pictures that I didn't like. |
| ・プリントしたい写真を選んだ。 | I selected the pictures that I wanted to have printed. |
| ・写真はピントが合っていなかった。 | The picture was out of focus. |
| ・写真のうち何枚かはぼやけたり暗くなってしまった。 | Some pictures turned out blurry and dark. |
| ・フラッシュをたかなかったせいでそうなった。 | That's because I didn't use a flash. |
| ・その写真は明る過ぎる。 | The picture is overexposed. |
| ・その写真は暗過ぎる。 | The pictures is underexposed. |
| ・その写真を拡大したかった。 | I wanted to enlarge the picture.<br>＊ enlarge　大きくする、拡大する |
| ・その写真を二倍に拡大した。 | I had the picture enlarged to double its original size. |

## 写真

| | |
|---|---|
| ・私は写真写りがいい。 | I am photogenic.<br>I photograph well.<br>I look good in a photograph. |
| ・写真がきれいに撮れた。 | The pictures came out well.<br>The pictures turned out well. |
| ・その写真の私は実物よりもきれいに撮れた。 | The picture flatters me.<br>＊ flatter　おおげさに褒める、実物以上によく見せる |
| ・写真のほうが実物よりもよく写っている。 | The photo looks better than the real appearance. |
| ・私は実物のほうがいい。 | I look better in person.<br>＊ in person　容姿は、自分で |
| ・私は写真の写りがよくない。 | I don't photograph well.<br>I don't look good in pictures. |
| ・その写真で私は実際よりも写りが悪かった。 | The picture didn't do me justice.<br>＊ do ~ justice　実物通り表れる |
| ・私はその写真を額に入れた。 | I framed the picture.<br>＊ frame　組み立てる、枠にはめる、額に入れる |

# 10 ペット

**PETS**

### ペットの種類

| 子犬 | puppy | ウサギ | rabbit |
|---|---|---|---|
| 犬 | dog | シマリス | chipmunk |
| 子猫 | kitten | 金魚 | goldfish |
| ネコ | cat | 熱帯魚 | tropical fish |
| オウム | parrot | イグアナ | iguana |
| インコ | parakeet | ヘビ | snake |
| ハムスター | hamster | カブトムシ | beetle |

## 私のペット

| | |
|---|---|
| ・ペットを育てたかった。 | I wanted to raise a pet. |
| ・ついにペットを飼うことになった。 | I finally got to have a pet. |
| ・私の趣味はペットの世話をすることだ。 | My hobby is taking care of my pet. |
| ・私のペットは私の言うことをよく聞く。 | My pet always obeys me. |
| ・私のペットは何でもかんでしまう。 | My pet bites everything. |
| ・私のペットは大きな音を怖がる。 | My pet is frightened by loud noises. |
| ・私のペットは私を見ると必ずしっぽを振る。 | My pet wags his tail whenever it sees me.<br>＊ wag　振る |
| ・私はこんなに愛らしいペットを見たことがない。 | I have never seen such a lovely pet. |
| ・食べ物を与えるだけではペットを育てることはできない。 | Just feeding a pet is not all there is to raising it. |
| ・ペットは赤ちゃんのように面倒を見なければならない。 | We have to take care of the pet like a baby. |
| ・私のペットは私の腕の上で寝るのが好きだ。 | My pet likes to sleep on my arm. |
| ・そこはペット禁止だ。 | No pets are allowed there. |
| ・私のペットは純血だ。 | My pet is a pure-breed.<br>＊ breed　種類、品種、系統 |
| ・私のペットは雑種だ。 | My pet is a cross-breed. |
| ・私はペットをひもでつないでいない。 | I don't keep my pet on a leash.<br>＊ leash　革ひも、鎖、制御 |
| ・私のペットは排便のしつけが身に付いている。 | My pet is house-trained. |
| ・私のペットは人と一緒にいるのが好きだ。 | My pet likes to be with people. |

## ペットの犬

| | |
|---|---|
| ・犬は忠実な動物だと思う。 | I think that a dog is a faithful animal. |
| ・犬は人間のように愛情と愛着が必要だ。 | Dogs, like people, need love and affection. |
| ・私のペットは毛がふわふわなので「ファリー」という名前だ。 | My pet's name is 'Furry' because it has such soft fur. |
| ・私は犬を散歩に連れて行った。 | I took my dog for a walk. |
| ・私は犬と一緒に散歩に出かけた。 | I went out for a walk with my dog. |
| ・犬は毎日運動をさせなければならない。 | Dogs need to have exercise every day. |
| ・私は犬の毛を毎日、ブラシをかけてとかしてあげている。 | I brush and comb my dog's fur every day. |

| | |
|---|---|
| ・よく毛をブラシでとかすと、光沢がでる。 | When I brush its fur often, it glistens.<br>＊ glisten　光沢が出る、光る |
| ・その犬は眠たくなると床に寝そべる。 | When the dog is sleepy, it stretches out on the floor. |
| ・毎朝、犬が私のベッドの上に上がって来て私を起こす。 | Every morning the dog gets up on my bed and wakes me up. |
| ・私の犬はお手ができる。 | My dog can shake hands. |
| ・私がものを投げると、私の犬はそれを走って取りに行き、持って帰ってくる。 | When I throw something, my dog runs and brings it back to me. |
| ・私が名前を呼ぶと、すぐに私のところに走って来てひざの上に乗る。 | When I call his name, he runs to me immediately and lies on my knees. |
| ・私の犬は見知らぬ人を見かけると大きな声でほえる。 | My dog always barks loudly when it sees a stranger. |
| ・家に帰るとすぐに犬が私に向かって走ってきた。 | As soon as I got home, my dog ran to me. |
| ・犬がうなっていた。 | The dog growled.<br>＊ growl　ウウッとうなる |
| ・犬が私の腕をひっかいた。 | The dog scratched my arm. |
| ・犬に餌を与える時間だ。 | It is time to feed the dog. |
| ・犬を風呂に入れなければならない。 | The dog is in need of a bath. |
| ・犬を風呂に入れた。 | I bathed the dog. |
| ・私はどこへ行く時も犬を連れて行く。 | Wherever I go, I always take my dog. |
| ・私の犬はあごの下をかいてもらうのが好きだ。 | My dog likes being scratched under his chin. |
| ・その犬はトイレの訓練がされている。 | The dog is potty-trained.<br>＊ potty　子供用の小さい便器／trained　訓練された |

## ペットの猫

| | |
|---|---|
| ・猫がいればいいのに。 | I wish I had a cat. |
| ・私はペットの猫を飼っている。 | I have a cat as a pet. |
| ・私は猫が大好きだ。 | I am a cat lover. |
| ・猫は犬よりもきれいだし静かだ。 | Cats are cleaner and quieter than dogs. |
| ・猫はあまり世話が必要ではない。 | Cats don't need much care. |
| ・それが私が犬よりも猫が好きな理由だ。 | That's why I prefer cats to dogs. |
| ・私の猫の具合がよくないみたいだった。 | My cat seemed to be sick. |

| | |
|---|---|
| ・猫を連れて動物病院へ行かなければならなかった。 | I had to go to the veterinary hospital with the cat.<br>＊ veterinary　動物を治療する |
| ・獣医は何の問題もないと言った。 | The veterinarian said that it had no problem.<br>＊ veterinarian　獣医 |
| ・私は猫が怖い。 | I am scared of cats. |
| ・私は猫アレルギーだ。 | I am allergic to cats. |

## 11 芸能界

E N T E R T A I N M E N T

### 私が好きな歌手

| | |
|---|---|
| ・私が好きな歌手は〜だ。 | My favorite singer is ~. |
| ・私がその歌手を好きなのは彼が多様な才能を持っているからだ。 | I like the singer, because he is multi-talented. |
| ・彼は生まれながらのエンターテイナーだ。 | He is a born entertainer. |
| ・彼の多面的な才能は聴衆を驚かせagain楽しませ続けてくれる。 | His versatile talents continue to surprise and delight audiences.<br>＊ versatile　多面的な才能がある |
| ・彼はヒット曲の〜で有名だ。 | He is well known for his popular song, ~. |
| ・彼は歌うだけなくギターも弾く。 | Not only does he sing, but also plays the guitar. |
| ・彼の音楽はいつも面白くて刺激的だ。 | His music is always entertaining and exciting.<br>＊ entertaining　楽しく、愉快に |
| ・彼は多様な音楽スタイルを持ち合わせている素晴しい新人歌手だ。 | He is a great new singer who mixes many musical styles. |
| ・その歌手の曲が今放送されている。 | That singer's song is now on the air. |

| | |
|---|---|
| ・私の好きな歌手がテレビに出ていた。 | My favorite singer appeared on TV. |
| ・彼の曲を聞いた瞬間から、彼に夢中になった。 | As soon as I heard his songs, I got a crush on him. |
| ・その歌手は口パクをしていた。 | The singer lip-synced.<br>＊ lip-sync　口パクで歌う、音に合わせて口だけ動かし歌うふりをする |
| ・その歌手がラジオで話していた。 | The singer talked on the radio. |
| ・彼は肩を上下に動かして踊りながら歌を歌っていた。 | He sang his song dancing with his shoulders moving up and down. |

## 人気歌手

| | |
|---|---|
| ・彼は最近、最も人気のある歌手の一人だ。 | He is one of the most popular singers these days. |
| ・彼は一流歌手だ。 | He is a big-time singer. |
| ・彼はあっという間に人気が出た。 | He grew popular quickly. |
| ・彼の絶大な人気にはとても驚いた。 | I was so surprised at his tremendous popularity. |
| ・彼は感情を表現するのがうまく、顔の表情も豊かだ。 | He expresses his feelings and makes facial expressions well. |
| ・彼の新曲が流行している。 | His new songs are in vogue.<br>＊ in vogue　流行している |
| ・彼の新曲はファンにとても好評だった。 | His new songs went over big with his fans.<br>＊ go over　（歌、演劇などが）成功する |
| ・彼の新曲は何週間も人気チャートにランクしている。 | His new song has been on the charts for weeks.<br>＊ chart　月・週ごとの順位表 |
| ・彼の服装が流行した。 | The style of his clothes became popular. |
| ・彼は今年人気が出た。 | He gained popularity this year. |

## 芸能界のゴシップ

| | |
|---|---|
| ・私の友達は芸能界に知り合いがいる。 | My friend knows someone in the entertainment world. |
| ・ある新聞記者が彼のスキャンダルを暴く記事を書いた。 | A newspaper reporter wrote the article to expose his scandal. |
| ・私は芸能人たちの裏話を扱っているスポーツ新聞を読んでいる。 | I read sports dailies which deal with the entertainers' backstage stories.<br>＊ daily　日刊新聞 |

| | |
|---|---|
| ・その悪いうわさのせいで彼女は人気が落ちている。 | She is losing popularity because of this bad rumor. |
| ・彼女は根も葉もないうわさに苦しめられている。 | She is suffering from a groundless rumor.<br>＊ groundless　根拠のない、事実無根の |
| ・彼女は今も芸能活動を行っている。 | She is still active in showbiz. |
| ・彼女はかわいいが、いい歌手とは言えない。 | Even though she is pretty, she is not a good singer. |

## 12　コレクション

**COLLECTION**

| | |
|---|---|
| ・私は珍しい物を集めるのが好きだ。 | I have a collection of rare things. |
| ・私の趣味は世界中の切手を集めることだ。 | My hobby is collecting stamps from all over the world. |
| ・私は切手収集家だ。 | I am a stamp collector. |
| ・新しい切手が出れば必ずそれを手に入れるために郵便局へ行く。 | Whenever new stamps come out, I go to the post office to get them. |
| ・私にはたくさんの趣味がある。その中でも特に好きなのが外国のコインを集めることだ。 | I have lots of hobbies. Among them, my favorite hobby is collecting foreign coins. |
| ・私は外国に旅行すると各国のコインを集める。 | When I travel abroad, I collect coins of each country. |
| ・さまざまなコインを集めることでほかの国の文化について知ることができる。 | By collecting various coins, I can know about other countries' cultures. |
| ・私は自分が訪れたさまざまな土地の記念品を集めている。 | I collect souvenirs from various places I have visited. |
| ・私は映画のポスターを集めている。 | I am collecting movie posters. |
| ・映画の小さなポスターは映画館で無料でもらえる。 | I can get small posters of the movies for free in the theater. |
| ・ずっと後になってからも、それを見てその映画を思い出せるのでよい。 | After a long time, it is good for me to look at them and remember the movies again. |
| ・私は趣味でミニカーを集めている。 | I collect miniature cars as a hobby. |
| ・中には収集品の価値が上がることを期待して収集する人もいる。 | Some people collect items expecting their value to increase. |

## 裁縫

| | |
|---|---|
| ・ミシンでドレスを作った。 | I made a dress using a sewing machine. |
| ・針仕事をするときはいつも指ぬきをする。 | When I sew, I always wear my thimble.<br>＊ thimble　指ぬき |
| ・布の上にチョークと巻き尺を使って型を描いていった。 | I drew a pattern on the cloth by using chalk and a tape-measure. |
| ・既製の型紙を使うのはとても便利だ。 | It is very convenient to use cut-out paper patterns. |
| ・型の線に従って切った。 | I cut the lines of the pattern. |
| ・ピンを使って布を固定した。 | I used pins to fix the cloth. |
| ・縫う前にサイズを合わせるために着てみた。 | I tried on the clothes to fit them to my correct size before sewing them. |
| ・ナプキン、テーブルクロス、エプロンなどのキッチン用品を作った。 | I made table supplies such as napkins, tablecloths and aprons. |
| ・季節の変わり目にカーテン、シーツ、枕カバー、イスのカバーなどいくつかのものを作る。 | I sew several things like curtains, bed sheets, pillow cases and seat covers, when the season changes. |

## 編み物

| | |
|---|---|
| ・毛糸の手袋を編んでみた。 | I tried knitting gloves out of wool. |
| ・彼のためにセーターを編んだ。 | I knitted a sweater for him. |
| ・うたた寝していたら編み目を落としてしまった。 | I dropped a stitch while dozing off.<br>＊ doze off　うたた寝する |
| ・セーターが彼に大きすぎたのでほどいてもう一度編み直さなければならなかった。 | The sweater was so big for him that I had to unsew it and knit it again.<br>＊ unsew　～の縫い目をほどく |
| ・私が編んだセーターは彼にぴったりだった。 | The sweater that I had knitted fit him. |

## 刺しゅう

| | |
|---|---|
| ・サテンステッチやランニングステッチのように色々な種類のステッチを学んだ。 | I learned different types of stitches like satin stitches and running stitches. |
| ・テーブルクロスのふちに刺しゅうをした。 | I embroidered the sides of the table cloths. |
| ・テーブルクロスに彩り鮮やかな刺しゅうをした。 | I embroidered the tablecloths with colorful threads. |

| | |
|---|---|
| ・枕に花柄の刺しゅうをした。 | I embroidered flower patterns on the pillows. |
| ・キルトのクッションを作った。 | I made a quilted cushion. |

## クロスステッチ

| | |
|---|---|
| ・リラックスしている時にはクロスステッチをする。 | When relaxing, I cross-stitch. |
| ・かわいいテーブルクロスを作るためにクロスステッチをした。 | I cross-stitched to make a pretty tablecloth. |
| ・図案に従ってクロスステッチをした。 | I cross-stitched according to the pattern. |
| ・クロスステッチをするための針、糸、図案、布を買った。 | I bought needles, thread, patterns, and fabric to cross-stitch with.<br>＊ thread 糸／ fabric 布 |
| ・クロスステッチの店には選べるようにたくさんの図案が置いてあった。 | At the cross-stitching shop, there were nice samples to choose from. |
| ・一つを完成させるのに長い時間がかかった。 | It took a long time to complete one. |
| ・一つの作品を終わらせるのに相当の忍耐力が必要だった。 | It took a lot of patience to finish a piece. |
| ・友達にプレゼントするためにキーホルダーを作った。 | I made key chains to give to my friends. |
| ・絵をもとにしてクロスステッチの図案を作ってもらった。 | I had a picture made into a pattern for me to cross-stitch. |
| ・クロスステッチで時計を作った。 | I had my cross-stitch made into a clock. |
| ・完成したクロスステッチの作品を額に入れてもらい、壁に飾った。 | I had the completed cross-stitch piece framed and hung it on the wall. |

## DIARY 17

# Exciting Concert

Thursday, September 22. Refreshing

Wow! I had such a good day! The whole student body today except third graders went to a school music concert. Since I love listening to music, I was really excited to join it. A second grade student sang a drama theme song. It was so amazing how such a loud voice could come out from such a small body. The voice was really sweet. After a few songs, we watched some male students dance a Korean traditional dance. I have seen that kind of dance several times on TV before, but I didn't know it was so exciting. I was so impressed. I clapped so much that my hands seemed to be on fire.

I hadn't been to music concerts for 3 years because I hadn't had much time. I spent most of my time studying either at home or at school. I hope my school will let the students have more opportunities to experience various cultural activities.

## 盛り上がったコンサート

9月22日　木曜日　すがすがしい天気

　あぁ！　今日は本当によかった！　3年生を除くすべての生徒が団体で学校音楽会に出かけた。私は音楽を聞くのが大好きなのでそれに行くのがとても楽しみだった。1人の2年生はあるドラマのテーマソングを歌った。あんなに小さな体から、どうやってあんなに大きな声が出せるのかと本当にびっくりした。その声は本当にすてきだった。何曲か歌が終わり、何人かの男子生徒が踊る韓国の伝統舞踊を見た。私はそういう踊りをテレビで前に見たことがあったが、こんなにも盛り上がるものだとは知らなかった。本当に感動した。拍手をしすぎて手のひらから火が出るかと思った。

　私は時間に余裕がなくて3年間音楽会に行っていなかった。ほとんどの時間、家か学校で勉強ばかりして過ごしてきた。私たちの学校が、生徒に色々な文化を経験できる機会をもっと与えてくれればいいのにと思った。

### NOTES

body　集団、団体／ except　〜を除いて／ grader　〜学年生／ amazing　驚きの／ sweet　甘い、美声の／ impressed　感動的な、印象的な／ clap　手を打つ、拍手喝采する／ spend＋時間＋-ing　〜しながら…を過ごす／ either 〜 or ...　〜または…のどちらか／ opportunity　機会

CHAPTER

# 18

## 運動

## 運動方法・運動器具

| | | | |
|---|---|---|---|
| ランニング | running | スキートレーニングマシン | ski machine |
| ジョギング | jogging | エアロバイク | stationary bike |
| ウォーキング | walking | ダンベル | dumbbell |
| エアロビクス | aerobics | ダンベルカール | dumbbell curl |
| ベンチプレス | bench press | ランニングマシン | treadmill |
| ローイングマシン | rowing machine | リフティングマシン | lifting machine |

## 運動競技

| | | | |
|---|---|---|---|
| バスケットボール | basketball | サーフィン | surfing |
| 野球 | baseball | 水泳 | swimming |
| サッカー | soccer, football | 水球 | water polo |
| バレーボール | volleyball | スキー | skiing |
| ハンドボール | handball | スノーボード | snow boarding |
| 卓球 | table tennis, ping-pong | スケート | skating |
| テニス | tennis | マラソン | marathon |
| ホッケー | hockey | フェンシング | fencing |
| ゴルフ | golf | ハンググライディング | hang gliding |
| スカッシュテニス | squash tennis | ウィンドサーフィン | wind surfing |
| ボーリング | bowling | 乗馬 | riding |
| ボクシング | boxing | クリケット | cricket |

## 運動

| | |
|---|---|
| ・少し運動をする必要がある。 | I need some exercise. |
| ・運動不足は不健康を招きやすい。 | A lack of exercise is likely to lead to poor health. |
| ・一般的に運動をする人は運動をしない人よりも長生きで健康なようだ。 | Generally, people who exercise live longer and better lives than those who don't exercise. |

| | |
|---|---|
| ・運動をしない人はけがをしやすい傾向がある。 | Those who do not exercise are more injury-prone.<br>＊ prone　～する傾向がある、～しやすい |
| ・ウォーキングは効率的な運動方法の一つと言われている。 | It is said that walking is one of the effective methods of exercising. |
| ・規則的にウォーキングをするだけでも健康的で活動的な生活を楽しむ助けとなる。 | Simply walking regularly helps us enjoy a healthy and active life. |
| ・運動をすると食欲が出る。 | Exercising gives me a good appetite. |
| ・私たちは適度な運動をするべきだ。 | We should exercise moderately.<br>＊ moderately　適当に、適切に |
| ・適度な運動は血行をよくする。 | Moderate exercise stimulates blood circulation. |
| ・適度な運動は健康にいい。 | Moderate exercise is good for one's health. |
| ・適切な運動は健康を促進させる。 | Proper exercise promotes good health. |
| ・過度の運動は健康を害する恐れもある。 | Excessive exercise can be harmful. |
| ・ストレッチをするだけでも効果を得られる。 | It can be helpful just to stretch out. |
| ・ストレッチは柔軟性を高める。 | Stretching improves flexibility.<br>＊ flexibility　柔軟性、融通性、素直さ |
| ・運動の前にする準備運動はけがの予防につながる。 | Warming up before a workout helps prevent injuries. |

### exercise と work out

exercise は「運動」という名詞としても、「運動する」という動詞としても使われます。「運動する」の別の表現に work out がありますが、この表現の名詞は workout とワンワードで書く必要があるので、注意しましょう。

column

## 私と運動

| | |
|---|---|
| ・どんなスポーツでも好きだ。 | I like any kind of sport. |
| ・反射神経がいい。 | I have quick reflexes.<br>＊ reflexes　反射神経、反射能力 |
| ・運動神経がいい。 | I have good motor skills. |
| ・運動が好きだ。 | I like to exercise. |
| ・スポーツに夢中だ。 | I am into sports.<br>＊ be into　～に夢中だ、没頭している |
| ・スポーツが得意だ。 | I play sports quite well. |

| | |
|---|---|
| ・スポーツが苦手だ。 | I am not much of an athlete. |
| ・運動音痴だ。 | I am a total klutz at sports.<br>＊ klutz　才能がない人 |
| ・運動が得意ではないが、競技を見るのは<br>好きだ。 | I am not good at sports, but I like to watch<br>games. |
| ・私の特技は走ることだ。 | My strong point is running. |
| ・乗馬が得意だ。 | I am good at horse riding.<br>I am an equestrian.<br>＊ equestrian　馬に乗る人、騎手 |
| ・運動でジョギングしている。 | I jog for exercise. |
| ・毎日ジョギングをして運動している。 | I work out every day by jogging. |
| ・逆立ちして歩ける。 | I can walk on my hands. |
| ・毎朝運動をしてからシャワーを浴びる。 | I take a shower after exercising every morning. |
| ・毎日の運動としてジムに通っている。 | I go to the gym for my daily workout. |
| ・そのジムは快適に運動できる環境を提供し<br>てくれる。 | The gym provides a comfortable workout<br>environment. |
| ・室内の運動よりも屋外のスポーツが好きだ。 | I prefer outdoor sports to indoor exercises. |
| ・しばしばスカッシュをする。 | I often play squash. |
| ・定期的に運動するつもりだ。 | I will exercise regularly. |
| ・運動をしすぎないようにするつもりだ。 | I will not exercise too much. |

## スポーツジム

| | |
|---|---|
| ・私はスポーツジムで運動するのが好きだ。 | I like to exercise in the fitness center.<br>＊ fitness center　フィットネスセンター、スポーツジム |
| ・スポーツジムに登録した。 | I signed up for the fitness center.<br>＊ sign up for　〜に受講申請する、登録する |
| ・体を鍛える必要がある。 | I need to build myself up. |
| ・スポーツジムで一週間に三回運動する。 | I work out at the fitness center three times a<br>week. |
| ・そのスポーツジムにはいろいろな運動器具<br>がある。 | There is various equipment at the fitness<br>center. |
| ・運動する前に準備体操をした。 | I warmed up before the workout. |
| ・筋肉を鍛えたい。 | I want to build up my muscle strength. |
| ・筋肉を鍛えるためにウエートトレーニング<br>に挑戦した。 | I tried weight training to make my muscles<br>bigger. |

| | |
|---|---|
| ・私は筋肉を鍛え、持久力をつけるための運動をしている。 | I do exercises to increase muscle and develop endurance.<br>＊ endurance　持久力、忍耐力 |
| ・ウエートトレーニングをうまくやる方法を知りたい。 | I want to learn how to weight train well. |
| ・毎日1時間半ずつ重量挙げをする。 | I lift weights for an hour and a half every day. |
| ・ランニングマシンで毎日1時間ずつ走る。 | I run on the treadmill for an hour every day.<br>＊ treadmill　ウォーキング用マシン |
| ・毎日腕立て伏せを100回する。 | I do 100 push-ups every day. |
| ・懸垂を10回した。 | I did 10 pull-ups. |
| ・エアロバイクに毎日30分ずつ乗る。 | I ride the stationary bike for half an hour every day. |

## 運動の効果

| | |
|---|---|
| ・毎日運動しているので私はとても健康だ。 | I am very healthy because I work out every day. |
| ・ストレスがたまると運動する。 | When I am under stress, I exercise. |
| ・運動不足のせいでしばしば疲労を感じる。 | I often feel tired because of a lack of exercise. |
| ・運動でストレスを解消する。 | I work off stress. |
| ・ストレスを解消するために運動する。 | I work out to get rid of my stress. |
| ・運動は私の緊張をほぐしてくれる。 | Exercise helps me relax. |
| ・運動で気分転換した。 | I distracted myself with exercise.<br>＊ distract　気持ちを切り替える、気分転換する |
| ・気分転換のために運動した。 | I worked out to get my spirits up. |
| ・運動で自分を鍛えるつもりだ。 | I'm going to put myself through a workout. |
| ・ストレッチを含めて簡単な運動をすることで筋肉がほぐれた。 | Doing some simple exercises including stretching made my muscles relaxed. |
| ・精神的な緊張をほぐすためにヨガを学んでいるところだ。 | I am learning yoga in order to relax myself. |
| ・ヨガをするときはバランス感覚が一番大切だ。 | It is really all a matter of balance when doing yoga. |
| ・ヨガは集中力を大変必要とする。 | Yoga requires a lot of concentration. |
| ・走りすぎたせいで、ふくらはぎの筋肉が発達しすぎた。 | I ran too much, so my calves became too big.<br>＊ calves　calf（ふくらはぎ）の複数形 |

## 2 サッカー

SOCCER

### サッカーに夢中

| | |
|---|---|
| ・私はサッカーに夢中だ。 | I am enthusiastic about soccer.<br>I am nuts about soccer.<br>I am into soccer.<br>I am crazy about soccer.<br>I am absorbed in soccer. |
| ・私はサッカーに夢中になった。 | I got wrapped up in soccer.<br>＊ get wrapped up in ～に夢中になっている、専念している |
| ・先生からサッカー部に入ることを勧められた。 | My teacher encouraged me to join the soccer club. |
| ・私はサッカー部に所属している。 | I am in the soccer club. |
| ・私はサッカー部の部員だ。 | I am a member of the soccer club. |
| ・サッカー選手として選ばれた。 | I was singled out as a soccer player.<br>＊ single out ～を選び出す |
| ・私の背番号は11番だ。 | My uniform number is 11. |
| ・競技のルールを細かく学んだ。 | I learned the rules of the game in detail. |
| ・今は補欠選手だ。 | I am a benchwarmer now.<br>＊ benchwarmer 補欠選手 |
| ・サッカーをする前に手足をストレッチした。 | I stretched my arms and legs before playing soccer. |
| ・放課後には日が沈むまでサッカーの練習をした。 | I practiced soccer after school till sunset. |
| ・暗くなってボールが見えなくなるまでサッカーをした。 | We played soccer until it was too dark to see the ball. |

| | |
|---|---|
| ・一日に2時間ずつボールをける練習をした。 | I practiced kicking balls for two hours a day. |
| ・私はできるだけ強くボールをけった。 | I kicked the ball as hard as I could. |

---

### column

**サッカー用語の和製英語にご用心**

サッカー用語にも、英語のネイティブスピーカーが使わないものがいくつもあります。正しい英語表現は次のとおりです。「ハンド」はhandball、「ヘディング」はheader、「センタリング」はcross、「シュート」はshot、「スルーパス」はthrough ball、「ロスタイム」はadditional time、injury timeなどです。

---

## サッカーのゲーム

| | |
|---|---|
| ・雨のため、その試合は中止となった。 | The game was called off because of rain. |
| ・毎年恒例の学校対抗の試合があった。 | There was an annual interscholastic match.<br>＊ interscholastic　学校対抗の |
| ・ほかの学校のチームとサッカーの試合をした。 | My team played soccer against another school's team. |
| ・私のチームは準決勝まで進んだ。 | My team went on to the semifinals. |
| ・今日は準決勝の試合だった。 | Today we had a semifinal match. |
| ・私たちのチームが決勝戦まで進んだ。 | My team has advanced to the finals.<br>＊ advance　前進する、進む |
| ・私たちのチームが決勝戦で戦った。 | My team played in the finals. |
| ・私は今日、決勝戦で最高得点を挙げた。 | Today I scored the most goals in the final round. |
| ・私は誤ってオウンゴールをしてしまった。 | I made a mistake and kicked the ball in the wrong goal. |
| ・私はけがで退場した。 | I was out with an injury. |
| ・私はひどいけがをしたため、チームを脱退した。 | I was dropped from the team because of my serious injury. |
| ・彼がヘディングでゴールを決めた。 | He headed the ball into the goal. |
| ・ある選手の反則でわがチームはペナルティーキックを得た。 | My team got a penalty kick because of a player's violation.<br>＊ penalty　反則によって課せられた罰 |
| ・審判が吹く笛によって試合が終わった。 | The game was over when the referee blew the whistle.<br>＊ referee　審判員、審査員 |
| ・私のチームは負けたので落胆した。 | I was depressed because my team lost.<br>＊ depress　落胆させる、憂うつにさせる |

| | |
|---|---|
| ・私たちは正々堂々と戦った。 | We played fairly. |
| ・私たちのチームを応援した。 | I cheered my team on. |
| ・彼は私たちの大きな声援に励まされたようだった。 | He seemed to be encouraged by our loud cheers. |
| ・私はそのチームの熱烈なファンだ。 | I am a keen fan of the team.<br>I am a great fan of the team.<br>I am an enthusiastic fan of the team. |

## サッカー中継

| | |
|---|---|
| ・テレビで試合の中継を見るために早く家へ帰った。 | I went home early to watch the game on TV. |
| ・その試合は生中継された。 | The game was broadcast live.<br>＊ live 生放送で、実況で |
| ・私はサッカーをするよりも見るほうが好きだ。 | I like watching soccer more than playing. |
| ・彼はテレビでサッカーを見るのは時間の無駄だと思っている。 | He thinks watching soccer games on TV is such a waste of time. |
| ・私の好きなサッカー選手は～だ。 | My favorite soccer player is ~. |
| ・彼は日本で最も人気のあるスポーツ選手の一人だ。 | He is one of the most popular athletes in Japan.<br>＊ athlete 運動選手、競技する人 |
| ・彼は日本のサッカーチームでベテランのストライカーだ。 | He is a veteran striker of a Japanese soccer team.<br>＊ veteran 老練した人、経験が多い人 |
| ・彼は攻撃のずば抜けたスキルを持っている。 | His attacking skills are excellent. |
| ・彼は得点するいい機会を得た。 | He had a good chance at making a goal. |
| ・彼があざやかに2度ゴールを決めるのを見た。 | I saw him score two nice goals. |
| ・ゴールキーパーがうまくシュートを防いだ。 | The goalkeeper blocked the shot well.<br>＊ block 防ぐ、妨害する |
| ・私たちのチームは終盤でゴールを決めて同点に追いついた。 | Our team evened the score with a last-minute goal. |
| ・私たちのサッカーチームを応援した。 | We cheered our soccer team on. |
| ・はらはらするような試合だった。 | I felt sort of edgy during the game.<br>It was the game which kept me on edge.<br>＊ edgy 神経質な、短気な／on edge いらいらして、心配して |
| ・その選手は大金を受け取ってほかのチームに移籍した。 | The player transferred to another team after he was paid big money. |

| ・その選手は今年、MVPに選ばれた。 | He was voted the Most Valuable Player this year. |

\* vote　投票する、投票して決定する

## 3　野球

**BASEBALL**

### 野球用語

| 投手 | pitcher | 監督 | manager |
|---|---|---|---|
| 捕手 | catcher | ストライク | strike |
| 打者 | batter | ボール | ball |
| 走者 | runner | ファウルボール | foul ball |
| 遊撃手 | shortstop | デッドボール | hit by pitch |
| レフト（左翼手） | left fielder | 安打 | hit |
| ライト（右翼手） | right fielder | 二塁打 | two-base hit, double |
| 内野 | infield | ライナー | liner |
| 外野 | outfield | 変化球 | curve ball |
| 審判 | umpire | ゴロ | grounder |
| 塁審 | base umpire | 盗塁 | steal |
| コーチ | coach | | |

### 私と野球

| ・私はあらゆるスポーツの中で野球が一番好きだ。 | Of all sports, I like baseball the best. |
| ・毎週金曜日は友人たちと野球をする。 | I play baseball with my friends every Friday. |
| ・先攻チームを決めるためにコインを投げた。 | I flipped a coin to see which team would start. |

\* flip　手ではじく

| ・自分の学校のチームで一塁を守った。 | I played first base for my school team. |
| ・私は強打者でチームの4番打者だった。 | I was a slugger and the fourth batter on my team. |
| ・私はチームの外野手だった。 | I was an outfielder on the team. |

| | |
|---|---|
| ・私は左利きの投手だ。 | I am a left-handed pitcher. |
| ・私は今日最高得点を挙げた。 | Today I scored the most points. |

## 野球の試合観戦

| | |
|---|---|
| ・テレビでプロ野球の試合を見た。 | I watched the professional baseball game on TV. |
| ・強雨にもかかわらず試合は続けられた。 | In spite of the heavy rain, the game went on. |
| ・どしゃぶりの雨のせいで試合は中止され、私は雨天引替券をもらった。 | Because of the pouring rain, the game was called off and I took a rain check.<br>＊ rain check　雨天引替券、延期 |
| ・私はタイガースの大ファンだ。 | I am a great fan of the Tigers. |
| ・私は友人たちと野球場に行った。 | I went to the baseball park with my friends. |
| ・特別観覧席チケットを買った。 | I bought tickets for the grandstand.<br>＊ grandstand　特別観覧席 |
| ・私は興奮を抑えることができなかった。 | I couldn't help but be excited.<br>＊ can't help but　〜しないわけにはいかない |
| ・本当に盛り上がった試合だった。 | The game was really exciting to watch. |
| ・その投手の球はカーブだったので真っすぐ飛ばなかった。 | The pitcher's ball didn't move in a straight line because it was a curve. |
| ・彼は急に落ちるカーブを投げた。 | He pitched sharply breaking curve balls. |
| ・彼はファウルボールを打った。 | He hit a foul ball. |
| ・彼は三振でアウトになった。 | He struck out. |
| ・彼は一塁でタッチアウトになった。 | He was tagged at first base.<br>＊ tag　タッチアウトさせる |
| ・彼は二塁ゴロでアウトになった。 | He grounded out to second base. |
| ・彼は5打数3安打だった。 | He had three hits in five at bats. |
| ・彼の打率は3割4分5厘だった。 | His batting average was .345. |
| ・その球は打者の腕に当たった。 | The ball hit the batter on the arm. |
| ・彼は外野で球をうまくキャッチした。 | He caught the ball well in the outfield. |
| ・彼は内野も外野も守れる。 | He can play outfield as well as infield. |
| ・彼が一塁を守っていた。 | He played first base. |
| ・そのチームは内野の守備が固い。 | The team has a sure-handed infield. |
| ・そのチームの一塁手が9回裏に大きなエラーをしてしまった。 | The team's first baseman committed a big error in the bottom of the ninth inning.<br>＊ commit　犯す |
| ・彼は二塁に盗塁した。 | He stole second base. |
| ・彼は二塁盗塁を鮮やかに決めた。 | He made a clean steal of second base. |

| | |
|---|---|
| ・彼は今回の試合で三つ目の盗塁を決めた。 | He stole his third base of the game. |
| ・彼はホームへスライディングしたが、タッチアウトだった。 | He slid into home plate, but he was tagged. |
| ・彼は二塁に頭からスライディングしてセーフだった。 | He slid head-first into second base safely. |
| ・彼は盗塁に失敗した。 | He was caught stealing. |
| ・彼は盗塁の数でリードしている。 | He leads in the number of bases stolen. |
| ・彼がホームランを打った。 | He hit a homer.<br>He hit a home run.<br>He hammered a homer. |
| ・彼が満塁ホームランを打った。 | He hit a grand slam homer. |
| ・彼は9回表に場外ホームランを打った。 | He hit an out-of-the-park homer in the top of the ninth inning. |
| ・彼は9回裏にスリーランホームランを打った。 | He hit a three-run homer in the bottom of the ninth inning. |
| ・彼はそのホームランで自身の記録を更新した。 | He broke his record again by hitting the home run. |
| ・そのチームは満塁だった。 | The bases were loaded for the team.<br>＊ loaded　いっぱいの、荷物をいっぱいに積んだ |
| ・9回裏2アウトの状況だった。 | It was the bottom of the ninth inning with two down. |
| ・そのチームは3点負けていた。 | The team was losing by three runs. |
| ・そのチームは3点勝っていた。 | The team was leading by three runs. |
| ・彼が1点入れた。 | He made a run. |
| ・彼に負けぬよう、私たちのチームは一層頑張った。 | Not to be outdone by him, our team worked harder. |
| ・安打一本で流れが変わった。 | A hit turned the tide in the game.<br>＊ turn the tide　形勢を変える、逆転する |
| ・彼の二塁打で2点取った。 | He drove in two runs with a double. |
| ・私たちのチームが9回裏で逆転した。 | My team reversed the score in the bottom of the last inning. |
| ・その試合は延長戦までいった。 | The game went into extra innings. |
| ・そのチームの成功は彼によるところが大きかった。 | He got a lot of credit for the team's success. |
| ・私たちのチームはわざとそのゲームに負けた。 | Our team lost against the other team deliberately. |

## 水泳

| | |
|---|---|
| ・水泳は子どもも含めすべての人にとっていいスポーツだ。 | Swimming is a good sport for everyone including children. |
| ・水泳は私の緊張をほぐし気分をよくするのに役立つ。 | Swimming relaxes me and helps me feel good. |
| ・水泳は最もよい運動形態の一つであると言われている。 | Swimming is said to be one of the best forms of exercise. |
| ・水泳は筋肉強化に役立つ。 | Swimming helps develop strong muscles. |
| ・水泳をする時は安全規則を守らなければいけない。 | We have to observe safety rules while swimming. |

## 水泳をする

| | |
|---|---|
| ・友達と一緒に家の近所のプールに泳ぎに行った。 | I went swimming in a pool near my house with my friends. |
| ・家の近所にはいいプールがある。 | There is a good swimming pool in my neighborhood. |
| ・室内プールに泳ぎに行った。 | I went swimming at an indoor swimming pool. |
| ・水着、水泳帽、そしてゴーグルを持って行った。 | I brought a bathing suit, a swimming cap, and goggles with me. |
| ・プールに急いで飛び込んだ。 | I quickly jumped into the swimming pool. |
| ・私は泳ぎがうまい。 | I am a good swimmer. |
| ・私はかなづちだ。 | I sink like a rock. |
| ・私は犬かきしかできない。 | I can only do the dog paddle. |
| ・泳ぎ方を習いたかった。 | I wanted to learn how to swim. |
| ・だから毎日水泳の練習をする。 | That's why I practice swimming every day. |
| ・一週間に二回、1時間ずつ水泳のレッスンを受けている。 | I take swimming lessons for an hour twice a week. |
| ・短時間でとても上達した。 | I made a lot of progress in a short time.<br>＊ progress　進展、経過、向上 |
| ・私は平泳ぎで約100メートルを泳げる。 | I can swim about 100 meters of breaststroke. |
| ・背泳ぎは難しいが面白い。 | Backstroke is hard but interesting. |
| ・私は大抵バタフライで泳ぐ。 | I usually swim the butterfly stroke. |

| | |
|---|---|
| ・私はクロールが好きだ。 | I like the freestyle stroke. |
| ・水の中に飛び込んだ。 | I dived into the water. |
| ・今年の夏は海へ泳ぎに行くつもりだ。 | I am going to swim in the sea this summer. |
| ・海でシュノーケリングとスキューバダイビングを経験した。 | I experienced snorkeling and scuba diving in the sea. |
| ・スキューバダイビングのためには酸素ボンベと潜水服、マスクが必要だった。 | I needed an air tank, a wet suit and a mask for scuba. |
| ・去年の夏にシュノーケリングをたくさんした。 | I did a lot of snorkeling last summer. |

# 5 卓球

**TABLE TENNIS**

| | |
|---|---|
| ・卓球をしに体育館へ行った。 | I went to a gym to play table tennis. |
| ・試合をするために2チームに分かれた。 | We made two teams to compete with each other. |
| ・私が最初にサーブをした。 | I was the first to serve the ball. |
| ・球の打ち方が強すぎた。 | I hit the ball too hard. |
| ・球は外に出た。 | The ball hit outside. |
| ・私は球を打ち返せなかった。 | I missed returning the ball. |
| | ＊ miss –ing 〜しそこなう |
| ・私はフォアハンドでスピンをかけるのがうまい。 | I have a strong forehand spin. |
| ・私はバックハンドでスピンをかけるのが苦手だ。 | I have a weak backhand spin. |
| ・点数がジュースになった。 | The score became deuce. |
| ・相手チームに勝つのは難しかった。 | It was hard to defeat the other team. |
| ・相手チームが私たちに勝った。 | The other team beat my team. |
| ・試合に負けて気分が悪かった。 | I felt bad about losing the game. |
| ・卓球をすると気分がとてもよくなる。 | Playing table tennis makes me feel great. |

Chapter 18　運動

| | |
|---|---|
| ・私は1年間テニスのレッスンを受けている。 | I have taken tennis lessons for a year. |
| ・私はテニスクラブの会員だ。 | I am a member of a tennis club. |
| ・テニスをするためにコートを予約した。 | I reserved a court to play tennis. |
| ・彼と1対1で試合をした。 | I played singles with him. |
| ・友人たちとダブルスを組んで試合をした。 | I played doubles with my friends. |
| ・混合ダブルスで試合をした。 | I played mixed doubles. |
| ・テニスを3試合行った。 | We played three games of tennis. |
| ・私はサービスエースを決めた。 | I had a service ace. |

\* service ace　サーブを相手が返球できず、得点をあげること

| | |
|---|---|
| ・私のフォアハンドのストロークは素晴らしかった。 | My forehand stroke was excellent. |
| ・私はバックハンドで打つのに慣れていなかった。 | I was not used to hitting backhands. |

\* be used to –ing　〜するのに慣れている

| | |
|---|---|
| ・彼のサーブは早すぎて打ち返せなかった。 | His serve was too fast for me to receive the ball. |
| ・私がサーブを打つ番だった。 | It was my turn to serve. |
| ・私が好きなテニス選手は〜だ。 | My favorite tennis player is ~. |
| ・この間彼は〜トーナメントで優勝した。 | He won the ~ Tournament the other day. |
| ・彼は並大抵の選手ではない。 | He is an extraordinary player. |
| ・彼のフォアハンドは最高だ。 | He has the best forehand. |

## 勝利する

| | |
|---|---|
| ・勝利を決めた試合だった。 | It was a winning game. |
| ・私のチームは不戦勝だった。 | My team won a game by default. |
| ・私たちは試合に勝った。 | We won the game. |
| ・私たちのチームは相手を倒した。 | My team defeated the other team. |

| | |
|---|---|
| ・私たちのチームがほかのすべてのチームに勝てればいいのに。 | I hope my team beats all the other teams. |
| ・私たちは5連勝を収めた。 | We won 5 straight games. |
| ・私たちは3試合連続で勝った。 | We won three games in a row. |
| | ＊ in a row　連続で |
| ・私たちのチームが6対4で勝った。 | My team won the game with a score of 6 to 4. |
| ・私たちのチームが3対0で勝った。 | We won the game 3 to nothing. |
| ・3対2で勝った。 | We won with a score of 3 to 2. |
| ・私たちのチームが2点差で勝った。 | My team won by two points. |
| ・私たちが圧倒的な差をつけて勝った。 | We won overwhelmingly. |
| ・私たちは敵チームに簡単に勝った。 | We won an easy victory over our rival. |
| ・あらゆる逆境を克服してその試合に勝った。 | Against all odds, we won the game. |
| | ＊ odds　ハンディキャップ、差 |
| ・劣勢の危機的状況から勝利を奪った。 | We snatched victory from the jaws of defeat. |
| | ＊ snatch　ひったくる、強奪する／jaw　あご、入り口 |
| ・わずかな差で勝利した。 | We edged out the other team. |
| ・逆転勝利を収めた。 | We came from behind to win. |
| ・正々堂々と戦い勝利した。 | We won fairly. |
| ・反則行為によって勝利した。 | We won by foul play. |
| ・私はまだ試合で負けたことがない。 | I have never lost a game yet. |
| ・私は誰にも勝利を譲り渡すようなことはしたくない。 | I don't want to yield the palm to anyone. |
| | ＊ yield the palm to　〜に優先権（勝ち）を譲る |
| ・ぎりぎりの差でその試合に勝った。 | We won the game by a close shave. |
| ・かろうじてその試合に勝った。 | We won the game by a narrow margin. |
| ・最後の瞬間に勝った。 | We won the game at the last moment. |
| ・私たちはチャンピオンになった。 | We became champions. |
| ・勝利の祝賀会を開いた。 | We had a party in celebration of the victory. |

## 引き分ける

| | |
|---|---|
| ・試合は互角だった。 | It was a close game.<br>The game was neck and neck. |
| ・私たちは互角だった。 | We were even. |
| | ＊ even　対等な、引き分けの、平らな |

| | |
|---|---|
| ・その試合は引き分けだった。 | The game ended in a tie.<br>The game ended in a draw.<br>The game was a tie.<br>The game was tied. |
| ・２対２で引き分けた。 | The score was tied, two to two. |

## 負ける

| | |
|---|---|
| ・勝てる見込みのない試合だった。 | It was a losing game. |
| ・私たちは試合に負けた。 | We lost the game. |
| ・私たちのチームが敗北した。 | My team was defeated. |
| ・私たちは惨敗した。 | We were crushed. |
| ・私たちのチームが２対３で負けた。 | We lost the game 2 to 3. |
| ・私たちは５対０で惨敗した。 | We were totally blown away, 5 to 0. |
| ・私たちは６対10で敵チームに負けた。 | My team lost to the rival team by a score of 6 to 10. |
| ・私たちは敗北を受け入れた。 | We accepted our loss. |
| ・私たちは敗北を認めた。 | We admitted our defeat. |
| ・コールドゲームになった。 | The game was called. |
| ・その試合の結果は私たちの予想とは反対だった。 | The result of the game was opposite of what we had expected. |

# Martial Arts

Saturday, November 14. A little chilly

I'm so nervous! I'm finally getting the chance to check out my Taekwondo skills. I'm going to OO university to compete against other college students. Even though they're not professional athletes, they can really kick butt! I've been practicing hard. I have over 7 bruises just on my leg. After seeing all the bruises, a few friends ask me why I'm learning Taekwondo. I simply answer "Because I like it."

At first, I started learning Taekwondo hoping to lose weight. But as time went on, I realized that Taekwondo helped me not only physically but also mentally. It seemed to make me a better person. For example, I have learned how to be patient and have more confidence in myself. I wish people would stop saying martial arts are only for men. They're for everybody regardless of age or gender. Anyway, wish me luck! I'd better go to bed now. Tomorrow morning, I have to wake up early not to be late for the competition.

## 武術

11月14日　土曜日　少し肌寒い

　私はとても緊張している。ついに私のテコンドーの実力を試すチャンスが訪れた。私はほかの大学生たちと試合をするために○○大学へ行く予定だ。彼らはプロの選手ではないが、本当に私をやっつけるかもしれない。私は一生懸命練習してきた。脚だけでも７カ所以上のあざがある程だ。私のあざを見ると友人たちは私になぜテコンドーを習っているのかを聞いたりする。私はただ「好きだから」と答える。

　最初はやせられればいいと思ってテコンドーを習い始めた。しかし時間が経つにつれて、テコンドーが身体的にのみならず精神的にも自分に役立っていると気付いた。私を人間として成長させてくれているようだった。例えば我慢することを学んだし、自分に自信を持てるようになった。武術が男だけのものだというのはやめてもらいたいと思う。武術は年齢や性別を超えたあらゆる人のためのものだ。とにかく私の幸運を祈って！　もう寝なくては。明日の朝は試合に遅れないよう早起きをしなければならないし。

### NOTES

check out　点検する、確認する／ compete against　～と戦う、競争する／ bruise　あざ、打撲傷／ physically　肉体的に、物質的に／ mentally　精神的に／ patient　忍耐力のある、我慢強い／ martial arts　武術、武芸／ regardless of　～と関係なく

# CHAPTER 19

## ショッピング

## お店の種類

| | | | |
|---|---|---|---|
| 卸売市場 | wholesale market | 金物屋 | hardware store |
| 小売市場 | retail market | 化粧品店 | beauty counter |
| デパート | department store | 免税品店 | duty-free shop |
| 市場 | market place | 文房具屋 | stationery store |
| 本屋 | bookstore, bookshop | スーパーマーケット | supermarket |
| 貴金属店 | jewelry store | 服屋 | clothing store |
| 家電製品店 | home appliance store | スポーツ用品店 | sporting goods store |
| 質屋 | pawnshop, hock shop | 生活用品店 | household goods store |
| 旅行代理店 | travel agency | 自動販売機 | vending machine |
| コンビニエンスストア | convenience store | クリーニング屋 | cleaners |
| 乳製品販売店 | dairy | コインランドリー | laundromat |
| 八百屋 | vegetable market | パン屋 | bakery |
| 靴屋 | shoe store | 家具店 | furniture store |
| 精肉店 | butcher's shop | 花屋 | flower shop |
| 食料品店 | food store, grocery | 写真屋 | photo shop |
| ギフトショップ | gift shop | | |
| 土産物店 | souvenir store | | |

## ショッピング

| | |
|---|---|
| ・彼にプレゼントを買わなければと思った。 | I thought I should buy him a gift. |
| ・友人たちをショッピングに誘った。 | I asked my friends to go shopping with me. |
| ・買い物をするために友達とデパートで待ち合わせた。 | I met my friends at the department store to shop. |
| ・デパートはとても混んでいた。 | The department store was very crowded. |
| ・原宿なら安く買えると思った。 | I thought I could get good prices in Harajuku. |
| ・今日友人たちと一緒にショッピングに出掛けた。 | I went shopping with my friends today. |
| ・私は衝動買いをよくする。 | I am an impulsive shopper.<br>＊ impulsive　衝動的な、一時の感情による |

| | |
|---|---|
| ・私はショッピング中毒ではない。 | I am not a shopping addict.<br>＊ addict　中毒者、熱心な愛好家 |
| ・～を使い古したので、デパートに新しい<br>物を買いに行った。 | As ～ was worn out, I went to the department<br>store to buy a new one.<br>＊ wear out　すり切れさせる |
| ・～を買いに行った。 | I went shopping for ～. |

---

### どこに買い物に行こうか？

「デパート」はdepartment store、「ディスカウントショップ」はdiscount store、製造業者の
「直販店」はoutlet、商店・飲食店・映画館などが備わっている「複合商店街」はmallと言います。
買い物に行くならどこがいいでしょうか？　掘り出し物を探すなら、flea market（フリーマーケッ
ト）がいいかもしれません。「～へ買い物しに行く」は「go shopping to＋場所」ではなく、go
shopping in a department storeのように、「go shopping at/in＋場所」とする必要がある
ので注意しましょう。

## ウインドーショッピング

| | |
|---|---|
| ・ウインドーショッピングだけした。 | I just window-shopped. |
| ・ただ見ただけだった。 | I just browsed.<br>I just looked around. |
| ・ただ見るだけでも楽しい。 | I feel happy just browsing. |
| ・気分転換にウインドーショッピングに<br>出掛けた。 | I went window-shopping for a change. |
| ・買いたい物がたくさんあった。 | There were so many items that I wanted to<br>buy. |
| ・気に入る物が一つもなかった。 | Nothing appealed to my fancy.<br>＊ appeal to　～の気に入る／ fancy　好み、気まぐれ、空想 |
| ・家電製品コーナーで新製品が店頭に出て<br>いるかどうか見た。 | I looked around the appliance section to see<br>whether the brand-new products had come<br>out. |
| ・もう少し見て回った。 | I looked around some more. |
| ・買い物を減らして貯金しようと努力している。 | I am trying to buy less and save more. |
| ・私はぜいたく品をほとんど買わない。 | I purchase few luxuries.<br>＊ few　ほとんど～ない |
| ・駐車券をもらうのを忘れなかった。 | I didn't forget to get my parking validation. |

Chapter 19　ショッピング

## セール

| | |
|---|---|
| ・デパートはセール中だった。 | The department store had a sale. |
| ・その店は在庫処理のセール中だった。 | The store had a clearance sale. |
| ・～がセール中だった。 | They were having a sale on ~. |
| ・それは飛ぶように売れていった。 | It was selling like hot cakes. |
| ・在庫があった。 | It was in stock. |
| ・在庫がなかった。 | It was out of stock. |
| ・その商品は売り切れだった。 | The item was sold out.<br>＊ be sold out　全部売れた、売り切れだ |
| ・その商品は売り切れで、来週入荷すると言われた。 | They said that they were out of stock on the item and the new shipment would be in next week.<br>＊ shipment　発送、積み込み |
| ・類似品にだまされた。 | I was deceived by a similar product.<br>＊ deceive　だます、欺く |
| ・それを買うために小遣いを全部使ってしまったので無一文になった。 | I spent all my allowance buying it, so I am broke. |
| ・よく考えずに買うのをやめなければいけない。 | I need to stop mindless buying. |
| ・衝動買いをしないつもりだ。 | I won't buy things impulsively. |

## 品物を選ぶ

- 婦人服のコーナーにはさまざまなタイプのズボンがあった。
  There were various types of pants in the ladies' apparel section.
  ＊ apparel　衣服、服装

- 友達のものとまったく同じだった。
  It was the same as my friend's.

- どれを買うか決められなかった。
  I couldn't decide which one to buy.

- 違うタイプのものを見たかった。
  I wanted to see another one in a different style.

- 私はファッションセンスがないようだ。
  It seems that I have no fashion sense.

- 店員は私が欲しい物を選ぶのを手伝ってくれた。
  The salesperson helped me pick out what I wanted to buy.

- 店員にほかの物を見せてほしいと頼んだ。
  I asked the salesperson to show me another.

- 時々、店員にあれこれと対応されるのが嫌なことがある。
  Sometimes I don't like it when the salesperson waits on me.
  ＊ wait on　（客に）対応する

- 〜を選ぶのに１時間くらいかかった。
  It took about an hour to pick out ~.

- まず、それの値段がいくらなのか聞いた。
  First of all, I asked how much it cost.

- 店員に試着室がどこにあるのか聞いた。
  I asked a salesperson where the fitting room was to try them on.

- 私は気に入ったものを見つけて試着した。
  I found something that I liked and tried it on.

- さまざまな種類の〜を着てみた。
  I tried on several types of ~.

- 本革で作られた〜を買いたかった。
  I wanted to buy an authentic leather ~.
  ＊ authentic　本物の、信頼できる

- 〜は上にふたが付いていて、磁石で留まるようになっている。
  ~ has a magnetic flap over the top.
  ＊ flap　開け閉めする部分

- 欠陥などがないか細かいところまで見て確認した。
  I checked it out in detail to see whether it had any flaws.
  ＊ in detail　細かく、詳しく／flaw　欠点、欠陥

- 私が期待していたほどよくなかった。
  It was not as good as I had expected.

## 気に入った商品

- あるお店でまさに私が買いたかったものを見つけた。
  At one store, I found exactly what I wanted to buy.

- 一目で気に入った。
  At first glance, it appealed to me.
  ＊ glance　ちらりと見ること、ひらめき

- それは陳列台に飾られていた商品の一つだった。
  It was among the ones that were on display in the window.

| | |
|---|---|
| ・それは最新のブランドだった。 | It was the latest brand. |
| ・最近出た新商品だった。 | It was brand-new and came out recently. |
| ・その服は中国製だった。 | The clothes were made in China. |
| ・それはフランスから輸入されたものだった。 | It was imported from France. |
| ・私は最高品質の物を買いたかった。 | I wanted to purchase the best quality product.<br>＊ quality　質、品質、良質 |
| ・その服の形と色が気に入らなかった。 | The style and color of the clothes didn't appeal to me. |
| ・それは私が思い描いていたスタイルではなかった。 | It wasn't the style I had in mind. |
| ・私が探していたスタイルはなかった。 | There wasn't the style that I was looking for. |
| ・その服の色の組み合わせが好きではなかった。 | I didn't like the color combination of the clothes.<br>＊ combination　結合、組み合わせ、合同 |
| ・私には色が少し派手すぎた。 | The color was a little bit flashy for me.<br>＊ flashy　けばけばしい、派手な |
| ・綿製の〜が欲しかった。 | I wanted ~ made of cotton. |
| ・どんなに高くてもそれが欲しかった。 | I wanted to get it at any cost. |
| ・ついに私が欲しかったものを手に入れた。 | Finally I obtained what I had wanted. |
| ・それをプレゼント用に包んでほしいと頼んだ。 | I asked her to gift-wrap it. |

## 服を買う

| | |
|---|---|
| ・私のサイズの〜は売り切れだった。 | All the ~ in my size were sold out. |
| ・私のサイズの〜はなかった。 | There was no ~ in my size. |
| ・私は小さいサイズを着ている。 | I wear a small size. |
| ・私のサイズを探すのが難しかった。 | My size was difficult to find. |
| ・そのコートは腰の部分がゆるすぎた。 | The coat was too loose around my waist. |
| ・その〜は少しきつかった。 | The ~ was a little tight. |
| ・その〜はぶかぶかだった。 | The ~ was baggy. |
| ・その〜は私にぴったりだった。 | The ~ fit me very well. |
| ・私は迷わずにそれを買った。 | I didn't hesitate to buy it.<br>＊ hesitate　ちゅうちょする、迷う |
| ・それに合う新しい〜を買うつもりだ。 | I will buy a new ~ to go with it. |
| ・洗濯機で洗濯できる服を買った。 | I bought machine-washable clothes. |
| ・その品質はとてもよい。 | The quality is excellent. |

| | |
|---|---|
| ・保証書が付いている。 | It has a warranty. |
| ・品質の保証期間は1年だ。 | The warranty period is one year. |
| ・いい選択をしたと思う。 | I think I made a good choice. |
| ・選択を間違えた。 | I made a bad choice. |

## その他のショッピング

| | |
|---|---|
| ・時々はテレビの通信販売を利用する。 | Every now and then I buy things off the television.<br>＊ every now and then　ときどき |
| ・できる限り早く注文すると割引になることもある。 | Sometimes we can get a discount if we order as quickly as possible. |
| ・〜を購入することに決めてテレビの通販番組に電話をした。 | I decided to purchase ~, and made a phone call to the home TV shopping channel. |
| ・注文と同時にお金を払う方法に決めた。 | I chose cash on order. |
| ・商品と代金を引き替えにする方法にした。 | I wanted cash on delivery. |
| ・クレジットカード決済で支払った。 | I charged it to my credit card. |
| ・オンラインショッピングをした。 | I shopped online. |
| ・インターネットショッピングは何でも、いつでも、そしてどこでも買い物ができるのでよく利用する。 | I frequently use online shopping services because I can shop for anything, anytime and anywhere.<br>＊ frequently　よく、頻繁に |
| ・価格に配達料金も含まれていると言われた。 | They said that the price included delivery.<br>＊ include　含める |
| ・値段に配達料金が含まれていなかった。 | The price didn't include delivery. |
| ・商品の配達料金は向こうが負担した。 | They paid for the delivery of the items. |
| ・注文した商品を受け取るのに何日か待った。 | I waited for a few days to receive the products that I ordered. |
| ・商品に欠陥があったので送り返した。 | I sent the item back because there was a flaw on it. |
| ・新しく交換したものを送ってくれた。 | They sent me a replacement. |
| ・私は交換したくなかったので、全額返金を要求した。 | I asked for a full refund because I didn't want to exchange it.<br>＊ refund　払い戻し、返済 |

# 2 食料品店

GROCERY

## 食料品の単位

| | | | |
|---|---|---|---|
| キャベツ1玉 | a head of cabbage | 牛乳1パック | a carton of milk |
| ニンジン1束 | a bunch of carrots | ピザ1切れ | a slice of pizza |
| バナナ1房 | a bunch of bananas | ケーキ1切れ | a piece of cake |
| 卵1ダース | a dozen eggs | チョコレートバー1本 | a bar of chocolate |
| ジャム1瓶 | a jar of jam | アイスクリーム1盛り | a scoop of ice cream |
| 小麦粉1袋 | a bag of flour | 砂糖スプーン1杯分 | a spoonful of sugar |
| パン1斤 | a loaf of bread | コショウ小さじ1杯 | a teaspoon of pepper |
| シリアル1箱 | a box of cereal | 牛乳1杯 | a glass of milk |
| ケチャップ1瓶 | a bottle of ketchup | コーヒー1杯 | a cup of coffee |
| 肉1ポンド | a pound of meat | 2個入りパック | twin-pack |
| オレンジ1キロ | a kilogram of oranges | 3個入りパック | three-pack |

## 買い物をする

- 食料品店に行った。
  I went to the grocery store.

- お母さんが私をお使いに出した。
  My mom made me do the shopping.

- 私は買い物の前に必要なものを書き出した。
  I made a list of necessary items before going shopping.

- 要らない物を買わないようにしていた。
  I tried not to buy unnecessary things.

- 何を買わなければいけないのかリストを確認した。
  I checked my shopping list to see what I should buy.

- ショッピング用のビニール袋を忘れないで持っていった。
  I didn't forget to bring a plastic bag for shopping.

- 時々カートの代わりにかごを使う。
  Sometimes I use a basket instead of a cart.
  * instead of ～の代わりに

- 肉を買いに精肉コーナーへ行った。
  I went to the meat counter for meat.

- シチュー用に脂身のない豚肉を約200グラム買った。
  I bought half a pound of pork without the fat for a stew.

| | |
|---|---|
| ・生活用品を数点買わなければならなかった。 | I had to purchase a few household supplies. |
| ・トイレットペーパー、歯ブラシなどを含めてほかの物も買った。 | I bought other things including toilet paper and toothbrushes. |
| ・ジュースが必要な時は無糖のものを買う。 | When I need juice, I buy sugar-free juice.<br>＊ -free　〜がない |
| ・その店の商品はいつも新鮮で清潔だ。 | The items at the store are always fresh and clean. |
| ・私の好きな果物を買った。 | I bought my favorite fruits. |
| ・スイカが旬の季節なので甘い。 | The watermelon is sweet because it is in season. |
| ・店長がそれらは産地直送の商品だと言った。 | The storekeeper said that they were brought directly from the farm. |
| ・有機栽培の野菜を買った。 | I bought organically-grown vegetables.<br>＊ organically　有機的に |
| ・その野菜には虫食いの跡があった。 | The vegetables had traces of worms. |
| ・果物は全部新鮮そうだった。 | All the fruit looked fresh. |
| ・果物はよく熟していた。 | The fruit was very ripe. |
| ・いくつかは柔らかいようだった。 | Some of it seemed to be mushy.<br>＊ mushy　おかゆみたいな、柔らかな |
| ・一部はすでに腐っていた。 | Some of it was already spoiled. |
| ・期限を確認した。 | I checked the expiration date.<br>＊ expiration　期間の満了 |
| ・期限が切れていた。 | The expiration date had passed. |
| ・市場に行くとより新鮮な野菜をもっと安く買える。 | When we go to a farmer's market, we can buy fresher vegetables at cheaper prices. |

## おまけ・買い得品・クーポン

| | |
|---|---|
| ・彼は私にたくさんおまけをしてくれた。 | He gave me more for free.<br>＊ for free　無料で |
| ・おまけがついていた。 | There was a freebie.<br>＊ freebie　おまけ、ただでくれる物、景品 |
| ・おまけで〜をくれた。 | He threw in ~ for free. |
| ・一つ買うと一つただでくれた。 | When I bought one item, I got one free. |
| ・彼は多すぎるくらいくれた。 | He gave me more than enough. |
| ・値段が表示されていなかった。 | The prices were not marked. |
| ・値札をその品物につけていた。 | They attached a price tag to the item. |

| | |
|---|---|
| ・お買い得品だった。 | They were giveaway items.<br>＊ giveaway　お買い得品 |
| ・たたき売りしていた。 | They were selling at a great loss.<br>＊ at a loss　損をして |
| ・売れ残りの商品を安い値段で売っていた。 | They were selling the remaining items at cheaper prices. |
| ・店で試供品を配っていた。 | The store was distributing sample products. |
| ・無料サンプルをもらった。 | I took a free sample. |
| ・店主が私におまけをくれた。 | The storekeeper gave me extra for good measure.<br>＊ for good measure　おまけとして |
| ・その店のクーポンを持って行った。 | I brought the store coupons. |
| ・クーポン券を使ってお金を節約できた。 | I could save some money by using the coupons. |
| ・クーポンのうち何枚かはもう使えないものだった。 | Some of the coupons were not valid anymore. |
| ・そのクーポンはその日だけ有効だった。 | The coupon was valid just for the day.<br>＊ valid　有効な、正当な |
| ・そのクーポンは有効期限が切れていた。 | The coupon has expired. |
| ・家に帰る途中、学用品を買おうと文房具店に寄った。 | I stopped by a stationery store on the way home to buy some school supplies. |
| ・贈り物はいつでも歓迎だ。 | Anything given as a gift is welcome at any time. |

> **column**
>
> **「1つ買えばもう1つ無料」**
> ディスカウントストアでは、「1つ買えばもう1つ無料」というセールをよく行っています。こういう場合、英語ではBuy one, get one free.と言います。2つ買うともう1つおまけしてくれる場合は、Buy two, get one free.となります。

## 配達

| | |
|---|---|
| ・私が入れた品物でカートはいっぱいだった。 | The cart was full of the things that I had put into it. |
| ・その店は宅配サービスがある。 | The store has a delivery service. |
| ・そのスーパーの配達はとても速い。 | The delivery from the supermarket is so quick. |
| ・配達は無料だ。 | They don't charge for delivery. |

| ・私は品物をたくさん買った時は宅配サービスを使う。 | When I buy a lot of items, I use the delivery service. |
| ・私はその品物を配達してもらいたかった。 | I wanted to get the items delivered. |
| ・買った品物の配達を頼んだ。 | I asked for what I had bought to be delivered. |
| ・私が買った品物を家に配達してもらった。 | I had my purchase delivered to my home. |

## 3 価格  PRICE

### 売買交渉

| ・価格はさまざまだった。 | The prices varied. |
| ・価格は固定されていた。 | The prices were fixed. |
| ・その商品は正札付きだった。 | It had a marked price.<br>＊ marked 表示された |
| ・彼らは定価でしか販売しなかった。 | They sold only at a fixed price. |
| ・元の値段は〜円だった。 | The original price was ~ yen. |
| ・セール価格で〜円だった。 | It was on sale for ~ yen. |
| ・その商品はちょうど〜円だった。 | The item cost exactly ~ yen. |
| ・値切り交渉をした。 | I haggled over it.<br>＊ haggle over 〜を値切る、かけあって値切る |
| ・彼に値段をまけてくれるよう頼んだ。 | I asked him to lower the price. |
| ・私は駆け引きがうまい。 | I play my ace well.<br>＊ play one's ace 取引が巧妙である |
| ・彼は値段をまけてくれた。 | He reduced the price.<br>He gave me a discount. |
| ・彼は安くしてくれた。 | He gave me a better price. |
| ・彼は10%割引してくれた。 | He gave me a ten percent discount. |
| ・価格がお手ごろだった。 | The price was reasonable. |
| ・値段の割りに品物がよかった。 | It was good for the price. |
| ・手ごろな価格で買った。 | I bought it at a good price. |
| ・それを〜円で買った。 | I bought it for ~ yen. |

**価格が問題**

商品の価格について話すとき、商品を主語にするなら「高い」はexpensive、costly、「安い」は inexpensive、cheapなどを使って表現します。価格（the price）を主語にするならば、「高い」場合はhigh、「安い」場合はlowとなります。ですから、The price is expensive.は誤りで、The price is high.としなければいけません。

## 高い

| | |
|---|---|
| ・値段が高かったので、ためらった。 | I hesitated because of the high price. |
| ・とても高いのでセールになるまで待つつもりだ。 | It is too expensive, so I will wait for it to go on sale. |
| ・もっとお金を貯めるべきだった。 | I should have saved more. |
| ・必要のない物を買ってお金を使ってしまった。 | I spent money buying unnecessary things. |
| ・大きな買い物だった。 | It was a big purchase. |
| ・それは高かった。 | It was costly. |
| ・それはかなり高かった。 | It was quite expensive. |
| ・値段が高かった。 | It was high-priced. |
| ・それは途方もなく高額だった。 | The price was ridiculous.<br>It was overpriced.<br>＊ ridiculous　ばかばかしい、途方もない |
| ・それは法外な値段だった。 | It was an exorbitant price.<br>＊ exorbitant　法外な、途方もない |
| ・私はぼられた。 | I got ripped off. |
| ・それに大金を払った。 | I paid an extreme amount of money for it. |
| ・私にはそれを買う余裕がなかった。 | I could not afford it. |
| ・金欠でそれが買えなかった。 | I ran short and was not able to buy it. |
| ・それを買うにはお金が足りなかった。 | I didn't have enough money to buy it. |
| ・もう少し安い物が欲しかった。 | I wanted something cheaper. |

## 安い

| | |
|---|---|
| ・いい買い物をした。 | It was a good buy. |
| ・それを特売価格で買った。 | I got it for a bargain. |
| | ＊ for a bargain　セール価格で、特売価格で |
| ・お買い得価格で買った。 | I bought it at a good bargain. |
| ・廉価だった。 | It was cheap. |
| ・そんなに高くなかった。 | It wasn't so expensive. |
| ・値段が安かった。 | It was low in price. |
| ・セール中だったので50％割引で買った。 | I bought it for 50 percent off because they were on sale. |
| ・それは半額だったのでとても安かった。 | It was half-price, a real bargain. |
| ・本当に掘り出し物だった。 | It was almost a steal. |
| | ＊ steal　盗み、堀り出し物、もうけ物 |
| ・私はそれをただ同然の値段で買った。 | I got it for almost nothing. |
| ・異例の安さだった。 | It was an exceptional bargain. |
| | ＊ exceptional　例外的な、異例な |
| ・私は信じられないような安値でそれを買った。 | I bought it at an incredible price. |
| ・特売でとてもいい品物を安く買った。 | I picked up a good bargain at the bargain basement. |
| ・安物買いの銭失い。 | We get what we pay for.<br>Penny wise and pound foolish. |

## 会計

| | |
|---|---|
| ・会計をするためにレジへ選んだものを持って行った。 | I took the things that I had picked up to the checkout counter to pay for them. |
| ・レジで列に並んだ。 | I stood in line at the checkout counter. |
| ・その店はどんな支払方法も可能だった。 | The store accepts all forms of payment. |
| ・クレジットカードで支払った。 | I paid by credit card. |
| ・小切手で支払った。 | I paid by check. |
| ・現金で支払った。 | I paid by cash. |
| ・電子マネーで支払った。 | I paid with electronic money. |
| ・一括で支払わなければならなかった。 | I had to pay in full. |
| ・一括で支払った。 | I paid for it in one payment. |
| ・私はそれを分割払いで買った。 | I bought it in installments. |
| ・それを6カ月の分割払いにした。 | I paid for it in 6 monthly installments. |
| ・おつりと領収書を受け取った。 | I received some change and a receipt. |
| ・実際よりも高い値段を請求された。 | I was overcharged. |
| ・レジの人が何か間違えたようだった。 | The cashier seemed to have made a mistake. |
| ・彼女は計算を間違えた。 | She calculated incorrectly.<br>＊ calculate　計算する、算定する |
| ・彼女がくれたおつりは〜円足りなかった。 | She short-changed me ~ yen. |
| ・その店ではレジ係が客に間違った額を請求した場合、補償として〜円をくれる。 | When a cashier charges the customers the wrong prices, the store compensates an additional ~ yen for the mistake.<br>＊ compensate　補償する、弁償する |

## 払い戻し

| | |
|---|---|
| ・ほかの物に取り替えたかった。 | I wanted to exchange it for a different one. |
| ・返品する場合は郵送料を払わなければならない。 | If we return the product, we have to pay for return shipping.<br>＊ shipping　運送、輸送 |
| ・気に入らなかった場合、払い戻しができる。 | If someone doesn't like it, it is refundable. |
| ・その商品の払い戻しをしたかった。 | I wanted to get a refund on the item. |
| ・彼らは特別セールの商品は返品できないと言った。 | They said that special sale items couldn't be returned. |
| ・私が払い戻しの請求をすると、彼らは領収証を見せるように言った。 | As I asked for a refund, they asked me to show the receipt.<br>＊ receipt　領収証、レシート |

・彼らは領収証を確認してから私にお金を返してくれた。

They gave me a refund after checking the receipt.

・私はその商品のカード決済を中止しなければならなかった。

I had to erase the transaction from my credit card.

＊ transaction　処理、取引

# Big Sale

Monday, August 9. Sunny

Today I went shopping at the department store with my friends. All the downtown department stores were having big sales and I needed to buy a birthday present for a friend of mine. Her birthday is in a week. She really likes wearing stylish rings, so I decided to buy her a fantastic ring. There were two jewelry stores in the department store. At the first store that I visited, I saw a ring that was very beautiful. But it was too expensive. I looked around more. Finally, I found exactly what she would want to wear. Luckily, it was on sale. I was very pleased that I was able to buy her the ring at a discount. I really hope that she will like the gift that I bought for her.

My sister's birthday is next month. From now on, I have to save some money so that I will be able to buy good presents for her. It's as if my savings were just for buying presents.

## 大売り出し

8月9日 月曜日 晴れ

　今日は友人たちとデパートへ買い物に行った。街のすべてのデパートは大売り出しをしていて、私は友達の誕生日プレゼントを買わなければならなかった。彼女の誕生日は来週だ。彼女はおしゃれな指輪をつけるのが本当に好きなので、私は彼女にすてきな指輪を買うことに決めた。デパートの中には二軒のアクセサリーショップがあった。私が行った一軒目の店には本当にきれいな指輪があった。でもそれは高すぎた。私はもう少し探してみた。ついに私は彼女にぴったりのものを見つけた。運のいいことにそれはセール品だった。割引価格で彼女にその指輪を買ってあげられることができて、とてもうれしかった。彼女が私の買ったプレゼントを気に入ってくれればいいと思う。

　お姉さんの誕生日は来月だ。今から彼女にすてきなプレゼントを買えるようにお金を貯めなければならない。私の貯金はまるでプレゼントを買うためだけみたいだ。

**NOTES**

stylish　おしゃれな、流行の／jewelry　宝石類、アクセサリー／look around　見回す／on sale　セール中の／pleased　うれしい、楽しい／at a discount　割引された／from now on　今から／as if　まさに〜のような／saving　節約、倹約、貯蓄

# CHAPTER
# 20

## 休日

## 文化生活　CULTURAL EXPERIENCES

### 文化

| | |
|---|---|
| ・ほかの文化を経験してみたい。 | I want to experience other cultures. |
| ・もっと教養を身に付けたい。 | I want to become more cultured. |
| ・私はさまざまな文化を経験してみようと思う。 | I'm going to experience various cultures. |
| ・文化は人間を構成する最も重要な要素の一つだ。 | Culture is one of the most important things that make a person. |
| ・さまざまな文化を経験した人は寛大になるという。 | It is said that when people experience many cultures, they become broad-minded.<br>＊ broad-minded　偏見のない、寛大な |
| ・さまざまな方法でほかの文化を経験することができる。 | We can experience other cultures in various ways. |
| ・異文化を経験すると人間をもっとよく理解できるようになる。 | Experiencing different cultures makes me understand people better. |
| ・経験が最良の先生だ。 | Experience is the best teacher. |
| ・愚かな者さえ経験によって賢くなる。 | Experience makes even fools wise. |

### 展覧会

| | |
|---|---|
| ・私は美術展によく行く。 | I often go to art exhibitions.<br>＊ exhibition　展覧会、展示会 |
| ・秋になるとよく私は展示された絵を見に画廊へ出掛ける。 | In the fall, I often visit galleries to see pictures on exhibition. |
| ・私は家族と先週末に画廊へ出掛けた。 | My family visited a gallery last weekend. |
| ・その画廊は行く価値がある。 | The gallery is worth visiting. |
| ・その画廊は一年中開いている。 | The gallery is open all year round. |
| ・その画廊は無料だ。 | The gallery is free of charge.<br>We can enter the gallery for nothing.<br>We are allowed to enter the gallery without paying. |
| ・友達を展覧会に一緒に行こうと誘った。 | I asked a friend of mine to go to an exhibition with me. |
| ・その展覧会は私の友達の趣味ではなかったので私は一人で行った。 | I went to the exhibition alone, because it was not my friend's cup of tea.<br>＊ one's cup of tea　〜の好み、〜が好きなこと |
| ・そこではいつも色々な展覧会が行われている。 | There are always various exhibitions there. |

| | |
|---|---|
| ・美術の先生の展覧会が市内の画廊で開かれた。 | My art teacher's exhibition was at the downtown gallery. |
| ・その展覧会は成功した。 | The exhibition was a success. |
| ・今は世界的に有名な画家たちの絵が展示されている。 | Now the pictures by the internationally renowned painters are on exhibit. |

※ renowned　有名な、名声がある／ be on exhibit　展示された

| | |
|---|---|
| ・その絵は芸術的な創造性を示していた。 | The pictures showed artistic creativity. |
| ・私は絵を見る目がある。 | I have an eye for painting. |
| ・その絵は本物だった。 | The painting was an original. |
| ・それらの絵は複製だと思った。 | I thought the paintings were copies. |
| ・そのうちの一枚の絵にとても感動した。 | I was so impressed by one of the pictures. |

## 2　音楽会

CONCERTS

### 音楽会関連表現

| | | | |
|---|---|---|---|
| 音楽会 | concert | 独奏 | solo |
| 独奏(唱)会 | recital | 二重奏(唱) | duet |
| 序曲 | overture | 三重奏(唱) | trio |
| 夜想曲 | nocturne | 四重奏(唱)、カルテット | quartet |
| 狂詩曲 | rhapsody | 五重奏(唱) | quintet |
| 交響曲 | symphony | 楽器 | musical instrument |
| 協奏曲 | concerto | 楽譜 | musical score |
| セレナーデ | serenade | 合奏 | ensemble |
| ソナタ | sonata | 指揮者 | conductor |
| 合唱 | chorus | 指揮台 | podium |
| 独唱 | vocal solo | 交響楽団 | symphonic orchestra |

## 演奏会

| | |
|---|---|
| ・私は音楽会にあまり行かない。 | I am not a concert-goer. |
| ・私は音楽会に行って音楽鑑賞するのが好きだ。 | I like to enjoy music by attending concerts. |
| ・私は家族と音楽会によく行く。 | I often go to concerts with my family. |
| ・音楽会の前売りチケットを買った。 | I bought the concert ticket in advance.<br>＊ in advance　事前に |
| ・招待券が二枚あった。 | I had two invitation tickets. |
| ・今夜、市内で野外音楽会があった。 | There was an outdoor concert downtown tonight. |
| ・音楽会に驚くほどたくさんの人が来た。 | There was a surprisingly large turn-out at the concert.<br>＊ turn-out　出席者、参席者 |
| ・音楽会の開始が遅れた。 | The concert was delayed. |
| ・遅れる理由の説明をする放送が聞こえた。 | I heard an announcement explaining the delay. |
| ・彼は素晴らしいピアノ演奏をした。 | He played the piano like a great pianist. |
| ・音楽会でバイオリニストが情熱的な演奏をした。 | At the concert, a violinist played very energetically. |
| ・彼は交響楽団と共演した。 | He was accompanied by the symphonic orchestra.<br>＊ accompany　〜を同伴する |
| ・演奏者たちはモーツァルトの第二交響曲を演奏した。 | The performers played Mozart's 2nd Symphony. |
| ・私は未完成交響曲が一番気に入った。 | I liked the Unfinished Symphony most. |
| ・指揮者の指揮が素晴らしかった。 | The conductor did very well. |
| ・彼はとても力強くオーケストラを指揮した。 | He conducted the orchestra with great vigor.<br>＊ conduct　指揮する、案内する／ vigor　活力、力強さ、迫力 |
| ・彼は昨今最も活躍している音楽家の一人だ。 | He is one of the most outstanding musicians these days.<br>＊ outstanding　目立った、傑出している |
| ・彼は生まれつき音楽の才能があるようだ。 | He seems to be endowed with musical talents.<br>＊ be endowed with　〜を生まれながらに持っている |
| ・その音楽にとても感動した。 | I was so moved by the music.<br>＊ move　感動させる、興奮させる |
| ・その音楽は私の心に響いた。 | The music touched my heart.<br>＊ touch　心を動かす、感動させる |
| ・彼の情熱的な演奏がとても印象に残った。 | His passionate performance was so impressive.<br>＊ passionate　情熱的な、熱意に満ちた／ performance　上演、公演、実行 |

- 一曲が終わるたびに私たちは拍手を送った。 We applauded whenever a piece was finished.
  * applaud　拍手を送る、賞賛する

## コンサート

| | |
|---|---|
| ・私が好きな歌手のコンサートがある時は必ず行く。 | Whenever my favorite singer has a concert, I attend it. |
| ・私が好きな歌手がコンサートを開いた。 | My favorite singer gave a concert. |
| ・そのコンサートは若い客層に合わせたコンサートだった。 | That concert was angled towards a young audience.<br>* be angled towards　〜の趣向に観点を合わせる |
| ・彼のコンサートのチケットはインターネットで1時間で売り切れたそうだ。 | They said that the tickets for his concert were sold out in one hour on the internet. |
| ・運のいいことにステージがよく見える席のチケットを二枚手に入れた。 | Luckily, I got two tickets for seats with a good view of the stage. |
| ・コンサート会場に入ると気分が高揚した。 | When I entered the concert hall, I was really excited. |
| ・あまりにも早く着いてしまったので、1時間待たなければならなかった。 | I arrived so early that I had to wait for an hour. |
| ・たくさんのファンの人たちがペンライトを持っていた。 | Many fans were carrying penlights. |
| ・私たちはその歌手を歓声と拍手喝采で迎えた。 | We greeted the singer with cheers and loud applause.<br>* greet　あいさつする、迎える／ applause　拍手喝采 |
| ・私は彼を崇拝していると言える。 | I can say he is my idol.<br>* idol　崇拝される人、偶像 |
| ・彼はそのグループのリードボーカルだ。 | He is the lead singer in the group. |
| ・彼の歌声はとても力強かった。 | His voice was very powerful. |
| ・彼の歌は若者に受けた。 | His song caught on with the young. |

| | |
|---|---|
| ・相当な数の熱狂的なファンがいた。 | There was a considerable number of his enthusiastic fans.<br>＊ a considerable number of　相当な数の |
| ・一部の学生たちが観客席でみっともない行動をとった。 | Some students displayed disgraceful behavior in the audience. |
| ・ある少年たちが観客席から冷やかしの声を上げた。 | Certain boys catcalled in the audience.<br>＊ catcall　やじをとばす、冷やかす |
| ・その歌手が私たちの一番好きな曲を歌ったときは、手を振りながら叫び声を上げた。 | When the singer sang our favorite songs, we yelled, waving our hands. |
| ・彼らの歌を聞くと私は踊り出したい気分になった。 | When I heard their song, I felt like dancing. |
| ・ダンスの公演があった。 | There was a dance performance. |
| ・私たちは拍手をしながらアンコールを叫んだ。 | We shouted "Encore!" clapping our hands. |
| ・彼の公演は終始本当に素晴らしかった。 | His entire performance was really fantastic. |
| ・私たちは素晴らしい公演にスタンディングオベーションを送った。 | We gave a standing ovation for such an outstanding performance.<br>＊ ovation　熱烈な拍手喝采 |
| ・コンサートは2時間ほど続いた。 | The concert lasted two hours or so. |
| ・最後の曲が終わって彼が舞台を去るときは切ない気分だった。 | I felt sad when he was going off the stage after his last song. |
| ・コンサートが終わってから彼のコンサートCDを買った。 | After the concert, I bought his concert CD. |

## 3　演劇

PLAYS

### 公演

| | |
|---|---|
| ・私は演劇を見に行くのが好きだ。 | I like to go to plays.<br>I like to go to the theater. |
| ・もうすぐ面白い新たな演目が上演されるだろう。 | A good new play will be presented soon. |
| ・大学で演劇を専攻したい。 | I want to major in drama at university. |
| ・今晩の公演のチケットが二枚あった。 | I had two tickets for tonight's performance. |
| ・その芝居の入場料は〜円だった。 | The admission fee for the play was ~ yen. |
| ・その芝居のパンフレットを買った。 | I bought a brochure for the play. |

| | |
|---|---|
| ・芝居を見に行った。 | I went to see a play. |
| ・有名なブロードウェイのミュージカルを見た。 | I watched a famous Broadway musical. |
| ・その演目は今も劇場で上演されている。 | The play is still showing at the theater. |
| ・この演目は一日に三回上演される。 | This play is presented three times a day. |
| ・その演目はロングランだ。 | It is a long-running play. |
| ・その公演が中止されて払い戻しを受けた。 | The performance was cancelled and we got a refund. |
| ・その芝居は巡業公演中だ。 | They are taking the play on the road.<br>＊ on the road　旅行中、巡業公演中 |
| ・芝居の初日は人でいっぱいだった。 | There were plenty of people at the opening of the play. |
| ・それは一幕ものだった。 | It was a one-act play. |
| ・その芝居は実話に基づいて作られていた。 | The play was based on a true story.<br>＊ be based on　〜を根拠とする、〜に基礎をおく |

## 素晴らしい芝居

| | |
|---|---|
| ・舞台装置が非常にリアルだった。 | The sets were very realistic. |
| ・俳優たちが舞台で着ていた衣装はとても素晴らしかった。 | The costumes that actors wore on stage were wonderful. |
| ・その芝居の雰囲気がとても気に入った。 | I really liked the atmosphere of the play. |
| ・私は俳優たちからとても強い情熱を感じた。 | I felt such strong passion from the actors. |
| ・私が思っていたよりもずっと素晴らしかった。 | It was more marvelous than I had expected. |
| ・その芝居の主人公は演技がとてもうまかった。 | The hero of the play performed his role very well. |
| ・俳優たちの演技は自然だった。 | The actors acted naturally. |
| ・その芝居は評判がとてもいい。 | The play is getting fantastic reviews.<br>＊ review　批判、論評、復習 |
| ・その芝居は新聞で絶賛された。 | The play got rave reviews in the newspaper.<br>＊ rave　激賞、べたぼめ |
| ・その芝居をとても楽しんだ。 | I enjoyed the play very much. |
| ・その芝居は愉快だった。 | The play was amusing. |
| ・その芝居は面白かった。 | The play was enjoyable. |
| ・俳優たちに拍手喝采を送った。 | I gave the actors a big hand. |
| ・観客たちは約5分間、ずっと拍手喝采を送り続けた。 | The audience applauded continuously for about 5 minutes. |

| | |
|---|---|
| ・その芝居は莫大な興行成績を収めた。 | The play became a tremendous hit. |
| ・それは私が今まで見た芝居の中で一番面白かった。 | It was the most interesting play I'd ever seen. |
| ・芝居が終わった後も私は席を立つことができなかった。 | I couldn't leave my seat after the play ended. |
| ・その芝居は大当たりしたので6カ月間公演が続けられた。 | The drama won great popularity and has run for six months. |

## つまらない芝居

| | |
|---|---|
| ・その芝居はまあまあだった。 | The play was just so-so. |
| ・その芝居はいまいちだった。 | The play was not so good. |
| ・私はあまり面白くなかった。 | I was not amused. |
| ・その芝居は難しすぎた。 | The play was too hard to understand. |
| ・俳優たちの演技が少し大げさだった。 | The actors overacted. |
| ・演技がぎこちなかった。 | The acting was awkward. |
| ・彼らはみんなアマチュアのようだった。 | They all seemed to be amateurs. |
| ・その芝居は退屈だった。 | The play was dull. |
| ・その芝居は面白味がなかった。 | The play was insipid.<br>＊ insipid　風味のない、うすい、覇気のない |
| ・その芝居には引きつけられなかった。 | The play was unappealing.<br>＊ unappealing　魅力のない、目立たない |
| ・その芝居は単調だった。 | The play was monotonous. |
| ・その芝居はひどかった。 | The play was awful. |
| ・その芝居は最悪だった。 | The play was terrible. |
| ・その芝居はとてもつまらなかった。 | The play was very boring. |
| ・つまらなくて我慢できなかった。 | I couldn't put up with the boredom.<br>＊ put up with　〜を我慢する |
| ・第二幕では寝てしまった。 | I fell asleep during the second act. |

# 4 映画

## 映画の種類

| 映画 | film, movie | 無声映画 | silent film |
|---|---|---|---|
| 新作映画 | newly released film | 3D 映画 | 3-D film |
| SF 映画 | science-fiction film | アニメーション映画 | animation |
| 教育映画 | educational film | ホラー映画 | horror movie |
| 短編映画 | short film | スパイ映画 | spy movie |
| 長編映画 | full-length film | アドベンチャー映画 | adventure movie |

## 私と映画

| | |
|---|---|
| ・映画を見るのは、ほかの文化について多くのことを学べるよい方法だ。 | A good way to learn a lot about other cultures is by watching movies. |
| ・私は映画を見るのが大好きだ。 | I love watching movies. |
| ・私は映画鑑賞が好きだ。 | I like to watch movies. |
| ・私は映画が大好きだ。 | I am a great movie fan. |
| ・私は漫画のアニメ映画が好きだ。 | I am fond of comic animations. |
| ・私は西部劇の映画が好きだ。 | I like Westerns.<br>＊ Westerns　西部劇の映画 |
| ・私の好きな映画のジャンルはコメディだ。 | My favorite movie genre is comedy. |
| ・映画を見ることは英語の勉強に役立つ。 | Watching movies helps us learn English. |
| ・私は長年にわたって人気のある昔の映画が好きだ。 | I like old movies that stay popular for many years. |
| ・映画は楽しくて面白い。 | Movies are fun and entertaining. |
| ・私は大抵週末に友人たちと映画を見に行く。 | I usually go to the movies with friends on the weekend. |
| ・最近はとても忙しくて映画を見に行く時間がなかった。 | I've been so busy lately that I have had no time to go to the movies. |
| ・本当に映画を見に行きたかった。 | I was eager to go to the movies.<br>＊ be eager to＋動詞原形　～であるように熱望する |

Chapter 20　休日

| | |
|---|---|
| ・そのホラー映画を見に行きたかった。 | I wanted to see the horror movie. |
| ・勉強をしていないときには映画を見に行く。 | I go to the movies when I am not studying. |
| ・一カ月に一度は映画を見に行く。 | I go to the movies once a month. |
| ・二週間に一度は映画を見に行く。 | I go to the movies once every other week. |
| ・三週間に一度は映画を見に行く。 | I go to the movies once every three weeks. |
| ・私は映画にあまり興味がない。 | I am not interested in movies. |
| ・私は非現実的なフィクション映画が本当に嫌いだ。 | I really don't like unbelievable fiction movies. |
| ・映画を終わりまで座って見るのは私にとって難しいことだ。 | It is difficult for me to sit through a movie. |
| ・映画の字幕を読むのが嫌いだ。 | I don't like to read the subtitles in a movie. |
| ・私は吹き替え映画が好きではない。 | I don't like seeing dubbed movies. |

## 映画のチケット

| | |
|---|---|
| ・無料招待券を持っていた。 | I had a complimentary ticket.<br>＊ complimentary　無料の、招待の |
| ・インターネットで前売りチケットを二枚買った。 | I bought two tickets in advance on the internet.<br>＊ in advance　あらかじめ、まず |
| ・映画のチケットを買うためにたくさんの人がチケット売り場に並んだ。 | A lot of people lined up to get tickets in front of the box office. |
| ・私はチケットを買うために並んだ。 | I stood in line to get a ticket. |
| ・チケット売り場でチケットを二枚買った。 | I bought two tickets at the box office. |
| ・映画クラブの会員カードですべての映画が20%オフになる。 | My movie club card gets me 20 percent off all movies. |
| ・幸いなことにチケットがまだ少し残っていた。 | Fortunately, there were some tickets available.<br>＊ available　利用できる、有用な |
| ・チケットは一枚も残っていなかった。 | There were no tickets left.<br>There were no more tickets available. |
| ・チケットは売り切れだった。 | The tickets were sold out. |

## 映画館へ行く

| | |
|---|---|
| ・その映画がいつ、どこで上映されるのか調べた。 | I looked for when and where the movie was showing. |
| ・私だけをおいて、みんな映画に行ってしまった。 | Everyone went to the movies, leaving me alone.<br>＊ leave～alone　～を一人残して行く |

| | |
|---|---|
| ・映画の試写会へ行った。 | I went to a movie preview. |
| ・ドライブインの映画館で映画を見た。 | I watched a drive-in movie.<br>＊ drive-in　車に乗ったまま見られる |
| ・その映画は今～で上映中だ。 | The film is now showing at the ~. |
| ・兄が私にその映画を薦めてくれた。 | My brother recommended the movie to me. |
| ・私は最近封切られたばかりの映画を見に<br>行った。 | I went to see a recently released film.<br>＊ release　封切りする、公開する |
| ・売店でポップコーンを買った。 | I bought some popcorn at the snack counter. |
| ・もぎりの人が私のチケットを切って<br>半券をくれた。 | The ticket-taker tore my ticket and gave me<br>back the stub.<br>＊ stub　（入場券の）半券 |
| ・その映画は第2スクリーンで上映された。 | The movie was shown in the second<br>auditorium. |
| ・前のほうに座った。 | I sat in the front row. |
| ・劇場の真ん中あたりに座った。 | I sat in the middle of the theater. |
| ・後ろのほうに座った。 | I sat at the back. |
| ・前に座っている人が私の視野を遮っていた。 | The person in front of me was blocking my<br>view. |
| ・彼に横にずれてほしいと頼んだ。 | I asked him to get out of the way. |
| ・映画が始まる前に携帯電話の電源を切った。 | I turned off my cell phone before the movie<br>started. |
| ・映画の予告編を見た。 | I watched the trailer of the movie.<br>＊ trailer　予告編 |

## 映画を見る

| | |
|---|---|
| ・映画の上映時間は2時間だった。 | The running time of the movie was 2 hours.<br>＊ running time　上映時間 |
| ・その映画は原作に忠実だった。 | The movie was faithful to the original work. |
| ・その映画は特殊効果を多く使用していた。 | The movie was made using a lot of special<br>effects. |
| ・その映画を作るのにコンピューターアニメ<br>ーションが使われていた。 | Computer animation was used to make the<br>movie. |
| ・その映画は大ヒット作になった。 | The movie became a blockbuster. |
| ・その映画は商業的に大成功を収めた。 | The movie was a big hit commercially. |
| ・その映画は日本語に吹き替えられている。 | The movie is dubbed in Japanese. |
| ・私の好きな俳優がその映画に出演している。 | My favorite actor appears in the movie. |

| | |
|---|---|
| ・彼がその映画で主役を演じた。 | He starred in the movie.<br>He played the lead role in the movie.<br>＊ star　主役を演じる |
| ・彼は脇役として出演した。 | He played a supporting role.<br>＊ supporting　補助する |
| ・俳優たちの演技は素晴らしかった。 | The actors' performances were excellent. |
| ・その監督は本当に才能がある人のようだった。 | The director seemed to be talented. |
| ・その映画の主題歌はよかった。 | The theme song of the movie was sweet. |
| ・誰かが映画の間中、ずっとむせび泣いていた。 | Someone kept sobbing throughout the whole movie.<br>＊ sob　むせび泣く、泣きじゃくる |
| ・映画が終わりそうなあたりで寝てしまった。 | I fell asleep when the movie was almost over. |
| ・エンドロールが流れて映画が終わった。 | The movie ended with the credits rolling. |

---

**column**

### 泣くのもいろいろ

「声に出して泣く」は cry、声を出さずに「ぼろぼろと涙を流す」は weep、「むせび泣く」は sob、「激しく泣き叫ぶ」は wail、泣き出しそうになって「べそをかく」は whimper と言います。「涙を必死にこらえている」場合は fight back tears と表現します。

---

## 映画評

| | |
|---|---|
| ・その映画はお涙ちょうだいものだった。 | The movie was a tearjerker.<br>＊ tearjerker　お涙ちょうだいもの |
| ・私はその映画のラストシーンを見て涙が出た。 | The last scene of the movie brought tears to my eyes. |
| ・その映画は本当に手に汗握る展開だった。 | The movie was a real cliffhanger.<br>＊ cliffhanger　はらはらさせる、手に汗握る |
| ・その映画はとてもスリルがあった。 | The movie was very thrilling. |
| ・本当に怖い映画だった。 | It was a really scary movie. |
| ・その映画は鳥肌が立つくらい恐ろしかった。 | The movie was frightening enough to give me goose bumps. |
| ・その映画は身の毛がよだつほど恐ろしかった。 | The movie was so terrifying that it made my hair stand on end. |
| ・ぞっとするほど怖い映画だった。 | It was a hair-raising movie. |

| | |
|---|---|
| ・そのホラー映画を見た後、私は何日かの間ずっとおびえていた。 | After seeing the horror movie, I was scared stiff for a few days. |
| ・その映画は暴力があふれていた。 | The film was filled with violence. |
| ・私はそんな暴力的で残忍な映画が嫌いだ。 | I hate such violent and cruel films. |
| ・その映画は残忍なシーンが多かった。 | The movie had many brutal scenes.<br>＊ brutal　残忍な、残酷な |
| ・犯罪者の多くは暴力的な映画から影響を受けたと話す。 | Many criminals say that they have been influenced by violent movies.<br>＊ criminal　犯罪者、犯人 |
| ・映画での暴力的なシーンは未成年者らにマイナスの影響を及ぼす可能性がある。 | Violent scenes in movies may have negative effects on minors.<br>＊ minor　未成年者 |
| ・その映画は私が見た映画の中で一番笑える映画だった。 | The movie was the funniest that I had ever watched.<br>I have never seen such a funny movie. |
| ・その映画は私たちに歴史の教訓を教えてくれる。 | The movie gives us a history lesson. |
| ・そのシーンが心に残っていた。 | The scene has stayed in my memory. |
| ・そのシーンは今でも鮮明に覚えている。 | The scene is still vivid in my mind. |
| ・その映画は感動的だった。 | The movie was moving. |
| ・その映画は心に響いた。 | The movie was touching. |
| ・その映画に深い感銘を受けた。 | I was deeply touched by the movie. |
| ・その映画は私に人生について多くのことを考えさせた。 | The film made me think about a lot of things in life. |
| ・その映画は観客たちから好評を博している。 | The film is being well received by audiences. |
| ・その映画はすべての面において見ごたえがあった。 | The movie was spectacular in every way.<br>＊ spectacular　目を見張る、見ごたえのある |
| ・本当にお薦めの映画だった。 | That was a highly recommendable movie. |
| ・その映画は本当に失敗作のようだ。 | The movie seems to be a real bomb.<br>＊ bomb　興行の失敗 |
| ・その映画は私には難しかった。 | The movie was hard for me to understand. |

## 映画の規制

| | |
|---|---|
| ・未成年者はその映画を見ることができない。 | Minors are not allowed to see the movie. |
| ・その映画は12歳未満の子供を対象としていた。 | The movie was for children under 12. |

| | |
|---|---|
| ・18歳未満はその映画を見ることができなかった。 | Anyone under the age of 18 was not allowed to see the movie. |
| ・その映画は成人用だった。 | The movie was rated for adults.<br>＊ rate 等級を付ける |
| ・その映画は未成年者が見るのに適さなかった。 | The movie was not appropriate for minors to watch.<br>＊ appropriate 適切な、適当な |
| ・その映画は上映が禁止されていた。 | The film was banned.<br>＊ ban 禁止される |

### 規制の種類（日本）

| | | | |
|---|---|---|---|
| G | 一般、誰でも見ることができる | G= General Audience | 一般向け |
| PG12 | 12歳未満は保護者の同伴が必要 | PG= Parental Guidance | 保護者の指導 |
| R15 | 15歳未満の入場（鑑賞）禁止 | R= Restricted | 制限された |
| R18 | 18歳未満の入場（鑑賞）禁止 | | |

# 5 公園

PARKS

## 公園

| | |
|---|---|
| ・週末には家族で近所の公園に出掛ける。 | On weekends, my family goes to a nearby park. |
| ・私は～の郊外に住んでいるので行ける公園がたくさんある。 | I live in a suburb of ~, so there are many parks to go to. |
| ・友人たちと公園へピクニックに出掛けた。 | I went on a picnic at the park with my friends. |
| ・公園にはたくさんの人がいた。 | There were a lot of people in the park. |
| ・自転車専用道で自転車に乗った。 | I rode a bicycle on the bicycle path. |
| ・家族と公園にピクニックをしに出掛けた。 | I went to the park for a picnic with my family. |
| ・私の家族は公園で野外料理をした。 | My family had a cookout in the park.<br>＊ cookout 野外料理（パーティー） |
| ・公園で弟とフリスビーをして遊んだ。 | I played frisbee with my brother in the park. |
| ・公園で彼とバトミントンをした。 | I played badminton with him in the park. |

| | |
|---|---|
| ・うちの犬と一緒に思い切り走り回った。 | I ran with my dog to my heart's content.<br>＊ to one's heart's content　心ゆくまで、存分に |
| ・子どもたちが芝生の上ではしゃぎ回っていた。 | The kids were frolicking about on the lawn.<br>＊ frolic about　はしゃぐ、遊び戯れる |
| ・芝の中に入れなかった。 | We had to keep off the grass. |
| ・噴水からとぎれることなく水が流れ出ていた。 | The water was continuously flowing from the fountain. |
| ・ブランコに乗ったり写真を撮ったりして、公園での休日を満喫した。 | I enjoyed the holiday swinging and taking pictures in the park. |
| ・木陰にあるベンチで昼寝をした。 | I took a nap on a bench under the shade of trees. |
| ・日が暮れてようやく家へ帰った。 | I didn't go home until sunset. |
| ・公園で時々野外音楽会が開かれる。 | There are occasional open-air concerts at the park. |
| ・街灯の明かりがあるので、夜の公園に行っても大丈夫だ。 | It is all right to go to the park at night since there is light from street lamps. |
| ・夜はたくさんの街灯が公園を明るくしてくれる。 | Numerous street lamps brighten up the park at night. |

## 遊園地

| | |
|---|---|
| ・家族で先週の日曜日に遊園地へ行った。 | My family went to an amusement park last Sunday. |
| ・窓口で入場券を買った。 | I bought an admission ticket at the ticket window. |
| ・フリーパスのチケットを買った。 | I bought a pass for all the rides. |
| ・遊園地にはかなりたくさんの人がいた。 | There were quite a number of people in the amusement park. |
| ・混んでいたせいで十分に楽しめなかった。 | I couldn't enjoy it much because of the crowd. |
| ・遊園地には色々な乗り物があり、たくさんのイベントも行われていた。 | The amusement park had various amusement rides and many events. |
| ・子どものための人形劇があった。 | There was a puppet show for kids. |
| ・昼食の前に、私たちは妖精の家を見に行った。 | Before lunch, we looked around the fairies' house. |
| ・そこは神秘的でもあり幻想的でもありわくわくした。 | It was magical, fantastic and adventurous. |
| ・そこは珍しくてすてきな世界を体験させてくれた。 | It offered a unique and wonderful entertainment experience. |

| | |
|---|---|
| ・私たちはお化け屋敷に入った。 | We entered the haunted house.<br>＊haunted　幽霊の出る |
| ・中は真っ暗だった。 | It was all dark inside. |
| ・お化けが本当に怖かった。 | I was so scared of the ghosts. |
| ・あるお化けが私のことをたたいた。 | Certain ghosts hit me. |
| ・私は悲鳴を上げながら逃げた。 | I ran away screaming. |
| ・遊園地の職員がお化けの役をしていたのだ。 | Some amusement park staff pretended to be ghosts. |
| ・私はお化けにいたずらをした。 | I played tricks on the ghosts. |
| ・パレード行進は幻想的だった。 | The street parades were fantastic. |
| ・私たちはじっくりと見た。 | We got an eyeful. |
| ・それはあっと驚くほどだった。 | It was eye-popping. |
| ・パレードに登場するキャラクターたちが愉快だった。 | The characters in the parade were funny. |
| ・一日中遊園地内のあちこちで色々な催しが行われていた。 | Various activities were held here and there in the park all day long. |
| ・時間ごとに外国の音楽と踊りを観覧できる文化イベントがあった。 | There were hourly cultural events, so we enjoyed the music and dances of other countries. |
| ・綿あめを買って食べた。 | I bought and ate cotton candy. |
| ・空高くに風船が上がっていた。 | There were balloons floating high up in the sky. |
| ・豪華な花火を見ることができた。 | I could catch the splendid fireworks display.<br>＊splendid　豪華な、華麗な、ぜいたくな |
| ・バラ祭りに立ち寄った。 | I dropped by the Rose Festival.<br>＊drop by　〜に立ち寄る |
| ・花を踏みつぶさないように気を付けた。 | We were careful not to trample on the flowers.<br>＊trample　踏みつける、踏みつぶす |
| ・花をつまないように言われた。 | We were asked not to pick the flowers. |

## 遊園地の乗り物

| | |
|---|---|
| ・最初にメリーゴーラウンドを楽しんだ。 | First of all, we enjoyed the carousel. |
| ・私たちはメリーゴーラウンドに乗ってくるくる回った。 | We went round and round on the carousel. |
| ・小さな子どもたちは揺り木馬に乗った。 | Toddlers rode rocking horses.<br>＊toddler　よちよち歩きの幼児 |
| ・ジェットコースターに乗るのに一時間待たなければならなかった。 | We had to wait for an hour to ride a roller coaster. |

| | |
|---|---|
| ・ジェットコースターに乗ろうか迷った。 | I hesitated to ride the roller coaster.<br>＊ hesitate　ためらう、ちゅうちょする |
| ・弟はその乗り物に乗るには身長が足りなかった。 | My brother was not tall enough to go on the ride. |
| ・一時間、列に並んだ。 | I stood in line for an hour. |
| ・列に並んで長い間待った。 | I waited a long time in line. |
| ・誰かが列の横から入った。 | Someone cut in line. |
| ・長い間待った末に、それに乗った。 | I got to ride it after a long wait. |
| ・ついにジェットコースターに乗った。 | Finally, I got to ride the roller coaster. |
| ・三度も宙返りするジェットコースターだった。 | It was a triple loop roller coaster.<br>＊ triple　三倍の、三重の |
| ・それに乗っている間ずっと叫びながら目をぎゅっと閉じていた。 | I was keeping my eyes closed, shouting for the whole ride. |
| ・スリルがあった。 | It was thrilling. |
| ・ジェットコースターから降りるととてもふらふらした。 | After getting off the roller coaster, I felt really dizzy. |
| ・バンパーカーでお互いにぶつかり合うのは楽しかった。 | It was fun to collide with each other in the bumper cars. |
| ・フリーフォールは私が乗るには高すぎた。 | A free fall was too high for me to ride. |
| ・フリーフォールに乗って上まで昇った時は緊張した。 | When going up in the free fall, I was nervous. |
| ・それは昇る時はゆっくり昇るのに、落ちてくる時はあっという間に落ちる。 | When going up, it goes slowly, but when dropping down, it is very fast. |
| ・それが高く昇るほど、恐怖が募った。 | The higher it went up, the more scared I was.<br>＊ the＋比較級, the＋比較級　〜するほど… |
| ・大観覧車に乗って楽しんだ。 | I enjoyed riding the Ferris wheel. |
| ・観覧車からは遊園地全体が見渡せた。 | I could see the whole amusement park on the Ferris wheel. |
| ・観覧車が一番高い所まで来た時は少し怖かった。 | When the Ferris wheel went up to the highest point, I was a little scared. |
| ・バイキングが揺れている時は、まるで飛んでいってしまいそうな気分になった。 | When the viking was swinging, I felt like flying away. |
| ・怖い乗り物には乗らなかった。 | I didn't go on the scary rides. |
| ・一日中遊園地の乗り物全部に乗って楽しく過ごした。 | I enjoyed all the rides in the amusement park all day long. |

Chapter 20　休日

## 動物の種類

| | | | |
|---|---|---|---|
| キリン | giraffe | 雌トラ | tigress |
| シマウマ | zebra | ライオン | lion |
| 馬 | horse | 雌ライオン | lioness |
| 雌馬 | mare | ヒョウ | leopard |
| ポニー | pony | チーター | cheetah |
| サイ | rhinoceros | ハイエナ | hyena |
| カバ | hippopotamus | ワニ | crocodile |
| 象 | elephant | ハリネズミ | hedgehog |
| 象の鼻 | trunk | サル | monkey |
| 牙 | tusk | コウモリ | bat |
| ロバ | donkey | トカゲ | lizard |
| コアラ | koala bear | クマ | bear |
| 鹿 | deer | モグラ | mole |
| ノロジカ | roe deer | アライグマ | raccoon |
| アヒル | duck | キツネ | fox |
| めんどり | hen | オオカミ | wolf |
| おんどり | cock | オオヤマネコ | lynx |
| ニワトリ | chicken | コヨーテ | coyote |
| 雌牛 | cow | ブタ | pig |
| 雄牛（去勢していない雄牛） | bull | ダチョウ | ostrich |
| 雄牛（去勢した雄牛） | ox | カササギ | magpie |
| 子牛 | calf | カラス | crow |
| スカンク | skunk | スズメ | sparrow |
| ヤギ | goat | カナリア | canary |
| レイヨウ、アンテロープ | antelope | フラミンゴ | flamingo |
| 羊 | sheep | オウム | parrot |
| リス | squirrel | フクロウ | owl |
| ラクダ | camel | ワシ | eagle |
| ヘビ | snake | タカ | hawk |
| 大きなヘビ | serpent | ツル | crane |
| トラ | tiger | コウノトリ | stork |

| | | | |
|---|---|---|---|
| ヒバリ | skylark | キツツキ | woodpecker |
| ガン | wild goose | 白鳥 | swan |
| カモメ | sea gull | クジャク | peacock |
| カッコウ | cuckoo | ガチョウ | goose |

## 昆虫の種類

| | | | |
|---|---|---|---|
| テントウムシ | ladybug | ガ | moth |
| 蚊 | mosquito | チョウ | butterfly |
| ハエ | fly | カイコ | silkworm |
| キリギリス | grasshopper | カイコの繭 | cocoon |
| アリ | ant | 幼虫 | larva |
| ミミズ | earthworm | コガネムシ | gold beetle |
| コオロギ | cricket | バッタ | locust |
| クモ | spider | ムカデ | centipede |
| ゴキブリ | cockroach | ケラ | mole cricket |
| トンボ | dragonfly | サソリ | scorpion |
| カゲロウ | mayfly, dayfly | ホタル | firefly |

- 子どもの日に家族で動物園に行った。 — My family went to a zoo on Children's Day.
- 動物たちがかわいそうに見えた。 — The animals looked miserable.
- 動物たちに餌をやりたくなった。 — I felt like feeding the animals.
- 鹿以外の動物に餌をやるのは禁止されていた。 — We were not allowed to feed the animals except for the deer.
- ある子どもが動物に何かを投げた。 — A kid threw something to the animals.
- ホッキョクグマは泳いでいた。 — The polar bear was swimming.
- トラとライオンはおりの中で寝ていた。 — The tigers and lions were sleeping in the cages.
- ヘビを見て身の毛がよだった。 — I felt creepy at the sight of snakes.
  * creepy　身の毛がよだつ、ぞくぞくする
- サルの行動が人間に似ているのでおかしかった。 — It was funny to watch monkeys act like humans.

| | |
|---|---|
| ・サルたちは私たちに食べ物をねだるそぶりをした。 | Monkeys made gestures for some food. |
| ・私が知らない種類の鳥がたくさんいた。 | There were so many kinds of birds that I didn't know. |
| ・それらの名前を覚えるのに一生懸命になった。 | I was busy learning their names. |
| ・白鳥は私が想像していたほど優雅な感じではなかった。 | The swans didn't look as graceful as I imagined. |
| ・ワシの眼光が、私にはとても荒々しく見えた。 | The light in the eagle's eyes looked very fierce to me. |
| ・一部の動物には触ることもできたし、近寄って写真を撮ることもできた。 | I could touch some of the animals and take pictures up close of them. |
| ・私は魚に餌をあげたり、オウムを肩に乗せたりした。 | I fed fish and let the parrot sit on my shoulder. |
| ・クモが巣を張っているのを見ることができた。 | I could see a spider spinning a web. |
| ・ラクダに乗るチャンスがあった。 | I had an opportunity to ride a camel. |
| ・馬が引く馬車に乗って動物園全体を回った。 | I rode a horse-drawn carriage and went around all over the zoo. |
| ・バスに乗ってトラやライオンなどの野生動物を近くで見ることができた。 | I could closely watch wild animals, such as tigers and lions, by bus. |
| ・野生動物たちが、バスの外につけた肉を取るためにバスの窓に触るのを見ることができた。 | We could see wild animals touching the bus window to catch the meat hanging out of the bus. |
| ・最初は野生動物たちがバスの窓を割ってしまわないか心配だった。 | At first, I was so afraid that the wild animals would break the bus window. |
| ・野生動物たちはとても従順に見えた。 | The wild animals looked very tame. <br> ＊tame　飼い慣らされた、従順な |
| ・動物たちはおりから出て自由になりたがっているように見えた。 | The animals seemed to want to be set free from their cages. |
| ・はく製になった動物たちがいくつかあった。 | There were a few stuffed specimens of animals. <br> ＊stuffed　はく製になった、中身を詰められた／<br>　　specimen　標本、見本 |
| ・動物園で恐竜展示会があった。 | There was a dinosaur exhibit at the zoo. |

## 木の種類

| | | | |
|---|---|---|---|
| クルミ | walnut | カエデ | maple tree |
| マツ | pine | イチョウ | ginkgo tree |
| モミ | fir | ニオイヒバ | arborvitae |
| ニレ | elm | ニシキギ | spindle tree |
| オーク | oak | ネズ | juniper |
| チョウセンマツ | Korean nut pine | アカシア | acacia tree |
| ホオノキ | silver magnolia | エンジュ | pagoda tree |
| ヤナギ | willow | マロニエ、トチ | horse chestnut |
| シダレヤナギ | weeping willow | サボテン | cactus |
| モクレン | magnolia | | |

・植物に関するレポートを書くために植物園に行った。

I went to a botanical garden to write a paper about plants.
＊botanical　植物性の、植物の

・その植物園には1000種類ものさまざまな植物があった。

The botanical garden contained 1,000 different kinds of plants.

・その植物園はチョウの展示館があった。

The botanical garden had a pavilion with a butterfly exhibit.
＊pavilion　展示場、展示館

・その展示館には色々な種類のチョウが展示されていた。

A variety of butterflies were displayed in the pavilion.
＊a variety of　多様な、色々な種類の

・有名な画家たちの描いた木の絵が展示されていた。

The paintings of trees by famous painters were on exhibit.

・絶滅の危機にさらされている植物の標本も見ることができた。

I could see the botanical specimens of endangered plants.
＊endangered　絶滅の危機にさらされた

・巨大な温室の中に色々な種類の熱帯植物があった。

There were various kinds of tropical plants in the huge greenhouse.

Chapter 20 休日

| | |
|---|---|
| ・とても派手で私の目を引く花がいくつかあった。 | Some flowers were so flashy that they caught my eyes. |
| ・ある花はとても素朴だがいい香りがした。 | A certain flower was very simple, but it had a nice fragrance.<br>＊fragrance　芳香、香り |
| ・花の咲いたサボテンはとても美しかった。 | The blossomed cacti were very beautiful. |
| ・手にとげが刺さった。 | I got my finger pricked by a thorn.<br>＊prick　刺さる |
| ・とげを抜いた。 | I pulled out the thorn. |
| ・食虫植物が昆虫を捕まえて食べる所を見てわくわくした。 | It was exciting to watch the insectivorous plants catch insects.<br>＊insectivorous　食虫の、虫を食べる |
| ・見慣れない植物がたくさんあった。 | There were so many unfamiliar plants. |
| ・ハーブ園が一番気に入った。 | My favorite part was the herb garden. |
| ・家で育てるつもりでハーブを何株か買った。 | I bought some roots of herbs to raise them at home. |
| ・植物園の空気はとても新鮮だった。 | The air of the botanical garden was so fresh. |

## 8　旅行

TRAVELING

### 旅を夢見る

| | |
|---|---|
| ・旅行の目的はより広い世界を見に行くことだと思う。 | The purpose of a tour is to see more of the world. |
| ・徒歩旅行をしたい。 | I want to go on a hike. |
| ・ただ家を飛び出してあちこち見て歩きたい。 | I just want to get out of the house and go here and there. |
| ・自由に国中を旅したい。 | I want to travel all over the country freely. |
| ・日常生活から脱出したい。 | I want to escape from my ordinary life. |
| ・落ち込んだときは旅行に出掛けたい。 | When I am depressed, I want to take a trip. |
| ・旅行の計画を立てるのはいつも楽しい。 | It is always fun to plan a journey. |
| ・今は休暇があるのでどこへでも旅行に行ける。 | Now that I have a vacation, I can travel anywhere. |

| | |
|---|---|
| ・荷物を詰めたらすぐに旅立つつもりだ。 | When the suitcase is packed, I will hit the road at once. |
| ・明日から私たちは旅行に出掛ける。 | Tomorrow we are going on a journey. |

## 旅行の計画

| | |
|---|---|
| ・週末旅行に出掛けるつもりだ。 | I will go on a weekend trip. |
| ・週末を挟んだ連休だったので家族で三日間の旅行に行くことにした。 | Since it is a long weekend, my family decided to go on a three-day trip. |
| ・友人たちと旅行の計画を立てるために集まった。 | We got together with some friends to plan the trip. |
| ・私は〜の地理に明るい。 | I know my way around ~. |
| ・旅行のための物を準備した。 | I prepared several things for my journey. |
| ・島への旅行を計画している。 | I am planning to go to an island. |
| ・旅行の日程を決めた。 | I set a date for a trip. |
| ・旅行に向けての準備が整ったようだ。 | Everything seems to be ready for our trip. |
| ・旅行へ発つ前に車を徹底的に点検した。 | I checked the car thoroughly before setting out on the journey.<br>＊thoroughly　徹底して、完璧に |
| ・今回の旅行が楽しみだ。 | I am looking forward to this trip. |
| ・楽しい旅行になることを願っている。 | I hope we have a pleasant trip. |

**column**

### 「ああ〜待ちに待った…」

これからの旅行が楽しみならば、「〜を待ちわびる」の意味の「look forward to ＋名詞／動名詞」を使い、I look forward to this trip. と言いましょう。旅先で彼と会うのが楽しみならば、I look forward to meeting him. となります。注意すべきは、このフレーズのto は前置詞で、後に続くのは名詞か動名詞になること。つまり to meet him はダメで、to meeting him としなければならないということです。

Chapter 20 休日

## 旅情

| | |
|---|---|
| ・夏休みが始まってすぐ、北海道へ旅行に出かけた。 | We started on a journey for Hokkaido, as soon as the summer holidays began. |
| ・旅行先で家族と写真をたくさん撮った。 | We took lots of pictures with my family on our trip. |
| ・私たちは歴史的な場所をたくさん見て回った。 | We visited many historical sites. |

| | |
|---|---|
| ・家族で田舎道をずっとドライブした。 | My family drove along a country road. |
| ・家族で休みに温泉へ出かけた。 | My family went to a hot spring during vacation. |
| ・旅行中はお天気に恵まれた。 | We had wonderful weather on our tour. |
| ・私たちは一週間の旅行から夜遅くに戻った。 | We returned from a week's tour late at night. |
| ・本当に幸せな旅行だった。 | It was a really happy trip. |
| ・郷に入れば郷に従え。 | When in Rome, do as the Romans do. |
| ・百聞は一見にしかず。 | Seeing is believing.<br>A picture is worth a thousand words. |

## 自転車旅行

| | |
|---|---|
| ・私は週末に自転車に乗って楽しむ。 | I enjoy riding a bicycle on weekends. |
| ・自転車に乗って旅行に行こうと友人たちに提案した。 | I suggested to my friends that we should go on a cycling tour. |
| ・みんな私の提案に同意した。 | Everyone agreed to my suggestion. |
| ・初めに私たちはそれぞれの両親の許可を取り付けなければならなかった。 | First of all, we had to get our parents' permission. |
| ・彼は自転車に乗れないので、私たちと一緒に行けなかった。 | He couldn't cycle, so he couldn't go with us. |
| ・いつかは彼も自転車の乗り方を覚えるだろう。 | Sooner or later, he will learn how to ride a bicycle. |
| ・私たちはみんなで集まって自転車旅行の計画を立てた。 | We got together and arranged our cycling tour.<br>＊ arrange 計画する、手配する |
| ・自転車を持っていない人は借りることになった。 | Those who didn't have bicycles decided to borrow them. |
| ・自転車に乗る時は常にヘルメットをかぶっていたほうがいい。 | When riding a bicycle, we had better wear a helmet at all times. |
| ・事故が起こった時はヘルメットが頭を守ってくれるだろう。 | The helmet will protect my head in case of an accident. |
| ・自転車旅行にぴったりの天気だった。 | It was perfect weather for cycling. |
| ・自転車専用道路を十分に活用した。 | We made good use of bicycle lanes. |
| ・一生懸命自転車のペダルをこいだ。 | I pedaled on my bicycle continuously. |
| ・道が少し混んでいた。 | The trails were a little crowded.<br>＊ trail 細い道 |
| ・自転車から落ちたが大したけがはなかった。 | I fell off my bicycle, but it was not so serious. |

| | |
|---|---|
| ・カーブを曲がったときに、別の自転車とお見合いした。 | When turning around a curve, I came face to face with another bike.<br>＊ face to face　正面で、向かい合って |
| ・もしもそれとぶつかっていたら大けがをしていたかもしれない。 | If I had hit it, I could have been seriously injured. |
| ・まるで絵のようにきれいな周りの景色を楽しみながらペダルをこいだ。 | I pedaled my way enjoying the picturesque surroundings.<br>＊ picturesque　絵のような、美しい／<br>　 surrounding　環境、周囲 |
| ・景色がとてもよかったので、自転車を木に立てかけてしばらく休んだ。 | The scenery was so good that I leaned the bicycle against a tree and took a break. |
| ・自転車のタイヤの空気が抜けたので、空気を入れた。 | The tire of my bicycle got flat, so I pumped it up. |
| ・自転車で上り坂を上るのはとても大変だった。 | It was very difficult to ride up hill on a bicycle. |
| ・自転車の車輪のスポークが一本折れた。 | One of the spokes of my bicycle was broken.<br>＊ spoke　自転車タイヤの骨 |
| ・自転車を修理してもらった。 | I had the bicycle repaired. |

column

### 自転車の安全規則

Dos — Wear a bike helmet at all times.　常にヘルメットを被りましょう。
　　　　Always let cars and people go first.　常に人と車を先に行かせましょう。
　　　　Slow down at all intersections.　交差点ではスピードを落としましょう。

Don'ts — Don't ride double.　二人乗りをしないでください。
　　　　 Don't ride at night without a light.　夜間に無灯で乗らないでください。
　　　　 Never go between two cars.　車と車の隙間を絶対に通らないでください。

## 9　海外旅行
### TRAVELING ABROAD

### 旅行と文化

| | |
|---|---|
| ・ほかの文化を学ぶのはとてもわくわくする。 | It is exciting to learn about other cultures. |
| ・旅行は私たちにほかの文化を経験する機会を与えてくれる。 | Traveling provides us with opportunities to experience other cultures. |

| | |
|---|---|
| ・旅行は視野を広げてくれる。 | Traveling broadens our perspective.<br>＊broaden　広める／perspective　資格、見解、見知、眺望 |
| ・お金を十分稼いだら、いつか世界中の国を旅行する。 | When I have earned enough money, I will travel all over the world some day. |
| ・私は世界中を旅行することを通じて異文化を経験したい。 | I want to experience different cultures by traveling around the world. |
| ・ほかの国のさまざまな人たちに会ってみたい。 | I want to meet various people from other countries. |
| ・外国旅行をするならば事前にその国の文化について知っておくのがよい。 | When we want to travel in other countries, it is better to know about their cultures in advance. |

## 旅行の準備

| | |
|---|---|
| ・次の休暇には海外旅行に行こうと提案した。 | I suggested that we go abroad next holiday. |
| ・私たちは海外旅行の準備をしている。 | We are preparing for a trip abroad. |
| ・私たち家族はニューヨークへの観光旅行を計画している。 | My family is planning a sightseeing trip to New York. |
| ・ヨーロッパ旅行の計画を立てている。 | I am planning to go to Europe. |
| ・私たち家族は5泊6日の旅行に出かけるつもりだ。 | My family members are going on a trip for 5 nights and 6 days. |
| ・バックパックで旅行に行くつもりだ。 | We will go backpacking. |
| ・船に乗って〜へ行く予定だ。 | I am going to ~ by ship. |
| ・今回は団体旅行で行きたい。 | I want to take a group tour this time. |
| ・旅行のために準備するものがたくさんある。 | There are many things to prepare for the journey. |
| ・まずパスポートとビザを申請した。 | First of all, I applied for a passport and a visa. |
| ・ビザを取るのにとても時間がかかった。 | It took a long time to get a visa. |
| ・あらかじめ旅行会社に予約した。 | I made a reservation with a travel agency in advance. |
| ・5月5日の〜行きの席を二人分予約した。 | I booked two seats to ~ on May 5. |
| ・〜までの航空料金はとても高かった。 | The plane fare to ~ was very high.<br>＊fare　通行料、運賃、料金 |
| ・ホテルのツインルームを予約した。 | I made a hotel reservation for a twin room.<br>＊twin room　twin bedがある部屋 |
| ・ダブルルームは空いていなかった。 | There were no vacancies for double rooms.<br>＊vacancy　空室、空間／<br>double room　（ホテルなどの）二人用の部屋 |

| | |
|---|---|
| ・飛行機が予約されているか確認した。 | I confirmed whether the flight had been booked.<br>＊ confirm　確実にする、確認する |
| ・荷物を詰めた。 | I packed my luggage.<br>＊ luggage　旅行用かばん、旅行の手荷物 |

## 空港で

| | |
|---|---|
| ・家族が見送ってくれた。 | My family saw me off.<br>＊ see～off　見送る |
| ・私は飛行機に間に合うように急がなければならなかった。 | I had to hurry to catch the plane. |
| ・飛行機が1時間遅れて着陸した。 | The flight landed an hour late. |
| ・飛行機が1時間遅れた。 | The flight was an hour behind schedule. |
| ・霧がかかっていたため、飛行機が離陸できなかった。 | The plane couldn't take off because of the fog. |
| ・不可抗力で旅行を一日延期せざるをえなかった。 | Unavoidably I had to delay my trip for a day. |
| ・空港で出国手続きを済ませた。 | I went through the departure procedures at the airport. |
| ・搭乗手続きカウンターで搭乗手続きをした。 | I checked in at the check-in counter. |
| ・私は飛行機の窓際の席を希望した。 | I wanted the window seat on the airplane. |
| ・通路側の席しかなかった。 | There were only aisle seats. |
| ・空港利用料を払った。 | I paid the airport usage tax. |
| ・それぞれの荷物にラベルをつけた。 | I attached a label to each piece of luggage. |
| ・搭乗する前に免税店で品物をいくつか買った。 | I bought some things in a duty-free shop before boarding. |
| ・3時発～行きの大韓航空707便の出発を知らせる放送が聞こえた。 | I heard Korean Airlines announce the departure of flight number 707 for ~ at 3 o'clock. |
| ・35番搭乗口から飛行機に乗った。 | I got on the airplane at boarding gate 35. |

## 機内で

| | |
|---|---|
| ・客室乗務員に搭乗券を見せた。 | I showed my boarding pass to a flight attendant.<br>＊ flight attendant　飛行機の客室乗務員 |
| ・客室乗務員が席に案内してくれた。 | The flight attendant showed me to my seat. |
| ・私たちの座席が離れていたので、ほかの人に代わってほしいと頼んだ。 | We couldn't get seats together, so I asked someone to change seats. |

| | |
|---|---|
| ・私は初めて飛行機に乗った。 | I flew on a plane for the first time. |
| ・飛行機が船よりもずっと快適だと思った。 | I found the plane much more comfortable than a ship. |
| ・カバンを頭の上の棚にしまった。 | I put my bags in the overhead bin. |
| ・シートベルトを締めた。 | I buckled up.<br>I fastened my seat belt. |
| ・飛行機が離陸したとき吐き気がした。 | I felt nauseous when the plane took off.<br>＊ nauseous 吐き気を催させる、不快な |
| ・飛行機に酔った。 | I suffered from nausea.<br>＊ nausea 吐き気、乗り物酔い |
| ・吐きそうだった。 | I felt like throwing up. |
| ・エチケット袋が必要だった。 | I needed a barf bag.<br>＊ barf 嘔吐 |
| ・酔い止め薬を飲んでおくべきだった。 | I should have taken anti-nausea medicine. |
| ・飛行機が飛んでいる間、耳に圧迫感があった。 | I felt pressure in my ears when I was flying. |
| ・耳が抜けるようにつばを飲み込んだ。 | I swallowed saliva to pop my ears.<br>＊ saliva つば |
| ・座席の位置を元に戻した。 | I put my seat back. |
| ・座席の背を後ろに倒した。 | I reclined my seat.<br>＊ recline 背もたれを斜めに倒す |
| ・窓のブラインドを下げて眠った。 | I pulled the shade down and went to sleep. |
| ・機内で上映される映画を見た。 | I watched the in-flight movie. |

## 入国手続き

| | |
|---|---|
| ・予定通り到着した。 | We arrived on schedule. |
| ・予定よりも1時間遅れて到着した。 | We arrived an hour behind schedule. |
| ・到着してから入国申告書を書いた。 | After arriving, I filled out a landing card. |
| ・税関申告書を書いた。 | I filled out a customs declaration form. |
| ・私は申告するものがなかった。 | I had nothing to declare. |
| ・税関の取り調べを受けなければならなかった。 | I had to go through customs inspection.<br>＊ inspection 検査、点検、調査 |
| ・税関に引っ掛かった。 | I failed to make it through customs. |
| ・その品物には関税を払わなければならなかった。 | I had to pay a duty for the item. |
| ・叔父に空港まで迎えに来てくれるよう頼んであった。 | I had asked my uncle to meet us at the airport. |

| | |
|---|---|
| ・彼が出迎えてくれた。 | He came out to greet me. |
| ・そこに到着してすぐに家族に電話した。 | As soon as I arrived there, I called my family. |
| ・時差ぼけを乗り切った。 | I got over my jet lag.<br>＊ jet lag　時差ぼけ、飛行機による疲れ |
| ・時差ぼけが続いたのでずっと眠たかった。 | I felt sleepy all the time because I couldn't get over my jet lag. |

## 観光

| | |
|---|---|
| ・私たちは5日間、最高級のホテルに泊まった。 | We stayed at the best hotel for 5 days. |
| ・そのホテルの設備はとてもよかった。 | The hotel was well furnished.<br>＊ furnished　施設が備えられている、家具がついている |
| ・ホテルの設備はとてもよかったが宿泊料が高かった。 | The accommodations of the hotel were quite good, but it was expensive.<br>＊ accommodation　宿泊施設 |
| ・ホテルの部屋からは海が一望でき、とてもいい景色だった。 | Our hotel room had a fine view of the sea. |
| ・ホテルでは朝食が無料で提供された。 | The hotel gave us free breakfast. |
| ・観光バスで市内を見て回った。 | I looked around the town on a sightseeing bus. |
| ・日程が詰まっていた。 | My schedule was tight. |
| ・〜中をくまなく見て回った。 | I travelled throughout ~. |
| ・そこに行く道を人に聞いた。 | I asked someone how to get there. |
| ・道がとても分かりにくかった。 | The streets were very confusing. |
| ・彼は私に地図を描いてくれた。 | He drew a map for me. |
| ・彼が道を詳しく教えてくれた。 | He gave me detailed directions. |
| ・難なくそこへたどり着くことができた。 | I was able to find it without any difficulty. |
| ・観光案内所で地図とパンフレットをもらった。 | I got a map and pamphlets from the tourist information office. |
| ・地図でそこを探した。 | I looked it up on the map. |

Chapter 20　休日

| | |
|---|---|
| ・有名な観光名所がどこにあるのか確認した。 | I checked out where well-known tourist attractions were.<br>＊ attraction　魅力、魅惑、人々をひきつける人気スポット |
| ・ガイドがその街のお薦めスポットを教えてくれた。 | A guide recommended some sights of the city. |
| ・世界で一番大きな博物館に行って来た。 | I have been to the biggest museum in the world. |
| ・見るべきものがたくさんあった。 | There were many things worth seeing.<br>＊ worth -ing　〜する価値がある |
| ・観光客が必ず見るべき場所を外さずに見学するようにした。 | I tried not to miss the must-sees for tourists. |
| ・道端の露店で売っている珍しいその地域独特の料理を食べてみた。 | We tasted some exotic local food the street vendors were selling.<br>＊ exotic　珍しい、異国風の／ vendor　露店商人、行商の |
| ・外国の珍しい味を経験するのはとても面白かった。 | It was very interesting to experience the exquisite flavors of another country.<br>＊ exquisite　この上なくすぐれた、すばらしい、しゃれた |
| ・その島を一周する船旅に参加した。 | We joined the boat trip around the island. |
| ・叔父が私たちをあちこち案内してくれた。 | My uncle showed us around.<br>＊ show 〜 around　〜を見学させる |
| ・その風景は言葉で表現できないほど美しかった。 | The beauty of the scenery was beyond description. |
| ・そんな信じられないほどの美しい景色を今までの人生で見たことがなかった。 | I have never seen such an incredibly wonderful sight in my life. |
| ・家族にお土産を買わなければならなかった。 | I needed to buy some souvenirs for my family. |
| ・思い出に残るような物を買いたかった。 | I wanted to buy some memorable things.<br>＊ memorable　記憶すべき、重大な |
| ・土産屋で手作りの記念品を何個か買った。 | I bought a few handcrafted souvenirs at the gift shop.<br>＊ handcrafted　手で作る |
| ・外国の文化のさまざまな面を経験した。 | I experienced various cultural aspects of another country.<br>＊ aspect　様相、姿、局面 |
| ・文化の違いを感じることができた。 | I could feel the cultural differences. |
| ・彼が私たちを迎えに空港まで車で来てくれた。 | He came to pick us up at the airport. |
| ・いつか世界中を旅行してみたい。 | I want to take a journey around the world someday. |

# Going to Europe

Monday, June 29. Sunny

I'm going to Europe next Monday! I've been waiting for this day all month. Of course I know it will be a long and hard trip. I'm planning to travel all over Europe for 36 days! I've never been away from home for so long. I'm so excited and worried at the same time. What if I get lost? What if I have my wallet stolen? What if! What if! All these What-ifs are driving me crazy. But I am full of confidence. I will be able to make it through. I was able to get a lot of information and reserve airplane tickets and hotels on the Internet. I saved a lot of money by using the Internet.

I have studied about Europe before leaving. Europe seems to be full of energy. I can't wait to depart! I will have an incredible summer vacation. I am looking forward to seeing museums, historical sites and the breathtaking scenery of other countries.

## ヨーロッパへ行こう

6月29日　月曜日　晴れ

　来週の月曜日からヨーロッパへ行くのだ！　私はこの日を一カ月間ずっと待っていた。もちろんそれが長く大変な旅になることは分かっている。私は36日間でヨーロッパ全域を、旅して回る計画だ。私はこんなにも長期間家を離れたことがない。とてもわくわくしているが、同時に不安もある。道に迷ったらどうしよう？　もしも財布を盗まれたら？　もしも、もしもという思いで頭の中がぐるぐるしている。でも私は自信満々だ。きっとうまくやれるだろう。インターネットで色々な情報を得ることができたし、飛行機のチケットやホテルを予約することができた。インターネットのおかげでお金をずいぶん節約できた。

　私はヨーロッパに行く前にヨーロッパについて勉強した。ヨーロッパは活気に満ちているようだ。出発が待ち切れない。本当に素晴らしい夏休みになるだろう。博物館、歴史的な遺跡、そして息をのむような外国の景観を見て回るのが本当に楽しみだ。

**NOTES**

at the same time　同時に／ get lost　道に迷う／ have～stolen　～を盗まれる／ reserve　予約する／ be full of～でいっぱいだ／ can't wait to＋動詞原形　～するのが待ち遠しい、我慢できない／ incredible　信じられないような、驚くべき／ look forward to -ing　～するのが楽しみだ／ breathtaking　息を飲むような、すごい

# CHAPTER

# 21

## 職業・仕事

## 職業の種類

| | | | |
|---|---|---|---|
| アナウンサー | announcer | 切符販売員 | ticket agent |
| 医師 | doctor | 客室乗務員 | crew, flight attendant |
| 移民斡旋業者 | emigrant agent | 教師 | teacher |
| 印刷工 | printer | 教授 | professor |
| インテリアデザイナー | interior designer | 曲芸師 | acrobat |
| ウェブデザイナー | web designer | 銀行員 | bank employee |
| 受付係 | receptionist | 銀行の金銭出納係 | teller |
| 宇宙飛行士 | astronaut | 区役所員 | ward officer |
| 占い師 | fortuneteller | 軍人 | military personnel |
| 運送業者 | forwarding agent | （海兵隊） | marine |
| 運転士 | driver | （空軍） | airman |
| 営業販売員 | salesperson | （陸軍） | soldier |
| エンジニア | engineer | （職業軍人） | professional soldier |
| お抱え運転手 | chauffeur | 警察官 | policeman, police officer |
| オペレーター | operator | | |
| 卸売業者 | wholesale dealer | 芸術家 | artist |
| 音楽家 | musician | 芸能人 | entertainer |
| 海運業者 | shipping agent | 警備員 | (security) guard |
| 会計士 | accountant | 経理 | bookkeeper |
| 外交官 | diplomat | 研究員、調査員 | researcher |
| 街路清掃作業員 | street sweeper | 検察官 | prosecutor |
| カウンセラー | counselor | 建築家 | architect |
| 科学者 | scientist | 考古学者 | archaeologist |
| 歌手 | singer | 広告代理業者 | publicity agent |
| 家政婦／夫 | maid, housekeeper | 校正者 | proofreader |
| 家庭教師 | tutor | 校長 | principal |
| 看護師 | nurse | 公務員 | civil servant, government employee |
| 監督、重役 | director | | |
| 管理人 | janitor | 小売商 | retail dealer |
| 議員 | Assemblyman, Congressman | ゴミ収集員 | garbage collector |
| | | コンピューター プログラマー | computer programmer |
| 記者 | reporter | | |

| 裁縫師 | seamstress | 大統領 | president |
|---|---|---|---|
| 作業員 | laborer | タイピスト | typist |
| 作家 | author, writer | タクシー運転士 | taxi driver, cab driver |
| 自営業者 | business owner | 探検家 | explorer |
| シェフ | chef | 炭鉱作業員 | miner |
| 指揮官 | commander | ダンサー | dancer |
| 詩人 | poet | 地方検察官 | prosecuting attorney |
| 仕立屋 | tailor | 調理師 | cook |
| 市長 | mayor | 通訳 | interpreter |
| 自動車修理工 | car mechanic | 電気技師 | electrician |
| 自動車販売業者 | automobile dealer | 動物調教師 | animal trainer |
| 司法書士 | judicial scrivener | 図書館司書 | librarian |
| 司法長官 | attorney general | 仲買人 | commission agent |
| 事務員 | clerk | ニュース記者 | reporter |
| 写真家 | photographer | ニュースキャスター | anchorman, anchorwoman |
| 社長 | company president | | |
| 獣医 | veterinarian | 農業従事者 | farmer |
| 修道女 | nun | バーテンダー | bartender |
| 上司、監督者 | supervisor | 配管工 | plumber |
| 消防士 | fire fighter | 配達員 | carrier, delivery man |
| 新聞記者 | journalist | 俳優 | actor, actress |
| 新聞雑誌販売業者 | news agent, news dealer | パイロット | pilot |
| | | バス運転士 | bus driver |
| スパイ、ちょう報員 | secret agent, spy | 判事 | judge |
| スポーツ選手 | athlete | 販売店員 | sales assistant |
| 政治家 | politician, statesman | パン類製造販売業者 | baker |
| 聖職者 | priest | 秘書 | secretary |
| 清掃作業員 | cleaner, sweeper | 日雇労働者 | daily worker |
| 精肉業者 | butcher | 美容師 | hairdresser, beauty artist |
| 整備技師 | mechanic | | |
| 声優 | voice actor | ファッションデザイナー | fashion designer |
| 設計士、デザイナー | designer | | |
| 船員 | mariner, sailor | 副大統領 | vice-president |
| 専業主婦／夫 | homemaker | 部署責任者 | manager |
| 船長 | captain | 舞台俳優 | stage actor |
| 大工 | carpenter | 不動産業者 | real estate agent, realtor |
| 代書人 | scrivener | | |
| | | フリーのライター | freelance writer |
| 大臣 | minister | ベルボーイ | bellboy |

| | | | |
|---|---|---|---|
| 弁護士 | lawyer | 溶接工 | welder |
| 編集者 | editor | 理髪師 | barber |
| 牧師 | pastor | 漁師 | fisher, fisherman |
| 保険代理業者 | insurance agent | 旅行ガイド | travel guide |
| ホテル経営者 | hotelier, hotel manager | 旅行代理業者 | travel agent |
| 翻訳家 | translator | 臨時教員 | substitute teacher |
| 眼鏡技師 | optician | レジ係 | cashier |
| 野球選手 | baseball player | れんが職人 | bricklayer |

## 職業選択

| | |
|---|---|
| ・職業をよく考えて選ぶことは重要だ。 | It is important to choose one's profession carefully. |
| ・いい仕事に就くのは簡単なことではない。 | It is not easy to get a good job. |
| ・私は定職を持つことは幸せなことだと思う。 | I think it is good fortune to have a regular job. |
| ・いい仕事に就きたい人は、人付き合いがうまくなければならないし、少なくとも一つは外国語を流ちょうに使えなければならない。 | Those who want to have a good job must be good with people, and speak at least one foreign language fluently. |
| ・職業に貴賤はない。 | All legitimate trades are equally honorable.<br>＊legitimate　合法の、正しい、真正な／<br>honorable　尊敬すべき、立派な、高潔な |
| ・仕事を探すにあたり私に最も適していることは何かを考えた。 | I thought about what I did best before applying for a job. |
| ・私に適している職業を探すため、職業適性検査を受けてみた。 | To find the job right for me, I took a vocational test.<br>＊vocational　職業の、職業、仕事 |
| ・将来はきちんとした職業に就きたい。 | I want to have a respectable occupation in the future.<br>＊occupation　業務、職業、仕事 |
| ・科学の先生のように私も完璧な先生になりたい。 | I want to be a perfect teacher like my science teacher. |
| ・私は公務員のような仕事に就きたい。 | I want to have a job such as a government employee. |
| ・お金のいい仕事に就きたい。 | I want to have a job with good pay. |

| ・勤務時間の融通が利く会社に勤めたい。 | I want to join a company that can give me a flexible schedule.<br>＊ flexible　柔軟性がある、融通の利く |
| ・仕事に就かないでつましい専業主婦になりたい。 | I want to be a thrifty homemaker without a job.<br>＊ thrifty　節約する、つましい |
| ・どの仕事がもうかるんだろう。 | I wonder what job promises good fortune.<br>＊ fortune　幸運、財産 |
| ・有望な企業に入りたい。 | I want to get into a leading company. |

## 私に合った仕事

| ・私はその仕事の適任者だと思う。 | I think I am the right person for the job. |
| ・私がその仕事に最適だと思う。 | I am cut out for the work.<br>＊ be cut out for　〜に適任だ、向いている |
| ・私にはその仕事に適している。 | I am suitable for the work. |
| ・私はその業務に必要なすべての資質を備えている。 | I have every quality needed for the job. |
| ・私がその地位に就く資格があると思う。 | I think I am qualified for the position. |
| ・私の性に合った仕事だ。 | It is my type of work. |
| ・その仕事は私には合わない。 | It is not my type of work. |
| ・私はその地位に就くには力不足だ。 | I have insufficient skills for the position.<br>＊ insufficient　不十分な、不足の、能力がない |
| ・どんな仕事に就くかはまだ決めていない。 | I have not decided yet what job to get. |
| ・職業を選ぶのがこんなにも難しいとは思わなかった。 | I didn't know how difficult it would be to choose my profession.<br>＊ profession　職業 |

## 2　就職　　GETTING A JOB

### 求職

| ・最近仕事を探している。 | I am looking for a job these days. |
| ・就職先を見つけるのはとても難しい。 | It is very difficult to find employment. |
| ・最近は就職するのがとても困難だ。 | These days the job market is very tight. |
| ・学校を卒業したらすぐに仕事を探す予定だ。 | As soon as I graduate from school, I plan to apply for a job. |

| | |
|---|---|
| ・私は１年間の就業教育を受けた。 | I took a career preparation course for a year. |
| ・就職イベントに行って来た。 | I went to a career fair. |
| ・応募している職種の５年間の就業経験を持っている。 | I have five years experience at the job I am applying for. |
| ・その会社はある程度の就業経験を要求していた。 | The company required some work experience. |
| ・その会社で仕事をするならば高いTOEICスコアが必要だ。 | A high TOEIC score is a must to work in the company. |
| ・私は国際貿易会社に勤務していた。 | I used to work for an international trade company. |
| ・新聞の求人広告にある会社の電話番号を見て電話をした。 | I called the number of a company in the want ads of a newspaper. |
| ・その会社に申し込みたかったが、申し込みの締め切りが昨日だった。 | I wanted to apply to the company, but the application deadline was yesterday. |
| ・エンジニアの求人を広告で見て電話をしたら、まだ決まっていなかった。 | I called about the advertisement for an engineer and it was still open. |
| ・積極的な社風を見込んでその会社に申し込んだ。 | I applied to the company because it is aggressive.<br>＊ aggressive　積極的な、活動的な、精力的な |
| ・コンピューター関連の仕事に応募した。 | I applied for the job related to computers.<br>＊ related to　〜に関連している |

---

### コネでもあればいいんだけど

就職活動がうまくいかず、先が見えない状況になると、どこの会社でもいいからコネで就職できたらいいのにと思いがちです。「コネ」は英語のconnectionに由来する言葉で、「縁故」を意味します。「彼にはいいコネがある」という表現は、He is a person of good connection. です。

column

## 入社試験

| | |
|---|---|
| ・今日はその会社の入社試験を受けた。 | Today I had an entrance exam for the company. |
| ・競争率がとても高かった。 | The competition was very intense. |
| ・入社試験は難しかったが通った。 | The entrance exam was hard, but I passed it. |
| ・面接試験の予定が入っていた。 | I had an appointment for an interview. |
| ・今日は仕事の面接があった。 | Today I had a job interview. |
| ・面接のために正装をして髪を丁寧にとかした。 | I dressed up and combed my hair neatly for the job interview. |

| | |
|---|---|
| ・たくさんの応募者たちが面接にやって来た。 | There were many applicants for the job interview. |
| ・会社の人事担当者が私にいくつかの質問をした。 | The personnel officers of the company asked me several questions. |
| ・私は面接官たちの質問を注意深く聞き、自信を持って礼儀正しく答えた。 | I listened to the interviewers' questions carefully and I answered confidently and politely. |
| ・彼らに私の持つ技術と経験について説明した。 | I described my skills and experience to them. <br> ＊ describe　説明する、描写する |
| ・特にその職業に対する私の関心を協調した。 | I especially emphasized my interest in the job. |
| ・面接官の質問に適切に答えられたと思った。 | I thought I gave proper answers to the interviewer's questions. |

## 就職

| | |
|---|---|
| ・就職の面接に合格した。 | I passed the job interview. |
| ・ついに仕事が決まった。 | I've got a job finally. |
| ・やっと採用された。 | I was employed at last. |
| ・大企業に入社することになった。 | I got to join a big company. |
| ・仕事が始まりとてもうれしかった。 | I was glad to begin working. |
| ・叔父のおかげで仕事が決まった。 | I got the job thanks to my uncle. |
| ・彼のおかげで就職できた。 | I've got a position thanks to him. |
| ・彼が私に就職の世話をしてくれた。 | He found me a position. |

# 3　職場生活

OFFICE LIFE

## 私の職場

| | |
|---|---|
| ・私は新入社員だ。 | I am a new recruit. |
| ・私は仕事をしている。 | I am at work. |
| ・私は事務職だ。 | I am an office worker. |
| ・今私はコンピューター会社で働いている。 | Now I work for a computer company. |
| ・私は海外貿易に従事している。 | I am engaged in foreign trade. <br> I am occupied with foreign trade. |

| | |
|---|---|
| ・私は経営管理を担当している。 | I am in charge of managemet.<br>＊be in charge of　〜を受け持っている、担当している |
| ・私は自分の仕事に満足している。 | I am satisfied with my job. |
| ・私はいつも会社に忠実であろうと努めている。 | I always try to be loyal to the company. |
| ・実際、職場で仕事をすることは学校で勉強<br>するよりもずっとストレスがたまる。 | In fact, working at my job is much more<br>stressful than studying at school. |
| ・最近うちの会社の事業がうまくいっている。 | My company has been doing well recently. |
| ・その会社はいくつかの福利制度がある。 | The company has several benefits. |
| ・できる限り早く昇進したい。 | I want to get promoted as soon as possible. |
| ・社長が私を部長に昇進させてくれた。 | The boss promoted me to departmental<br>manager. |
| ・私は部長に昇進した。 | I was promoted to the chief of my department. |
| ・私は自分の仕事に誇りを持っている。 | I take pride in my job. |
| ・私はほかの地位に左遷された。 | I was demoted to another position.<br>＊demote　降格させる |

## 勤務時間

| | |
|---|---|
| ・私は週5日働く。 | I work five days a week. |
| ・就業時間は午前9時から午後6時だ。 | I work nine-to-six.<br>The working hours are from 9 a.m. to 6 p.m. |
| ・私は午前9時に出勤して午後6時に退社<br>する。 | I get in at 9 a.m and go home at 6 p.m. |
| ・私は午前9時から午後5時まで一日8時間<br>働く。 | I work eight hours a day from 9 a.m. to 5 p.m. |
| ・8時までに出勤する。 | I get to work by 8 o'clock. |
| ・8時から仕事が始まる。 | My work starts at 8 o'clock.<br>I start my work at 8 o'clock. |
| ・12時から1時間の昼休みがある。 | We have a one-hour lunch break at 12<br>o'clock. |
| ・今日は朝からの勤務だった。 | I worked the morning shift today.<br>＊shift　交替、交替のグループ |
| ・6時に退社して7時までに家に帰ってくる。 | I leave the office at 6 o'clock and come home<br>by 7 o'clock. |
| ・私たちは3交替制で勤務する。 | We work on a three-shift system. |
| ・8時間単位で交替勤務する。 | I work an eight-hour shift. |
| ・私は夜間勤務だ。 | I work the night shift. |

| | |
|---|---|
| ・私は昼間勤務だ。 | I work the day shift. |
| ・今日は夜間勤務だ。 | I am on the night shift today. |
| ・今日は夜勤をしなければならなかった。 | Today I had to take night duty. |
| ・週に一、二回は残業する。 | I work overtime once or twice a week.<br>＊overtime　超過時間、残業 |
| ・そのプロジェクトを終わらせるために夜勤をした。 | I worked the night shift to finish the project. |
| ・最近はほぼ毎日残業している。 | These days I work overtime almost every day. |
| ・仕事を終わりにして、家に帰った。 | I called it a day and went home. |
| ・私は仕事が終わると真っすぐ家に帰る。 | I make a beeline for home after work.<br>＊make a beeline for　〜に一直線に進む |
| ・今日は休みだ。 | I am off today.<br>I took off today. |
| ・明日は出張に行く予定だ。 | I will take a business trip tomorrow.<br>I will be away on business tomorrow.<br>I will travel on official business tomorrow. |
| ・忙しい一日の仕事を終えて帰ると疲れきっている。 | I am worn out after a hard day's work. |
| ・今日の仕事がちょうど終わった。 | I have just finished today's work. |
| ・明日は休みだ。 | I am going to be off tomorrow. |
| ・私は一週間に二日休む。 | I have two days off each week. |
| ・何日間か休みが欲しい。 | I want to have a few days off. |
| ・しばらくの間休暇を取りたい。 | I want to go on vacation for the time being.<br>＊for the time being　しばらくの間 |

**勤務中ですか？**
今日が出勤日ならば I am on duty today.、今日が出勤日ではないならば I am off duty today. と言います。「〜時に始業する／終業する」は、go on/off duty at 〜 の形で表現します。

## 出勤

| | |
|---|---|
| ・朝早く出勤の準備をした。 | I got ready for work early in the morning. |
| ・私は〜から…まで地下鉄で通勤する。 | I commute from ~ to ... by subway.<br>＊commute　通勤する、通学する |
| ・出勤するのに地下鉄で〜分かかる。 | I commute for ~ minutes by subway to work. |

| | |
|---|---|
| ・家から職場まで地下鉄で一時間くらいかかる。 | It takes about one hour from my home to the office by subway. |
| ・朝のラッシュアワーには地下鉄に人がたくさん乗っている。 | There are so many people in the subway during the morning rush hour. |
| ・私は通勤バスを利用している。 | I use commuter buses. |
| ・私は同僚の一人と自家用車を相乗りすることにした。 | I formed a car pool with a fellow worker. |
| ・私の会社は家からとても近いところにある。 | My company is just a stone's throw from my house. |
| ・歩いて7分しかかからない。 | It is just a seven-minute walk. |
| ・体の具合が悪くて仕事に遅刻した。 | Since I was sick, I reached the office late. |
| ・体の具合が悪いので出勤できないと電話を入れた。 | I called in sick. |

## 忙しい職場生活

| | |
|---|---|
| ・仕事に慣れるまでとても忙しかった。 | I was busy until I got used to my job. |
| ・仕事に慣れてきた。 | I am getting used to the work. |
| ・最近は仕事量が圧倒的に多くなった。 | I have had an absolutely overwhelming amount of work lately. |
| ・一つの仕事が終わらない内にまた別の仕事が入ってくる。 | I never complete one assignment before another one comes along. |
| ・仕事が多くて身動きがとれなかった。 | I was hung up with work.<br>I was tied up with a lot of work.<br>I was swamped with work.<br>I was stuck at the desk with work.<br>∗ be swamped with　〜に圧倒される |
| ・時間に追われていた。 | I was pressed for time. |

## 働き過ぎ

| | |
|---|---|
| ・私は任された仕事をうまくやっている。 | I am doing very well at my job responsibilities. |
| ・休まずに働いた。 | I worked without a break. |
| ・昼も夜も一生懸命働いた。 | I worked hard around the clock.<br>I worked hard all the time, day and night. |
| ・献身的に仕事に従事した。 | I did the work with devotion.<br>I devoted myself to the work.<br>I did the work with my whole heart. |
| ・仕事中毒になったようだ。 | I seem to have become a workaholic.<br>∗ workaholic　仕事の虫、仕事中毒 |

| | |
|---|---|
| ・いつも仕事のことが頭を離れない。 | I am always obsessed with work.<br>＊ obsessed with　～に取りつかれた、悩まされた |
| ・仕事で忙殺されている。 | I am swamped with work. |
| ・新鮮な空気を吸って一息つこうとしばらく<br>の間外へ出た。 | I went out for a while to get a breath of fresh air. |
| ・そでをまくりあげて一生懸命仕事をした。 | I worked hard, rolling up my sleeves. |
| ・一人でやるには仕事の量が多すぎた。 | There was just too much work for one person. |
| ・正直に言って、この仕事は私の手に余る。 | Frankly, the work is beyond my ability. |
| ・私はその仕事をするのに力不足だ。 | I am not qualified enough to do my job.<br>＊ qualified　～の資格がある |
| ・いつも勤勉に仕事をしようと努めている。 | I always try to be an industrious worker.<br>＊ industrious　勤勉な、まじめな |
| ・ほかの人よりも抜きん出るために一生懸命<br>仕事をする。 | I work hard to get ahead of others. |

## 給料日

| | |
|---|---|
| ・今日は給料日だ。 | Today is payday. |
| ・初めて給料をもらった。 | I got my first paycheck.<br>I got paid for the first time. |
| ・初任給はそんなに多くなかった。 | The starting pay was not that much. |
| ・悪くない給料をもらっている。 | I get a good salary. |
| ・私の給料は多いほうだ。 | My salary is somewhat generous. |
| ・一カ月に少なくとも～はもらう。 | I get paid at least ~ a month. |
| ・来月はもっと給料をもらえるだろう。 | I will get better pay next month. |
| ・給料が上がってうれしい。 | I am happy to get a raise. |
| ・今月は報奨金のボーナスをもらった。 | I got an incentive bonus this month.<br>＊ incentive　報労金、報奨金、出来高給 |
| ・私は給料に満足している。 | I am satisfied with my salary. |
| ・給料が削減された。 | My salary was cut. |
| ・働き過ぎなのに給料が少ない。 | I am overworked and underpaid. |
| ・給料がとても少ない。 | My salary is so low. |
| ・給料を上げて欲しい。 | I want a raise. |
| ・上司に賃金引き上げを要求した。 | I asked my boss for a raise. |
| ・給料を上げてくれた。 | He raised my pay. |

· 期待していたのに、彼は賃金引き上げをしてくれなかった。

He didn't give me the raise I was hoping for.

## 勤務条件

· 私の会社の労働条件は素晴らしい。

My company has excellent working conditions.

· 私の会社の労働条件は劣悪だ。

The working conditions of my company are very poor.

· 私は上司と仲がよくない。

I don't get along well with my boss.

· 社長は社員をあごで使っている。

The boss has the employees under his thumb.

· 社長はいつも私たちを見下したように話す。

The boss always talks down to us.
＊ talk down to　〜を見下して話す

· 上司は口出しするのが好きな人なのでいつも私にあれこれ命令する。

My boss is like a back seat driver as he is always telling me what to do.

· 社長からしかられた。

I was reprimanded by the boss.
＊ reprimand　しかる、懲戒する

· 上司には不満だらけだった。

I had a lot of complaints about my boss.
＊ complaint　不満、不平

· 同僚たちは勤務条件に満足していない。

My coworkers are not satisfied with the working conditions.

· ほかの同僚たちは自分たちの問題を社長に向けて率直に議論したがった。

Other employees wanted to discuss their concerns openly to the boss.

· 誰も猫に鈴をつけたがらなかった。

Nobody wanted to bell the cat.

· 私は仕事に対する熱意がなくなっていった。

I became uncommitted to my work.
＊ uncommitted　関与していない、中立の

· あまりにも長い間賃金が低いままなので、転職を決意した。

I've been doing the same low-paid job for so long that I decided to change jobs.

· 私は来週から大阪に転勤になる予定だ。

I am going to be transferred to Osaka next week.

| | |
|---|---|
| ・もう少しいい仕事が見つかるまでは今の職場にいることにした。 | I decided to hang on to my present job until I find a better one. |
| ・機会があればすぐに転職するつもりだ。 | As soon as I have an opportunity, I am going to change jobs. |
| ・ほかの職場へ移るため会社を辞めた。 | I left the company for another job. |

## 失業

| | |
|---|---|
| ・会社の取り引きで大きな失敗を犯したため、停職処分を受けた。 | I was suspended because I made a big mistake in a company transaction.<br>＊ suspended　停止される、停職になる、停学になる |
| ・私にはその仕事をやり遂げる能力がないと思う。 | I think I lack the competence to do the job well.<br>＊ competence　適性、資格、能力 |
| ・会社がストライキ中だ。 | My company is on strike. |
| ・会社を辞めるつもりだ。 | I am leaving the company. |
| ・会社を辞めようかと考えているところだ。 | I am thinking about quitting my job. |
| ・結局私は仕事を辞めた。 | I finally retired. |
| ・辞表を提出した。 | I submitted my letter of resignation.<br>＊ resignation　辞職、辞表、辞任 |
| ・衝動的に仕事を辞めた。 | I quit my job on the spur of the moment.<br>＊ on the spur of the moment　衝動的に、はずみで |
| ・会社が人員削減を行った。 | The company made cutbacks.<br>＊ cutback　人員削減 |
| ・会社を一時解雇された。 | I got laid off. |
| ・解雇された。 | I got fired.<br>I got sacked.<br>I got the sack.<br>I was dismissed.<br>I was discharged.<br>I was let go. |
| ・私が解雇されるとは思っていなかった。 | I hadn't expected to be laid off. |

| | |
|---|---|
| ・怠けていたせいで仕事を失った。 | I lost my job because of my idleness. |
| ・留学するために仕事を辞めた。 | I gave up work in order to study abroad. |
| ・体が悪いので仕事を辞める。 | I am out due to illness. |
| ・今失業中だ。 | I have no job.<br>I am out of work.<br>I am out of a job. |
| ・今失業状態だ。 | I am unemployed now. |
| ・しょっちゅう仕事を変えるのは望ましくない。 | It is not desirable to change jobs frequently. |
| ・職場を転々とした。 | I jumped from one job to another. |
| ・最近定職に就いていない。 | I have no regular occupation these days. |
| ・約1年間、仕事がなかった。 | I have been out of a job for about one year. |
| ・安定した仕事に就きたい。 | I want to have stable work.<br>＊stable　安定した、堅実な、永続的な |
| ・仕事に就いていないときは、気持ちも弱々しくなる。 | When I have no job, it makes me feel weak. |
| ・仕事を失ったときは弱気になった。 | When I lost my job, I felt incompetent.<br>＊incompetent　無能な、不適格な |
| ・仕事がない生活にはもううんざりだ。 | I am fed up with being unemployed.<br>＊be fed up with　〜にあきあきする、うんざりする |
| ・自信を失ったので、今すぐ別の仕事を探すのは難しい。 | I lost my confidence, so it is hard for me to look for another job right now. |
| ・仕事がないので、その日暮らしだ。 | Since I have no job, I live from hand to mouth. |

---

## column

### 解雇される

例文のとおり「解雇される」にはさまざまな表現がありますが、そのなかでlay offは整理解雇されたり、一時的に解雇されたりする場合に使います。また、解雇通知書はpink slipと言いますが、これはかつて解雇通知書がピンク色の紙だったことに由来します。

## 個人事業

| | |
|---|---|
| ・卒業したら私は自分で事業を立ち上げる計画だ。 | After graduation, I am planning to start my own business. |
| ・私は自営業者になりたい。 | I want to be self-employed.<br>I want to work for myself. |
| ・私は小さなお店を経営したい。 | I want to run a small store. |
| ・私は家業を継ぐ予定だ。 | I will be handling my family business. |
| ・父は私に事業を引き継がせるだろう。 | My father will hand his business down to me.<br>＊hand ~ down　～を引き継ぐ、相続する |
| ・両親は仕事において私をかなり信頼している。 | My parents trust me considerably in business. |
| ・父のレストランを引き継いだ。 | I took over my father's restaurant. |
| ・家を継ぐよりも自分で事業を起こしたい。 | I want to start my own business rather than run my family's business. |
| ・私は自動車に関心があるので整備工場を開きたい。 | I want to open a garage because I am interested in cars. |
| ・事業をうまく運営するためには、経営管理をきちんと行わなければならない。 | In order for the business to run well, we need to have good management. |

## 起業準備

| | |
|---|---|
| ・事業を始めるには資金が必要だ。 | I need funds to set up the business. |
| ・事業を始めるにはかなりの資金が必要だ。 | It takes a sizable amount of money to start a business.<br>＊sizable　かなり大きな |
| ・彼は持っているお金をすべて事業に投資した。 | He invested all the money he had in his business.<br>＊invest　預ける、投資する |
| ・銀行からいくらかお金を借りなければならなかった。 | I had to borrow some money from the bank. |
| ・事務所を借りた。 | I leased an office. |
| ・オフィス街にある事務所を見つけることができた。 | I was able to find an office in a business center. |
| ・私は地元の新聞に事業を始めるという広告を載せた。 | I announced in a local newspaper that I started my business. |

- 間もなく事業を始めるという広告を出した。　I advertised that my business would open soon.

- 私の事業はコンピューターを扱う。　My business deals with computers.
  * deal with　〜を扱う

- その事業を立ち上げる前に、その分野について勉強をした。　Before setting up the business, I studied about the field.

- その事業のために事前調査が必要だった。　I needed a feasibility study for my business.
  * feasibility study　実行可能性の研究、調査

- その調査には技術、経済、財政に関する調査が含まれていた。　The study contained technical, economic, financial and other research.

- その店を開く前に近くに競合相手がどのくらいあるか知っておく必要があった。　Before opening the store, I had to know how many competitors I had nearby.

- どのくらいの人がそのサービスを必要としているのか事前に調査した。　I investigated beforehand how many people needed the service.
  * investigate　調査する、研究する、点検する／
    beforehand　予め、事前に

- 商品を市場に出す前にいくつかの事前準備を行った。　I did some preliminary work before I put the item on the market.

## 事業開始

- 店員を何人か雇った。　I hired some clerks.

- すべての人に親切に接するよう店員を教育した。　I taught the clerks to be kind to everyone.

- 店員が仕事を熱心にやらなければ、すぐに解雇するつもりだ。　If the clerks don't work hard, I will fire them at once.

- 開業式に友達や知人を招待した。　I invited my friends and other acquaintances to the opening ceremony.

- 店の前に開店を知らせる垂れ幕をかけた。　I hung a banner to advertise the opening on the front of my store.

- たくさんの人が来て開店を祝ってくれた。　Many people came to celebrate the opening.

- 初の取り引きは成功した。　The first transactions were successful.

- 今月は黒字だ。　I am in the black this month.

- 売り上げが上がった。　I increased the sales.

- 事業がうまくいっているので拡大した。　I expanded my business because it went well.

- 事業はずっと繁盛している。　The business keeps flourishing.
  * flourish　繁栄する、繁盛する、活躍する

- 私が予想していたよりもずっと稼ぐことができた。　I was able to make much more money than I had expected.

| | |
|---|---|
| ・従業員の管理が事業を行う上で最も難しいことの一つだ。 | One of the hardest things in running a business is managing employees. |
| ・いつも月末に従業員に給料を払う。 | At the end of each month, I pay them.<br>At the end of every month, I give them their salaries. |
| ・私は成功を謙虚に受け止めたい。 | I'll be modest about my success. |

## 不景気

| | |
|---|---|
| ・先日の取り引きの結果が思わしくなかった。 | The outcome of the last transaction was not satisfactory. |
| ・最近は景気があまりよくない。 | Business is very slow lately. |
| ・私の店は不景気のあおりを受けている。 | My store is greatly affected by the recession.<br>＊ recession　不景気、後退 |
| ・不況で事業が苦しい状況にある。 | My business is suffering from the recession. |
| ・この不景気が早く終わることを願っている。 | I hope this recession will be over soon. |
| ・業績回復に向けて何らかの手を打たなければならない。 | I need to take some measures for the business to recover. |
| ・業績が早く回復してほしい。 | I want business to rally soon.<br>＊ rally　再び集まる、回復する |
| ・業績がまたよくなり始めた。 | Business is improving again. |
| ・その会社はもう長くないだろう。 | The company won't be in business for long. |
| ・その会社は倒産する直前だ。 | The company is on the verge of bankruptcy.<br>＊ on the verge of　～する直前の／<br>　 bankruptcy　破産、倒産 |
| ・会社が破産した。 | The company has gone bankrupt. |
| ・会社は廃業した。 | The company was out of business. |
| ・結局その会社は倒産した。 | Eventually the company closed.<br>＊ eventually　ついに、結局は、ゆくゆくは |

# Mastering English

Wednesday, July 6. Rainy

Most people in Japan study English and try to master it. Of course, I think that mastering English can be a great help because it is an essential language when we try to understand people from other countries. I think English is necessary for our survival in the world. We have to know English to get new information from the world through the Internet. English seems to be required everywhere in modern society. That's why even Japanese society demands that we should be proficient in English.

I have been studying English for many years, but English is really hard for me. Sometimes I am upset because of English. I feel frustrated when I can't express myself well in English. I wish I could speak English fluently. Aren't there magic ways to become proficient in English in a short time? Learning English takes time. From now on, I am going to study English continuously step by step.

## 英語がうまくなる方法

7月6日　水曜日　雨

　大抵の日本人は英語を勉強してマスターしようと努力する。もちろん私たちがほかの国の人たちを理解しようとする場合、英語は必ず必要なので、英語を自由自在に操ることができたら役に立つと思う。英語は私たちが世界で生き延びて行くために必要不可欠だと思う。インターネットを通じて世界中の情報を得るためにも英語ができなければならない。現代社会においてはすべてにおいて英語が必要なようだ。これらの理由から日本社会においてさえも英語に精通していることが要求されるのだ。

　私は何年間も英語を勉強しているが、私にとって英語は本当に難しい。時々英語のせいで腹が立つこともある。英語で自分の言いたいことがうまく表現できないといら立ちを感じる。本当に英語を流ちょうに話せたらと思う。短期間で英語がうまくなる魔法はないだろうか？　英語は一朝一夕で学べるものではない。これからは少しずつ英語の勉強を続けていこう。

**NOTES**

master　〜に精通する、熟達する／ essential　必須の、本質的な、一番重要な／ survival　生き残り、生存／ be required　要求される／ fluently　流ちょうに、すらすらと／ proficient　熟達した、堪能な／ take time　時間がかかる／ step by step　一歩ずつ、段階的に

**本書のもととなった**
**『ENGLISH EXPRESSIONS FOR YOUR DIARY: Revised Edition』を作った人々**

**著者　ハ・ミョンオク**
公州師範大学フランス語教育学科卒業。同大学院英語教育修士課程修了。
現在、忠清南道ヨンナム高等学校英語教師
英語日記ブログ運営者、英語日記サイト運営者
著書：『ハ・ミョンオクの英語日記』(日本版未刊行) ほか多数

**監修者　Merrilee Brinegar**
テキサス大学 (University of Texas at Austin) 自然科学学科卒業


増補改訂版
# 英語日記表現辞典
発行日：2021年11月16日 (初版)

著者：ハ・ミョンオク
編集：アルク出版編集部
翻訳：上野飛鳥・河井 佳
英文校閲：山崎暁子
英文校正：Joel Weinberg、Peter Branscombe、Margaret Stalker

装丁・本文デザイン：森須磨子
DTP：株式会社創樹
印刷・製本：株式会社日経印刷

発行者：天野智之
発行所：株式会社アルク
〒102-0073　東京都千代田区九段北　4-2-6市ヶ谷ビル
Website：https://www.alc.co.jp/

落丁本、乱丁本は弊社にてお取り替えいたしております。
Webお問い合わせフォームにてご連絡ください。
https://www.alc.co.jp/inquiry/

地球人ネットワークを創る

アルクのシンボル
「地球人マーク」です。